STANDARDS AND CRITERION OF CONSTRUCTION COMPANIES

Internal Control and Financial Management

建筑施工企业制度范本

内部控制与财务管理

修德军 杨俊平 李志远◎主编

上册

中国市场出版社
China Market Press
·北京·

图书在版编目（CIP）数据

建筑施工企业制度范本：内部控制与财务管理：全2册 / 修德军，杨俊平，李志远主编. 一北京：中国市场出版社有限公司，2022.1

ISBN 978-7-5092-2109-9

Ⅰ. ①建… Ⅱ. ①修… ②杨… ③李… Ⅲ. ①建筑施工企业－企业内部管理－企业管理制度 Ⅳ. ①F407.96

中国版本图书馆CIP数据核字（2021）第186170号

建筑施工企业制度范本：内部控制与财务管理（全2册）

JIANZHU SHIGONG QIYE ZHIDU FANBEN: NEIBU KONGZHI YU CAIWU GUANLI

主　　编：修德军　杨俊平　李志远

责任编辑：张　瑶（zhangyao9903@126.com）

出版发行：中国市场出版社 China Market Press

社　　址：北京月坛北小街2号院3号楼　　**邮政编码：**100837

电　　话：编 辑 部（010）68032104　读者服务部（010）68022950

发 行 部（010）68021338　68020340　68053489

68024335　68033577　68033539

总 编 室（010）68020336

盗版举报（010）68020336

印　　刷：河北鑫兆源印刷有限公司

规　　格：185毫米×260毫米　16开　　**版　　次：**2022年1月第1版

印　　张：60　　**印　　次：**2022年1月第1次印刷

字　　数：1 141千字　　**定　　价：**128.00元（全2册）

书　　号：ISBN 978-7-5092-2109-9

序言

PREFACE

企业内部控制制度是企业为了保证业务活动的有效进行，保护资产的安全和完整，防止、发现以及纠正错误和舞弊，保证会计资料的真实、合法和完整而制定和实施的政策与程序。内部控制制度的根本目的在于加强企业管理，合理分权；保证会计资料真实合法，保护企业财产的安全完整。广义地讲，一个企业的内部控制制度是指企业内部管理控制系统，包括为保证企业正常经营而采取的一系列必要的管理措施。面对日益激烈的市场竞争，企业内部控制制度的重要性越来越明显。完善的内部控制制度是企业管理理念、管理思想、管理方式的集中体现，是企业良性运转的有效工具和基本保障。

ZD公司核心业务为房屋建筑工程施工，目前主要客户群体分布在江西、广东、四川、重庆、湖南、贵州、安徽、新疆等地。作为一家综合性建筑承包施工企业，公司拥有建筑工程施工总承包、市政公用工程总承包、机电安装工程施工总承包等7个一级资质，另有环保工程专业承包、矿山工程施工总承包、水利水电工程施工总承包以及对外承包工程等11个资质。本书以该公司的内部控制体系为基础，从领导机制、组织机构和企业制度建设等角度着手，以ZD公司哲学、公司道德、公司价值观等为核心，涵盖公司治理与组织机构、战略发展与投资管理、人力资源管理、社会责任与应急管理、法律与合同管理、内部控制与风险管理、采购管理、资产管理、研究与创新管理、预算与财务管理、审计与监察管理等方面，共计15个部分。书中所列制度，对于完善公司治理结构和信息披露制度，保护投资者合法权益，保证资本市场有效运行，有着非常重要的意义。

制度重在建设，贵在坚持，关键在落实，希望本书能给建筑业企业同仁提供一份有益的参考。这些制度或长或短，或简或繁，虽经笔者及多位同事反复整理、校对与修改完善，不足之处仍在所难免，恳请读者批评指正。

需要说明的是，对于制度中涉及的一些敏感信息，我们做了适当的处理。敬请读者留意。

目录

CONTENTS

01 公司治理与组织机构

02 战略发展与投资管理

03 人力资源管理

04 社会责任与应急管理

05 法律与合同管理

06 内部控制与风险管理

Construction Companies

Standards and Criterion of Internal Control & Financial Management

01 公司治理与组织机构

按照《中华人民共和国公司法》(以下简称《公司法》)规定，公司治理与组织机构是代表公司活动，行使公司相应职权的权力机关、决策机关、监督机关和执行机关所组成的公司机关，公司治理与组织机构是公司法规定的，具有强制性，也是公司得以设立的必要条件。公司治理与组织机构制度按照国家有关法律法规、股东（大）会决议和企业章程，结合本企业实际，明确董事会、监事会、经理层和企业内部各层级机构设置、人员编制、职责权限、工作程序和相关要求的制度安排。

范本1 公司章程

第一章　总　则

第一条　为维护公司、股东和债权人的合法权益，规范公司的组织和行为，根据《中华人民共和国公司法》和其他有关规定，制定本章程。

第二条　公司系依照《公司法》和其他有关规定，以发起设立的方式成立的股份有限公司。

第三条　公司注册名称：××××××

第四条　公司住所：×××××××××××

第五条　公司注册资本为人民币×××万元整。

第六条　营业期限：永久存续。

第七条　董事长为公司的法定代表人。

第八条　公司全部资产分为等额股份，股东以其认购的股份为限对公司承担责任，公司以其全部资产对公司的债务承担责任。

第九条　本公司章程自生效之日起，即成为规范公司的组织与行为、公司与股东、股东与股东之间权利义务关系的具有法律约束力的文件，对公司、股东、董事、监事、高级管理人员具有法律约束力的文件。

第十条　依据本章程，股东可以起诉股东，股东可以起诉公司董事、监事、总经理和其他高级管理人员，股东可以起诉公司，公司可以起诉股东、董事、监事、总经理和其他高级管理人员。

第十一条　公司、股东、董事、监事、高级管理人员之间涉及本章程规定的纠纷，应当先行通过协商解决。协商不成的，应当通过诉讼的方式解决。

第十二条 公司应依法披露定期报告和临时报告。公司信息披露事务由公司董事会秘书负责。

第十三条 本章程所称其他高级管理人员是指公司的副总经理、董事会秘书、财务总监。

第二章 经营范围

第十四条 经依法登记，公司的经营范围：房屋建筑、市政工程、园林古建筑、地基与基础、幕墙工程施工（以上项目国家有专项规定凭许可证或资质证经营）。

以上经营范围以工商行政管理机关最终核定并记载于营业执照的内容为准。

第三章 公司股份

第一节 股份的发行

第十五条 公司的股份采取股票的形式。公司股票采用记名方式，载入股东名册，股东名册的管理规定由公司董事会另行制订。

第十六条 公司在全国中小企业股份转让系统挂牌后，公司股票的登记管存机构为中国证券登记结算有限公司或全国中小企业股份转让系统有限公司指定的其他机构。

第十七条 公司股份的发行，实行公开、公平、公正的原则，同种类的每一股份具有同等权利。同次发行的同种类股票，每股的发行条件和价格应当相同；公司股东不享有新股发行的优先认购权，每次股票发行的具体事项均由股东大会决定。

第十八条 公司股票，以人民币标明面值，每股面值为人民币一元。

第十九条 公司股份总数为××××万股，全部为普通股，无其他种类股份。

第二十条 除本章程另有规定以外，公司不以赠予、垫资、担保、补偿或贷款等形式，对购买或者拟购买公司股份的人提供任何资助。

第二节 股份增减和回购

第二十一条 公司根据经营和发展的需要，依照法律、法规的规定，经股东大会决议，可以采用下列方式增加资本：

（一）公开发行股份。

（二）非公开发行股份。

（三）向现有股东派送红股。

（四）以公积金转增股本。

（五）法律、行政法规规定的其他方式。

第二十二条 公司可以减少注册资本。公司减少注册资本，应当按照《公司法》以及其他有关规定和本章程规定的程序办理。

第二十三条 公司在下列情况下，可以依照法律、行政法规、部门规章和本章程的规定，收购本公司的股份：

（一）减少公司注册资本。

（二）与持有本公司股份的其他公司合并。

（三）将股份奖励给本公司职工。

（四）股东因对股东大会做出的公司合并、分立决议持异议，要求公司收购其股份的。

除上述情形外，公司不进行买卖本公司股份的活动。

公司收购本公司股份应选择合法的方式进行。

第二十四条 公司因本章程第二十三条第（一）项至第（三）项的原因收购本公司股份的，应当经股东大会决议。公司依照本章程第二十三条规定收购本公司股份后，属于第（一）项情形的，应当自收购之日起十日内注销；属于第（二）项、第（四）项情形的，应当在六个月内转让或者注销。

第三节 股份转让

第二十五条 公司的股份可以依法转让。若公司股票不在依法设立的证券交易场所公开转让的，公司股东应当以非公开方式协议转让股份，不得采取公开方式向社会公众转让股份，股东协议转让股份后，应当及时告知公司，同时在登记存管机构办理登记过户手续。

第二十六条 公司不接受本公司的股份作为质押权的标的。

第二十七条 发起人持有的本公司股份，自公司成立之日一年内不得转让。

第二十八条 公司董事、监事、高级管理人员应当向公司申报所持有的本公司的股份及其变动情况，在任职期间每年转让的股份不得超过其所持有本公司股份总数的百分之二十五。上述人员离职后半年内，不得转让其所持有的本公司股份。

第四章 股东和股东大会

第一节 股 东

第二十九条 股东按其所持有股份的种类享有权利，承担义务；持有同一种类股份的股东，享有同等权利，承担同种义务。

第三十条 公司召开股东大会、分配股利、清算及从事其他需要确认股东身份的行为时，由董事会或股东大会召集人确定股权登记日，股权登记日登记在册的股东为享有相关权益的股东。

第三十一条 公司股东享有下列权利：

（一）公司股东享有知情权，有权查阅本章程、股东名册、公司债券存根、股东大会会议记录、董事会会议决议、监事会会议决议、财务会计报告；公司股东可以向公司董事会秘书书面提出上述知情权的请求，公司董事会秘书在收到上述书面请求之日起五日内予以提供，无法提供的，应给予合理的解释。

（二）公司股东享有参与权，有权参与公司的重大生产经营决策、利润分配、弥补亏损、资本市场运作（包括但不限于发行股票并上市、融资、配股等）等重大事宜。公司控股股东不得利用其优势地位剥夺公司中小股东的上述参与权或者变相排挤、影响公司中小股东的决策。

（三）公司股东享有质询权，有权对公司的生产经营进行监督，提出建议或者质询。有权对公司董事、监事和高级管理人员超越法律和本章程规定的权限的行为提出质询。

（四）公司股东享有表决权，有权依法请求、召集、主持、参加或者委派股东代理人参加股东大会，并行使相应的表决权。

（五）依照其所持有的股份份额获得股利和其他形式的利益分配。

（六）依照法律、行政法规及本章程的规定转让、赠予或质押所持有的股份。

（七）公司终止或者清算时，按其所持有股份份额参加公司剩余财产的分配。

（八）法律、行政法规、部门规章或本章程规定的其他权利。

第三十二条 股东提出查阅前条所述有关信息或者索取资料的，应当向公司提供证明其持有公司股份的种类以及持股数量的书面文件，公司经核实股东身份后按照股东的要求予以提供。

第三十三条 公司股东大会、董事会决议内容违反法律、行政法规的，股东有权请求人民法院认定无效。

股东大会、董事会的会议召集程序、表决方式违反法律、行政法规或者本章程，或者决议内容违反本章程的，股东有权自决议做出之日起六十日内，请求人民法院撤销。

第三十四条 董事、高级管理人员执行公司职务时违反法律、行政法规或者本章程的规定，给公司造成损失的，连续一百八十日以上单独或合并持有公司百分之一以上股份的股东有权书面请求监事会向人民法院提起诉讼；监事会执行公司职务时违反法律、行政法规或者本章程的规定，给公司造成损失的，股东可以书面请求董事会向人民法院提起诉讼。

监事会、董事会收到前款规定的股东书面请求后拒绝提起诉讼，或者自收到请求之日起三十日内未提起诉讼，或者情况紧急、不立即提起诉讼将会使公司利益受到难以弥补的损害的，前款规定的股东有权为了公司的利益以自己的名义直接向人民法院提起诉讼。

第三十五条 董事、高级管理人员违反法律、行政法规或者本章程的规定，损害股东利益的，股东可以向人民法院提起诉讼。

第三十六条 公司股东承担下列义务：

（一）遵守法律、行政法规和本章程的规定。

（二）依其所认购的股份和入股方式缴纳股金。

（三）除法律、法规规定的情形外，不得退股。

（四）不得滥用股东权利损害公司或者其他股东的利益；不得滥用公司法人独立地位和股东有限责任损害公司债权人的利益；公司股东滥用股东权利给公司或者其他股东造成损失的，应当依法承担赔偿责任。

（五）法律、行政法规及本章程规定应当承担的其他义务。

第三十七条 公司股东将其持有的股份进行质押的，应当自该事实发生当日，向公司做出书面报告。

第三十八条 公司的控股股东、实际控制人员不得利用其关联关系损害公司利益。违反规定，给公司造成损失的，应当承担赔偿责任。

公司控股股东及实际控制人对公司和公司社会公众股股东负有诚信义务。控股股东应严格依法行使出资人的权利，控股股东不得利用利润分配、资产重组、对外投资、资金占用、借款担保等方式损害公司和其他股东的合法权益，不得利用其控制地位损害公司和其他股东的利益。控股股东及实际控制人违反相关法律、法规及本章程规定，给公司及其他股东造成损失的，应承担赔偿责任。

公司董事、高级管理人员协助、纵容控股股东及其附属企业侵占公司资产时，公司董事会视情节轻重对直接责任人给予处分，对负有严重责任的董事，提议股东大会予以罢免。

第三十九条 公司应防止股东及关联方通过各种方式直接或间接占用公司的资金和资源，除本章程另有规定以外，不得以下列方式将资金直接或间接地提供给股东及关联方使用：

（一）有偿或无偿地拆借公司的资金给股东及关联方使用。

（二）通过银行或非银行金融机构向股东及关联方提供委托贷款。

（三）委托大股东及关联方进行投资活动。

（四）为股东及关联方开具没有真实交易背景的商业承兑汇票。

（五）代股东及关联方偿还债务。

（六）以其他方式占用公司的资金和资源。

第四十条 公司财务管理中心和审计监察中心应分别定期检查公司与股东及关联

方非经营性资金往来情况，杜绝股东及关联方的非经营性资金占用情况的发生。在审议年度报告、半年度报告的董事会会议上，财务负责人应向董事会报告股东及关联方非经营性资金占用和公司对外担保情况。

第四十一条 公司与股东及关联方发生关联交易时，应严格按照本章程和《关联交易决策制度》及有关规定执行。

第四十二条 公司应严格遵守本章程和《对外担保管理制度》中对外担保的相关规定，未经董事会或股东大会批准，不得进行任何形式的对外担保。

第四十三条 公司董事、监事和高级管理人员应按照《公司法》及本章程等有关规定勤勉尽职地履行职责，维护公司资金和财产安全。

第四十四条 公司董事会按照权限和职责审议批准公司与大股东及关联方之间的关联交易行为。公司与大股东及关联方有关的货币资金支付严格按照资金审批和支付流程进行管理。

公司发生大股东及关联方侵占公司资产、损害公司及社会公众股东利益情形时，公司董事会应及时采取有效措施要求大股东及关联方停止侵害、赔偿损失。当大股东及关联方拒不纠正时，公司董事会应及时向证券监管部门报告。

第二节 股东大会的一般规定

第四十五条 股东大会是公司的权力机构，依法行使下列职权：

（一）决定公司的经营方针和投资计划。

（二）选举和更换非由职工代表担任的董事、监事，决定有关董事、监事的报酬事项。

（三）审议批准董事会的报告。

（四）审议批准监事会报告。

（五）审议批准公司的年度财务预算方案、决算方案。

（六）审议批准公司的利润分配方案和弥补亏损方案。

（七）对公司增加或者减少注册资本做出决议。

（八）对发行公司债券做出决议。

（九）对公司合并、分立、解散、清算或者变更公司形式做出决议。

（十）修改本章程。

（十一）对公司聘用、解聘会计师事务所做出决议。

（十二）审议批准本章程第四十六条规定的担保事项。

（十三）审议批准金额达到或超过公司最近一期经审计总资产百分之五十的对外投资事项。

（十四）审议批准金额达到或超过人民币一千万元的关联交易事项。

（十五）审议批准公司向银行等金融机构累计申请金额达到或超过公司最近一期经审计总资产百分之五十的长期借款和短期借款。

（十六）审议批准变更募集资金用途事项。

（十七）审议股权激励计划。

（十八）审议法律、行政法规、部门规章或本章程规定应当由股东大会决定的其他事项。

第四十六条 公司下列对外担保行为，须经股东大会审议通过。

（一）公司对外担保总额，达到或超过最近一期经审计净资产百分之五十以后提供的任何担保。

（二）公司对外担保总额，达到或超过公司最近一期经审计总资产的百分之三十以后提供的任何担保。

（三）为资产负债率超过百分之七十的担保对象提供的担保。

（四）单笔担保额超过最近一期经审计净资产百分之十的担保。

（五）对股东、实际控制人及其关联人提供的担保。

第四十七条 股东大会分为年度股东大会和临时股东大会。年度股东大会每年召开一次，应当于上一会计年度结束后的六个月内举行。

第四十八条 有下列情形之一的，公司在事实发生之日起二个月以内召开临时股东大会：

（一）董事人数不足本章程所定人数的三分之二时。

（二）公司未弥补的亏损达实收股本总额三分之一时。

（三）单独或者合计持有公司百分之十以上股份的股东请求时。

（四）董事会认为必要时。

（五）监事会提议召开时。

（六）法律、行政法规、部门规章或本章程规定的其他情形。

第四十九条 本公司召开股东大会的地点为：公司住所地或其他明确地点。股东大会将设置会场，以现场会议形式召开。公司还将提供网络或其他方式为股东参加股东大会提供便利。股东通过上述方式参加股东大会的，视为出席。

第五十条 本公司召开股东大会时可以聘请律师对以下事项出具法律意见：

（一）会议的召集、召开程序是否符合法律、行政法规、本章程。

（二）出席会议人员的资格、召集人资格是否合法有效。

（三）会议的表决程序、表决结果是否合法有效。

（四）其他有关事项。

第三节 股东大会的召集

第五十一条 监事会、单独或者合计持有公司百分之十以上股份的股东有权向董事会提议召开临时股东大会，并应当以书面形式向董事会提出。

第四节 股东大会的提案与通知

第五十二条 提案的内容应当属于股东大会职权范围，有明确议题和具体决议事项，并且符合法律、行政法规和本章程的有关规定。

第五十三条 公司召开股东大会，董事会、监事会以及单独或者合并持有公司百分之三以上股份的股东，有权向公司提出提案。

第五十四条 召集人将在年度股东大会召开二十日前通知各股东，临时股东大会将于会议召开十五日前通知各股东。

第五节 股东大会的召开

第五十五条 本公司董事会和其他召集人将采取必要措施，保证股东大会的正常秩序。对于干扰股东大会、寻衅滋事和侵犯股东合法权益的行为，将采取措施加以制止并及时报告有关部门查处。

第五十六条 公司登记在册的所有股东或其代理人，均有权出席股东大会，并依照有关法律、法规及本章程行使表决权。

股东可以亲自出席股东大会，也可以委托代理人代为出席和表决。

第五十七条 召集人和公司聘请的律师将依据股东名册共同对股东资格的合法性进行验证，并登记股东姓名（或名称）及其所持有表决权的股份数。在会议主持人宣布现场出席会议的股东和代理人人数及所持有表决权的股份总数之前，会议登记应当终止。

第五十八条 股东大会召开时，本公司全体董事、监事和董事会秘书应当出席会议，总经理和其他高级管理人员应当列席会议。

第五十九条 股东大会由董事长主持。董事长不能履行职务或不履行职务时，由半数以上董事共同推举的一名董事主持。

监事会自行召集的股东大会，由监事会主席主持。监事会主席不能履行职务或不履行职务时，由半数以上监事共同推举的一名监事主持。

股东自行召集的股东大会，由召集人推举代表主持。

召开股东大会时，会议主持人违反议事规则导致股东大会无法继续进行的，经现场出席股东大会所持有表决权股份过半数的股东同意，股东大会可推举一人担任会议主持人，继续开会。

第六十条 在年度股东大会上，董事会、监事会应当就其过去一年的工作向股东大会做出报告。

第六十一条 董事、监事、高级管理人员应当在股东大会上就股东的质询和建议做出解释和说明。

第六十二条 会议主持人应当在表决前宣布现场出席会议的股东和代理人人数及所持有表决权的股份总数，现场出席会议的股东和代理人人数及所持有表决权的股份总数以会议登记为准。

第六十三条 召集人应当保证股东大会连续举行，直至形成最终决议。因不可抗力等特殊原因导致股东大会中止或不能做出决议的，应采取必要措施尽快恢复召开股东大会或直接终止本次股东大会，并及时公告。同时，召集人应向推荐主办券商报告。

第六节 股东大会的表决和决议

第六十四条 股东大会决议分为普通决议和特别决议。

股东大会做出普通决议，应当由出席股东大会的股东（包括股东代理人）所持表决权的二分之一以上通过。

股东大会做出特别决议，应当由出席股东大会的股东（包括股东代理人）所持表决权的三分之二以上通过。

第六十五条 下列事项由股东大会以普通决议通过：

（一）董事会和监事会的工作报告。

（二）董事会拟定的利润分配方案和弥补亏损方案。

（三）董事会和监事会成员的任免及其报酬和支付方法。

（四）公司年度预算方案、决算方案。

（五）公司年度报告。

（六）对发行公司债券做出决议。

（七）与股东及其任何关联人的任何关联交易。

（八）除法律、行政法规规定或者本章程规定应当以特别决议通过以外的其他事项。

第六十六条 下列事项由股东大会以特别决议通过：

（一）公司增加或者减少注册资本。

（二）公司的分立、合并、解散和清算。

（三）本章程的修改。

（四）变更主营业务或经营范围。

（五）法律、行政法规或本章程规定的，以及股东大会以普通决议认定会对公司产生重大影响的、需要以特别决议通过的其他事项。

第六十七条 股东以其所代表的有表决权的股份数额行使表决权，每一股份享有一票表决权。

公司持有的本公司股份没有表决权，且该部分股份不计入出席股东大会有表决权的股份总数。

第六十八条 股东大会审议有关关联交易事项时，关联股东不应当参与投票表决，其所代表的有表决权的股份数不计入有效表决总数；股东大会决议应当充分披露非关联股东的表决情况。如公司的股东均为有关关联交易事项的关联方时，应将该事项提交公司董事会审议，该董事会会议由过半数的无关联关系董事出席即可举行，董事会会议所作决议须经无关联关系董事过半数通过。出席董事会的无关联关系董事人数不足三人的，应将该事项提交监事会审议。该监事会会议由全体监事出席方可举行，监事会会议所作决议须经全体监事一致通过。

第六十九条 关联关系股东的回避和表决程序：

（一）关联交易协议不应由同一人代表双方签署。

（二）股东大会审议的某项与某股东有关联关系，该股东应当在股东大会召开之日前向公司董事会披露其关联关系。

（三）股东大会在审议有关关联交易事项时，大会主持人宣布有关关联关系的股东，并解释和说明关联股东与关联交易事项的关联关系。

（四）大会主持人宣布关联股东回避，由非关联股东对关联交易事项进行审议、表决。

（五）关联事项形成决议，必须由非关联股东有表决权的股份数的半数以上通过。

（六）关联股东未就关联事项按上述程序进行关联关系披露或回避，有关该关联事项的一切决议无效，须重新表决。

第七十条 公司应在保证股东大会合法、有效的前提下，通过各种方式和途径，为股东参加股东大会提供便利。

第七十一条 董事、监事候选人名单以提案的方式提请股东大会表决。董事会应当向股东报告候选董事、监事的简历和基本情况。

第七十二条 股东大会采取记名方式投票表决。

第七十三条 股东大会对提案进行表决前，应当推举两名股东代表参加计票和监票。审议事项与股东有利害关系的，相关股东及代理人不得参加计票、监票。股东大会对提案进行表决时，应当由律师、股东代表与监事代表共同负责计票、监票，并当场公布表决结果，决议的表决结果载入会议记录。

第七十四条 股东大会会议主持人应当宣布每一提案的表决情况和结果，并根据表决结果宣布提案是否通过。

第七十五条 股东大会通过有关董事、监事选举提案的，新任董事、监事就任时间自股东大会决议通过之日起计算，至本届董事会任期届满时为止。

第七十六条 股东大会通过有关派现、送股或资本公积转增股本提案的，公司将在股东大会结束后两个月内实施具体方案。

第七十七条 公司制定股东大会议事规则，详细规定股东大会的召集、召开和表决程序，包括通知、登记、提案的审议、投票、计票、表决结果的宣布、会议决议的形成、会议记录及其签署等内容，以及股东大会对董事会的授权事项。《股东大会议事规则》由董事会拟定，股东大会批准。

第五章 董事会

第一节 董 事

第七十八条 公司董事为自然人。自然人有下列情形之一的，不能担任公司的董事：

（一）无民事行为能力或者限制民事行为能力。

（二）因贪污、贿赂、侵占财产、挪用财产或者破坏社会主义市场经济秩序，被判处刑罚，执行期满未逾五年，或者因犯罪被剥夺政治权利，执行期满未逾五年。

（三）担任破产清算的公司、企业的董事或者厂长、经理，对该公司、企业的破产负有个人责任的，自该公司、企业破产清算完结之日起未逾三年。

（四）担任因违法被吊销营业执照、责令关闭的公司、企业的法定代表人，并负有个人责任的，自该公司、企业被吊销营业执照之日起未逾三年。

（五）个人所负数额较大的债务到期未清偿。

（六）被中国证监会处以证券市场禁入处罚，期限未满。

（七）法律、行政法规或部门规章规定的其他人员。

第七十九条 董事由股东大会选举或更换，任期三年。董事任期届满，可连选连任。董事在任期届满以前，股东大会不能无故解除其职务。

董事任期从就任之日起计算，至本届董事会任期届满时为止。董事任期届满未及时改选，在改选出的董事就任前，原董事仍应当依照法律、行政法规、部门规章和本章程的规定，履行董事职务。

第八十条 董事可以由总经理或者其他高级管理人员兼任。

第八十一条 董事应当遵守法律、行政法规和本章程，对公司负有下列忠实义务：

（一）不得利用职权收受贿赂或者其他非法收入，不得侵占公司的财产。

（二）不得挪用公司资金。

（三）不得将公司资产或者资金以其个人名义或者其他个人名义开立账户存储。

（四）不得违反本章程的规定，未经股东大会或董事会同意，将公司资金借贷给他人或者以公司财产为他人提供担保。

（五）不得违反本章程的规定或未经股东大会同意，与本公司订立合同或者进行交易。

（六）未经股东大会同意，不得利用职务便利，为自己或他人谋取本应属于公司的商业机会，自营或者为他人经营与本公司同类的业务。

（七）不得接受与公司交易的佣金归为己有。

（八）不得擅自披露公司秘密。

（九）不得利用其关联关系损害公司利益。

（十）法律、行政法规、部门规章及本章程规定的其他忠实义务。

董事违反本条规定所得的收入，应当归公司所有；给公司造成损失的，应当承担赔偿责任。

第八十二条　董事应当遵守法律、行政法规和本章程，对公司负有下列勤勉义务：

（一）应谨慎、认真、勤勉地行使公司赋予的权利，以保证公司的商业行为符合国家法律、行政法规以及国家各项经济政策的要求，商业活动不超过营业执照规定的业务范围。

（二）应公平对待所有股东。

（三）及时了解公司业务经营管理状况。

（四）应当对公司定期报告签署书面确认意见。

（五）应当如实向监事会提供有关情况和资料，不得妨碍监事会或者监事行使职权。

（六）法律、行政法规、部门规章及本章程规定的其他勤勉义务。

第八十三条　董事连续两次未能亲自出席，也不委托其他董事出席董事会会议，视为不能履行职责，董事会可以建议股东大会予以撤换。

第八十四条　董事可以在任期届满以前提出辞职。董事辞职应向董事会提交书面辞职报告。

如因董事的辞职导致公司董事会低于法定最低人数时，在改选出的董事就任前，原董事仍应当依照法律、行政法规、部门规章和本章程规定，履行董事职务。

除前款所列情形外，董事辞职自辞职报告送达董事会时生效。

第八十五条　董事辞职生效或者任期届满，应向董事会办妥所有移交手续，其对公司和股东承担的忠实义务，在离任后一年解除，其对公司商业秘密保密的义务在其任职结束后仍然有效，直至该秘密成为公开信息。其他义务的持续期间应当根据公平的原则决定，视事件发生与离任之间时间的长短，以及与公司的关系在何种情况和条件下结束而定。

第八十六条 未经本章程规定或者董事会的合法授权，任何董事不得以个人名义代表公司或者董事会行事。董事以其个人名义行事时，在第三方会合理地认为该董事在代表公司或者董事会行事的情况下，该董事应当事先声明其立场和身份。

第八十七条 董事执行公司职务时违反法律、行政法规、部门规章或本章程的规定，给公司造成损失的，应当承担赔偿责任。

第二节 董事会

第八十八条 公司设董事会，对股东大会负责。

第八十九条 董事会行使下列职权：

（一）召集股东大会，并向股东大会报告工作。

（二）执行股东大会的决议。

（三）决定公司的经营计划和投资方案。

（四）制订公司的年度财务预算方案、决算方案。

（五）制订公司的利润分配方案和弥补亏损方案。

（六）制订公司增加或者减少注册资本、发行债券或其他证券及上市方案。

（七）拟订公司重大收购、收购本公司股票或者合并、分立、解散及变更公司形式的方案。

（八）在股东大会授权范围内，决定公司对外投资等事项。

（九）决定公司内部管理机构的设置。

（十）聘任或者解聘公司总经理、董事会秘书；根据总经理的提名，聘任或者解聘公司副总经理、财务总监等高级管理人员，并决定其报酬事项和奖惩事项。

（十一）制定公司的基本管理制度。

（十二）制订本章程的修改方案。

（十三）管理公司信息披露事项。

（十四）向股东大会提请聘请或更换为公司审计的会计师事务所。

（十五）听取公司总经理的工作汇报并检查总经理的工作。

（十六）法律、行政法规、部门规章或本章程授予的其他职权。

第九十条 公司董事会应当就注册会计师对公司财务报告出具的非标准审计意见向股东大会做出说明。

第九十一条 公司董事会应确保公司治理机制合理、有效且给所有的股东提供合适的保护和平等权利，并应对上述事项等情况进行讨论、评估。

第九十二条 董事会应当制定《董事会议事规则》，以确保董事会落实股东大会决议，提高工作效率，保证科学决策。《董事会议事规则》由董事会拟定，股东大会批准。

第九十三条 董事会权限内的对外投资、收购出售资产、资产抵押、对外担保事项、委托理财、关联交易，应建立严格的审查和决策程序；重大投资项目应当组织有关专家、专业人员进行评审。

第九十四条 董事会设董事长一人。董事长由董事会以全体董事的过半数选举产生。

董事长行使下列职权：

（一）主持股东大会和召集、主持董事会会议。

（二）督促、检查董事会决议的执行。

（三）代表公司签署有关文件。

（四）董事会授予的其他职权。

第九十五条 公司董事长不能履行职务或者不履行职务的，由半数以上董事共同推举一名董事履行职务。

第九十六条 董事会每年至少召开两次会议，由董事长召集，于会议召开十日前书面通知全体董事和监事。

第九十七条 代表十分之一以上有表决权的股东、三分之一以上的董事或者监事会，可以提议召开董事会临时会议。董事长应当自接到提议后十日内，召集和主持董事会会议。

第九十八条 董事会召开董事会会议和临时董事会会议的通知方式和时间、内容由《董事会议事规则》规定。

第九十九条 董事会会议应有过半数的董事出席方可举行。董事会做出决议，必须经全体董事的过半数通过。

第一百条 董事会决议的表决，实行一人一票。

第一百零一条 董事与董事会会议决议事项所涉及的企业有关联关系的，不得对该项决议行使表决权，也不得代理其他董事行使表决权。该董事会会议由过半数的无关联关系董事出席即可举行，董事会会议所作决议须经无关联关系董事过半数通过。出席董事会会议的无关联董事人数不足三人的，应将该事项提交股东大会审议。

第一百零二条 董事会决议表决方式为：书面或举手表决方式。董事会会议以现场召开为原则。必要时，在保障董事充分表达意见的前提下，可以用视频、电话、传真或者电子邮件表决等其他方式召开。

第一百零三条 董事会会议，应由董事本人出席；董事因故不能出席的，可以书面委托其他董事代为出席，委托书中应载明代理人的姓名、代理事项、授权范围和有效期限，并由委托人签名或盖章。代为出席会议的董事应当在授权范围内行使董事的权利。董事未出席董事会会议，亦未委托代表出席的，视为放弃在该次会议上的投票权。

第一百零四条 董事会应当对会议所议事项的决定做成会议记录，出席会议的董事应当在会议记录上签名。

董事会会议记录作为公司档案保存，保存期限不少于十年。

第六章 总经理及其他高级管理人员

第一百零五条 公司设总经理一名、财务总监一名，由董事会聘任或解聘。公司设董事会秘书一名，由董事长提名，董事会聘任或解聘。财务总监为公司的财务负责人。

公司总经理、副总经理、财务总监、董事会秘书为公司高级管理人员。

第一百零六条 本章程第七十八条关于不得担任董事的情形，同时适用于高级管理人员。

本章程第八十一条关于董事的忠实义务和第八十二条第（四）项至第（六）项关于勤勉义务的规定，同时适用于高级管理人员。

第一百零七条 在公司控股股东、实际控制人单位担任除董事以外其他职务的人员，不得担任公司的高级管理人员。

第一百零八条 总经理每届任期三年，连聘可以连任。

第一百零九条 总经理对董事会负责，行使下列职权：

（一）主持公司的生产经营管理工作，组织实施董事会决议，并向董事会报告工作。

（二）组织实施公司年度经营计划和投资方案。

（三）拟订公司内部管理机构设置方案。

（四）拟订公司的基本管理制度。

（五）制定公司的具体规章。

（六）提请董事会聘任或者解聘公司副总经理、财务总监。

（七）决定聘任或者解聘除应由董事会决定聘任或者解聘以外的负责管理人员。

（八）本章程或董事会授予的其他职权。

第一百一十条 总经理应制订总经理工作细则，报董事会批准后实施。

第一百一十一条 总经理工作细则包括下列内容：

（一）总经理会议召开的条件、程序和参加的人员。

（二）总经理及其他高级管理人员各自具体的职责及其分工。

（三）公司资金、资产运用，签订重大合同的权限，以及向董事会、监事会的报告制度。

（四）董事会认为必要的其他事项。

第一百一十二条 总经理可以在任期届满以前提出辞职。有关总经理辞职的具体程序和办法由总经理与公司之间的劳动合同规定。

第一百一十三条 公司设董事会秘书，负责公司股东大会和董事会会议的筹备、文件保管以及公司股东资料管理等事宜，同时负责投资者关系管理、信息披露工作。

第七章 监事会

第一节 监 事

第一百一十四条 本章程第七十八条关于不得担任董事的情形、同时适用于监事。

董事、总经理和其他高级管理人员不得兼任监事。

第一百一十五条 监事应当遵守法律、行政法规和本章程，对公司负有忠实义务和勤勉义务，不得利用职权收受贿赂或者取得其他非法收入，不得侵占公司的财产。

第一百一十六条 监事的任期每届为三年。监事任期届满，连选可以连任。

第一百一十七条 监事任期届满未及时改选，或者监事在任期内辞职导致监事会成员低于法定人数的，在改选出的监事就任前，原监事仍应当依照法律、行政法规和本章程的规定，履行监事职务。

第一百一十八条 监事可以列席董事会会议，并对董事会决议事项提出质询或者建议。

第一百一十九条 监事不得利用其关联关系损害公司利益，若给公司造成损失，应当承担赔偿责任。

第二节 监事会

第一百二十条 公司设监事会，监事会由三名监事组成。监事会设主席一人。监事会主席由全体监事过半数选举产生。监事会主席召集和主持监事会会议；监事会主席不能履行职务或者不履行职务的，由半数以上监事共同推举一名监事召集和主持监事会会议。

监事会应当包括股东代表和适当比例的公司职工代表，其中职工代表一名。监事会中的职工代表由公司职工通过职工代表大会、职工大会或者其他形式民主选举产生。

第一百二十一条 监事会行使下列职权：

（一）对董事会编制的公司定期报告进行审核并提出书面审核意见。

（二）检查公司财务。

（三）对董事、高级管理人员执行公司职务的行为进行监督，对违反法律、行政法规、本章程或者股东大会决议的董事、高级管理人员提出罢免的建议。

（四）当董事、高级管理人员的行为损害公司的利益时，要求董事、高级管理人员予以纠正。

（五）提议召开临时股东大会，在董事会不履行《公司法》规定的召集和主持股东大会职责时召集和主持股东大会。

（六）向股东大会提出提案。

（七）依照《公司法》第一百五十一条的规定，对董事、高级管理人员提起诉讼。

（八）发现公司经营情况异常，可以进行调查；必要时，可以聘请会计师事务所、律师事务所等专业机构协助其工作，费用由公司承担。

第一百二十二条 监事会每六个月至少召开一次会议。监事可以提议召开临时监事会会议。监事会决议应当经半数以上监事通过。

第一百二十三条 监事会应当制定《监事会议事规则》，明确监事会的议事方式和表决程序，以确保监事会的工作效率和科学决策。

《监事会议事规则》由监事会拟定，股东大会批准。

第一百二十四条 监事会应当将所议事项的决定做成会议记录，出席会议的监事应当在会议记录上签名。

监事有权要求在记录上对其在会议上的发言做出某种说明性记载。监事会会议记录作为公司档案至少保存十年。

第八章　投资者关系

第一百二十五条 为加强公司与投资者之间的信息沟通，增进投资者对公司的了解和认同，促进公司与投资者关系的良性发展，规范公司投资者关系管理工作，公司应制定《投资者关系管理办法》。

第一百二十六条 投资者关系管理的基本原则：

（一）充分披露信息原则：除强制的信息披露以外，公司还应主动披露投资者关心的其他相关信息，充分保障投资者的知情权及其他合法权益。

（二）合规披露信息原则：遵守国家法律、法规及证券监管部门、证券交易所对上市公司信息披露的规定，保证信息披露真实、准确、完整、及时。

（三）投资者机会均等原则：公平对待公司的所有股东及潜在投资者，避免进行选择性信息披露。

（四）高效低耗原则：选择投资者关系工作方式时，充分考虑提高沟通效率，降低沟通成本。

（五）互动沟通原则：主动听取投资者的意见、建议，实现公司与投资者之间的双向沟通，形成良性互动。

（六）保密原则：公司开展投资者关系活动时注意尚未公布信息及内部信息的保密，避免和防止由此引发泄密及导致相关的内幕交易。

第一百二十七条　投资者关系管理的工作内容主要包括：

（一）公司的发展战略，包括公司的发展方向、发展规划、竞争战略和经营方针等。

（二）法定信息披露及其说明，包括定期报告和临时公告等。

（三）公司依法可以披露的经营管理信息，包括生产经营状况、财务状况、新产品或新技术的研究开发、经营业绩、股利分配等。

（四）公司依法可以披露的重大事项，包括公司的重大投资及其变化、资产重组、收购兼并、对外合作、对外担保、重大合同、关联交易、重大诉讼或仲裁、管理层变动以及大股东变化等信息。

（五）企业文化建设。

（六）按照法律、法规和证券监管部门要求披露的其他信息。

（七）投资者关注的与公司有关的信息。

公司开展投资者关系活动时应注意尚未公布信息及内部信息的保密，避免和防止由此引发泄密及导致相关的内幕交易；一旦出现泄密的情形，公司应当按有关规定及时予以披露。

第一百二十八条　公司投资者关系管理工作实行董事长负责制，公司总经理、副总经理、财务总监等公司高级管理人员应积极参加重大投资者关系活动。

第一百二十九条　公司董事会秘书担任投资者关系管理的具体负责人，董事会办公室作为投资者关系管理工作的职能部门，在董事会秘书的领导下，开展投资者关系管理工作。公司的其他职能部门、控股子公司、共同控制企业及全体员工有义务积极协助董事会办公室实施投资者关系管理工作。

第九章　财务会计制度和利润分配

第一百三十条　公司依照法律、行政法规和国家有关部门的规定，制定公司的财务会计制度。

第一百三十一条　公司分配当年税后利润时，应当提取利润的百分之十列入公司法定公积金。公司法定公积金累计额达公司注册资本的百分之五十以上时，可以不再提取。

公司的法定公积金不足以弥补以前年度亏损的，在依照前款规定提取法定公积金之前，应当先用当年利润弥补亏损。

公司从税后利润中提取法定公积金后，经股东大会决议，还可以从税后利润中提取任意公积金。

公司弥补亏损和提取公积金后所余税后利润，按照股东持有的股份比例分配，但本章程规定不按持股比例分配的除外。

股东大会违反前款规定，在公司弥补亏损和提取法定公积金之前向股东分配利润的，股东必须将违反规定分配的利润退还公司。

第一百三十二条 公司持有的本公司股份不参与分配利润。

第一百三十三条 公司的公积金用于弥补公司的亏损、扩大公司生产经营或者转为增加公司资本。但是，资本公积金将不用于弥补公司的亏损。

法定公积金转为资本时，所留存的该项公积金将不少于转增前公司注册资本的百分之二十五。

第一百三十四条 公司实行积极、持续、稳定的利润分配政策，公司利润分配应重视对投资者的合理投资回报并兼顾公司当年的实际经营情况和可持续发展。公司董事会、监事会和股东大会对利润分配政策的决策和论证应当充分考虑公众投资者的利益。除补充公司流动资金和满足项目投资需求外，公司的未分配利润原则上应回报股东。

第一百三十五条 公司可以采取现金、股票或者现金与股票相结合的方式进行利润分配，利润分配不得超过累积可分配利润的范围，不得损害公司持续经营能力。

第一百三十六条 公司股东大会对利润分配方案做出决议后，公司董事会须在股东大会召开后两个月内完成股利（或股份）的派发事项。

公司利润分配采取现金或者股票方式分配股利。公司可以进行中期现金分红。股东违规占有公司资金的，公司应当扣减该股东所分配的现金红利，以偿还其占用的资金。

第十章 通知和公告

第一百三十七条 公司的通知以下列形式发出：

（一）以专人送出。

（二）以邮寄或电子邮件等方式送出。

（三）本章程规定的其他形式。

第一百三十八条 公司召开股东大会、董事会、监事会的会议通知，以专人、传真、邮件（包括电子邮件）、电话或其他方式进行。

第一百三十九条 公司通知以专人送出的，由被送达人在送达回执上签名（或盖章），被送达人签收日期为送达日期；公司通知以邮件送出的，自交付邮局之日起第七个工作日为送达日期；公司通知以传真、电子邮件方式进行的，以发出第二天为送达日；公司通知以电话方式进行的，以通知当天为送达日期。

第一百四十条 因意外遗漏未向某有权得到通知的人送出会议通知或者该等人没有收到会议通知，会议及会议做出的决议并不因此无效。

第十一章　解散和清算办法

第一节　合并、分立、增资和减资

第一百四十一条　公司合并，应当由合并各方签订合并协议，并编制资产负债表及财产清单。公司应当自做出合并决议之日起十日内通知债权人，并于三十日内在报纸上公告。债权人自接到通知书之日起三十日内，未接到通知书的自公告之日起四十五日内，可以要求公司清偿债务或者提供相应的担保。

第一百四十二条　公司合并时，合并各方的债权、债务，由合并后存续的公司或者新设的公司承继。

第一百四十三条　公司分立，其财产作相应的分割。公司分立，应当编制资产负债表及财产清单。公司应当自做出分立决议之日起十日内通知债权人，并于三十日内在报纸上公告。

第一百四十四条　公司分立前的债务由分立后的公司承担连带责任。但是，公司在分立前与债权人就债务清偿达成的书面协议另有约定的除外。

第一百四十五条　公司需要减少注册资本时，必须编制资产负债表及财产清单。

公司应当自做出减少注册资本决议之日起十日内通知债权人，并于三十日内在报纸上公告。债权人自接到通知书之日起三十日内，未接到通知书的自公告之日起四十五日内，有权要求公司清偿债务或者提供相应的担保。

公司减资后的注册资本将不低于法定的最低限额。

第一百四十六条　股公司增加注册资本发行新股时，股东认购新股，依照《公司法》及全国中小企业股份转让系统有限公司的相关规定执行。

第一百四十七条　公司合并或者分立，登记事项发生变更的，应当依法向公司登记机关办理变更登记；公司解散的，应当依法办理公司注销登记；设立新公司的，应当依法办理公司设立登记。

第一百四十八条　公司增加或者减少注册资本，应当依法向公司登记机关办理变更登记。

第二节　解散和清算

第一百四十九条　公司因下列原因解散：

（一）本章程规定的营业期限届满或者本章程规定的其他解散事由出现。

（二）股东大会决议解散。

（三）因公司合并或者分立需要解散。

（四）依法被吊销营业执照、责令关闭或者被撤销。

（五）公司经营管理发生严重困难，继续存续会使股东利益受到重大损失，通过其他途径不能解决的，持有公司百分之十以上有表决权股份的股东，可以请求人民法院解散公司。

第一百五十条 公司有本章程第一百四十九条第（一）项情形的，可以通过修改本章程而存续。

依照前款规定修改本章程，须经出席股东大会会议的股东所持表决权的三分之二以上通过。

第一百五十一条 公司被依法宣告破产的，依照有关企业破产的法律实施破产清算。

第十二章 修改章程

第一百五十二条 有下列情形之一的，公司应当修改章程：

（一）《公司法》或有关法律、行政法规修改后，章程规定的事项与修改后的法律、行政法规的规定相抵触。

（二）公司的情况发生变化，与章程记载的事项不一致。

（三）股东大会决定修改章程。

第一百五十三条 股东大会决议通过的章程修改事项应经主管机关审批的，须报主管机关批准；涉及公司登记事项的，依法办理变更登记。

第一百五十四条 董事会依照股东大会修改章程的决议修改本章程。

第十三章 附 则

第一百五十五条 本章程由公司董事会负责解释。

第一百五十六条 本章程自股东大会审议通过之日起施行。

范本2 股东大会议事规则

第一章 总 则

第一条 为进一步明确公司股东大会的职责权限，保证公司股东大会规范运作，维护股东的合法权益，确保股东平等有效地行使权利，根据《中华人民共和国公司法》、其他有关法律法规及《公司章程》，制定本规则。

第二条 本规则自生效之日起，即成为对公司、公司股东、董事、监事、总经理和其他高级管理人员具有法律约束力的规范性文件。

第三条 公司应当严格按照法律、行政法规、本规则及《公司章程》的相关规定召开股东大会，保证股东能够依法行使权利。

公司董事会应当切实履行职责，认真、按时组织股东大会。公司全体董事应当勤勉尽责，确保股东大会正常召开和依法行使职权。

第四条 股东大会为本公司的权力机构，应当在《公司法》和《公司章程》规定的范围内行使职权。

第五条 股东大会分为年度股东大会和临时股东大会。年度股东大会每年召开一次，应当于上一会计年度结束后的六个月内举行。临时股东大会不定期召开，出现《公司法》第一百条规定的应当召开临时股东大会的情形时，临时股东大会应当在两个月内召开。

第六条 公司召开股东大会，应当在会议结束后将相关决议公告披露。公司召开年度股东大会，还应当聘请律师对以下问题出具法律意见并公告：

（一）会议的召集、召开程序是否符合法律、行政法规、本规则和《公司章程》的规定。

（二）出席会议人员的资格、召集人资格是否合法有效。

（三）会议的表决程序、表决结果是否合法有效。

（四）其他有关问题。

第七条 股东大会是公司的权力机构，依法行使下列职权：

（一）决定公司的经营方针和投资计划。

（二）选举和更换非由职工代表担任的董事、监事，决定有关董事、监事的报酬事项。

（三）审议批准董事会的报告。

（四）审议批准监事会报告。

（五）审议批准公司的年度财务预算方案、决算方案。

（六）审议批准公司的利润分配方案和弥补亏损方案。

（七）对公司增加或者减少注册资本做出决议。

（八）对发行公司债券做出决议。

（九）对公司合并、分立、解散、清算或者变更公司形式做出决议。

（十）修改公司章程。

（十一）对公司聘用、解聘会计师事务所做出决议。

（十二）审议批准《公司章程》第四十六条规定的担保事项。

（十三）审议批准金额达到或超过公司最近一期经审计总资产百分之五十的对外投资事项。

（十四）审议批准金额达到或超过人民币一千万元的关联交易事项。

（十五）审议批准公司向银行等金融机构累计申请金额达到或超过公司最近一期

经审计总资产百分之五十的长期借款和短期借款。

（十六）审议批准变更募集资金用途事项。

（十七）审议股权激励计划。

（十八）审议法律、行政法规、部门规章或本章程规定应当由股东大会决定的其他事项。

第二章　股东大会的召集

第八条　董事会应当在本规则第五条规定的期限内依法召集股东大会。

第九条　监事会有权向董事会提议召开临时股东大会，并应当以书面形式向董事会提出。董事会应当根据法律、行政法规和《公司章程》的规定，在收到提议后十日内提出同意或不同意召开临时股东大会的书面反馈意见。

董事会同意召开临时股东大会的，应当在做出董事会决议后的五日内发出召开股东大会的通知，通知中对原提议的变更，应当征得监事会的同意。

董事会不同意召开临时股东大会，或者在收到提议后十日内未做出书面反馈的，视为董事会不能履行或者不履行召集股东大会会议职责，监事会可以自行召集和主持。

第十条　单独或者合计持有公司百分之十以上股份的股东有权向董事会请求召开临时股东大会，并应当以书面形式向董事会提出。董事会应当根据法律、行政法规和《公司章程》的规定，在收到请求后十日内提出同意或不同意召开临时股东大会的书面反馈意见。

董事会同意召开临时股东大会的，应当在做出董事会决议后的五日内发出召开股东大会的通知，通知中对原请求的变更，应当征得相关股东的同意。

董事会不同意召开临时股东大会，或者在收到请求后十日内未做出反馈的，单独或者合计持有公司百分之十以上股份的股东有权向监事会提议召开临时股东大会，并应当以书面形式向监事会提出请求。

监事会同意召开临时股东大会的，应在收到请求五日内发出召开股东大会的通知，通知中对原请求的变更，应当征得提议股东的同意。

监事会未在规定期限内发出股东大会通知的，视为监事会不召集和主持股东大会，连续九十日以上单独或者合计持有公司百分之十以上股份的股东可以自行召集和主持。

第十一条　监事会或股东决定自行召集股东大会的，应当书面通知董事会。在股东大会召开前，召集股东持股比例不得低于百分之十。

对于监事会或股东自行召集的股东大会，董事会和董事会秘书应予配合。

第十二条　监事会或股东自行召集的股东大会，会议所必需的费用由公司承担。

第三章　股东大会的提案和通知

第十三条　股东大会提案应当符合下列条件：

（一）内容与法律、行政法规和《公司章程》的规定不相抵触，并且属于股东大会职权范围。

（二）有明确议题和具体决议事项。

（三）以书面形式提交或者送达召集人。

第十四条　公司召开股东大会，董事会、监事会以及单独或者合计持有公司百分之三以上股份的股东，有权向公司提出提案。

单独或者合计持有公司百分之三以上股份的股东，可以在股东大会召开十日前提出临时提案并书面提交召集人。召集人应当在收到提案后二日内发出股东大会补充通知，通知临时提案的内容。

除前款规定外，召集人在发出股东大会通知后，不得修改股东大会通知中已列明的提案或增加新的提案。

股东大会通知中未列明或不符合本规则第十三条规定的提案，股东大会不得进行表决并做出决议。

第十五条　召集人将在年度股东大会召开二十日前通知各股东，临时股东大会将于会议召开十五日前通知各股东。

公司计算前述“二十日”“十五日”的起始期限时，不包括会议召开当日，但包括通知发出当日。

第十六条　股东大会通知和补充通知中应当充分、完整披露所有提案的具体内容，以及为使股东对拟讨论的事项做出合理判断所需的全部资料或解释。

股东大会的通知包括以下内容：

（一）会议的时间、地点和会议期限。

（二）提交会议审议的事项和提案。

（三）以明显的文字说明：全体股东均有权出席股东大会，并可以书面委托代理人出席会议和参加表决，该股东代理人可以不必是公司的股东。

（四）会务常设联系人姓名、电话号码。

第十七条　股东大会拟讨论董事、监事选举事项的，应当充分披露董事、监事候选人的详细资料，至少包括以下内容：

（一）教育背景、工作经历、兼职等个人情况。

（二）与公司或其控股股东及实际控制人是否存在关联关系。

（三）披露持有公司股份数量。

（四）是否受过中国证监会及其他有关部门的处罚和证券交易所惩戒。

每位董事、监事候选人应当以单项提案提出。

第十八条 发出股东大会通知后，无正当理由，股东大会不得延期或取消，股东大会通知中列明的提案不得取消。一旦出现延期或取消的情形，召集人应当在原定召开日前至少二个工作日以书面形式说明原因。

第四章 股东大会的召开

第十九条 董事会和其他召集人应当采取必要措施，保证股东大会的正常秩序。对于干扰股东大会、寻衅滋事和侵犯股东合法权益的行为，应当采取措施加以制止并及时报告有关部门查处。

第二十条 公司股东或其代理人均有权出席股东大会，并依照有关法律、行政法规、部门规章及《公司章程》行使表决权。

股东可以亲自出席股东大会，也可以委托代理人代为出席和表决。

第二十一条 个人股东亲自出席会议的，应出示本人身份证或其他能够表明其身份的有效证件或证明；委托他人出席会议的，代理人还应出示其本人有效身份证件和股东授权委托书。

法人股东应由法定代表人或者法定代表人委托的代理人出席会议。法定代表人出席会议的，应出示本人身份证、能证明其具有法定代表人资格的有效证明；委托代理人出席会议的，代理人应出示本人身份证、法人股东单位的法定代表人依法出具的书面授权委托书。

第二十二条 股东出具的委托他人出席股东大会的授权委托书应当载明下列内容：

（一）代理人的姓名。

（二）是否具有表决权。

（三）分别对列入股东大会议程的每一审议事项投赞成、反对或弃权票的指示。

（四）委托书签发日期和有效期限。

（五）委托人签名（或盖章）。委托人为法人股东的，应由法定代表人签字、并加盖法人单位印章。

第二十三条 委托书应当注明如果股东不作具体指示，股东代理人是否可以按自己的意思表决。

第二十四条 投票代理委托书和经公证的授权书或者其他授权文件，均需备置于公司住所或者会议通知指定的其他地方。

委托人为法人的，由其法定代表人或者董事会、其他决策机构决议授权的人作为代表出席公司的股东大会会议。

第二十五条 出席会议人员的会议登记册由公司负责制作。会议登记册应载明会议人员姓名（或单位名称）、身份证号码、住所地址、持有或者代表有表决权的股份数额、被代理人姓名（或单位名称）等事项。

第二十六条 召集人应依据股东名册对股东资格的合法性进行验证，并登记股东姓名（或名称）及其所持有表决权的股份数。在会议主持人宣布现场出席会议的股东和代理人人数及所持有表决权的股份总数之前，会议登记应当终止。

第二十七条 公司召开股东大会，全体董事、监事和董事会秘书应当出席会议，总经理和其他高级管理人员应当列席会议。

第二十八条 董事会召集的股东大会由董事长主持。董事长不能履行职务或不履行职务时，由半数以上董事共同推举的一名董事主持。

监事会自行召集的股东大会，由监事会主席主持。监事会主席不能履行职务或不履行职务时，由半数以上监事共同推举的一名监事主持。

股东自行召集的股东大会，由召集人推举代表主持。

召开股东大会时，会议主持人违反本议事规则导致股东大会无法继续进行的，经现场出席股东大会有表决权过半数的股东同意，股东大会可推举一人担任会议主持人，继续开会。

第二十九条 在年度股东大会上，董事会、监事会应当就其过去一年的工作向股东大会做出报告。

第三十条 董事、监事、高级管理人员在股东大会上应就股东的质询做出解释和说明。

第三十一条 会议主持人应当在表决前宣布现场出席会议的股东和代理人人数及所持有表决权的股份总数，现场出席会议的股东和代理人人数及所持有表决权的股份总数以会议登记为准。

第三十二条 股东参加大会，应当认真履行其法定义务，不得侵犯其他股东的权益，不得扰乱大会的正常程序或会议秩序。

第三十三条 股东参加股东大会，依法享有发言权。股东发言时应首先报告其所持有的股份数额并向会议主持人出示有效证明。

对股东违反上述程序要求发言的，股东大会会议主持人有权予以拒绝或制止。

第三十四条 股东参加股东大会，有权就议事日程或提案提出质询。

股东大会会议主持人应就股东提出的质询做出回答，或指示有关负责人员做出回答。

有下列情形之一，股东大会会议主持人可以拒绝回答质询，但应向质询者说明理由：

（一）质询与提案无关。

（二）质询事项有待调查。

（三）回答质询将泄露公司商业秘密，或明显损害公司或股东共同利益。

（四）其他重要事由。

第三十五条 股东大会会议主持人可以要求下列人员退场：

（一）不具备前条规定的出席会议资格的。

（二）蓄意扰乱会场秩序的。

（三）衣冠不整有伤风化的。

（四）携带危险物品或动物的。

如果前款所列人员不服从退场命令，股东大会会议主持人可令工作人员强制其退场，必要时可以请公安机关予以协助。

第三十六条 召集人应当保证股东大会连续举行，直至形成最终决议。因不可抗力等特殊原因导致股东大会中止或不能做出决议的，应采取必要措施尽快恢复召开股东大会或直接终止本次股东大会。

第五章 股东大会的表决与决议

第三十七条 股东大会决议分为普通决议和特别决议。股东大会做出普通决议，应当由出席股东大会的股东（包括股东代理人）所持表决权的二分之一通过。

股东大会做出特别决议，应当由出席股东大会的股东（包括股东代理人）所持表决权的三分之二通过。

第三十八条 下列事项由股东大会以普通决议通过：

（一）董事会和监事会的工作报告。

（二）公司年度预算方案、决算方案。

（三）董事会和监事会成员的任免及其报酬和支付方法。

（四）公司年度报告。

（五）审议批准公司的利润分配方案和弥补亏损方案。

（六）与股东及其关联人的关联交易。

（七）对发行公司债券做出决议。

（八）除法律、行政法规规定或者《公司章程》规定应当以特别决议通过以外的其他事项。

第三十九条 下列事项由股东大会以特别决议通过：

（一）变更主营业务或经营范围。

（二）公司增加或者减少注册资本。

（三）公司的分立、合并、解散和清算。

（四）《公司章程》的修改。

（五）法律、行政法规或《公司章程》规定的，以及股东大会以普通决议认定会对公司产生重大影响的、需要以特别决议通过的其他事项。

第四十条 股东（包括股东代理人）以其所代表的有表决权的股份数额行使表决权，每一股份享有一票表决权。

公司持有的本公司股份没有表决权，且该部分股份不计入出席股东大会有表决权的股份总数。

董事会可以征集股东投票权。公司股东可向其他股东公开征集其合法享有的股东大会召集权、提案权、提名权、投票权等股东权利，但不得采取有偿或变相有偿方式进行征集。

公司或控股股东不得通过利益交换等方式换取部分股东按照公司或控股股东的意愿进行投票，操纵股东大会表决结果，损害其他股东的合法权益。

第四十一条 股东大会审议有关关联交易事项时，关联股东不应当参与投票表决，其所代表的有表决权的股份数不计入有效表决总数。

关联股东在股东大会审议有关关联交易事项时，公司董事会及见证律师应在股东投票前，提醒关联股东须回避表决。关联股东应当主动向股东大会说明情况，并明确表示不参与投票表决。股东没有主动说明关联关系和回避的，其他股东可以要求其说明情况并回避。该股东坚持要求参与投票表决的，由出席股东大会的所有其他股东适用特别决议程序投票同意。

如公司的股东均为有关关联交易事项的关联方时，应将该事项提交公司董事会审议，该董事会会议由过半数的无关联关系董事出席即可举行，董事会会议所作决议须经无关联关系董事过半数通过。出席董事会的无关联关系董事人数不足三人的，应将该事项提交监事会审议。该监事会会议由全体监事出席方可举行，监事会会议所做决议须经全体监事一致通过。

关联关系股东的回避和表决程序：

（一）关联交易协议不应由同一人代表双方签署。

（二）关联董事不应在股东大会上对关联交易进行说明。

（三）股东大会审议的某项与某股东有关联关系，该股东应当在股东大会召开之日前向公司董事会披露其关联关系。

（四）股东大会在审议有关关联交易事项时，大会主持人宣布有关关联关系的股东，并解释和说明关联股东与关联交易事项的关联关系。

（五）大会主持人宣布关联股东回避，由非关联股东对关联交易事项进行审议、表决。

（六）关联事项形成决议，必须由非关联股东有表决权的股份数的半数以上通过。

（七）关联股东未就关联事项按上述程序进行关联关系披露或回避，有关该关联事项的一切决议无效，重新表决。

第四十二条 公司应在保证股东大会合法、有效的前提下，可通过各种方式和途径，为股东参加股东大会提供便利。

第四十三条 除公司处于危机等特殊情况外，非经股东大会以特别决议批准，公司不与董事、高级管理人员以外的人订立将公司全部或者重要业务的管理交予该人负责的合同。

第四十四条 董事、监事候选人名单以提案的方式提请股东大会决议。

第四十五条 董事、监事提名的方式和程序为：

（一）公司的董事候选人由公司董事会、单独或合计持有公司百分之三以上股份的股东以提案的方式提名；公司监事候选人由公司监事会、单独或合计持有公司百分之三以上股份的股东以提案的方式提名。

（二）董事的提名人在提名前应当征得被提名人的同意。提名人应当充分了解被提名人职业、学历、职称、详细的工作经历、全部兼职及其他情况。

（三）职工代表监事的候选人由公司负责人力资源管理的部门提名，提交职工代表大会或其他职工民主选举机构选举产生职工代表监事。

（四）股东大会通过有关董事、监事选举提案的，新任董事、监事就任时间为股东大会决议通过之日。

第四十六条 董事在股东大会审议其受聘议案时，应当亲自出席股东大会并就其是否存在下列情形向股东大会报告：

（一）《公司法》规定的不得担任董事的情形。

（二）被中国证监会宣布为市场禁入者且尚在禁入期。

（三）最近三年被中国证监会、证券交易所处罚和惩戒的其他情况。

第四十七条 股东大会应对所有提案进行逐项表决。对同一事项有不同提案的，应当按提案提出的时间顺序进行表决。除因不可抗力等特殊原因导致股东大会中止或不能做出决议外，股东大会不应对提案进行搁置或不予表决。

第四十八条 股东大会审议提案时，不应对提案进行修改，否则，有关变更应当被视为一个新的提案，不能在本次股东大会上进行表决。

第四十九条 同一表决权出现重复表决的以第一次投票结果为准。

第五十条 股东大会采取记名方式投票表决。

第五十一条 出席股东大会的股东，应当对提交表决的提案发表以下意见之一：

同意、反对或弃权。

未填、错填、字迹无法辨认的表决票或未投的表决票均视为投票人放弃表决权利，其所持股份数的表决结果应计为“弃权”。

第五十二条 股东大会对提案进行表决前，应当推举两名股东代表参加计票和监票。审议事项与股东有利害关系的，相关股东及代理人不得参加计票、监票。

股东大会对提案进行表决时，应当由股东代表、监事代表和律师共同负责计票、监票，并当场公布表决结果，决议的表决结果载入会议记录。

第五十三条 通过其他方式投票的公司股东或其代理人，有权查验自己的投票结果。

第五十四条 股东大会就大会提案进行审议后，应立即进行表决。股东大会在进行表决时，股东不再进行大会发言。

第五十五条 会议主持人应当宣布每一提案的表决情况和结果，并根据表决结果宣布提案是否通过。

在正式公布表决结果前，股东大会现场及其他表决方式中所涉及的本公司、计票人、监票人、律师、主要股东等相关各方对表决情况均负有保密义务。

第五十六条 注册会计师对公司财务报告出具解释性说明、保留意见、无法表示意见或否定意见的审计报告的，公司董事会应当将导致会计师出具上述意见的有关事项及对公司财务状况和经营状况的影响向股东大会做出说明。

第五十七条 股东大会会议主持人根据表决结果决定股东大会的决议是否通过，并应当在会上宣布表决结果。决议的表决结果载入会议记录。

第五十八条 股东大会会议主持人如果对提交表决的决议结果有任何怀疑，可以对所投票数进行点算；如果股东大会会议主持人未进行点票，出席会议的股东或者股东代理人对会议主持人宣布结果有异议的，有权在宣布表决结果后立即要求点票，股东大会会议主持人应当即时点票。

第五十九条 提案未获通过，或者本次股东大会变更前次股东大会决议的，应当在股东大会决议中作特别提示。

第六十条 大会提案全部审议并形成决议后，股东大会会议主持人可以宣布散会。

第六十一条 股东大会通过有关派现、送股或资本公积转增股本提案的，公司将在股东大会结束后两个月内实施具体方案。

第六章 股东大会记录

第六十二条 股东大会会议记录由董事会秘书负责，会议记录记载以下内容：

（一）会议时间、地点、议程和召集人姓名或名称。

（二）会议主持人以及出席或列席会议的董事、监事、董事会秘书、总经理和其他高级管理人员姓名。

（三）出席会议的股东和代理人人数、所持有表决权的股份总数及占公司股份总数的比例。

（四）对每一提案的审议经过和表决结果。

（五）股东的质询意见或建议以及相应的答复或说明。

（六）律师及计票人、监票人姓名。

（七）《公司章程》规定应当载入会议记录的其他内容。

第六十三条 召集人应当保证会议记录内容真实、准确和完整。出席会议的董事、监事、董事会秘书、召集人或其代表、会议主持人应当在会议记录上签名。会议记录应当与现场出席股东的签名册及代理出席的委托书及其他表决情况的有效资料一并保存，保存期限不少于十年。

第六十四条 股东大会到会人数、参会股东持有的股份数额、授权委托书、每一表决事项的表决结果、会议记录、会议程序的合法性等事项，可以进行公证。

第六十五条 公司股东大会决议内容违反法律、行政法规的无效。

股东大会的会议召集程序、表决方式违反法律、行政法规或者《公司章程》，或者决议内容违反《公司章程》的，股东可以自决议做出之日起六十日内，请求人民法院撤销。

第七章 股东大会对董事会的授权

第六十六条 股东大会通过普通决议，可授权董事会在股东大会闭会期间行使股东大会的部分职权。

第六十七条 股东大会对董事会的授权应遵循以下原则：

（一）以有利于公司的经营发展为中心，保证公司经营的顺利、高效运行。

（二）遵循合法、灵活、务实的原则，在恪守法律及《公司章程》有关规定的前提下，提高决策效率，保证公司经营决策的及时进行。

（三）保护公司及全体股东的合法权益。

第六十八条 董事会有权在一定限额内对公司资产进行处置、担保、对外投资、融资。董事会在行使上述权力时应当遵循合法合规、审慎安全的原则，建立严格的审查、决策程序，重大投资项目应当组织有关专家、专业人员、机构进行有效评估，制作可研报告。

董事会的具体权限是：

（一）审议批准金额为公司最近一期经审计总资产百分之五十以下的下列事项：收购、出售、置换、处置股权、实物资产或其他资产；对外参股、控股的投资；买卖有价证券；风险投资、委托理财、资产抵押等。

（二）审议批准金额为三十万元以上一千万元以下的关联交易事项。

（三）审议批准公司向银行等金融机构累计申请金额为公司最近一期经审计总资产百分之五十以下的长期借款和短期借款。

（四）审议《公司章程》规定需由股东大会审议的对外担保事项。

上述规定的限额以上的事项，必须由股东大会审议通过。董事会可以做出决议在上述权限内向董事长、总经理进行相关授权，在董事会闭会期间行使董事会的上述权限。

第六十九条 董事会对授权事项进行决策时应进行充分的商讨和论证，必要时可聘请中介机构提供专业意见，以保证决策事项的科学与合理。董事会在对授权事项进行决策的过程中，应充分履行信息披露义务并自觉接受公司股东、监事会以及相关部门的监督。

第八章 附 则

第七十条 本规则所称“以上”“内”，含本数；“过”“低于”“多于”，不含本数。

第七十一条 股东大会形成的决议，由董事会负责执行，并按决议的内容交由公司总经理组织有关人员具体实施。股东大会决议要求监事会办理的事项，直接由监事会组织实施。董事会、监事会应将决议执行情况向下次股东大会报告。

第七十二条 本规则经股东大会通过后生效。

第七十三条 本规则的修改，由董事会提出修改案，提请股东大会审议批准。

第七十四条 本规则由公司董事会负责解释。

范本3 董事会议事规则

第一章 总 则

第一条 为了进一步规范董事会的议事方式和决策程序，促使董事和董事会有效地履行其职责，提高董事会规范运作和科学决策水平，根据《中华人民共和国公司法》及《公司章程》，结合公司实际情况，制定本规则。

第二条 董事会是公司的常设机构，对股东大会负责，执行股东大会决议，维护公司和全体股东的利益，负责公司发展目标和重大经营活动的决策。

第二章 董 事

第三条 公司董事为自然人。自然人有下列情形之一的，不能担任公司的董事：

（一）无民事行为能力或者限制民事行为能力。

（二）因贪污、贿赂、侵占财产、挪用财产或者破坏社会主义市场经济秩序，被判处刑罚，执行期满未逾五年，或者因犯罪被剥夺政治权利，执行期满未逾五年。

（三）担任破产清算的公司、企业的董事或者厂长、经理，对该公司、企业的破产负有个人责任的，自该公司、企业破产清算完结之日起未逾三年。

（四）担任因违法被吊销营业执照、责令关闭的公司、企业的法定代表人，并负有个人责任的，自该公司、企业被吊销营业执照之日起未逾三年。

（五）个人所负数额较大的债务到期未清偿。

（六）被中国证监会处以证券市场禁入处罚，期限未满。

（七）法律、行政法规或部门规章规定的其他人员。

违反本条规定选举、委派董事的，该选举、委派或者聘任无效。董事在任职期间出现本条情形的，公司解除其职务。

第四条　董事由股东大会选举或更换，任期三年。董事任期届满，可连选连任。

董事任期从就任之日起计算，至本届董事会任期届满时为止。董事任期届满未及时改选，在改选出的董事就任前，原董事仍应当依照法律、行政法规、部门规章和章程的规定，履行董事职务。董事可以由总经理或者其他高级管理人员兼任。

第五条　董事应当遵守法律、行政法规和《公司章程》，对公司负有下列忠实义务：

（一）不得利用职权收受贿赂或者其他非法收入，不得侵占公司的财产。

（二）不得挪用公司资金。

（三）不得将公司资产或者资金以其个人名义或者其他个人名义开立账户存储。

（四）不得违反章程的规定，未经股东大会或董事会同意，将公司资金借贷给他人或者以公司财产为他人提供担保。

（五）不得违反章程的规定或未经股东大会同意，与本公司订立合同或者进行交易。

（六）未经股东大会同意，不得利用职务便利，为自己或他人谋取本应属于公司的商业机会，自营或者为他人经营与本公司同类的业务。

（七）不得接受与公司交易的佣金归为己有。

（八）不得擅自披露公司秘密。

（九）不得利用其关联关系损害公司利益。

（十）法律、行政法规、部门规章及章程规定的其他忠实义务。

董事违反本条规定所得的收入，应当归公司所有；给公司造成损失的，应当承担赔偿责任。

第六条　董事应当遵守法律、行政法规和《公司章程》，对公司负有下列勤勉义务：

（一）应谨慎、认真、勤勉地行使公司赋予的权利，以保证公司的商业行为符合国家法律、行政法规以及国家各项经济政策的要求，商业活动不超过营业执照规定的业务范围。

（二）应公平对待所有股东。

（三）及时了解公司业务经营管理状况。

（四）应当对公司定期报告签署书面确认意见。

（五）应当如实向监事会提供有关情况和资料，不得妨碍监事会或者监事行使职权。

（六）法律、行政法规、部门规章及章程规定的其他勤勉义务。

第七条　董事连续两次未能亲自出席，也不委托其他董事出席董事会会议，视为不能履行职责，董事会应当建议股东大会予以撤换。

第八条　董事可以在任期届满以前提出辞职。董事辞职应向董事会提交书面辞职报告。

如因董事的辞职导致公司董事会低于法定最低人数时，在改选出的董事就任前，原董事仍应当依照法律、行政法规、部门规章和章程规定，履行董事职务。

除前款所列情形外，董事辞职自辞职报告送达董事会时生效。

第九条　董事辞职生效或者任期届满，应向董事会办妥所有移交手续，其对公司和股东承担的忠实义务，在离任后一年解除，其对公司商业秘密保密的义务在其任职结束后仍然有效，直至该秘密成为公开信息。其他义务的持续期间应当根据公平的原则决定，视事件发生与离任之间时间的长短，以及与公司的关系在何种情况和条件下结束而定。

第十条　未经公司章程规定或者董事会的合法授权，任何董事不得以个人名义代表公司或者董事会行事。董事以其个人名义行事时，在第三方会合理地认为该董事在代表公司或者董事会行事的情况下，该董事应当事先声明其立场和身份。

第十一条　董事执行公司职务时违反法律、行政法规、部门规章或章程的规定，给公司造成损失的，应当承担赔偿责任。

第三章　董事会组成及职权

第一节　董事会及其职权

第十二条　公司设董事会，对股东大会负责。

第十三条　董事会由五名董事组成，董事会设董事长一名。

第十四条　董事会行使下列职权：

（一）召集股东大会，并向股东大会报告工作。

（二）执行股东大会的决议。

（三）决定公司的经营计划和投资方案。

（四）制订公司的年度财务预算方案、决算方案。

（五）制订公司的利润分配方案和弥补亏损方案。

（六）制订公司增加或者减少注册资本、发行债券或其他证券及上市方案。

（七）拟订公司重大收购、回购本公司股票或者合并、分立、解散及变更公司形式的方案。

（八）在股东大会授权范围内，决定公司对外投资、收购出售资产、资产抵押、对外担保事项、委托理财、关联交易等事项。

（九）决定公司内部管理机构的设置。

（十）聘任或者解聘公司总经理、董事会秘书；根据总经理的提名，聘任或者解聘公司副总经理、财务总监等高级管理人员，并决定其报酬事项和奖惩事项。

（十一）制订公司的基本管理制度。

（十二）制订《公司章程》的修改方案。

（十三）管理公司信息披露事项。

（十四）向股东大会提请聘请或更换为公司审计的会计师事务所。

（十五）听取公司总经理的工作汇报并检查总经理的工作。

（十六）《公司章程》规定的其他应当由董事会通过的职权。

董事会行使职权的事项超过股东大会授权范围的，应当提交股东大会审议。

第十五条 董事会应当就注册会计师对公司财务报告出具的非标准审计意见向股东大会做出说明。

第十六条 董事会确定对外投资、收购出售资产、资产抵押、对外担保事项、委托理财、关联交易的权限，建立严格的审查和决策程序；重大投资项目应当组织有关专家、专业人员进行评审，并报股东大会批准。

董事会审批权限如下：

（一）审议批准金额为公司最近一期经审计总资产百分之五十以下的对外投资事项。

（二）审议批准金额为三十万元以上一千万元人民币以下的关联交易事项。

（三）审议批准公司向银行等金融机构累计申请金额为公司最近一期经审计总资产百分之五十以下的长期借款和短期借款。

（四）审议除公司章程规定需由股东大会审议的对外担保事项。

董事会审议对外担保事项时，应经出席董事会会议的三分之二以上董事同意，且不得少于董事会全体董事的二分之一。

（五）董事会、股东大会审议关联交易事宜时，关联董事、股东应当回避表决。

第二节 董事长

第十七条 董事长由公司董事担任，由董事会以全体董事的过半数选举产生和罢免。

第十八条 董事长行使下列职权：

（一）主持股东大会会议和召集、主持董事会会议。

（二）督促、检查董事会决议的执行。

（三）代表公司签署有关文件。

（四）董事会授予的其他职权。

第十九条 董事长不能履行职务或者不履行职务的，由半数以上董事共同推举一名董事履行职务。

第二十条 董事长应积极推动公司内部各项制度的制订和完善，加强董事会建设，确保董事会会议依法正常运作，依法召集、主持董事会会议并督促董事亲自出席董事会会议。

第二十一条 董事长应严格董事会集体决策机制，不得以个人意见代替董事会决策，不得影响其他董事独立决策。

第二十二条 董事长在其职责范围（包括授权）内行使权力时，遇到对公司经营可能产生重大影响的事项时，应当审慎决策，必要时应提交董事会集体决策。

对于授权事项的执行情况应当及时告知全体董事。

董事长不得从事超越其职权范围（包括授权）的行为。

第二十三条 董事长应积极督促董事会决议的执行，发现董事会决议未得到严格执行或情况发生变化导致董事会决议无法执行的，应及时采取措施。

第二十四条 董事长应当保证董事会秘书的知情权，为其履行职责创造良好的工作条件，不得以任何形式阻挠其依法行使职权。

第三节 董事会秘书

第二十五条 公司聘任董事会秘书，负责股东大会和董事会会议的筹备、文件保管以及股东资料管理等事宜。

董事会秘书应遵守法律、行政法规、部门规章及《公司章程》的有关规定。

第二十六条 公司应当为董事会秘书履行职责提供便利条件，董事、监事、其他高级管理人员和相关工作人员应当支持、配合董事会秘书的工作。

董事会秘书为履行职责，有权了解公司的财务和经营情况，并要求公司有关部门和人员及时提供相关资料和信息。

第四章 董事会会议

第一节 一般规定

第二十七条 董事会会议分为定期会议和临时会议。董事会每年应当至少在上下两个半年度各召开一次定期会议。

第二十八条 定期会议的提案。

在发出召开董事会定期会议的通知前，董事会办公室应当充分征求各董事的意见，初步形成会议提案后交董事长拟定。

董事长在拟定提案前，应当视需要征求总经理和其他高级管理人员的意见。

第二十九条 有下列情形之一的，董事会应当召开临时会议：

（一）代表十分之一以上有表决权股份的股东提议时。

（二）三分之一以上董事联名提议时。

（三）监事会提议时。

（四）《公司章程》规定的其他情形。

第三十条 临时会议的提议程序。

按照前条规定提议召开董事会临时会议的，应当通过董事会办公室或者直接向董事长提交经提议人签字（盖章）的书面提议。书面提议中应当载明下列事项：

（一）提议人的姓名。

（二）提议理由或者提议所基于的客观事由。

（三）提议会议召开的时间或者时限、地点和方式。

（四）明确和具体的提案。

（五）提议人的联系方式和提议日期等。

提案内容应当属于《公司章程》规定的董事会职权范围内的事项，与提案有关的材料应当一并提交。

董事会办公室在收到上述书面提议和有关材料后，应当于当日转交董事长。董事长认为提案内容不明确、不具体或者有关材料不充分的，可以在接到提议后五日内要求提议人修改或者补充，最多可以要求提议人修改或补充两次。

提议人直接向董事长报送上述书面提议和有关材料的，应同时抄送董事会办公室。

董事长应当自接到提议正式稿后十日内，发出通知并召集董事会会议。

第三十一条 会议的召集和主持。

董事会会议由董事长召集和主持；董事长不能履行职务或者不履行职务的，由董事长委托一名董事履行召集和主持职务。

第二节 会议的通知

第三十二条 召开董事会定期会议和临时会议，董事会办公室应当提前十日将书面会议通知，通过直接送达、以预付邮资函件发送、传真、电子邮件方式，提交全体董事和监事以及总经理、董事会秘书。

情况紧急，需要尽快召开董事会临时会议的，可以随时通过电话或者其他口头方式发出会议通知，但召集人应当在会议上做出说明。

公司通知以专人送出的，由被送达人在送达回执上签名（或盖章），被送达人签收日期为送达日期；公司通知以邮件送出的，自交付邮局之日起第7个工作日为送达日期；公司通知以传真、电子邮件方式进行的，以发出第二天为送达日；公司通知以电话方式进行的，以通知当天为送达日期。

第三十三条 会议通知的内容。

书面会议通知应当至少包括以下内容：

（一）会议时间和地点。

（二）会议的召开方式。

（三）拟审议的事项（会议提案）。

（四）发出通知的时间。

（五）会议召集人和主持人、临时会议的提议人及其书面提议。

（六）董事表决所必需的会议材料。

（七）董事应当亲自出席或者委托其他董事代为出席会议的要求。

（八）联系人和联系方式。

口头会议通知至少应包括上述第（一）项、第（二）项内容，以及情况紧急需要尽快召开董事会临时会议的说明。

第三十四条 会议通知的变更。

董事会定期会议的书面会议通知发出后，如果需要变更会议的时间、地点等事项或者增加、变更、取消会议提案，应当在原定会议召开之日五日前发出书面变更通知，说明情况和新提案的有关内容及相关材料。不足五日的，会议日期应当相应顺延，或者在取得全体与会董事的认可后按期召开。

董事会临时会议的会议通知发出后，如果需要变更会议的时间、地点等事项或者增加、变更、取消会议提案，应当事先取得全体与会董事的认可并做好相应记录。

第三节 会议的召开

第三十五条 会议的召开。

董事会会议应当由过半数的董事以上出席方可举行。

监事可以列席董事会会议；总经理和董事会秘书未兼任董事的，应当列席董事会会议。董事认为有必要的，可以通知其他有关人员列席董事会会议。

第三十六条 亲自出席和委托出席。

董事原则上应当亲自出席董事会会议。因故不能出席会议的，可以书面委托公司董事会其他董事代为出席。代为出席会议的董事应当在授权范围内行使董事的权利。董事未出席董事会会议、亦未委托代表出席的，视为放弃在该次会议上的投票权。委托书应当载明：

（一）委托人和受托人的姓名。

（二）委托人对每项提案的简要意见。

（三）委托人的授权范围和对提案表决意向的指示。

（四）委托人的签字、日期等。

受托董事应当向会议主持人提交书面委托书，在会议签到簿上说明受托出席的情况。

出现下列情形之一的，董事应当做出书面说明：

（一）连续两次未亲自出席董事会会议。

（二）任职期内连续十二个月未亲自出席董事会会议次数超过其间董事会总次数的二分之一。

第三十七条 关于委托出席的限制。

委托和受托出席董事会会议应当遵循以下原则：

（一）在审议关联交易事项时，非关联董事不得委托关联董事代为出席；关联董事也不得接受非关联董事的委托。

（二）董事不得在未说明其本人对提案的个人意见和表决意向的情况下全权委托其他董事代为出席，有关董事也不得接受全权委托和授权不明确的委托。

（三）一名董事不得接受超过两名董事的委托，董事也不得委托已经接受两名其他董事委托的董事代为出席。

第三十八条 会议召开方式。

董事会会议以现场召开为原则。必要时，在保障董事充分表达意见的前提下，经召集人（主持人）、提议人同意，也可以通过视频、电话、传真或者电子邮件表决等方式召开。董事会会议也可以采取现场与其他方式同时进行的方式召开。

非以现场方式召开的，以视频显示在场的董事、在电话会议中发表意见的董事、规定期限内实际收到传真或者电子邮件等有效表决票，或者董事事后提交的曾参加会议的书面确认函等计算出席会议的董事人数。

第三十九条 会议审议程序。

会议主持人应当提请出席董事会会议的董事对各项提案发表明确的意见。

董事阻碍会议正常进行或者影响其他董事发言的，会议主持人应当及时制止。

除征得全体与会董事的一致同意外，董事会会议不得就未包括在会议通知中的提案进行表决。董事接受其他董事委托代为出席董事会会议的，不得代表其他董事对未包括在会议通知中的提案进行表决。

第四十条 董事在审议议案时，应当注意：

（一）董事审议授权议案时，应当对授权的范围、合理性和风险进行审慎判断。董事应当对董事会授权的执行情况进行持续监督检查。

（二）董事审议重大投资事项时，应当认真分析投资前景，充分关注投资风险以及相应的对策。

（三）董事审议重大交易事项时，应当详细了解发生交易的原因，审慎评估交易对公司财务状况和长远发展的影响，特别关注是否存在通过关联交易非关联化的方式掩盖关联交易实质的行为。

（四）审议关联交易事项时，应当对关联交易的必要性、真实意图、对公司的影响做出明确判断，特别关注交易的定价政策及定价依据，包括评估值的公允性、交易标的的成交价格与账面值或评估值之间的关系等，严格遵守关联董事回避制度，防止利用关联交易向关联方输送利益。

（五）董事在审议对外担保议案前，应当积极了解被担保对象的基本情况，如经营和财务状况、资信情况、纳税情况等。董事在审议对外担保议案时，应当对担保的合规性、合理性、被担保方偿还债务的能力以及反担保方的实际承担能力做出审慎判断。

（六）董事在审议计提资产减值准备议案时，应当关注该项资产形成的过程及计提减值准备的原因、计提资产减值准备是否符合公司实际情况以及对公司财务状况和经营成果的影响。

（七）董事在审议资产核销议案时，应当关注追踪催讨和改进措施、相关责任人处理、资产减值准备计提和损失处理的内部控制制度的有效性。

（八）董事在审议涉及会计政策变更、会计估计变更、重大会计差错更正以及计提减值准备和核销资产议案时，应当关注公司是否存在利用上述事项调节各期利润误导投资者的情形。

（九）董事在审议重大融资议案时，应当结合公司实际，分析各种融资方式的利弊，合理确定融资方式。

在对以上所述重大事项或其他可能对公司经营产生重大影响的事项进行投票表决时，应当对其是否符合国家法律法规和有关规定、是否存在损害社会公众股股东合法权益发表明确意见。上述意见应在董事会会议记录中做出记载。

第四十一条　发表意见。

董事应当认真阅读有关会议材料，在充分了解情况的基础上独立、审慎地发表意见。

董事可以在会前向董事会办公室、会议召集人、总经理和其他高级管理人员、会计师事务所和律师事务所等有关人员和机构了解决策所需要的信息，也可以在会议进行中向主持人要求请上述人员和机构代表与会解释有关情况。

第四节　会议表决和决议

第四十二条　会议表决。

每项提案经过充分讨论后，主持人应当适时提请与会董事进行表决。董事会会议表决实行一人一票。表决方式为：记名方式投票表决。董事会临时会议在保障董事充分表达意见的前提下，可以用通讯方式进行并做出决议，由参会董事签字。

董事的表决意向分为同意、反对和弃权。与会董事应当从上述意向中选择其一，未做选择或者同时选择两个以上意向的，会议主持人应当要求有关董事重新选择，拒不选择的，视为弃权；中途离开会场不回而未做选择的，视为弃权。

借助电话、视频或类似通讯设备参加现场会议的董事，或非现场会议的董事可以传真、PDF格式的电子邮件附件的方式进行表决，但会后应尽快将所签署的表决票寄回公司。传真、电子邮件与书面表决具有同等效力，但事后寄回的书面表决必须与传真、电子邮件表决一致；不一致的，以传真、电子邮件形式的表决为准。

第四十三条　表决结果的统计。

与会董事表决完成后，董事会办公室有关工作人员应当及时收集董事的表决票，交董事会秘书在一名监事的监督下进行统计。

现场召开会议的，会议主持人应当当场宣布统计结果；其他情况下，会议主持人应当要求董事会秘书在规定的表决时限结束后下一工作日之前，将表决结果告知董事。

董事在会议主持人宣布表决结果后或者规定的表决时限结束后进行表决的，其表决情况不予统计。

第四十四条　决议的形成。

董事会决议分为普通决议和特别决议。董事会做出的普通决议，必须经全体董事超过半数通过；董事会做出的特别决议，除经全体董事过半数通过外，还应当取得出席董事会会议的三分之二以上董事同意。

下列事项由董事会会议以普通决议通过：

（一）召集股东大会，并向股东大会报告工作。

（二）执行股东大会的决议。

（三）制订公司的利润分配方案和弥补亏损方案。

（四）决定公司内部管理机构的设置。

（五）管理公司信息披露事项。

（六）制订公司发行债券方案。

（七）听取公司总经理的工作汇报并检查总经理的工作。

（八）向股东大会提请继续聘请为公司审计的会计师事务所。

（九）除法律、行政法规规定或者《公司章程》规定应当以特别决议通过以外的其他事项。

下列事项由董事会会议以特别决议通过：

（一）决定公司的经营计划和投资方案。

（二）制订公司的年度财务预算方案、决算方案。

（三）制订公司增加或者减少注册资本或发行其他证券及上市方案。

（四）拟订公司重大收购、收购本公司股票或者合并、分立、解散及变更公司形式的方案。

（五）在股东大会授权范围内，决定公司对外投资、收购出售资产、资产抵押、对外担保事项、委托理财、关联交易等事项。

（六）聘任或者解聘公司总经理、董事会秘书；根据总经理的提名，聘任或者解聘公司副总经理、财务总监等高级管理人员，并决定其报酬事项和奖惩事项。

（七）制订公司的基本管理制度。

（八）制订《公司章程》的修改方案。

（九）向股东大会提请更换为公司审计的会计师事务所。

董事会做出的对外担保事项的决议，应当取得出席董事会会议的三分之二以上董事同意。

第四十五条 回避表决。

出现下述情形的，董事应当对有关提案回避表决：

（一）法律、行政法规规定董事应当回避的情形。

（二）董事本人认为应当回避的情形。

（三）《公司章程》规定的因董事与会议提案所涉及的企业有关联关系而须回避的其他情形。

在董事回避表决的情况下，有关董事会会议由过半数的无关联关系董事出席即可举行，董事会会议所作决议须经无关联关系董事过半数通过。出席董事会会议的无关联关系董事人数不足三人的，不得对有关提案进行表决，而应将该事项提交股东大会审议。

第四十六条 董事会应当严格按照股东大会和《公司章程》的授权行事，不得越权形成决议。

第四十七条 提案未获通过的处理。

提案未获通过的，在有关条件和因素未发生重大变化的情况下，董事会会议在一个月内不应当再审议内容相同的提案。

第四十八条 暂缓表决。

二分之一以上的与会董事认为提案不明确、不具体，或者因会议材料不充分等其他事由导致其无法对有关事项做出判断时，会议主持人应当要求会议对该议题暂缓表决。

提议暂缓表决的董事应当对提案再次提交审议应满足的条件提出明确要求。

第五节 会议记录和会议纪要

第四十九条 会议记录。

董事会会议记录应真实、准确、完整，出席会议的董事、董事会秘书和记录人员应在会议记录上签名。董事会会议记录应作为公司重要档案妥善保存。

董事会秘书应当安排董事会办公室工作人员对董事会会议做好记录。会议记录应当包括以下内容：

（一）会议届次和召开的时间、地点、方式。

（二）会议通知的发出情况。

（三）会议召集人和主持人。

（四）董事亲自出席和受托出席的情况。

（五）会议审议的提案、每位董事对有关事项的发言要点和主要意见、对提案的表决意向。

（六）每项提案的表决方式和表决结果（说明具体的同意、反对、弃权票数）。

（七）与会董事认为应当记载的其他事项。

第五十条 会议纪要和决议记录。

除会议记录外，董事会秘书还可以视需要安排董事会办公室工作人员对会议召开情况做成简明扼要的会议纪要，根据统计的表决结果就会议所形成的决议制作单独的决议记录。

第五十一条 董事签字。

与会董事应当代表其本人和委托其代为出席会议的董事对会议记录和决议记录进行签字确认。董事对会议记录或者决议记录有不同意见的，可以在签字时做出书面说明。必要时，也可以发表公开声明。

董事既不按前款规定进行签字确认，又不对其不同意见做出书面说明或者发表公开声明的，视为完全同意会议记录和决议记录的内容。

第五章 附 则

第五十二条 决议的执行。

董事长应当督促有关人员落实董事会决议，检查决议的实施情况，并在以后的董事会会议上通报已经形成的决议的执行情况。

第五十三条 会议档案的保存。

董事会会议档案，包括会议通知和会议材料、会议签到簿、董事代为出席的授权委托书、表决票、经与会董事签字确认的通知回执、会议记录、会议纪要、决议记录等，由董事会秘书负责保存。

董事会会议档案的保存期限为十年以上。

第五十四条 在本规则中，“以上”包括本数。

本规则由董事会制订报股东大会批准后生效。本规则由董事会解释。

范本4 监事会议事规则

第一章 总 则

第一条 为进一步规范公司监事会的议事方式和表决程序，促使监事和监事会有效地履行监督职责，完善公司法人治理结构，根据《中华人民共和国公司法》《公司章程》等有关规定，制定本规则。

第二章 监事会会议

第二条 监事会设监事会办公室，处理监事会日常事务。

第三条 监事会主席兼任监事会办公室负责人，保管监事会印章。

第四条 监事会定期会议。

监事会定期会议应当每六个月召开一次。出现下列情况之一的，监事会应当在十日内召开临时会议：

（一）任何监事提议召开时。

（二）股东大会、董事会会议通过了违反法律、法规、规章、监管部门的各种规定和要求、《公司章程》、公司股东大会决议和其他有关规定的决议时。

（三）董事和高级管理人员的不当行为可能给公司造成重大损害或者在市场中造成恶劣影响时。

（四）公司、董事、监事、高级管理人员被股东提起诉讼时。

（五）《公司章程》规定的其他情形。

第五条 定期会议的提案。

在发出召开监事会定期会议的通知之前，监事会办公室应当向全体监事征集会议提案。

第六条 临时会议的提议程序。

监事提议召开监事会临时会议的，应当通过监事会办公室或者直接向监事会主席提交经提议监事签字的书面提议。

书面提议中应当载明下列事项：

（一）提议监事的姓名。

（二）提议理由或者提议所基于的客观事由。

（三）提议会议召开的时间或者时限、地点和方式。

（四）明确和具体的提案。

（五）提议监事的联系方式和提议日期等。

在监事会办公室或者监事会主席收到监事的书面提议后三日内，监事会办公室应当发出召开监事会临时会议的通知。

第七条 会议的召集和主持。

监事会会议由监事会主席召集和主持；监事会主席不能履行职务或者不履行职务的，由半数以上监事共同推举一名监事召集和主持监事会会议。

第八条 会议通知。

召开监事会定期会议和临时会议，监事会办公室应当分别提前十日和五日将盖有监事会印章的书面会议通知，通过直接送达、以预付邮资函件发送、传真、电子邮件方式，提交全体监事和董事会秘书。

情况紧急，需要尽快召开监事会临时会议的，可以随时通过口头或者电话等方式发出会议通知，但召集人应当在会议上做出说明。

公司通知以专人送出的，由被送达人在送达回执上签名（或盖章），被送达人签收日期为送达日期；公司通知以邮件送出的，自交付邮局之日起第七个工作日为送达日期；公司通知以传真、电子邮件方式进行的，以发出第二天为送达日；公司通知以电话方式进行的，以通知当天为送达日期。

第九条 会议通知的内容。

书面会议通知应当至少包括以下内容：

（一）会议的时间、地点。

（二）拟审议的事项（会议提案）。

（三）发出通知的日期。

（四）会议召集人和主持人、临时会议的提议人及其书面提议。

（五）监事表决所必需的会议材料。

（六）监事应当亲自出席会议的要求。

（七）联系人和联系方式。

口头会议通知至少应包括上述第（一）项、第（二）项内容，以及情况紧急需要尽快召开监事会临时会议的说明。

第十条 亲自出席和委托出席。

监事原则上应当亲自出席监事会会议。因故不能出席会议的，应当事先审阅会议材料，形成明确的意见，书面委托其他监事代为出席。

委托书应当载明：

（一）委托人和受托人的姓名。

（二）委托人对每项提案的简要意见。

（三）委托人的授权范围和对提案表决意向的指示。

（四）委托人的签字、日期等。

受托监事应当向会议主持人提交书面委托书，在会议签到簿上说明受托出席的情况。

第十一条 关于委托出席的限制委托和受托出席监事会会议应当遵循以下原则：

（一）职工监事不得委托非职工监事代为出席，非职工监事也不得接受职工监事的委托。

（二）监事不得在未说明其本人对提案的个人意见和表决意向的情况下全权委托其他监事代为出席，有关监事也不得接受全权委托和授权不明确的委托。

（三）一名监事不得接受超过一名监事的委托，监事也不得委托已经接受一名其他监事委托的监事代为出席。

第十二条 会议召开方式。

监事会会议应当以现场方式召开。

紧急情况下，监事会会议可以通讯方式进行表决，但监事会召集人（会议主持人）应当向与会监事说明具体的紧急情况。在通讯表决时，监事应当将其对审议事项的书面意见和投票意向在签字确认后传真至监事会办公室。监事不应当只写明投票意见而不表达其书面意见或者投票理由。

第十三条 会议的召开。

监事会会议应当有过半数的监事出席方可举行。董事会秘书应当列席监事会会议。

第十四条 会议审议程序。

会议主持人应当提请与会监事对各项提案发表明确的意见。

会议主持人应当根据监事的提议，要求董事、高级管理人员、公司其他员工或者相关中介机构业务人员到会接受质询。

第十五条 监事会决议。

监事会会议的表决实行一人一票，以记名和举手表决方式进行。

监事的表决意向分为同意、反对和弃权。与会监事应当从上述意向中选择其一，未做选择或者同时选择两个以上意向的，会议主持人应当要求该监事重新选择，拒不选择的，视为弃权；中途离开会场不回而未做选择的，视为弃权。

监事会形成决议应当经半数以上监事同意方为通过。

第十六条 会议记录。

监事会办公室工作人员应当对现场会议做好记录。会议记录应当包括以下内容：

（一）会议届次和召开的时间、地点、方式。

（二）会议通知的发出情况。

（三）会议召集人和主持人。

（四）会议出席情况。

（五）会议审议的提案、每位监事对有关事项的发言要点和主要意见、对提案的表决意向。

（六）每项提案的表决方式和表决结果（说明具体的同意、反对、弃权票数）。

（七）与会监事认为应当记载的其他事项。

对于通讯方式召开的监事会会议，监事会办公室应当参照上述规定，整理会议记录。

第十七条 监事签字。

与会监事应当对会议记录进行签字确认。监事对会议记录有不同意见的，可以在签字时做出书面说明。必要时，也可以发表公开声明。

监事既不按前款规定进行签字确认，又不对其不同意见做出书面说明或者发表公开声明的，视为完全同意会议记录的内容。

第三章 附 则

第十八条 决议的执行。

监事应当督促有关人员落实监事会决议。监事会主席应当在以后的监事会会议上通报已经形成的决议的执行情况。

第十九条 会议档案的保存。

监事会会议档案，包括会议通知和会议材料、会议签到簿、表决票、经与会监事签字确认的会议记录等，由监事会主席指定专人负责保管。

监事会会议资料的保存期限为十年以上。

第二十条 本规则未尽事宜，参照《公司章程》有关规定执行。在本规则中，“以上”包括本数。本规则由监事会制定，报股东大会批准后生效。

第二十一条 本规则由监事会解释。

范本5 董事会秘书工作制度

第一章 总 则

第一条 为了促进公司的规范运作，充分发挥董事会秘书的作用，加强对董事会秘书工作的管理与监督，根据《中华人民共和国公司法》等有关法律法规、规范性文件及《公司章程》，特制定本工作制度。

第二条 董事会秘书是公司的高级管理人员，对公司和董事会负责，承担法律、法规及公司章程对公司高级管理人员所要求的义务，享有相应的工作职权，并获取相应报酬。

第三条 公司应当为董事会秘书履行职责提供便利条件，董事、监事、高级管理人员及公司有关人员应当支持、配合董事会秘书的工作。

董事会秘书为履行职责有权了解公司的财务和经营情况，参加有关会议，查阅相关文件，并要求公司有关部门和人员及时提供相关资料和信息。

第二章 任职资格

第四条 董事会秘书的任职资格：

（一）具有大学本科以上学历，从事经济、管理、证券等工作三年以上。

（二）具备履行职责所必需的财务、税收、法律、金融、企业管理等专业知识。

（三）具有良好的个人品质和职业道德，严格遵守有关法律、法规和规章，能够忠诚地履行职责。

（四）熟悉公司经营管理情况，具有良好的处事和沟通能力。

第五条 下列人员不得担任董事会秘书：

（一）有《公司法》第一百四十六条规定情形之一的。

（二）自受到中国证监会最近一次行政处罚未满三年的。

（三）最近三年受到证券交易所公开谴责或三次以上通报批评的。

（四）公司现任监事。

（五）证券交易所认定不适合担任董事会秘书的其他情形。

第三章 主要职责

第六条 董事会秘书的主要职责是：

（一）负责公司和相关当事人与股东的及时沟通和联络。

（二）负责处理公司信息通知、报告事务。

（三）协调公司与股东关系。

（四）按照法定程序筹备董事会会议和股东大会，准备和提交拟审议的董事会和股东大会的文件。

（五）参加董事会会议，制作会议记录并签字。

（六）负责与公司信息有关的保密工作，制订保密措施，促使公司董事会全体成员及相关知情人在有关信息正式公开前保守秘密，并在内幕信息泄露时，及时采取补救措施。

（七）负责保管公司股东名册、董事名册、控股股东及董事、监事、高级管理人员持有公司股票的资料，以及董事会、股东大会的会议文件和会议记录等。

（八）协助董事、监事和高级管理人员了解相关法律、行政法规、部门规章和公司章程。

（九）促使董事会依法行使职权；在董事会拟做出的决议违反法律、行政法规、部门规章和公司章程时，应当提醒与会董事，并提请列席会议的监事就此发表意见；如果董事会坚持做出上述决议，董事会秘书应将有关监事和其个人的意见记载于会议记录中。

（十）《公司法》要求履行的其他职责。

第七条　董事兼任董事会秘书的，如某一行为需由董事、董事会秘书分别做出时，则该兼任董事及公司董事会秘书的人不得以双重身份做出此行为。

第四章　聘任与解聘

第八条　董事会秘书由董事长提名，经董事会聘任或者解聘。

第九条　公司董事会秘书如辞职或被解聘，公司应当在原任董事会秘书离职后三个月内聘任董事会秘书。

第十条　公司董事会聘任董事会秘书之前应当在公司置备以下文件，供股东查询：

（一）董事会推荐书，包括被推荐人符合本制度任职资格的说明、职务、工作表现及个人品德等内容。

（二）被推荐人的个人简历、学历证明（复印件）。

第十一条　公司董事会在聘任董事会秘书的同时，还可聘任证券事务代表，协助董事会秘书履行职责。在董事会秘书不能履行职责时，由证券事务代表行使其权利并履行其职责，在此期间，并不当然免除董事会秘书的责任。

第十二条　公司董事会解聘董事会秘书应当具有充分理由，不得无故解聘董事会秘书。

第十三条　董事会秘书有以下情形之一的，董事会应当自事实发生之日起一个月内终止对其的聘任：

（一）出现本工作制度第五条规定的情形之一。

（二）连续三个月以上不能履行职责。

（三）在履行职务时出现重大错误或疏漏，给公司或投资者造成重大损失。

（四）违反国家法律、行政法规、部门规章和公司章程，给公司或投资者造成重大损失。

第十四条 公司在聘任董事会秘书时应当与其签订保密协议，要求其承诺在任职期间以及在离任后持续履行保密义务直至有关信息公开为止。

董事会秘书离任前，应当接受董事会、监事会的离任审查，将有关档案文件、正在办理及其他待办理事项，在公司监事会的监督下移交。

第十五条 公司董事会秘书空缺期间，董事会应当指定一名董事或高级管理人员代行董事会秘书的职责，同时尽快确定董事会秘书人选。公司指定代行董事会秘书职责的人员之前，由董事长代行董事会秘书职责。

董事会秘书空缺期间超过三个月之后，董事长应当代行董事会秘书职责，直至公司正式聘任董事会秘书。

第五章 董事会秘书的法律责任

第十六条 董事会秘书对公司负有诚信和勤勉的义务，应当遵守公司章程，切实履行职责，维护公司利益，不得利用在公司的地位和职权为自己谋私利。董事会秘书在需要把部分职责交与他人行使时，必须经董事会同意，并确保所委托的职责得到依法执行，一旦发生违法行为，董事会秘书应承担相应的责任。

第十七条 被解聘的董事会秘书离任前应接受公司监事会的离任审查，并在公司监事会的监督下，将有关档案材料、尚未了结的事务、遗留问题，完整移交给继任的董事会秘书。董事会秘书在离任时应签订必要的保密协议，履行持续保密义务。

第六章 附 则

第十八条 本工作制度未尽事宜，按照国家的有关法律、法规和《公司章程》执行。

第十九条 本工作制度自公司董事会表决通过之日起生效，修改亦同。

第二十条 本工作制度解释权属于公司董事会。

范本6 公司董事守则

第一章 总 则

第一条 为维护公司利益和出资人合法权益，确保公司依法规范化运作，规范董事的职责和权限，提高董事科学决策水平和工作效率，根据《中华人民共和国公司法》《公司章程》以及有关规定，制定本守则。

第二章　董事的资格

第二条　公司董事为自然人。有《公司法》第一百四十六条规定情形之一的人员，不得担任公司董事。公司董事未经公司的同意，不得兼任其他有限责任公司、股份有限公司或者其他经营组织的负责人。

第三条　非由职工代表担任的董事由股东会选举，职工董事由职工民主选举产生，董事接受公司监事会的监督。

第四条　董事每届任期不超过三年。任期届满，可连聘连任。

第五条　董事的任职资格为：

（一）能维护出资人利益和保障公司资产的安全与增值。

（二）具有与担任董事相适应的工作阅历和经验。

（三）忠于职守，勤奋务实。

（四）公道正派，清正廉洁。

第六条　下列人员不得担任公司的外部董事：

（一）本人及其直系亲属、主要社会关系两年内曾在公司或公司的全资、控股子公司担任中层以上职务的人员。

（二）两年内曾与公司有直接商业交往的人员。

（三）持有公司所投资企业股权的人员。

（四）在与公司有竞争或潜在竞争关系的企业任职的人员。

（五）有关法律、法规和《公司章程》规定的限制担任外部董事的其他人员。

第七条　担任兼职外部董事的，其本人工作单位应出具同意其兼任外部董事并在时间上予以支持的有效文件。

第三章　董事的聘任、解聘和辞职

第八条　董事按照国家有关规定产生，由股东会聘任。董事任期届满，经股东会聘任可以连任。外部董事任期结束后，不再续聘的为自动解聘。

第九条　董事有下列情形之一的，公司董事会应提议股东大会终止对该董事的聘任：

（一）在执行职务时出现重大错误和疏漏，给出资人或公司造成重大损失。

（二）违反国家法律法规、《公司章程》的有关规定，给出资人或公司造成重大损失。

（三）《公司法》和《公司章程》规定的不宜担任董事的其他情形。

第十条　外部董事有下列情形之一的，由股东会直接解聘：

（一）因工作需要解聘的。

（二）年满70周岁，或因身体状况原因，不适合继续担任外部董事的。

（三）履行职责过程中对公司有不诚信行为的。

（四）本人提出辞职申请并被批准的。

（五）年度评价结果较差的。

（六）因董事会决策失误导致公司利益受到重大损失，本人未投反对票的。

（七）工作失职的。

（八）擅自离职的。

（九）《公司法》和《公司章程》规定的不适合继续担任外部董事的其他情形。

第十一条 董事连续两次未能亲自出席董事会会议，也未委托其他董事的，或在一年内未出席董事会占四分之三以上的，视为不能履行董事职责，董事会应提请股东会予以解聘。

第十二条 董事可以在任期届满以前提出辞职。董事辞职应当向股东会提交书面辞职报告。经股东会批准后，辞职报告生效。但有下列情形的除外：

（一）该董事正在履行职责并且负有的责任尚未解除。

（二）董事长或董事兼任总经理提出辞职后，离职审查尚未通过。

（三）公司正在或者即将成为收购、兼并的目标公司。

如因董事的辞职导致公司董事会低于法定最低人数时，该董事的辞职报告应当在下任董事填补因其辞职产生的缺额后方能生效。

第十三条 董事离任前，应当将有关档案文件、正在办理及其他待办理事项，在公司监事会的监督下移交。

第十四条 董事提出辞职或者任期届满，其对股东会和公司负有的义务在其辞职报告尚未生效或者生效后的合理期间内，以及任期结束后的合理期间内并不当然解除，其对公司商业秘密保密的义务在其任职结束后仍然有效，直至该秘密成为公开信息。

第四章 董事的权利和义务

第十五条 董事通过出席董事会会议、参加董事会活动，行使董事的权利。

第十六条 董事在任职期间，享有以下权利：

（一）了解行使董事权利所需的公司有关信息。

（二）出席董事会会议，在董事会会议上充分发表意见，对表决事项行使表决权。

（三）对提交董事会会议的文件、材料提出补充要求。

（四）根据《公司章程》的规定提出召开临时董事会会议的建议。

（五）按照有关规定领取报酬、津贴。

（六）根据有关规定在履行职务时享有出差、办公等方面的待遇。

（七）法律法规规定的其他权利。

第十七条 董事应承担以下义务：

（一）关注公司发展，投入足够的时间和精力，谨慎、勤勉地履行董事职责。

（二）亲自出席董事会会议和其他董事会活动，及时了解和掌握足够的信息，独立审慎的表决。

（三）遵守法律法规和公司章程，忠实履行职责，维护出资人和公司的利益。

（四）遵循诚信原则，保守公司的商业秘密。董事不再担任董事职务后，依照董事服务合约的约定，在一定期限内仍负有相关义务。

第五章　董事责任

第十八条　董事责任指董事在以董事身份履行职务过程中或履行董事义务时，因单独或共同作为或消极不作为而导致公司或第三方遭受损失，按照法律法规或《公司章程》的规定而应承担的法律后果。

第十九条　有下列行为之一的，董事应承担董事责任：

（一）违反法律法规、《公司章程》规定的董事义务，给公司造成损失的。

（二）董事会决议违反法律法规或者《公司章程》规定，致使公司遭受损失，参与表决的董事无法证明其对该决议投反对票的。

第二十条　有下列情形之一的，公司追究董事的董事责任：

（一）导致董事责任的行为构成犯罪的。指该行为触犯中华人民共和国刑事法律而受到刑事处罚。

（二）导致董事责任的行为构成欺诈的。指董事履行职务或义务时，故意隐瞒真实情况或提供虚假材料，为本人或他人谋取不当利益。

（三）导致董事责任的行为属董事主观故意所致的。指董事履行职务或义务的行为虽未构成犯罪或欺诈，但董事明知该行为会损害公司或第三方利益，仍希望或放任该行为结果的发生。

（四）公司因对董事承担连带责任而向第三方赔偿。

第二十一条　董事主要以下述方式承担董事责任：

（一）经济赔偿。该赔偿系因董事责任导致的公司直接经济损失，或公司因承担连带责任而向第三方支付的赔偿。

（二）解聘董事职务。依据公司章程规定的程序提请股东大会予以解聘。

（三）消除影响等其他方式。给公司造成名誉损失的，通过新闻媒体等公开方式及时消除负面影响。

第二十二条　董事应当对董事会会议的决议承担责任。凡未按法定程序形成的董事会书面决议，即使每一位董事都以不同方式表示过意见，亦不具有董事会决议的法律效力。

董事会会议的决议违反法律、行政法规或者《公司章程》，致使公司遭受严重损失的，投赞成票的董事应承担直接责任（包括赔偿责任）；对经证明在表决时曾表明异议并记载于会议记录的投反对票的董事，可以免除责任；对在表决中投弃权票或未出席也未委托他人出席的董事不得免除责任；对在讨论中明确提出异议但在表决中未明确投反对票的董事，也不得免除责任。

第二十三条 董事应当对行使职权的结果承担责任。董事因失职、失察、重大决策失误等过失导致出资人和公司利益受到损失的，应当按照有关法律、法规和《公司章程》规定承担一定的经济赔偿责任；违反法律的，依法追究其法律责任。

第二十四条 董事因违反法律、法规和《公司章程》规定而导致的责任，除依照国家法律、法规进行处理外，公司可以根据《公司章程》和有关规定对其处分，直至解除聘任关系。

第二十五条 任职尚未结束的董事，对因其擅自离职给公司造成的损失，应当承担赔偿责任。

第六章　董事会会议以外的运作

第二十六条 董事会会议以外的运作包括：

（一）检查董事会决议的执行情况；

（二）关注公司的重大生产经营运作和财务状况，以及经理人员的表现。

（三）组织制订董事会运作的规章制度。

（四）组织制订需董事会表决的有关方案、规划、计划等。

（五）董事会会议以外的董事之间的沟通。

（六）其他。

第七章　董事会文化

第二十七条 董事会代表出资人，应培育和形成先进文化理念。

（一）忠实地代表出资人的利益。坚持做到：董事会是出资人在公司的代表；董事会代表出资人在公司行使职权；董事会每一项决议，都应代表出资人的利益。

（二）锐意改革和创新。清醒把握：董事会应坚定改革的信心和决心，并善于积累改革成功的经验；不改革的企业将被淘汰，改革力度小的企业将被改革力度大的企业所超越。

（三）坚持科学和民主。董事之间完全平等，没有领导与被领导关系；每位董事都应独立地发表意见；鼓励董事充分地发表意见，尤其是建设性的意见；提倡董事从不同角度发表意见；允许董事发表不同意见。

（四）自觉维护董事会权威。以坚持原则为基础，董事之间真诚地团结；全体董事的工作目标是一致的；每位董事都应自觉维护董事会决议的权威；董事会作为一个整体才能发挥行动的效力。

第八章　董事的考核与薪酬

第二十八条　股东会负责组织对董事进行评价，评价分年度评价与任期评价。

外部董事的评价采取自我评价、董事之间相互评价、经理层评价等方式进行。外部董事的评价结果由股东会向外部董事本人反馈，并作为对外部董事留任、更换的依据。

第二十九条　董事报酬的数额和方式，由股东会决定。

第三十条　董事会应当向股东会报告董事履行职责的情况，包括参加董事会会议、专门委员会会议次数，外部董事考察调研情况及有效工作时间等。

第九章　附　则

第三十一条　本守则所称“以上”含本数，“超过”不含本数。

第三十二条　本守则的制订和修改，经董事会审议通过后生效。

第三十三条　本守则如与新出台的国家法律、法规及有关文件、修改后的《公司章程》相抵触，按国家法律、法规及有关文件、《公司章程》的规定执行，并应立即修订，报董事会审定。

第三十四条　本守则的解释权归公司董事会。

范本7　董事长工作规则

第一章　总　则

第一条　为明确公司及其子公司董事长职责、权限，规范其履行职责的行为，根据《中华人民共和国公司法》、其他有关法律法规及《公司章程》，制定本规则。

第二条　公司设董事长一名，设总经理一名，设副总经理若干名，财务总监一名，董事会秘书一名等公司高级管理人员，协助董事长工作，董事长由董事会以全体董事的过半数选举产生。

第三条　本规则适用于公司董事长、高级管理人员。

第二章　董事长职责

第四条　董事长对董事会负责，依照《公司法》《公司章程》和董事会的授权行使下列职权：

（一）主持股东大会和召集、主持董事会会议。

（二）实施董事会决议，并督促、检查董事会决议的执行。

（三）主持公司的生产经营管理工作，并向董事会报告工作。

（四）组织实施公司年度经营计划和投资方案。

（五）拟订公司内部管理机构设置方案。

（六）拟订公司分支机构设置方案。

（七）拟订公司的子公司合并、分立、重组等方案。

（八）拟订公司的基本管理制度。

（九）制定公司的具体规章、管理办法。

（十）提请董事会聘任或者解聘公司高级管理人员。

（十一）聘任或者解聘除应由董事会聘任或者解聘以外的其他人员。

（十二）拟订公司员工的工资、福利、奖惩政策和方案。

（十三）代表公司对外签署有法律效力的重要文件。

（十四）受董事会委托在发生不可抗力或重大危急情形，无法及时召开董事会会议的紧急情况下，对公司事务行使符合法律规定和公司利益的特别处置权，并在事后向董事会报告。

（十五）法律、行政法规、部门规章及公司章程规定，或董事会授予的其他职权。

第五条　董事会可在其职权范围内对董事长授权，并可不时审核本条对董事长的授权范围，以适应公司的实际需要。董事会对董事长的授权事项，应当经过董事会讨论后行使。

第六条　公司高级管理人员协助董事长工作，对董事长负责。高级管理人员在明确的工作分工下，切实履行下列职责：

（一）参与董事长向董事会提交的议案、方案、报告和文件的准备。

（二）具体负责组织实施其在公司分管的年度经营计划、投资方案、年度财务预算方案、决算方案、各部门规章制度、管理办法等。

（三）具体负责其在公司分管的其他事项。

第七条　董事长根据工作需要，主持召开董事会，对职责范围内的事项进行决策。

第八条　董事长、高级管理人员在行使职权时，不得变更董事会决议或超越其职权范围。

第九条　董事长、高级管理人员在执行公司职务时，违反法律、行政法规和公司章程的规定，给公司造成损害的，应当承担赔偿责任。

第三章　董事长办公

第十条　董事会负责研究决定董事长职权范围内的重要事项。

第十一条　董事会会议由董事长召集和主持。董事长因故不能主持会议时，可指定一名董事会成员召集和主持。

第十二条 公司经营层领导出席会议，并就分管业务范围内需董事会审议的事项进行汇报，董事会成员需列席会议。根据需要，经董事长批准，其他相关人员可列席会议。

第十三条 董事会每年至少召开两次会议，由董事长召集，于会议召开十日前书面通知全体董事和监事。遇有重要经营事项必须立即决定或有突发事件发生时，董事长应决定召开临时董事会会议。

第四章 报告制度

第十四条 董事长根据董事会的要求进行定期（每季度）或不定期的汇报，内容包括：

（一）公司年度计划实施情况和日常经营中存在的问题及对策。

（二）公司重大合同签订和执行情况。

（三）资金运用和盈亏情况。

（四）重大投资项目和进展情况。

（五）公司董事会会议决议执行情况。

第十五条 董事长应定期（每季度）或不定期向董事提供必要的信息和资料，主要包括公司经营、财务、投资、安全等工作报告，以及董事会和监事会认为必要的信息和资料。

第五章 附 则

第十六条 本规则由董事会制定，经董事会批准后生效。

第十七条 本规则未尽事宜或与本规则生效后颁布、修改的法律、法规、上市地上市规则或《公司章程》的规定相冲突的，按照法律、法规和《公司章程》的规定执行。

第十八条 本规则解释权属于公司董事会。

范本8 总经理工作规则

第一章 总 则

第一条 按照建立现代企业制度的要求，为进一步完善公司治理结构，依照《中华人民共和国公司法》和《公司章程》等的规定，结合公司实际情况，特制定本规则。

第二条 公司的经营管理实行总经理负责制。总经理对董事会负责；副总经理、财务总监等其他高级管理人员协助总经理工作。

第三条 公司依法设置总经理一名。总经理主持公司日常生产经营和管理工作，组织实施本公司董事会决议。

第四条 公司根据经营情况设置副总经理，公司设置财务总监一名。副总经理和财务总监的职权范围由董事会批准的公司内部管理机构设置方案确定。

第二章 总经理及其他高级管理人员的任职资格与任免程序

第五条 公司总经理及其他高级管理人员任职应当具备下列条件：

（一）具有较丰富的经济理论知识、管理知识及实践经验，具有较强的经营管理能力。

（二）具有调动员工积极性、建立合理的组织机构、协调各种内外关系和统揽全局的能力。

（三）具有一定年限的企业管理经历，精通本行，熟悉多种行业的生产经营业务，掌握国家政策、法律、法规。

（四）有《公司法》第一百四十七条所列情形之一，或被中国证券监督管理委员会确定为市场禁入者，并且尚未被解除的人员，不得担任本公司总经理及其他高级管理人员。

（五）国家公务员不得兼任本公司总经理及其他高级管理人员。

第六条 董事可受聘兼任总经理或者其他高级管理人员，但兼任总经理、副总经理或者其他高级管理人员职务的董事不得超过董事总数的二分之一。

第七条 在公司控股股东、实际控制人单位担任除董事以外其他职务的人员，不得担任公司的高级管理人员。

第八条 总经理可以在任期届满前提出辞职。有关总经理辞职的具体程序、办法由总经理与公司之间的劳动合同规定。

第九条 公司高级管理人员实行董事会聘任制。

第十条 公司总经理由董事会聘任。总经理每届任期为三年，可连聘连任。

第十一条 公司副总经理、财务总监的聘任或解聘，由总经理提名，董事会以特别决议决定。

第十二条 《公司章程》关于董事的忠实义务和勤勉义务的规定，同时适用于高级管理人员。

第十三条 未经公司股东大会或董事会授权或批准，总经理及其他高级管理人员不得有下列行为：

（一）挪用公司资金。

（二）将公司资金以其个人名义或者以其他个人名义开立账户存储。

（三）将公司资金借贷给他人或者以公司财产为他人提供担保。

（四）与公司订立合同（聘用合同除外）进行交易。

（五）利用职务便利为自己或者他人谋取属于公司的商业机会，自营或者为他人经营与公司同类的业务。

（六）接受他人与公司交易的佣金归为己有。

（七）擅自披露公司秘密，并泄露在任职期间所获得的涉及公司的机密信息。

（八）与其亲属投资的公司发生经营、借贷、担保等行为。

（九）利用内幕信息为自己或他人谋取利益。

（十）利用职权收受贿赂或者其他非法收入。

（十一）侵占公司财产。

（十二）利用其关联关系损害公司利益。

（十三）法律、法规及《公司章程》禁止的其他行为。

第三章　总经理及其他高级管理人员的职权

第十四条　总经理行使下列职权：

（一）主持公司的生产、经营及研发管理工作，并向董事会报告工作。

（二）组织实施董事会决议、组织实施公司年度经营计划和投资方案。

（三）拟订公司内部管理机构设置方案。

（四）在每一个会计年度结束后三个月内向董事会提交上一年的年度经营报告，在每个年度终止前三个月内向董事会提交次年的年度业务计划。

（五）拟订公司的基本管理制度。

（六）制定公司的具体规章。

（七）提请董事会聘任或者解聘除董事会秘书以外的其他高级管理人员。

（八）决定聘任或者解聘除应由董事会决定聘任或者解聘以外的其他公司人员。

（九）提请董事会决定公司除董事会秘书以外的其他高级管理人员的薪酬、福利、奖惩方案。

（十）决定除高级管理人员以外的其他公司员工的薪酬、福利、奖惩政策及方案。

（十一）在董事会最低权限以下决定公司的关联交易及向金融机构的借款事项。

（十二）《公司章程》和董事会授予的其他职权。

总经理行使职权时，可以聘用相关中介机构为公司提供专业咨询服务，以保证决策的科学性和稳健性。

第十五条　总经理不得超越董事会授权范围行使职权，应当严格执行股东会和董事会决议。

第十六条　总经理列席股东会、董事会和监事会会议；总经理在股东会、监事会上应就股东、监事的质询做出解释和说明。

第十七条　总经理可根据分工原则，授权副总经理、财务总监代为行使上述职权，副总经理、财务总监在总经理领导下进行工作，并按各自的分工对总经理负责。

第十八条　副总经理主要职权：

（一）协助总经理工作，并对总经理负责。

（二）按照总经理决定的分工，主管相应部门或工作。

（三）在总经理授权范围内，全面负责主管的各项工作，并承担相应责任。

（四）在主管工作范围内，就相应人员的任免、机构变更等事项向总经理提出建议。

（五）有权召开主管工作范围内的业务协调会议，确定会期、议题、出席人员等，并于会后将会议结果报总经理。

（六）按照公司业务审批权限的规定，批准或审核所主管部门的业务开展，并承担相应责任。

（七）就公司相关重大事项，向总经理提出建议。

（八）总经理不在时，副总经理受总经理委托代行总经理职权。

（九）完成总经理交办的其他工作。

第十九条　财务总监职权：

（一）主管公司财务工作，对董事会负责。

（二）根据法律、法规和有权部门的规定，拟定公司财务会计制度并报总经理批准及董事会批准。

（三）根据《公司章程》有关规定，按时完成编制公司年度财务报告，并保证其真实性。

（四）按照总经理决定的分工，主管财务及其他相应的部门或工作，并承担相应责任。

（五）就财务及主管工作范围内的人员任免、机构变更等事项向总经理提出建议。

（六）按照公司会计制度规定，对业务资金运用、费用支出进行审核，并负相应责任。

（七）定期或不定期就公司财务状况向总经理提供分析报告，并提出解决方案。

（八）负责公司与金融机构的联系，保证正常经营所需的金融支持。

（九）完成总经理交办的其他工作。

第四章　总经理工作报告

第二十条　总经理就公司经营管理中的重大事项定期或不定期向董事会、监事会提出报告。总经理应对报告真实性承担责任。

定期报告每年一次，在每年度结束后三个月内向董事会、监事会递交。

总经理除向董事会、监事会提出定期报告外，还应在重要、重大临时事项发生之日起两个工作日内及时向董事会报告。在未召开公司董事会和监事会时，总经理向董事会和监事会的报告应分送公司董事、董事会秘书、监事。

第二十一条 总经理工作报告主要内容包括但不限于：

（一）公司编制季度报告、中期报告和年度报告前，总经理应向公司董事会、监事会提交公司业务工作报告，年度预算、决算报告，提取资产减值准备和资产报损报告，年度投资计划，年度银行信贷计划等经营报告。

（二）公司年度计划实施情况和生产经营中存在的问题及对策。

（三）公司已实施或准备实施的增发新股、配股、可转债等融资工作进展情况。

（四）公司重大合同签署及执行情况。

（五）资金运用及盈亏情况。

（六）重大投资项目进展情况。

（七）公司股东大会、董事会决议执行情况。

第五章 总经理工作机构及工作程序

第二十二条 总经理工作机构。

（一）根据企业的规模和董事会决议，公司应设置人事、财务、总经理办公室等部门，负责各项职能管理工作。

（二）根据公司经营活动的需要，公司可设置相应的业务部门，负责公司的各项经营管理工作。

第二十三条 公司实行总经理办公会议制度。总经理办公会议由总经理主持，讨论有关公司经营、管理、发展的重大事项，以及各部门、提交会议审议的事项。总经理办公会议议题通常包括：

（一）制定具体贯彻股东大会、董事会决议的措施和办法。

（二）拟定公司经营管理和重大投资（包括收购、出售资产）计划方案，借款和担保方案。

（三）拟定公司年度财务预决算方案、税后利润分配方案、弥补亏损方案、公司资产用以抵押融资的方案。

（四）拟定公司增加或减少注册资本和发行公司债券的建议方案。

（五）拟定公司内部管理机构设置及调整方案。

（六）拟定公司员工工资方案、奖惩方案、年度招聘和用工计划。

（七）拟定公司基本管理制度。

（八）制定和修订具体规章。

（九）决定涉及多个副总经理分管范围的重要事项。

（十）听取部门和分支机构总监的述职报告。

（十一）总经理认为需要研究解决的其他重要事项。

第二十四条 总经理办公会议分定期会议和临时会议，总经理是总经理办公会议的召集人和主持人。总经理因故不能主持会议时，应根据会议内容指定一名副总经理或其他高级管理人员主持会议。

第二十五条 总经理办公会议定期会议每月召开一次。

总经理办公会议定期会议参加人员为公司总经理、副总经理、财务总监和董事会秘书等高级管理人员。总经理认为必要时，可指定部门总监或其他与会议内容有关的人员列席参加。

第二十六条 总经理有权根据公司经营的需要，不定期召集总经理办公临时会议。有下列情形之一的，总经理应立即召开临时总经理办公会议：

（一）董事会提议时。

（二）监事会提议时。

（三）总经理认为必要时。

（四）有重要的经营管理事项必须立即决定时。

（五）有突发性事件可能对公司利益造成重大影响时。

第二十七条 总经理决定召开总经理办公会议，由公司行政部负责通知。

第二十八条 总经理办公会议通知，通常应说明下列内容：

（一）会议名称。

（二）会议时间。

（三）会议地点。

（四）出席会议人员。

（五）会议审议事项。

第二十九条 下列人员应当出席总经理办公会议：

（一）总经理。

（二）副总经理。

（三）财务总监。

（四）董事会秘书。

（五）经总经理同意的其他有关人员。

第三十条 公司董事、监事可视情况列席总经理办公会议。

第三十一条 总经理办公会议研究有关专业问题时，可邀请有关专业部门的负责人列席总经理办公会议。

第三十二条 总经理办公会议对所议事项应做出决定。总经理办公会应对所议事项进行充分讨论，由总经理做出决定。非由总经理主持会议时，主持人应将会议情况报告总经理，由总经理做出决定。

第三十三条 总经理办公会应当形成会议记录。会议记录内容主要包括：

（一）会议名称。

（二）会议时间。

（三）会议地点。

（四）出席会议人员。

（五）会议议程。

（六）会议发言要点。

（七）会议决定。

（八）与会人员签字。

（九）会议记录员签字。

第三十四条 会议记录由行政部保存。需要保密的文件资料，公司应注明秘密等级。在公司存续期内，会议记录存档不得少于十年。

第三十五条 总经理办公会定期会议应当形成会议纪要，记载会议召开的基本情况及形成的决定。会议纪要由总经理审定、签发，应在会议结束之日起五个工作日内分送公司董事、董事会秘书、监事、总经理以及其他高级管理人员，并报董事会、监事会备案，扩大发送范围由总经理决定。

第三十六条 总经理办公会议对所议事项做出决定后，由总经理负责领导、组织实施。

第六章 总经理及其他高级管理人员的考核及问责

第三十七条 对总经理及其他高级管理人员的具体考核办法，结合公司实际情况，另行制订。

第三十八条 公司总经理违反本细则规定行使职权或怠于行使职权的，董事会应责成其予以改正；给公司造成损失的，总经理应当予以赔偿；情节严重的，董事会应当罢免总经理的职务。

总经理在履行职责过程中弄虚作假、营私舞弊，董事会应当罢免其职务；造成公司损失的，公司应当追究其相应的法律责任。

第三十九条 公司其他高级管理人员违反本细则规定行使职权或怠于行使职权

的，总经理应责成其予以改正；给公司造成损失的，应当予以赔偿；情节严重的，总经理应当提请董事会罢免其相应的职务。

其他高级管理人员在履行职责过程中弄虚作假、营私舞弊，总经理应当提请董事会罢免其职务；造成公司损失的，公司应当追究其相应的法律责任。

第四十条 总经理在任期内发生辞职、解聘等情形时，公司应当聘请具有法定资格的会计师事务所，会同本公司财务部门共同对总经理进行离任审计，并形成专项报告后提交公司董事会。

第七章 附 则

第四十一条 本规则未尽事宜，按中国的法律、法规及《公司章程》的有关规定执行。

第四十二条 本规则由公司董事会负责解释。

第四十三条 本规则自董事会审议通过之日起实施。

范本9 副总经理工作规则

第一章 总 则

第一条 按照建立现代企业制度的要求，为进一步完善公司治理结构，依照《中华人民共和国公司法》和《公司章程》等的规定，结合公司实际情况，特制定本规则。

第二条 副总经理对总经理直接负责。

第三条 本规则的修改须经副总经理、总经理核准，重大事项的更改须报公司董事长核准。

第二章 任职资格

第四条 副总经理任职资格：

（一）具有大学本科以上企业管理、工商管理、行政管理等相关专业学历。

（二）具有五年以上企业高层管理经理，熟悉企业、公司及各部门管理工作流程。

（三）熟悉公司业务和运营流程，具有较强的组织领导能力和协调能力。有全面的企业经营管理知识、经验、技能和成功案例。

（四）处理事务公平、公开、公正；办事果断，处事稳重，考虑问题周全细致；讲原则，对企业忠诚。

第三章 主要职责

第五条 副总经理的主要职责是：

（一）在总经理的授权下全面主持公司生产经营和企业管理工作。

（二）根据总经理提出的战略目标，结合市场形势和公司发展趋势，制定中长期发展战略和经营方案，保持管理的先进性和可持续性。

（三）组织制定公司年度经营管理目标，并具体分解落实。

（四）根据公司发展和经营管理工作需要，进行组织机构调整和完善，建立健全各项规章制度。拟定公司内部管理机构设置方案和签发公司中层管理人员任命书。

（五）组织对各部门经理工作目标考核、评估，审定公司工资薪金分配方案和经济责任挂钩办法并积极组织实施，决定奖惩和任免。

（六）审核签发以公司名义（盖公章）发出的文件。

（七）主持公司日常经营管理工作，召集、主持经营管理办公会议、专题会议等，总结工作、听取汇报，检查工作、督促进度和分解协调矛盾。

（八）向总经理提出企业的更新改造发展规划方案、预算外开支计划。

（九）参与审批公司重大工程项目、重要合同、重要技术研发、开支计划。

（十）参与处理公司重大突发事件和重大对外关系问题。

（十一）督促、巡查公司各部工作开展状态，并进行指导和纠正。

（十二）推进公司人才管理、培养和吸引机制，为企业长期持续发展提供储备和保障。

（十三）代表公司接待上级有关部门、同行业高级管理人员和其他重要客人。

（十四）推进公司企业文化的建设工作，树立企业良好的社会形象。

第四章　工作职权

第六条　副总经理的主要职权：

（一）对公司日常事务行政管理工作，有管理、督查和奖惩权。

（二）由总经理指定以委托代表的身份，有代表公司签署有关协议、合同、合约和处理的处置权。

（三）对公司发展规划、投资计划及其他与公司发展密切相关的文件，有参与、组织、审查权。

（四）对年度计划内的投资、改造项目和流动资金贷款使用的可行性报告，有审批权。

（五）对公司重大经营管理项目，有参与权，对预算范围内的资金有支配权。

（六）对公司组织机构的设置、调整和岗位员工编制有审批权。

（七）对公司高级职员的录用、调整和任免，各职能部门、下属各经理、外派办事处人员人事薪酬和奖惩，有参与、审查和否决权。

（八）对公司年度计划内的资金流向和经费支出，有监督、审查和否决权。

（九）对公司对外进行宣传、接待活动、招待重要客户有代表权。

（十）对公司下级、各部门经理的岗位工作质量有督促、指导、检查和处罚权。

（十一）公司总经理赋予的其他权力。

第五章 主要责任

第七条 对公司决议，日常经营管理工作、经营管理目标和经营过程负责。

第八条 对经总经理批准的公司年度经营目标、财务预算报告和利润分配方案负责。

第九条 对公司的全面行政管理工作、公司组织机构设置和人员编制的组织制定负责。

第十条 对公司管理组织体系、规章制度和工作流程的建立和完善负责。

第十一条 对管理人员的工作职能、职责、职权和义务履行、监督负责。

第十二条 负责主持总经理办公会，中层管理会议；并针对工作中存在的问题进行重点讲评和指导。协调各职能部门发挥作用。对公司发生的重大事件实施奖惩。

第十三条 负责健全公司各项财务制度；分析每月经营报表；督促相关部门做好成本控制。

第十四条 负责不断完善公司管理团队建设，重点指导培养人才；不断加强对员工岗位职能、职责、职权和义务的培训和指导。提高全体员工对工作服务质量、安全、工作效率与公司持续发展的整体关系的认识。

第十五条 负责与社会各界人士保持良好公共关系，搞好社会公共关系，树立公司良好的社会形象。做好公司内外的接待工作，并代表公司出面接待重要宾客。

第十六条 负责定期向总经理汇报工作，接受工作咨询和监督，对于提出的意见和建议，积极处理和落实。

第十七条 负责完成总经理交办的其他工作任务。

第六章 附 则

第十八条 本规则未尽事宜，按照国家的有关法律、法规和《公司章程》执行。

第十九条 本规则自公司总经理办公会审议通过之日起生效，修改亦同。

范本10 财务总监工作规则

第一章 总 则

第一条 为加强公司财务管理，提高经济效益，实现资产保值增值，依据《中华人民共和国会计法》等规定，制定本规则。

第二条 本规则所称财务总监，是指全面负责公司及所属分、子公司，工程项目部财务会计工作的高级管理人员。

第三条 公司应当建立财务总监工作制度，设置财务总监职位，配备符合条件的财务总监，明确财务总监的职责权限。

第二章 财务总监的职责权限

第四条 财务总监的工作责任是指，在财务会计活动、重大经营决策、内部控制建设以及投融资、担保、资金管理等重大财务事项中的管理责任。

第五条 财务总监职责包括：

（一）公司及所属分、子公司、工程项目部的会计基础建设职责。

（二）公司及所属分、子公司、工程项目部的财务监督职责。

（三）完善公司及所属分、子公司的全面内部控制职责。

（四）建立健全公司及所属分、子公司的全面预算管理职责。

（五）公司价值管理职责等。

第六条 财务总监会计基础建设职责主要包括：

（一）贯彻执行国家方针、政策、法规，维护财经纪律，运用现代管理方法，组织会计工作改革，使公司财会工作逐步走上规范化、科学化、现代化的轨道。

（二）制定公司会计核算方法，确定内部核算方式，确定财务管理体系。

（三）组织实施成本核算与管理，开展成本费用预测、计划、控制、分析、监督、考核工作，组织经济活动分析，提出加强和改进管理的措施。

（四）负责对分、子公司会计人员的配备、财会人员管理方式等提出建议方案，负责组织会计人员业务培训和考核。

第七条 财务总监财务监督职责主要包括：

（一）审核公司财务会计报告，并对企业会计信息的真实性、完整性负责。

（二）参与审定公司的财务管理规定及其他经济管理制度，监督检查所属分、子公司财务运作和资金收支情况。

（三）参与审定公司重大财务决策，包括参与审定公司财务预算、决算方案，参与审定公司重大经营性、投资性、融资性的计划和合同以及资产重组和债务重组方案，参与拟订公司利润分配方案。

第八条 财务总监完善公司内部控制职责主要包括：

（一）研究制定公司内部财务控制制度，建立健全内部财务控制体系。

（二）参与组织建立科学完善的内部经济核算体系和经济责任制。

（三）建立财务风险预警与防范机制。

第九条　财务总监全面预算管理职责主要包括：

（一）研究制定公司全面预算管理制度。

（二）建立健全公司预算管理体系。

（三）参与公司全面预算管理的组织、领导工作。

第十条　财务总监价值管理职责主要包括：

（一）参与审定公司发展规划。

（二）组织资金运营工作。组织资金的筹集、回收、使用和监控，合理使用资金。

第十一条　财务总监应从财务方面对公司的业务整合、结构调整、资源优化配置方案等进行可行性论证分析。

第十二条　财务总监应对公司重大资本运作和风险控制情况进行可行性论证。

第十三条　财务总监权限。

（一）财务总监有权制止或纠正违反国家财经法规、方针政策和有可能给公司造成经济损失的行为。制止或纠正无效时，提交董事长处理。

（二）为使财务总监有效履行工作职责，以下重大财务事项应建立董事长与财务总监联签制度：

1.涉及公司生产经营、市场开发、技术更新等重大事项，财务总监应当从财务方面进行论证，提供给企业主要负责人进行决策。

2.涉及公司并购、资产重组、投资融资、价值管理等重大财务事项，财务总监应当协助企业主要负责人进行决策。

3.涉及公司财务管理、大额资金调度、内控建设等重大财务事项，应当实行财务总监与企业主要负责人双签制度。

（三）财务总监对公司下列重大财务事项有签字权：

1.对公司预算内财务收支、资金调配有审批签署权。

2.对公司财务成本计划、投融资计划、年度预决算方案、资金使用和调度计划、财务会计报表等有审核签署权和会签权。

3.对涉及公司财务收支的业务计划、生产经营、发展、科研技改方案、经济合同、经济协议、可行性研究报告等有参与制定、审查和会签权。

4.对公司贷款担保、对外投资、产权转让、资产重组等重大决策事项，财务总监应提出明确意见。

5.对分、子公司财务负责人的任免，事先应充分征求财务总监意见，财务总监拥有会签权。

（四）公司行为有下列情形之一的，财务总监应当拒绝签字：

1.违反国家财经纪律和法律法规；

2.违反企业财务管理规定；

3.违背企业经营决策程序。

第三章　财务总监的任免

第十四条　公司财务总监由公司董事会任命。

第十五条　财务总监应具备以下条件：

（一）具有较高的政治素养和政策理论水平；坚持原则、忠诚企业、廉洁奉公；熟悉国家财经法规、财务会计制度；熟悉本企业业务以及现代企业管理理论。

（二）具有高级会计师以上技术职称。

（三）在独立核算单位担任财务负责人五年以上。

第四章　附　则

第十六条　本规则由公司董事会解释。

第十七条　本规则自公司董事会审议通过之日起实施。

范本11　审计监察总监工作规则

第一章　总　则

第一条　为了规范公司各职能部门、下属分公司、子公司及项目公司的经营管理，根据公司发展战略要求，加强内部控制与审计监督，保障公司财产物资的安全、完整，保证经营目标的顺利实现，保证各部门、各单位的经营活动按照公司的经营方针、政策进行，降低经营管理风险，提高绩效，特制定本规则。

第二条　审计监察总监是公司的高级管理人员，对公司和董事会负责，承担法律、法规及公司章程对公司高级管理人员所要求的义务，享有相应的工作职权，并获取相应报酬。

第三条　公司应当为审计监察总监履行职责提供便利条件，董事、监事、高级管理人员及公司有关人员应当支持、配合审计监察总监的工作。

第四条　审计监察总监为履行职责有权了解公司的财务和经营情况，参加有关会议，查阅相关文件，并要求公司有关部门和人员及时提供相关资料和信息。

第五条　审计监察总监依据国家有关法律法规、财务会计制度、公司内部管理规定，对集团各职能部门、下属分公司、子公司及项目公司的财务收支及其经营活动的真实性、合法性和效益性进行系统的审查、核实、监督和评价。

第二章 任职资格

第六条 审计监察总监任职资格：

（一）具有审计、财务、会计或相关专业，本科及以上学历；从事五年以上审计监察相关工作经验，三年以上部门领导经验。

（二）具备精通国家财税法律规范、企业财务核算业务，具有优秀的职业判断能力和丰富的财务审计处理经验。

（三）了解审计领域发展趋势，掌握最新审计理论和方法。

（四）具有良好的个人品质和职业道德，严格遵守有关法律、法规和规章，能够忠诚地履行职责。

（五）熟悉公司经营管理情况，具有良好的处事和沟通能力。

第三章 主要职责

第七条 审计监察总监的主要职责是：

（一）主持拟订公司内部审计制度流程和稽核制度流程，经批准后监督执行。

（二）根据公司的工作目标，拟定年度审计工作计划。

（三）主持公司内部经营审计、离职审计及专项审计工作，编制审计报告，提出问题和调整建议，报决策委员会作为决策依据。

（四）建立和维护与外部审计机构的长期合作关系，负责协调外部审计工作，负责汇总、分析、报告并执行外审建议。

（五）主持跟踪审计建议的执行，实施后续审计工作。

（六）审核下属公司制定的成本管理体系与制度。

（七）主持跟踪下属公司成本管理的执行状况，组织定期或不定期完成总部对下属公司成本管理执行情况的稽核工作。

（八）负责公司重要工作推进和重大决议执行的监督。

第四章 组织管理

第八条 审计监察总监组织管理要求：

（一）参与拟订本部门的组织机构、岗位编制和职责分工，确定对相应岗位的工作要求和业绩考核标准（公司统一调整）。

（二）组织拟订本部门年度费用预算，报批。经审批后执行，负责预算内的费用审批。

（三）审批本部门部门经理以下人员的招聘，对下属部门经理的招聘有建议权。

（四）决定对本部门经理以下人员的任免、晋升和调配。

（五）对下属部门经理的任免、晋升和调配有建议权。

（六）负责对本部门经理级别人员的绩效考评管理，提出奖惩建议。以及对部门经理级别以下人员绩效考评的申诉管理。

（七）负责部门日常工作管理，监督检查下属人员遵章守纪及工作落实情况。

（八）做好部门内工作协调和人员沟通，营造良好工作氛围。

第五章　工作纪律

第九条　审计监察总监应保持严谨的职业态度，保守在执行业务中知悉的商业秘密，慎重使用在履行职责时获取的资料，不得以任何方式滥用和泄露机密资料。

第十条　审计监察总监应严格遵守审计监察职业道德规范，坚持原则、客观公正、恪尽职守、保持廉洁、保守秘密。不得滥用职权、徇私舞弊、玩忽职守。

第六章　附　则

第十一条　本规则未尽事宜，按照国家有关法律、法规和《公司章程》的规定执行。

第十二条　本规则自公司董事会表决通过之日起生效，修改亦同。

第十三条　本规则解释权属于公司董事会。

范本12　人事行政总监工作规则

第一章　总　则

第一条　按照建立现代企业制度的要求，为进一步完善公司治理结构，依照《中华人民共和国公司法》和《公司章程》等的规定，结合公司实际情况，特制定本规则。

第二条　本规则由总经理、公司管理中心、行政部及各部门主管直线执行。司职机构为公司人事行政部。

第三条　本规则的修改须经总经理核准：重大事项的更改须报公司总裁核准。

第二章　任职资格

第四条　人事行政总监任职资格：

（一）具有管理学、文秘、语言文学等相关专业本科及以上学历；五年以上人事部门主管工作经验，三年以上人事总监工作经验。

（二）具备中、高级人力资源资格证书，或是职业经理人等；熟悉人事行政各类流程、技巧和员工管理工作经验。

（三）具备良好的身体条件，处事灵活，有优良的思想品德和职业操守。

（四）熟悉公司经营管理情况，具有良好的处事和沟通能力。

第三章　主要职责

第五条　人事行政总监的主要职责是：

（一）组织制定、修改、完善公司各项规章制度和工作流程，做到管理规范化、科学化，依据公司的管理条例对各部门日常工作进行有效的检查、指导、协调、落实，确保公司各项指令、计划的有效执行。

（二）在维护公司利益的前提下，本着合情、合理、合法的原则及时处理好各类外部矛盾和纠纷，保障公司的运营的良好环境。

（三）指导部门员工按公司要求落实后勤保障、资产管理、档案管理的各项管理工作，保障公司良好的办公环境，对公司实施科学有效的管理。

（四）根据公司发展的总体规划和不同阶段对人员的需求，指导部门通过工作分析、绩效考核、指令跟踪等多种方式对员工的业绩做出客观的评价，提出精简、合理的人员定编建议。

（五）定期组织召开部门例会，检查、考核部门下属员工的工作状况，及时发现招聘、考核、培训、薪资等各项管理工作中存在的问题并加以指导和完善。

（六）注重团队建设，掌握下属员工思想动态，充分调动下属员工的工作积极性，把部门建设成一个高效、团结的团队。

（七）领导部门制定年度人事行政工作计划，并组织实施。

（八）向管理高层和总经理提供各种人力资源、行政管理及外部政策等各方面信息，为高层决策提供依据和建议。

（九）负责组织公司对外形象宣传，与外界有关部门和机构保持良好的公共关系。

（十）负责公司重要工作推进和重大决议执行的监督及领导安排的其他工作。

第四章　工作职权

第六条　人事行政总监的职权：

（一）对公司重大决策有建议权。

（二）对公司各项管理制度和规范执行情况有检查权。

（三）对各部门工作计划执行情况有检查权。

（四）有对员工的人事裁决权和对管理层的人事裁决建议权。

（五）对各部门管理制度和动作效率有监督审核权。

（六）有对直接下级人员调配、奖惩的建议权和任免的提名权，及考核评价权。

（七）对所属下级的工作有监督、检查权。

（八）对所属下级的工作争议有裁决权。

第五章　工作纪律

第七条　人事行政总监应保持严谨的职业态度，保守其在执行业务中知悉的商业秘密，慎重使用在履行职责时所获取的资料，不得以任何方式滥用和泄露机密资料。

第八条　人事行政总监应严格遵守审计监察职业道德规范，坚持原则、客观公正、恪尽职守、保持廉洁、保守秘密。不得滥用职权、徇私舞弊、玩忽职守。

第六章　附　则

第九条　本规则未尽事宜，按照国家的有关法律、法规和《公司章程》执行。

第十条　本规则自公司总经理办公会通过之日起生效，修改亦同。

范本13　总会计师管理办法

第一章　总　则

第一条　为了加强公司财务管理，提高经济效益，依据《中华人民共和国会计法》，结合公司实际，制定本管理办法。

第二条　本管理办法所称总会计师，是指具有相应专业技术职称、协助公司财务总监进行财务管理、会计工作的高级管理人员。

第三条　公司应当建立健全总会计师工作制度，设置总会计师职位，配备符合条件的总会计师，明确总会计师的职责权限，建立健全总会计师激励和约束机制。

第二章　总会计师工作职责

第四条　在公司财务总监的领导下，负责公司财务管理中心、分公司、子公司和工程项目部财务工作人员的聘用、考核、评价、薪酬、晋升等工作。

第五条　在公司财务总监领导下，负责各分公司、子公司和工程项目部全面预算管理工作的开展和落实。

第六条　负责编制公司财务人员工作手册和培训视频的制作，对财务管理中心、各级分公司、子公司、工程项目部的财务工作人员的业务培训。

第七条　负责各工程项目部申报工程量产值、工程结算、营业收入资料的完整性、合规性进行审核。

第八条　负责对各工程项目的累计产值、累计耗原材料、累计劳务费、累计机械费、累计其他施工成本的发票提供及税金缴纳等情况进行监督管理。

第九条　负责公司总部、分公司、子公司和项目部门经营利润的计算工作。

第十条　负责督促各工程项目部应收工程款的回收工作。

第十一条 按照《企业会计准则》和国家税收法规、政策的要求，规范账务核算，严格凭发票办理付款手续。

第十二条 按照国家有关部门和全国中小企业股份转让系统有限公司信息披露的规定，编制报送公司中期、年度财务报告。

第十三条 积极配合事务所的审计，增强事务所对公司的认可度。

第十四条 协助财务总监做好公司内部控制建设及其他财务管理方面工作。

第三章 总会计师的任免

第十五条 公司总会计师由公司财务总监提名，公司董事长任命。

第十六条 总会计师应具备以下条件：

（一）具有较高的政治素养和政策理论水平；坚持原则、忠诚企业、廉洁奉公；熟悉国家财经法规、财务会计制度；熟悉本企业业务以及现代企业管理理论。

（二）具备会计师技术职称。

（三）在独立核算单位担任财务负责人三年以上。

第十七条 总会计师实行任期制，一任三年，可以连任，但在一个单位任职一般不得连任两期以上。

第十八条 总会计师任职期满或调离时，要向公司总经理办公会作述职报告。

第四章 附 则

第十九条 本管理办法由公司总经理办公会解释。

第二十条 本管理办法自公司总经理办公会审议通过、发布之日起实施。

范本14 总工程师管理办法

第一章 总 则

第一条 为了更好地发挥总工程师在推进科技进步、加强技术管理、提高工程质量、增加经济效益中的作用，建立健全以总工程师为首的技术管理系统，明确总工程师的职责，保障总工程师行使职权，贯彻技术责任制，特制定本管理办法。

第二条 公司总工程师负责公司的科技进步、技术管理等工作。各工程项目部应设技术负责人。

第二章 总工程师的条件

第三条 公司总工程师应具备以下条件：

（一）有良好的学术道德，廉洁奉公、遵纪守法、责任心强，愿意为企业的技术进步服务。

（二）有较长期从事施工企业技术工作的经历，具备高级工程师职称，有较全面的技术理论知识、现代化企业经营管理知识和丰富的施工生产实践经验，精通本专业技术，懂得有关经济理论与科技、经济政策和法规。

（三）有技术管理和组织协调能力，能发扬民主，团结广大工程技术人员一道工作。

（四）对新技术有敏锐的接受能力，有推动科技进步的开拓与实干精神。

（五）身体健康，能胜任本职工作。

第三章 总工程师的职责

第四条 公司总工程师的职责：

（一）科技进步管理。

1.贯彻执行政府和公司制定的有关科技进步方针、技术政策、法规、规定，组织工程技术人员和广大职工积极推进科技进步，不断提高工程质量和施工技术水平，使公司取得良好的经济效益和社会效益。

2.参与研究公司发展战略和中长期规划。通过对国家技术政策和国内外技术市场的预测，组织编制公司的技术开发、技术引进、技术改造规划与计划，并在总经理办公会批准后负责组织实施。

3.大力开发和推广应用新技术，组织公司科技成果的转化、引进国内外先进技术的消化吸收与创新工作。

4.组织审查公司重大项目可行性研究，组织公司重大科研项目成果的开发、推广应用及验收、鉴定申报工作；组织公司科技资料的收集整理、科学技术奖评审、申报等工作；负责组织管理公司企业工法、工艺、专利成果。

5.监管公司科技资金的提取和使用。负责公司内外技术交流、技术合作和技术转让事项，主管科技外事工作。

（二）施工技术管理。

1.负责公司技术管理的基础工作，组织编制和贯彻落实公司的施工技术规章制度，不断改进各项管理工作。分管公司技术文件管理和项目策划。

2.审批公司施工组织设计，组织实施项目过程设计的策划，并组织进行设计验证和确认。

3.重大工程、技术难度大的工程开工前，对工程项目负责人及有关人员进行技术交底。

4.深入现场，指导施工，督促工程项目现场工程技术负责人遵守规范、规程和按图施工。负责解决施工中的技术难题，对重大技术问题组织攻关。

5.分管公司各项试验的监视和测量工作。

（三）质量体系管理。

1.在公司质量体系基础上协助建立健全公司的质量体系，组织公司员工开展全面质量管理工作，强化质量监督，保证公司质量体系有效运行并得到持续改进。贯彻实施企业中长期质量目标，组织落实公司质量管理目标，制定并实施公司质量创优滚动计划。

2.参加评审公司本业务系统的体系运行情况及改进方案，组织落实评审的相关事宜。

3.分管公司监视和测量装置的控制；分管施工过程及其产品的监视和测量控制，以及本公司不合格品的控制；监管本业务系统纠正和预防措施的制定和实施。

（四）标准化管理。

1.组织编制公司适用的现行国家、行业和地方强制性标准、规范、规程及标准图集目录。组织公司工程技术人员学习相关国家、行业规范标准以及企业技术标准。

2.组织公司技术标准的编制、实施和管理工作。

（五）其他。

1.协助公司总经理建立内部沟通、协商和信息交流渠道，就本公司的管理体系运行情况进行沟通。

2.协助有关部门抓好本公司科技人员的继续教育和知识更新工作。

3.分管环境、职业健康安全管理体系相关技术文件的控制。

4.公司总经理授予的其他职责。

第四章　总工程师的权限

第五条　对违反国家技术政策、技术规程有可能造成事故和经济损失的行为，有权制止或纠正。

第六条　对负责组织实施的技术开发、技术引进项目有相应的人员、物资调配使用权。对本单位重大技术问题的处理有决定权，对技术管理职能部门工作有部署、检查和考核权。

第七条　对按权限分工的技术方面的计划和文件有审批签发权。

第八条　对行使体系运行有奖惩权。

第九条　总工程师有权对以下事项发表意见：

（一）技术管理机构的设置和编制的确定。

（二）重要技术岗位上的人员配置和调动、晋升、调资、奖惩与聘任等。

第十条　有权组织企业工程技术人员职称评定工作。

第十一条　公司总经理授予的其他权限。

第五章　附　则

第十二条　本管理办法由公司总经理办公会议负责解释、修订。

第十三条　本管理办法自公司总经理办公会审议通过、发布之日起施行。

范本15　各职能部门工作职责

第一章　总经办工作职责

第一条　协助公司董事长工作，并对公司董事长负责。

第二条　按照公司董事长决定的分工，主管相应部门或工作。

第三条　在公司董事长授权范围内，全面负责主管的各项工作，并承担相应责任。

第四条　在主管工作范围内，就相应人员的任免、机构变更等事项向公司董事长提出建议。

第五条　有权召开主管工作范围内的业务协调会议，确定会期、议题、出席人员等，并于会后将会议结果报公司董事长。

第六条　按照公司业务审批权限的规定，批准或审核所主管部门的业务开展，并承担相应责任。

第七条　就公司相关重大事项，向公司董事长提出建议。

第八条　完成公司董事长交办的其他工作。

第二章　财务管理中心工作职责

第九条　贯彻执行国家财税法规和公司财务制度。

第十条　负责公司财务管理方面的制度建设。

第十一条　参与公司内部控制方面的制度建设。

第十二条　参与公司全面预算方面的制度建设。

第十三条　负责公司总部的会计核算工作。

第十四条　负责公司资金管理工作。

第十五条　负责公司融资工作。

第十六条　负责公司税务工作。

第十七条　负责公司的对外经济管理、协调工作。

第十八条　负责公司的经济活动分析会组织工作。

第十九条　负责公司所属各单位的财务监督、检查、指导。

第二十条　参与公司各类经济合同签订及经营决策工作。

第二十一条　完成公司董事会安排的其他工作。

第三章 市场管理中心工作职责

第二十二条 浏览地方政府建设投标信息网站，负责招标工程项目筛选，编订投标文件，参与投标等经营性投标工作。

第二十三条 配合参与公司或各承包人自投项目的商务文件编制以及人员调配及出场事宜。

第二十四条 申请缴纳投标保证金或办理银行投标保函，并跟踪招标工程项目投标保证金的退回或银行投标保函的注销。

第二十五条 配合各项目日常工作对接，包括前期报建，中途变更项目经理或现场管理人员、各主管部门检查所需资料等事项，直至工程竣工验收完成。

第二十六条 负责维护、协调客户、合作伙伴、政府主管部门、招标公司等关系。

第二十七条 收集、整理各地区的市场信息情况，以便及时把握市场经营动态。

第二十八条 负责更新、维护各地区相关信息网站库内企业及人员等信息。

第二十九条 企业与人员证件、业绩及奖项等资料的整理归档工作。

第三十条 负责协调各地区各证件的调配与人员出场事宜。

第三十一条 维护企业在各地区诚信评价排名，定期查看排名情况。

第三十二条 了解各地市场情况信息，适时做好新市场的开发工作。

第三十三条 做好与其他各部门的沟通与协调工作。

第三十四条 完成领导交办的其他工作。

第四章 人事行政中心工作职责

第三十五条 组织制定/修订规章制度体系的管理规范。

第三十六条 组织和参与公司重要规章制度的论证和起草工作。

第三十七条 协调公司规章制度执行中的冲突。

第三十八条 指导公司各中心、各子公司、控股公司规章制度管理工作。

第三十九条 组织完成规章制度版本的更新和维护工作。

第四十条 组织完成规章制度的汇编。

第四十一条 组织半年度检查，监督各中心、各子公司、控股公司制度执行工作，对违反制度管理规定的要求整改。

第四十二条 制订中长期人力资源规划。制订、完善集团招聘管理制度，规范招聘流程。

第四十三条 核定公司年度人力需求，制订年度招聘计划，并进行动态管理。

第四十四条 分析各岗位职责及任职资格，与用人部门一起制订并完善职位说明书。决定获取候选人的形式和渠道。

第四十五条 设计并主持实施人才选拔测评，为用人部门提供录用建议。提供各类招聘数据进行统计及分析。编制部门年度人力资源需求计划，提出人力资源需求申请。

第四十六条 组织、实施公司企业文化建设方面的工作。

第四十七条 公司总经理办公会安排的其他工作。

第五章 审计监察中心工作职责

第四十八条 全面风险管理。

（一）负责公司全面风险预控体系建设，并指导、监督公司风险体系的执行情况。

（二）负责对项目开发过程中的风险点进行识别、指导。

（四）负责对公司进行不定期风险排查，清除隐患。

（五）建立危机处理机制，组织危机事件的处理，编制处理方案及预案。

第四十九条 审计管理。

1.内部控制审计。检查和评价内部控制系统和风险管理过程的设计是否合理、健全，运行是否正常、有效，特别关注无故超越控制和风险管理的事项，对存在的缺陷，分析缺陷形成原因，提出改进内部控制建议。

2.财务收支审计。对公司的财务收支的真实性、合法性进行审计。主要内容包括对会计资料的真实合法性、资产的安全及保值增值、收入成本费用的真实性进行审计。

3.经济责任审计。对下属分、子公司负责人任职期间其所在公司资产、负债、权益和损益的真实性、合法、合规性和效益性及重大经营决策等有关经济活动，以及执行政府有关法律法规情况进行的监督和评价的工作。包括对分、子公司负责人的离任经济责任审计、任期届满经济责任审计和任中经济责任审计。

4.合同审计。对公司大宗物资采购合同、工程承包合同、工程劳务等合同的签订、履行、变更、终止过程及合同管理进行独立客观的监督和评价活动。

5.工程项目审计。包括对项目开发过程中的设计管理、采购招投标管理、营销、招商、营运管理等实施情况和合规性进行审计。

6.其他专项审计。包括预算管理审计，舞弊审计及其他专项审计等。

7.后续审计。在审计报告发出后相隔一定时间内，检查被审计单位对审计发现和建议是否已经采取了适当的纠正行动并取得预期的效果。

第五十条 法律诉讼与咨询事务。

（一）为公司管理层及各部门正确执行国家法律、法规、规章提供法律依据，参与起草、审核重要的规章制度、合同、协议及其他需要由其起草的法律文件，降低法律风险。

（二）负责法律纠纷的处理，接受公司委托，代理、协调公司各项诉讼事务。

（三）对重大法律事务外聘律师事务所提供相关意见及建议，并对外聘事务所的工作进行考核、管理。

（四）收集房地产相关法律、法规，建立公司法规汇编、案例等知识库，开展法律知识培训。

（五）协助其他部门处理存在历史遗留问题项目的法律事务。

第五十一条 项目开发法律支持。

（一）参与项目拓展及调研，参与土地拆迁补偿方案的谈判，负责对土地合作方式、土地法律性质、项目获取方式、政策性风险等内容进行评估，提供法律意见和建议。

（二）负责并购、合作、转入等项目的尽职调查，配合其他部门对并购、合作、转入等进行可行性分析，降低法律风险。

（三）负责并购、合作、转入等项目的前期谈判，并根据需要提供法律支持。

（四）负责项目开盘及交付前的风险检查工作。

（五）为危机事件提供法律支持。

第五十二条 合同管理。

（一）参与各类标准合同文本的编制，审查和修订。

（二）负责公司合同文本的法律审核，并跟进合同法律条款的落实。

第六章 资本运营中心工作职责

第五十三条 负责公司和相关当事人与股东的及时沟通和联络。

第五十四条 负责处理公司信息通知、报告事务；协调公司与股东关系。

第五十五条 按照法定程序筹备董事会会议和股东大会，准备和提交拟审议的董事会和股东大会的文件；参加董事会会议，制作会议记录并签字。

第五十六条 负责与公司信息有关的保密工作，制订保密措施，促使公司董事会全体成员及相关知情人在有关信息正式公开前保守秘密，并在内幕信息泄露时，及时采取补救措施。

第五十七条 负责保管公司股东名册、董事名册、控股股东及董事、监事、高级管理人员持有公司股票的资料，以及董事会、股东大会的会议文件和会议记录等。

第五十八条 协助董事、监事和高级管理人员了解相关法律、行政法规、部门规章和公司章程。

第五十九条 促使董事会依法行使职权；在董事会拟做出的决议违反法律、行政法规、部门规章和公司章程时，应当提醒与会董事，并提请列席会议的监事就此发表意见；如果董事会坚持做出上述决议，董事会秘书应将有关监事和其个人的意见记载于会议记录上。

第六十条 董事会要求履行的其他职责。

第七章 信息中心工作职责

第六十一条 设备及网络管理。包括计算机硬件、网络设备、各种办公设备、硬件管理等。

第六十二条 软件管理。包括操作系统数据库等各类信息管理系统、负责服务器计算机操作系统和软件的安装维护和升级、负责企业邮箱的开通和维护。

第六十三条 信息安全及保密管理。公司员工不得通过工作电脑制作复制传播和查阅国家法律不允许传播的内容和信息。

第六十四条 培训管理。重点针对本部门的主要工作内容进行培训，确保日常工作的有序进行。

第六十五条 机房管理。包括机房人员出入管理、机房环境管理、数据备份与保密管理、计算机病毒防范与安全管理、机房设备运行维护管理等。

第八章 档案室工作职责

第六十六条 档案室只负责档案的接收、保管、借阅、销毁工作，其完整性、真实性由档案所属部门负责。

第六十七条 制订档案的归档、保管、借阅和鉴定销毁等有关规章制度，并组织实施，不断完善。

第六十八条 监督指导公司各部门档案的形成、积累、整理和归档等工作。

第六十九条 统筹规划公司各部门的档案工作，并建立档案室。

第七十条 提出档案的鉴定标准，审查档案的保存价值、保存期限等，监督档案文件的销毁。

第七十一条 开发档案信息资源，编研参考资料，做好档案统计工作，为领导决策、机关建设服务。

第七十二条 指定专人负责内部的档案管理工作，以便能够及时入档，为有效的备案和日后的查找复核工作提供便利。

第七十三条 负责编制档案检索工具，按制度和流程为其他部门提供档案利用服务。

第七十四条 组织档案业务培训，提高档案管理员的专业水平和档案管理能力。

第七十五条 完成公司领导交办的其他工作。

第九章 总工室工作职责

第七十六条 贯彻执行国家及上级主管部门基本建设、科技工作等有关方针、政策、法规、规范、规程和技术标准，不断提高企业施工技术水平。

第七十七条 技术管理。

（一）负责制定与技术管理相关规章制度，并组织落实和执行。

（二）编写技术标。

（三）配合项目部完成项目行政审批及相关手续办理。

（四）参与重点项目图纸会审与技术交底工作，主抓施工技术管理和重大技术方案的制定。

（五）组织制定施工组织设计、确保安全文明施工的技术措施及确保工程质量保证体系建设，指导、解决有关重大技术难点问题。

（六）审核施工组织设计及专项施工方案，对于技术难度大、工艺复杂的方案，协助工程（项目）部组织专家论证，管理计划和设计变更。

第七十八条 业务管理。

（一）指导子公司技术管理工作，负责对其报审的技术、安全方案进行审批。

（二）定期对项目技术负责人进行专业培训。

（三）参与合同中技术部分的审查监督。

（四）指导项目进行设计优化及深化。

（五）对项目技术管理情况进行检查督促，并对项目技术负责人进行考核。

（六）挖掘题材，并组织工程项目的重大技术课题研讨与论证。

（七）负责工法、专利、QC的编制、申报。

（八）负责“四新”科技成果的推广和应用，申报科技研发项目。

（十）普及建筑业十项新技术；选择适合公司实际情况的安全文明施工工具化方案。

（十一）接受外部培训，组织外出观摩学习。

（十二）推广BIM、PC产业化、装配式施工等新技术。

（十三）负责建立、维护企业技术知识库。

（十四）负责公司科技研究的立项、评定、奖励等管理工作。

（十五）完成公司交办的其他事项。

第十章 工程管理中心工作职责

第七十九条 负责工程管理中心工程部的日常事务，承担工程管理责任，制定公司工程管理的年度质量、安全生产文明施工管理目标工作计划及实施。

第八十条 建立和完善施工工期、安全生产、文明施工预警机制，监督施工项目制定应急预案并采取相应措施，确保工程施工工期、安全生产、文明施工达到预期的目标。

第八十一条　制定施工项目工程质量、安全生产文明施工监督、检查、考核和奖惩制度并组织实施。

第八十二条　建立和完善施工项目管理周报和月报制度以及重大事项汇报制度，使公司施工项目始终处于受控状态。

第八十三条　建立和完善工程投诉管理制度，促进施工项目诚信履约。对已发生的工程投诉事件严格按照程序集中力量，迅速处理，防止事态扩大。

第八十四条　查处项目生产、安全、质量及文明施工管理中的违法、违规及违章行为，汇总检查结果，以整改通知单下发项目部，并督促落实和复检；根据检查结果对项目进行奖罚，并向上级汇报检查结果和处理意见。

第八十五条　协调公司与行业主管部门之间、分公司与公司之间的关系，做好与业主的沟通工作。

第八十六条　负责跟踪各分、子公司工程管理情况，协助解决施工中的各种问题。

第八十七条　配合和落实工程管理中心总监下达的任务，负责所分管片区的管理工作，加强公司对片区各项目的管控。

第八十八条　参与工程验收和工程评审，对工程技术、质量、安全、文明施工环境等进行检查、督促，并总结上报。

第八十九条　根据工程进度目标，掌握工程形象进度情况并实施动态跟踪管理，审查工程进度款的使用。

第九十条　完成公司领导交办的其他工作以及与其他部门的协调配合工作。

范本16　公司业务归口图

见下图。

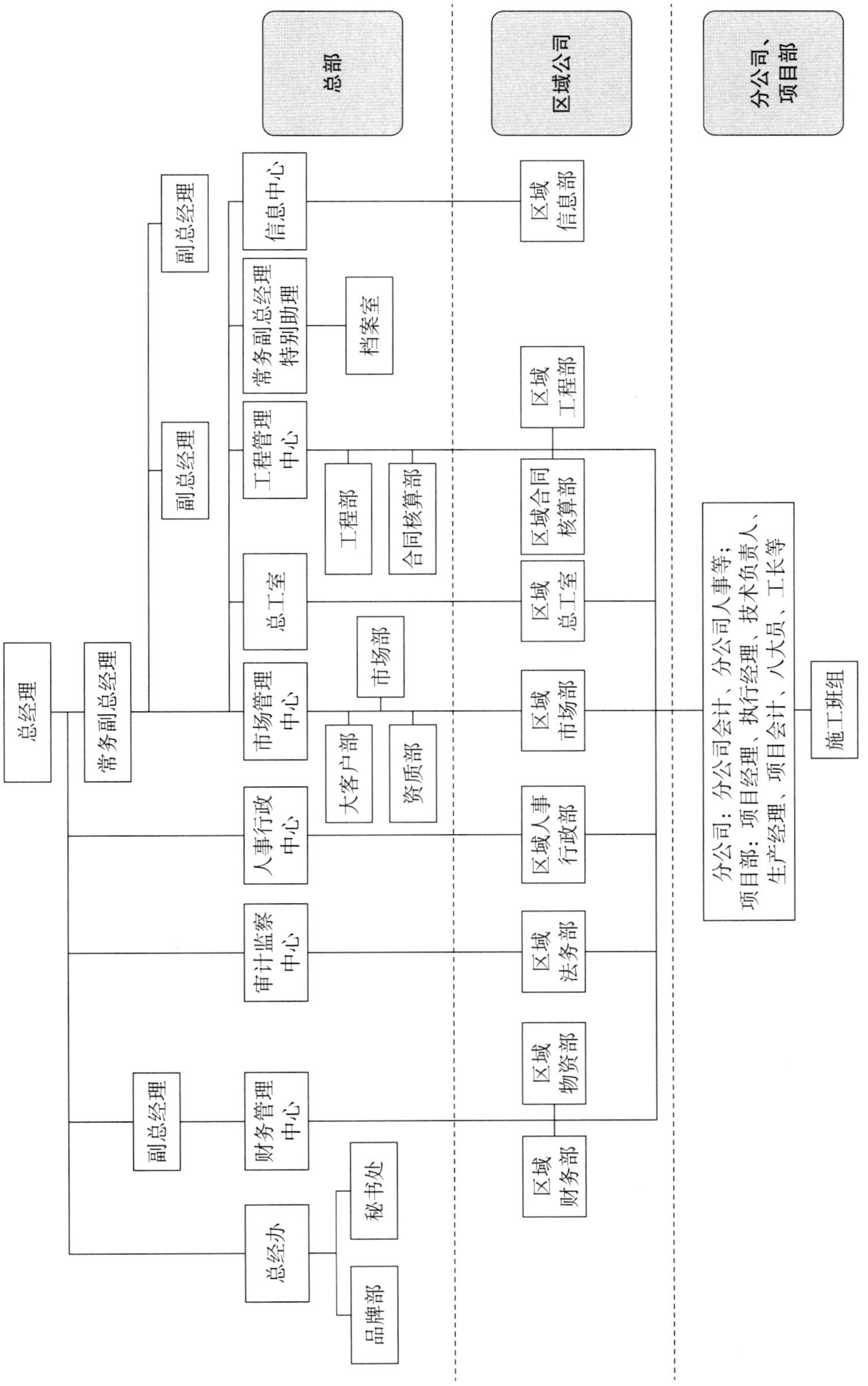
总部
区域公司
分公司、项目部
总经理
常务副总经理
副总经理
副总经理
副总经理
信息中心
常务副总经理特别助理
档案室
工程管理中心
工程部
合同核算部
总工室
市场管理中心
市场部
大客户部
资质部
人事行政中心
审计监察中心
财务管理中心
总经办
秘书处
品牌部
区域信息部
区域工程部
区域合同核算部
区域总工室
区域市场部
区域人事行政部
区域法务部
区域物资部
区域财务部
分公司：分公司会计、分公司人事等；
项目部：项目经理、执行经理、技术负责人、生产经理、项目会计、八大员、工长等
施工班组

公司业务归口图

Construction Companies

Standards and Criterion of Internal Control & Financial Management

02 战略发展与投资管理

随着经济全球化进程的加速和“一带一路”建设的推进，市场经济环境更加瞬息万变，优秀的企业战略将促企业发展于博远，企业的发展战略对一个企业的发展而言是至关重要的。战略发展与投资管理制度囊括长远发展目标与战略规划的规范程序及方法。同时，公司根据战略目标和规划，合理安排资金投放结构，科学确定投资项目，拟定投资方案，重点关注投资项目的收益和风险。

范本1　发展战略管理制度

第一章　总　则

第一条　为规范公司发展战略的编制与管理工作，完善战略管理体系，提高发展战略的科学性、适用性和有效性，确保公司战略目标的实现，根据《中华人民共和国公司法》规定，结合公司实际，制定本制度。

第二条　本制度属于公司制度体系中的第一层级，适用于本公司及其子公司。

第三条　制定本制度主要是为了防控以下风险：

（一）缺乏明确的发展战略或发展战略实施不到位，可能导致企业盲目发展，难以形成竞争优势，丧失发展机遇和动力。

（二）发展战略过于激进，脱离企业实际能力或偏离主业，可能导致企业过度扩张，甚至经营失败。

（三）发展战略因主观原因频繁变动，可能导致资源浪费，甚至危及企业的生存和持续发展。

第四条　本制度所称发展战略，是指公司根据国家经济发展规划和产业政策，按照企业经济布局和结构的战略性调整方向，在分析外部环境和内部条件现状及其变化趋势的基础上，为实现公司聚焦主业、做优做强、适度多元、稳健发展的目标，在公司“以战略管控为主导加关键运营功能管控”的管控模式下，制定并实施的未来一定时期内的方向性、整体性、全局性的定位、发展目标和相应的实施方案。

第二章　组织机构与职责分工

第五条　董事会全面负责公司发展战略管理工作，其职责包括：

（一）明确公司发展方向及目标。

（二）审议提交的发展战略。

（三）对发展战略执行过程中发现的重大问题或者偏差，责成调整。

（四）审定发展战略管理制度。

（五）对重大战略事项进行决策。

第六条 董事会战略委员会是董事会下设的专门工作机构，就公司发展战略管理工作向董事会提供咨询、建议，其职责包括：

（一）对公司中长期发展战略进行研究并提出建议。

（二）研究公司发展战略，确立战略基本框架。

（三）组织制订公司发展战略，指导并审定公司的重要发展战略。

（四）结合公司业务和管理需要，定期评估公司发展战略，提出调整意见。

（五）董事会授予的其他职权。

第七条 董事会是公司发展战略编制与管理工作的执行者，其职责包括：

（一）拟订并完善科学、适用、有效的公司战略管理制度，建立战略管理体系。

（二）拟订公司发展战略（含总体战略、业务战略、职能战略和一年以上发展战略），拟定战略推进方案。

（三）持续监控战略执行，定期评估战略的可行性、执行结果和偏差，定期进行公司环境分析，并适时提出战略调整方案。

（四）审核和指导公司发展战略，监督和检查公司战略落实情况。

第三章 发展战略编制原则与内容

第八条 编制发展战略应遵循以下原则：

（一）效益优先和可持续发展。

（二）突出主业，提升公司核心竞争力。

（三）结合公司实际能力，定位明确，实施落地。

第九条 编制发展战略应综合考虑宏观经济变化、政策环境、国内外市场需求变化、技术发展趋势、行业及竞争对手状况、可利用资源水平、自身优劣势及上年度发展战略执行情况等。

第十条 公司发展战略体系由公司发展战略和子公司发展战略构成。

第十一条 发展战略至少应包括以下内容：

（一）公司现状与发展环境，包括公司基本情况、发展环境分析和竞争力分析等。

（二）发展战略与指导思想。

（三）发展目标，包括公司远景目标、五年发展目标、三年滚动发展目标及年度目标分解。

（四）业务战略和职能发展战略，包括主营业务优劣势分析与发展目标、职能战略优劣势分析与发展目标等。

（五）滚动发展期内调整重点与实施计划。

（六）发展战略实施的保障措施。

第十二条 履行社会责任是公司提升可持续发展能力的必然选择，公司坚持和谐发展战略，推进与社会、环境的和谐发展。

（一）公司应建立健全社会责任管理体系，每年发布独立的社会责任报告。

（二）公司在发展战略中应涵盖社会责任方面的内容，主要包括安全生产、工程质量（含服务）、环境保护、促进就业、员工权益保护等。

第四章 发展战略编制与审批

第十三条 公司发展战略的编制与审批流程如下：

（一）根据由董事会明确的公司发展方向及目标，组织相关职能部门拟订发展战略基本框架，提交战略委员会审议。

（二）发展战略基本框架经战略委员会审议通过后，组织各职能部门准备编制发展战略所需的基础材料。

（三）企业策划与管理部汇总基础材料，完成发展战略初稿，征求公司领导意见后形成终稿，并提交战略委员会审议。

（四）战略委员会对终稿审议通过后，将审议结果提交董事会。

（五）公司发展战略终稿经董事会审议通过后，报经股东大会批准实施。

第十四条 子公司发展战略的编制与审批流程如下：

（一）根据公司颁布的发展战略和子公司实际情况，编制子公司发展战略。

（二）履行本公司审批程序后，上报董事会审定。

（三）依据董事会批准的发展战略，实施推进。

第五章 发展战略实施、评价与调整

第十五条 公司管理层是公司发展战略的实施责任主体，公司各职能部门依据部门职责，负责公司业务战略和职能战略的实施：

（一）根据发展战略，确定每个发展阶段的具体目标、工作任务和实施路径，制定年度工作计划，编制全年预算，将年度目标分解，落实到各责任主体。

（二）制定激励和考核机制，支持和监督发展战略的实施。

（三）宣传发展战略，通过内部会议、教育培训等方式及时传递信息，使公司自上而下推进实施。

第十六条 发展战略评价方式分为定期评价报告、不定期战略质询和信息化手段辅助。

（一）董事会定期组织各职能部门对发展战略实施情况与目标进行对比评价，形成评价报告，并与公司年度财务预算和企业负责人绩效考核相衔接。

（二）对发展战略完成情况出现较大偏差的部门，由董事会组织，公司领导、相关职能部门主要负责人参与，不定期开展战略质询。

（三）通过信息化手段辅助评价，使关键评估指标的收集与跟踪更加方便快捷。

第十七条 当公司出现以下情况时，需对发展战略做出调整：

（一）经济形势、产业政策、技术进步、行业状况及不可抗力等公司外部环境发生重大变化。

（二）公司内部资源与能力发生重大变化。

（三）公司战略评价结果与战略目标出现重大偏差。

（四）董事会基于对现状的分析和公司未来发展的考虑认为有必要对发展战略进行调整。

第十八条 发展战略实施、评价和调整的责任主体，参照上述规定执行；应将发展战略的推进情况、评价报告和调整情况加以整理，形成文字材料，上报董事会。

第十九条 对发展战略的调整按照发展战略编制与审批流程执行。

第六章 发展战略文档归档要求

第二十条 公司发展战略文档包括公司发展战略文件、公司发展战略调整文件。

第二十一条 公司发展战略文档属于重要商业秘密档案，根据公司档案管理制度，由档案部进行归类、标识，由公司档案室统一保管。

第七章 附 则

第二十二条 本制度接受中国法律、法规及本公司章程的约束，若有冲突，应予及时调整。本制度未列明之事项，以公司章程为准。

第二十三条 本制度自公司董事会审议通过之日起实施。

范本2 对外投资管理制度

第一章 总 则

第一条 为规范公司对外投资行为，提高投资效益，规避投资所带来的风险，有效、合理地使用资金，依照《中华人民共和国公司法》《中华人民共和国民法典》等国家法律法规、规范性文件，结合《公司章程》和其他公司制度，制定本制度。

第二条 本制度所称对外投资，是指公司为获取未来收益而将一定数量的货币资金、股权以及经评估后的实物或无形资产作价出资，对外进行各种形式的投资活动。

第三条 投资管理应遵循的基本原则：符合公司发展战略，合理配置企业资源，促进要素优化组合，创造良好经济效益。

第四条 本制度适用于公司及其子公司、分公司的一切对外投资行为。

第二章 对外投资的审批权限

第五条 公司对外投资实行专业管理和逐级审批制度。

第六条 公司对外投资的审批应严格按照《公司法》及其他相关法律、法规和《公司章程》等规定的权限履行审批程序。

第七条 公司股东大会、董事会负责公司对外投资的决策，各自在其权限范围内，对公司的对外投资做出决策。其他任何部门和个人无权做出对外投资的决定。

第八条 交易涉及的资产总额占公司最近一期经审计总资产的百分之五十以上的对外投资活动，应当报请公司股东大会审批，该交易涉及的资产总额同时存在账面值和评估值的，以较高者作为计数依据。

第九条 除上述第八条规定的对外投资活动外，公司其他对外投资均由董事会审批。

第三章 对外投资的组织和管理机构

第十条 公司股东大会、董事会为公司对外投资决策机构，各自在其权限范围内对公司的对外投资活动进行决策。

第十一条 总经理可以根据实际需要成立对外投资项目评审小组及对外投资项目实施小组，并担任小组负责人。对外投资项目评审小组主要负责董事会决策的前期准备工作，对新的投资项目进行充分的可行性分析和论证并提出投资建议。对外投资项目实施小组负责对外投资项目的任务执行和具体实施。

第十二条 公司财务部门负责对外投资的财务管理，负责协同相关方面办理出资手续、工商登记、税务登记、银行开户等工作。

第十三条 公司相关职能部门或公司指定的专门工作机构按其职能参与、协助和支持公司的投资工作，并履行相应的管理与服务职能。

第四章 对外投资的决策管理

第一节 短期投资

第十四条 公司短期投资决策程序：

（一）对外投资项目评审小组负责基于随机投资建议对投资机会和投资对象进行预选，根据投资对象的赢利能力编制短期投资计划。

（二）财务部门负责提供公司资金流量状况表。

（三）短期投资计划按审批权限履行审批程序后实施。

第十五条 财务部门负责按照短期投资类别、数量、单价、应计利息、购进日期等及时登记入账，并进行相关账务处理。

第十六条 涉及证券投资的，必须执行严格的联合控制制度，即至少要由两名以上人员共同操作，且证券投资操作人员与资金、财务管理人员分离，相互制约，不得一人单独接触投资资产，对任何的投资资产的存入或取出，必须由相互制约的两人联名签字。

第十七条 公司购入的短期有价证券必须在购入的当日记入公司名下。

第十八条 公司财务部门负责定期与证券营业部核对证券投资资金的使用及结存情况。应将收到的利息、股利及时入账。

第二节 长期投资

第十九条 投资项目评估小组对适时投资项目进行调研、论证，编制可行性研究报告及有关合作意向书，对投资项目进行综合评审，评审通过后，提交公司总经理。

第二十条 总经理对可行性研究报告及有关合作协议评审通过后提交董事会审议；董事会根据相关权限履行审批程序，超出董事会权限的，提交股东大会。

第二十一条 长期投资项目应与被投资方签订投资合同或协议，长期投资合同或协议须经公司总经理办公室进行审核，并经授权的决策机构批准后方可对外正式签署。

第二十二条 公司财务部门负责协同被授权部门和人员，按长期投资合同或协议规定投入现金、实物或无形资产。投入实物必须办理实物交接手续，并经实物使用部门和管理部门同意。

第二十三条 对于重大投资项目可聘请专家或中介机构进行可行性分析论证。

第二十四条 对外投资项目实施小组根据公司所确定的投资项目，相应编制实施投资建设开发计划，对项目实施进行指导、监督与控制，参与投资项目审计、终（中）止清算与交接工作，并进行投资评价与总结。

第二十五条 公司对外投资项目实施小组负责对所有投资项目实施运作情况实行全过程的监督、检查和评价。投资项目实行季报制，对外投资项目实施小组对投资项目的进度、投资预算的执行和使用、合作各方情况、经营状况、存在问题和建议等每季度编制报表，及时向公司领导报告。项目在投资建设执行过程中，可根据实施情况的变化合理调整投资预算，投资预算的调整需经原投资审批机构批准。

第二十六条 公司监事会、财务部门应依据其职责对投资项目进行监督，对违规行为及时提出纠正意见，对重大问题提出专项报告，提请对外项目实施小组讨论处理。

第二十七条 建立健全投资项目档案管理制度，自项目预选到项目竣工移交（含项目中止）的档案资料，由综合部负责整理归档。

第五章 对外投资的处置

第二十八条 出现或发生下列情况之一时，公司可以收回对外投资：

（一）按照《公司章程》规定，该投资项目（企业）经营期满。

（二）由于投资项目（企业）经营不善，无法偿还到期债务，依法实施破产。

（三）由于发生不可抗力而使项目（企业）无法继续经营。

（四）合同规定投资终止的其他情况。

第二十九条 发生或出现下列情况之一时，公司可以转让对外投资：

（一）投资项目已经明显有悖于公司经营方向。

（二）投资项目出现连续亏损且扭亏无望，没有市场前景。

（三）由于自身经营资金不足急需补充资金。

（四）本公司认为有必要的其他情形。

第三十条 投资转让应严格按照《公司法》和《公司章程》有关转让投资规定办理。处置对外投资的行为必须符合国家有关法律、法规的相关规定。

第三十一条 批准处置对外投资的程序与权限与批准实施对外投资的权限相同。

第三十二条 公司与对外投资项目相关的部门负责做好投资收回和转让的资产评估工作，防止公司资产的流失。

第六章 对外投资的人事管理

第三十三条 公司对外投资组建合作、合资公司，应对新建公司派出经法定程序选举产生的董事、监事，参与和监督影响新建公司的运营决策。

第三十四条 对于对外投资组建的子公司，公司应派出经法定程序选举产生的执行董事、监事或相应的经营管理人员（包括财务总监），参与子公司的决策。

第三十五条 派出人员应按照《公司法》和被投资公司的《公司章程》的规定切实履行职责，在新建公司的经营管理活动中维护公司利益，实现公司投资的保值、增值。公司委派出任投资单位董事的有关人员，应注意通过参加董事会会议等形式，获取更多的投资单位的信息，及时向公司汇报投资情况。派出人员每年应与公司签订责任书，接受公司下达的考核指标，并向公司提交年度述职报告，接受公司的检查。

第七章 对外投资的财务管理及审计

第三十六条 公司财务部门应对公司的对外投资活动进行全面完整的财务记录，进行详尽的会计核算，按每个投资项目分别建立明细账簿，详尽记录相关资料。对外投资的会计核算方法应符合会计准则和会计制度的规定。

第三十七条 长期对外投资的财务管理由公司财务部门负责，财务部门根据分析和管理的需要，取得被投资单位的财务报告，以便对被投资单位的财务状况进行分析，维护公司的权益，确保公司利益不受损害。

第三十八条 公司在每年度末对长、短期投资进行全面检查。对子公司进行定期或专项审计。

第三十九条 公司对其子公司财务状况的真实性、合法性进行监督。

第四十条 对公司所有的投资资产，应由内部审计人员或不参与投资业务的其他人员进行定期盘点或与委托保管机构进行核对，检查其是否为本公司所拥有，并将盘点记录与账面记录相互核对以确认账实的一致性。

第八章 董事、管理人员及相关责任单位的责任

第四十一条 公司董事、总经理及其管理人员应当审慎对待和严格控制投资行为产生的各种风险，对违规或失当的投资行为负有主管责任或直接责任的上述人员应对该项错误投资行为造成的损失依法承担连带责任。上述人员未按本制度规定程序擅自越权审批投资项目，对公司造成损害的，应当追究当事人的经济责任和行政责任。

第四十二条 责任单位或责任人怠于行使职责，给公司造成损失的，可视情节轻重给予包括经济处罚在内的处分并承担赔偿责任。

第四十三条 公司股东大会及董事会有权视公司的损失、风险的大小及情节的轻重决定给予责任单位或责任人相应的处分。

第九章 附 则

第四十四条 本制度未尽事宜，按照国家有关法律、法规和《公司章程》的规定执行。

第四十五条 本制度由公司董事会负责解释。

第四十六条 本制度自公司股东大会审议通过之日起实施。

范本3 关联交易决策管理制度

第一章 总 则

第一条 为充分保障中小股东的利益，保证公司关联交易的公允性，确保公司的关联交易行为不损害公司和全体股东的利益，使公司的关联交易符合公平、公正、公开的原则，根据《中华人民共和国公司法》《中华人民共和国证券法》等有关法律、法规以及《公司章程》的有关规定，结合公司实际情况，制定本制度。

第二条 关联交易活动应遵循公平、公正、公开的原则，关联交易的价格原则上不能偏离市场独立第三方的价格或收费的标准。

第三条 公司应当采取措施规范关联交易，减少和避免关联交易。

第二章 关联人及关联交易

第四条 本公司关联人包括关联法人和关联自然人。

第五条 具有以下情形之一的法人，为公司关联法人：

（一）直接或间接地控制公司的法人或其他组织。

（二）由前项所述法人直接或间接控制的除公司及其控股子公司以外的法人或其他组织。

（三）由本制度第七条所列公司的关联自然人直接或间接控制的，或者由关联自然人担任董事、高级管理人员的除公司及其控股子公司以外的法人或其他组织。

（四）持有公司百分之五以上股份的法人或者一致行动人。

（五）根据实质重于形式的原则认定的其他与公司有特殊关系，可能造成公司对其利益倾斜的法人或其他组织。

第六条 公司与上述第五条第（二）项所列法人受同一国有资产管理机构控制而形成该项所述情形的，不因此构成关联关系，但该法人的董事长、经理或者半数以上的董事属于本制度第七条第（二）项所列情形者除外。

第七条 具有下列情形之一的自然人，为公司的关联自然人：

（一）直接或间接持有公司百分之五以上股份的自然人。

（二）公司董事、监事及高级管理人员。

（三）上述第五条第（一）项所列法人的董事、监事及高级管理人员。

（四）本条第（一）项、第（二）项所述人士的关系密切的家庭成员，包括配偶、父母、配偶的父母、兄弟姐妹及其配偶、年满18周岁的子女及其配偶、配偶的兄弟姐妹和子女配偶的父母。

（五）根据实质重于形式的原则认定的其他与公司有特殊关系，可能造成公司对其利益倾斜的自然人。

第八条 具有以下情形之一的法人或自然人，视同为公司的关联人：

（一）因与公司或者其关联人签署协议或者做出安排，在协议或者安排生效后，或者在未来十二个月内，具有上述第五条或第七条规定情形之一的。

（二）过去十二个月内，曾经具有上述第五条或第七条规定情形之一的。

第九条 公司董事、监事、高级管理人员、持股百分之五以上的股东及其一致行动人、实际控制人，应当将与其存在关联关系的关联人情况及时告知公司。

第十条 公司应参照相关监管部门关于关联交易的其他相关规定，确定公司关联方的名单，并及时予以更新，确保关联方名单真实、准确、完整。

公司及其控股子公司在发生交易活动时，相关责任人应仔细查阅关联方名单，审慎判断是否构成关联交易。如果构成关联交易，应在各自权限内履行审批、报告义务。

第三章 关联交易

第十一条 公司的关联交易是指公司及公司控股子公司与公司关联人之间发生的转移资源或义务的事项。包括以下交易：

（一）购买或出售资产。

（二）对外投资（含委托理财，委托贷款，对子公司、合营企业、联营企业投资，投资交易性金融资产、可供出售金融资产、持有至到期投资等）。

（三）提供财务资助。

（四）提供担保。

（五）租入或租出资产。

（六）签订管理方面的合同（含委托经营、受托经营等）。

（七）赠予或受赠资产。

（八）债权或者债务重组。

（九）研究与开发项目的转移。

（十）签订许可协议。

（十一）购买原材料、燃料、动力。

（十二）销售产品、商品。

（十三）提供或接受劳务。

（十四）委托或受托销售。

（十五）关联双方共同投资。

（十六）其他通过约定可能造成资源或义务转移的事项。

第四章 关联交易的决策程序

第十二条 公司拟进行关联交易时，由公司的职能部门提出书面报告，该报告应就该关联交易的具体事项、定价依据和对公司股东利益的影响程度做出详细说明。

第十三条 公司与关联人达成的关联交易总额在三十万元人民币以下的，由公司总经理审批。

第十四条 公司与关联人达成的关联交易总额在三十万元人民币以上、一千万元人民币以下的，由公司董事会审批。

第十五条 公司与关联人达成的关联交易总额在一千万元人民币以上的，由公司董事会审议通过后提请公司股东大会审批。

第十六条 公司为关联人提供担保的，不论数额大小，均应当在董事会审议通过后提交股东大会审议。

第十七条 董事会在审查有关关联交易事项时，须考虑以下因素：

（一）如该项关联交易属于向关联方采购或销售商品，则必须调查该交易对本公司是否更有利。当本公司向关联方购买或销售产品可降低公司生产、采购或销售成本时，董事会应确认该项关联交易具有合理性。

（二）如该项关联交易属于提供或接受劳务、代理、租赁、抵押和担保、管理、研究和开发、许可等项目，则公司必须取得或要求关联方提供确定交易价格的合法、有效的依据，作为签订该项关联交易的价格依据。

第十八条 公司董事会审议关联交易事项时，关联董事应当回避表决，也不得代理其他董事行使表决权。该董事会会议由过半数的非关联董事出席即可举行，董事会会议所做决议须经非关联董事过半数通过。出席董事会的非关联董事人数不足三人的，公司应当将该交易提交股东大会审议。

前款所称关联董事包括下列董事或者具有下列情形之一的董事：

（一）交易对方。

（二）在交易对方任职，或者在能直接或者间接控制该交易对方的法人或其他组织、该交易对方直接或者间接控制的法人或其他组织任职。

（三）拥有交易对方的直接或者间接控制权的。

（四）交易对方或者其直接或者间接控制人的关系密切的家庭成员（具体范围参见本制度第七条第（四）项的规定）。

（五）交易对方或者其直接或者间接控制人的董事、监事和高级管理人员的关系密切的家庭成员（具体范围参见本制度第七条第（四）项的规定）。

（六）中国证监会、证券交易所或者公司认定的因其他原因使其独立的商业判断可能受到影响的人士。

公司在召开董事会会议审议关联交易事项时，会议召集人应在会议表决前提醒关联董事须回避表决。关联董事未主动声明并回避的，知悉情况的董事应要求关联董事予以回避。

第十九条 股东大会审议关联交易事项时，下列股东应当回避表决：

（一）交易对方。

（二）拥有交易对方直接或者间接控制权的。

（三）被交易对方直接或者间接控制的。

（四）与交易对方受同一法人或者自然人直接或者间接控制的。

（五）交易对方或者其直接或者间接控制人的关系密切的家庭成员（具体范围参见本制度第七条第（四）项的规定）。

（六）在交易对方任职，或者在能直接或间接控制该交易对方的法人单位或者该交易对方直接或间接控制的法人单位任职的（适用于股东为自然人的情形）。

（七）因与交易对方或者其关联人存在尚未履行完毕的股权转让协议或者其他协议而使其表决权受到限制或者影响的。

（八）可能造成公司对其利益倾斜的法人或者自然人。

公司股东大会在审议关联交易事项时，公司董事会及见证律师应在股东投票前，提醒关联股东须回避表决。

第二十条 公司不得直接或者通过子公司向董事、监事和高级管理人员提供借款。

第二十一条 公司发生的关联交易涉及本制度第十一条规定的“提供财务资助”、“提供担保”和“委托理财”等事项时，应当以发生额作为计算标准，并按交易事项的类型在连续十二个月内累计计算，经累计计算达到本制度第十三条、第十四条和第十五条标准的，适用第十三条、第十四条和第十五条的规定。

已按照上述第十三条、第十四条和第十五条规定履行相关义务的，不再纳入相关的累计计算范围。

第二十二条 公司在连续十二个月内发生的以下关联交易，应当按照累计计算的原则适用本制度第十三条、第十四条和第十五条规定：

（一）与同一关联人进行的交易。

（二）与不同关联人进行的与同一交易标的相关的交易。

上述同一关联人包括与该关联人受同一主体控制或者相互存在股权控制关系的其他关联人。

已按照上述第十三条、第十四条和第十五条规定履行相关义务的，不再纳入相关的累计计算范围。

第五章 关联交易规则

第二十三条 公司应向董事会和股东大会披露以下信息：

（一）交易概述及交易标的的基本情况。

（二）独立董事的事前认可情况和独立董事发表的独立意见。

（三）董事会表决情况（如适用）。

（四）交易各方的关联关系说明和关联人基本情况。

（五）交易的定价政策及定价依据，包括成交价格与交易标的的账面值、评估值以及明确、公允的市场价格之间的关系，以及因交易标的特殊而需要说明的与定价有关的其他特定事项。

（六）若成交价格与账面值、评估值或者市场价格差异较大，应当说明原因。如交易有失公允，还应当披露本次关联交易所产生的利益转移方向。

（七）交易协议的主要内容，包括交易价格、交易结算方式、关联人在交易中所占权益的性质和比重、协议生效条件、生效时间、履行期限等。

（八）交易目的及对公司的影响，包括进行此次关联交易的必要性和真实意图，对本期和未来财务状况和经营成果的影响（必要时请咨询负责公司审计的会计师事务所），支付款项的来源或者获得款项的用途等。

（九）当年年初至披露日与该关联人累计已发生的各类关联交易的总金额。

（十）其他需要说明的事项。

第二十四条 公司与关联人发生的交易（公司获赠现金资产和提供担保除外）占公司最近一期经审计净资产绝对值百分之十以上的关联交易，应聘请具有从事证券、期货相关业务资格的中介机构，对交易标的进行评估或者审计，并将该交易提交股东大会审议。

本制度第二十六条所述与日常经营相关的关联交易所涉及的交易标的，可以不进行审计或者评估。

第二十五条 公司与关联人进行本制度第十一条所列的与日常经营相关的关联交易事项，应当按照下述规定履行相应的审议程序。

（一）对于首次发生的日常关联交易，公司应当与关联人订立书面协议，根据协议涉及的交易金额分别提交董事会或者股东大会审议；协议没有具体交易金额的，应当提交股东大会审议。

（二）已经公司董事会或者股东大会审议通过且正在执行的日常关联交易协议，如果协议在执行过程中主要条款发生重大变化或者协议期满需要续签，公司应当将新修订或者续签的日常关联交易协议，根据协议涉及的交易金额分别提交董事会或者股东大会审议；协议没有具体交易金额的，应当提交股东大会审议。

（三）对于每年发生的数量众多的日常关联交易，因需要经常订立新的日常关联交易协议而难以按照本条第（一）项规定将每份协议提交董事会或者股东大会审议的，公司可以对本公司当年度将发生的日常关联交易总金额进行合理预计，根据预计金额分别提交董事会或者股东大会审议。如果在实际执行中日常关联交易金额超过预计总金额，公司应当根据超出金额分别重新提交董事会或者股东大会审议并予以披露。

第二十六条 日常关联交易协议至少应当包括交易价格、定价原则和依据、交易总量或者其确定方法、付款方式等主要条款。

协议未确定具体交易价格而仅说明参考市场价格的，应当同时披露实际交易价格、市场价格及其确定方法，以及两种价格存在差异的原因。

第二十七条 公司与关联人签订日常关联交易协议的期限超过三年的，应当每三年根据本章规定重新履行审议程序。

第六章 关联交易的内部控制

第二十八条 公司应制备和及时更新关联方名单，公司及其下属控股子公司在发生交易活动时，相关责任人应仔细查阅关联方名单，审慎判断是否构成关联交易。如果构成关联交易，应在各自权限内履行审批、报告义务。

第二十九条 公司在审议关联交易事项时，应履行下列职责：

（一）详细了解交易标的的真实状况，包括交易标的运营现状、盈利能力、是否存在抵押、冻结等权利瑕疵和诉讼、仲裁等法律纠纷。

（二）详细了解交易对方的诚信纪录、资信状况、履约能力等情况，审慎选择交易对手方。

（三）根据充分的定价依据确定交易价格。

（四）根据公司认为有必要时，聘请中介机构对交易标的进行审计或评估。

公司不应对所涉交易标的状况不清、交易价格未确定、交易对方情况不明朗的关联交易事项进行审议并做出决定。

第三十条 公司与关联方之间的交易应签订书面协议，明确交易双方的权利义务及法律责任。

第三十一条 公司董事、监事及高级管理人员有义务关注公司是否存在被关联方挪用资金等侵占公司利益的问题。公司监事至少应每半年查阅一次公司与关联方之间的资金往来情况，了解公司是否存在被控股股东及其关联方占用、转移公司资金、资产及其他资源的情况，如发现异常情况，及时提请公司董事会采取相应措施。

第三十二条 公司发生因关联方占用或转移公司资金、资产或其他资源而给公司造成损失或可能造成损失的，公司董事会应及时采取诉讼、财产保全等保护性措施避免或减少损失。

第七章 附 则

第三十三条 本制度自公司股东大会通过之日起实施。本制度中的“以上”包含本数，“以下”不包括本数。除非特别说明，本制度中的货币单位均指人民币。

第三十四条 本制度有关条款若与法律、法规不一致，则按法律、法规的相关规定执行。

第三十五条 本制度由董事会负责解释。

范本4 投资者关系管理制度

第一章 总 则

第一条 为公司与投资者和潜在投资者（以下合称投资者）之间的信息沟通，切实建立公司与投资者（特别是社会公众投资者）的良好沟通平台，完善公司治理结构，切实保护投资者（特别是社会公众投资者）的合法权益，形成公司与投资者之间长期、稳定、和谐的良性互动关系，提升公司的诚信度、核心竞争能力和持续发展能力，实现公司价值最大化和股东利益最大化，根据《中华人民共和国公司法》《中华人民共和国证券法》《非上市公众公司监督管理办法》（以下简称《监督管理办法》）《公司章程》及其他有关规定，特制定本制度。

第二条 投资者关系管理是指公司通过充分的信息披露与交流，并运用金融和市场营销等手段加强与投资者之间的沟通，增进投资者对公司的了解和认同，提升公司治理水平，以实现公司整体利益最大化和保护投资者合法权益的战略管理行为。

第三条 公司开展投资者关系管理工作应体现公平、公正、公开原则，平等对待全体投资者，保障所有投资者享有知情权及其他合法权益。

第四条 投资者关系管理的目的是：

（一）形成公司与投资者双向沟通渠道和有效机制，促进公司与投资者之间的良性关系，增进投资者对公司的进一步了解和熟悉，并获得认同与支持。

（二）建立稳定和优质的投资者基础，获得长期的市场支持。

（三）形成服务投资者、尊重投资者的投资服务理念。

（四）促进公司整体利益最大化和股东利益最大化并有机统一的投资理念。

（五）通过充分的信息披露，增加公司信息披露透明度，不断完善公司治理。

第五条 投资者关系管理的基本原则是：

（一）充分披露信息原则。除强制的信息披露以外，公司可主动披露投资者关心的其他相关信息。

（二）合规披露信息原则。公司应遵守国家法律、法规及证券监管部门、全国中小企业股份转让系统有限责任公司对挂牌公司信息披露的规定，保证信息披露真实、准确、完整、及时。在开展投资者关系工作时应注意尚未公布信息及其他内部信息的保密，一旦出现泄密的情形，公司应当按有关规定及时予以披露。

（三）投资者机会均等原则。公司应公平对待公司的所有股东及潜在投资者，避免进行选择性信息披露。

（四）诚实守信原则。公司的投资者关系工作应客观、真实和准确，避免过度宣传和误导。

（五）高效低耗原则。选择投资者关系工作方式时，公司应充分考虑提高沟通效率，降低沟通成本。

（六）互动沟通原则。公司应主动听取投资者的意见、建议，实现公司与投资者之间的双向沟通，形成良性互动。

第六条　公司开展投资者关系活动时应注意尚未公布信息及内部信息的保密，避免和防止由此引发泄密及导致相关的内幕交易。除非得到明确授权并经过培训，公司董事、监事、高级管理人员和员工应避免在投资者关系活动中代表公司发言。

第二章　投资者关系管理的内容和方式

第七条　投资者关系管理的工作对象：

（一）投资者（包括在册和潜在投资者）。

（二）证券分析师及行业分析师。

（三）财经媒体及行业媒体等传播媒介。

（四）投资者关系顾问。

（五）证券监管机构等相关政府部门。

（六）其他相关个人和机构。

第八条　在遵循公开信息披露原则的前提下，及时向投资者披露影响其决策的相关信息，投资者关系管理中公司与投资者沟通的主要内容包括：

（一）公司的发展战略，包括公司的发展方向、发展规划、竞争战略、市场战略和经营方针等。

（二）法定信息披露及其说明，包括定期报告和临时公告和年度报告说明会等。

（三）公司依法可以披露的经营管理信息，包括生产经营状况、财务状况、新产品或新技术的研究开发、经营业绩、股利分配、管理模式及变化等。

（四）公司依法可以披露的重大事项，包括公司的重大投资及其变化、资产重组、收购兼并、对外合作、对外担保、重大合同、关联交易、重大诉讼或仲裁、管理层变动以及大股东变化等信息。

（五）企业经营管理理念和企业文化建设。

（六）公司的其他相关信息。

第九条 公司与投资者的沟通方式主要包括但不限于：

（一）包括定期报告和临时公告。

（二）年度报告说明会。

（三）股东大会。

（四）公司网站。

（五）分析师会议和说明会。

（六）一对一沟通。

（七）邮寄资料。

（八）电话咨询。

（九）广告、宣传单或者其他宣传材料。

（十）媒体采访和报道。

（十一）现场参观。

（十二）路演。

（十三）其他符合中国证监会、全国中小企业股份转让系统有限责任公司相关规定的方式。

公司应尽可能通过多种方式与投资者进行及时、深入和广泛的沟通，并应特别注意使用互联网络提高沟通的效率，降低沟通的成本。

第十条 根据法律、法规和《监督管理办法》的有关规定，公司应披露的信息必须第一时间在非上市公众公司信息披露网站（nlpc.csrc.gov.cn）或（http：//www.neeq.com.cn/）上公布，如有必要，也可选择公司章程约定的方式或股东认可的其他方式。无论采用何种信息披露方式，均应经公司股东大会审议。

公司在其他公共传媒披露的信息不得先于指定报纸和指定网站，不得以新闻发布或答记者问等其他形式代替公司公告。公司应明确区分宣传广告与媒体的报道，不应以宣传广告材料以及有偿手段影响媒体的客观独立报道。公司应及时关注媒体的宣传报道，必要时可适当回应。

第十一条 公司应丰富和及时更新公司网站的内容，并将历史信息与当前信息以显著标志加以区分。可将新闻发布、公司概况、经营产品或服务情况、法定信息披露资料、投资者关系联系方法、专题文章、行政人员演说、股票行情等投资者关心的相关信息放置于公司网站。

第十二条 公司应努力为中小股东参加股东大会创造条件，充分考虑召开的时间和地点以便于股东参加。

第十三条 公司应尽可能通过多种方式与投资者及时、深入和广泛沟通。

第三章 投资者关系管理的组织与实施

第十四条 投资者关系管理事务的第一负责人是公司董事长。公司董事会是公司投资者关系管理的决策机构，负责制定投资者关系管理的制度，并负责检查核查投资者关系管理事务的落实、运行情况。

第十五条 董事会秘书是公司投资者关系管理事务的负责人，在全面深入了解公司运作和管理、经营状况、发展战略等情况的前提下，负责策划、安排和组织各类投资者关系管理活动和日常事务。

从事投资者关系管理的员工须具备以下素质：

（一）全面了解公司各方面情况。

（二）具有良好的知识结构和业务素质，熟悉公司治理、财务、会计等相关法律、法规和证券市场运作机制。

（三）具有良好的沟通和协调能力。

（四）具有良好的品行、诚实信用。

（五）准确掌握投资者关系管理的内容及程序等。

第十六条 投资者关系管理部门包括的主要职责是：

（一）信息沟通：根据法律、法规、《监督管理办法》的要求和投资者关系管理的相关规定，及时、准确地进行信息披露；根据公司实际情况，通过举办分析师说明会及路演等活动，与投资者进行沟通；通过电话、电子邮件、传真、接待来访等方式回答投资者的咨询。

（二）定期报告：包括年度报告、中期报告、季度报告的编制、印制和邮送工作。

（三）筹备会议：筹备年度股东大会、临时股东大会、董事会会议，准备会议材料。

（四）分析研究：统计分析投资者和潜在投资者的数量、构成及变动情况；持续关注投资者及媒体的意见、建议和报道等各类信息并及时反馈给公司董事会及管理层。

（五）沟通与联络：整合投资者所需信息并予以发布；举办分析师说明会等会议及路演活动，接受分析师、投资者和媒体的咨询；接待投资者来访，与机构投资者及中小投资者保持经常联络，提高投资者对公司的参与度。

（六）公共关系：建立并维护与全国中小企业股份转让系统有限责任公司、行业协会、媒体以及其他上市公司和相关机构之间良好的公共关系；在涉讼、重大重组、关键人员的变动、股票交易异动以及经营环境重大变动等重大事项发生后配合公司相关部门提出并实施有效处理方案，积极维护公司的公共形象。

（七）媒体合作：加强与财经媒体的合作关系，安排公司董事、高级管理人员和其他重要人员的采访报道。

（八）网络信息平台建设：在公司网站中设立投资者关系管理专栏，在网上披露公司信息，方便投资者查询。

（九）危机处理：在诉讼、仲裁、重大重组、关键人员变动、盈利大幅波动、股票交易异动、自然灾害等危机发生后迅速提出有效的处理方案。

（十）有利于改善投资者关系的其他工作。

第十七条 公司设置专线投资者咨询电话、传真电话，确保与投资者之间的沟通畅通，并责成专人负责接听，回答投资者对公司经营情况的咨询。当公司投资者咨询电话变更时应及时公告变更后的咨询电话。

第十八条 对于上门来访的投资者，公司应派专人负责接待。接待来访者前应请来访者配合做好投资者和来访者的档案记录，并请来访者签署相关承诺书，建立规范化的投资者来访档案。

第十九条 公司业务方面的媒体宣传与推介，应由公司相关业务部门提供样稿，并经董事会秘书审核后方能对外发布。

第二十条 主动来到公司进行采访报道的媒体应提前将采访计划报董事会秘书审核确定，拟报道的文字资料应送董事会秘书审核后方可公开对外宣传。

第二十一条 在公共关系维护方面，公司应与证券监管部门、全国中小企业股份转让系统有限责任公司等相关部门建立良好的沟通关系，及时解决证券监管部门、全国中小企业股份转让系统有限责任公司关注的问题，并将相关意见传达至公司董事、监事和高级管理人员，并争取与其他公司建立良好的交流合作平台。

第二十二条 在不影响生产经营、不泄露商业机密的前提下，公司的其他职能部门、子公司及公司全体员工有义务协助董事会秘书及相关职能部门进行相关投资者关系管理工作。

第二十三条 公司出资委托分析师或其他独立机构发表投资价值分析报告的，刊登该投资价值分析报告时应在显著位置注明“本报告受公司委托完成”的字样。

第二十四条 公司应该在年度报告披露后10日内举行年度报告说明会，公司董事长（或总经理）、财务负责人、董事会秘书应出席说明会，会议包括以下内容：

（一）公司所处行业的状况、发展前景、存在的风险。

（二）公司发展战略、生产经营、募集资金使用、新产品和新技术开发。

（三）公司财务状况和经营业绩及其变化趋势。

（四）公司在业务、市场营销、技术、财务、募集资金投向及发展前景等方面存在的困难、障碍、或有损失。

（五）投资者关心的其他问题。

公司应至少提前两个交易日发布召开年度报告说明会的公告，公告内容包括日期及时间、召开方式（现场/网络）、召开地点或网址、公司出席人员名单等。

第二十五条 公司应以适当形式对公司员工特别是董事、监事、高级管理人员、部门负责人和公司控股子公司负责人进行投资者关系管理相关知识的培训，在开展重大的投资者关系促进活动时，还应进行专门的培训。

第二十六条 公司开展投资者关系活动应建立完备的档案制度，投资者关系活动档案至少应包括以下内容：

（一）投资者关系活动参与人员、时间、地点。

（二）投资者关系活动中谈论的内容。

（三）未公开重大信息泄密的处理过程及责任承担（如有）。

（四）其他内容。

第二十七条 在举行业绩说明会、分析师会议或路演前，公司应事先确定提问可回答范围。若回答的问题涉及未公开重大信息，或者回答的问题可以推理出未公开重大信息，公司应拒绝回答，不得泄露未公开重大信息。

第二十八条 公司在定期报告披露前三十日内就尽量避免开展投资者关系活动，防止泄漏未公开重大信息。

第二十九条 公司在投资者关系活动中一旦以任何方式发布了有关法律、法规和规则规定应披露的重大信息，应及时向中国证监会、全国中小企业股份转让系统有限责任公司报告，并在下一个交易日开市前进行正式披露。

第三十条 公司及相关当事人发生下列情形时，应及时向投资者公开致歉：

（一）公司或其实际控制人、董事、监事、高级管理人员受到中国证监会行政处罚或者全国中小企业股份转让系统有限责任公司公开谴责的。

（二）经中国证监会、全国中小企业股份转让系统有限责任公司考评信息披露不合格的。

（三）其他情形。

第四章 附 则

第三十一条 本制度未尽事宜，按有关法律、法规、规范性文件和《公司章程》等相关规定执行。

第三十二条 本制度由公司股东大会负责修订和解释。

第三十三条 本制度自公司股东大会审议通过之日起实施。

范本5 利润分配管理制度

第一章 总 则

第一条 为了规范公司的利润分配行为，建立科学、持续、稳定的分配机制，切实保护中小投资者合法权益，根据《中华人民共和国公司法》《中华人民共和国证券法》等相关法律法规的规定和《公司章程》的有关规定，结合公司实际情况，制定本制度。

第二条 公司制定利润分配政策尤其是现金分红政策时，应当履行必要的决策程序。董事会应当就股东回报事宜进行专项研究讨论，详细说明规划安排的理由等情况。公司应当通过多种渠道（包括但不限于电话、传真、邮箱、互动平台等）充分听取中小股东的意见，做好利润分配事项的信息披露工作。

第二章 利润分配顺序

第三条 公司应当重视投资者特别是中小投资者的合理投资回报，制定持续、稳定的利润分配政策。根据有关法律、法规和《公司章程》，公司税后利润按下列顺序分配：

（一）公司分配当年税后利润时，应当提取利润的百分之十列入公司法定公积金。公司法定公积金累计额为公司注册资本的百分之五十以上的，可以不再提取。

公司的法定公积金不足以弥补以前年度亏损的，在依照前款规定提取法定公积金之前，应当先用当年利润弥补亏损。

（二）公司从税后利润中提取法定公积金后，经股东大会决议，还可以从税后利润中提取任意公积金。

（三）公司弥补亏损和提取公积金后所余税后利润，按照股东持有的股份比例分配，但《公司章程》规定不按持股比例分配的除外。

股东大会违反前款规定，在公司弥补亏损和提取法定公积金之前向股东分配利润的，股东必须将违反规定分配的利润退还公司。

（四）公司持有的本公司股份不参与分配利润。

第四条 公司的公积金用于弥补公司的亏损、扩大公司生产经营或者转为增加公司资本。但是，资本公积金将不用于弥补公司的亏损。法定公积金转为资本时，所留存的该项公积金将不少于转增前公司注册资本的百分之二十五。

第三章 利润分配政策

第五条 利润分配的原则：公司股利分配方案应从公司盈利情况和战略发展的实际需要出发，兼顾股东的即期利益和长远利益，应保持持续、稳定的利润分配政策，注重对投资者稳定、合理的回报，但公司利润分配不得超过累计可分配利润的范围，不得损害公司持续经营能力，并坚持如下原则：

（一）按法定顺序分配的原则。

（二）存在未弥补亏损不得分配的原则。

（三）公司持有的本公司股份不得分配利润的原则。

（四）公司分配的利润不得超过累计可分配利润，不得影响公司持续经营能力的原则。

第六条 利润分配的形式：公司可采用现金、股票或者现金与股票相结合或者法律、法规允许的其他方式分配利润。

第七条 公司现金分红的条件和比例：公司在当年盈利、累计未分配利润为正，且不存在影响利润分配年度公司重大投资计划或重大现金支出事项的情况下，可以采取现金方式分配股利。公司是否进行现金方式分配利润以及每次以现金方式分配的利润占母公司可分配利润的比例，须由公司股东大会审议通过。

第八条 公司发放股票股利的条件：公司在经营情况良好，董事会认为发放股票股利有利于公司全体股东整体利益时，可以提出股票股利分配预案并交由股东大会审议通过。

第九条 利润分配方案的审议程序：公司董事会根据盈利情况、资金供给和需求情况提出、拟定利润分配预案，并对其合理性进行充分讨论，利润分配预案经董事会、监事会审议通过后提交股东大会审议。股东大会审议利润分配方案时，公司应当通过各种渠道主动与股东特别是中小股东进行沟通和交流，充分听取中小股东的意见和诉求，并及时回复中小股东关心的问题。

第十条 利润分配政策的调整：公司根据行业监管政策、自身经营情况、投资规划和长期发展的需要，或者根据外部经营环境发生重大变化而确需调整利润分配政策的，调整后的利润分配政策不得违反中国证监会和全国中小企业股份转让系统的有关规定以及其他法律、法规。对《公司章程》规定的利润分配政策进行调整或变更，需经董事会审议通过后提交股东大会审议通过。

第四章 利润分配监督约束机制

第十一条 董事会和管理层执行公司利润分配政策的情况及决策程序接受监事会的监督。

第十二条 董事会在决策和形成利润分配预案时，需形成书面记录作为公司档案妥善保存。

第五章 利润分配的执行及信息披露

第十三条 公司股东大会对利润分配方案做出决议后，公司董事会须在股东大会召开后两个月内完成股利（或股份）的派发事项。

第十四条 公司应当严格执行《公司章程》确定的利润分配政策以及股东大会审议批准的利润分配具体方案。

第十五条 公司应严格按照有关规定在年度报告、半年度报告中详细披露利润分配方案和现金分红政策执行情况。

第十六条 公司董事会未做出现金利润分配预案的，应当在定期报告中披露原因。

第十七条 存在股东违规占用公司资金情况的，公司有权扣减该股东所分配的现金红利，以偿还其占用的资金。

第六章 附 则

第十八条 本制度未尽事宜，依照国家法律、法规、规范性文件以及《公司章程》的有关规定执行。本制度与法律、法规、其他规范性文件以及《公司章程》的有关规定不一致的，以有关法律、法规、其他规范性文件以及《公司章程》的规定为准。

第十九条 本制度由公司董事会制定，自公司股东大会审议通过之日起实施。

第二十条 本制度由董事会负责解释。

范本6 募集资金管理制度

第一章 总 则

第一条 为加强对公司募集资金的管理，规范募集资金的使用，切实保护投资者的利益，根据《中华人民共和国公司法》《中华人民共和国证券法》等法律法规以及《公司章程》有关规定，结合公司实际情况，制订本制度。

第二条 本制度所称募集资金，是指公司通过法律规定的公开及非公开等方式向投资者募集并用于特定用途的资金。

第三条 本制度是公司对募集资金使用和管理的基本行为准则。募集资金投资项目（以下简称募投项目）通过公司的子公司或公司控制的其他企业实施的，公司应确保该子公司或控制的其他企业遵守本制度。

第四条 募集资金只能用于公司在发行申请文件中承诺的募投项目。公司变更募集资金用途必须经过股东大会批准，并履行信息披露义务和其他相关法律法规的义务。

第五条 公司董事会负责制定募集资金的详细使用计划，组织募投项目的具体实施，做到募集资金使用的公开、透明和规范。

公司董事会应按规定披露募集资金投向及使用情况、使用效果，充分保障投资者的知情权，并在年度审计的同时聘请会计师事务所对募集资金存放与使用情况进行鉴证。

第六条 公司控股股东、实际控制人不得直接或者间接占用或者挪用公司募集资金，不得利用公司募集资金获取不正当利益。

第七条 公司董事会负责建立健全公司募集资金管理制度，并确保本制度的有效实施。未按规定使用募集资金或擅自变更募集资金用途且未履行法定批准程序，致使公司遭受损失的，相关责任人应根据法律、法规的规定承担包括但不限于民事赔偿在内的法律责任。

第二章 募集资金专户存储

第八条 挂牌公司应当在发行认购结束后验资前，与主办券商、存放募集资金的商业银行签订三方监管协议，三方监管协议应当在股票发行备案材料中一并提交报备。

募集资金到位后，公司应及时办理验资手续，由具有证券从业资格的会计师事务所出具验资报告。募集资金的存放应坚持集中存放、便于监管的原则。

第九条 为保证募集资金安全使用和有效监管，公司应在依法具有资质的商业银行开立专用银行账户，用于募集资金的存放和收付。募集资金专户数量（包括公司的子公司或公司控制的其他企业设置的专户）原则上不得超过募投项目的个数。募集资金应当存放于公司董事会为本次发行批准设立的募集资金专项账户（以下简称专户），并将专户作为认购账户。

第十条 公司对募集资金实行专户存储制度。除募集资金专用账户外，公司不得将募集资金存储用于其他银行账户（包括但不限于基本账户、其他专用账户、临时账户）；公司亦不得将生产经营资金、银行借款等其他资金存储于募集资金专用账户。公司开设多个募集资金专用银行账户的，必须以同一募集资金运用项目资金在同一专用账户存储的原则进行安排。

第三章 募集资金使用

第十一条 公司按照发行申请文件中承诺的募集资金投资计划使用募集资金。出现严重影响募集资金投资计划正常进行的情形时，公司应当及时公告。

第十二条 暂时闲置的募集资金可以进行现金管理，经履行法律法规、规章、规范性文件以及公司章程规定的内部决策程序并披露后，可以投资于安全性高、流动性好的保本型投资产品。

第十三条 公司使用募集资金不得有如下行为：

（一）通过质押、委托贷款或其他变相改变募集资金用途的投资。

（二）将募集资金直接或间接提供给控股股东、实际控制人等关联人使用，并为关联人获取不正当利益提供便利。

（三）用于持有交易性金融资产和可供出售的金融资产或借予他人、委托理财等财务性投资，直接或间接投资于以买卖有价证券为主营业务的公司，用于股票及其他衍生品种、可转换公司债券等的交易。

（四）违反募集资金管理规定的其他行为。

第十四条 公司将确保募集资金使用的真实性和公允性，防止募集资金被控股股东、实际控制人等关联人占用或挪用，并采取有效措施避免关联人利用募投项目获取不正当利益。

第十五条 公司在进行项目投资时，资金支出必须严格按照公司资金管理制度履行资金使用审批手续。凡涉及募集资金的支出均须由有关部门提出资金使用计划，在董事会授权范围内，经主管经理签字后报财务部，经财务部审核后，由项目负责人、财务负责人及总经理逐级签字后予以付款；凡超出董事会授权范围的，须报股东大会审批。

第十六条 投资项目应按董事会承诺的计划进度实施，资金使用部门要编制具体工作进度计划，保证各项工作能按计划进度完成。

第十七条 因不可预见的客观因素影响，导致募投项目不能按承诺的预期计划进度完成时，公司必须公开披露实际情况并详细说明原因。

第十八条 公司董事会应当在每半年及每个会计年度结束后全面核查募投项目的进展情况。半年及年度核查结果按本制度第三十条的规定进行披露。

年度核查按募投项目年度实际使用募集资金与前次披露的募集资金投资计划差异超过百分之三十的，公司应当调整募集资金投资计划，并在募集资金年度存放与使用情况的专项说明中披露前次募集资金年度投资计划、目前实际投资进度、调整后预计分年度投资计划以及投资计划变化的原因等。

第十九条 募投项目出现以下情形的，公司应当对该项目的可行性、预计收益等进行检查，决定是否继续实施该项目：

（一）募投项目涉及的市场环境发生重大变化的。

（二）募投项目搁置时间超过一年的。

（三）超过前次募集资金投资计划的完成期限且募集资金投入金额未达到相关计划金额百分之五十的。

（四）募投项目出现其他异常情形的。

公司应当在最近一期定期报告中披露项目的进展情况、出现异常的原因以及调整后的募集资金投资计划（如有）。

第二十条 公司决定终止原募投项目的，应当及时、科学地选择新的投资项目。

第二十一条 公司可以用闲置募集资金暂时补充流动资金，但募集资金用于补充流动资金时，仅限于与公司主营业务相关的生产经营使用。

第二十二条 公司用闲置募集资金补充流动资金的，应当经公司董事会审议通过，并在两个交易日内公告以下内容：

（一）本次募集资金的基本情况，包括募集资金的时间、金额、净额及投资计划等。

（二）募集资金使用情况。

（三）闲置募集资金补充流动资金的金额及期限。

（四）闲置募集资金补充流动资金预计节约财务费用的金额、导致流动资金不足的原因、是否存在变相改变募集资金投向的行为和保证不影响募集资金项目正常进行的措施。

（五）法律法规要求的其他内容。

第四章 募集资金用途变更

第二十三条 公司存在下列情形的，视为募集资金用途变更：

（一）取消原募集资金项目，实施新项目。

（二）变更募投项目实施主体。

（三）变更募投项目实施方式。

（四）募集资金用途变更的其他情形。

第二十四条 公司募集资金应当按照发行文件所列用途使用。公司募集资金用途发生变更的，必须经董事会、股东大会审议通过。

第二十五条 公司董事会应当审慎地进行新募投项目的可行性分析，确信投资项目具有较好的市场前景和盈利能力，有效防范投资风险，提高募集资金使用效益。

第二十六条 公司董事会应当审慎地进行拟变更后的新募投项目的可行性分析，确信投资项目具有较好的市场前景和盈利能力，有效防范投资风险，提高募集资金使用效益。

第二十七条 公司改变募投项目实施地点的，应当经董事会审议通过，并在两个交易日内公告，说明改变情况、原因、对募投项目实施造成的影响。

第二十八条 公司变更募投项目用于收购控股股东或实际控制人资产（包括权益）的，应当确保在收购后能够有效避免同业竞争及减少关联交易。

第五章 募集资金管理与监督

第二十九条 公司会计部门应当对募集资金的使用情况设立台账，详细记录募集资金的支出情况和募集资金项目的投入情况。

第三十条 公司董事会应当每半年度对募集资金使用情况进行专项核查，出具《公司募集资金存放与实际使用情况的专项报告》，并在披露公司年度报告及半年度报告时一并披露。

第三十一条 公司监事会有权对募集资金使用情况进行监督，对违法使用募集资金的情况有权予以终止。

第六章　附　则

第三十二条　本制度所称“以上”“以内”“之前”含本数，“超过”“低于”不含本数。

第三十三条　本制度未尽事宜，按照国家有关法律、行政法规、部门规章、规范性文件及《公司章程》的有关规定执行。本制度与法律、行政法规、部门规章、规范性文件及《公司章程》相抵触时，以法律、行政法规、部门规章、规范性文件及《公司章程》为准。

第三十四条　本制度由公司董事会负责制定、修改和解释，自公司股东大会审议通过之日起实施。

范本7　防范大股东及其他关联方资金占用管理制度

第一章　总　则

第一条　为了建立防止大股东或实际控制人及其他关联方（以下简称大股东及关联方）占用公司资金的长效机制，杜绝大股东及关联方资金占用行为的发生，根据《中华人民共和国公司法》等法律、法规及《公司章程》的有关规定，特制定本制度。

第二条　公司董事、监事和高级管理人员对维护本公司资金安全有法定义务。

第三条　本制度所称资金占用包括但不限于：经营性资金占用和非经营性资金占用。经营性资金占用是指大股东及关联方通过采购、销售等生产经营环节的关联交易产生的资金占用；非经营性资金占用是指为大股东及关联方垫付工资与福利、保险、广告等费用和其他支出、为大股东及关联方有偿或无偿，直接或间接拆借资金、代偿债务及其他在没有商品和劳务对价情况下，提供给大股东及关联方使用资金等。

第二章　大股东及关联方资金占用的界定和防范措施

第四条　公司应防止大股东及关联方通过各种方式直接或间接占用公司的资金和资源，不得以下列方式将资金直接或间接地提供给大股东及关联方使用：

（一）有偿或无偿地拆借公司的资金给大股东及关联方使用。

（二）通过银行或非银行金融机构向大股东及关联方提供委托贷款。

（三）委托大股东及关联方进行投资活动。

（四）为大股东及关联方开具没有真实交易背景的商业承兑汇票。

（五）代大股东及关联方偿还债务。

（六）以其他方式占用公司的资金和资源。

第五条 公司严格防止大股东及关联方的非经营性资金占用的行为，并持续建立防止大股东非经营性资金占用的长效机制。公司财务部门和审计部门应分别定期检查公司与大股东及关联方非经营性资金往来情况，杜绝大股东及关联方的非经营性资金占用情况的发生。在审议年度报告、半年度报告的董事会会议上，财务负责人应向董事会报告大股东及关联方非经营性资金占用和公司对外担保情况。

第六条 公司与大股东及关联方发生关联交易时，应严格按照公司《关联交易管理制度》及有关规定执行。

第七条 公司应严格遵守《公司章程》和《对外担保管理制度》中对外担保的相关规定，未经董事会或股东大会批准，不得进行任何形式的对外担保。

第三章 公司董事会、监事会和高管人员的责任及监管程序

第八条 公司董事、监事和高级管理人员应按照《公司法》及《公司章程》等有关规定勤勉尽职地履行职责，维护公司资金和财产安全。

第九条 公司董事会按照权限和职责审议批准公司与大股东及关联方之间的关联交易行为。公司与大股东及关联方有关的货币资金支付严格按照资金审批和支付流程进行管理。

第十条 公司发生大股东及关联方侵占公司资产、损害公司及社会公众股东利益情形时，公司董事会应及时采取有效措施要求大股东及关联方停止侵害、赔偿损失。当大股东及关联方拒不纠正时，公司董事会应及时向证券监管部门报告。

第四章 责任追究及处罚

第十一条 公司董事、高级管理人员协助、纵容大股东及关联方侵占公司资产时，公司董事会视情节轻重对直接责任人给予处分，对负有严重责任的董事可提议股东大会予以罢免。

第十二条 公司全体董事应当审慎对待和严格控制对外担保产生的债务风险，并对违规或失当的对外担保产生的损失依法承担连带责任。

第五章 附 则

第十三条 除非有特别说明，本制度所使用的术语与《公司章程》中该等术语的含义相同。

第十四条 本制度经股东大会审议通过后生效。

第十五条 本制度未尽事宜或与本制度生效后颁布、修改的法律、法规或《公司章程》的规定相冲突的，按照法律、法规和《公司章程》的规定执行。

第十六条 本制度由董事会负责制定并解释。

范本8 固定资产投资管理办法

第一章 总 则

第一条 为规范公司固定资产投资活动，根据《对外投资管理制度》制定本管理办法。

第二条 本管理办法属于股份公司制度体系中的第二层级，其上一级为《对外投资管理制度》。本办法适用于公司总部、各区域分公司、子公司、工程项目的境内固定资产投资及处置行为。

第三条 本管理办法所称固定资产投资行为包括建造、购置固定资产及投资性房地产，以抵债形式取得固定资产及投资性房地产，以公司名义购置车辆，各项目购买大型机械以及固定资产投资项目等。

第二章 管理部门和职权

第四条 管理部门和职权。

（一）财务管理中心物资部。

1.负责公司各项目固定资产投资管理办法的制定。

2.负责组织编报公司固定资产年度投资计划，负责职责范围内固定资产年度投资计划实施情况检查，审核固定资产年度投资计划完成情况，定期撰写报告。

3.负责制定公司固定资产投资管理办法或实施细则。

4.负责公司固定资产购置及处置的报批、组织和实施。

5.负责制定公司固定资产年度投资计划。

（二）人事行政中心。

1.对公司固定资产投资和子公司办公车辆购置业务履行管理职责。

2.负责公司办公车辆购置的审批。

3.配合财务管理中心物资部制定公司固定资产年度投资计划，负责职责范围内固定资产年度投资计划实施情况检查，审核固定资产年度投资计划完成情况。

第五条 投资管理制度体系。

（一）按照公司投资管理制度体系，建立健全本公司的固定资产投资管理体系，落实投资管理责任，加强投资项目的管理和监督。

（二）提出固定资产投资计划，按规定向公司申报，并按公司批复要求组织实施。

（三）拟定本公司固定资产投资项目方案，按规定履行审批程序，对投资决策、实施过程及实施结果负责。

第三章 审批决策流程

第六条 固定资产投资行为应按照公司规定的决策权限履行审批决策程序，严禁未经批准先行投资等违规投资行为。

第七条 对于需报董事会决策的固定资产投资行为，应按以下流程履行决策程序：

（一）对需董事会决策的固定资产投资行为，在董事会审议后，财务管理中心物资部根据董事会纪要或决议出具正式文件。

（二）对需股东大会审议的固定资产投资行为应提交股东大会审议，审议后，投资业务责任部门根据审议结果出具正式文件。

第四章 投资计划管理

第八条 固定资产投资实行计划管理，公司按年度编制固定资产投资计划，作为年度投资计划的组成部分。

第九条 年度投资计划的审批程序如下：

（一）各部门、各项目编制年度投资计划，报公司审批。

（二）财务管理中心物资部门预审，并报董事会审批。

（三）财务管理中心物资部按年度投资计划向各部门、各项目下达批复。对于购置不需要安装的设备（包括机器设备、非办公运输设备、其他设备），由各部门、各项目履行内部审批程序，在批复的投资额度内不再单独上报公司审批（另有规定的除外）。

第十条 各部门、各项目向公司报送的本年度固定资产投资计划应包含以下材料：

（一）《固定资产投资计划表》。

（二）财务预算说明书中有关固定资产投资的内容。

（三）其他要求提供的材料（具体要求另行通知）。

第十一条 财务管理中心物资部应认真编制、执行公司投资计划，并加强投资计划监督管理。

第五章 项目可行性研究及论证

第十二条 固定资产投资项目在立项前，应进行项目可行性研究，必要时应对项目的可行性研究报告进行论证。

第十三条 项目可行性研究应组织有相应能力的专业技术人员进行，可行性研究报告由编制单位盖章及责任人签字。

第十四条 项目可行性研究报告应包括但不限于以下内容：

（一）项目名称。

（二）投资方（包括合作投资方）情况。

1.投资方基本情况：包括企业全称、主要经营范围、注册地、注册资本、企业性质、股权结构，资产负债状况，股东情况。

2.投资方基本经营情况：包括企业近三年主要业务规模和经营情况，主要产品生产能力、实际生产规模、国内外销售情况，企业近三年主要财务指标。

3.主要投资方相关实力和优势分析，在国内外投资类似项目简要情况。

（三）必要性分析。

说明投资目的、项目相关行业情况（例如产品供求情况及行业未来发展等）、项目对各投资方的必要性和意义。

（四）项目背景及投资环境情况。

1.项目背景：包括项目来源、尽职调查、谈判、与当地政府沟通情况以及其他情况等。

2.投资环境情况：包括当地相关行业及市场状况；涉及资源开发的，还应说明当地有关资源的储量、品位、勘探、开采情况。

（五）项目内容。

1.项目概况：包括建设内容、建设地点、建设规模、建设周期、进度安排、技术方案、配套设施等；涉及资源开发的，还应说明可开发资源量、品位及开发方案等。

2.主要产品及目标市场：包括项目主要产品及规模，产品目标市场及销售方案。

3.相关配套条件落实情况：包括项目道路、铁路、港口、能源供应等相关基础设施配套情况及安排，项目土地情况及安排，项目满足当地环保要求措施，项目在劳动力供应和安全方面的安排和措施，加工类项目应说明项目原料来源情况。

4.财务效益指标：包括项目总销售收入、利润、投资回收期、内部收益率等财务预测指标。

（六）项目资金情况。

1.项目资金运用：包括项目总投资，建设类项目的前期费用、工程建设资金及其使用构成、流动资金的使用等。

2.项目资金筹措：包括项目资本金及各方出资，银行贷款及其他社会融资的构成与来源等。

（七）项目风险分析。

分析项目可能存在的风险及不确定性，并提出防范风险的相关措施：包括合作方风险、法律及政策风险，市场风险，建设风险，外汇风险，环保风险，矿权及资源量风险，维稳风险，项目可能面临的其他风险等。

第十五条 固定资产投资可行性研究报告的论证工作，按照《固定资产投资项目论证管理办法》执行。

第六章 项目审批管理

第十六条 公司固定资产投资项目应按照本办法的规定履行审批流程。

第十七条 对需报公司决策的固定资产投资项目，在办理立项审批时应报送以下材料：

（一）项目立项请示：包括项目背景、项目概况、投资总额、预期收益、资金来源、合作方情况、必要性分析、项目与本企业战略规划的契合度，本公司财务状况及投资的承受能力，投资项目对公司资金链及资产负债率的影响，项目风险分析，本公司的决策情况，已开展的工作等主要内容，以及该项目拟在当年安排的投资金额。

（二）请示附件。

1.可行性研究报告；

2.论证意见，仅限于《固定资产投资项目论证管理办法》规定应进行论证的项目；

3.内部决策文件。

（三）其他要求提供的资料。

第十八条 对授权各部门、各项目决策的固定资产投资项目，各部门、各项目在办理备案手续时须提供以下材料：

（一）项目备案报告。

（二）报告附件。

（三）其他要求提供的资料。

上述材料内容参照本章第二十条相关要求执行。

第十九条 各部门、各项目负责按照本章规定报送固定资产投资决策所需材料，并对材料的真实性、准确性、全面性负责。

第二十条 对报送材料不完备的事项，各部门、各项目应在规定时限内报送补充材料。如无法按期提供补充材料或因故暂时无法推进的，公司投资责任部门可暂不受理，待各部门、各项目完善相关材料后重新履行报批程序。

第二十一条 投资项目经公司相关审批后，根据决策意见，向各部门、各项目出具正式文件。

第七章 投资过程管理

第二十二条 在组织实施固定资产投资项目时，应严格执行以下规定，建立工程建设监督管理体系，对项目的招标和实施过程进行管理和监督：

（一）完成项目备案、核准、环评、节能评价批复等项目开工前的外部审批程序，备案核准文件、环评批复、土地和规划许可证明、开工许可证等证明文件应留档备查。

（二）严格按照招投标有关规定组织工程设计、监理、施工队伍、设备、物资采购等招标工作，评选和确定中标单位。

（三）组织编制初步设计和概算文件、施工图设计及预算文件，负责资金筹措。

（四）组织工程项目实施，控制工程造价、工期、质量。

（五）处理项目实施中出现的重大问题或重大变更。

（六）组织编制项目财务决算。

（七）组织编制项目竣工验收报告。

（八）投资项目完成后，对其管理纳入企业的日常管理范围。

第八章　固定资产处置

第二十三条　对于固定资产的处置，应按照《固定资产管理制度》规定，履行批准程序。对于需报董事会批准的，应提交资产处置请示、相关材料及内部决策文件。

第九章　附　则

第二十四条　公司应遵照本办法之规定，开展固定资产投资活动。

第二十五条　本办法未尽事宜或与现行法律、法规和公司章程相抵触时，执行现行法律、法规和公司章程的规定。

第二十六条　本办法由公司财务管理中心负责解释。

第二十七条　本办法自总经理办公会审议通过、发布之日起实施。

范本9　固定资产投资项目论证管理办法

第一章　总　则

第一条　为加强公司固定资产投资项目的论证管理，规范论证工作程序，提高论证工作质量，根据《对外投资管理制度》，制定本管理办法。

第二条　本管理办法属于公司制度体系中的第二层级，其上一级为《对外投资管理制度》。本管理办法适用于公司、各区域分公司、子公司固定资产投资项目的前期论证。

第三条　重大长期股权投资、产权收购及投融资类经营项目的前期论证可参照本管理办法执行。

第四条　投资项目论证，即对项目可行性研究成果的技术先进性、可靠性、可行性、合规性，以及经济技术和资金安排合理性进行分析和评价；对项目可行性研究中的风险揭示、应对措施，以及项目收益进行评价和论证。

第五条　对投资项目的论证应遵循独立、客观、科学、公正的原则，依照法律、法规和行业规范、标准进行。

第二章 论证的机构

第六条 论证组织单位应聘请专家组成专家组，对项目进行论证；对重大投资项目，也可委托第三方机构开展项目论证。

第七条 专家组成员由论证组织单位确定，应涵盖产业、技术、经济等相关领域，专家组组长由各位专家推举产生。论证组织单位确定专家人选时，应控制来自投资单位内部的专家比例，原则上内部专家比例不超过50%。

第八条 委托工程咨询机构开展项目论证的，工程咨询机构应具备所委托专业的甲级评估咨询资格，且年检合格。

第九条 论证组织单位聘请专家或委托机构开展论证时，要认真核查所聘专家或机构与拟委托事项的编制单位之间、所聘专家或机构与项目业主之间的关联关系，切实做好回避，以保证论证的公平、公正。承担某一事项编制任务的专家和机构，不得承担同一事项的咨询论证任务；承担某一事项咨询论证任务的专家和机构，与同一事项的编制单位、项目业主单位之间不得存在重大关联关系。

第三章 论证的组织

第十条 论证可采取公司组织论证、简易论证程序等方式。

（一）对总投资额在一亿元以上的固定资产投资项目，论证工作由公司组织。公司收到立项请示后，由财务管理中心–物资部制定论证工作实施方案，组织开展项目论证。论证报告是决策的重要依据，作为议案的附件供决策机构参考。

（二）简易论证程序。

对总投资额五千万元以下的固定资产投资项目，公司可采取简易程序进行论证。采取简易程序论证的项目，需在提请公司决策审批前，先行开展论证工作，论证报告作为公司内部决策的重要依据，同时作为项目立项（备案）请示的附件报送董事会。

第四章 论证的内容

第十一条 可行性研究报告论证的主要内容应包括：

（一）项目建设的必要性和可行性。

（二）业务量预测或市场分析。

（三）资源和建设条件情况。

（四）总体规划。

（五）建设规模与方案。

（六）技术与设备选型。

（七）建设用地、环境保护、节能分析。

（八）投资估算和资金筹措方案。

（九）建设工期和工程进度安排。

（十）经济效益评价。

（十一）风险分析及应对。

（十二）项目投资运行方案。

第十二条 除上述内容外，还应考虑项目合作方资信情况、项目与投资方企业战略关系、投资方资金承受能力、债务风险防控、对社会稳定的影响等。

第五章 论证的成果

第十三条 聘请专家进行项目论证的，专家组应出具书面论证意见；委托工程咨询机构进行项目论证的，论证机构应提交书面论证报告。专家论证意见和论证报告应明确提出结论意见和建议，专家论证意见需附专家组成员名单，由全体专家组成员签字；论证报告需工程咨询机构盖章。

第十四条 经论证认为合理、可行的项目，专家论证意见或论证报告应对项目必要性、可行性、目标预测、建设条件等内容进行定性评价，对建设内容与规模、建设方案、设备选型、建设投资等内容进行定量评价；对其中不合理的内容提出修改建议和理由，并附建设内容与规模、主要设备清单、投资估算、效益评价等资料。经论证认为不合理、不可行的项目，专家论证意见或论证报告应提出否定、退回修改、补充材料等明确意见，并说明理由和依据。

第六章 保密和责任

第十五条 论证专家和机构应当尊重论证对象的知识产权，严格遵守被论证项目的商业秘密和技术秘密，未经委托方同意，不得将论证项目的有关文件、资料和数据以任何方式向他人提供，不得将论证报告或论证报告的内容以任何方式提供给他人或公开发布。

第十六条 实行项目论证责任制，即论证机构对论证结论终身负责。因论证失误造成投资项目在建设过程中及竣工投产后产生重大损失的，受损失方有权追究相关论证机构或人员的责任。

第七章 附 则

第十七条 应同时遵照《对外投资管理制度》和本管理办法之规定，开展固定资产投资项目论证工作。

第十八条 本管理办法未尽事宜或与现行法律、法规和公司章程相抵触时，执行现行法律、法规和公司章程的规定。

第十九条 本管理办法由公司财务管理中心负责解释。

第二十条 本管理办法自公司总经理办公会审议通过、发布之日起实施。

Construction Companies

Standards and Criterion of Internal Control & Financial Management

03 人力资源管理

科学合理的人力资源管理，究其本质是充分开发员工才能和潜能的一种管理手段，为企业的全面进步协调好所有资源，创设最为高效的发展空间。人力资源管理制度结合企业人力资源总体规划和能力框架体系，优化人力资源整体布局，明确人力资源的引进、开发、使用、退出等管理要求，实现人力资源的合理配置，全面提升企业核心竞争力。

范本1 员工聘用管理制度

第一章 总 则

第一条 为建立可持续的人力资源管理体系，有效地提高公司全体员工的工作效率，本着以人为本的原则，依据《中华人民共和国劳动法》《中华人民共和国劳动合同法》及有关政策，制定本管理制度。

第二条 本管理制度适用于公司总部和所属各分子公司、工程项目部。

第二章 责任部门及职责

第三条 公司人事行政中心是公司员工聘用管理工作的责任部门，其工作职责：

（一）制订中长期人力资源规划。

（二）制订、完善公司招聘管理制度，规范招聘流程。

（三）核定公司年度人力需求，制订年度招聘计划，并进行动态管理。

（四）分析各岗位职责及任职资格，与用人部门一起制订并完善职位说明书。

（五）决定获取候选人的形式和渠道。

（六）设计并主持实施人才选拔测评，为用人部门提供录用建议。

（七）提供各类招聘数据统计及分析。

第四条 公司各用人部门的职责：

（一）编制部门年度人力资源需求计划，提出人力资源需求申请。

（二）协助人事行政中心做好本部门岗位职责和任职资格的分析整理。

（三）参与候选人的专业技术水平测评。

第五条 公司员工招聘应当遵守以下原则：

（一）供需平衡的原则：要立足实际、着眼长远，结合企业发展对人力资源的需求，科学计划，有效组织。

（二）结构优化的原则：要通过员工的有效补充，不断优化职工队伍的整体素质结构，适应企业可持续发展需要。

（三）人岗匹配的原则：要根据不同岗位的实际需要，合理确定招录条件，避免人力资源的浪费或能力不足。

（四）突出重点的原则：要根据企业不同发展时期对人力资源的需求，有重点地选拔、引进不同领域的专业人才。

（五）公开、公平、公正的原则：公司的录用工作，要做到标准一致、渠道畅通、操作规范、择优选拔。

第三章　员工招聘

第六条　公司各用人部门、分子公司应当编制用人招聘计划，招聘计划分为年度人力资源计划和招聘需求。

（一）年度人力资源计划。

1.各部门、各分子公司应根据本部门、本单位年度发展状况和下一年度的发展规划，拟订年度人力资源需求计划。

2.各部门、各分子公司年度人力资源需求计划经负责人审批后，于每年年底将下一年度人力资源需求计划统一报至人事行政中心汇总，可半年调整一次。

3.公司人事行政中心根据公司年度发展规划、人员编制情况及人力资源需求计划，制订年度招聘计划及费用预算，报公司总经理办公会议审批。

（二）招聘需求确定。

1.如有招聘需求，用人部门、分子公司须提前填写《人员增补申请表》，申报人员需求。

2.招聘需求超过年度人力资源计划的，审批至分管副总经理/公司常务副总经理/总经理。

3.《人员增补申请表》适用范围：增加编制（如：增设职位、同一职位增加员工数量、储备人才等）、增补编制（如：员工离职补充、调动补充等）。

4.招聘需求审批权限如下表所示。

需求职位性质	提出	审核	审批	审批	批准
增编	部门负责人	人事行政中心	中心负责人	人事行政中心	分管副总经理务副总经理 / 总经理 / 常务副总经理
补员	部门负责人	人事行政中心	中心负责人	人事行政中心	人事行政中心

5.人事行政中心汇总人员需求信息，制订招聘计划。

第七条　公司人事行政中心应按照以下时间要求招聘人员：

（一）综合类岗位。

1. 主管级以下人员，招聘周期为18个工作日。

2. 主管级及以上（副）总监级以下人员，招聘周期为30个工作日。

3.（副）总监级以上人员，招聘周期为60个工作日。

（二）技术类岗位。

1. 主管级以下人员，招聘周期为30个工作日。

2. 主管级及以上（副）总监级以下人员，招聘周期为60个工作日。

3.（副）总监级以上人员，招聘周期为90个工作日。

（三）特殊人才或关键岗位：根据实际情况而定。

第八条 员工招聘的渠道。

（一）校园招聘：主要参加全国各高等院校的大中专毕业生供需洽谈会。

（二）人才招聘会：参加由市政府或其他省市政府组织的国内外人才交流会。

（三）网络、媒体招聘：通过各专业招聘网站或电视、报刊等媒体发布招聘信息。

（四）猎头公司：委托猎头公司或中介机构招聘符合任职资格的高级管理人员或专业技术项目带头人。

（五）定向培养：由公司指定院校作为联合培养基地，公司参与学校的招生、教学、实习等各个环节，直接培养企业所需人才。

（六）内部公告：由公司人事行政中心在公司内部媒体或会议上发出招聘信息。

第九条 高层次与紧缺人才招聘主要根据岗位实际需要设定具体的招聘条件，通过猎头公司、中介机构以及网络、报纸等媒体收集应聘信息，采取适当的形式考核录用。

第十条 高校毕业生招聘主要通过各大院校的校园招聘会、各省市的人才招聘会进行选拔，通过测试、面试后录用。

第十一条 技能员工招聘主要采取公司选定院校、校企合作、定向培养的方式，毕业生可提前半年或一年到企业实习，经过工作考核后选拔录用。

第十二条 对于特定岗位的人员招聘，必须按照岗位说明书的要求，设定招聘条件，清晰地表达工作标准及要求；对于储备性人员的招聘，要根据拟使用方向，设定必要的基本条件以及在一段时间内应达到的工作标准。

第十三条 员工招聘必须经过资格审核、能力测试、面试考核等基本环节，对高层次人才或特殊岗位人才还可增加性格倾向测试、人事档案审查、工作业绩外调等。

资格审核主要审查应聘人员是否达到必备的基本条件，由各用人部门、分子公司将应聘材料进行初步筛选。

能力测试主要考核逻辑思维、语言文字、专业知识、外语水平、操作技能等，由公司统一组织进行。

面试考核主要观察行为举止、道德修养、工作能力等，对应聘者进行全面评价。各单位要派相关人员与公司人事行政中心一起组织进行。

第十四条 员工招聘的流程。

（一）内部招聘：

出现职位空缺时，在尊重用人部门、内部应聘员工及其目前所在部门意见的前提下，选择企业内部适合的在职人员来填补。内部招聘流程如下图所示：

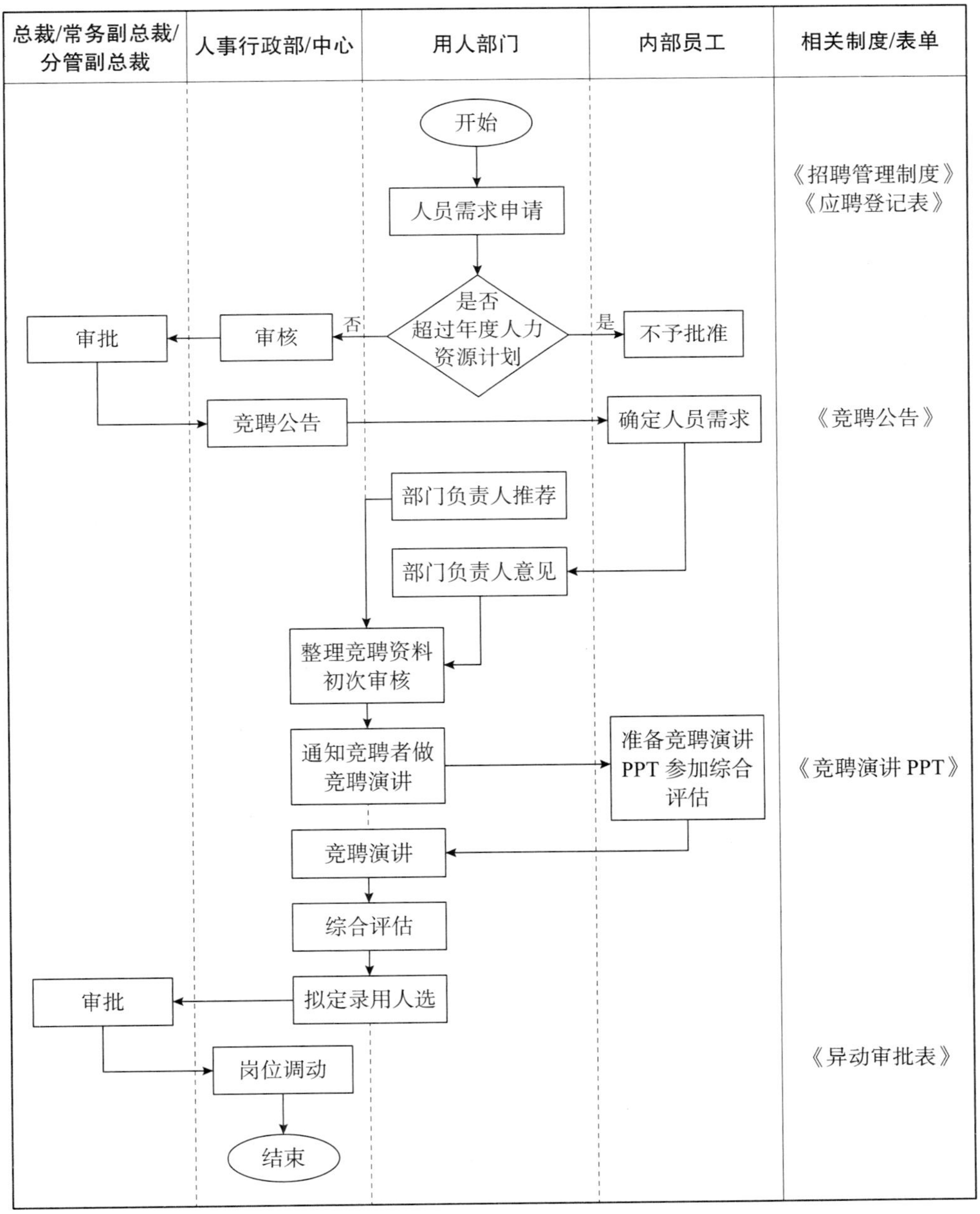

内部招聘流程图

1.人事行政中心根据招聘需求，拟定内部招聘公告。所有正式员工在上级领导的许可下都有资格向所属人事行政中心报名申请，报名人员需按内部竞聘公告内容准备内部竞聘资料。

2.人事行政中心会同竞聘岗位分管领导审核竞聘人员提交的相关书面资料、进行职业评估、资质评估、核查以往绩效评价和工作表现等。

3.通过审核的内部竞聘提名者进行职业陈述演讲，人事行政中心会同分管领导、公司领导对其的自身的优势、岗位适应性、绩效改善计划、工作目标等进行综合评审。

4.人事行政中心将评审材料、职业陈述演讲评估结果报至总经理办，由总经理进行审核及批准；审批结束后，人事行政中心通知本人并给予办理相关手续。

（二）外部招聘：

在公司出现职位空缺，且内部竞聘不能满足用人部门、分子公司需求或外部招聘更合适的情况下，采用外部招聘形式。招聘流程如下图所示。

1.外部招聘工作的组织以人事行政中心为主，用人部门、分子公司配合，必要时高层领导参加。

2.招聘面试：招聘面试工作由人事行政中心、用人部门、分子公司主导实施。对于重要岗位管理人员和技术人员的招聘，可邀请公司内部或外部专业人员参加，实施对候选人的测评。

3.初试。

（1）应聘材料筛选：人事行政中心收到应聘材料，根据聘任要求及职位说明书进行第一轮筛选工作，也可将符合基本条件的候选人应聘材料转给用人部门进行第二轮筛选。

（2）初试由人事行政中心主导，人事行政中心对通过初步筛选的候选人发出初试通知，确认初试人选和时间，如果需要用人部门、分子公司参与，通知用人部门做好准备。

（3）候选人参加初试前，须填写《应聘申请表》。初试可分为面试和笔试。笔试主要考核候选人的专业知识、逻辑推理能力、思维分析能力等。面试主要考察候选人的求职动机、学历背景、工作经历、职业道德等。有安排笔试的，须通过笔试考核方能进入面试环节。

（4）通过初试，测评人审查候选人是否具备该职位必备的素质条件及与企业文化的匹配度并在《面试评价及录用审批表》中填写初试意见。

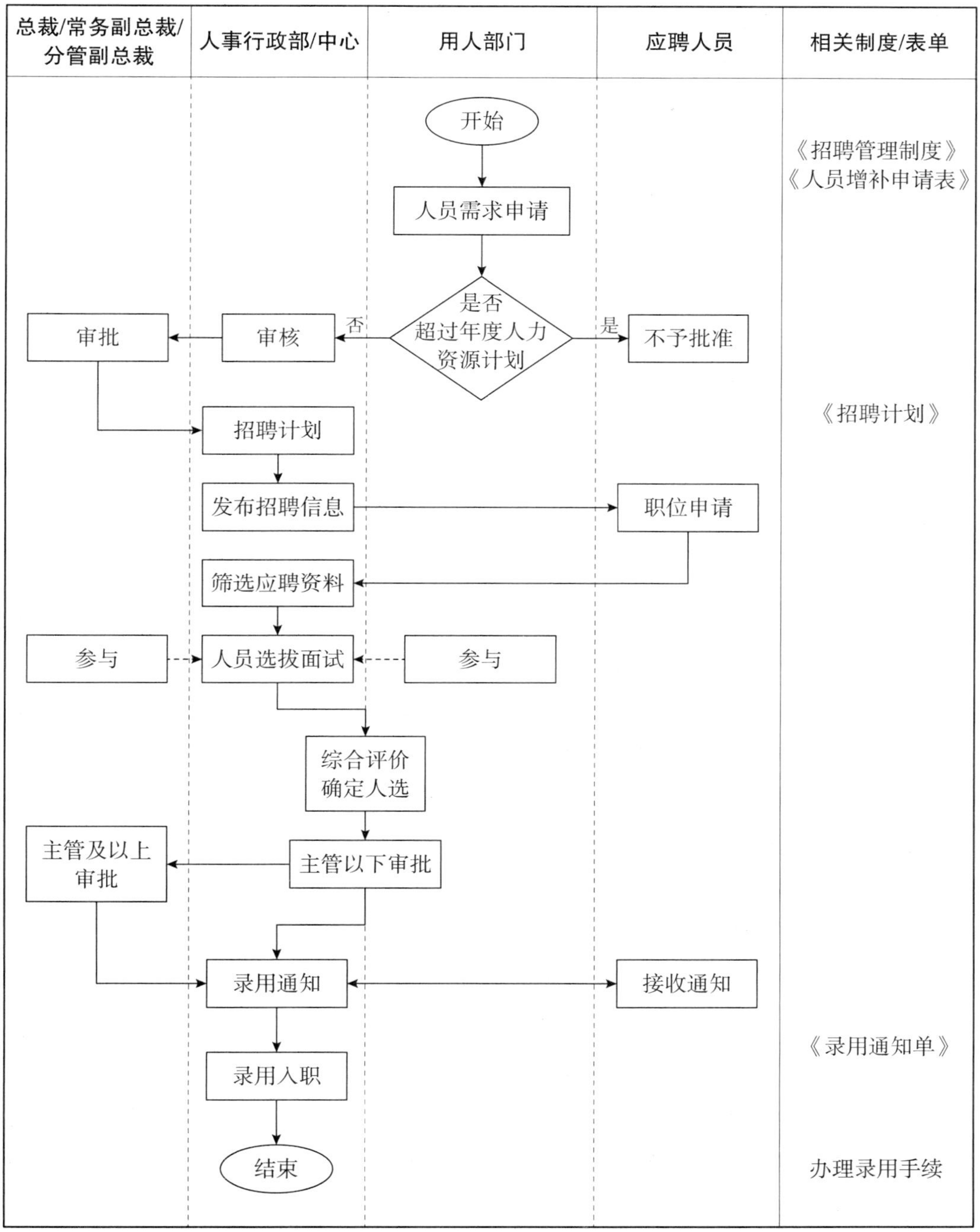

外部招聘流程图

4. 复试。

（1）通过初试的候选人可参加复试。复试形式主要以面试为主，按岗位等级分别由用人部门负责人、分子公司负责人、主管副总经理、总经理进行逐级面试。复试主要考核候选人的专业知识、专业能力、必备技能等，以审查职位要求的匹配度，并在《面试评价及录用审批表》中填写意见。

（2）主管级（含）以下人员需由用人部门负责人、分子公司负责人、分管副总经理进行复试。

（3）副经理级（含）以上人员需由用部门负责人、分子公司负责人、分管副总经理、总经理进行复试。

5.面试分析。

（1）面试结束后，人事行政中心与用人部门、分子公司应通过候选人在初试、复试中的表现进行定量和定性分析。定量分析是指针对候选人在初试、复试中的排名或得分确定最终排名的分析方式。定性分析是指针对候选人在初试、复试中的表现进行综合素质和胜任能力的定性分析。需提出初步录用意见。

（2）候选人的《面试评价及录用审批表》按权限由领导签署肯定意见后，人事行政中心负责通知员工报到，办理录用手续。

（3）对于有意向录用的候选人，由人事行政中心发出录用通知，对于最后一关未能通过审批的候选人，由人事行政中心发出暂不录用通知。

第十五条 经批准录用的人员须按公司规定的时间到人事行政中心报到，办理录用入职手续。录用入职流程如下图所示。

第四章 员工录用管理

第十六条 在校生实习期管理。

（一）各部门、分子公司可以提前接收经考核面试后拟录用的在校学生来公司实习，并在实习期间提供一定的实习生活补贴。

（二）各部门、分子公司接收毕业生实习，必须经公司人事行政中心批准，由单位与学校及实习生签订实习协议（协议样本由公司统一制定）。实习生来公司后，统一到人事行政中心办理临时进出港证件。

（三）实习生在实习期间必须听从单位安排，遵守作息时间及安全操作等规定，除病、事假外，不享受其他的休假待遇。实习生进入作业现场必须有专人带领，不允许实习生单独顶班作业。

（四）公司为实习生指定专门的实习指导老师，提供必要的业务培训与指导，并定期进行考核。实习期满后，实习生要撰写实习总结报告，单位要做出书面实习鉴定，并根据考核结果做出录用决定。对于不能录用的实习生要提供考核依据，做好解释说明。

（五）实习的毕业生，其生活补贴标准由公司根据市场价位确定，人事行政中心备案。

（六）生活补贴按月考核发放，由人事行政中心统一办理。

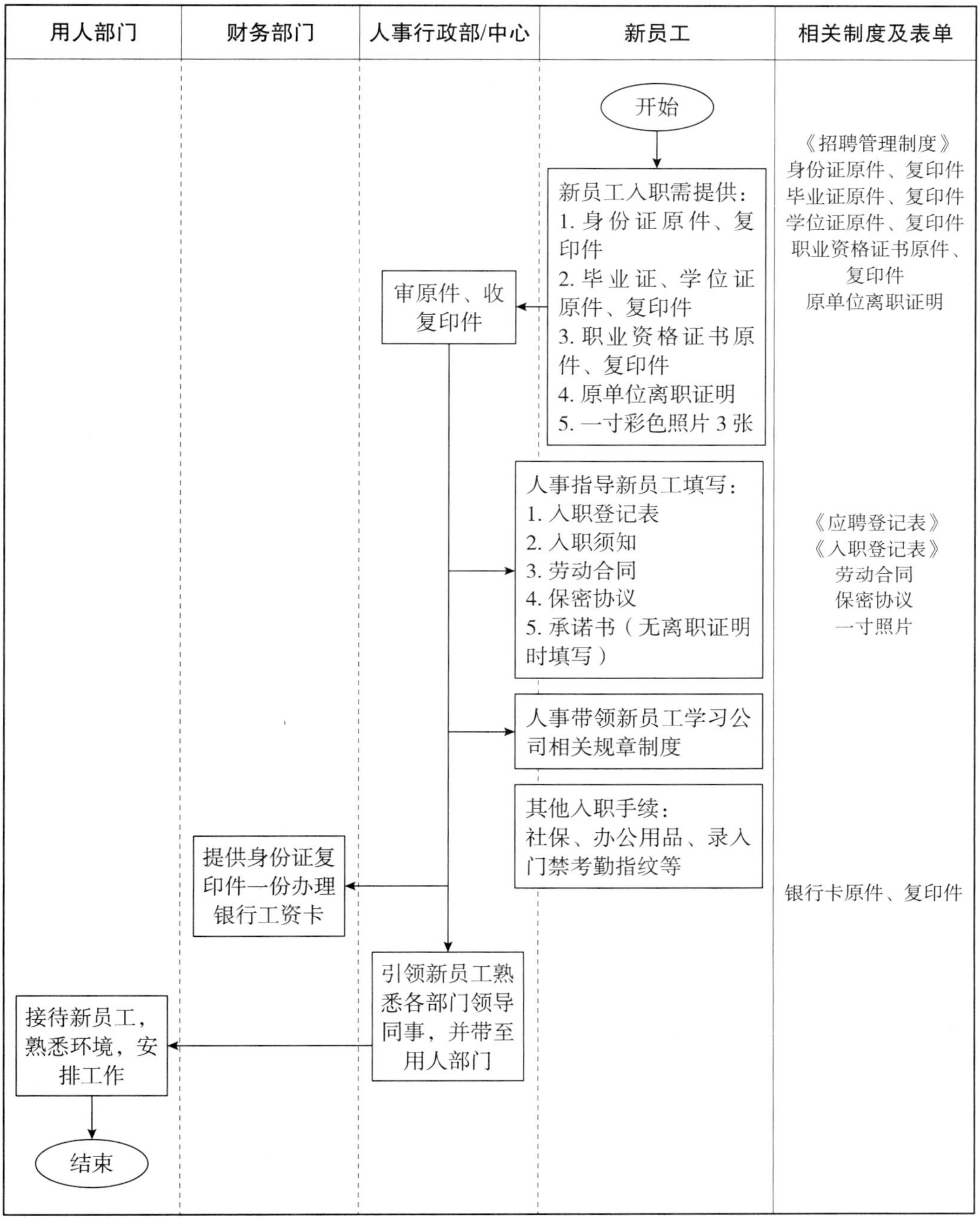

录用入职流程图

第十七条 新员工录用流程及管理。

（一）公司在正式录用员工前，必须真实、准确地告知被聘用者公司的性质、工作范围、工作条件以及公司的各项管理制度，使其愿意与公司共发展，并自觉地遵守。

（二）公司正式录用的员工，在签订《劳动合同书》前，必须熟知劳动合同法和公司制定的各项员工奖惩规定、制度，并愿意遵守其规定。

（三）公司正式录用的员工，要与公司签订《劳动合同书》一式二份。

（四）新员工上岗前，先到人事行政中心报到，办理有关人事调转或录用手续及社会保险、住房公积金和人事档案转移等手续。

（五）新员工在人事调转、录用手续办理完后，填写职工登记表，审核有关证件并登记，签订劳动合同等。

（六）新员工应到公司相关管理部门部办理工会会员登记、党组织关系转入等。

（七）公司正式录用的新员工薪酬按公司薪酬制度执行。

（八）公司提倡正直诚实，新员工所提供的证件及履历应当真实可靠，如有虚假，将立即被终止试用或辞退（解除劳动合同）。

（九）公司各相关部门负责对新员工进行公司规章制度、安全等知识的岗前培训，由人事行政中心带领被录用人员到各基层单位（部门）。

（十）录用部门、分子公司负责人要经常与新员工面谈，充分体现公司对新员工的人文关怀，使新录员工能够迅速了解公司，熟悉环境，适应工作。录用单位（部门）负责人要指定辅导人员对新员工进行《岗位说明书》指导，辅导人员职责包括向新员工介绍本部门职能、人员情况，讲解本职工作内容和要求。

第十八条 新员工的试用期管理。

（一）引进的高层次与紧缺人才要与企业签订五年的劳动合同，约定试用期三至六个月。高校毕业生要与企业签订三年的劳动合同，约定试用期三至六个月。技能员工要与企业签订3年的劳动合同，约定试用期三至六个月。

（二）各部门、分子公司要严格按照招聘条件对录用人员进行试用期考核，要让员工准确、详尽地掌握工作标准及要求，并签字确认。考核表式样由公司统一制定。

（三）试用期考核要逐月进行，由所在部门、分子公司统一组织，对于未达到工作要求的项目要有详细的事实记录。

（四）试用期结束前一周，待转正员工填写《员工转正申请表》，正式向所属部门负责人提出转正申请，所属部门负责人根据实际情况对新进人员试用转正进行评估后，提交人事行政中心审核报批。

（六）在试用期内，新员工及公司双方均有权提出解除劳动关系。离职前须与公司结清各项手续。

（七）试用期结束后，人事行政中心结合工作总结、工作表现，正确评估待转正人员的情况，审查转正手续及人事档案是否真实、完整，确定转正岗位及岗位薪酬。

（八）人事行政中心审核报批，主管级及财务类人员转正需签批至常务副总经理，副经理（含）以上及财务人员需签批至总经理，签批后由人事行政中心统一发通知。

（九）通过转正人员薪酬调整自转正之日起生效。

第十九条 新员工的后评估管理。

（一）公司对新招聘的员工实行跟踪考核。高层次与紧缺人才跟踪三年，高校毕业生跟踪一年半、技能员工跟踪一年，各单位要采取日常考核与年度考核相结合的方式，将考核结果报公司人事行政中心。对于不能完成工作职责的人员，要及时提出告诫，考核不合格的按照绩效管理的规定处理。

（二）对于招聘的技能员工，在操作岗位上工作满两年以上，且成绩优秀的，如需要选拔到管理岗位，要提供相关业绩材料，报公司人事行政中心备案。

（三）技能员工在操作岗位上可实行专业技术资格与职业技能等级双证制，既可以按照专业技术系列晋升专业技术资格（存档管理、不聘任），也可以按照技术工人系列晋升并聘任技能等级。

第二十条 入职手续经办人员办理事项。

（一）协助新员工填写《入职登记表》。

（二）检查核验新员工提交的证件。

（三）与新员工沟通确认人事档案、社保申缴事宜。

（四）为新员工制作工作证、考勤机录入指纹。

（五）与新员工签署《劳动合同》。

第二十一条 新员工入职时应办理事项。

（一）填写《入职登记表》。

（二）提交身份证复印件两份（复印件上手写注明“兹证明与原件一致”并签名、日期）。

（三）提交学历证书复印件一份（复印件上手写注明“兹证明与原件一致”并签名、日期）。

（四）提交职称证书复印件一份（复印件上手写注明“兹证明与原件一致”并签名、日期）。

（五）提交彩色一寸照片三张。

（六）提交与前一工作单位解除劳动关系的证明（注：原单位不能开具离职证明的，需填写《承诺书》）。

（七）填写《新员工入职指南》《承诺书》《保密协议》等。

第二十二条 新员工入职审核及相关手续。

（一）以上入职手续办理完毕后，由总部、各分子公司人事负责人对入职资料进行审核。

（二）与审核通过的新员工签署《薪资确认单》。

（三）与新员工和部门负责人沟通，确定新员工到岗时间。

第二十三条 公司行政人事中心和用人部门、分子公司在新员工报到时应当做好以下工作：

（一）人事行政中心为新进员工介绍公司管理层。

（二）人事行政中心引领新员工到部门报到，并将其介绍给用人部门或分子公司负责人。

（三）用人部门或分子公司负责人指定人员带领新员工熟悉公司各部门，并介绍本部门人员和其他部门相关人员。

（四）新员工直接上级向新员工介绍其岗位职责与工作说明。

第二十四条 新员工入职培训。

新员工入职培训由人事行政中心负责组织，培训内容包括：公司介绍、公司组织架构、公司企业文化、公司人事行政制度及OA系统操作培训等。

第二十五条 新员工入职跟进。

按公司规定，新员工入职后要通过公司设定的试用期限，试用期内需做以下工作：

（一）试用期的前两个月，员工每月需填写《新员工试用月度报告表》，由人事手续办理人对其进行跟进，主要目的是了解其部门对其工作的评价以及员工对工作、直接上级、公司等各方面的看法等，人事手续办理人需将每月填写完毕的报告表按时（时间与提交入职资料时间一致）提交至人事行政中心。

（二）对无故不填报《新员工试用月度报告表》的员工，不予办理转正。

第二十六条 新员工入职指引人。

（一）新员工入职公共引导内容（由人事行政中心负责）。

1.公司的组织架构。

2.公司的经营理念、指导方针等。

3.部门的组织机构及人员情况。

4.本部门的组织结构及本部门人员的具体分工及工作情况。

5.公司的考勤制度，特别是请假审批流程等。

6.公司各项福利制度的了解。

7.公司其他管理制度。

8.对每位新员工的到来表示欢迎。

9. 新员工的着装要求、物品领取及其他要求的说明。

10. 对饮食解决的安排与介绍。

11. OA系统的使用、考勤机使用的介绍。

12. 公司内部网络的使用介绍。

13. 其他信息。

（二）新员工入职专业引导内容（由入职引导人负责）。

1. 本岗位工作内容、工作职责及工作岗位相关联系人。

2. 本岗位工作注意事项及其岗位工作标准。

3. 本部门、本岗位常使用的体系文件、表格。

4. 本岗位需要注重的岗位礼仪及行为规范。

5. 本岗位存在的潜在易发生的问题。

6. 本岗位突发事件、常见问题的应对及处理方法。

7. 本岗位案例典范相关的学习（如：质量、研发、技术、生产、客服）。

8. 本岗位重要管理制度及相关知识的学习。

（三）入职指引人任职资格。

1. 认同公司企业文化理念，自觉体现在日常工作和言行中。

2. 精通岗位业务、工作技能，部门的负责人或骨干人员。

3. 为人正直公正、热情，责任心强，有较强的计划、组织、管理、沟通能力。

4. 有能力对新员工进行工作的指导、帮助、督促、检查，制度合理的培养计划、安排相应的工作任务。

（四）入职指引人职责（辅导期为三至六个月）。

1. 以身作则对新员工进行公司企业文化的引导，使新员工尽快融入公司。

2. 引导人应熟悉招聘岗位的岗位职责说明书，了解应聘岗位应具备的技能、经验等方面要求。

3. 对新员工进行工作方法、技能的指导，提高其工作能力，解答遇到的问题。

4. 了解新员工的思想动态，正确传达意见，恰当地进行沟通交流，建设良好的工作氛围。

5. 掌握新员工工作及学习绩效，听取其工作汇报。

6. 对新员工工作质量、工作进度、工作业绩部分负责。

7. 对新员工综合素质是否适合岗位要求的评估部分负责。

8. 有权做出新员工在辅导期不胜任岗位的判定并提交。

（五）以新员工的直接上级作为入职指引人安排的第一责任人。

第五章　附　则

第二十七条　本管理制度由公司人事行政中心负责解释。

第二十八条　本管理制度自公司董事会审议通过、发布之日起实施。

附件：

附件1　年度人力资源需求申请表

附件2　人员增补申请表

附件3　应聘登记表

附件4　内部竞聘申请表

附件5　面试评价及录用审批表

附件6　入职登记表

附件7　承诺书（无原单位离职证明时适用）

附件8　新员工试用期月度报告

附件9　试用期考核表

附件1　年度人力资源需求申请表

年度人力资源需求申请表

申请部门：				申请人：		申请日期：					
岗位名称	现有人数	需求人数	岗位职责	任职资格：学历、专业、年龄、行业或职业经验等	建议薪资	需求原因				到岗时间	备注
						补缺	调动	扩编	储备		
示例：投标专员	10	10	1. 负责所辖区域市场投标工作 2. 及时更新区域诚信备案信息 3. 与相关建设主管部门沟通	学历：本科，年龄：25~28；制作标书1年以上经验；细心、有责任心；有一定市场开拓经验	3~4K	有2人预计会离职	有2人调离市场	业务量增长50%左右，扩编4人	应届毕业生2名	3月底到岗3人，6月份到岗6人，12月份到岗10人	

附件2 人员增补申请表

人员增补申请表

<table>
<tr><td>申请部门</td><td></td><td>申请人</td><td colspan="2"></td></tr>
<tr><td>申请日期</td><td>年 月 日</td><td>人员性质</td><td colspan="2">□增员 □补员</td></tr>
<tr><td>增补岗位</td><td></td><td>增补人数</td><td colspan="2"></td></tr>
<tr><td>岗位级别</td><td>□副经理级以下 □副经理级及以上</td><td>拟到岗日期</td><td colspan="2"></td></tr>
<tr><td>拟招岗位工作分析及增员理由</td><td colspan="2"></td><td>公司内有无合适人选</td><td>□有 □无
部门：
姓名：</td></tr>
<tr><td>任职资格</td><td colspan="2">学历： 专业： 年龄：
行业经验：
职业经验：
其他：</td><td>工作地点</td><td></td></tr>
<tr><td>岗位职责</td><td colspan="4"></td></tr>
<tr><td>部门负责人意见</td><td>签名： 日期：</td><td>人事行政部意见</td><td colspan="2">签名：日期：</td></tr>
<tr><td>区域公司负责人意见</td><td>签名： 日期：</td><td>人事行政中心意见</td><td colspan="2">签名：日期：</td></tr>
<tr><td>分管副总经理意见</td><td>签名： 日期：</td><td>常务副总经理意见</td><td colspan="2">签名：日期：</td></tr>
<tr><td>董事长意见</td><td colspan="4">（副经理级及以上、财务岗位）
签名： 日期：</td></tr>
</table>

注：增员：增加编制（如：增设职位、同一职位增加员工数量、储备人才等）；补员：补充编制（如：员工离职补充、调动补充等）。

附件3 应聘登记表

应聘登记表（正面）

本人郑重声明：以下所填各项资料及所提供相关证照、信息均属真实有效，同意用人单位对其进行核实，如有虚报，愿接受贵公司辞退并且不要求任何经济补偿。

求职人签名：

中心 / 部门：　　　　岗位：　　　　填表时间：　　年　　月　　日

<table>
<tr><td>姓名</td><td></td><td>性别</td><td></td><td>年龄</td><td></td><td>出生年月</td><td></td><td rowspan="5">（免冠近照）</td></tr>
<tr><td>民族</td><td></td><td>籍贯</td><td></td><td>身高</td><td></td><td>体重</td><td></td></tr>
<tr><td>身份证号码</td><td colspan="2"></td><td>身份证地址</td><td colspan="4"></td></tr>
<tr><td>政治面貌</td><td colspan="2"></td><td>现住址</td><td colspan="4"></td></tr>
<tr><td>文化程度</td><td colspan="2"></td><td>毕业院校</td><td colspan="2"></td><td>专业</td><td></td></tr>
<tr><td>婚姻状况</td><td colspan="3">已婚（□已育□未育）□未婚
离异（□已育□未育）</td><td>健康状况</td><td></td><td>到岗时间</td><td colspan="2"></td></tr>
<tr><td>E-mail/QQ</td><td colspan="3"></td><td rowspan="3">联系电话</td><td colspan="4">手机：　　　　宅电：</td></tr>
<tr><td rowspan="2">户口性质</td><td colspan="3" rowspan="2">□农村□非农</td><td>紧急联系人</td><td>关　系</td><td colspan="2">联系电话</td></tr>
<tr><td></td><td></td><td colspan="2"></td></tr>
<tr><td>进入来源</td><td colspan="4">□网络招聘　□现场招聘　□校园招聘
□媒体广告　□员工推荐　□猎头服务</td><td colspan="4">本集团内有无亲属或推荐人：□无□有
亲属（关系）推荐人</td></tr>
<tr><td colspan="5">期望薪资：</td><td colspan="4">兴趣&爱好：</td></tr>
<tr><td>办公软件水平</td><td colspan="4">1. Office 办公软件：□一般□熟练
2. 其他办公软件：</td><td>住房情况</td><td colspan="3">□自有住房　□需要公司安排住宿
□自行租房　□借用亲友住房</td></tr>
<tr><td rowspan="2">相关证件</td><td>□身份证</td><td>□毕业证</td><td colspan="4">□职称证：□初级　□中级　□高级</td><td colspan="2" rowspan="2">证书：</td></tr>
<tr><td colspan="2">□驾驶证照</td><td>□技术等级证</td><td colspan="2">□业务培训证</td><td>□注册执业类证</td></tr>
<tr><td>对加班的看法</td><td colspan="5">能否接受有时加班的现象？□能□否
能否接受商定工资已含加班工资？□能□否</td><td colspan="3">能否接受出差□能□否
能否接受异地工作□能□否</td></tr>
<tr><td colspan="9">工作履历（请从最近的工作开始描述）</td></tr>
</table>

起止年月	公司名称	部门	职 / 岗位	薪资	离职原因	证明人及电话
－						
－						

应聘登记表（反面）

<table>
<tr><td rowspan="5">受教育经历</td><td colspan="6">请从第一学历开始填写</td></tr>
<tr><td>起止年月</td><td>大学 / 学院 / 学校</td><td colspan="2">专业 / 主修</td><td>学历 / 学位 / 荣誉</td><td>证明人及电话</td></tr>
<tr><td>–</td><td></td><td colspan="2"></td><td></td><td></td></tr>
<tr><td>–</td><td></td><td colspan="2"></td><td></td><td></td></tr>
<tr><td>–</td><td></td><td colspan="2"></td><td></td><td></td></tr>
<tr><td rowspan="5">主要培训</td><td colspan="6">专业技术资格（职称）培训，如果有其他培训，请填写对自己工作最有影响的培训</td></tr>
<tr><td>培训时间</td><td>培训课程</td><td>培训机构或讲师</td><td>培训课时</td><td>培训证书名称</td><td>证明人及电话</td></tr>
<tr><td></td><td></td><td></td><td></td><td></td><td></td></tr>
<tr><td></td><td></td><td></td><td></td><td></td><td></td></tr>
<tr><td></td><td></td><td></td><td></td><td></td><td></td></tr>
<tr><td rowspan="5">家庭情况</td><td colspan="6">请未婚者将父母、兄弟、姐妹等情况填详细，已婚者将配偶及子女情况填详细</td></tr>
<tr><td>姓名</td><td>与己关系</td><td>出生年月</td><td>文化程度</td><td>工作单位或家庭住址</td><td>职业</td></tr>
<tr><td></td><td></td><td></td><td></td><td></td><td></td></tr>
<tr><td></td><td></td><td></td><td></td><td></td><td></td></tr>
<tr><td></td><td></td><td></td><td></td><td></td><td></td></tr>
<tr><td colspan="7"></td></tr>
<tr><td>人事部门意见</td><td colspan="3">意见：
岗位名称：
□拟录用
□不录用
□备选

签字：</td><td>用人部门意见</td><td colspan="2">意见：
岗位名称：
□拟录用
□不录用
□备选

签字：</td></tr>
</table>

附件4 内部竞聘申请表

内部竞聘申请表

内部竞聘职位信息：					
申请职位		所属部门		申请日期	
内部竞聘申请人员信息：					
姓名		目前所在部门		职务	
直接领导		进入公司时间			

在本公司的工作情况			
职位	所属部门	工作起止时间	工作职责描述

培训经历		
培训课程	培训起止时间	培训部门

所受的奖励
1. 申请该职位的原因：
2. 信息来源的渠道：
3. 您为什么觉得您能胜任该职位（内容过多可附后）：
填写说明： 1. 保证您所填的信息真实可靠，填完后按照指定的日期同个人简历一并交到人事行政部。 2. 请注意内部竞聘岗位的时效性，逾期无效。

附件5 面试评价及录用审批表

面试评价及录用审批表

<table>
<tr><td colspan="2">姓名</td><td></td><td>性别</td><td>出生日期</td><td colspan="2"></td></tr>
<tr><td colspan="2">应聘职位</td><td></td><td>年限</td><td>是否准时</td><td colspan="2"></td></tr>
<tr><td colspan="2">预计上班时间</td><td></td><td>期望薪资</td><td colspan="3"></td></tr>
<tr><td rowspan="2">序号</td><td rowspan="2">考核要素</td><td rowspan="2">观察内容</td><td rowspan="2">评价要点</td><td colspan="3">评（优5良4平3缺2差1）</td></tr>
<tr><td>初试</td><td>复试</td><td>备注</td></tr>
<tr><td>1</td><td>精神面貌</td><td>仪容仪表</td><td>穿着得体，行为有礼，精神焕发</td><td></td><td></td><td></td></tr>
<tr><td>2</td><td>性格品质</td><td>有无不良性格、不诚实或掩饰</td><td>诚实、真诚、讲信用、乐观</td><td></td><td></td><td></td></tr>
<tr><td>3</td><td>沟通表达</td><td>语言、动作、表情</td><td>表达条理、逻辑清晰、遣词准确、效果评价客观准确、案例真实</td><td></td><td></td><td></td></tr>
<tr><td>4</td><td>领悟反应</td><td>反应、领悟能力</td><td>反应敏捷，对提问问题能快速领会主题，并有针对性地进行回答</td><td></td><td></td><td></td></tr>
<tr><td>5</td><td>自我认识</td><td>本我、自我、超我</td><td>自我认识清晰，不夸大</td><td></td><td></td><td></td></tr>
<tr><td>6</td><td>工作能力</td><td>工作职责、工作任务完成、对未达成工作的认识</td><td>职责认识清晰，对未达成工作认识清楚，原因分析合理</td><td></td><td></td><td></td></tr>
<tr><td>7</td><td>责任心</td><td>态度、责任心</td><td>敬业、积极、责任心强</td><td></td><td></td><td></td></tr>
<tr><td>8</td><td>专业知识</td><td>专业术语、以往工作专业</td><td>经验丰富，与应聘岗结合点较多</td><td></td><td></td><td></td></tr>
<tr><td>9</td><td>经营意识</td><td>成本控制、团队管理</td><td>有成本控制意识及预案，善于团队管理</td><td></td><td></td><td></td></tr>
<tr><td>10</td><td>管理意识</td><td>团队建设、风险控制、管理方法、领导意识</td><td>善于利用管理方法进行相关管理工作</td><td></td><td></td><td></td></tr>
<tr><td colspan="2" rowspan="2">人事行政部门初试</td><td>初试得分</td><td>初试结果</td><td colspan="3">□复试 □候补 □不合适 □推荐其他岗位</td></tr>
<tr><td colspan="5">综合评价：
人事行政部门签字： 日期： 年 月 日</td></tr>
<tr><td colspan="2" rowspan="2">用人部门复试</td><td>复试得分</td><td>初试结果</td><td colspan="3">□可录用 □候补 □不合适 □推荐其他岗位</td></tr>
<tr><td colspan="5">综合评价：
用人部门签字： 日期： 年 月 日</td></tr>
<tr><td colspan="2">区域公司负责人面试</td><td colspan="5">复核结果：□可录用 □候补 □不合适 □推荐其他岗位
综合评价：
（用人部门）分管副总签字： 日期： 年 月 日</td></tr>
<tr><td colspan="2">总经理面试</td><td colspan="5">终试结果：□可录用 □候补 □不合适 □推荐其他岗位
综合评价：
总经理签字： 日期： 年 月 日</td></tr>
</table>

附件6 入职登记表

入职登记表

中心 / 部门： 岗位：

<table>
<tr><td>姓名</td><td></td><td>性别</td><td></td><td>出生年月</td><td></td><td>身高 / 体重</td><td></td><td rowspan="5">（免冠近照）</td></tr>
<tr><td>民族</td><td></td><td>籍贯</td><td></td><td>最高学历</td><td></td><td>政治面貌</td><td></td></tr>
<tr><td>身份证号码</td><td colspan="2"></td><td>身份证地址</td><td colspan="4"></td></tr>
<tr><td>婚姻状况</td><td colspan="2"></td><td>现住址</td><td colspan="4"></td></tr>
<tr><td>户口性质</td><td colspan="2"></td><td>健康状况</td><td colspan="2"></td><td>兴趣爱好</td><td></td></tr>
<tr><td rowspan="2">联系方式</td><td colspan="8">QQ/Email： 手机： 宅电：</td></tr>
<tr><td colspan="8">紧急联系人： 关系： 联系电话：</td></tr>
<tr><td>办公软件</td><td colspan="8">1.Office 办公软件：□一般 □熟练 □精通 2. 其他办公软件：</td></tr>
<tr><td>相关证件</td><td colspan="8">□身份证 □毕业证 □学位证 □驾驶证照 □职称证：□初级□中级□高级 □技术等级证 □业务培训证 □注册执业类证 其他证书：</td></tr>
<tr><td colspan="9">工作履历（请从最近的工作开始描述）</td></tr>
</table>

<table>
<tr><td>起止年月</td><td>公司名称</td><td>部门</td><td>岗位</td><td>薪资</td><td>离职原因</td><td>证明人及电话</td></tr>
<tr><td>–</td><td></td><td></td><td></td><td></td><td></td><td></td></tr>
<tr><td>–</td><td></td><td></td><td></td><td></td><td></td><td></td></tr>
</table>

<table>
<tr><td rowspan="3">教育经历</td><td>起止年月</td><td>大学 / 学院 / 学校</td><td>专业 / 主修</td><td>学历 / 学位 / 荣誉</td><td>证明人及电话</td></tr>
<tr><td>–</td><td></td><td></td><td></td><td></td></tr>
<tr><td>–</td><td></td><td></td><td></td><td></td></tr>
</table>

<table>
<tr><td rowspan="3">培训经历</td><td>培训时间</td><td>培训课程</td><td>培训机构或讲师</td><td>培训课时</td><td>培训证书名称</td><td>证明人及电话</td></tr>
<tr><td></td><td></td><td></td><td></td><td></td><td></td></tr>
<tr><td></td><td></td><td></td><td></td><td></td><td></td></tr>
</table>

<table>
<tr><td rowspan="3">家庭情况</td><td>姓名</td><td>关系</td><td>出生年月</td><td>文化程度</td><td>工作单位或家庭住址</td><td>职业</td></tr>
<tr><td></td><td></td><td></td><td></td><td></td><td></td></tr>
<tr><td></td><td></td><td></td><td></td><td></td><td></td></tr>
</table>

本人声明：1. 本人谨此证实以上表格所述及所提供的相关证件复印件内容、对外公开的简历，无虚假、不实、夸大之处，且未隐瞒对应聘不利的事实或情况，如填写内容不真实，本人愿接受公司无条件辞退的处理并承担相应法律责任。

2. 本人与原工作单位的人事等关系由本人自行协调处理并承担相应后果。

3. 本人可接受公司的工作背景调查。

填写日期： 年 月 日 本人签名：

附件7　承诺书

承诺书（无原单位离职证明时适用）

本人______身份证号码：________________，与前公司__________于________年____月____日解除劳动合同，并办理完全部离职手续，已与前公司无任何劳动关系。本人与前公司关系薪资福利、竞业禁止、商业秘密等事宜已妥善解决。

鉴于本人将与____________公司建立劳动关系，本人在此保证以上信息真实，若因本人信息提供不真实，而给公司及其关联公司带来任何损失，责任将全部由本人承担。

签名：__________________　日期：__________________

附件8　新员工试用期月度报告表

新员工试用期月度报告表

报告期间	年　月　日至　年　月　日				
姓　名		性　别		入职时间	
试用部门		试用岗位		直接上级	
月度情况小结					
本月的提升和成长总结					
自身的不足和改进计划					

<table>
<tr><td>评估人员</td><td colspan="8">评价</td></tr>
<tr><td rowspan="3">入职指引人（直接上级）</td><td>指标</td><td>沟通人际</td><td>学习能力</td><td>自主管理</td><td>执行力与责任心</td><td>团队合作</td><td>企业认同</td><td>总分</td></tr>
<tr><td>得分</td><td></td><td></td><td></td><td></td><td></td><td></td><td></td></tr>
<tr><td colspan="8">（文字评价）</td></tr>
<tr><td>分管领导</td><td colspan="8"></td></tr>
<tr><td>人事行政中心</td><td colspan="8"></td></tr>
</table>

备注：此表填写完毕后需报人事行政部备案。

附件9 员工试用期考核表

员工试用期考核表

单位＿＿＿＿＿＿＿＿ 姓名＿＿＿＿＿＿＿＿ 填表时间＿＿＿＿＿＿＿＿

<table>
<tr><td colspan="9">员工情况</td></tr>
<tr><td>姓名</td><td colspan="2"></td><td>性别</td><td></td><td>出生年月</td><td></td><td>民族</td><td></td></tr>
<tr><td colspan="2">政治面貌</td><td colspan="2"></td><td>学历</td><td></td><td>毕业时间</td><td colspan="2"></td></tr>
<tr><td colspan="2">毕业院校</td><td colspan="3"></td><td>所学专业</td><td colspan="3"></td></tr>
<tr><td colspan="9">学习简历</td></tr>
<tr><td colspan="2">起止年月</td><td colspan="7">在何院校、何专业，任何职务（从高中起）</td></tr>
<tr><td colspan="2"></td><td colspan="7"></td></tr>
<tr><td colspan="2"></td><td colspan="7"></td></tr>
<tr><td colspan="2"></td><td colspan="7"></td></tr>
<tr><td colspan="2"></td><td colspan="7"></td></tr>
<tr><td colspan="9">工作简历</td></tr>
<tr><td colspan="2">起止年月</td><td colspan="7">在何单位、何部门，任何行政职务、何专业技术职务</td></tr>
<tr><td colspan="2"></td><td colspan="7"></td></tr>
<tr><td colspan="2"></td><td colspan="7"></td></tr>
<tr><td colspan="2"></td><td colspan="7"></td></tr>
</table>

何时、何地、获何种奖励或荣誉称号	
何时、何地、受到何种处罚	
员工承诺	本人承诺上述填写个人信息真实有效，如有虚假伪造，愿意承担由此带来的违约责任。 签字：

新员工试用期月度考核评价		
试用部门	试用岗位	试用试用期阶段目标

试用期岗位标准及要求	
员工确认	本人已知悉试用期工作的岗位标准及要求，在试用期内将努力工作，争取达到录用条件。 签字：

A. 工作表现评价（适用于所有新员工）

评价指标		内容	考核赋分（月度）					
职业操守	责任心（10分）	尽职尽责做好岗位工作						
	积极性（10分）	积极主动应对工作任务						
	协作精神（5分）	能与他人合作共同完成工作						
	服务意识（5分）	主动热情地为客户服务						
	遵守纪律（5分）	遵守企业各项管理规章制度						

<table>
<tr><td rowspan="5">操作能力</td><td>专业知识（15 分）</td><td>具有必要的专业理论基础</td><td></td><td></td><td></td><td></td><td></td><td></td></tr>
<tr><td>业务技能（20 分）</td><td>独立完成岗位业务操作</td><td></td><td></td><td></td><td></td><td></td><td></td></tr>
<tr><td>工作成果（10 分）</td><td>能够完成交办的各项工作</td><td></td><td></td><td></td><td></td><td></td><td></td></tr>
<tr><td>工作质量（10 分）</td><td>完成各项工作符合要求</td><td></td><td></td><td></td><td></td><td></td><td></td></tr>
<tr><td>工作效率（10 分）</td><td>在规定的时间内完成工作</td><td></td><td></td><td></td><td></td><td></td><td></td></tr>
<tr><td colspan="9">B. 领导能力评价（适用于引进高层次人才）</td></tr>
<tr><td colspan="2" rowspan="2">评价指标</td><td rowspan="2"></td><td colspan="6">考核赋分（月度）</td></tr>
<tr><td></td><td></td><td></td><td></td><td></td><td></td></tr>
<tr><td rowspan="4">领导能力</td><td>组织领导（30 分）</td><td>明确任务，合理分配工作</td><td></td><td></td><td></td><td></td><td></td><td></td></tr>
<tr><td>沟通协调（20 分）</td><td>团结协作，完成组织目标</td><td></td><td></td><td></td><td></td><td></td><td></td></tr>
<tr><td>管理创新（25 分）</td><td>转换思维，破解工作难题</td><td></td><td></td><td></td><td></td><td></td><td></td></tr>
<tr><td>科技攻关（25 分）</td><td>大胆革新，推动技术进步</td><td></td><td></td><td></td><td></td><td></td><td></td></tr>
<tr><td colspan="2">被考核人存在主要问题（未达到工作要求的事实记录）</td><td colspan="7"></td></tr>
<tr><td colspan="2">考核总分</td><td></td><td>评价结果</td><td colspan="6">胜任（ ） 不胜任（ ）</td></tr>
<tr><td colspan="2">试用部门意见</td><td colspan="7"></td></tr>
<tr><td colspan="2">所在单位人事部门意见</td><td colspan="7">（ ）基本符合岗位要求，同意录用。
（ ）不能胜任岗位要求，建议解除劳动合同。
（盖章）</td></tr>
<tr><td colspan="2">被考核员工意见</td><td colspan="7"></td></tr>
<tr><td colspan="2">公司人事行政中心意见</td><td colspan="7"></td></tr>
</table>

范本2 薪酬管理制度

第一章 总 则

第一条 为建立与岗位、业绩和能力相配套的薪酬管理体系，在保持公司薪酬总体框架不变的基础上优化薪酬结构，更好地发挥薪酬的激励和约束作用，充分调动员工的积极性、创造性，不断增强企业的外部竞争力和内部凝聚力，促进企业的可持续发展，特制定本管理制度。

第二条 本管理制度适用于公司总部、各区域分公司、项目部，所属子公司可根据实际情况参照本管理制度执行。

第三条 本管理制度依据《中华人民共和国劳动法》《劳动合同管理制度》制定。

第四条 公司职工薪酬管理由公司人事行政中心负责。

第二章 薪酬体系

第五条 以岗位责任、劳动绩效、经营风险等为主要依据，对不同岗位的职工分别制定不用形式的薪酬分配办法。

本公司薪酬体系包括固定工资与浮动工资，固定工资包括基本工资+岗位工资，浮动工资即绩效工资。

第六条 薪酬模式。

薪酬模式包括：年薪制（依据公司发展规模和经营业绩、结合团队整体绩效确定）、股权激励、岗位绩效工资制（依据管理等级、技术等级、职能等级和工作绩效确定）、项目奖金制（提成）（依据所参与项目的成果、结合个人在项目中作用发放）、协议工资制。详见下表。

各岗位薪酬模式对应表

<table>
<tr><th rowspan="2">岗位序列</th><th rowspan="2">序号</th><th rowspan="2">子序列</th><th colspan="5">薪酬模式</th></tr>
<tr><th>年薪制</th><th>股权激励</th><th>岗位绩效</th><th>项目奖金</th><th>协议工资</th></tr>
<tr><td rowspan="3">1. 管理序列</td><td>1.1</td><td>高层</td><td>√</td><td>√</td><td></td><td></td><td rowspan="6">针对市场急需且比较稀缺的特殊人才，市场工资水平超出所处</td></tr>
<tr><td>1.2</td><td>中层</td><td></td><td></td><td>√</td><td></td></tr>
<tr><td>1.3</td><td>基层</td><td></td><td></td><td>√</td><td></td></tr>
<tr><td rowspan="3">2. 职能序列</td><td>2.1</td><td>财务管理</td><td></td><td></td><td>√</td><td></td></tr>
<tr><td>2.2</td><td>审计监察</td><td></td><td></td><td>√</td><td></td></tr>
<tr><td>2.3</td><td>人事行政</td><td></td><td></td><td>√</td><td></td></tr>
</table>

续表

岗位序列	序号	子序列	薪酬模式				
			年薪制	股权激励	岗位绩效	项目奖金	协议工资
	2.4	品牌建设			√		薪级最高水平者
	2.5	信息管理			√		
	2.6	档案管理			√		
3. 工程技术序列	3.1	工程管理			√		
	3.2	研究开发			√	√	
	3.3	技术服务			√		
4. 市场营销序列	4.1	市场开发				√	
	4.2	市场支持			√	√	

（一）年薪制薪酬结构。

年薪制薪酬体系由固定薪酬和绩效薪酬两部分组成。

1. 固定薪酬部分：基本年薪标准详见下表，按80%预支，按月发放。

2. 绩效薪酬：固定薪酬剩余部分视个人的考核情况在年末发放。

高级管理人员基本年薪标准

岗位	基本年薪标准（万元 / 年）
总经理	
副总经理	
各职能中心总监（副）	
董事会秘书	
总经理助理、总工程师、总会计师、总经济师、总经办主任	
董事	

（二）月薪制薪酬结构。

月薪制薪酬结构主要适用于中层及普通员工，该部分固定薪酬由人事行政中心与用人部门共同商定，报人事行政中心备案。

1. 固定工资：公司按月发放固定工资的80%。

2. 绩效工资：固定薪酬剩余部分视个人的考核情况在年末发放。

一般员工基本薪酬等级标准见下表。

一般员工基本薪酬等级标准

岗位序列	职级	月度工资标准（千元／月）
管理序列	高级经理	
	经理	
	副经理	
	高级主管	
	主管	
职能序列	高级主任	
	主任	
	副主任	
	专员	
	助理	
工程技术序列	高级专家	
	专家	
	资深工程师	
	高级工程师	
	工程师	
市场营销序列	营销序列不设职级	

第三章　岗位任职标准

第七条　公司实行全员岗位聘任与动态职位聘任相结合的管理办法。岗位聘任的任期为一年，每年12月份各部门负责人对本部门人员进行重新梳理，在符合任职资格的基础上，根据员工所从事岗位的内容、职责及个人综合能力等因素进行续聘、新聘工作，报公司人事行政中心审核，领导班子审批后执行。新聘期从下一年1月1日起执行。

各等级任职标准中，工作年限自参加工作之日算起，在本企业工作年限自进入本公司之日算起。

第四章　新进员工试用期工资标准

第八条　应届毕业生试用期工资标准。

公司规定应届毕业生试用期一般为3个月。试用期工资标准：

专科生2000～2500元/月；本科生3000元/月；研究生5000元/月。

第九条 应届毕业生试用期补贴标准。

详见《保险福利管理制度》的相关规定。

第十条 公司年度内招聘的特殊员工，试用期时间以及试用工资标准由公司总经理办公会决定。

第五章 关键岗位绩效管理与绩效工资

第十一条 关键岗位绩效管理与绩效工资参照《经营业绩考核制度》。

第六章 员工薪酬发放管理

第十二条 公司人事行政中心根据本薪酬管理制度负责公司员工薪资的日常管理。

第十三条 新采用人员报到以后，人事行政中心办理相关手续，开具起薪通知单起薪，并根据相关工资制度定出新采用人员的工资标准，录入工资管理数据库。

第十四条 职务、职称、岗位变动工资调整。

行政管理人员职务变动后，根据人事行政中心的任命文件，调整相关人员的工资标准；员工在取得专业技术任职资格、公司聘任后，根据聘文予以认定，调整相关人员的工资标准；员工调动工作岗位，根据调动通知书及相应岗位调整工资标准。

第十五条 薪酬制度变化调整工资。

公司薪酬制度发生变化时，根据新制度调整员工工资，办理调资手续，存入员工个人档案。

第十六条 工资基金的计划、预算、报批。

每年初，根据公司工资总额管理的有关规定，制定工资总额使用计划，并分配至每月进行预算管理，月度工资总额每月到公司报批使用。

第十七条 考勤、加班、奖金上报及工资发放。

（一）考勤、加班、奖金上报。

根据公司有关规定，基层单位、部门核算员在每月5日前将统计的考勤表、各类补贴统计表（加班时间统计表）以及奖金核算明细单上报人事行政中心。

（二）工资发放。

人事行政中心根据各单位上报的统计资料进行核算后，录入工资管理数据库，计算员工工资，打印员工工资明细，导出员工工资至财务部并于每月20日通过银行卡发放。

第七章 附 则

第十八条 本管理制度由公司人事行政中心负责解释。

第十九条 本管理制度自公司董事会审议通过、发布之日起实施。

范本3 劳动合同管理制度

第一章 总 则

第一条 为加强公司劳动合同管理，规范订立和履行劳动合同行为，维护劳动合同当事人的合法权益，根据《中华人民共和国劳动法》《中华人民共和国劳动合同法》及有关法律法规，结合公司实际，制定本管理制度。

第二条 本管理制度适用于公司和所属各分子公司、工程项目部。

第三条 本管理制度依据《中华人民共和国劳动法》《中华人民共和国劳动合同法》制定。

第二章 劳动合同签订

第四条 劳动合同是职工与企业之间确立劳动关系、明确双方权利义务的协议。订立劳动合同，应当遵循合法、公平、平等自愿、协商一致、诚实信用原则。依法订立的劳动合同具有法律约束力，一经签订，企业和职工双方必须严格遵守。

第五条 公司人事行政中心是公司劳动合同管理的职能主管部门，负责对劳动合同管理的监督、检查和指导，负责实施劳动合同的订立、履行、变更、解除或终止。

第六条 公司及所属子公司作为法人单位与其所属职工，是订立劳动合同的主体。各分公司、项目部是非法人单位，不得作为合同主体与职工签订劳动合同。

第七条 公司人事行政中心应在录用员工之日起一个月内与录用员工签订书面劳动合同。

第八条 劳动合同书采用当地政府主管部门统一印制的文本，劳动合同书内容必须用钢笔（毛笔或签字笔）填写，不得涂改。

第九条 签订劳动合同，必须依法明确必备条款。同时，由公司与员工约定试用期、专项培训服务期、保密、竞业限制、补充保险和福利待遇等其他事项。

对于专项培训服务期或竞业限制，双方必须就有关事宜签订书面协议，作为劳动合同的补充条款；对于补充保险和福利待遇，公司应按本单位的有关政策与员工约定。

第十条 员工的联系方式变更应及时以书面形式通知公司，公司的有关书面文件、通知等无法直接送达员工时，员工确认劳动合同中所填的实际居住地地址即为邮寄送达地址。

第十一条 劳动合同分为固定期限劳动合同、无固定期限劳动合同和以完成一定工作任务为期限的劳动合同。公司应结合实际，依法与员工协商确定劳动合同期限。

公司与员工签订固定期限劳动合同，应从岗位稳定性、培养周期和员工职业成长要求等方面考虑，合理确定期限，原则上劳动合同期限为3～5年。

如果员工符合订立无固定期限劳动合同条件，但要求订立固定期限劳动合同，必须向公司提交订立固定期限劳动合同意向书。

第十二条 新招用人员订立劳动合同，公司要明确录用条件，根据实际情况，依法与员工约定试用期，按公司有关规定确定试用期工资标准。试用期内要进行考核，达不到录用标准的，要书面通知新招聘人员，说明理由，依法解除劳动合同。

第十三条 双方订立劳动合同时，除违反专项培训服务期和竞业限制协议、保密协议可以约定违约金外，不得约定由员工承担违约金。

第十四条 公司为员工提供专项培训费用包括培训费、差旅费以及脱产培训期间支付的工资等，公司应保留支付培训费用的相关单据，作为约定违约金依据。

第十五条 公司对涉及生产经营、业务往来等负有保密责任的岗位，应按规定确定竞业限制的范围、地域、期限。

第十六条 双方订立劳动合同，应在劳动合同书上签字盖章。劳动合同一式两份，公司和员工各保留一份。

第十七条 公司与员工订立劳动合同后，员工不得再与其他用人单位建立劳动关系。

第三章 劳动合同的履行和变更

第十八条 双方订立劳动合同后，应按照劳动合同约定，依法全面履行各自的义务。公司变更名称、法定代表人（或委托代理人）、主要负责人或者投资人等事项，不影响劳动合同的履行。

第十九条 公司发生合并或者分立等情况，原劳动合同继续有效，劳动合同由承继其权利和义务的用人单位继续履行。

第二十条 在下列情况下，可以变更劳动合同内容：

（一）员工在公司和所属子公司内调转、岗位变动、工作地点变动、各项福利待遇等合同条款变动。

（二）员工接受专项培训或承担某项工作，需就专项培训服务期、竞业限制等做出事前约定。

（三）公司和员工协商一致。

第二十一条 劳动合同变更情况出现后，双方应在7日内将变更内容填入劳动合同变更页，并签字盖章确认。

第二十二条 在公司和所属子公司内部调转，劳动合同变更中的甲方应由新单位的法定代表人或其委托代理人签字或盖章。

第二十三条 员工涉嫌违法犯罪的，自被司法机关羁押之日起，公司应中止履行劳动合同，停止支付工资、社会保险和福利待遇等，待接到正式判决通知后，按有关规定办理。

第四章 劳动合同解除及终止

第二十四条 公司与员工在双方协商一致的情况下，可以解除劳动合同：

（一）由于公司原因提出解除劳动合同，与员工协商一致，可以解除劳动合同，并按规定支付经济补偿。

（二）由于员工原因提出解除劳动合同，员工应以书面形式提前30日（试用期提前3日）通知公司，可以解除劳动合同，公司不支付经济补偿。

（三）公司不履行劳动合同约定，违法管理，损害员工权益等情形，证据确凿，员工可提出解除劳动合同，公司应支付经济补偿。

第二十五条 公司应严格遵守《劳动合同法》限制解除劳动合同的规定，不得随意解除劳动合同。

第二十六条 有下列情形之一的，公司履行必要程序并以书面形式通知员工，可依法解除劳动合同，不支付经济补偿。

（一）在试用期间被证明不符合录用条件的。

（二）严重违反甲方的规章制度的。

（三）公司员工取得与本岗位相关的执业资格证书后没有在本公司注册的。

（四）严重失职、营私舞弊，给甲方造成重大损害的。

（五）同时与其他用人单位建立劳动关系，对完成甲方的工作任务造成严重影响，或者经甲方提出，拒不改正的。

（六）以欺诈、胁迫的手段或者乘人之危，使甲方在违背真实意思的情况下订立或者变更劳动合同的。

（七）被依法追究刑事责任的。

第二十七条 员工患病（或非因工负伤）医疗期满后不能从事原工作的，公司应根据员工身体状况另行安排适当工作，如果员工仍不能工作，公司提前30日以书面形式通知员工或者额外支付员工1个月工资后，可依法解除劳动合同，并支付经济补偿。

第二十八条 员工如果不能胜任本职工作，公司可安排停职培训或者重新调整工作岗位，如果员工仍不能胜任，甲方提前30日以书面形式通知员工或者额外支付员工1个月工资后，可依法解除劳动合同，并支付经济补偿。

第二十九条 劳动合同期满，公司办理终止劳动合同手续，需提前30日以书面形式通知员工。

第三十条 员工存在限制解除劳动合同规定的法定情形时，劳动合同应当续延至相应的情形消失时终止。

（一）因工伤（职业病）致残被鉴定为1～6级的，按照《中华人民共和国工伤保险条例》相关规定执行。

（二）接触职业病危害作业的，公司未对其进行离岗前职业健康检查，或者员工疑似职业病病人在诊断或者医学观察期间，公司不得终止劳动合同。

第三十一条 签订以完成一定工作任务为期限的劳动合同，劳动合同终止公司不支付经济补偿；终止非全日制用工，公司不支付经济补偿。

第三十二条 公司应在解除或终止劳动合同时向员工出具解除或终止劳动合同证明，双方各留存一份，存入档案一份，同时办理免职手续，在15日内为员工办理档案和社会保险关系转移手续（因工作调动社保关系调往外地的除外）。员工应按照公司规定办理工作交接，交回工作证、工作用品等。

第三十三条 公司对已经解除或者终止的劳动合同文本，要至少保存两年以上。

第五章 违约责任

第三十四条 公司自用工之日起超过一个月不满一年未与员工签订劳动合同的，应当向员工每月支付2倍的工资。

公司违反规定不与员工签订无固定期限劳动合同的，自应当订立无固定期限劳动合同之日起向员工支付2倍的工资。

第三十五条 公司违反规定解除或终止劳动合同，应当按照规定经济补偿标准的2倍向员工支付赔偿。

第三十六条 公司违反规定给员工造成损害的，应当承担赔偿责任。

第三十七条 员工违反规定解除劳动合同，或者违反劳动合同中约定的保密义务或者竞业限制约定，给公司造成损失的，应当承担赔偿责任。

第六章 附 则

第三十八条 公司与员工因履行劳动合同产生争议，按照国家和地方有关规定处理。

第三十九条 公司人事行政中心应当对劳动合同按照专人管理，并建立劳动合同管理台账，对劳动合同实行动态管理。

第四十条 公司工会可代表员工与公司订立集体合同，集体合同中劳动条件和劳动报酬等标准不得低于当地政府规定的最低标准；公司与员工订立的劳动合同中劳动条件和劳动报酬等标准不得低于集体合同规定的标准。

第四十一条 本管理制度未尽事宜或与有关法律法规相抵触的，按有关法律法规执行。

第四十二条 本管理制度由公司人事行政中心负责解释。

第四十三条 本管理制度自公司董事会审议通过、发布之日起执行。

范本4 考勤及休假管理制度

第一章 总 则

第一条 为规范公司员工行为，加强劳动管理，严格劳动纪律，提高工作效率，维护职工休假的权益，根据国家有关规定，制定本管理制度。

第二条 本管理制度适用于公司总部和所属分子公司、工程项目部。

第三条 本管理制度依据《中华人民共和国劳动法》《中华人民共和国劳动合同法》《中华人民共和国工伤保险条例》《内部控制基本制度》的相关规定制定。

第二章 员工考勤管理

第四条 工作时间的规定。

公司总部、分子公司行政管理部门实行7.5小时工作制，工作时间：上午8：30—12：00，下午13：30—17：30。

工程项目部实行8小时工作制。

（一）夏季工作时间：上午8：00—12：00，下午15：00—19：00。

（二）冬季工作时间：上午8：00—12：00，下午14：00—18：00。

第五条 考勤的时间单位。

（一）本制度所称“一年”为当年的1月1日至12月31日。

（二）本制度所称“一个月”为当月的1日至当月最末日。

（三）除迟到、早退以“次”计算外，其余均以“小时”或“天”计算，7.5或8小时记为一天。

第六条 考勤打卡规定。

（一）公司总部员工上下班必须自觉准时指纹打卡，每天早上上班、中午上班、晚上下班各打一次；未能准时打卡或未打卡、忘打卡者，需向人事行政中心书面申明原因并由部门领导签字。上述情况每月超过3次以上者，按每次乐捐10元进行处理。

（二）如遇停电、考勤机异常或特殊事由等，人事行政中心负责进行“手工考勤”，登记签到、签退，其余未打卡的均按本条第（一）款规定处理。

（三）由于工作原因未能打卡的，必须经上级领导及产业负责人签字确认、人事行政中心核实视为生效。

第七条 各分子公司、工程项目部的考勤方式，可根据自身实际情况制定，并报公司人事行政中心备案。

第八条 迟到、早退。

（一）单月每日5分钟（含）以内不计迟到/早退，单月迟到/早退累计超过5次（含）者，从第6次开始计扣款10元，之后每增加一次递增5元，以此类推。（例：第6次迟到6分钟乐捐10元，第7次迟到13分钟乐捐15元，第8次迟到9分钟乐捐20元，月度累计乐捐45元。）

（二）迟到或早退单次30分钟以上、60分钟以下的扣发半天工资；超过60分钟及以上的扣发1天工资。

（三）如遇恶劣天气、交通事故等特殊情况，经人事行政中心或行政部核查属实的，由部门负责人批准，将不按迟到处理。

第九条 旷工。

（一）未按规定提前请假或请假未获批准，或超过批准休假期限，24小时内未办理请假手续而擅自不上班者，均作旷工处理。

（二）连续旷工3天以上的，月度累计旷工5天以上的，将视作自动离职处理，不予任何补偿。

（三）旷工1天按3天的薪资扣罚。

第三章 员工休假管理

第十条 公司总部人员请假/调休管理。

（一）请假/调休1天（含）以下的须提前1天以上向所属部门/中心负责人申请审批，报人事行政中心复核后存档。

（二）请假/调休2天（含）以上7天以内（含）须提前3天以上向所属部门/中心负责人审核，经主管副总经理审批，由人事行政中心存档。

（三）请假/调休7天以上的须提前7天以上向所属部门/中心负责人审核，经主管副总经理复核，报总经理审批，由人事行政中心存档。

（四）分子公司人员请假/调休管理，比照公司总部规定执行。

第十一条 公司及分子公司各职能部门负责人对本部门员工考勤管理、假期申请负管理及审批责任，如员工未履行请假审批手续，由其所在部门负责人承担责任。

第十二条 公司及分子公司各职能部门如因工作需要或特殊情况，于晚上、休息日加班的，须提前填写《加班申请单》，经部门负责人审批后，报公司人事行政部门存档；工作日加班时间自19：00起开始计算，加班以整小时为计算单位，30分钟以内不予计算加班时间，每超过30分钟在45分钟以内按0.5小时计算，每超过60分钟在90分钟以内按1小时计算，累计加班4小时可调休0.5天，累计加班7.5小时可调休1天，以此类推。

第十三条 员工请假/调休应按上述规定履行审批手续，需于事前填写《休假申请表》，向部门负责人申请，根据假期天数，经相应审批后方可请假。

第十四条 如因特殊原因未能在事前请假者，员工本人应口头、短信等形式申请，并在反回公司后24小时内补办请假审批手续，否则，视为旷工。

第十五条 事假管理。

（一）员工因个人原因或其他个人原因请假的为事假。

（二）事假为无薪假，事假以0.5天为计算单位，不足0.5天按0.5天计算。

第十六条 病假管理。

（一）以下情形为病假。

1.上班时间去医院就诊的。

2.因病无法正常工作，经医院诊断须在家病休的。

3.因病经医院诊断需要住院治疗的。

（二）员工休病假，须履行公司请假手续。

1.病假一天以上须提供医疗机构的诊断书、病休或住院证明，不履行请假手续或无医院证明的，视为事假处理。

2.员工病假可使用有薪病假充抵。

3.员工每年有15天有薪病假。

第十七条 年假管理，职工连续工龄1年以上的，享受带薪年休假。

（一）职工累计工作已满1年不满10年的，可享受带薪年休假5天。

（二）职工累计工作已满10年不满20年的，可享受带薪年休假10天。

（三）职工累计工作已满20年的，可享受带薪年休假15天。

第十八条 有下列情形之一的，不享受当年的年休假：

（一）职工依法享受寒暑假，其休假天数多于年休假天数的。

（二）职工请事假累计20天以上且单位按照规定不扣工资的。

（三）累计工作满1年不满10年的职工，请病假累计2个月以上的。

（四）累计工作满10年不满20年的职工，请病假累计3个月以上的。

（五）累计工作满20年以上的职工，请病假累计4个月以上的。

第十九条 年假经批准可一次或分多次在年内休完。

第二十条 年假不可跨年度使用。

第二十一条 按法定结婚年龄（女20周岁，男22周岁）结婚的，可享受3天婚假。

第二十二条 结婚时男女双方不在一地工作的，可视路程远近，另给予省内1天、省外3天的路程假。

第二十三条 婚假原则上一次休完，确因工作需要，经直接上级批准，可分次在2个月内休完。

第二十四条 女员工生育享受128天产假，其中产前可以休假15天；男员工享受陪护假7天。（在执行过程中，若与当地省级政府人口与计划生育条例规定不一致，以当地政府规定为准。）

第二十五条 难产增加产假15天；生育多胞胎的，每多生育1个婴儿，增加产假15天。

第二十六条 产前检查时间（通常15次，4小时/次）按正常出勤计算。除医院特殊要求外，超时的产前检查按病假处理（优先使用带薪病假，超过部分按事假处理）。

第二十七条 员工需在开始休假前两周将部门负责人/产业负责人/中心负责人/总经理逐级批准的请假申请表及县级以上人民医院的诊断证明、准生证明文件送交人事行政中心。

第二十八条 女员工产假期间，公司负责发放生活津贴，主管级（含）以上1500元/月，主管级（不含）以下1000元/月。陪护假期间工资正常发放。

第二十九条 产假和陪护假天数按自然日计算，包括公休假和法定假日。

第三十条 员工的直系亲属（即：父母、配偶、子女）去世，可申请丧假3天。

第三十一条 员工的旁系亲属（即：公婆或岳父母等）去世，可请丧假1天。

第三十二条 丧假要求一次性休完，不休不补，超期按事假处理。

第三十三条 丧假申请由部门负责人/产业负责人/中心负责人逐级审批，请假人员事后应提供死亡证明文件复印件。

第三十四条 丧假为带薪假。

第三十五条 丧假可视路程远近，另给予省内1天、省外2天的路程假。

第三十六条 国家休假：法定节假日统一按政策执行。

第三十七条 休假审批权限：

（一）员工申请事假时间在3天及以内的，须经各部门/中心负责人批准，并报人事行政中心归档。

（二）申请事假时间在3天以上7天以内的，须经各部门/中心负责人、主管领导责人批准，并报人事行政中心归档。

（三）申请事假时间在7天以上的，须经各部门/中心负责人、主管领导、主管副总经理批准，并报人事行政中心归档。

第三十八条 员工请假期满或请假期未满提前上班者，应及时销假。

第四章 附 则

第三十九条 本管理制度由公司人事行政中心负责解释。

第四十条 本管理制度若与国家法律法规相抵触，按国家法律法规执行。

第四十一条 本管理制度自公司董事会审议通过、发布之日起实施。

范本5 人事调整管理制度

第一章 总 则

第一条 为进一步规范公司内部人事调动工作，保证公司内部各部门的员工调动工作能够有序、及时地完成，适应公司的发展需要，特制定本管理制度。

第二条 本管理制度适用于公司和所属各分子公司。

第三条 本管理制度依据《中华人民共和国劳动法》《内部控制基本制度》等相关规定制定。

第四条 公司人事行政中心负责公司员工人事调整管理的实施工作。

第二章 人事管理调整

第五条 公司员工的岗位调整分为晋升、降级、岗位调配、借调、予岗（待岗）。

第六条 对业绩突出，品德出众的员工，公司可根据需要，依据相关程序进行晋升，达到奖励先进，人尽其才的目的。

第七条 公司员工晋升的目标：公司对符合晋升条件的员工给予工资的晋级或职务的升迁，以达到工作和人力资源的最佳匹配，使人尽其才，提高工作绩效和工作满意度。

第八条 公司员工晋升的原则：因公司岗位空缺或者员工业绩突出、表现优异，或出于公司整体发展的需要，给予符合晋升条件的优秀员工以工资的晋级或职务的升迁。

第九条 公司员工晋升的方式。

（一）员工推荐、本人自荐或部门提名，提名者必须准备相关材料（学历、专长资料、岗位自述、工作计划等）交到人事行政中心。

（二）人事行政中心会同分管领导审核提交的相关书面资料，进行人事评估、资质评估、核查以往绩效评价和工作表现等。

第十条 公司员工晋升的流程。

（一）通过审核的晋升提名者作职业陈述演讲，人事行政中心会同部门负责人、分子公司负责人或主管副总经理、总经理对晋升提名者的自身的优势、岗位适应性、绩效改善计划、工作目标等作综合评审。

（二）人事行政中心将评审材料、职业陈述演讲评估结果报至总经办，由总经理/

副总经理进行审核及批准。

（三）人事行政中心通知晋升人员并填写《调薪审批表》，提请总经理审批。

（四）审批结束后，人事行政中心给予办理晋升手续，正式给予晋升。

（五）公司晋升人员接到晋升通知后，应在指定时间内办妥工作移交手续，就任新职。

（六）晋升人员薪酬调整自晋升之日起生效。

第十一条 公司可依据相关规定，对其员工进行降级处理，以达到激励员工积极上进，敢于作为的目的。

第十二条 公司根据工作需要，本着适合的人在适合的岗位上的原则进行岗位调整。岗位调整分为各部门、分子公司、工程工程项目部内部调整与跨部门、分子公司、工程工程项目部调整。岗位调整的牵头部门为公司人事行政中心，公司各部门、分子公司、工程工程项目部将人员需求申请递交至人事行政中心。人事行政中心可以内部调用的，由人事行政中心直接调用；公司内部员工无法满足需求的，由人事行政中心进行外部招聘。

第十三条 公司各工程工程项目部、分子公司、职能部门内部调整：负责人对本部门员工进行调整必须报请人事行政中心批准后执行。

第十四条 跨工程工程项目部、分子公司、部门的调整：公司根据工作需要，对员工进行跨岗位调整；跨工程工程项目部、分子公司、部门调整必须以人事行政中心的调令手续为准调进或调出。逾期无故不到岗者，按旷工处理。

第十五条 公司根据工作需要，可以对员工进行临时调用。

（一）各工程工程项目部、分子公司、各职能部门不得擅自借进和借出人员。确需借调时，必须经人事行政中心办理借调手续后，方可借用。

（二）凡被借用的人员，借用期满后，须按期回原单位或部门报到上岗工作，否则按旷工处理。

第十六条 由于本人原因调出公司外的职工，先由本人提出申请，各工程工程项目部、职能部门签署意见报告人事行政中心，经人事行政中心核实报请总经理或授权人批准后，由人事行政中心依据相关规定办理人事档案等转移手续。

第十七条 待岗，因工作任务不能衔接、暂无工作任务的或因考核不合格、不服从公司工作安排或由于个人原因不能胜任原岗位工作的员工。待岗人员进入公司人事行政中心，待岗期间的管理按照公司相关规定执行。

第十八条 擅自离职：指员工在合同期内，连续旷工超过15天，或一年内累计旷工时间超过30天者，按自动离职予以除名。

第十九条 岗位解聘：指员工在合同期内，公司解聘对员工所聘的职务或岗位。

公司员工在合同期内因工作表现、工作能力等因素无法胜任本职工作或有违反公司有关制度规定的行为，经经理办公会研究，决定对其解除所聘的职务或岗位，其员工进行待岗。待岗期间的管理按照公司相关规定执行。

第二十条 解除劳动合同：按《劳动合同法》相关规定执行。

第二十一条 终止劳动合同：按《劳动合同法》相关规定执行。

第二十二条 退休：按政府有关规定和公司相关规定执行。

第二十三条 岗位调整的员工，要做好工作交接和有关办公用品的交接。

第二十四条 对离职员工的要求。

（一）离职员工离职时，由人事行政中心负责在一星期内办理好相关手续。

（二）对于中层以上管理人员的离职时间，公司有权做出决定。公司在其离职前要进行审计，离职人员有责任配合公司做好离职前的有关工作。待审计工作及交接工作结束后，方可办理离职手续。

（三）离职员工离职时，按照劳动合同规定需要承担经济责任的，要在公司规定的时间内支付经济违约金、补偿金等。如未按规定执行，公司有权拒绝办理正常的离职手续，直到其履行职责为止。

（四）离职员工离职手续办理完毕后，其员工的经济待遇按相关规定执行，并截止到离职当月。

（五）离职员工离职时，应按公司规定移交所有属于公司的财产，不得以任何理由和借口对公司的财产予以拖欠或占为己有。如有此类情况发生，公司将保留诉诸法律解决的权利，并要求其赔偿给公司造成的相应损失。经公司核准《员工离职清退债务通知单》后，方可正式离职。

第三章 附 则

第二十五条 本管理制度由公司人事行政中心负责解释。

第二十六条 本管理制度自公司董事会审议通过、发布之日起实施。

范本6 员工保险、福利管理制度

第一章 总 则

第一条 为保障公司员工的合法权益，在有效控制成本的基础上更好地调动员工积极性，特制定本管理制度。

第二条 本管理制度适用于公司和所属各分子公司、工程项目部所有正式岗位的员工。

第三条 本管理制度依据《中华人民共和国社会保险法》《劳动合同管理制度》等相关规定制定。

第四条 公司员工社会保险、福利管理由公司人事行政中心负责。

第二章 社会保险管理

第五条 公司按照国家法律规定为员工缴纳社会保险及公积金等。

社会保险主要包括：养老保险、医疗保险、失业保险、工伤保险、生育保险、住房公积金。缴费率随国家法律规定的调整而调整，目前保险费率为：

（一）养老保险费：员工按国家规定基数的8%由公司代扣代缴；公司按国家规定基数的19%缴纳。

（二）医疗保险费：员工按国家规定基数的2%由公司代扣代缴；公司按国家规定基数的6%缴纳。

（三）失业保险费：员工按国家规定基数的0.5%由公司代扣代缴；公司按国家规定基数的0.5%缴纳。

（四）工伤保险费：公司按国家规定基数的1.1%缴纳。

（五）生育保险：公司按国家规定基数的0.5%缴纳。

（六）住房公积金：缴存基数为员工本人上一年度的月平均工资，缴存比例为参加工作的人员公司和个人各12%。

第六条 公司为员工缴纳社会保险的基数与缴费比例严格按照国家相关规定执行。

第七条 社会保险的管理程序。

（一）新录用人员保险及公积金开户。

新录用人员社会保险自转正首月起开户缴存；转正人员若放弃住房公积金福利，公司将提供房补，具体补助标准为：广州地区550元/月，江西地区350元/月。

（二）调入人员社会保险及公积金缴存。

单位新调入的员工从调入发放工资之日起缴存社会保险及住房公积金，月缴存额为员工本人调入前一个月缴存额，当遇到调整月份调入时，缴存基数为本人上年度月平均工资。

（三）住房公积金的销户、托管、转移、封存。

当员工发生以下情况时由人事行政中心分别做如下处理：退休、死亡时办理销户；解除合同时办理托管；调动工作时办理转移；停缴时办理封存。

第三章 福利津贴管理

第八条 福利津贴涉及内容。

（一）福利津贴包含交通、通讯、住房补贴和三节、生日福利以及出差报销等。

（二）部分福利津贴具有职级差别，定岗定级发放（即按相应职级享有相应福利津贴）。

（三）福利津贴具有时限性，不具终身性（即离职、调岗后福利津贴自行取消或相应调整标准）。

（四）福利津贴是一种公司行为，是公司对员工在日常工作中耗费和上下班发生的费用进行一定程度的补助，而非工资薪酬性收入。

第九条 交通补贴。

（一）交通补贴标准。

1.公司总部及区域机关本部交通补贴标准：150元/月。

2.其他分子公司交通补贴标准：150元/月。

3.项目部门：无。

4.交通补贴主要用于员工上下班乘坐公共交通工具之费用。公司已为其配备车辆或提供住宿或发放车辆补贴的员工，不再享受交通补贴。

（二）车辆补贴标准：1000元/月。

1.车辆补贴主要用于主管及以上级别员工使用自有机动车辆上下班及往返常驻工作地进行公务活动等所产生的交通费用，含油费、停车费、路桥费、修理费及违章罚款等。

2.申请车辆补贴需提供驾驶证，使用夫妻对方车辆需另提供结婚证。

3.补贴根据标准按月发放，新入职员工自转正之日起发放，享受交通补贴的员工，如发生请假、旷工等情况按同等比例扣除。

第十条 通讯补贴。

（一）通讯补贴标准。

1.公司总监以上级别每月通讯费用实报实销。

2.机关部门（副）经理、项目经理以上级别通讯补贴标准：300元/月。

3.机关部门主管、项目生产经理、技术总工级别通讯补贴标准：200元/月。

4.机关司机通讯补贴标准：车队长150元/月，司机100元/月。

（二）通讯补贴要求。

1.通讯补贴的目的是提高特定岗位的工作效率，方便工作沟通。享受该补贴的手机必须全天24小时保持畅通，无特殊原因不得擅自关机、停机。

2.手机号码若有变更应及时报备人事行政中心。

3.上述金额为补贴上限标准，超出部分由个人承担。

4.通讯补贴按月发放。

第十一条 节日及员工生日福利。

（一）福利标准。

1.端午节福利发放标准：300元/人。

2.中秋节福利发放标准：300元/人。

3.春节福利发放标准：300元/人。

4.员工生日福利发放标准：200元/人。

（二）发放形式。

1.端午节、中秋节、春节福利：公司及机关本部由公司统一采购，分子公司及项目部由各单位按公司标准自行采购，对应价格物品或购物卡分发给员工（机关及分公司所有职员，项目部只包含管理人员）。

2.生日福利：通过相应价格购物卡形式，在员工生日当日前发放给个人。

第十二条 司机年度补贴。

司机年度补贴针对公用车辆在执行公务的使用期间发生的交通违章罚款。

（一）福利标准。

1.行政司机及副总经理专职司机每年度补贴标准：3000元/人/年。

2.总经理、常务副总经理专职司机每年度补贴标准：5000元/人/年。

（二）发放形式。

补贴于年底结算工资时统一发放，且对应车辆的全年违章记录必须已处理完毕，罚款必须已缴清。超出标准以上部分，由司机个人承担。

第十三条 补贴申请。

（一）需个人申请的补贴包括：交通补贴、住房补贴。

（二）发生人事异动时，包括：入职、转正或岗位晋升、降级、调动等，由本人填写《员工定薪审批表》《员工调薪审批表》，注明申请的补贴项目、金额及执行日期，经各级主管领导签字审批后生效，交薪酬管理员备案登记。

第十四条 团建费。

（一）标准：每季度150元/人，以上季度最后一天各部门、各分子公司在册员工人数为准，计算本季度可使用团队建设费金额。

（二）用途：由各部门组织安排以团队建设为目的的活动，如聚餐、旅游、文体活动等，不能用于购买实物资产使用和发放。

（三）团队建设活动的实际花费由各中心先行垫付，超过人民币3000元可申请借款。每季度最后一周，由部门负责人指定专人将活动信息（活动形式，参加人员等）汇总到人事行政中心备案，并按流程提交到财务部门报销，各部门每月限报销一次。

（四）当季度额度未使用完，可累积至下一季度使用。不可跨年度使用。

第十五条 特例情况补贴规定。

（一）以上补贴中未涉及职级或特殊岗位，因工作性质，需要给予补贴的，向主管部门提交书面申请。

（二）因工程项目终结或工作调动等职级岗位有变动的，其相关补贴由人事行政中心重新评定后交区域人事行政中心备案。

第四章 附 则

第十六条 本管理制度由公司人事行政中心负责解释。

第十七条 本管理制度自公司董事会审议通过、发布之日起实施。

范本7 员工档案管理办法

第一章 总 则

第一条 为加强公司员工档案管理，有效地保护和利用档案，提高科学管理水平，根据《中华人民共和国档案法》《劳动合同管理制度》等有关规定，特制定本管理办法。

第二条 本管理办法适用于公司总部和所属各分子公司、工程项目部。

第三条 公司员工档案管理是指人事行政中心建立员工档案并进行收集、整理、保管、利用、移交的活动。

第二章 员工档案管理

第四条 员工档案管理工作必须认真贯彻执行有关法律、法规和党的组织人事以及保密等工作的政策、规定，收集归档工作受国家有关法律、法规的保护和监督。

第五条 员工档案管理的机构、范围和人员职责。

（一）人事行政中心及各级人事行政部（以下简称人事行政部门）的档案管理岗位负责员工档案管理具体工作。

（二）人事行政部门负责管理总部、分公司员工和工程项目部、子公司管理员工档案。

第六条 档案管理岗位的职责。

（一）建立员工档案台账，及时做好档案材料的收集、鉴别、整理和归档工作。

（二）办理档案的查阅、借阅和转递手续。

（三）保持员工档案的完整安全，做好档案的保密保护工作。

（四）审核由外单位转入员工档案的完整性。资料不全的，要负责与原档案管理单位联系补齐后方可接收。

（五）向有关部门提供档案情况，根据需要向有关部门移交档案。

（六）办理其他有关事项。

第七条　员工档案的内容。

（一）履历材料。

（二）自传材料。

（三）鉴定、考核、考察材料。

（四）评定职称、职业技能鉴定和学历材料（包括学历、学位、学绩、培训结业成绩表和评定技能的考绩、审批等材料）。

（五）奖励材料。

（六）处分材料。

（七）员工本人与企业订立的保密协议。

（八）员工本人与企业订立的专项培训协议。

（九）招用、劳动合同，调动、聘用、复员退伍、转业、工资、保险福利待遇、出国、退休、退职等材料。

（十）毕业生就业报到证（派遣证）。

（十一）其他可供组织参考的材料，包括但不限于劳动合同期内有关培训记录、与企业提前解除劳动关系的原因等。

第三章　附　则

第八条　本管理办法由公司人事行政管理中心负责解释。

第九条　本管理办法自公司总经理办公会审议通过、发布之日起施行。

范本8　员工教育培训管理办法

第一章　总　则

第一条　为规范员工培训管理工作，建立良好的人才培育机制，保障公司发展战略的顺利实现和人力资源规划的有效实施，制定本管理办法。

第二条　本管理办法适用于公司总部所属分公司、项目部，所属子公司可根据实际情况参照本管理办法执行。

第三条　本管理办法是依据《中华人民共和国劳动法》《内部控制基本管理制度》《劳动合同管理制度》等相关规定制定。

第四条　公司员工教育培训工作由公司人事行政中心负责。

第二章 培训管理

第五条 公司对员工进行不同类型的职业培训。培训是一种人力资源的投资，公司将培训机会更多地给予工作表现出色、具有较大潜力的员工。

第六条 接受培训是员工应履行的义务。公司确定的培训计划所通知的参加人员，均应准时参加，有事均应事先请假，经部门、项目部负责人同意后报人事行政中心审批，擅自缺席人员，公司将根据缺席时间长短予以扣罚薪金。

第七条 公司以为员工提供可持续发展的机会和空间为己任。在公司勤奋工作的员工除可以获得薪金、享有福利以外，更可以得到公司适时提供的培训和发展机会。

第八条 员工如参加投资大的培训，须与公司签订培训协议。

第九条 列入公司培训经费预算的计划内培训项目和员工资助费用，由人事行政中心审核，总经理签字批准，财务部支付。计划外培训项目原则上不予安排，确属急需的，由人事行政中心报公司主管副总经理批准。

第十条 公司全体员工有接受培训的权利和义务，也有培训他人的责任。对于从事指导培训的人员，公司酌情发放授课费。

第三章 附 则

第十一条 本管理办法由公司人事行政中心负责解释。

第十二条 本管理办法自公司总经理办公会议审议通过、发布之日起实施。

范本9 劳务用工管理办法

第一章 总 则

第一条 为了加强和规范公司的劳务用工管理，保证劳务用工质量，确保公司生产经营的正常运行，根据《中华人民共和国劳动法》《中华人民共和国劳动合同法》《劳务派遣暂行规定》等相关法律法规，结合劳务用工日常管理的实际情况，制定本管理办法。

第二条 本办法适用于与公司签订《劳务合同》及《辅助生产分包协议》的，劳务公司驻派至项目部现场的劳务人员。

第三条 公司工程管理中心负责对工程项目部施工现场的劳务用工情况进行监督。

第二章 一般要求

第四条 劳务人员应如实向公司提供身份证明、特殊工种的上岗证明。个人资料如有变更，应及时通知公司。因个人资料失实引起的一切后果均由当事人承担。

第五条 劳务人员上岗前应按照公司规定进行三级安全教育登记。

第六条 与公司签订劳务合同的劳务公司，必须是符合国家相关规定的劳务公司。

第七条 每年12月10日前，各工程项目部应根据当年生产情况向公司工程管理中心工程部上报翌年的劳务用工计划，经工程管理中心工程部审核确认后上报财务管理中心。

第八条 劳务用工计划的填报要充分考虑各方面因素，原则上年度内不予调整；如遇特殊情况需要调整，要以书面报告的形式上报公司工程管理中心。

第九条 劳务用工人员要求品行端正、身体健康；年龄限制：男60周岁以下，女50周岁以下。

第三章 劳务人员薪酬

第十条 劳务人员的工资支付形式。

劳务人员的工资薪酬由劳务公司支付，公司应对劳务人员工资、薪酬的发放进行监管。

第四章 劳务人员日常管理

第十一条 工程项目部要组织劳务人员进行安全教育培训和考试，并采取多种形式进行专题教育、安全教育、警示教育。

第十二条 工程项目部要重视对劳务人员日常管理，对在工作期间违章违纪、消极怠工、违章操作、不遵守公司管理制度的劳务人员严格予以辞退。

第十三条 工程项目部要关心和爱护劳务人员，指定专人负责劳务用工管理。

（一）严格劳务人员的考勤管理，如发现营私舞弊者，对该项目主管领导通报批评一次，对该项目劳务管理人员予以扣减当月奖金处罚。

1.劳务人员应执行工程项目部的作业操作时间规定。

2.工程项目部的劳务管理人员应做好劳务人员的日常考勤记录，并保证考勤内容真实有效。

（二）劳务人员应服从项目部的管理，严格按岗位要求进行作业，保证企业生产的正常运行。

第十四条 奖罚。

（一）如劳务人员在公司工作期间，违反安全管理规定、操作规程或规范要求，工程项目部应及时以书面报告形式上报至公司工程管理中心，经工程管理中心批准后，由工程项目部对劳务公司下达停工、整改、处罚等决定，并依据劳务公司明晰的管理制度，督促其对违章违纪者给予相应的处罚。

（二）如因劳务人员个人行为对公司造成严重的经济损失，公司有权追究其相关法律责任，并要求经济赔偿。

第十五条 辞退。

（一）劳务人员有下列情形之一的，工程项目部有权随时将该劳务人员退回劳务公司：

1. 证件信息不真实。

2. 严重违反公司的规章制度。

3. 失职、营私舞弊，给公司利益造成损害。

4. 被依法追究刑事责任。

（二）劳务派遣人员有下列情形之一的，工程项目部可提前十五天以书面的形式通知劳务人员及劳务公司，将劳务人员退回劳务公司：

1. 劳务人员患病或者非因工负伤，在规定的医疗期满后不能从事原工作。

2. 劳务人员不能胜任工作，经过公司培训或者经项目部调整工作岗位，仍不能胜任工作。

3. 项目部因生产经营组织发生变更或因业务流程再造，依法裁减人员。

4. 日常工作检查三次未履行工作职责。

5. 相关法律法规规定的其他情形。

第五章 附 则

第十六条 本办法由公司工程管理中心负责解释。

第十七条 本办法自公司总经理办公会审议通过、发布之日起实施。

附件：《劳务人员登记表》

劳务人员登记表

劳务人员类型：派遣☐ 业务外包☐ 填写时间：________年____月____日

姓 名		性 别		出生年月日	
民 族		户籍类型	农业或非农	籍 贯	
文化程度		专业		毕业时间及院校名称	
政治面貌		加入组织时间		参加工作时间	

现住址		职位及工资标准	
电　话		保险缴纳情况	之前保险是个人或单位缴纳
身份证复印件	（正反面粘贴处）		

范本10 大中专毕业生见习期间现场指导教育管理办法

第一章　总　则

第一条　本管理办法旨在使公司聘用的新毕业的大中专毕业生通过生产实践，经过适时指导，尽快地了解和适应新的工作岗位，提高工作能力。本管理办法也是进行现场指导教育的依据，是现场指导教育的规范。

第二条　本管理办法适用于公司总部各部门、各分子公司、工程项目部招聘的新毕业大中专毕业生。

第三条　本管理办法依据《员工聘用管理制度》制定。

第四条　现场指导教育工作由公司人事行政中心组织考核，被指导人所在的部门、分公司负责具体实施，对每个毕业生，各部门、分公司负责人要指派专人进行现场指导教育。

第二章　现场指导教育

第五条　大中专毕业生的指导教育者可以是部门负责人、工程项目经理或具有中级以上技术职称者以及由部门、分子公司负责人指定的具有一定职务者。

第六条　现场指导原则上应与生产经营活动同步进行。但也可根据具体情况，由指导者选定特定的课题，进行指导。

第七条　指导课题的选定。

进行指导教育的课题内容，原则上分为以下三种：

（一）根据企业经营方针，探讨个人在实现单位目标中的作用。

（二）提高被指导者的工作能力、创造性和潜力。

（三）培养被指导者在担任未来职务或现职务情况下的能力、技能、知识、经验、资格和业绩。

第八条 确定课题的方法。

现场指导教育课题选择，由双方协商确定。一方面由指导者从上条所列课题中选择，另一方面由毕业生个人提出希望指导的内容。

第九条 课题确定的时间。

原则上每两个月确定一个课题，指导者在课题确定后，即着手对被指导者进行指导教育。

第十条 现场指导记录。

对现场指导记录与考核，主要通过《现场指导记录表》来完成。其主要内容包括：

（一）被指导者个人希望被指导教育的内容及理由。

（二）指导者选定的指导教育课题及理由。

（三）双方协商后确定的课题。

（四）本次指导教育的日程表（分解成多个阶段，每个阶段为10～15天）。

（五）被指导者本人对本次指导教育效果的评价。

（六）指导者对本次指导教育效果的评价。

（七）指导教育结束后，被指导者对效果的总体评价。

（八）本人对今后工作岗位和指导教育的希望与要求。

第十一条 对现场指导记录的要求。

现场指导记录由指导者保存，每月末各单位将双方签字的指导记录复印件交人事行政中心。

第十二条 现场指导的注意事项。

（一）在选定指导课题时，指导者切忌强加于人，要给被指导者充分选择的自由，在自由协商基础上确定。

（二）现场指导的目标不在于自上而下的教育，重点在于充分调动被指导者自我开发、自我提高的积极性。

（三）在现场指导教育过程中，要注意消除被指导者的不安情绪，提高其自信力，通过其自身的努力完成指导课题。

第三章 应援制度

第十三条 公司依据本管理办法设立应援制度。应援者带有支援者的含义。应援制度是指除单位进行现场指导外，聘请具有指导资格的人员进行现场指导。

第十四条 应援者的指导期限一般为2个月，但可以连期担任。除工作关系外，应援者不能拒绝现场指导任务。

第十五条 应援者的任务。

应援者除本职工作外，可以对外部门的职工进行指导教育，提供支援工作，帮助提高被指导者的自我开发能力。但应援者不能对被指导者下达具体的工作任务和生产指令。具体问题应与被指导者的上级协商。

第十六条 应援者现场指导记录。

应援者有义务依照本规定第四条至第十条的有关条款履行职责，并填写现场指导记录，在指导期结束后提交人事行政中心。

第十七条 对现场指导教育的考核。

（一）人事行政中心对现场指导教育课题完成情况进行考核的内容。

1.检查每月所报的指导记录复印件。

2.检查不定期现场检查相关记录。

3.找被指导者或指导者谈话。

4.让被指导者就担任的职务或主管的项目写出工作报告。

5.考察被指导者的工作成果。

6.检查指导者的指导工作和指导者对被指导者的评价，指导者提出被指导者的使用建议。

7.检查被指导者所在单位对现场指导教育工作的执行情况。

（二）考核标准。

考核标准依据以上考核内容来确定，根据被考核对象（指导者、被指导者、被指导者单位）分别考核相对应的内容，主要包括以下几个方面：

1.记录是否及时和完整。

2.工作内容是否全面和客观。

3.工作所取得成果的数量和质量。

4.对现场指导教育工作的贯彻执行程度。

（三）奖惩制度。

1.被指导者未通过指导教育的不得转正定级，并继续延长教育指导期，延长期期间被指导者不享受奖金和一次性奖励。经延长指导期（半年）后考核仍然不合格者，公司将与其解除劳动合同。

2.被指导者通过指导教育并考核成绩优异者将会优先考虑给予继续教育机会。

3.指导者或应援者不认真履行指导义务造成不良影响者，经考核并报公司批准后给予处罚（包括行政处分和经济处罚）。

4.指导者或应援者认真履行指导义务并使被指导者通过考核。

5.被指导者单位不认真贯彻执行本要点并造成不良影响者将对该单位年终奖励予以扣减，扣减比例最多不超过5%。

6.被指导单位认真贯彻执行本办法并取得良好的考核成绩者，将对该单位年终奖励予以适当上浮，并优先分配应届大中专毕业生。

第四章　附　则

第十八条　本管理办法的解释和修订权归公司人事行政中心。

第十九条　本管理办法自公司总经理办公会议审议通过、发布之日起施行。

附件：

附件1　现场指导记录表

附件2　现场指导教育考核评价表

附件1　现场指导记录表

现场指导记录表

单位：　　　　　　　　　　　　　　　　　　　　日期：

<table>
<tr><td>姓名</td><td></td><td>性别</td><td></td><td>出生日期</td><td></td></tr>
<tr><td colspan="2">毕业学校和专业</td><td colspan="4"></td></tr>
<tr><td>毕业日期</td><td colspan="2"></td><td colspan="2">工作时间</td><td></td></tr>
<tr><td>指导者姓名</td><td colspan="2"></td><td colspan="2">指导者职务</td><td></td></tr>
<tr><td>本人希望被指导教育的内容及理由</td><td colspan="5"></td></tr>
<tr><td>指导者选定的指导教育课题及理由</td><td colspan="5"></td></tr>
<tr><td>协商后确定的课题名称</td><td colspan="5"></td></tr>
</table>

<table>
<tr><td colspan="5">本次指导内容日程安排</td></tr>
<tr><td></td><td>本阶段计划教育指导的内容（先填）</td><td colspan="2">本阶段实际进行的现场指导教育内容</td><td>双方对本阶段的效果评价</td></tr>
<tr><td rowspan="2">第一阶段</td><td rowspan="2"></td><td colspan="2" rowspan="2"></td><td>被指导者：</td></tr>
<tr><td>指导者：</td></tr>
<tr><td rowspan="2">第二阶段</td><td rowspan="2"></td><td colspan="2" rowspan="2"></td><td>被指导者：</td></tr>
<tr><td>指导者：</td></tr>
<tr><td rowspan="2">第三阶段</td><td rowspan="2"></td><td colspan="2" rowspan="2"></td><td>被指导者：</td></tr>
<tr><td>指导者：</td></tr>
<tr><td rowspan="2">第四阶段</td><td rowspan="2"></td><td colspan="2" rowspan="2"></td><td>被指导者：</td></tr>
<tr><td>指导者：</td></tr>
<tr><td rowspan="2">第五阶段</td><td rowspan="2"></td><td colspan="2" rowspan="2"></td><td>被指导者：</td></tr>
<tr><td>指导者：</td></tr>
<tr><td rowspan="2">第六阶段</td><td rowspan="2"></td><td colspan="2" rowspan="2"></td><td>被指导者：</td></tr>
<tr><td>指导者：</td></tr>
<tr><td colspan="2">被指导者对此次教育效果的总体评价</td><td colspan="3"></td></tr>
<tr><td colspan="2">本人对今后工作岗位和指导教育的希望和要求</td><td colspan="3"></td></tr>
<tr><td colspan="2">指导者总体评价</td><td colspan="3"></td></tr>
</table>

附件2　现场指导教育考核评价表

现场指导教育考核评价表

<table>
<tr><td>被考核对象</td><td colspan="2"></td><td>被考核对象性质</td><td colspan="2">□被指导者　　□指导者
□被指导者单位　□应援者</td></tr>
<tr><td>考核人</td><td colspan="2"></td><td colspan="2">考核日期</td><td></td></tr>
<tr><td>考核地点</td><td colspan="5"></td></tr>
<tr><td colspan="6">考核内容</td></tr>
<tr><td>项目</td><td colspan="3">考核评定</td><td colspan="2">备注</td></tr>
<tr><td>1. 报表和记录是否及时和完整</td><td colspan="3">□很好　□完成
□尚有欠缺　□不合格</td><td colspan="2"></td></tr>
<tr><td>2. 工作内容是否全面和客观</td><td colspan="3">□很好　□完成
□尚有欠缺　□不合格</td><td colspan="2"></td></tr>
<tr><td>3. 工作所取得的成果</td><td colspan="3">□很好　□完成
□尚有欠缺　□不合格</td><td colspan="2"></td></tr>
<tr><td>4. 对现场教育的贯彻程度</td><td colspan="3">□很好　□完成
□尚有欠缺　□不合格</td><td colspan="2"></td></tr>
<tr><td colspan="6">评　定</td></tr>
<tr><td>对被考核对象的总体评价</td><td colspan="5"></td></tr>
<tr><td>对被考核对象的奖惩建议</td><td colspan="4">□建议奖励　□建议经济处罚
□建议行政处罚</td><td>内容:</td></tr>
<tr><td>结　论</td><td colspan="5"></td></tr>
</table>

范本11　员工奖惩管理办法

第一章　总　则

第一条　为了激励公司员工勤恳工作，奋发向上，奖优罚劣，争取更好业绩，依据《薪酬管理制度》《劳务用工人员管理办法》的相关规定，制定本管理办法。

第二条　本管理办法适用于公司总部和各分公司、子公司和工程项目部的全体人员。

第二章　奖惩机构及职责

第三条　公司成立以总经理、副总经理为领导的奖惩评审委员会。

第四条 奖惩评审委员会是公司最高的奖惩决策机构。

第五条 公司人事行政中心作为日常奖惩执行的主管部门，负责奖惩政策制定和修订。

第六条 奖惩申请由各部门、分子公司、工程项目部负责人提报。

第三章 奖励政策

第七条 奖励形式。

（一）日常奖励：通报表扬、嘉奖、小功、大功。

（二）年度奖励：企业之星、企业年度人物（企业管理奖、忠诚服务奖、励志奖、优秀项目经理奖、优秀经理奖）、品牌创优奖、团队协作奖等。

第八条 日常奖励事迹。

（一）员工或团队在职责范围内表现优异，予以通报表扬。

（二）员工或团队具有下列事迹之一者，予以嘉奖：

1.溢领公款而自动退还者。

2.排解同事纠纷或斗殴者。

3.在适当时机为公司增加商业信誉，其优良表现获得公司赞誉者。

4.注意节约能源与物资，并具有成效者。

5.在司法案件中为公司做有利之见证者。

6.及时发现安全隐患等，避免公司的财产严重损失者。

7.检举他人消极怠工、工程现场项目内赌博、考勤徇私舞弊等违规事件者。

8.及时排除机电设备故障，避免人身、设备事故发生者（工程部日常工作除外）。

9.热心参与或推动公司创新变革方案，并具有成效者。

10.有其他应当给予嘉奖之事迹者。

（三）员工或团队具有下列事迹之一者，予以记小功：

1.对主管业务有重大推进或突破性革新具有成效者。

2.有妥善处理重大的突发事件者；

3.执行临时紧急性任务在规定时间内圆满完成者。

4.检举违规、贪污舞弊而确保公司利益者。

5.对市场开拓提供有价值的建议经采纳实施而获得显著成效者。

6.对生产流程、工程技术或管理制度提出具体改善方案，经采用后确有成效者。

7.遇有灾变，勇于负责，果断采取行动处理得当或避免更大员工人身和公司财产损失者。

8.有其他应当给予记小功之事迹者。

（四）员工或团队具有下列事迹之一者，予以记大功：

1.对于贪污舞弊或危害公司核心利益事件，防患于未然，避免重大损失而有事例佐证者。

2.组织对接有关政府部门积极申报公司资质，为公司争取重大经济利益者。

3.对生产、工程技术或管理制度提出创新方案，经采用后确有重大成效者。

4.有其他应当给予记大功之事迹者。

第九条 日常奖励标准。

（一）通报表扬：精神奖励无奖金。

（二）嘉奖：200元/人或奖励性假期1天；1000元/团队。

（三）记小功：500元/人或奖励性假期2天；2000元/团队。

（四）记大功：800元/人或奖励性假期3天；3000元/团队。

第十条 年度奖励项目（以2017年度奖项设置为参考标准）。

（一）企业之星：表彰年度在所属部门或公司成绩比较优秀的个人。

（二）年度人物企业管理奖：表彰年度在所属部门或公司成绩最优秀的个人。

（三）年度人物忠诚服务奖：表彰后台服务中工作成绩最突出的个人。

（四）年度人物励志奖：表彰努力学习并取得一级建造师资格或专业增项的个人。

（五）年度人物优秀项目经理奖：表彰年度工作成绩最突出的项目经理。

（六）年度人员优秀经营奖：表彰年度工作成绩最突出的内部经营目标责任人。

（七）品牌创优奖：表彰年度国家级/省级获奖施工项目或工作成绩最突出的团队。

（八）团队协作奖：表彰为公司的经营管理、发展和品牌建设做出突出贡献的部门。

年度奖励项目设置、现金或实物发放标准、名额数量，以公司下发公文为准。

第十一条 奖励程序。

（一）由分公司、项目部、部门负责人向公司人事行政中心提出申请，经公司人事行政中心初审后上报领导审批，表格见附件。

（二）奖惩评审委员会最终决定奖励的类别，由公司人事行政中心发布奖励通知并将获奖情况等记入员工档案。

第十二条 奖励流程（详见下图）。

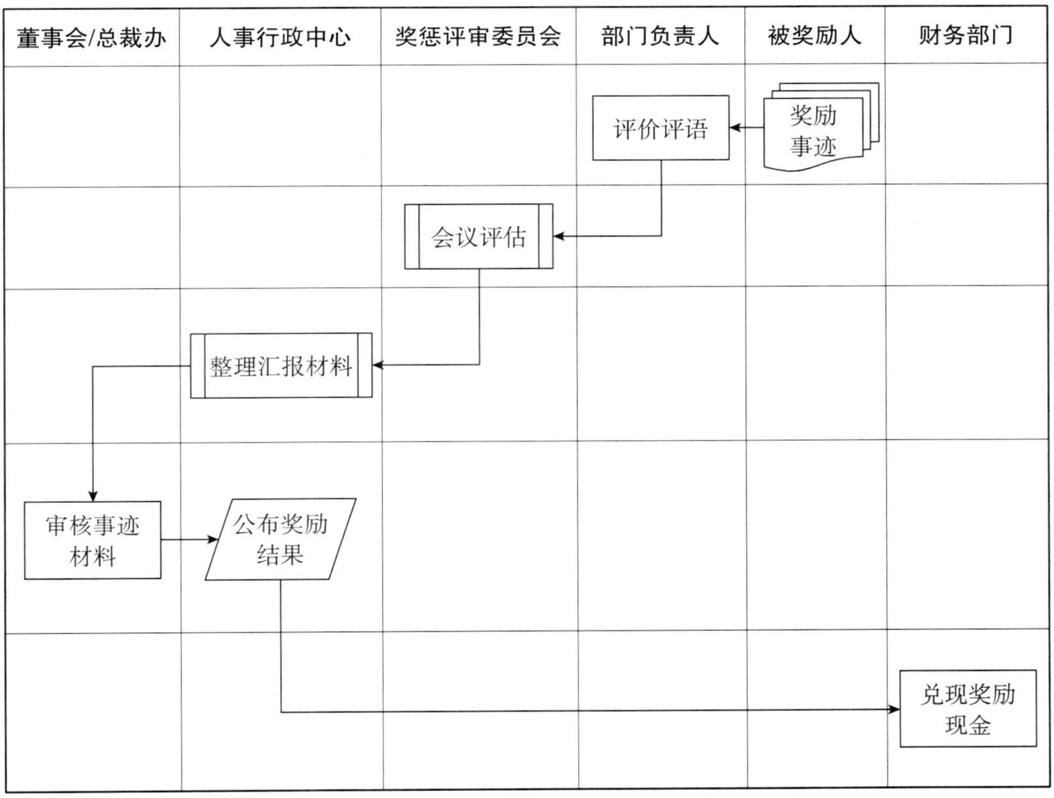

奖励流程

第四章　惩罚政策

第十三条　惩罚形式。

（一）行政处罚：批评、警告、记过、降职和辞退。

（二）经济处罚：罚款、扣除绩效工资或奖金等。

第十四条　惩罚细则。

（一）员工有下列行为者，处以批评的行政处罚，同时处以经济处罚：

1.上班时间串岗聊天者，发生一次处罚20元。

2.在食堂就餐时浪费食物、乱倒饭菜者，发生一次处罚20元。

3.在所管辖区域内有长明灯、长流水者，下班后所辖区域窗户未关，所用电器（电脑、打印机、饮水机等）电源未切断者，发生一次处罚20元。

4.年度内累计批评3次者，计1次警告。

（二）员工有下列行为者，处以警告的行政处罚，同时将根据违纪的严重性，辅以经济处罚，具体处罚金额以奖惩评审委员会意见为准。

1.未能及时传达、执行公司下发的文件者，发生一次处罚20元。

2.工作时间看与本职工作无关的书籍、网站，玩电脑游戏，看电影，炒股或做其他与工作无关事情者，发生一次处罚20元。

3.无正当理由，培训无故旷课者，发生一次按照公司的会议管理制度执行。

4.对上级交办的工作不及时办理，不能按时完成任务，又不及时复命，但未造成损失者，发生一次处罚30元。

5.管理不力，员工出现自动离职或消极怠工，逾期未上报影响社保等扣款，经济损失在500元以下者，发生一次处罚200～500元。

6.年度内累计警告2次者，直接予以记过处理并在全公司范围内通报批评。

（三）员工有以下行为者，处以记过的行政处罚，同时将根据违纪的严重性，辅以经济处罚。

1.损坏公物，影响公司正常秩序者，发生一次处罚100元。

2.知情不举，隐瞒他人的违纪行为者，发生一次处罚100元。

3.搬弄是非、中伤他人、互相谩骂吵闹，影响正常工作秩序者，发生一次处罚200元。

4.年度内累计记过2次者，予以降职处理。

（四）员工有下列行为者，处以降职的行政处罚，同时将根据违纪的严重性，辅以经济处罚。

1.泄露公司的秘密事项，但对公司利益未造成损害，情节较轻者，予以降职处理，且发生一次处罚500元。

2.对公司审计监察中心查出的问题不予以整改和落实者，予以降职处理，且发生一次处罚300元。

3.自己或包庇下属伪造请假证明者，予以降职处理，且发生一次处罚300元。

（五）员工有下列严重违纪行为者，处以辞退的行政处罚，并不给予任何补偿金，对公司造成的经济损失，公司将依法追究其法律责任，具体处罚金额以奖惩评审委员会意见为准。

1.擅自挪用公款和公司财物或者有贪污盗窃行为者（同时移交司法机关处理），予以辞退，同时发生一次处罚1000～5000元。

2.滥用职权，恣意挥霍公司财产造成较大经济损失者（同时移交司法机关处理），予以辞退同时发生一次处罚1000～5000元。

3.利用工作之便受贿者（同时移交司法机关处理），予以辞退，且发生一次处罚1000～5000元。

4.无理取闹、聚众闹事、打架斗殴，影响生产秩序、工作秩序和社会秩序者，予以辞退，且发生一次处罚1000～2000元。

5.因违反国家法律法规被司法机关拘留、审查或追究刑事责任者，予以辞退。

6.虚报个人申诉资料或故意填报不正确个人应聘资料者，予以辞退。

7.擅自以公司名义对外发表言论或进行与本公司无关的业务活动者，予以辞退，且发生一次处罚1000～5000元。

8.以不正当手段窃取公司机密，并向外界泄露、宣示、收受好处者（同时移交司法机关处理），或主动泄露公司商业机密者，予以辞退，且发生一次处罚1000～5000元。

9.消极怠工（包括但不限于上班时间随意串岗、不接受直接上级的合理工作安排、上班吃零食并影响他人正常工作秩序、上网看与工作无关的电影或玩各类游戏等）。

10.擅自涂改各种原始记录（包括但不限于考勤原始记录、绩效考核面谈记录、培训签到记录等）、重要单据、重要合同者，予以辞退，且发生一次处罚1000～5000元。

11.每年累计或连续旷工3天（含）以上者，予以辞退并处以日工资3倍的罚款。

12.玩忽职守，造成公司经济损失1万元（含）以上者，予以辞退并要求其承担赔偿责任，且发生一次处罚5000～10000元。

13.每年违反公司规章制度被2次警告仍不改正者。

14.公司其他员工对当事人有3次（含）以上并经相关部门核实后的有效投诉者。

15.出现消极怠工的行为等情况被公司给予3次警告者。

（六）有下列情形之一，除处罚当事人以外，还要追究经营班子成员（高管）责任，予以经济处罚，具体处罚金额以奖惩评审委员会意见为准。

1.违反公司的人事制度、财务制度、采购制度等制度造成不良影响及经济损失的，予以严重警告，且发生一次处罚1000～5000元。

2.擅自更改董事会、总经理办公会或其他领导小组会议决议造成不良后果的，予以严重警告，且发生一次处罚1000～5000元。

3.失职造成公司生产经营、重大项目投资发生决策失误的，若属方案错误诱导造成的，追究方案制定人的责任，予以严重警告，且发生一次处罚1000～5000元。

4.按照年初签订的经营目标责任书、工作目标责任书考核没有完成的，予以严重警告，并扣罚相应比例的年度绩效工资。

5.搞形式主义甚至弄虚作假，欺骗组织，造成工作严重失误的，予以严重警告，且发生一次处罚500元。

6.从事或者参与营利性活动，在企业或者其他营利性组织中兼任职务的，予以辞退，且发生一次处罚1000～5000元。

7.未按规定管理和使用公章、财务章的，予以严重警告，且发生一次处罚1000～5000元。

（七）有下列情形之一，除处罚当事人以外，还要追究各部门或下属单位第一负责人责任，具体处罚金额以奖惩评审委员会意见为准。

1.工作中以权谋私、吃请受贿、接受他人财物、回扣损害公司利益的，予以严重警告，且发生一次处罚1000～5000元。

2.顶撞上级领导、不服从管理两次（含）以上或工作中弄虚作假的，予以严重警告，且发生一次处罚1000～5000元。

3.工作不配合、不协调或推诿、扯皮造成不良影响的，予以严重警告，且发生一次处罚1000～5000元。

4.工作中拒不执行领导意见或同样的工作安排两次（含）以上的，予以严重警告，且发生一次处罚100～500元。

5.工作中不及时沟通、汇报造成失误或重大损失的，予以严重警告，且发生一次处罚1000～5000元。

6.将工作争执发展为吵架，或发生打架的，予以辞退，且发生一次处罚1000～5000元。

7.违反公司保密制度，致使重要的文件资料丢失或其他机密泄露的，予以严重警告，且发生一次处罚1000～5000元。

第十五条　处罚程序。

（一）对员工一般处罚［指上述第十四条第（一）项至第（三）项所有内容］由相应项目部、部门负责人或分管领导提出，经人事行政中心调查审核，上报分管副总经理批准后执行。

（二）对员工较重处罚［指上述第十四条第（四）项至（七）项所有内容］由相应项目部、部门负责人提出，经奖惩评审委员会调查审核通过并给出具体处罚金额，上报分管副总经理复核，最后经总经理批准后由相应部门执行。

（三）员工受到惩罚处分时，由人事行政中心出具书面惩罚通知，并在公司内张贴公示，同时将记过以上的处罚情况记入员工档案。

（四）出现严重违纪行为等较重大的惩罚流程（详见下图）。

第十六条　处罚申诉。

（一）给予员工行政处罚和经济处罚，应弄清事实，取得证据，慎重做出决定。

（二）在批准员工处分以后，如果被处分员工不服，可以向奖惩评审委员会申诉，申诉期为6个工作日，但在公司未做出改变原处分的决定以前仍按原决定执行。

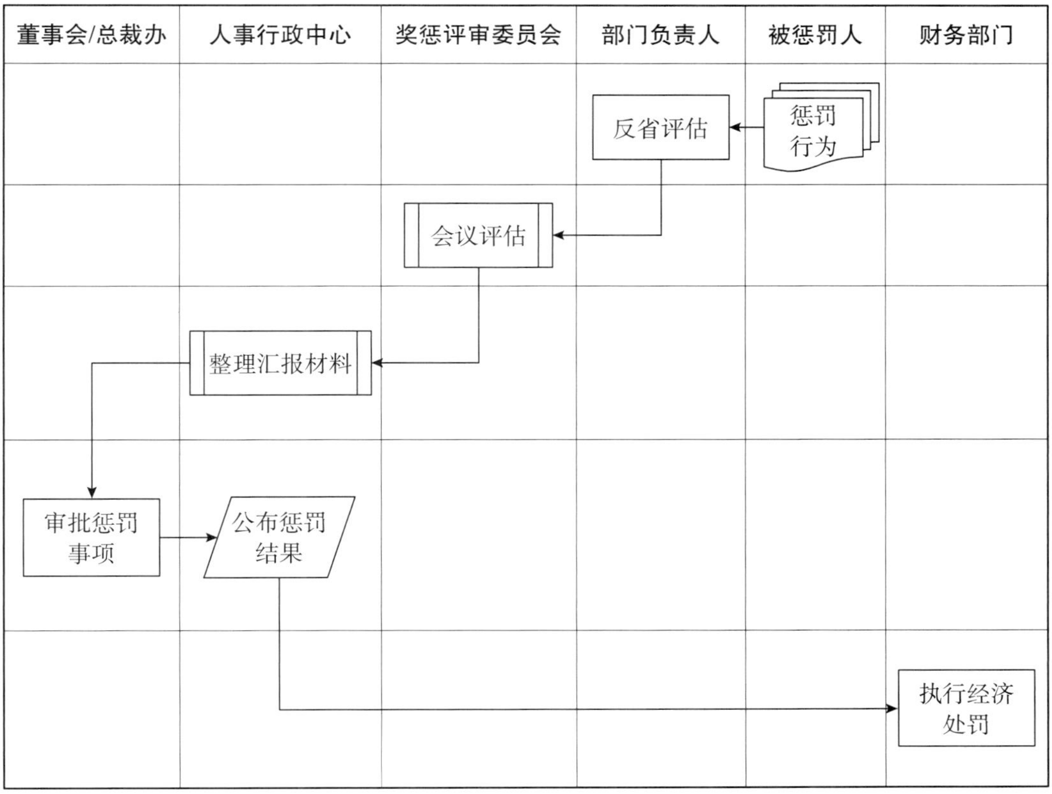

惩罚流程

第五章　附　则

第十七条　本管理办法由公司人事行政中心负责解释。

第十八条　本管理办法由公司总经理办公会审议通过、发布之日起实施。

范本 12　外派人员管理办法

第一章　总　则

第一条　为促进公司区域化发展战略的实施，调动外派人员工作积极性，为他们异地顺利开展工作创造条件，结合公司不同区域的实际情况，特制定本管理办法。

第二条　本管理办法依据《薪酬管理制度》《考勤、休假管理办法》《保险、福利管理制度》制定。

第三条　本管理办法适用于公司总部、各分子公司外派至工程项目（以下简称派驻项目）工作的人员。

第四条　公司人事行政中心为外派人员的服务管理部门。

第二章　外派人员的人事管理

第五条　公司外派人员一律由公司统一任免，外派人员由公司人事行政中心进行调配。

第六条　外派人员劳动合同关系及人事档案关系不变，仍在公司总部。

第七条　外派人员应服从派驻项目的劳动用工政策和管理制度，应和派驻项目员工形成和谐的关系，避免形成不必要的劳动纠纷。

第八条　对公司派出的外派人员，各项目负责人无权自行更换和调整；应向公司本部提交报告详细说明不胜任的理由，经核实后由公司根据情况按规定程序决定调配。

第三章　外派人员薪酬保险等福利待遇管理

第九条　从公司派出的外派员工的工资、社保关系由公司统一管理。

第十条　外派人员享受公司一切相关福利待遇。

第四章　外派人员考勤及休假管理

第十一条　外派人员的考勤管理按照派驻项目的考勤管理规定执行，外派人员应结合派驻项目实际情况，遵照执行。

第十二条　外派人员的每月考勤由派驻项目负责记录并按公司本部考勤相关规定上报给公司人事行政中心，作为发放工资依据。

第十三条　外派人员的休假管理按照国家及公司相关管理规定执行。

第五章　外派人员人事考核管理

第十四条　外派人员的日常考核由派驻单位进行。年度考核执行公司总部人事考核管理办法。

第六章　外派人员津贴、补贴管理

第十五条　外派津贴标准。

外派津贴标准与公司总部现有福利待遇一致，详见《保险福利管理制度》。

第十六条　驻外就餐补贴标准。

驻外就餐补贴与公司总部现有福利待遇一致，详见《保险福利管理制度》。

第十七条　出差及休假乘坐交通工具报销标准及相关规定。

出差及休假乘坐交通工具报销标准与公司总部现有标准一致。

第七章　附　则

第十八条　本管理办法由公司人事行政中心负责解释。

第十九条　本管理办法自总经理办公会审议通过、发布之日起实施。

Construction Companies

Standards and Criterion of Internal Control & Financial Management

04

社会责任与应急管理

企业履行社会责任是社会利益相关方的期望，也是企业自身生存和持续发展的需要。建筑业是国民经济的重要支柱产业，在建设中国特色社会主义事业中作用重要、使命光荣。社会责任与应急管理制度明确企业在发展过程中应当履行的社会职责和义务，以及突发事件应急处理机制，对可能发生的重大风险或突发事件，制定应急预案、明确责任人员、规范处置程序，确保突发事件得到及时妥善处理。

范本1 社会责任工作管理制度

第一章 总 则

第一条 为贯彻落实公司的企业价值观和发展理念，进一步完善社会责任工作机制，规范并有效推进社会责任工作的实施，实现企业与社会的协调发展，根据财务部等五部委发布的《企业内部控制应用指引第4号——社会责任》，制定本制度。

第二条 本制度所称社会责任，是指企业对其生产经营活动给利益相关方带来的经济、社会和环境影响应当履行的社会职责和义务，通过构建与利益相关方的和谐互动关系，促进企业和社会共同可持续发展。本制度所称利益相关方，是指受公司决策和行为的影响或是影响公司决策和行为的主体，包括各级政府与监管机构、股东、债权人、员工、客户、合作伙伴、社会公众和自然生态等。

第三条 本制度属于公司制度体系第一层级。适用于公司及各分公司、子公司。

第四条 制定本制度主要是为了防控以下风险：

（一）安全文明施工措施不到位，责任不落实，可能导致企业发生安全事故。

（二）工程质量低劣，侵害消费者利益，可能导致企业巨额赔偿、形象受损，甚至破产。

（三）环境保护投入不足，资源耗费大，造成环境污染或资源枯竭，可能导致企业巨额赔偿、缺乏发展后劲，甚至停业。

（四）促进就业和员工权益保护不够，可能导致员工积极性受挫，影响企业发展和社会稳定。

（五）与利益相关方沟通不够，或者未能周全考虑利益相关方的利益诉求，导致企业声誉、正常经营等受到较大的影响。

第二章 组织机构与职责分工

第五条 公司董事会是社会责任的决策机构，对公司社会责任工作全面负责。其职责包括：

（一）审批公司社会责任年度计划。

（二）审批公司年度社会责任报告。

（三）审批社会责任工作的其他重大事项。

第六条 公司经营层负责领导公司社会责任方面的日常工作。

第七条 资本运营中心是社会责任工作的归口管理部门，负责公司社会责任工作的统筹协调和日常管理工作。主要职责包括：

（一）制定公司社会责任管理制度。

（二）编制公司社会责任年度计划。

（三）统筹协调总部各职能部门、各分公司、子公司社会责任工作推进。

（四）编制与发布公司年度社会责任报告。

（五）开展社会责任培训，提升公司员工社会责任意识和能力。

（六）开展社会责任优秀案例评选。

（七）开展社会责任研究、交流和传播工作。

（八）管理公司社会责任工作其他事项。

第八条 总部各职能部门、各分公司、子公司主要承担以下职责：

（一）负责组织开展公司下达的各项社会责任工作。

（二）负责所在单位的社会责任信息收集、整理和报送。

（三）参与公司社会责任报告编制和课题研究工作。

（四）实施公司社会责任重大项目并组织开展社会责任实践活动。

（五）与本单位职责所涉及的利益相关方进行沟通。

第九条 各分公司、子公司应参照公司社会责任组织体系，由归口管理部门牵头，确定社会责任工作联系人，明确各部门及所属企业的职责和工作目标，并将组织体系建设情况报资本运营中心。

第三章 社会责任工作原则与内容

第十条 企业社会责任工作遵循以下原则：

（一）管理先行原则。建立并完善社会责任组织体系、制度体系，规范社会责任工作的职责和流程，以科学有效的社会责任管理，扎实深入推进社会责任实践。

（二）融入经营原则。社会责任工作与公司日常生产经营工作紧密结合，以负责任的理念和方式开展运营管理、合规管理、员工培育、绿色发展、供应链管理、公益慈善等日常工作。

（三）上下联动原则。社会责任是一项系统工作，社会责任领导机构及牵头部门、相关职能部门、各分公司及子公司在政策制定、组织培育、能力建设、考核评价等各个环节紧密配合，充分协调，上下联动，整体推进。

第十一条 公司各职能部门及分公司、子公司应充分重视履行社会责任，切实做到经济效益与社会效益、短期利益与长远利益、自身发展与社会发展相互协调，实现企业与员工、企业与社会、企业与环境、企业与利益相关方的健康和谐发展。

第十二条 总部各职能部门及分公司、子公司应重点关注以下社会责任工作领域：

（一）安全施工，措施到位，责任落实，避免发生安全事故。

（二）保证工程质量，维护业主利益。

（三）环境保护，提倡绿色生产、办公，节约资源，避免造成环境污染。

（四）促进企业文化建设和就业保障，确保企业良性发展和社会稳定。

（五）重视公益活动，积极应对自然灾害带来的损失，关爱受灾地区和人民。

（六）维护、保障利益相关方（包括投资者、消费者、合作伙伴、职工等群体）权益。

第四章　安全生产

第十三条 公司应根据国家有关安全生产的规定，结合实际情况，建立严格的安全施工管理体系、操作规范和应急预案，强化安全施工责任追究制度，切实做到安全施工。公司应设立独立的安全施工监督部门，负责公司安全生产的日常监督管理工作。

第十四条 公司应重视安全施工投入，在人力、物力、资金、技术等方面提供必要的保障，健全检查监督机制，确保各项安全措施落实到位，不得随意降低保障标准和要求。

第十五条 公司必须坚持安全第一、预防为主、综合治理的方针，采用多种形式增强员工安全意识，重视岗位培训，特种作业人员实行资格认证制度。公司应加强相关设备的经常性维护管理，及时排除安全隐患。

第十六条 公司如果发生安全事故，应启动相应应急预案并按照安全施工管理制度妥善处理，排除故障，减轻损失，追究责任；同时按照国家有关规定及时如实报告，严禁迟报、漏报、谎报和瞒报。

第五章　工程质量

第十七条 公司应根据国家和行业相关的要求，从事经营活动，切实提高工程质量和服务水平，努力为社会提供优质安全健康的产品和服务，最大限度地满足消费者的需求，对社会和公众负责，接受社会监督，承担社会责任。

第十八条 公司应建立健全质量管理体系，制定严格的工程质量控制和检验制度，严把质量关，禁止缺乏质量保障、危害人民生命健康的产品流向社会。

第十九条 公司应加强相关售后服务管理。施工责任主体在发现存在严重质量缺陷、隐患时，应及时采取有效措施，最大限度地降低或消除缺陷、隐患产品的社会危害，妥善处理消费者提出的投诉和建议，切实保护消费者权益。

第六章 环境保护与资源节约

第二十条 公司应按照国家有关环境保护与资源节约的规定，结合公司实际情况，建立健全环境保护与资源节约管理体系，认真落实节能减排责任，积极开发和使用节能产品，发展循环经济，降低污染物排放，提高资源综合利用效率。

第二十一条 公司应通过宣传教育等有效形式，不断提高员工的环境保护和资源节约意识。

第二十二条 公司应重视生态保护，加大对环保工作的人力、物力、财力的投入和技术支持，不断改进工艺流程，降低能耗和污染物排放水平。

第二十三条 公司应加强对建筑垃圾的综合治理，建立废料回收和循环利用制度。

第二十四条 公司应重视资源节约和资源保护，着力开发利用可再生资源，防止对不可再生资源进行掠夺性或毁灭性开发。

第二十五条 公司应推动技术进步，建立和完善技术创新机制，加大节能、环保技术投入。

第二十六条 公司应重视国家产业结构相关政策，特别关注产业结构调整的发展要求，加快高新技术开发和传统产业改造，切实转变发展方式，实现低投入、低消耗、低排放和高效率。

第二十七条 公司应建立环境保护和资源节约的监控制度，定期开展监督检查，发现问题，及时采取措施予以纠正，确保污染物排放符合国家有关规定。发生紧急、重大环境污染事件时，应启动应急机制，及时报告和处理，并依法追究相关责任人的责任。

第七章 促进就业与员工权益保护

第二十八条 公司应依法保护员工的合法权益，贯彻人力资源政策，保护员工依法享有劳动权利和履行劳动义务，保持工作岗位相对稳定，积极促进充分就业，切实履行社会责任。公司应当避免在正常经营情况下批量辞退员工，增加社会负担。

第二十九条 公司应与员工签订并履行劳动合同，遵循按劳分配、同工同酬的原则，建立科学的员工薪酬制度和激励机制，不得克扣或无故拖欠员工薪酬。公司应当建立健全高级管理人员与员工薪酬的正常增长机制，切实保持合理水平，维护社会公平。

第三十条 公司应及时办理员工社会保险，足额缴纳社会保险费，保障员工依法享受社会保险待遇；公司应当按照有关规定做好健康管理工作，预防、控制和消除职业危害；公司应按期对员工进行非职业性健康监护，对从事有职业危害作业的员工进行职业性健康监护；公司应当遵守法定的劳动时间和休息休假制度，确保员工的休息休假权利。

第三十一条 公司应加强职工代表大会和工会组织建设，维护员工合法权益，积极开展员工职业教育培训，创造平等发展机会；公司应当尊重员工人格，维护员工尊严，杜绝性别、民族、宗教、年龄等各种歧视，保障员工身心健康。

第三十二条 公司应按照产学研用相结合的社会需求，积极创建实习基地，大力支持社会有关方面培养、锻炼社会需要的应用型人才。

第八章 投资者权益保护和合作伙伴关系处理

第三十三条 公司应公平、公正对待所有投资者，切实加强投资者关系管理。严格遵守监管机构有关规定，认真做好公司信息披露工作，不断提高公司经营管理的透明度，确保投资者的知情权得到有效保障。

第三十四条 公司应持续改进公司治理，努力提高规范运作水平，采取有效措施搞好公司市值管理，塑造良好市场形象，保障股东利益不受损害。

第三十五条 公司应善待合作伙伴。本着平等诚信、优势互补、合作共赢、绿色发展的原则，与合作伙伴建立长期、高效、友好的合作关系，努力构建全方位公开透明的利益共同体，以合作共赢的成长发展理念谋求与合作伙伴共同发展。

第九章 公共关系与社会公益事业

第三十六条 在经营活动中应充分考虑社区的利益，指定专人协调公司与社区的关系。

第三十七条 积极参加所在社区的环境保护、教育、文化、科学、卫生、社区建设、扶贫济困等社会公益活动，促进公司所在社区的发展。

第三十八条 主动接受政府部门和监管机构的监督和检查，关注社会公众及新闻媒体对公司的评论。

第三十九条 积极维护利益相关方的合法权益，与利益相关方和谐共赢，共同发展。

第十章 社会责任信息流通与汇总

第四十条 公司总部各职能部门及分公司、子公司应注重日常社会责任信息、图片、视频等资料的收集整理，加强与利益相关方的沟通，注重与利益相关方交流合作。

第四十一条 公司总部各职能部门及分公司、子公司应在每年11月，按要求将本单位社会责任工作的成果总结以书面形式报送资本运营中心，为公司编制年度社会责任报告提供素材。

第四十二条 公司总部各职能部门及分公司、子公司提交的社会责任信息包括但不限于文字描述、具体案例，并尽量结合图片、视频信息等素材，提倡并鼓励社会责任信息内容和表现形式的创新性和独特性。

第十一章 社会责任报告编制与发布

第四十三条 社会责任报告的编制和传播社会责任报告是公司全面系统总结社会责任工作情况，与公司利益相关方进行充分沟通，提升公司管理水平和可持续发展竞争力，传播公司社会责任形象的重要方式。

（一）报告编制与传播工作流程。

1.每年10月份启动社会责任报告编制工作。

2.确定报告主题、框架和主要内容。

3.收集报告素材并进行综合编制。

4.公司总裁办公会、董事会审批报告。

5.次年3月底前向社会发布报告中英文电子版。

6.次年4月底前完成纸质版中英文报告印刷。

7.向重要利益相关方发送纸质版报告，并收集反馈信息。

（二）社会责任报告的发布与使用。

资本运营中心负责公司社会责任报告的发布。其中，电子版报告在企业官方网站发布，纸质版报告印刷完成后寄送至重要利益相关方。报告发布后要积极收集社会各界的反馈意见，并进行梳理总结，同时对社会责任报告披露指标体系进行完善。重点跟踪重要利益相关方的意见建议，作为下一年报告的重点回应内容。公司各职能部门、各分公司、子公司应积极使用社会责任报告。在组织或参与重大活动或对外交流中，主动赠阅、宣讲公司社会责任报告；在单位内部党、团、群众活动中向员工发放报告，增进员工对公司社会责任工作的理解。

第十二章 附 则

第四十四条 本制度由资本运营中心负责解释。

第四十五条 本制度自公司董事会审议通过、发布之日起实施。

范本2 安全生产管理制度

第一章 总 则

第一条 为加强公司工程项目（以下简称项目）安全生产管理工作，防止和减少生产安全事故，保障职工人身安全和财产安全，促进企业经济发展、社会和谐。依据《中华人民共和国安全生产法》《中华人民共和国环境保护法》《生产安全事故报告和调查处理条例》和国家其他有关安全生产和环境保护的法律、法规、标准等强制性文件，制定本管理制度。

第二条 本管理制度属于公司制度体系第一层级。公司管理层、各职能部门、各分子公司及所有工程项目部应当遵守本管理制度和其他有关安全生产的法律、法规，确保安全生产。

第二章 安全生产责任制

第三条 公司董事长职责。

（一）认真贯彻执行国家及上级的有关安全生产的方针政策和法规、规范，掌握公司安全生产动态，定期研究安全工作，是公司安全生产的第一责任人，负全面领导责任。

（二）指导编制和实施公司中长期整体规划及年度、特殊时期安全工作实施计划，组织制定公司安全生产规章制度和安全操作规程。

（三）建立健全安全生产管理体系及公司安全生产责任制，保证安全技术措施经费的落实。

（四）督促、检查公司的安全生产工作，及时清除生产安全事故隐患，组织制定并实施公司的生产安全事故应急救援预案。

（五）领导、组织公司有关部门或人员，做好重大伤亡事故调查处理的具体工作，监督防范措施的制定和落实，预防事故的重复发生。

第四条 分管安全生产副总经理职责。

（一）对公司安全生产工作负直接领导责任，协助企业法定代表人认真贯彻执行安全生产方针、政策、法规，落实公司各项安全生产管理制度。

（二）组织实施公司中、长期整体规划及年度，特殊时期安全工作规划、目标及实施计划，组织落实安全生产责任制。

（三）负责审批特殊复杂工程项目或专业性较强工程项目的安全施工组织设计（施工方案）中的安全技术措施，制定施工生产中安全技术措施经费的使用计划。

（四）领导组织公司的安全生产宣传教育工作，确定安全生产目标考核指标。领导组织新工人和特种作业人员，专、兼职安全员的安全教育及安全技术培训工作。

（五）领导组织公司定期和不定期的安全生产检查，指导解决施工中存在的安全隐患。

（六）认真听取、采纳安全生产的合理化建议，驱动安全生产保障体系的正常运转。

第五条 公司总工程师（技术负责人）职责。

（一）贯彻执行国家和上级的安全生产方针政策，协助公司法定代表人做好安全方面的技术领导工作，在公司施工安全生产中负技术领导责任。

（二）领导制定年度和季节性施工计划时，要确定指导性的安全技术方案。

（三）编制和审核施工组织设计，特殊复杂工程项目或专业性较强的工程项目安全技术组织设计（施工方案）时，应严格审查是否具备安全技术措施及其可行性，并提出决定性意见。

（四）领导安全技术攻关活动，确定劳动保护研究项目，并组织鉴定验收。

（五）对公司使用的新材料、新技术、新工艺从技术上负责，组织审查其使用和实施过程中的安全性，组织编制或审定相应的操作规程，重大项目应组织安全技术交底工作。

（六）参加重大伤亡事故的调查，从技术上分析事故原因，制定防范措施。

第六条 公司总会计师职责。

（一）组织落实公司财务管理的岗位安全生产责任制，认真执行安全生产奖惩规定。

（二）组织编制年度财务计划的同时，审批安全技术措施经费使用计划。

（三）认真贯彻执行国家、上级有关劳动保护用品的规定和防暑降温经费的使用标准，并按规定负责审批购置劳动保护用品的经费。

（四）在事故调查组的指导下，组织重大伤亡事故的调查、分析及处理中的具体工作。

第七条 工程管理中心总监（副）职责。

（一）负责中心日常事务，组织制定公司工程管理的年度质量、安全、文明施工、进度管理目标工作计划，确保公司工程管理的年度质量、安全生产、文明施工管理目标工作计划的实施。

（二）牵头制定项目质量、安全、文明施工、进度的检查、考核和奖惩制度并监督实施。

（三）配合合同预算部完成合同评审的工作。

（四）负责对项目工程进度的资金审核工作。

（五）牵头建立和完善施工项目管理周报和月报制度以及重大事项汇报制度。

（六）牵头建立和完善工程投诉管理制度。

（七）负责监督各分公司工程管理的跟踪情况，协助解决施工中的各种问题。

（八）落实分管安全生产副总经理下达的任务，对各区域工程管理工作负责。

（九）考核经营目标责任人、工程管理中心经理及下属员工的工作。

（十）完成公司领导交办的其他工作以及与其他部门的协调配合工作。

第八条 工程管理中心其他负责安全管理工作实施人员岗位职责。

详见《工程管理中心管理架构及职责分工》。

第九条 区域分公司总经理职责。

（一）认真贯彻本分公司的安全生产各项规章制度，对本分公司所属项目工程施工安全生产负主要领导责任。

（二）随时掌握安全生产情况，定期组织及配合上级各部门的安全生产检查，督促安全事故隐患的消除及整改工作。

（三）配合公司及各有关部门，对新工人和特种作业人员的安全技术培训教育工作。

（四）督促、检查各项目工程的安全技术管理措施及安全技术措施经费使用计划的执行情况，考核各项目工程的安全生产目标。

（五）发生重大伤亡事故时，应做好现场保护工作，及时上报，并认真落实坚持“四不放过”的原则。

第十条 经营目标责任人岗位职责。

（一）全面负责对所辖项目工程施工安全生产的领导工作，是项目安全生产第一责任人。

（二）接受公司工程管理中心对项目安全生产的指导和检查。

（三）负责所辖项目现场的安全生产、文明施工宣传教育工作，以及施工现场的文明施工标准化的强制性要求的宣传、督促及落实工作。

（四）按照公司制度的规定，定期向公司工程管理中心汇报所管辖工程的质量、安全文明施工、进度和成本管控等情况。

（五）负责所管辖项目的安全管理、文明施工及项目资料收集、归档工作。

（六）配合公司接受国家相关部门的安全生产、质量控制等方面的监察工作。

（七）参加项目、甲方及建设主管部门主持的例会，并负责将公司要求、制度等事项，上传下达。

（八）完成公司和区域分公司安排的其他安全生产工作。

第十一条 项目部经理岗位职责。

（一）协助经营目标责任人做好项目施工现场安全生产的组织管理，是施工现场安全生产的主要实施人和责任人。

（二）负责在施工现场全面落实国家、公司有关安全生产方面的各项规定，做到施工安全措施到位，杜绝一切安全隐患，避免安全事故发生，确保项目施工安全进展。

（三）协助经营目标责任人接受公司工程管理中心对项目施工现场安全生产的指导和检查。

（四）对施工现场发生的安全隐患、管理漏洞无法解决的，应当立即向经营目标责任人汇报，请求解决方法及时予以解决。

（五）协助经营目标责任人定期向公司工程管理中心汇报所管辖工程的质量、安全文明施工、进度和成本管控等情况。

（六）完成经营目标责任人安排的项目施工现场其他安全生产工作。

第十二条 安全主管岗位职责。

（一）认真贯彻执行《中华人民共和国建筑法》《中华人民共和国安全生产法》《建筑工程安全生产管理条例》《建筑工程质量管理条例》等法律法规，协助健全公司内部的安全管理制度和安全检查制度。

（二）坚持“谁主管，谁负责”的原则，把安全生产工作落实到分公司、项目部，建立施工现场安全的量化考核指标、检查标准和检查表格。

（三）经常深入各项目部和施工现场检查，对施工现场坚持“一管、二定、三检查”（一管：设专职安全员管安全；二定：制定安全生产制度，制定安全技术措施；三检查：定期检查安全措施执行情况，检查违章作业，检查冬季、雨季施工安全生产措施）的管理原则，做好各项目安全的检查记录。

（四）在检查中融入建委、建协等政府部门相关要求，促使项目及时跟上相关政策、要求。

（五）检查各项目安全生产情况，对三违情况（即：违章指挥，违章作业，违反劳动纪律）予以制止和纠正。

（六）检查各项目“三宝、四口、五临边”的防护，外脚手架，操作架、各安全防护措施是否达到国家规范及公司要求，对出现的安全隐患及时指出和督促整改。

（七）检查各项目文明施工CI形象否达到公司要求，并指导和督促项目部进行整改，提高公司整体施工CI形象水平。

（八）参加项目创优评比工作。对项目进行开工前交底。在项目过程中检查指导，督促项目部完成现场整改和内业资料的改进，促进项目顺利通过评优检查。吸取评优专家组的意见，整理、总结创优要求，不断提升项目管理水平。

（九）不定期进行安全培训、教育、宣传和考核工作，提高公司整体安全管理水平，增强人员安全意识。

（十）完成领导交办的其他工作任务。

第十三条　质量主管岗位职责。

（一）贯彻执行国家及地方的有关工程施工规范、工艺规程、质量标准，严格执行国家施工质量验收统一标准，确保公司总体质量目标的实现。

（二）不断完善和加强公司质量管理体系，确保其正常有效运行。建立健全各项管理制度，做好公司对各项目质量的监控工作，贯彻执行质量管理方针和目标。

（三）编制公司年度质量计划和公司长期质量管理计划，履行公司全面质量管理部门的职责、建立公司的质量管理体系并使之有效的运行。

（四）针对公司月、季、半年、年度、专项检查计划及评分标准，深入现场检查质量情况，排除质量隐患，在检查中融入公司的相关要求，促使项目及时跟上公司要求。

（五）负责质量把控和监督，在质量检查中增加“实测实量”，用数据说话。质量标准是评价建筑产品质量的尺度，数据则是质量控制的基础和依据。

（六）负责将相关检查结果报告上级领导和抄送相关部门，必要时上报公司领导高层。

（七）参加项目创优评比工作，促进项目顺利通过评优检查。吸取评优专家组的意见，总结、整理创优要求，不断提升公司质量创优的水平。

（八）组织参与质量事故的处理工作，对重大质量事故提出处理方案和技术补救措施。

（九）负责所分管片区的管理工作，加强公司对片区各项目的管控。

（十）完成领导安排的其他工作。

第十四条　机电主管岗位职责。

（一）在工程管理中心的领导下，贯彻执行国家法律法规、行业有关机电设备管理方面的政策、公司规章制度。

（二）建立健全公司工程部机电管理方面的各项规章制度，并负责监督和检查。

（三）参与项目施工管理，负责审批机电设备配置计划，审批施工组织设计中项目施工用电的编制及供电管理工作，并按相关文件规范组织实施。

（四）参加建设主管部门主持的例会，并负责将公司要求制度等事项，上传下达。

（五）参与项目创优评比工作，对项目创优工作进行开工前交底。

（六）负责机电设备管理，保证性能可靠安全，为工程施工提供机电技术支持。

（七）负责对施工机械、临电安装过程中有效控制，审批有效可操作的施工方案。

（八）负责对临时用电规范的检查指导和督促整改。负责对项目大型机械的安全检查，跟踪对其隐患的整改，定期对机电设备操作装置、机电设备安全装置、机电设备及维修保养情况进行检查。

（九）负责机电设备操作人员持证上岗情况的检查和大型设备的安装监督。

（十）对项目的特殊工种配置进行管理，督导定期培训工作；对新参加工作的员工，做好部门师带徒工作。

（十一）负责检查项目工程机电CI形象、技术资料等工作内容，拍摄取证，形成文件报告，发出整改、处罚通知单，并督促现场及时整改，在下次检查中复查上次问题的整改情况，对未及时整改项目加重处罚，迅速排除安全隐患。

第十五条 维修主管岗位职责。

（一）贯彻执行国家及地方的有关工程施工规范、工艺规程、质量标准，严格执行国家施工质量验收统一标准，确保公司总体质量目标的实现。

（二）不断完善和加强公司质量管理体系，确保其正常有效运行。建立健全各项管理制度，做好公司对各项目质量的监控工作，贯彻执行质量管理方针和目标。

（三）负责对已完工项目维修责任的落实，跟踪问题整改，对项目进行定期、不定期回访。

（四）对项目施工过程中突发状况、业主投诉及收尾阶段事宜跟踪处理。

（五）负责项目维修人员的管理、工作考核、维修费用汇总上报，以及维修人员工资、住宿、差旅费等各种费用的统计。

（六）配合公司其他部门安排的甲方考察和客户回访（含建设单位/物业、小业主）。

（七）组织参与质量事故的处理工作，对重大质量事故提出处理方案和技术补救措施。

（八）负责所分管片区的管理工作，加强公司对片区各项目的管控。

（九）完成领导安排的其他工作。

第十六条 综合管理岗位职责。

（一）配合部门主管对施工项目工程质量、安全生产、文明施工监督、检查和考核。

（二）参与制订及修订公司CI形象标志标识、《项目管理标准》；协助相关部门建立完善各项规章制度及《质量保证体系》《安全保证体系》《职业健康与环境卫生保证体系》《劳动保障体系》。

（三）负责对施工工期、安全生产、文明施工情况以及创优进行汇总，监督施工项目制定应急预案并采取相应措施，确保工程施工工期、安全生产、文明施工达到预期的目标。

（四）负责施工项目备案管理，项目周报和月报收集和汇总汇报，使公司施工项目始终处于受控状态。

（五）登录地方建设主管部门网站查询有关文件，及时上报领导和下达项目，在检查中融入建委、建协等政府部门相关要求，促使项目及时跟上相关政策、要求。

（六）查处项目生产、安全、质量及文明施工管理中的违法、违规及违章行为，汇编检查结果，以整改通知单下发项目部，并督促落实和复检；根据检查结果对项目进行奖罚，并向上级汇报检查结果和处理意见。

（七）参加项目创优评比工作。对项目创优工作进行开工前交底。在项目过程中检查指导，督促项目部完成现场整改和内业资料的改进，促进项目顺利通过评优检查。吸取评优专家组的意见，整理、总结创优要求，不断提升项目管理水平。

（八）做好项目工程款支付前的进度核对，对于未派驻地协管员的项目，完成工程部对“项目工程预结算内容审批表”的进度情况核查。

（九）负责部门会议记录的整理，公司和部门文件的上传下达。

（十）完成上级安排的其他任务。

第十七条　工程资料员岗位职责。

（一）参与修编、制订安全、技术资料检查表。

（二）参加、配合公司质量、安全检查中资料审查工作。

（三）对施工过程资料进行检查，核对现场与资料是否同步进行，是否有后补资料，填写资料内容是否有误。

（四）参与工程项目评优工作，在项目评优前对工程资料进行审查，对有问题的资料进行整改，确保工程资料齐全无误。

（五）审核项目技术资料（土建）盖章工作，按照《（工程技术资料）用印盖章申请表》认真履行工程项目资料盖公章手续。

（六）督促各竣工验收项目向公司移交符合公司档案管理要求的竣工验收资料（含项目移交给建设、物业等单位的“工程档案资料移交”手续，双方签字盖章认可并把原件移交公司存档）。

（七）把移交到公司的工程竣工资料按照档案室制度要求整理归集，并移交档案室。

第十八条 驻地协管员岗位职责。

（一）负责管控所在项目施工过程中质量、安全、进度、资料管理。

（二）负责工程部对项目部各项安排、要求的督促落实工作，并向工程主管汇报。

（三）收集整理各项目工程信息、周报、月报、会议纪要等相关文件，并向工程主管汇报。

（四）项目管理协调员受公司委托管理项目印章，与公司签订相关协议，按公司要求审核、施印。

（五）负责协助项目施工质量、安全管理、文明施工及项目安全资料收集、归档工作。

（六）参加各级组织的项目例会，并负责将公司要求、制度等事项上传下达。

（七）完成工程部、公司领导交办的其他工作。

第三章 安全生产目标管理考核规定

第十九条 考核目的。

切实做好安全生产目标管理工作，实行建筑施工安全的科学管理，提高防护水平，杜绝和减少工伤事故，实现施工现场安全生产、文明施工、安全达标。

第二十条 考核内容。

考核将通过工伤事故控制指标、安全生产达标、文明施工目标等三个方面进行。

第二十一条 考核时间。

（一）公司对项目经理部将不定期检查安全生产目标管理执行和落实情况，年终组织考评。

（二）项目经理部对管理人员及班组，将在每月30日对各责任人安全生产管理目标执行情况进行检查，每季度由项目经理部组织对各班组及个人考核评分一次。

第二十二条 考核办法。

（一）公司对项目部的年终综合考核结果，作为公司年度评优、表彰及奖惩的依据。

（二）公司对项目部的安全生产管理目标考核由公司薪酬绩效管理委员会组织实施。

（三）项目部对各班组及管理人员的安全生产管理目标考核由项目经理组织实施。

第四章 施工现场安全管理目标及分解

第二十三条 安全目标。

为认真贯彻落实“安全第一，预防为主”的方针，切实加强安全生产和劳动保护工作，保障职工的安全和健康，切实完成总公司下达的安全管理目标，确定工程的安全管理目标为：重大安全事故为零，创安全生产标准化管理达标工地。

第二十四条 目标分解。

根据《建设工程安全生产管理条例》和《建筑施工安全检查标准》的安全考核标准，结合项目部实际情况进行目标分解。

（一）项目经理安全目标管理职责。

1.项目经理是项目施工安全生产第一责任人，应遵循认定的目标，认真贯彻执行国家和政府部门的安全生产方针、政策、法规和上级指示，结合企业实情制订各项制度，贯彻各项措施，并检查执行情况。

2.根据新的标准和规范，建立和不断完善安全生产管理制度。

3.对项目部的安全生产和目标管理负总责，把安全目标管理列入议事日程，定期召开安全生产会议，掌握动态，解决安全隐患问题，加强对专职安全管理人员的教育、指导。

4.对各安全管理职能部门进行督促，主持重大伤亡事故的调查处理，认真执行“管生产必须管安全”的原则。

5.贯彻传达公司下达的各项与安全生产有关的文件，具体落实实施措施。

6.在签订项目分包合同时，必须同时签订确保安全生产的协议书。

（二）技术负责人、施工员安全目标管理职责。

1.对所负责的施工项目，负有安全生产直接责任，不违章指挥冒险作业。

2.认真执行国家安全生产方针、政策、法令及公司的各项规章制度和施工组织设计中制定的安全技术措施。

3.根据新的标准规范和安全管理目标，健全各项施工生产的安全措施，遇到生产与安全发生矛盾时，坚持生产服从安全的原则。

4.如发生重大伤亡事故时，要及时组织抢救，立即上报，并保护好现场，有权拒绝违反安全规定的生产指令。

（三）安全员安全目标管理职责。

1.安全员是国家安全生产方针、政策、劳动保护法规及新标准、新规范的具体执行者，对项目部认定的目标管理负有直接责任。

2.做好安全生产和目标管理的宣传教育和管理工作，深入现场掌握安全生产情况，调查研究生产中的不安全因素，提出改进意见，及时发现处理各种事故隐患。

3.负责工地安全生产目标管理工作的资料检查记录和存档保管。

4.会同有关部门做好三级教育及特殊工种培训、考核发证工作，同时做好上级下达的安全技术交底工作。

5.有权制止违章指挥、违章作业，遇有险情，有权停工整改，并速报上级领导处理。

6.对违规者经劝说无效，有权对其处以罚款等。

（四）后勤保卫员安全目标管理职责。

1.协助安全员做好目标管理及安全生产、文明施工和生活卫生综合治理工作。

2.认真执行目标管理的方针、政策和文明施工的规章制度，并对整个施工现场全部生产班组的目标管理实施情况和文明施工情况，进行检查和督促。

3.根据目标管理的需要，及时调整文明施工、生活卫生及综合治理工作的力度，加强管理。

4.协助项目部各职能部门及安全员，做好目标管理情况的调查上报工作。

5.对违反文明施工制度的班组或人员有权处以罚款等。

（五）材料员、保管员安全目标管理职责。

1.材料员、保管员对安全目标管理负有间接责任，应严格遵循国家和政府部门的有关材料、产品安全性能的规范，标准和法规。

2.了解施工情况，按计划及时提供质保资料，避免发生因原材料质量不合格而引发的安全隐患。

3.经常深入施工现场，了解工程用料情况，督促供应商分期分批保质保量送货，并按指定地点堆放整齐。

（六）生产班组长安全目标管理职责。

1.认真遵守项目部规定的目标管理准则、安全操作规程、安全生产和消防制度。根据本班组人员的技术、体力、思想状况合理安排工作，做好安全技术交底。

2.支持安全员和文明施工员的工作，接受他们的督促、指导，做好本班组工人的安全教育工作，并指定专人专管。

3.组织本班组工人学习上级下达的安全目标管理制度及安全操作规程和各种劳动规章制度，在任何情况下不得蛮干和违章操作。

4.上班前应对所使用的机具及所处的工作环境进行检查，发现问题及时处理或上报，有权拒绝违章指令。

5.接受检查指导，对整改工作必须定时、定人，认真落实执行，做好安全自检和交接班工作。

6.如发生伤亡事故，及时组织抢救并上报，分析原因，吸取教训，提出防范措施。

（七）工人的安全目标管理职责。

1.牢记“安全生产，人人有责”的方针，树立安全第一的思想，参加各项安全活动，接受安全教育与指挥。

2.认真学习和执行目标管理制度和安全操作规程，补充相关知识，努力提高自我防护意识和技术。

3.遵守各项规章制度，不违章冒险作业。

4.正确使用个人劳防用品，保护施工现场安全设施，保养好工具，服从分配，坚守岗位，不乱动各种机电设备。

5.发扬团结互助精神，对新工人要积极传授安全知识和技术。

第五章　安全检查管理办法

第二十五条　每月不定期安全检查。

公司工程部按照《建筑施工安全检查标准》的要求及公司相关规定，做好评分记录。对检查出的隐患，签发“安全隐患整改通知书”，提出整改意见和整改期限。各项目部对工程部签发的“安全隐患整改通知书”，应做到定人、定时、定措施抓整改，工程部组织复查。

第二十六条　工地每周检查。

各工地每周由项目经理组织工地施工员、安全员、机电人员和各班组长，对工地安全环境、防护设施进行认真检查，发现问题及时处理，并做好周检记录。

第二十七条　对脚手架、安全网、施工用电、井字架、施工机具做好验收移交签证，合格后方准使用。

第二十八条　在安全检查中发现违章作业者，应按规定给予经济处罚，并做好记录。

第六章　安全教育管理办法

第二十九条　对新入场的作业人员均应进行“三级”安全教育，其中包括：

（一）“一级”安全教育，由公司安全主管主持，教育内容：国家有关安全生产的方针和劳动保护政策、法令，公司安全生产管理制度和安全技术规程。

（二）“二级”安全教育，由项目经理或安全负责人主持，教育内容：《建筑施工高处作业安全技术规范》，施工现场安全生产管理制度，文明施工管理制度，安全技术操作规程。

（三）“三级”安全教育，由班组长进行本工种安全技术操作规程教育。接受“三级”安全教育人员必须履行签名手续，不准他人代签。

第三十条　因工程需要工人变换工种，必须经企业安全部门组织专门培训，经考核合格后，方准上岗。

第三十一条　单位工程在施工过程中，必须开展经常性、季节性的有针对性的安全教育，发现问题及时教育。

第三十二条 施工管理人员应参加各种安全培训、教育工作。

第三十三条 采用新工艺、新设备时对操作人员应进行针对性的安全培训教育工作。

第七章 班前安全管理办法

第三十四条 班前安全活动时，班组长应认真向工人讲解本工种安全操作规程和应注意的安全事项。

第三十五条 每天上班前，班组长应根据施工员下达的施工任务，对当天施工工序情况，有针对性地向工人进行安全交底。

第三十六条 上班时，各班组长人员应自觉检查是否戴安全帽、是否备好安全防护用具等。了解当天施工操作部位的环境安全性。

第三十七条 班前必须认真检查工地环境“四口”“五临边”的防护和安全网等安全设施是否完好可靠，施工用电是否正常，施工机械的传动部位是否防护，运转是否正常，脚手架是否探头板等。发现安全隐患应立即整改，或报告施工员组织有关人员进行整改，符合要求方可作业。

第三十八条 应认真做好班前安全活动记录，班组长和班组专职安全员必须签字。

第八章 安全技术交底管理办法

第三十九条 “安全第一、预防为主”是施工过程安全技术交底的指导思想，安全技术交底是落实安全生产方针的具体措施。

第四十条 为了制止事故的发生，安全技术交底是安全生产技术管理措施的有效途径。各类安全技术交底资料必须在工程开工前编制完成并经过技术总工审批后方可使用。

第四十一条 编制安全技术措施的技术人员必须熟悉工程概况及各分部分项的施工方法、施工工艺、施工环境，并熟悉安全法规标准、安全技术操作规程，要编写对各工种有针对性的安全技术交底。

第四十二条 编制安全技术措施，必须针对不同工程特点可能造成的施工安全问题、对人身的危害及环境的污染等，从安全技术上采取防范措施，消除危害，保证施工安全。

第四十三条 要针对不同的工程特点、不同的施工方法、不同的作业环境及各种机械设备，施工中有毒、有害、易爆、易燃等施工作业，制订相应性的安全技术交底，交底应贯穿施工工序全过程，并力求细致全面。

第四十四条 施工现场必须实行二级安全技术交底，即项目部技术负责人向班组长及工长进行安全技术交底，工长或班组长向作业人员进行安全技术交底，特殊工种作业及机械安装、拆除由项目技术负责人负责各项安全技术交底。

第四十五条 施工作业人员必须严格依照交底的安全技术措施进行施工作业，不得违章作业，并有权拒绝完成未经安全技术交底的工作内容。

第四十六条 安全技术交底，随施工任务单，按工种分部分项工程进行交底，交底内容要有针对性、可靠性及可行性，写明注意事项和安全防范措施。

第四十七条 安全技术交底应有书面材料，有双方的签字确认和交底日期。

第九章 文明施工管理办法

第四十八条 施工现场应设置沿工地四周连续不断的围挡，市区主要路段围挡高度不低于2.5米，一般路段不低于1.8米，并选用砌块或金属板材等硬质材料，做到坚固、平稳、整洁、美观。

第四十九条 工地实行封闭管理，进出口设大门，应有项目名称及企业标志，应有专职门卫人员及门卫管理制度，进入施工现场的人员都应佩戴工作卡。

第五十条 施工场地应有硬化地面的措施，应有循环干道，保持畅通，应有良好排水设施，严禁工地有积水、积泥浆、污水现象，并设有吸烟室，市区主要路段要做绿化布置。

第五十一条 施工现场的各类材料、工具、构件必须按照总平面布置图规定地点，分规格、分品种、挂牌堆放，作业层应做到工完场地清，垃圾及时清理外运。易燃、易爆物品应分类存放。

第五十二条 在建工程严禁兼作宿舍，施工作业区与办公、生活区应明显分开，并有防护措施，宿舍外周围环境应搞好环境卫生，宿舍内的生活用品应整齐、干净，并订立卫生管理制度。

第五十三条 施工现场应订立消防措施，合理配备防火器材，高层建筑必须有高压消防水源，做好动火审批手续和动火监护工作。

第五十四条 现场必须制定治安保卫制度，落实治安防范措施，设置工人业余学习、读报和娱乐场所。

第五十五条 施工现场大门口处应有整齐明显的“七牌一图”（即：工程概况牌，管理人员名单、监督电话牌，消防保卫牌，安全生产牌，文明施工牌及施工现场总平面图）。

现场配设有针对性的安全大幅标语，设置读报栏、黑板报等宣传园地。

第五十六条 施工现场的食堂卫生必须符合卫生要求，炊事员须有健康证，并张挂卫生责任牌，设置符合卫生的白开水桶，有足够使用的沐浴设施，建筑物内和施工现场应保持卫生，不准随地大小便，应设置水冲式厕所，建筑垃圾及生活垃圾应及时清理运走。

第五十七条 较大工地应设医务室，有专职医生值班，一般工地应配置保健药箱及一般常用药品，做好防病卫生的宣传工作。

第五十八条 现场必须建立不扰民措施，设置防尘、防噪音的措施，现场不得焚烧有毒、有害物质。搞好社区服务工作。

第十章 特种作业持证上岗管理办法

第五十九条 特种作业人员必须年满18周岁，工作认真负责，身体健康，无妨害从事本专业的疾病和生理缺陷。

第六十条 从事特种作业的人员，必须持证上岗。

第六十一条 搅拌机、砂浆机、卷扬机、木工机械等作业人员经公司主管部门培训考核合格后上岗。

第六十二条 架子工、电工、电焊工、机械起重工及挂勾、指挥工必须经市有关考核站培训，经考核合格发证后，方可上岗。

第六十三条 各种机动车辆驾驶员，由公安、交通管理部门，按国家有关规定考核发证后，方可驾驶。

第六十四条 取得操作证的特种作业人员必须定期进行复审，及时办好复审手续，否则不得上岗作业。

第六十五条 根据国务院《企业职工奖惩条例》和有关规定，实施对特种作业人员的奖励和处罚。

第十一章 工地防火管理办法

第六十六条 认真执行“预防为主、防消结合”的消防方针。

第六十七条 按工程施工组织设计的技术措施布置工地的防火工作。

第六十八条 组织本工地义务消防人员，负责日常防火工作，安排防火值日人员。

第六十九条 将本工地的各项防火责任落实到人，完善岗位防火责任。

第七十条 不定期检查本工地的消防重点和危险部位，发现问题及时落实整改。

第七十一条 对本工地参建人员进行防火宣传教育。

第七十二条 负责对三级动火进行审查批准，组织人员对危险部位、焊割、烧作业区进行监护。

第七十三条 发生火灾，立即组织灭火，并做好火灾现场保护工作。

第七十四条 按“三不放过”原则查处火灾隐患，协助上级部门调查火灾原因。

第七十五条 易爆易燃物品由专人负责保管，专人操作使用，购好、管好、用好消防器材，易爆易燃品用毕立即放入防爆仓库。

第七十六条 严禁在宿舍私接电炉，严禁用电炉取暖，不乱拉乱接电线，消除一切隐患。

第七十七条 对违反消防制度责任者照章处罚，立功者奖励。

第十二章 施工现场明火作业管理办法

第七十八条 一级动火作业应由所在单位行政负责人填写动火申请表和编制安全技术措施方案，报公司安全部门审查批准后方可动火。重要项目的动火，应报当地消防部门审批。

第七十九条 二级动火作业由所在工地负责人填写动火申请表和编制安全技术措施方案，报本单位主管部门审查批准后，方可动火。

第八十条 三级动火作业由所在班组填写动火申请表，经工地负责人审查批准后，方可动火。

第八十一条 凡属下列情况之一的属一级动火：

（一）在贮存过燃料气体、易燃气体的容器内以及连接在一起的辅助设备。

（二）各种受压设备，在禁火区域内，比较密封的室内、容器内、地下室等场所。

（三）危险性较大的登高焊、割作业。

第八十二条 凡属下列情况之一的为二级动火：

（一）在具有一定危险因素的非禁火区域内进行临时焊、割作业。

（二）小型油箱等容器。

（三）一般的登高焊、割作业。

第八十三条 在非固定的、无明显危险因素的场所进行用火作业，均属三级动火作业。

第八十四条 三级动火，申请人应在三天前提出，批准后最长期限为七天，期满后应重新申请。

第八十五条 动火时，必须有防火防范措施及监护人监护。

第十三章 动火审批管理办法

第八十六条 一级动火作业，由单位行政负责人填写动火申请表，编制安全技术措施方案，报公司保卫部门及消防部门审查批准后，方可动火。

第八十七条 二级动火作业，由工地负责人填写动火申请表，编制安全技术措施方案，报本单位主管部门审查批准后，方可动火。

第八十八条 三级动火作业，由班组长填写动火作业申请表，经工地负责人及主管人员审查后，方可动火。最长有效期限为7天，期满后应重新办证，否则不准动火。

第十四章　宿舍卫生、防火安全管理办法

第八十九条　严禁在宿舍内使用电炉、煤气炉煮饭，经发现劝告不听者，予以从严处罚，直至没收使用器具。

第九十条　不得随意在宿舍外走廊及四周生火做饭，特殊情况需要，应到指定地点进行或经申请到食堂开小灶，不得随地生火，发现者每次处以罚款100元。

第九十一条　宿舍内用火要注意安全，火柴头、烟头应扔在烟灰缸内或随时将火星踩灭，不准躺在床上吸烟。

第九十二条　燃着的驱蚊材料（蚊香等），应放在安全地点，不准靠近易燃物和床铺，就寝前要将驱蚊材料熄灭。

第九十三条　严禁私自拉灯接线，室内灯光不足需要加装的，应经工地负责人同意并由专职电工操作。私自拉接者，每次罚款100元。

第九十四条　宿舍内的床铺及各种生活用品放置整齐，被褥叠放整齐，干净、无异味。

第九十五条　宿舍内保持卫生，每日有人打扫，清扫出的垃圾倒在指定地点，并及时清理。

第九十六条　保持宿舍周边的环境卫生，不乱泼污水，配设垃圾桶或垃圾袋，不得随地扔放垃圾。

第九十七条　每个宿舍应由项目经理任命卫生责任人，生活区每月30日进行卫生评比。

第十五章　食堂安全防火制度

第九十八条　食堂应按消防要求配备适当的消防器材。

第九十九条　炉灶附近严禁存放油类、刨花、木柴、废纸等易燃物品。

第一百条　炉灶生着火后，要有专人负责管理炉灶火情，不得擅自离开岗位。

第一百零一条　锅内食油温度不能过高，以免引起燃烧。

第一百零二条　对烧煤柴的食堂，做完饭后，必须把火压封好或熄灭，清除干净灶台附近的易燃杂物，要查看火情，锁好窗和卖饭口方可下班。

第一百零三条　对使用燃气的食堂，做完饭后要检查开关是否处于关闭状态，防患于未然。

第一百零四条　食堂工作人员必须懂得防火知识，会使用消防器材扑救火灾。

第十六章　场容管理办法

第一百零五条　工地主要入口和明显处，必须立有标牌。标牌要鲜明周正，规格

一致。

第一百零六条 现场围墙必须规矩整齐，一般高，一条线，大门要简朴周正。

第一百零七条 现场临街处，禁止堆放有碍市容观瞻的杂物和料具，如堆放料具，必须摆放整齐，在马路上看，要一条线，一头齐。

第一百零八条 暂设工程不得有歪斜、墙皮脱落和破烂等现象，棚顶棚檐规矩整齐，不得参差不齐。

第一百零九条 现场道路和场地必须平整，道路畅通。要有排水措施，路面不得有坑坑洼洼、行车颠簸等现象。基础施工完毕后，要及时清理积土、整理场地。

第一百一十条 施工现场有严格的分片包干和个人岗位责任制，做到整个现场清洁整齐。

第一百一十一条 气候干燥时，现场要经常洒水，不得因行车而尘土飞扬，污染空气。

第一百一十二条 现场有科学组织设计、合理的平面布置，按平面布置图搭设临时设施、安装机具、堆放材料。

第一百一十三条 必须及时清除废料、杂草、垃圾，雨季施工期间要有排水措施。

第一百一十四条 大宗材料砖成丁，垛位一条线，一般高，砂、石、灰料堆要方正。

第一百一十五条 钢木门窗、钢材、木材、水电管材、零件等必须分规格、型号堆放整齐，堆放一头齐，垛位一条线，怕雨淋日晒的要有防潮和遮盖措施，易失小件和贵重物品要入库保管。

第一百一十六条 工人操作地点和周围环境必须清洁整齐，做到工完料清，干活脚下清。

第一百一十七条 现场要有成品保护措施，不得有碰撞、损坏现象。

第一百一十八条 机械设备要按组织设计安置，摆放整齐，保持机身清洁，标记编号明显清楚，安全装置可靠，机棚内外干净整齐，棚内视线要好，操作方便，搅拌站周围要有排水措施，不得积水。

第一百一十九条 现场有明显的防火宣传标志，配备足够的消防器材，保持消防通道和楼内疏散通道的畅通。

第一百二十条 现场要严格执行安全值班员制度，在生产中，要遵守技术安全操作规程。

第一百二十一条 泥工的落地灰、木工的扣件模板钢管、钢筋工的成品钢筋等，随清、随收，做到建筑物内外清洁。

第一百二十二条 生活垃圾、剩菜剩饭应倒到指定地点，违者每次处以50元罚款。

第一百二十三条 厕所做到专人清扫，每天不少于1次，同时经常喷药，消灭蚊蝇。

第一百二十四条 办公室、职工宿舍、食堂应及时清扫，棉被、物品须折叠、放置整齐，做到窗明地净。

第一百二十五条 由炊事员负责清扫、排通食堂边的污水沟，保证废水外排畅通。

第一百二十六条 每个职工必须爱护公共财产，保护建筑成品，不浪费建筑材料。

第十七章 施工现场治安保卫管理办法

第一百二十七条 施工现场应严格遵守社会治安有关规定，对招用外来临时工人应做好登记造册，加强管理，对不明身份的外来人员，一律不准招用。

第一百二十八条 小商贩不得进入工地，施工作业人员不许带小孩进入现场。

第一百二十九条 进出工地的货物，应经门卫登记检查，未经批准不许将工地的东西拿出工地。

第一百三十条 要提高警惕，严防坏人进入施工现场，如有嫌疑者立即报告治安领导小组。

第一百三十一条 如有被盗窃或破坏，应立即报告项目部领导，并保护好案发现场。

第一百三十二条 所有场内人员均应自觉佩戴胸卡，进出工地大门需佩戴胸卡，若没有佩戴，必须经门卫室登记，同意后方准进入工地。

第一百三十三条 施工现场不得有酗酒行为，严禁在现场内、宿舍区进行赌博活动，发现者，轻者罚款100～1000元，重者移交公安派出所处理。

第一百三十四条 施工现场严禁吵架、打架行为发生。经劝告不听者，扭送公安机关处理，并根据情节给予罚款直至逐出工地的处罚。

第一百三十五条 外来客人必须经门卫室登记，一般不准容留在现场住宿，特殊原因，须报项目部治安组同意，并按规定申报。

第一百三十六条 所有场内参加建设人员均应遵纪守法、和气待人，团结友爱，言行文明。表现良好者，项目部将给予年终考评奖励。

第十八章 电气安全生产管理办法

第一百三十七条 电工必须持证上岗，非电工不准玩弄和安装电器设备。

第一百三十八条 电工上岗操作必须正确使用防护用品，戴好安全帽，用好绝缘设备，严守“安全第一，预防为主”方针。

第一百三十九条 对工作认真负责，认真做好各种验收记录，发现问题及时整改，杜绝事故发生，排除各种不安全的隐患。

第一百四十条　各种电器设备安装必须符合国家JGJ59–99有关规定，严禁违章操作。

第一百四十一条　定期检查和检验施工用的器具、绳索、绝缘物品及劳保用品，不合格的集中回收，及时处理。还应随时清理施工现场电箱内的废材料和有碍施工用电的东西，排除不安全的因素。

第一百四十二条　凡采用新技术、新设备、新工艺时，必须对职工进行安全用电技术教育，使其熟悉新的安全用电技术知识，并熟练掌握操作技术。

第一百四十三条　认真做好各种配电设备的安全用电标志，减少事故的发生。

第一百四十四条　经常组织项目经理、施工员、专职安全员、班组长、电工对用电设备进行检查，发现问题及时整改。

第十九章　配电房安全防火管理办法

第一百四十五条　配电房内外不准存放易燃易爆与工作无关物品，经常保持室内干燥，严禁在配电房内抽烟、用火。

第一百四十六条　配电房严禁无关人员进入，禁止非电工人员操作、检查电器设备。

第一百四十七条　经常保持电器的完好、清洁。

第一百四十八条　裸露的导电部分应固定良好，并有明显的标志，各项之间应保持规定的距离，并经常检查导体连接处的可靠性。

第一百四十九条　经常检查油开关的接触是否良好，按规定周期维修保养、换油。

第一百五十条　注意监视电器仪表，防止长时间大容量过载。如发生过载，值班电工应立即报告领导，紧急情况下应及时拉闸限电。

第一百五十一条　注意保持接地线的可靠性，定期检查接地电阻。

第一百五十二条　必须配备消防器材，作业人员会使用消防器材。

第二十章　门卫管理办法

第一百五十三条　上班要佩戴袖章，严守岗位，不擅自离岗。

第一百五十四条　保持仪容严整，使用文明语言，待人礼貌。

第一百五十五条　认真做好出入车辆和来访人员的进出登记。

第一百五十六条　没有持证或工作卡的人员，不经允许，不得进入工地。

第一百五十七条　所有的材料和机具没有批条，一律不得放行。

第一百五十八条　做好安全值班记录、交接班手续。

第一百五十九条　自觉遵守各项规章制度，做遵章守纪的模范带头人。

第二十一章　工伤事故统计报告管理办法

第一百六十条　重大工伤事故发生后，必须用最快速度（电话、电传）报告上级有关部门。

第一百六十一条 重大工伤事故发生后，要保护现场，做好书面记录、草图、拍照、录像。

第一百六十二条 事故发生后，要第一时间向公司负责人报告简要情况并在24小时之内填报工伤事故快报表上报总公司或分公司。

第一百六十三条 一般工伤事故（轻伤休息1个工作日以上、105个工作日之下），必须填写《工伤事故快报表》，在事故发生后20天后内呈报上级各部门，并做好存档。

第一百六十四条 做好职工工伤事故月报工作。项目部必须在翌月1日填写本月《工伤事故月报表》，报总公司或分公司安全管理科。无事故也应执行月报。

第二十二章 职业危害防治管理办法

第一百六十五条 根据建筑行业的野外露天作业特点及新工艺、新材料的施工方法，归纳有以下各种职业危害因素：

（一）粉尘危害：包括：矽尘、石棉尘、水泥尘、木屑尘及其他粉尘。

（二）毒物危害：包括：铅尘烟、苯、高分子化合物、铝尘烟，铬氯化合物、氨、汞及化合物，二氧化硫、氮氧化合物、一氧化碳。

（三）放射线危害：建筑施工中常用X射线和 γ 射线进行质量探伤、焊缝质量检查等。

（四）噪声危害：机械性噪声、空气动力性噪声、电磁性噪声、爆炸性噪声。

（五）振动危害：包括振动器、打桩机、风钻、风铲等。

（六）辐射危害：包括弧光电焊、强照紫外线照射、红外线、可见光线等。

第一百六十六条 建筑施工现场预防职业病的技术措施。

（一）防尘技术措施。

1.水泥除尘措施。

（1）移动搅拌机除尘，采用通风除尘系统，在拌筒出料口安装活动胶皮护罩，在拌筒上方安装吸尘罩。

（2）水泥制品厂搅拌站除尘，在进料仓上方安装水泥、沙料粉尘除尘器。

（3）高压静电除尘，应用于水泥料斗上方安装吸尘罩，吸取悬浮在空气中的尘粒，通过静电处理。

2.木屑除尘措施。

在每台加工机械尘源上方或侧向安装吸尘罩，通过风机作用，将粉尘吸入输送管道，再送到蓄料仓内。

3.金属除尘措施。

钢、铝门窗的抛光（砂轮打磨）作业中，一般多采用局部通风除尘系统，应在打磨台工人操作的侧方安装吸尘罩，通过管道将含有金属粉尘的空气输送到室外，进行净化排放。

（二）防毒技术措施。

1.防铅毒的技术措施：根据国家标准规定，空气中铅的最高允许浓度为：铅烟 $0.03mg/m^3$，铅尘 $0.05mg/m^3$。凡超过的均应采取防护技术措施。

充电的防毒措施：采用抽风机或鼓风机将铅尘、铅烟、铅蒸气抽至室外，进行充电静化处理后，向空中排放，也可设置水池进行净化，蓄集处理铅尘。

消除铅源，以无毒、低毒的物料代替铅丹，是消除铅危害的根本措施，采用塑料管代替铅管，利用JQ–1型常温无渣磷化液代替防锈漆（红丹漆）。

2.防锰毒的技术措施：根据国家标准规定，空气中锰的最高允许浓度为 $0.02mg/m^3$，凡超标的均应采取防护措施。

（1）集中的焊接物所或室内焊接物所，应采取机械抽风系统，即在每个焊接作业点上方设置吸烟尘罩，将锰烟吸入管道，经过滤净化后再排放。

（2）分散焊接点，设置移动式锰烟除尘器，随时将吸尘罩设在焊接作业人员上方及时吸走焊接的锰烟尘。

（3）现场焊接作业场狭小、流动频繁，每次焊接作业时间短，难以装置排毒设备的，应选择上风方向进行操作。

（4）在气柜、球罐、搅拌筒内等密闭场所内焊接，极易发生锰急性中毒，应采用临时监护抽风措施，降低锰烟尘浓度，尽量减少作业人员与锰尘的接触时间。

（5）加强个人防护措施。除使用口罩等常用防护用品外，如遇通风不易解决的场所，应采用通风焊帽等特殊防护用品。

（6）改革工艺和改进焊接材料，采用无毒或少毒材料制造焊接材料。

3.防苯毒的技术措施：根据国家标准规定，空气中苯的最高允许浓度为：苯 $40mg/m^3$ 以下，甲苯 $100mg/m^3$ 以下。

（1）喷漆时可采用密闭喷漆间，作业人员在喷漆间外操纵微机控制，减少人体直接接触苯毒。

（2）通风不良的地下室，消防水池内涂刷各种防腐涂料或环氧树脂防水材料等作业，必须根据场地情况，采取多台抽风机把苯毒气排出室外，以防止急性苯中毒。

（3）施工现场油漆配料房，应改善自然通风条件，减少连续配料时间，防止发生苯中毒和铅中毒事故。

（4）涂刷冷沥青，凡在通风不良的场所，或容器内涂刷冷沥青时，必须采用机械通风，送氧及抽风措施，不断稀释空气中的毒物浓度，不得只送风不抽风，以防造成因毒气“满溢”而无法排出，产生中毒。

（三）弧光辐射的防护。

为了保护作业人员的眼睛不受电弧的伤害，焊接时，必须使用镶有特制防护眼镜片的面罩，根据焊接电流强度和个人眼睛情况，选择吸水式滤光镜片或反射式防护镜片。

为了防止弧光灼伤皮肤，焊工应穿好工作服，戴好手套和盖好鞋盖等，工作服要求平整，用反射系数大的纺织品制作。决不允许在电弧焊操作时卷起袖口，穿短袖衣及敞开衣领等。

（四）防止噪声危害的技术措施。

根据我国工业噪声标准规定，凡新建、扩建、改建的工程建设施工中允许噪声在85分贝，若超过应采取以下技术措施：

1.消声：应在各种通风机、压缩机、鼓风机等进排气口处装置消声器。

2.吸声：可在室内用多孔材料安装在墙面及天棚的表面上，或制成尖锥状悬挂于棚顶或装放在墙上，或利用共振原理采用多孔板制成的防噪声墙壁。

3.隔声：采用单层或双层隔音板，也可将橡胶、高分子涂料涂在金属薄板上，形成阻尼互相错动，来达到封闭、隔绝噪声的目的。

（五）防止振动危害的技术措施。

安装具有弹性性能的隔振装置，使振源产生的大部分振动波被隔振装置所吸收。如用金属弹簧、隔振垫、橡胶垫、软木垫、树脂玻璃纤维板、毛毡等制作的隔振器。

1.改革生产工艺，推行新工艺、新技术减少振动的危害。

2.有些手持振动工具、振动器，应给手柄包上泡沫塑料等隔振垫，作业时应戴好专用的防振手套。

第一百六十七条 防止职业危害的综合措施。

（一）根据危害的种类、性质、环境条件等，有针对性地发给作业人员有效的防护用品、用具，这是防止或减少职业危害的必要措施。如配合电焊作业的辅助人员，必须佩戴有色护眼镜，防止电光性眼炎；在噪声环境下作业人员必须佩戴护耳塞（器）；从事有粉尘作业的人员戴纱布口罩，如达不到滤尘目的，必须佩戴过滤式防尘口罩，从事苯、高锰作业人员，必须佩戴供氧式或送风式防毒面具；从事有机溶剂、腐蚀剂和其他损坏皮肤的作业，应使用橡皮或塑料专用手套，不能用粉尘过滤器代替防毒过滤器，因为有机溶剂蒸气可以直接通过粉尘过滤器。

（二）有从事粉尘、有毒作业人员的工地，应设置淋浴设施，工人下班必须淋浴后，换上自己服装，以防止工人头发和衣服上的粉尘、毒物、辐射物带回家中，危害家人健康。还应将有危害作业人员的防护服、每天集中洗涤干净，让工人在每次从事有害作业前均穿上干净的防护服。

（三）严禁工人在有害作业场所内吸烟、吃食物，饭前班后必须先洗手，漱口，严防有害物随着食物进入体内。要加强卫生宣传教育，做到有害作业场所每天要搞好场内清洁卫生。

（四）定期对有害作业职工进行体检，凡发现有不适宜某种有害作业的疾病患者，应及时调换工作岗位。

1.患有各种血液病、继发性贫血（血红蛋白在60%以下），肝病、胃病及十二指肠溃疡、心血管疾病、活动性肺结核、神经精神系统疾病的，不宜从事铅、四乙铅作业。

2.患有各种神经精神疾病、肝胆病、肾病、呼吸系统疾病、植物神经功能明显紊乱的，不宜从事锰作业。

3.患有各种血液病、严重神经官能症、肝脾脏疾病及未成年人不宜从事苯作业。孕妇和哺乳期妇女，应暂时调离苯作业。

4.患有活动性肺结核，慢性上呼吸道或支气管疾病，严重心血管疾病，影响肺功能的胸膜，胸廓疾病，不宜从事粉尘作业。

5.患有各种心血管器官性疾病的，不宜从事高温作业。

6.患有各种听觉系统疾病的，不宜从事噪声作业。

第一百六十八条 凡参与本公司从事施工现场管理的均应遵守执行，同时应依法接受监察部门的监督。

第二十三章 环境保护及职业危害防治管理办法

第一百六十九条 凡参与本公司建筑施工经营活动的各分公司、项目部、各施工现场，必须遵守本管理办法。

第一百七十条 环境保护应遵循与经营管理协调进行，资源利用与保护相结合；统一监督管理与分工负责相结合，污染者承担治理和损害补偿责任的原则。

第一百七十一条 环境保护必须本着“预防为主、防治结合、综合利用”的方针。

第一百七十二条 产生环境污染的施工现场，必须把环境保护纳入工作计划，把消除污染、改善环境、节约资源和综合利用作为技术改造和经营管理的重要内容，建立环境保护岗位责任制，并作为年终考核内容。

第一百七十三条 施工项目中的防治污染的设施，必须经主管部门报批后与主体工程同时设计、同时施工、同时投产使用。防治污染的设施必须经原审批环境影响报告书的环境保护行政主管部门验收合格后，才能交付使用。

第一百七十四条 施工现场应当采取措施防治大气污染，严格控制粉尘排放，加强对动力废气、机动车尾气、化学品恶臭、电焊一氧化碳等有毒、有害气体排放的管理工作。

第一百七十五条 向大气排放污染物必须采取措施防止周围环境受到污染，不得超标排放动力废气、粉尘、烟尘、恶臭等。

第一百七十六条 禁止在人口集中地区露天焚烧沥青、油毡、橡胶、塑料、皮革、垃圾以及其他有毒、有害烟尘和恶臭气体的物质。

第一百七十七条 对产生噪声和振动的机械设备，以及其他噪声源，应当采取消气防振措施，其噪声和振动的排放，必须符合排放标准。

第一百七十八条 在居民区、文教区、疗养区的施工现场，禁止夜间及午间产生超放标准的噪声、振动源，若确需在夜间及午间作业的必须报经所在地环境保护行政主管部门批准，并予以公告，接受群众的监督。

第一百七十九条 施工现场的固体废弃物和生活垃圾要做到分类收集、综合利用和无害化集中处理。对按指定地点倾倒固体废弃物和生活垃圾，应采取填埋方式处理，并具备有效的防水层及防渗透措施。若以焚烧方式处理，应配有消烟除尘设施，做到达标排放，防止产生二次污染。

第一百八十条 对可能发生污染的施工作业现场，应当采取措施，加强防范。对已造成污染事故的，必须立即采取措施，控制和消除污染，及时通报可能受到危害和影响的周围群众。同时向所在地县级人民政府主管环境保护的行政部门报告，并接受调查处理。

第二十四章 仓库安全管理办法

第一百八十一条 保管员每日上班、下班前，要检查库房、库区、场区周围是否有不安全的因素存在，门窗锁是否完好，如有异常应采取必要措施并及时向保卫部门反映。

第一百八十二条 在规定禁止吸烟的地段和库区内，应严禁明火及吸烟，仓库禁止携入火种，保管员对入库人员有进行宣传教育、监督、检查的义务及权利。

第一百八十三条 对危险品物资要专放，对易燃易爆物品要采取隔离措施，单独存放。消灭不安全的因素，防止事故的发生。

第一百八十四条 保管员应保持本库区内的消防设备、器具的完整、清洁，不许他人随意挪用，对他人在库区内进行不安全行为作业，有权监督和制止。

第一百八十五条 保管员对自己所管物资，对外有保密的责任。领料人员和其他人员不得随意进出库房，如确需领料人员进库搬运的物资，要在库内点交清楚，不得在搬运中点交，以防出现差错或丢失。

第一百八十六条 保管员在探亲出差或长时间外出时，不得把仓库钥匙带出去，工作时间不得将钥匙乱扔乱放，人离库时应即锁门，不得擅离职守。

第一百八十七条 保管员在发完料后，应在发料凭证上签字，同时也要请领料人员签认，并给领料人员办理出库手续。

第二十五章 施工用电安全管理办法

第一百八十八条 在建工程的外侧边沿与外电架空成路的边缘之间应保持安全操作距离，否则必须采取有效防护措施。

第一百八十九条 电气设备的金属外壳必须采取接零或接地保护，用电设备负荷线首端须装设漏电保护器。

第一百九十条 配电箱内应按规定整齐装设各类仪表装置，动力与照明线路须分开设置，配电室内禁止住人或堆放物料。

第一百九十一条 架空线严禁设在树木或脚手架上，架空线的最大垂弧点与地面距离≥4米，跨越机动车道时>6米。

第一百九十二条 临时用电照明应设专用开关箱控制，室外灯具距地面>3米，室内>2.40米，在特殊场所，必须使用符合安全要求的电压照明。

第一百九十三条 非专业电工禁止进行电气装置的安装、接线作业。

第二十六章 机械设备安全管理办法

加强施工现场机械设备的安全管理，以确保机械设备的安全运行和职工的人身安全。施工现场必须健全机械设备安全管理体制，完善机械设备安全责任制，动力设备部门应负责机械设备的监督检查。施工计划必须保证必要的设备维修保养时间，严禁盲目追求施工进度而滥用设备。

第一百九十四条 机械设备的验收管理办法。

（一）大型机械装拆，必须持有市建委有效许可证，严禁无证上岗，安装完毕须经公司安全科、施工企业安全员、机械员、电气负责人共同组织验收，由公司安全科签发验收合格单，并经市机械检测中心、劳动局检测合格后方能使用。

（二）钢、竹脚手架搭设前施工员必须按施工组织设计方案作安全技术交底，接受人审阅签字后，方可搭设。每搭设三排架子，须进行一次书面验收，符合要求后，挂上验收合格牌，脚手架方可使用。

（三）井架搭设前，由施工员按施工技术方案作井架搭设安全技术交底，接受人审阅签字后，方可搭设。井架搭设完毕后，经工地安全员、工地负责人共同参与验收，签发验收合格单，挂上验收合格牌后，方可使用。

（四）施工现场的漏电开关，专业电工要经常性进行检测验收，并做好书面记录。

（五）中小型机械使用前，由机管员、安全员、施工员负责检查，填写书面验收合格单，挂牌后方可使用。

（六）凡特殊工种人员必须经有关部门培训考核合格，审定发证，并持证上岗。

第一百九十五条 机械设备的安全使用和管理。

（一）施工现场及项目部应建立健全机械设备的安全技术档案。每台机械设备的例行保养、定期保养及安全运行和检测记录，必须准确及时齐全；两班制以上作业的机械设备，均应实行交接班制度，认真填写交接班记录，并归入技术档案。

（二）施工现场机械设备的安装，应严格执行验收制度。塔式起重机和人货电梯等大型机械设备，应由项目部、安全科、机械管理领导小组和机操人员进行初验，合格后再由公司动力、安全科进行验收。井架、卷扬机、搅拌机等中小型机械，由项目部安全科机械管理领导小组、机操人员进行验收，验收合格后挂牌才能使用。

（三）大型塔式起重机、人货电梯等技术性能复杂的机械设备，应编制拆装方案，经公司总工程师审批后，方可进行作业。各类施工机械的安全防护装置和安全措施，必须严格按有关的安全技术规程配置，并保持齐全有效。严禁拆除机械设备上的各种安全防护及监测、指示、仪表等装置，机械设备必须严格执行定机、定人、定岗位的制度；机固定，建立机长负责的专业机组。

（四）起重机械必须严格执行“十不吊”的规定，遇六级以上（含）大风或大雨、大雪、大雾等恶劣天气，应停止起重机、桩机露天作业。吊具和索具应符合相应的国家标准，并应严格按有关规定使用。起重机应设专职指挥工，采用国家标准信号进行指挥。高层建筑人货两用电梯等垂直运输机械应设置有效的通信联络信号。施工设备易发生故障，危险性较大的地方，应配置报警装置。

（五）所有施工现场的机管、机修和机操人员必须严格执行机械设备的保养规程和安全操作规程，机械设备应按原机技术性能的规定正确使用，必须严格执行条例制度和定期保养制度，做好操作前、操作中和操作后设备的清洁、润滑、紧固、调整和防腐工作，当机械设备运转到保养周期定额工时时，必须按规定进行保养。严禁机械设备超负荷使用、带病运转和在作业运转中进行维修。按有关安全技术标准，制定各类设备的安全检查表，定期进行检查评定，检查出的问题要纳入安全技术措施计划，限期整改。

（六）施工现场应具备机械设备安全运行所需的道路、场地、机棚以及供水、供电、排水等条件，夜间作业必须有充足的照明。做好冬季和台汛期间机械设备的安全管理，入冬及台汛前，应对机械设备进行一次全面检修保养。

第一百九十六条 机械设备的安装与拆卸。

（一）从事机械设备安装的作业人员及管理人员，应当经省级建设行政主管部门考核合格，取得建筑机械设备作业人员证书，方可从事相应的作业或管理工作。

（二）机械设备安装应当依照机械设备安全技术规范的要求，进行机械设备的安装、移位、顶升、附着、拆卸活动，并对安装质量及其作业过程的安全负责。

（三）机械设备安装和拆卸前，应当根据产品说明书、施工现场环境和有关标准安排专业技术人员编制安装或者拆卸施工方案和施工安全事故应急救援预案，经企业技术人员和施工负责人应当向全体作业人员进行安全技术交底。

（四）机械设备安装或拆卸作业前，作业人员应当对拟安装或拆卸设备的完好性进行检查。作业时，应当设置警戒区，禁止无关人员进行施工现场。施工现场应当设置负责统一指挥的人员和专职监护的人员。各工序应当定岗、定人、定责。作业人员应当严格执行施工方案和拆装工艺。

（五）检测、验收、使用。机械设备每次安装完毕后，安装人员应当对起重机械设备进行调试和试运转。在向使用单位进行机械设备移交前，应当委托具有建筑机械检验、检测资格的机构承担机械检验检测工作，并与产权单位和使用单位联合进行安装质量验收，经检测及验收合格后，方可投入使用。

机械设备安装单位必须建立重机械设备安装技术档案。机械设备安装技术档案应当包括下列文件：

1. 安装拆卸合同。

2. 专项安全施工方案和技术措施。

3. 安装验收资料。

4. 检测资料。

5. 移交使用的文件。

机械设备管理人员应当经省级建设行政主管部门培训、考核合格后持证上岗。机械设备作业人员应当持证上岗。机械设备作业人员在作业中应当执行机械设备的操作规程和有关的安全规章制度。对机械设备安全状况进行经常性检查，发现事故隐患或者其他不安全因素时，应当立即处理，情况紧急时，待事故隐患消除后，方可投入使用。

第一百九十七条 机械设备的维修保养 。

（一）使用机械设备应定机定人，任何职工不得擅自使用。对非操作人员使用机械的，罚款10～50元/次，出现事故，后果自负。

（二）操作人员要做好“日常维修保养记录”，反映“调整、润滑、坚固、清洁、防腐”十字作业状况。

（三）任何机械不准超负荷运行、作业，操作人员不准擅自离开岗位。

（四）项目部负责每月检查不少于一次，并做好检查记录，反映安全操作和保养规程的执行情况，对机械保养有一定成绩的职工给予一定的表扬奖励。

（五）机械出现故障应立即由机修人员进行检修，机修人员要及时对出现故障的机械进行修理，绝对不允许机械带病作业。

（六）严格按机械操作规程作业，不得违章操作。

（七）责任分工。

1.使用后的机械设备交回时，由物资设备部维修车间检验员填写“机械设备入库验收单”，与使用方设备员共同签字认可，验证设备除正常磨损外，是否有总成及零配件，仪表、附件等缺损，以便分清责任。

2.从工地交回的机械设备，由维修车间负责维修保养，保证设备再次投入使用时运转正常。

3.根据设备的技术状况，确定修理类别并填写《施工设备维修保养记录》，其正常费用摊入项目成本。由于违反设备维修保养规程，非正常使用而造成的机械设备损坏，其修理费用由使用方承担。

4.凡是已出库投入工地使用的设备，日常维护保养由操作工负责，经常性修理由使用单位的设备员及机修班负责。

5.维修后的设备出库时，由物资设备部与使用方共同签字认可，并填写《施工设备、机具器材需用表》，不合格设备不准出库使用。

6.设备出库后，日常保养及经常性修理等费用由使用单位承担；遇无力维修保养项目，可委托物资设备部维修车间修理，所发生的费用由使用单位承担。

（八）修理类别及方法。

1.大修。

机械设备的大修间隔只有一个参考依据，是否需要大修主要看其技术状况是否符合大修技术条款来确定。需大中修的要填写《施工设备大中修计划》报物资设备部审批。

（1）机械设备需大修的技术条件如下：

①发动机。

a.动力性能显著下降（一般降低20%以上）。

b.有严重烧机油现象（机油消费量超过定额1倍以上）。

c.发动机走热后，气缸压力过低（达不到标准的60%）。

②机械部分。

a.传动机构的主要零件达到极限磨损程度，使机械设备在运转达中有偏摆、异响或撞击抖动现象。

b.转向操纵机构磨损，间隙过大，操纵失灵。

c.变速箱齿轮轴磨损严重换挡困难或经常跳挡。

d.机架主体严重变形或开裂。

e.行走机构磨损严重，无法正常工作。

f.制动机械磨损严重，操作失灵，制动能力下降或失效，无法调整。

g.工作装置磨损严重，操作失灵，不能完成正常的工作量或者作业精度达不到要求。

上述各种情况，均已无法利用调整和小修的方法消除，继续使用将导致严重的事故后果，只有解体大修，才能恢复机械设备的技术性能。有两个以上的总成需修理可视为大修，有一个总成需要修理视为中修。

（2）机械设备修理方法：就车修理法、总成互换修理法。

（3）大修验收。

①外部验收检查：主要检查机械设备装配的完美性，其中包括润滑、坚固和渗漏现象的检查。

②空运转或试验负荷试验：主要试验机械设备的动态性能，包括起动性能、制动性能和安全性能等，验证机械设备是否达到正常使用技术要求。填写“机械设备的试运行记录”。

③机械试验后的复查：主要复查试验后有无不正常现象产生，同时要消除试验中发现的缺陷和故障，进行必要的调整。

④大修验收后要填写“机械设备验收记录”和“机械设备试运转记录”。

（4）大修后设备要达到要求（指设备在7天保证期内使用应达到的要求）。

①发动机走热后应运转正常，无敲缸及其他不正常响声，不发生拉缸烧瓦等现象，机油压力水温等符合规定，排气烟色正常，出力正常。

②离合器接合平稳，不偏摆。

③各齿轮箱包括变速器、分动器、减速器、差速器以及各种传动轴等，运转时无异响，各部轴承无过热现象，各种油封不漏油，变速箱无自动跳挡、掉挡现象，换挡无困难。

④行走机构行驶平稳，不偏摆。

⑤制动系统磨损正常，不过热，性能稳定可靠。

⑥操作机构与安全装置操作灵活，安全可靠。

⑦工作装置无严重磨损和不正常响声。

⑧机架无变形、破裂。

⑨电动机及电器设备的空载电流和温升要符合要求。

⑩各种仪表指示正常、灵敏可靠。

（5）保证责任（7天保证期）。

①在保证期内，如因修理过失而造成严重的设备故障或损坏，由物资设备部维修车间无偿返修。

②其他要求参照大修要求。

2. 中修。

（1）中修的技术条件：符合机械设备大修的技术条件之一，即为中修。

（2）其他要求参照大修要求。

3. 小修。

是维护性修理，主要消除机械设备在使用中发生的临时性故障和局部损伤，维护设备正常运转。

4. 保养。

（1）一级保养：指经常性设备需要润滑保养的部位加注润滑油（如钙基润滑脂、齿轮油、机油等），润滑单位、润滑点数、润滑周期、润滑油种类、注油方法按设备说明书实施。

（2）二级保养：调整、坚固、防腐败机械设备，由设备员及机修班负责（简单的由跟机操作工负责）。

（3）三级保养：把总成拆开清洗，消除故障，由设备员机修班负责。

第一百九十八条 机械设备的报废管理。

（一）报废原因。

1. 事故报废：即机械设备由重大事故或自然灾害等原因损坏至无法修复或无修复价值的程度。

2. 损蚀性报废：即机械设备由于长期使用受自然力的作用使其主体部位遭受磨损、腐蚀、变形、劣化到不能保证安全生产或基本丧失使用价值的。

3. 技术性报废：即机械设备由于技术寿命终了而形成的报废。

4. 经济性报废：即机械设备由于经济寿命终了而退役。

（二）报废原则。

1.设备的技术性能落后、耗能高、污染环境，已无改造余地，大修性能、精度已不能满足要求。

2.设备磨损严重，基础件已损坏，再进行大修已不能达到正常使用和安全要求的；修理费用高，在经济上不如更新合算的。

3.属于淘汰机型，无配件供应来源。

（三）报废审批。

1.需报废的机械设备，必须由物资部对报废机械设备做出详细、正确的鉴定，确认符合报废条件后，填写“施工设备报废申请表”，经总会计师、物资部负责人及相关技师签字，经总经理审批后做报废处理。

2.财务管理中心对报废的机械设备的净值应一次提足后纳入折旧基金，报废的设备从固定资产账上销账。

3.已报废的机械设备销账后由物资设备部统一处理，处理费用上缴公司财务管理中心。

4.已报废的设备做好标识，不得重新用于施工生产。

第一百九十九条 机务人员的管理。

机械设备操作人员须身体健康，没有妨碍从事本作业的疾病和缺陷，受过专门训练，熟悉机械性能，经考核合格，取得安全操作证后，方可上岗操作。

特种作业人员必须按国家《特种作业人员安全技术考核管理规则》和市劳动局《特种作业人员安全技术培训考核管理规定》的要求培训和考核，取得劳动局颁发的《特种作业人员安全操作证》后，方可上岗操作。

实习机操人员必须持有实习证，在师傅现场指导下才能操作机械设备。在非生产时间内，未程的指令；强令违章操作，不管是否造成后果，均应严肃追究强令人的责任，操作人员盲目服从违章操作，应负直接操作责任。机管和操作人员队伍应相对稳定。

第二百条 机械设备故障事故的应急救援管理。

（一）为有效防止突发性机械设备事故的发生，最大限度地减少事故伤害，各单位要加强对机械设备安全工作的领导，经常性地组织操作人员学习操作规程，提高安全生产意识，排查设备故障，发现问题，及时纠正，消除隐患。

（二）各单位机械设备操作人员必须持有有关部门颁发的操作证，并熟悉设备的构造、原理、性能及安全技术要求，严禁操作人员违规操作，机械设备带“病”作业。

（三）应急救援措施。

1.漏电触电。若机械设备出现漏电触电现象，当事人应及时向工区负责人或应急小组报告，采取有效的抢救措施。若操作人员触电，应尽快使触电者脱离电源，实施抢救。

2.刹车失灵。上坡时出现刹车失灵，不能脱档，松掉油门，靠边行驶，将发动机熄火，利用手制动将车停住，然后找人打眼。下坡时出现刹车失灵，挂低速挡行驶，不能将发动机熄火，靠边行驶，行驶至平坦的地方将发动机熄火，利用手制动将车停住，然后找人打眼。

3.提升设备事故。当提升设备出现事故时，立即将现场人员迅速撤离，通知应急救援小组，组织人员对井架、电动葫芦（卷扬机）、连接件的安全隐患进行处理。

（四）应急程序。

1.发生事故后，当事人应立即报告现场负责人，报告时间不得超过事故发生后1小时。报告内容为事故发生的时间、地点、单位、事故的简要情况、伤亡人数、初步估计的直接经济损失和已采取的应急措施等。同时，迅速联系119、120处理事故现场。

2.立即启动应急救援预案，成立现场救援组，实施现场救援工作和调查处理。事故发生地的有关单位必须严格保护事故现场，并采取必要措施抢救人员和财产，防止事故扩大和损失加重，确因抢险需要移动现场物件时，必须做出标志、拍照、详细记录和绘制现场图，并妥善保存现场主要痕迹、物证等。

3.特大事故现场救援组到达后，根据省指挥部应急救援现场指挥部的命令，按照职责分工，立即开展救援工作，听取事故发生单位的汇报，分析事故发生原因，制定抢险方案，并按分工组织实施。

第二十七章　脚手架安全管理办法

第二百零一条　脚手架必须针对工程结构，设置独立的安全施工方案，经审批后按方案施工。

第二百零二条　脚手架的搭设必须按照国家《建筑施工扣件式钢管脚手架安全技术规范》（JGJ130—2001）之规定搭设。

第二百零三条　架子工必须经过专业机构培训考核，持有效合格证方可上岗作业。

第二百零四条　架子工在操作时必须严格执行安全技术操作规程，正确使用劳动安全防护用品，施工过程中必须做好安全警戒工作。

第二百零五条　搭设过程中，必须及时做好脚手架安全防护。若栏杆未绑稳，有松动现象时必须及时固定好。不得擅自离开岗位。下班前必须检查脚手架及其周围是否有隐患，及时防护固定好后才能下班。

第二百零六条 脚手架必须经过施工技术员、安全员、架子工班长等按“三步一验收”制度验收合格挂牌后，方可交接使用。

第二百零七条 脚手架必须有专人定期进行检查、维修，并有验收、维修记录。

第二十八章 宿舍管理办法

第二百零八条 工地搭设或安排集体宿舍，必须有专人负责管理，住宿人员必须服从管理，自觉遵守工地各项规章制度。

第二百零九条 工地集体宿舍是施工人员休息、生活、学习的场所，应保持宿舍卫生整洁、安静和良好的秩序，每个住宿人员应遵守文明宿舍公约。

第二百一十条 住宿职工要维护公共卫生，保持室内干净、整洁，生活用品摆设、叠放整齐，地面不乱扔杂物、烟头。

第二百一十一条 每个宿舍房间要编号并选室长，室长负责安排卫生值日和清扫工作，住宿人员名单要上墙，每日卫生值日人员要自觉负责门前和室内卫生的打扫，督促同室人员不乱扔垃圾，不乱倒脏水，不随地便溺。

第二百一十二条 工地管理人员每周一次组织人员检查，如宿舍内发现脏、乱、臭现象应责令整改，屡违者经教育后视情节轻重予以处罚或清退。宿舍内不得留宿无关人员和家属子女。

第二百一十三条 宿舍无人时关好窗户，切断电源，锁上门锁。

第二百一十四条 工地和生活区、宿舍内不准聚众酗酒，不得聚众赌博，严禁斗殴，严禁从楼上向下倒水。

第二百一十五条 冬季宿舍内要防止火灾和煤气中毒。不准在床上吸烟，不准往楼下扔烟头，不准乱拉乱接电线，不准使用电炉、煤油炉，不准用100瓦以上灯泡或“小太阳”烘衣、取暖，不准在宿舍内存放易燃、易爆物品。

第二十九章 宿舍卫生管理办法

第二百一十六条 宿舍周围及场地内大家动手打扫，保持干净、整齐、优美。

第二百一十七条 职工宿舍合理布置，床单、枕巾干净卫生，被子叠放整齐。

第二百一十八条 洗脸毛巾挂成一条线，整齐划一，不穿的衣服叠整齐，放在固定地方。

第二百一十九条 洗漱、吃饭用具放在固定地方，整齐干净，餐具要遮盖。

第二百二十条 床铺下边不得有杂物，鞋子放在固定的地方。

第二百二十一条 室内地面保持干净，桌椅表面无灰尘，窗户明亮，使人进屋内感到窗明几净，轻松愉快。

第二百二十二条 宿舍内有室长安排值日表，使职工自觉打扫宿舍卫生。

第二百二十三条 剩饭、剩菜一律要倒入泔脚桶，不准乱倒。

第二百二十四条 不乱抛杂物，不随地大小便。

第二百二十五条 发现违反上述两条之一的，罚款30元。

第三十章 食堂卫生管理办法

第二百二十六条 炊管人员操作时必须穿戴好工作服、发帽，做到“三白”（白衣、白帽、白口罩），并保持清洁整齐，做到文明操作，不赤背、不光脚，禁止随地吐痰。

第二百二十七条 炊管人员必须做好个人卫生，要坚持做到四勤（勤理发、勤洗澡、勤换衣、勤剪指甲）。

第二百二十八条 炊管人员必须持有所在地区卫生防疫部门办理的健康证和岗位培训合格证，炊事人员无健康证不得上岗。

第二百二十九条 不得采购制售腐败变质、霉变、生虫、有异味或食品卫生法规定禁止生产经营的食品。

第二百三十条 盛放酱油、盐等副食调料要做到容器物见本色，加盖存放，清洁卫生。

第二百三十一条 公用餐具应有专用洗刷、消毒和存放设备，剩菜剩饭必须倒进加盖的残渣桶内，并及时清运。

第二百三十二条 食堂应有相应的更衣、消毒、冲洗、采光，照明、通风、防蝇、防尘设备，以及畅通的上下水管道。

第二百三十三条 未经卫生监督管理部门批准，工地食堂禁止供应生吃的菜，以防止肠道传染疾病，剩饭、菜要回锅彻底加热再食用，一旦发现变质，不得食用。

第二百三十四条 餐厅应设有洗碗池，残渣桶和洗手设备。

第二百三十五条 开饭时必须按位就餐，不得大声喧哗及闹事。每个职工必须遵守餐厅制度，按时就餐。餐厅应设有保洁员定时清理、打扫，以保卫生。

第三十一章 厕所管理办法

第二百三十六条 配备专职清洁工一名，每日早晚各清扫一次。

第二百三十七条 配备喷雾机一只，适量消毒药，两天喷洒一次药物，防止蚊蝇滋生。

第二百三十八条 做到墙面清洁、整洁，无乱写乱画，无乱划。

第二百三十九条 厕所保持清洁卫生，无臭无味，保证空气流通清新，环境整洁。

第二百四十条 大便槽使用水冲式，便池无害化处理，三池式储粪池，无污水外流，无堵塞，保持清洁无害。

第二百四十一条 定期、不定期检查，健全卫生制度。

第三十二章 现场施工“不扰民”措施

第二百四十二条 施工过程中尽量做到不扰民，必须在夜间（22时至次日6时）进行施工时，须按规定进行申请报批。外脚手架设置密目式安全立网、封闭防护，实行全封闭施工。

第二百四十三条 夜间严禁使用电锯、切割机、电刨、风镐、打桩机械等高噪声机械施工。

第二百四十四条 严禁高噪声装卸，大声喧哗。

第二百四十五条 严禁人工锤打、敲打、高处抛扔建筑材料或垃圾。

第二百四十六条 生产废水的必须经过沉淀方可排出，严禁泥浆乱排放。

第二百四十七条 采取措施控制施工现场粉尘飞扬，施工楼层内的建筑垃圾、土渣须采用专用垃圾道或装入斗车从提升机吊篮运至地面集中堆放并及时外运，在大门口设洗车台对清运土渣的车辆进行清洗，防止渣土外带。

第二百四十八条 做好劳逸结合，合理安排作息时间。夜间23时后不得大声喧哗、赌博、酒后闹事，打架斗殴，违者按规定给予经济处罚，情节严重的移送公安机关处理。

第三十三章 施工现场操作班组落地清管理办法

第二百四十九条 施工作业时不得造成严重污染环境。

第二百五十条 操作人员应做到落手清，做到工完料尽、物尽其用、废料归堆，并清运出场的责任到位工作。

第二百五十一条 落地料、碎砖料、国料必须按时清理干净。

第二百五十二条 砖块堆放应成垛，在脚手板上堆放不得超过三皮。

第二百五十三条 模板、竹木料不准乱堆、混放、散落或随意作他用。

第二百五十四条 零配件、钢扣件等存放集中，不得散乱并有散失。

第二百五十五条 每月项目部检查评分一次，对各作业班组进行评分，成绩优良的班组按相关规章制度奖励。

第二百五十六条 每月将检查结果张榜公布。

第三十四章 安全技术措施

第二百五十七条 按规定使用“三宝”。

第二百五十八条 机械设备防护装置一定要齐全有效。

第二百五十九条 塔吊等起重设备必须有限位保险装置，不准“带病”运转，不准超负荷作业，不准在运转中维修保养。

第二百六十条 架设电源线路必须符合当地电业局规定，电气设备必须全部接零接地。

第二百六十一条 电动机械和手扶电动工具，要设置漏电保护装置及单机箱。

第二百六十二条 脚手架材料及脚手架搭设必须符合规程要求。

第二百六十三条 各种缆风绳及其地锚设置必须符合规范要求。

第二百六十四条 在建工程的楼梯口、电梯口、预留洞口，通道口及临边必须有防护措施。

第二百六十五条 进入施工现场必须戴安全帽，严禁赤脚或穿拖鞋、高跟鞋，高处作业必须佩戴安全带，不准穿硬底和带钉防滑的鞋靴。

第二百六十六条 施工现场的悬崖、陡坎等危险地区应有警戒标志，夜间要设红灯示警。

第三十五章 施工现场安全生产奖励与处罚办法

第二百六十七条 施工现场安全生产奖励与处罚详见《工程项目管理处罚细则》。

第三十六章 附 则

第二百六十八条 本管理制度由公司工程管理中心负责组织、实施。

第二百六十九条 公司工程管理中心可在本制度的基础上制定实施细则。

第二百七十条 本管理制度自公司董事会审议通过、发布之日起实施。

范本3 对外捐赠管理办法

第一章 总 则

第一条 为进一步规范公司对外捐赠行为，加强对外捐赠事项的管理，维护股东权益，更好地履行社会责任，全面、有效地提升和宣传公司品牌及形象，根据《中华人民共和国公益事业捐赠法》等法律法规，特制定本管理办法。

第二条 本管理办法适用于公司及分、子公司（以下简称各单位）的对外捐赠管理。

第三条 本管理办法所称对外捐赠，是指公司自愿将其有权处分的合法资产无偿赠送给合法的受赠人，用于与生产经营活动没有直接关系的公益事业的行为。

第二章 对外捐赠的原则

第四条 公司对外捐赠应体现自愿无偿原则。即不得要求受赠方在融资、市场准入、行政许可、占有其他资源等方面创造便利条件，不得以捐赠为名从事营利性活动。

第五条 公司的对外捐赠应坚持量力而行原则，即与公司的财力状况相适应。盈利能力大幅下降、负债水平偏高、经营活动现金净流量为负数或者大幅减少的企业，对外捐赠规模应当压缩；资不抵债、经营亏损或者捐赠行为影响正常生产经营的企业，除特殊情况以外，原则上不得对外捐赠。

第六条 公司经营者或者其他职工不得将本单位拥有的资产以个人名义对外捐赠，捐赠资产的使用应当尊重捐赠人的意愿，符合公益目的，公司有权要求受赠人落实自己正当的捐赠意愿，不能将捐赠资产挪作他用。

第七条 公司应当诚实守信，按照内部决策程序决定并已经向社会公众或者受赠对象承诺的捐赠，必须诚实履行，严禁各类虚假宣传或许诺行为。

第八条 公司对外捐赠应当遵守法律、法规，不得违背社会公德，不得损害社会公共利益和其他公民的合法权益。

第三章 对外捐赠的资产、范围和途径

第九条 公司用于对外捐赠的资产应当权属清晰、权责明确，应为本单位有权处分的合法财产，包括现金资产和实物资产等，不具处分权的财产或者不合格产品不得用于对外捐赠。

第十条 公司对外捐赠的范围为：向受灾地区、定点扶贫地区、定点援助地区或者困难的社会弱势群体的救济型捐赠，向教科文卫体事业和环境保护及节能减排等社会公益事业的公益性捐赠，以及社会公共福利事业的其他捐赠等。

第十一条 除国家有特殊规定的捐赠项目之外，公司对外捐赠应当通过依法成立的接受捐赠的慈善机构、其他公益性机构或政府部门进行。

第十二条 对于有关社会机构、团体的摊派性捐赠，公司应当依法拒绝。

第四章 对外捐赠的管理

第十三条 公司对对外捐赠行为实行备案管理，所属各子公司在经本单位董事会审议通过后及时上报公司备案，不得擅自对外捐赠。

第十四条 公司及各子公司应做好对外捐赠的统计及宣传工作，对发生的对外捐赠支出，应统一冠名“××公司”。

第十五条 总经办是公司对外捐赠事项的管理部门（以下简称公司捐赠管理部门）。

第十六条 公司的年度对外捐赠支出应纳入年度财务预算管理。每年安排的对外捐赠预算支出应经过公司董事会批准同意。对于内部制度规定限额内并纳入公司预算范围的对外捐赠事项，公司捐赠管理部门应当在支出发生时逐笔审核，并严格执行内部审批程序；对于因重大自然灾害等紧急情况需要超出预算规定范围的对外捐赠事

项，应当提交公司董事会专题审议。

第十七条 公司每一会计年度内发生的对外捐赠，包括现金捐赠和实物资产（按照账面净值计算其价值）捐赠，按照以下程序执行：

（一）当年累计捐赠金额占最近一期经审计的企业净资产的比例在1‰以下的情况：

1.单项捐赠在20万元以下的，由总经理审批，捐赠方案应通过总经理办公会讨论决定，并报董事会备案。

2.单项捐赠在20万元（含）以上、200万以下的，捐赠方案经总经理办公会讨论通过后，报请董事会常务委员会审批。

3.单项捐赠在200万元（含）以上的，捐赠方案经总经理办公会讨论通过后，报请董事会审批。

（二）当年累计捐赠金额占最近一期经审计的企业净资产达到1‰（含）以上的，捐赠方案经总经理办公会讨论通过后，由总经理提请董事会审议批准。

第十八条 各子公司的捐赠管理由各单位负责，每一会计年度内发生的对外捐赠，包括现金捐赠和实物资产（按照账面净值计算其价值）捐赠，除按照本单位内部制度执行相应程序外，还应执行以下程序：

（一）单项捐赠金额10万元以下的捐赠事项，捐赠方案获得本单位决策部门批准实施后，应在5个工作日内上报公司备案。

（二）单项捐赠金额10万元（含）以上的捐赠事项，捐赠方案获得本单位决策部门批准后，应报公司批准后方可实施，并在实施后5个工作日内报公司备案。

第十九条 对于突发性重大自然灾害或者其他特殊事项需要紧急安排对外捐赠支出，不论金额大小，各子公司应在履行内部决策程序之后即时逐笔向公司备案。

第二十条 对外捐赠由经办部门提出捐赠申请。捐赠申请应当包括捐赠事由、捐赠对象、捐赠途径、捐赠方式、捐赠责任人、捐赠资产构成及其数额，以及捐赠资产交接程序。

第二十一条 公司及各单位对实际发生的对外捐赠支出，应当取得受赠方出具的正式有效票据，并按照国家和公司有关财务会计制度规定进行账务处理。

第二十二条 各单位对外捐赠事项完成后，经办部门应就捐赠方案的实际执行情况形成书面报告，由捐赠管理部门归档并建立备查账簿登记。

第五章 对外捐赠的监督和检查

第二十三条 公司及各单位在捐赠事项完成后，应重视对外捐赠项目实施效果的后续跟踪，督促受益对象发挥捐赠资产的最大效益。

第二十四条 公司及各单位应当加强对外捐赠事项的财务监督工作，定期组织审计监察中心对本单位的对外捐赠事项进行监督检查。对于未按本办法的规定而擅自进行对外捐赠的，应视情节轻重，对相关责任人给予处分。在对外捐赠过程中存在营私舞弊、滥用职权、转移国有资产等违法违规行为的，予以依法处理。

第六章 附 则

第二十五条 本管理办法未尽事宜，依照国家有关法律、法规及《公司章程》执行。

第二十六条 本管理办法由公司总经理办公会授权公司总经办负责解释。

第二十七条 本管理办法自公司总经理办公会审议通过、发布之日起实施。

范本4 安全生产事故应急预案

第一章 总 则

第一条 为了全面贯彻落实《中华人民共和国安全生产法》、《生产安全事故应急预案管理办法》及其他安全生产法律法规、标准规范，强化安全生产监督管理，规范应急管理工作，提高应对风险和防范事故的能力，保障职工安全健康和生命财产安全，最大限度地减少人员伤亡、财产损失和社会影响，根据《生产经营单位安全生产事故应急预案编制导则》（GB/T29639—2013）、国家安全监管总局办公厅《关于印发经营单位生产安全事故应急预案评审指南（试行）的通知》要求，特制定本预案。

第二条 本预案是公司实施应急救援工作的规范性文件，用于规范、指导本单位生产安全事故的应急救援行动，全体人员均应严格遵守执行，并组织开展培训、演练。

第二章 综合应急预案

第三条 适用范围。

本预案适用于本公司范围内建筑施工活动过程中发生的且满足预案启动标准的各类生产安全事故，包括综合应急预案、专项应急预案、现场处置方案（详见公司应急预案体系图）。作为应急响应的指导文件，本预案在使用时，向上可作为公司安全事故应急救援预案支持文件，向下可作为本公司各施工项目部应急救援体系支持文件的应急预案相连接，指挥协调各施工项目的事故处理。

第四条 应急预案体系。

公司应急预案体系见下图。

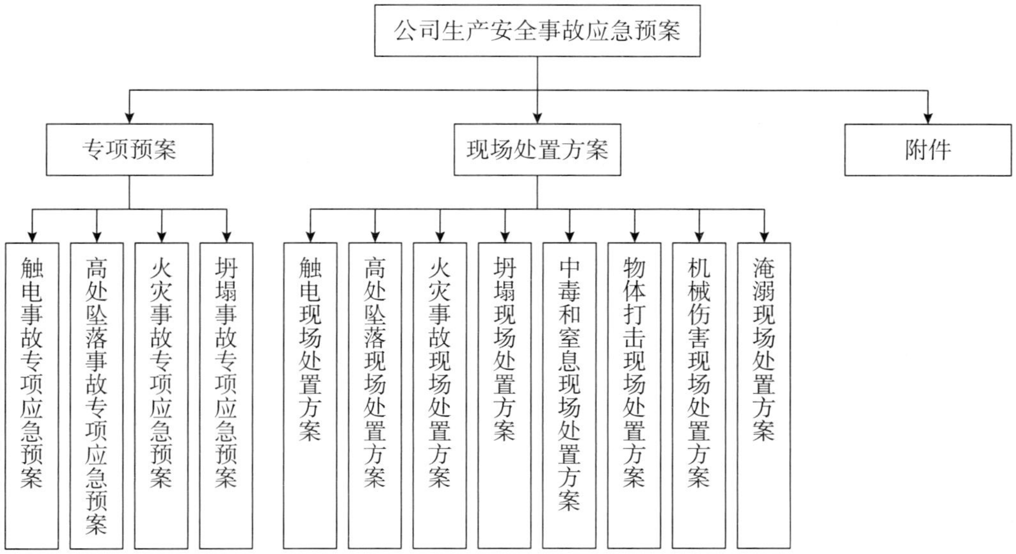

公司应急预案体系

第五条 应急工作原则。

(1) 以人为本，安全第一。

发生事故时优先保护人的安全。作为岗位人员必须做到处事不乱，应按预案要求尽可能地采取有效措施，若不能消除和阻止事故扩大，应采取正常的逃生方法进行撤离，并迅速将险情上报，等待救援。

(2) 统一指挥，分级负责。

公司应急指挥部负责指挥本单位事故应急救援工作，有关部门按照各自职责和权限，负责事故的应急处置工作。

(3) 快速响应，果断处置。

生产安全事故的发生具有很强的突发性，在很短的时间内快速扩大，按照分级响应的原则快速、及时启动应急预案。

(4) 预防为主，平战结合。

坚持事故应急与预防工作相结合，加强重大风险管理，做好事故预防工作。开展培训教育，组织应急演练，做到常备不懈，提高从业人员应急意识，做好物质和技术储备工作。

第三章 事故风险描述

第六条 危险目标与风险分析。

根据公司生产任务范围，主要存在的危险目标来自工程施工等作业过程。主要存在如下危险目标：触电、火灾、高处坠落、坍塌、中毒窒息、溺水、机械伤害、物体打击等。

（1）施工作业过程普遍存在的风险：触电、坍塌、机械伤害、火灾、物体打击。

（2）基坑施工作业：坍塌、机械伤害。

（3）脚手架搭设和拆除施工或其他高处作业：坍塌、高处坠落。

（4）地下室等通风不良的施工环境进行装修施工作业：中毒窒息。

在日常检查中，公司各级检查人员排查出存在于日常生产施工作业中的危险目标（因素）、隐患，详见附件5：《OHS危险目标辨识与风险评价表》。

第七条 重大危险目标辨识。

（一）根据危险源辨识、危害评价及控制程序等作主要类别的重大危险源辨识（详见下表）。

评价单元	危害因素	风险评估				危险程度
		L	E	C	D	
边坡、基坑支护	坍塌	1	6	40	240	高度危险
模板的安装使用拆除		1	6	40	240	高度危险
建筑起重机械安装、使用、拆除		1	6	40	240	高度危险
高空作业	物体打击	1	6	40	240	高度危险
拆除作业		1	6	40	240	高度危险
钢井架、人货梯防护		1	6	15	90	显著危险
高空作业	坠落	1	6	15	90	显著危险
“四口”作业		1	6	15	90	显著危险
临边作业		1	6	15	90	显著危险
外脚手架作业		1	6	40	240	高度危险
钢井架	起重伤害	1	6	40	240	显著危险
人货梯		1	6	40	240	高度危险
压（打）桩作业	机械伤害	1	6	15	90	显著危险
土方施工机械		1	6	15	90	显著危险
钢筋冷拉		1	6	15	90	显著危险
切割机械锯片		1	6	15	90	显著危险
机械设备转动部分防护		1	6	15	90	显著危险

续表

评价单元	危害因素	风险评估				危险程度
		L	E	C	D	
施工用电	触电	1	6	15	90	显著危险
雷电		1	6	15	90	显著危险
重大电器火灾	火灾	1	6	40	240	高度危险
焊、割作业火灾		1	6	40	240	高度危险
人工挖孔桩作业	中毒、窒息	1	6	15	90	显著危险
密闭场所进行有毒、有害防水涂料作业		1	6	40	240	高度危险
食物中毒		1	6	40	240	高度危险
水泥、尘肺	职业病	1	6	15	90	显著危险
电焊尘肺		1	6	15	90	显著危险
中暑事故		1	6	15	90	显著危险
电光性眼炎		1	6	15	90	显著危险

注：L——发生事故的可能性分数值；
E——人体暴露在这种危险因素中的频繁程度分数值；
C——一旦发生事故会造成的损失后果分数值；
D——评价危险性分数值：D=L×E×C。

（二）危害评价依据。

（1）发生事故的可能性大小（L）根据以下因素确定（见下表）。

分数值	事故发生的可能性（L）
10	完全可以预料
6	相当可能
3	可能但不经常
1	可能性小，完全意外
0.5	很不可能，可以设想
0.2	极不可能
0.1	实际不可能

（2）人体暴露在危险环境中的频繁程度（E）根据以下因素确定（见下表）。

分数值	暴露在危险环境中的频繁程度（E）
10	连续暴露
6	每天工作时间暴露
3	每周一次
2	每月一次
1	每年一次或几次
0.5	非常罕见的

（3）一旦发生事故会造成的损失后果（C）根据以下因素确定（见下表）。

分数值	发生事故会造成的损失后果（C）
100	大灾难，许多人死亡
40	灾难，数人死亡
15	非常严重，一人死亡
7	严重，重伤
3	重大，致残
1	引人注目，需要救护

（4）风险评估的最终危害性分值（D）根据以下数值确定（见下表）。

分数值（D）	危险程度	风险等级
D ≥ 320	极其危险，不能继续作业	不可容许风险
160 ≤ D ＜ 320	高度危险，要立即整改	重大风险
70 ≤ D ＜ 160	显著危险，需要整改	中度风险
20 ≤ D ＜ 70	一般危险，需要注意	一般风险
D ＜ 20	稍有危险，可以接受	可容许风险

D值越大，说明危险性越大，需要增加安全措施。当风险评估的最终危害性分值D达到240时，考虑其是重大风险的危险源，为了在重大安全事故发生或紧急情况下，做好应急准备和响应，减少可能发生的环境影响、疾病和伤害，必须针对该危险源制定本公司事故应急救援预案。

第四章 应急组织机构及职责

第八条 应急组织体系（详见下图）。

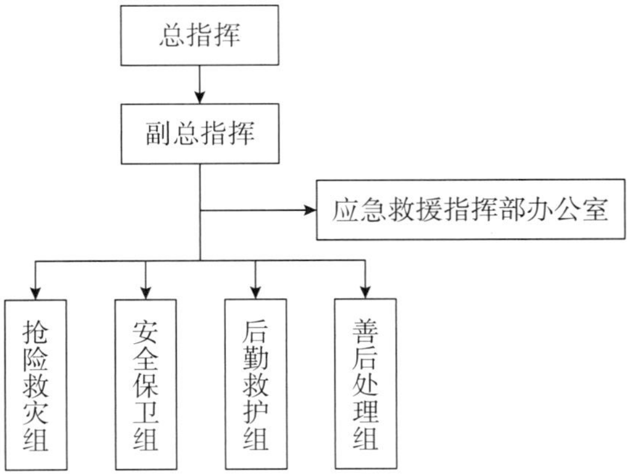

公司应急组织体系

第九条 指挥机构及职责。

（一）应急指挥部职责。

总指挥：由总经理担任；负责预案的全面指挥工作。

副总指挥：由副总经理和总工程师担任；协助总指挥进行预案的指挥工作；总指挥不在现场时依次行使总指挥职权。

成员：应急办主任、各应急小组组长。

应急救援指挥部设在公司应急办公室。指挥部的职责如下：

1.总指挥职责。

（1）统一指挥、领导应急救援工作。

（2）组织制定公司生产安全事故应急预案。

（3）分析紧急状态确定相应应急救援级别，根据相关危险类型、潜在后果、现有资源控制紧急情况的行动类型。

（4）启动和终止公司级应急预案，做出应急救援决策。

（5）决定请求外部援助，执行上一级应急指挥部指令。

（6）确保应急资金的投入。

（7）组织事故调查、处理；配合上级单位进行事故调查、处理。

2.副总指挥职责。

（1）总指挥不在现场的时候，代替总指挥进行应急指挥。

（2）组织筹备、保障应急物资和人员的应急救援教育和培训。

（3）负责人员、资源配置、应急队伍的调动；协调、组织和获取应急所需的其他资源，设备以支援现场的应急操作。

（4）调动各部门参与应急救援工作；组织公司总部的相关技术和管理人员对作业场所的生产过程各危险目标进行风险评估。

（5）定期检查各常设应急救援组织的日常工作和应急救援准备状态；组织事故后恢复生产。

（6）向应急总指挥提出减缓事故后果的应急救援对策和建议。

（7）根据各施工现场、其他作业场所的实际条件，努力与周边有条件的企业为在事故应急处理中共享资源、相互帮助、建立共同应急救援网络签订应急救援协议。

3.指挥部成员职责。

（1）组织协调现场的抢救工作。

（2）及时上报事故信息。

（3）执行总指挥和副总指挥指令，做好本职工作，为应急处置服务。

总指挥与副总指挥均不在时，由在岗职位最高者作为临时指挥。

（二）应急办公室职责。

应急指挥部下设应急办公室（以下简称应急办）作为常设应急工作机构，设在公司工程部；应急办主任由工程部经理担任。应急办公室的主要职责如下：

（1）负责日常应急管理工作。

（2）组织、策划应急预案的演练。

（3）负责应急处置时的通讯联络工作。

（4）执行应急指挥部的其他指令。

（三）抢险救灾组职责。

（1）及时组织有关专业技术人员对事故现场的危险目标进行风险评估。

（2）根据事故现场风险评估意见，对事故救援和防范次生灾害及时向总指挥汇报工程技术方案和应急救援过程中需要的技术支持。

（3）迅速绘制事故现场平面图，标明重点部位，必要时，向外部救援机构提供准确的抢险救援信息资料。

（4）根据技术建议和事故现场情况制定救援方案，按照方案迅速组织抢险力量进行抢险救援。

（5）执行抢险救援任务：抢救现场伤员、抢救现场物资、寻找受害者并转移至安全地方。

（6）在事故有可能扩大的情况下进行抢险抢修或救援，必须保证救援人员生命安全，当救援人员生命安全受到威胁时，组长可下达紧急撤离命令。

（7）抢险救援结束后，报告总指挥并对结果进行复查和评估。

（8）执行应急指挥部的其他指令。

（四）安全保卫组职责。

（1）设置事故现场警戒线、岗，保护事故现场，维持事故现场内抢险救援的正常秩序。

（2）保证现场救援通道的畅通和指挥无关人员疏散，并引导抢险救援人员及车辆的进入。

（3）抢险救援结束后，封闭事故现场直到收到明确解除令。

（4）查清事故发生原因和事故责任，并按有关规定提出对事故责任部门和责任人的处理意见。

（5）总结事故教训，制定防范措施。

（6）需要时要积极配合上级事故调查工作。

（7）执行应急指挥部的其他指令。

（五）后勤救护组职责。

（1）组织各项目部制订应急救援物资资源的储备计划，检查、监督各项目部落实应急救援物资的储备数量，收集信息、建立档案并归档。

（2）检查、监督各项目部落实应急救援物资资源的变更和更新情况。

（3）定期收集和整理各项目部的应急救援物资资源信息，建立档案并归档，为应急救援行动的启动，做好物资源数据储备。

（4）应急预案启动后，按应急救援总指挥的部署，有效地组织应急救援物资到达事故现场，并及时对事故现场进行增援，同时提供后勤服务。

（5）负责受伤人员的前期救护工作。

（6）负责接送受伤人员到医院急救。

（7）给外援救护人员提供初期资料、信息并交接工作。

（8）执行应急指挥部的指令。

（六）善后处理组职责。

（1）做好伤亡人员及家属的稳定工作，确保事故发生后受伤人员及伤亡人员家属情绪稳定，不发生不安定的现象。

（2）做好受伤人员医疗救护的跟踪工作，协调处理医疗救护单位的相关问题。

（3）与保险部门一起做好伤亡人员及财产损失的理赔工作。

（4）慰问有关伤员及家属。

（5）协调处理事故产生的相关纠纷。

第五章　预警及信息报告

第十条　危险目标监测监控方式、方法。

（1）建立危险目标辨识档案。

（2）有限空间作业采用气体分析仪器监测氧气及有害气体浓度。

（3）安全管理人员和施工监护人员每天对作业场所进行巡查，并做好检查记录，发现问题及时整改。

（4）做好交接班记录，建立危险目标监控记录。

第十一条　预警行动。

预警是为了在事故以及其他需要提防的危险发生之前，根据以往总结的规律或观察到、检查发现的可能性前兆，向涉事各单位、个人发出紧急信号，告知危险情况，以避免危害在不知情或准备不足的情况下发生，使公司应急组织、周边单位等能够迅速获取警讯，以便及时采取相应措施，从而最大限度地减少事故造成的损失。

第十二条　监测预警值。

工程监测必须确定监测预警值，监测预警值应满足工程设计、结构设计以及周边环境中被保护对象的控制要求。借助预警值可更好判定事故灾难的严重性和紧急程度。

（一）基坑及支护结构监测预警值。

1.围护墙（边坡）顶部水平位移。

放坡、土钉墙、喷锚支护、水泥土墙预警值：绝对值达到50～60mm；相对基坑深度（h）控制值达到0.6%～0.8%；变化速率达到10～15mm/d。

钢板桩、灌注桩、型钢水泥土墙、地下连续墙：绝对值达到40～50mm；相对基坑深度（h）控制值达到0.5%～0.7%；变化速率达到4～6mm/d。

2.围护墙（边坡）顶部竖向位移。

放坡、土钉墙、喷锚支护、水泥土墙预警值：绝对值达到50～60mm；相对基坑深度（h）控制值达到0.6%～0.8%；变化速率达到5～8mm/d。

钢板桩、灌注桩、型钢水泥土墙、地下连续墙：绝对值达到25～30mm；相对基坑深度（h）控制值达到0.3%～0.8%；变化速率达到5～8mm/d。

3.深层水平位移。

水泥土墙：绝对值达到50～60mm；相对基坑深度（h）控制值达到0.6%～0.8%；变化速率达到10～15mm/d。

钢板桩：绝对值达到80～85mm；相对基坑深度（h）控制值达到0.7%～0.8%；

变化速率达到4～6mm/d。

型钢水泥土墙：绝对值达到75～80mm；相对基坑深度（h）控制值达到0.7%～0.8%；变化速率达到4～6mm/d。

灌注桩：绝对值达到70～75mm；相对基坑深度（h）控制值达到0.6%～0.7%；变化速率达到4～6mm/d。

地下连续墙：绝对值达到70～75mm；相对基坑深度（h）控制值达到0.7%～0.8%；变化速率达到4～6mm/d。

4. 立柱竖向位移。

绝对值达到35～45mm；变化速率达到4～6mm/d。

5. 基坑周边地表竖向位移。

绝对值达到50～60mm；变化速率达到4～6mm/d。

6. 坑底隆起（回弹）。

绝对值达到50～60mm；变化速率达到4～6mm/d。

7. 土压力、孔隙水压力。

累计值达到：（70%～80%）f1。

8. 支撑内力、围护墙内力、立柱内力、锚杆内力。

累计值达到：（70%～80%）f2。

（二）高支模监测预警值。

跨度小于10m梁支架沉降预警值为10mm；跨度大于10m梁支架位移预警值为8mm。

第十三条 预防措施。

各类事故的预防措施见下表。

事故预防措施表

事故名称	危险目标	危险目标监测	预防措施
坍塌	基坑未按方案施工或地质条件差	每天监测基坑变形数据	1. 严格按施工方案施工； 2. 严格安全教育和安全技术交底； 3. 严格各项安全管理制度。
	脚手架未按方案搭设	每天检查，目测变形	1. 严格按施工方案施工； 2. 严格安全教育和安全技术交底； 3. 严格各项安全管理制度。
	高支模支撑体系失稳	每天检查，目测变形	1. 严格按施工方案施工； 2. 严格安全教育和安全技术交底； 3. 严格各项安全管理制度。

续表

事故名称	危险目标	危险目标监测	预防措施
高处坠落	脚手架扣件质量低劣造成架体倒塌、高处作业人员没有正确使用安全“三宝”、“四口”安全防护不严、安全管理检查不到位、雨雪天后高处作业没有防滑措施	监护人监护	1. 对人的不安全行为控制。 2. 对管理缺陷的控制，重视日常安全教育和安全生产检查。 3. 认真贯彻执行有关安全操作规程，严禁架上嬉戏、打闹、酒后上岗和从高处向下抛掷物块，以避免造成高处坠落。 4. 施工现场使用的龙门架（井字架），必须制定安装和拆除施工方案，严格遵守安装和拆除顺序，配备齐全有效限位装置。 5. 凡在距地 2m 以上的高空作业必须设置有效可靠的防护设施，防止高处坠落。 6. 脚手架外侧边缘用密目式安全网封闭。搭设脚手架必须编制施工方案和技术措施，操作层的跳板必须满铺，并设置踢脚板和防护栏杆或安全立网。 7. 对于环境不良的控制：合理安排作业流程，尽量减少高层作业时间，风力 6 级以上时，停止一切高处作业，夜间不得安排高处作业。
触电	触及高压线、电缆裸露，机械设备漏电、雨天后配电箱内进水导致漏电、电气设备接线不正确、未执行“三相五线”制、漏电保护器失灵、安全管理检查不到位	每日电箱检查、安全管理人员和机电工长巡查	1. 坚持电气专业人员持证上岗，施工现场做到临时用电的架设、维护、拆除等由专职电工完成，非电气专业人员不准进行任何电气部件的更换或维修。 2. 建立临时用电检查制度，按临时用电管理规定对现场的各种线路和设施进行检查和不定期抽查，并将检查、抽查记录存档。 3. 检查和操作人员必须按规定穿戴绝缘胶鞋、绝缘手套；必须使用电工专用绝缘工具。 4. 临时配电线路必须按《施工现场临时用电安全技术规范》进行安装架设。在建工程的外侧防护与外电高压线之间必须保持安全操作距离。达不到要求的，要增设屏障、遮栏或保护网，避免施工机械设备或钢架触高压电线。无安全防护措施时，禁止强行施工。 5. 施工现场临时用电的架设和使用必须符合《施工现场临时用电安全技术规范》的规定。 6. 综合采用 TN-S 系统和漏电保护系统，组成防触电保护系统，形成防触电二道防线。 7. 雨天禁止露天电焊作业。 8. 各种高大设施必须按规定装设避雷装置。 9. 坚持临时用电定期检查制度。

续表

事故名称	危险目标	危险目标监测	预防措施
起重伤害	吊物捆绑不规范，索具断裂，拆装时倾覆等	检查安全防护装置的完好性，顶升、拆装时专人监控	1. 塔式起重机的基础，必须严格按照使用说明书和方案进行。 2. 安装及拆卸作业前，必须认真研究作业方案，严格按照架设程序分工负责，统一指挥。 3. 安装时必须保证安装过程中各种状态下的稳定性。 4. 塔式起重机附墙杆件的布置和间隔，应符合说明书的规定。 5. 塔吊必须由具备资质的专业队伍安装和拆除，安装、顶升、拆除必须先编制施工方案，经公司总工审批后遵照执行，作业人员必须持证上岗，工作时佩带好个人防护用品，严格按方案施工。 6. 塔吊司机操作时，必须严格按操作规程操作，不准违章作业，严格执行“十不吊”，操作前必须有安全技术交底记录，并履行签字手续。 7. 严格执行日常维修保养制度，定期进行检查维护，确保各部件和限位保险装置灵敏可靠。 8. 在同一垂直面上下交叉作业时，必须设置安全隔离层，并保证防砸措施有效。
火灾	电气老化短路、乱扔火种，易燃易爆物品使用及保管不当、动用明火时没有专职看火人员、消防设施配备不齐全、安全管理检查不到位	每日巡查，监护人监护动火作业	1. 建立各项消防安全制度。 2. 制定消防方案，建立健全各项消防安全制度，严格动火作业管理。 3. 油漆、稀料等易燃易爆物品必须按照有关要求设立专门仓库或存储点，并有专人管理。 4. 严格控制施工现场吸烟现象，严格对明火作业进行安全把关，施工前必须开具动火证并设专人监护。 5. 作业现场配备充足的消防器材。 6. 特种作业人员持上岗证。
机械伤害	机械设备防护不到位、工作人员操作不当、安全管理检查不到位	每天检查，及时修复	1. 机械设备应按其技术性能的要求正确使用。 2. 机械操作工按操作规程操作，工作期间坚守岗位，按操作规程操作，遵守劳动纪律。 3. 严禁对处在运行和运转中的机械进行维修、保养或调整等作业。 4. 机械设备应按时进行保养。

续表

事故名称	危险目标	危险目标监测	预防措施
物体打击	高处作业物料堆放不平稳、架上抛掷物品、不正确使用劳保用品、不遵守劳动纪律、安全管理不到位	每日检查，监护人监护作业	1. 人员进入施工现场必须按规定佩戴安全帽。 2. 在规定的安全通道内出入和上下，不得在非规定通道位置行走。 3. 安全通道上方应搭设双层防护棚，防护棚使用的材料要能防止高空坠落物穿透。 4. 临时设施的盖顶不得使用石棉瓦作盖顶。 5. 作业过程一般常用工具必须放在工具袋内，物料传递不准往下或向上乱抛材料和工具等物件。所有物料应堆放平稳，不得放在临边及洞口附近，且不可妨碍通行。 6. 高空安装起重设备或垂直运输机具，要注意零部件落下伤人。 7. 拆除或拆卸作业要在设置警戒区域，有人监护的条件下进行。 8. 高处拆除作业时，对拆卸下的物料、建筑垃圾要及时清理和运走，不得在走道上任意乱放或向下丢弃。
中毒	地下作业环境存在的各种毒气、现场焚烧的有毒物质、食堂采购的食物中含有毒物质或工人食用腐烂、变质食品	每日检查，监护人监护进入有限空间作业	1. 地下封闭作业环境施工时，要现场进行毒气试验，并配备通风设施。 2. 严禁现场焚烧有害有毒物质。 3. 工人生活设施符合卫生要求，不吃腐烂、变质食品。炊事员持健康证上岗。暑伏天要合理安排作息时间，防止中暑脱水现象发生。

第十四条 预警级别及条件。

按照事故灾难可控性、后果的严重性、影响范围和紧急程度，本预案预警级别分为三级：三级（现场级）预警、二级（公司级）预警、一级（社会级）预警。

（一）三级（现场级）预警。

三级（现场级）预警是指事故可能发生，或事故后果的严重性和影响范围，处于现场可控状态，不会波及事故岗位以外的其他场所，而做出相应的预警。其启动条件为：

1. 事故达到预警值80%。

2. 影响范围限于施工警戒或围闭范围，暂不会波及周边单位或场所。

3. 现场作业人员可以完成应急处置。

（二）二级（公司级）预警。

二级（公司级）预警是指事故后果严重性或影响范围超出现场的控制能力，或可能波及事故岗位以外的其他现场，但尚处于企业应急能力可控状态，且不对社会正常秩序造成明显影响而做出相应的预警。其启动条件为：

1. 事故达到预警值。

2. 超过现场应急能力时。

3. 专项预案规定的其他启动条件。

（三）一级（社会级）预警。

一级（社会级）预警是指事故后果严重性或影响范围超出企业的控制能力，可能或已经波及周边单位，影响正常社会秩序，需要社会力量救援而做出相应的预警。其启动条件为：

1. 事故超过预警值。

2. 超过本单位应急能力。

3. 影响正常社会秩序。

4. 专项预案规定的其他启动条件。

第十五条 预警启动程序。

（一）现场一旦出现事故征兆或已发生事故，启动三级预警并报告公司应急办公室。

（二）一旦启动三级预警或公司应急办公室接到报警，应第一时间向应急指挥部报告情况，并立即派人赶赴事故现场，了解事故情况。应急指挥部根据事故情况做出决策，达到二级预警条件，马上启动二级预警；如果达到一级预警条件，立即启动一级预警。

（三）一旦启动二级预警，应急指挥部应立即将事故情况上报上级主管部门和事故发生地安全生产监督管理部门，做好一级预警准备。

预警行动基本要求见下表。

预警行动基本要求一览表

	一级预警	二级预警	三级预警
应急指挥部	（1）电话值班 （2）了解事故动态 （3）定期向上级主管部门和事故发生地安全生产监督管理部门、建设行政主管部门汇报事故动态	电话值班	/

续表

	一级预警	二级预警	三级预警
应急办	（1）电话值班 （2）跟踪事故动态 （3）及时汇报事故动态 （4）向周边单位通报事故简况	（1）电话值班 （2）跟踪事故动态	电话值班
各应急小组	（1）持续采取应急行动 （2）执行应急指挥部指令	应急准备，随时待命	电话值班

第十六条 预警发布。

三级预警由项目负责人发布；二级预警由本单位应急指挥部发布；一级预警由本单位应急总指挥发布。

预警信息可通过电话、短信、对讲机等形式发布，也可通过逐级下达等方式发布。在发布信息时，必须发布事态的紧急程度，提出撤离的具体方法。撤离方法中应明确采取的预防措施、注意事项、撤离方向和撤离距离。撤离必须是有组织的。

第十七条 信息报告与处置。

（一）信息报告与通知。

公司应急办电话：××××，应急信息报告部门：工程部。

发现事故征兆或已经发生事故，事故现场负责人应立即拨打应急办公室（工程部）的电话，工程部人员接到报警后迅速查明事故发生的部位和原因，并迅速向应急指挥部报告。

事故现场负责人和应急指挥部按预警级别和下面的流程图逐级上报。紧急情况下，可越级报告，或拨打110或119，有人员受伤严重的拨打120。

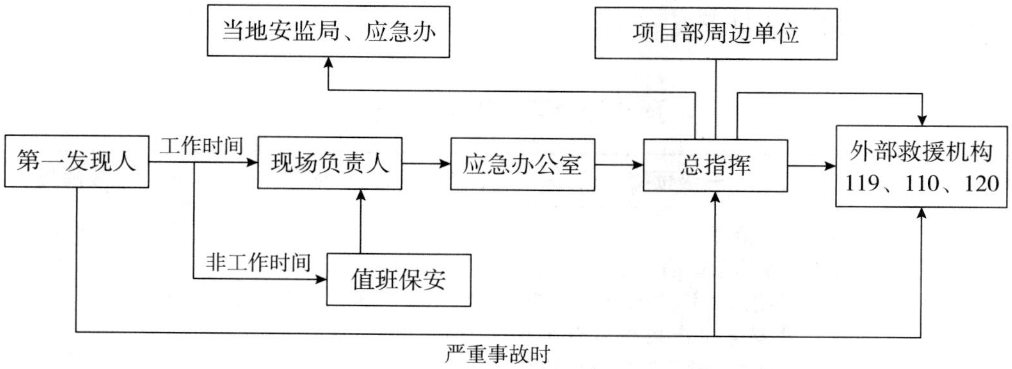

事故信息报告流程

（二）信息上报。

事故发现人应第一时间向事故现场负责人报告，或根据事故严重程度直接拨打110、119、120等报警电话。

现场事故负责人、应急办公室接到报告后，应当立即向应急指挥部报告。如果发生人员伤亡或其他社会影响较大的事故，应急指挥部总指挥必须立即向事故发生地县级安全生产监督管理局和建设行政管理部门报告。

公司应急办电话：××××。

事故报告应当包括以下内容：

（1）事故发生单位概况。

（2）事故发生的时间、地点以及事故现场情况。

（3）事故的简要经过。

（4）事故已经造成或者可能造成的伤亡人数（包括下落不明的人数）和初步估计的直接经济损失。

（5）伤害形式，如中毒和窒息、触电或其他伤害形式。

（6）已经采取的措施。

（7）其他应当报告的情况。

情况紧急时，事故现场有关人员可以直接向上级主管部门和事故发生地县级安全生产监督管理部门报告。

本预案报告形式分为事故快报和正式书面事故报告。

（1）预案启动但未发生伤害情况的，由企业应急总指挥向有关部门报告。

（2）预案启动并发生伤害情况的，由总指挥通过电话报上级主管部门和事故发生地县级安全生产监督管理部门和建设行政主管部门。

（3）正式的书面事故报告，由应急办公室尽快行文，经总指挥确认后上报上级主管部门和事故发生地县级安全生产监督管理部门。

（三）信息传递。

事故发生后，应急人员主要通过固定电话、手机等通讯手段进行联络；信息上传按规定报告给应急办公室或逐级汇报至应急指挥部；指挥部指令可直接或通过应急办下达至各应急小组，应急办负责应急指挥部与各应急小组之间的通讯联络；根据事故影响范围和应急需要，应急办负责向周边企业、单位、居民通报事故简况。

第六章　应急响应

第十八条　响应分级。

事故响应按照分级负责的原则，根据事故危害、影响范围和控制事态的能力，本预案应急响应分为三级响应，即：一级（社会级）响应、二级（公司级）响应、三级（现场级）响应。

（一）三级（现场级）响应。

三级（现场级）响应是指事故发生的初期，处于现场可控状态而做出相应的响应。

（二）二级（公司级）响应。

二级响应是事故现场应急救援力量满足不了应急需求，需要全公司应急救援力量支援，由指挥部统一指挥，按照综合预案和专项预案而采取的行动。

（三）一级响应（社会级）。

一级响应是指事故超出本公司的控制能力，或事故影响范围扩大，对社会正常秩序造成影响，本公司向上级主管部门或事故发生地人民政府、安全生产监督管理部门申请启动上级预案，有社会应急力量参与的应急行动。

第十九条 响应程序。

（一）事故发生后，现场应急人员应根据事故类别，立即启动三级响应，并判定预警级别是否超过三级，若超过三级，则应立即上报应急指挥部，请求启动二级响应。

（二）应急指挥部接到报告后，应立即判定预警级别，若预警级别未超过三级，则按三级响应即可；若符合二级预警，则启动二级响应。

（三）如果超过二级预警，则由应急指挥部向上级主管部门或事故发生地人民政府申请扩大应急。扩大应急时，本预案应急小组应做好外部救援人员到达前的处置工作和到达后的协助工作，并做好指挥权的交接。当出现一级预警时，应预先准备好社会救援机构信息，应急租用设备、物资单位的信息以备应急使用。

该程序所涉及的应急指挥、应急行动、资料调配、应急避险等内容，见专项应急预案和现场处置方案。本预案的响应流程见下图。

第二十条 应急处置措施。

现场处置措施是针对具体的装置、场所或设施、岗位，且危险性较大所制定的应急处置措施。具体见各现场处置方案。

第二十一条 应急处置结束。

（一）应急响应终止条件。

1.三级应急响应终止条件。

当事故得到控制，受伤人员已得到有效救治，现场处置完成，则三级应急响应结束。

2.二级、一级应急响应终止条件。

同时满足下列条件，二级、一级应急响应终止：

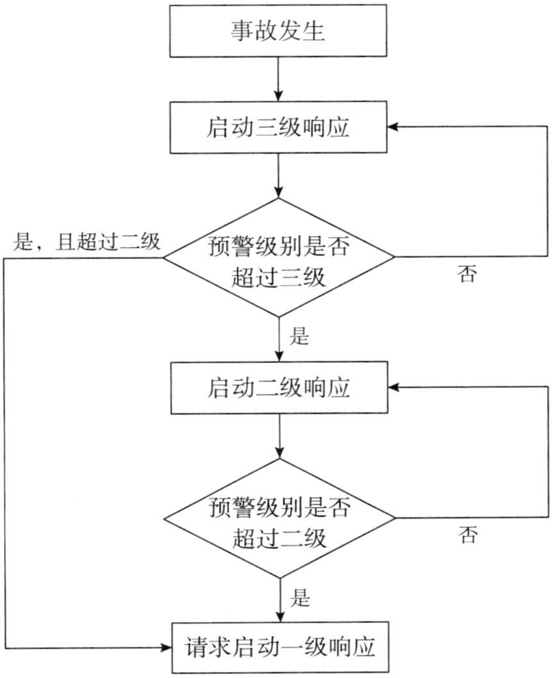

应急响应流程图

（1）事故得到控制，可能发生二次事故的隐患已经消除或得到有效控制。

（2）受伤人员已经得到有效救治或已经送往医院救治。

（3）环境指标已经达到规范要求。

（二）应急响应终止程序。

1.当达到三级应急响应终止条件，由现场负责人宣布三级应急响应终止，并上报应急指挥部。

2.各应急救援小组根据应急响应终止条件，做出解除应急预警决定后，报告现场应急指挥部。

3.应急指挥部在接到各应急小组关于解除应急预警的信息后，派人到现场考察，对上述情况进行评估并确认，由应急指挥部或委托现场应急指挥部宣布二级应急响应终止；必要时上报上级主管部门和当地安全生产监督管理部门。

4.当应急响应升级，由上级指挥部宣布应急响应结束，本预案终止。

（三）应急处置结束后续工作。

1.应急处置总结。

（1）三级应急总结由事故点现场负责人编写，内容应包括事件发生的时间、地点、原因、损失和人员受伤情况，应急处置情况，动用的应急器材等；也可由事件当事人向应急指挥部口头汇报情况。

（2）二级应急响应终止后，由应急办负责撰写应急处置总结，完成后经应急指挥部审核。将应急处置总结、值班记录等资料进行汇总、归档，起草上报材料。应急处置总结应至少包括以下内容：

①事件情况，包括事件发生时间、地点、波及范围、损失、人员伤亡情况、事件发生初步原因；

②应急处置过程；

③处置过程中动用的应急资源；

④处置过程遇到的问题、取得的经验和吸取的教训；

⑤对预案的修改建议。

（3）应急指挥部负责向上级主管部门和事故发生地安全生产监督管理部门以及建设行政管理部门上报。

2.应急事件调查。

（1）只启动三级响应，且未发生死亡、重伤的事件由本公司应急指挥部组织人员进行事故调查。

（2）启动二级响应，但未造成人员伤亡的一般事故，经事故发生地人民政府同意，可由本公司自行组织调查。

（3）其他情况根据《生产安全事故报告和调查处理条例》的规定，按照事件调查组的要求，应急指挥部应如实提供相关材料，配合事件调查组取得相关证据。

第七章　信息公开

第二十二条　信息通报部门。

公司将应急信息报告给上级主管部门，由项目所在地安全监督管理部门或上级主管部门对外发布。

第二十三条　信息通报原则。

安全生产事故及处置工作的信息发布严格按照《生产安全事故信息报告和处置办法》（国家安全生产监督总局令第21号）、《中华人民共和国突发事件应对法》和《广东省突发事件应对条例》有关规定进行。

第二十四条　信息通报形式。

对于生产安全事故及应急救援的相关信息，若有政府参与的，应由政府相关部门发布事故应急救援相关信息；若政府未参与的，经由公司应急救援指挥部总指挥或指定发言人发布事故应急救援相关信息，个人不得随意发布或公布有关事故的各类信息。在新闻发布过程中，应遵守国家法律法规，遵循实事求是、客观公正、内容翔实、及时准确的原则。

第八章　后期处置

第二十五条　现场保护。

三级响应事件由现场负责人负责现场保护，必要时请安全保卫组负责警戒，等待调查取证；二级响应事件由安全保卫组负责事故现场保护，必要时请当地派出所、治安队协助保护事故现场，相关数据等待事件调查组取证。一级响应事件由上级预案负责现场保护的应急小组负责现场保护，同时本预案安全保卫组应配合、协助外部应急力量进行现场保护。

第二十六条　事故调查。

由事故调查组根据《生产安全事故报告和调查处理条例》等规定进行事故调查和事故分析，找出事故原因，做出事故责任认定，制定安全对策措施。

第二十七条　善后处置。

财产损失由应急指挥部组织各部门相关负责人进行统计，发生人员伤亡的，应组织人员对受伤人员及家属进行安抚，商谈救治期间的费用问题。善后处理组负责准备工伤认定材料，按照工伤上报程序进行上报，申请工伤保险理赔；处理事故后其他保险理赔工作。

响应升级时，应在政府部门的指导下和协助下做好善后处置工作，包括伤亡救援人员和遇难人员补偿，亲属安置，征用物资补偿，救援费用支付，灾后恢复，污染物收集、清理与处理等事项；负责恢复正常工作秩序，消除事故不良后果和影响，安抚受害和受影响人员，保证社会稳定。

第二十八条　生产秩序恢复。

为减少事故带来的生产损失，事故应急处置结束后，在取得上级部门同意的情况下，要采取积极的措施尽快恢复生产。需要做好三方面的工作：一是稳定员工思想；二是对事故造成损坏的设备、设施和场所积极修复，尽快使设备设施满足生产条件；三是做好事故整改和防范措施，做好员工的安全教育，确保安全生产。

第二十九条　修订评估。

应急指挥部应根据各应急小组及其他单位在应急演练或应急响应结束后提交的应急总结，组织相关人员，召开专题会议，分析事故原因，拿出整改意见和处理方案，评议在抢险过程中的成绩与不足，重新评估应急救援能力，并对应急预案作适当的修订。

第九章　保障措施

第三十条　通讯与信息保障。

为保障信息畅通，主要采用本公司内部固定电话及应急人员的手机进行相互之间的联系，各级应急指挥机构人员的手机必须24小时开机，确保能够及时沟通信息。应急组织成员联系方式见附件。

所发生事故在本公司应急力量无法控制时，需要外部支援，要求员工熟知常用的救援电话。应急联系方式见附件。

第三十一条 应急队伍保障。

本着统筹规划、合理布点的原则逐步建立和完善本公司应急组织，加强应急队伍的业务培训和应急演练，整合现有应急资源，提高装备水平；充分利用社会应急资源，提供应急期间的抢险救灾、安全保卫、后勤救护等应急救援力量的保障；加强广大员工应急反应能力训练，鼓励义务志愿者参与应急工作，不断提高本公司应急队伍的素质。

为保证救援工作的顺利实施和救援组织的有效运转，当应急救援组织中有人员离开组织后，应及时补充新的人员，并对其进行培训，确保在应急救援过程中能承担起相应的职责。

第三十二条 应急物资装备保障。

依据本预案应急处置的需求，建立健全以本公司应急组织为主体，应急物资储备和社会救援物资为辅的应急物资供应保障体系，完善应急物资储备的联动机制，做到本公司内部各部门、各场所应急物资资源共享、动态管理。应急物资保障由后勤救护组负责；在应急状态下，由应急指挥部调配使用。

本公司现有应急物资和装备的类型、数量、存放位置、管理责任人及其联系方式见附件。

第三十三条 经费保障。

财务部门按照建设行政管理部门规定的标准提取经费，在成本中列支，专门用于完善和改进企业应急救援体系建设、监控设备定期检测、应急救援物资采购、应急救援演习和应急人员培训等。总经理及财务部应确保应急费用专款专用，并接受安全管理部门的监督。应急经费每年由质安部门进行预算、申请，经总经理签字批准后财务部支出，工程部根据应急需要具体支配、使用。

第三十四条 其他保障。

（一）基本生活保障。

公司应做好应急期间受害人员、应急人员的基本生活保障工作。

（二）人员防护。

应急救援人员要配备符合救援要求的人员安全职业防护装备，严格按照专项应急预案和现场处置方案开展应急救援工作，确保人员安全。

（三）交通运输保障。

在应急响应时，利用公司现有的交通资源，请求交通部门提供交通支持，保证及时调运有关应急救援人员、装备和物资。由后勤救护组负责统一调配车辆，应急救援用车优先使用，保证调运有关应急救援人员及装备、物资。各项目部施工前提供各施工工地所在位置图给应急办存档。

（四）治安保障。

安全保卫组负责事故现场治安警戒和治安管理，加强对重要物资和设备的保护，维持现场秩序，及时疏散群众。必要时，请求事故发生地公安部门协助事故灾难现场治安警戒和治安管理。

（五）技术储备与保障。

充分利用公司现有的技术人才资源和技术设备设施资源，提供在应急状态下的技术支持。

第十章　应急预案管理

第三十五条　应急预案培训。

（一）宣传。

通过各种宣传手段，对本公司员工和施工场所周边公众广泛宣传应急法律法规和应急常识。宣传的内容主要包括：危险目标、危害途径、应急措施等。

（二）培训。

应急办负责编制对各类专业应急人员、企业员工的年度培训计划，并组织实施。

应急办应组织或检查应急培训总结，内容应包括：培训时间、培训内容、培训师资、培训人员、培训效果、培训考核记录等。

（1）培训内容。

为确保快速、有序和有效的应急能力，应急指挥部和各应急小组成员应认真学习本预案的内容，明确在救援现场所担任的责任；对周边群众应告知危险目标及避险方法。

（2）培训方式。

培训可根据公司的实际特点，采取多种形式进行，如定期开设培训班、上课、事故讲座、发放宣传资料以及黑板报、公告栏（墙板）等，使教育培训形象生动。

（3）培训要求。

应急救援培训应挑选身体状况良好，具有较高文化素质，便于通讯联系，以及具有丰富的本岗位工作经验的人员参加，为提高应急救援人员的救援能力和水平，每年应组织不少于两次的培训。每个工程项目开工前必须对所有员工进行有针对性的施工前应急知识培训。

第三十六条 应急预案演练。

公司应结合生产情况，在确保安全的情况下，组织演练，以检查和测试各应急组织机构的应急能力和应急预案的可靠性，提高实际技能及熟练程度，通过演练后的评价、总结，纠正存在的问题，从而不断提高预案质量。

应急指挥部应每年组织开展一次综合应急预案和有关专项应急预案演练，各现场负责人每半年开展一次现场处置方案演练。

（一）演练准备。

应急办应做好演练方案的策划，内容尽量详尽、实用，责任要明确到人。

（二）演练评估、总结。

应急办在演练结束后应做好评估、总结，内容应包括：

（1）参加演练的公司、人员和演练地点。

（2）起止时间。

（3）演练项目和内容。

（4）演练过程中的环境条件。

（5）演练动用设备、物资。

（6）演练效果。

（7）持续改进的建议。

（8）演练过程记录的文字、音像资料等。

（三）应急预案修订。

应急指挥部每三年组织一次应急预案的修订。

由于以下原因出现不符合项，应及时对本预案进行相应的调整：

（1）因兼并、重组、转制等导致隶属关系、经营方式、法定代表人发生变化的。

（2）生产工艺和技术发生变化的。

（3）周围环境发生变化的，形成新的重大危险目标的。

（4）应急组织指挥体系或者职责已经调整的。

（5）依据的法律、法规、规章和标准发生变化的。

（6）演练评估报告要求修订的。

（7）应急救援预案管理部门要求修订的。

（8）其他原因。

（四）应急预案备案。

应急办负责本预案的管理，并根据上级主管部门要求报广州市城乡建设委员会备案。

（五）应急预案实施。

本预案自发布之日起实施。本预案由编制小组制定，应急办负责解释并组织实施。

突发事故应急处置流程见下图。

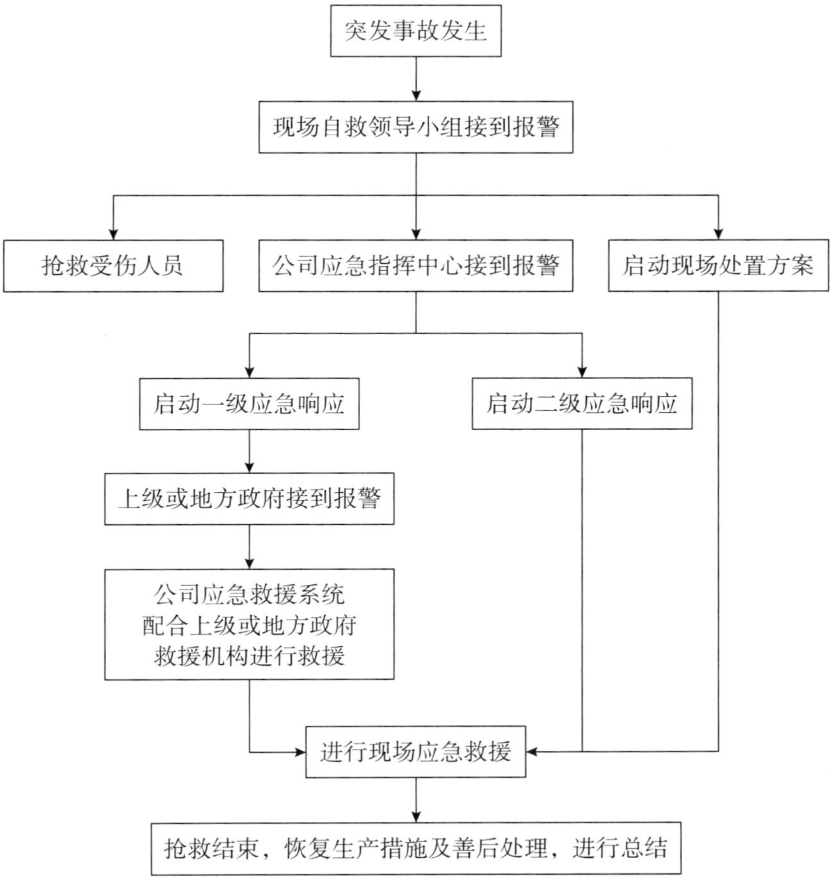

突发事故应急处置流程

第十一章　专项应急预案

第一节　触电事故专项应急预案

第三十七条　事故风险分析。

触电事故是企业施工用电的常见事故，也是企业人身伤亡事故的主要类型。由于电气设施（设备）故障或绝缘部位老化、员工操作不当，很容易发生触电事故。

发生触电事故，会造成人员伤亡、设备毁损、施工中断，因停电影响周边居民生产生活。

第三十八条　应急指挥机构及职责。

（一）应急救援领导小组组织机构。

组　长：项目经理

副组长：项目副经理

组　员：项目技术负责人、各部门负责人、安全员、各班组长

（二）应急救援队组织机构。

队　长：项目副经理

副队长：项目技术负责人

队　员：安全员、施工员、材料员、司机、现场电工、现场班组长和作业人员

（三）应急领导小组岗位职责。

1.组长的职责。

（1）执行国家、地方、行业、上级有关安全应急管理的法律法规、标准和应急预案。

（2）随时掌握项目现场事故灾害及险情，向公司应急指挥中心报告有关情况。

（3）根据事故现场的情况，启动并组织实施项目现场处置方案。

（4）确保应急资源配备投入到位，组织项目应急演练，指挥项目应急行动。

2.副组长的职责。

（1）协助组长开展应急指挥工作，组长不在位时，代行其职责。

（2）组织编制现场处置方案，落实项目应急行动，组织搞好培训和演练。

（3）负责现场应急处置，根据险情发展，提出改进措施。

（4）组织落实现场善后恢复。

3.组员的职责。

（1）实施现场处置，将人员和设备迅速撤离危险地点，根据现场情况，适时调整并调集人员、设备和物资搜救被困人员。

（2）负责现场伤员的医疗抢救工作，根据伤员受伤程度做好转运工作。

（3）维护现场，将获救人员转至安全地带；对危险区域进行有效的隔离。

（4）提供技术保障，并保证应急处置的通讯畅通，物资、设备和资金及时到位及后勤供给。

（5）妥善安置受伤人员和安抚伤亡人员的家属，配合公司做好理赔工作。

（6）按要求提供事故情况和相关资料，参与评估事故影响程度和损失，提出防止事故再次发生的意见和建议。

（四）应急救援队岗位职责。

1.队长的职责。

（1）正确组织指挥责任人员分工，有效展开工作和组织人员、物资调配。

（2）紧急制定事故处理方案，根据情况变化，果断采取有效措施，控制事态发展。

（3）组织好现场有关行动人员协同配合。

（4）组织相关部门调查事故原因。

2.副队长的职责。

（1）协助队长开展应急指挥工作，队长不在位时，代行其职责。

（2）协助队长制定事故处理方案，落实行动。

3.队员的职责。

（1）准确掌握事故动态，正确制定事故方案，执行有效处理措施，控制事故蔓延发展。

（2）及时向有关领导汇报，保护好事故现场，协助队长的工作，执行队长的命令。

（3）针对现场的情况，对人员、物资进行疏散，明确安全出口位置、疏散标志以及明确引导人的任务，合理分工落实具体的疏散措施。

（4）在发现问题后迅速向队长报告，并做好各人员分工后信息的沟通和联络，及时将事故事态发展情况上传下达。

（5）组织人力和工具尽早尽快将人员救出，遵循救人重于救灾的原则。

（6）组织机具、材料等的检查，负责事故原因调查，做好事故的记录。

第三十九条 处置程序。

（一）信息报告程序和内容、报告方式和责任人。

（1）当发生事故时，现场值班人员应立即断电，组织危险区域施工人员撤离，并迅速报告应急领导小组，启动现场处置方案，同时上报应急领导小组组长。

（2）采用喊话或其他方式疏散人员。

（3）现场应急指挥中心负责人应及时与医院、电力部门取得联系，确保24小时联络畅通，联络方式采用电话、传真等。

（4）现场应急指挥中心负责人通过上述联络方式向有关部门报警，报警的内容主要是：触电发生的时间、地点，造成的损失（包括人员伤亡数量、触电情况及造成的直接经济损失），已采取的处置措施和需要救助的内容。

（二）应急响应。

1.响应分级。

事故响应按照分级负责的原则，根据事故危害、影响范围和控制事态的能力，本预案应急响应分为三级响应，即：三级（现场级）响应、二级（公司级）响应、一级（社会级）响应。

（1）三级（现场级）响应。

三级（现场级）响应是指事故发生的初期，处于现场可控状态而做出相应的响应。

（2）二级（公司级）响应。

二级响应是事故现场应急救援力量满足不了应急需求，需要全公司应急救援力量支援，由指挥部统一指挥，按照综合预案和专项预案而采取的行动。

（3）一级响应（社会级）。

一级响应是指事故超出本公司的控制能力，或事故影响范围扩大，对社会正常秩序造成影响，本公司向上级主管部门或事故发生地人民政府、安全生产监督管理部门申请启动上级预案，有社会应急力量参与的应急行动。

2.应急响应启动。

应急领导小组收到触电的险情报告后，迅速启动现场处置方案，同时报告公司应急指挥中心，公司应急指挥中心接到信息后上报公司应急指挥中心领导，立即对事故进行评估，根据评估结果确定应急响应等级，应急指挥中心启动预案、确定现场指挥人员。

（三）接警报警。

任何人员发现事故后应立即启动现场处置方案，同时迅速向应急救援指挥部报告，应急指挥部根据实际情况立即对事故进行评估，根据评估结果确定响应级别并决定是否启动预案。

（四）应急指挥。

应急响应后，现场人员中最高职务者承担应急的临时指挥，组织在场人员开展初期的应急处置工作。当总指挥到达后，临时指挥人员应汇报现场的应急处置情况，并将应急指挥权转交给总指挥，由总指挥全面负责应急救援工作。

应急响应启动后，应急救援指挥部应指导抢险救援组，开展人员疏散、人员营救、事态控制、现场警戒和物资保护等工作。

（五）资源调配。

（1）按照平战结合的原则，确定应急物资、设备机具、防护用品的品种、规格和标准，报送需求计划，由相关专业主管部门审核汇总后，根据物资、装备类别报送应急自救小组的保障组，保障组对需求计划再进行审核并组织实施，确保应急所需物资、装备及时供应、补充和更新。

（2）应急响应启动后，应急救援指挥部应指导后勤保障组，根据突发事件性质，启用应急物资，为抢险救援组提供应急装备。

（3）必备重要物资装备的数量和清单。

（六）应急救援。

应急响应启动后，应急救援指挥部应分析判断突发事件的严重程度、波及范围、存在的威胁，制定合理的救灾路线和施救方案，确保救援人员的人身安全和救援工作的顺利开展。

（七）应急响应升级。

应急响应启动后，应急救援指挥部应随时掌握事态发展，当依靠自身力量无法控制和消除其严重危害时，应及时向上级部门、当地政府及其相关部门请求支援。

第四十条 处置措施。

（一）当发生触电事故时，指挥现场人员立即断电，撤离危险地点。

（二）应急队员维护现场，将获救人员转至安全地带；对危险区域进行有效的隔离。

（三）应急队员负责现场伤员的医疗抢救工作，根据伤员受伤程度做好转运工作。立即对抢救出的人员进行紧急处理，然后送往就近医院救治。

（四）应急队员保证应急处置的通讯、物资、设备和资金及时到位及后勤保障。

（五）应急队员妥善安置伤亡人员和接待伤亡人员的家属，按有关规定做好理赔工作。

（六）应急救援队队员收集事故资料，掌握事故情况，查明事故原因，评估事故影响程度和损失，分清事故责任并提出相应处理意见，提出防止事故再次发生的意见和建议，写出应急处置报告。

第二节 高处坠落事故专项应急预案

第四十一条 事故风险分析。

高处坠落事故是建筑施工生产企业的多见事故，本企业业务范围与土建、装修施工过程有交叉，很可能由于临边、洞口防护不到位，发生高处坠落引发事故，从而造成一般及其以上安全生产事故，风险较大，且在各个季节均有可能发生。

第四十二条 应急指挥机构及职责。

（一）应急救援领导小组组织机构。

组　长：项目经理

副组长：项目副经理

组　员：技术负责人、各部门负责人、安全员、各班组长

（二）应急救援队组织机构。

队　长：项目副经理

副队长：项目技术负责人

队　员：安全员、施工员、材料员、司机、现场电工、现场班组长和作业人员

（三）应急领导小组岗位职责。

1.组长的职责。

（1）执行国家、地方、行业、上级有关安全应急管理的法律法规、标准和应急

预案。

（2）随时掌握项目现场事故灾害及险情，向公司应急指挥中心报告有关情况。

（3）根据事故现场的情况，启动并组织实施项目现场处置方案。

（4）确保应急资源配备投入到位，组织项目应急演练，指挥项目应急行动。

2.副组长的职责。

（1）协助组长开展应急指挥工作，组长不在位时，代行其职责。

（2）组织编制现场处置方案，落实项目应急行动，组织搞好培训和演练。

（3）负责现场应急处置，根据险情发展，提出改进措施。

（4）组织落实现场善后恢复。

3.组员的职责。

（1）实施现场处置，将人员和设备迅速撤离危险地点，根据现场情况，适时调整并调集人员、设备和物资搜救被困人员。

（2）负责现场伤员的医疗抢救工作，根据伤员受伤程度做好转运工作。

（3）维护现场，将获救人员转至安全地带；对危险区域进行有效的隔离。

（4）提供技术保障，并保证应急处置的通讯畅通，物资、设备和资金及时到位及后勤供给。

（5）妥善安置受伤人员和安抚伤亡人员的家属，配合公司做好理赔工作。

（6）按要求提供事故情况和相关资料，参与评估事故影响程度和损失，提出防止事故再次发生的意见和建议。

（四）应急救援队岗位职责。

1.队长的职责。

（1）正确组织指挥责任人员分工，有效开展工作和组织人员、物资调配。

（2）紧急制定事故处理方案，根据情况变化，果断采取有效措施，控制事态发展。

（3）组织好现场有关行动人员协同配合。

（4）组织相关部门调查事故原因。

2.副队长的职责。

（1）协助队长开展应急指挥工作，队长不在位时，代行其职责。

（2）协助队长制定事故处理方案，落实行动。

3.队员的职责。

（1）准确掌握事故动态，正确制定事故方案，执行有效处理措施，控制事故蔓延发展。

（2）及时向有关领导汇报，保护好事故现场，协助队长的工作，执行队长的命令。

（3）针对现场的情况，对人员、物资进行疏散，明确安全出口位置、疏散标志以及明确引导人的任务，合理分工落实具体的疏散措施。

（4）在发现问题后迅速向队长报告，并做好各人员分工后信息的沟通和联络，及时将事故事态发展情况上传下达。

（5）组织人力和工具尽早尽快将人员救出，遵循救人重于救灾的原则。

（6）组织机具、材料等的检查，负责事故原因调查，做好事故的记录。

第四十三条　处置程序。

（一）信息报告程序和内容、报告方式和责任人。

（1）当发生事故时，现场值班人员应立即组织危险区域施工人员撤离，并迅速报告应急领导小组，启动现场处置方案，同时上报应急领导小组组长。

（2）采用喊话或其他方式疏散人员。

（3）现场应急指挥中心负责人应及时与医院、派出所取得联系，确保24小时联络畅通，联络方式采用电话、传真等。

（4）现场应急指挥中心负责人通过上述联络方式向有关部门报警，报警的内容主要是：高坠发生的时间、地点，造成的损失（包括人员伤亡数量及造成的直接经济损失），已采取的处置措施和需要救助的内容。

（二）应急响应。

1.响应分级。

（1）三级（现场级）响应。

三级（现场级）响应是指事故发生的初期，处于现场可控状态而做出相应的响应。

（2）二级（公司级）响应。

二级响应是事故现场应急救援力量满足不了应急需求，需要全公司应急救援力量支援，由指挥部统一指挥，按照综合预案和专项预案而采取的行动。

（3）一级响应（社会级）。

一级响应是指事故超出本公司的控制能力，或事故影响范围扩大，对社会正常秩序造成影响，本公司向上级主管部门或事故发生地人民政府、安全生产监督管理部门申请启动上级预案，有社会应急力量参与的应急行动。

2.报告和启动。

应急领导小组收到高坠的险情报告后，迅速启动现场处置方案，同时报告公司应急指挥中心，公司应急指挥中心接到信息后上报公司应急指挥中心领导，立即对事故进行评估，根据评估结果确定应急响应等级，应急指挥中心启动预案、确定现场指挥人员。

（三）接警报警。

任何人员发现事故后应立即启动现场处置方案，同时迅速向应急救援指挥部报告，应急指挥部根据实际情况立即对事故进行评估，根据评估结果确定响应级别并决定是否启动预案。

（四）应急指挥。

应急响应后，现场人员中最高职务者承担应急的临时指挥，组织在场人员开展初期的应急处置工作。当总指挥到达后，临时指挥人员应汇报现场的应急处置情况，并将应急指挥权转交给总指挥，由总指挥全面负责应急救援工作。

应急响应启动后，应急救援指挥部应指导抢险救援组，开展人员疏散、人员营救、事态控制、现场警戒和物资保护等工作。

（五）资源调配。

（1）按照平战结合的原则，确定应急物资、设备机具、防护用品的品种、规格和标准，报送需求计划，由相关专业主管部门审核汇总后，根据物资、装备类别报送应急自救小组的保障组，保障组对需求计划再进行审核并组织实施，确保应急所需物资、装备及时供应、补充和更新。

（2）应急响应启动后，应急救援指挥部应指导后勤保障组，根据突发事件性质，启用应急物资，为抢险救援组提供应急装备。

（3）必备重要物资装备的数量和清单。

（六）应急救援。

应急响应启动后，应急救援指挥部应分析判断突发事件的严重程度、波及范围、存在的威胁，制定合理的救灾路线和施救方案，确保救援人员的人身安全和救援工作的顺利开展。

（七）应急响应升级。

应急响应启动后，应急救援指挥部应随时掌握事态发展，当依靠自身力量无法控制和消除其严重危害时，应及时向上级部门、当地政府及其相关部门请求支援。

第四十四条　处置措施。

根据事态发展变化情况，出现急剧恶化的特殊险情时，现场应急救援指挥小组应在充分考虑专家和有关方面意见的基础上，及时采取紧急处置措施。重点抢救休克、骨折和出血人员。

（一）事故发生后，现场应急预案小组人员应及时赶往出事地点，采取积极措施对伤员进行救护，同时应逐级上报到应急预案指挥部。

（二）首先对重伤员采取抢救，拨打120，将重伤员在最短的时间内送入救治医院。

（三）根据伤员所伤部位采取正确救护手段，骨折伤员尽量避免挪动和拉线。颅骨造成伤害人员特别注意脑震荡，脊椎受伤人员要静卧，防止造成脊椎损伤导致瘫痪。

（四）特别注意因内伤出血后造成死亡事故。

（五）现场应急小组的物资供应人员应及时把施救药品器械供应到位，保证救护工作顺利进行。

（六）迅速调动人员、设备进行现场抢救，并做好现场保卫警戒工作，以防事态扩大。同时为调查处理提供可靠依据。

（七）配合上级主管部门和调查组开展调查处理，并做好伤员及家属善后工作。

第三节　火灾事故专项应急预案

第四十五条　事故风险分析。

通过对本单位业务的风险辨识，可能出现因电器线路故障、存放易燃易爆物品、违规使用电器（电热器、充电器）、雷击引发、汽车自燃、乱丢烟头、违章动火（含违章电焊）等原因引发火灾事故。

发生火灾事故将产生人员伤亡和财产损失。

第四十六条　应急指挥机构及职责。

（一）应急救援领导小组组织机构。

组　长：项目经理

副组长：项目副经理

组　员：技术负责人、各部门负责人、安全员、各班组长

（二）应急救援队组织机构。

队　长：项目副经理

副队长：项目技术负责人

队　员：安全员、施工员、材料员、司机、现场电工、现场班组长和作业人员

（三）应急领导小组岗位职责。

1.组长的职责。

（1）执行国家、地方、行业、上级有关安全应急管理的法律法规、标准和应急预案。

（2）随时掌握项目现场事故灾害及险情，向公司应急指挥中心报告有关情况。

（3）根据事故现场的情况，启动并组织实施项目现场处置方案。

（4）确保应急资源配备投入到位，组织项目应急演练，指挥项目应急行动。

2.副组长的职责。

（1）协助组长开展应急指挥工作，组长不在位时，代行其职责。

（2）组织编制现场处置方案，落实项目应急行动，组织搞好培训和演练。

（3）负责现场应急处置，根据险情发展，提出改进措施。

（4）组织落实现场善后恢复。

3.组员的职责。

（1）实施现场处置，将人员和设备迅速撤离危险地点，根据现场情况，适时调整并调集人员、设备和物资搜救被困人员。

（2）负责现场伤员的医疗抢救工作，根据伤员受伤程度做好转运工作。

（3）维护现场，将获救人员转至安全地带；对危险区域进行有效的隔离。

（4）提供技术保障，并保证应急处置的通讯畅通，物资、设备和资金及时到位及后勤供给。

（5）妥善安置受伤人员和安抚伤亡人员的家属，配合公司做好理赔工作。

（6）按要求提供事故情况和相关资料，参与评估事故影响程度和损失，提出防止事故再次发生的意见和建议。

（四）应急救援队岗位职责。

1.队长的职责。

（1）正确组织指挥责任人员分工，有效展开工作和组织人员、物资调配。

（2）紧急制定事故处理方案，根据情况变化，果断采取有效措施，控制事态发展。

（3）组织好现场有关行动人员协同配合。

（4）组织相关部门调查事故原因。

2.副队长的职责。

（1）协助队长开展应急指挥工作，队长不在位时，代行其职责。

（2）协助队长制定事故处理方案，落实行动。

3.队员的职责。

（1）准确掌握事故动态，正确制定事故方案，执行有效处理措施，控制事故蔓延发展。

（2）及时向有关领导汇报，保护好事故现场，协助队长的工作，执行队长的命令。

（3）针对现场的情况，对人员、物资进行疏散，明确安全出口位置、疏散标志以及明确引导人的任务，合理分工落实具体的疏散措施。

（4）在发现问题后迅速向队长报告，并做好各人员分工后信息的沟通和联络，及时将事故事态发展情况上传下达。

（5）组织人力和工具尽早尽快将人员救出，要以救人重于救灾的原则。

（6）组织机具、材料等的检查，负责事故原因调查，做好事故的记录。

第四十七条 处置程序。

（一）信息报告程序和内容、报告方式和责任人。

（1）当发生事故时，现场值班人员应立即断电，组织危险区域施工人员撤离，并迅速报告应急领导小组，启动现场处置方案，同时上报应急领导小组组长。

（2）采用喊话或其他方式疏散人员。

（3）现场应急指挥中心负责人应及时与医院、电力部门取得联系，确保24小时联络畅通，联络方式采用电话、传真等。

（4）现场应急指挥中心负责人通过上述联络方式向有关部门报警，报警的内容主要是：火灾发生的时间、地点，造成的损失（包括人员伤亡数量、火灾情况及造成的直接经济损失），已采取的处置措施和需要救助的内容。

（二）应急响应。

1.响应分级。

事故响应按照分级负责的原则，根据事故危害、影响范围和控制事态的能力，本预案应急响应分为二级响应，即：二级（现场级）响应、一级（社会级）响应。

（1）二级（现场级）响应。

二级（现场级）响应是指事故发生的初期，处于现场可控状态而做出相应的响应。

（2）一级响应（社会级）。

一级响应是指事故超出本公司的控制能力，或事故影响范围扩大，对社会正常秩序造成影响，本公司向上级主管部门或事故发生地人民政府、安全生产监督管理部门申请启动上级预案，有社会应急力量参与的应急行动

2.报告和启动。

应急领导小组收到火灾的险情报告后，迅速启动现场处置方案，同时报告公司应急指挥中心，公司应急指挥中心接到信息后上报公司应急指挥中心领导，立即对事故进行评估，根据评估结果确定应急响应等级，应急指挥中心启动预案、确定现场指挥人员。

（三）接警报警。

任何人员发现事故后应立即启动现场处置方案，同时迅速向应急救援指挥部报告，应急指挥部根据实际情况立即对事故进行评估，根据评估结果确定响应级别并决定是否启动预案。

（四）应急指挥。

应急响应后，现场人员中最高职务者承担应急的临时指挥，组织在场人员开展初期的应急处置工作。当总指挥到达后，临时指挥人员应汇报现场的应急处置情况，并

将应急指挥权转交给总指挥，由总指挥全面负责应急救援工作。应急响应后，应急救援指挥部应指导抢险救援组，开展人员疏散、人员营救、事态控制、现场警戒和物资保护等工作。

（五）资源调配。

（1）按照平战结合的原则，确定应急物资、设备机具、防护用品的品种、规格和标准，报送需求计划，由相关专业主管部门审核汇总后，根据物资、装备类别报送应急自救小组的保障组，保障组对需求计划再进行审核并组织实施，确保应急所需物资、装备及时供应、补充和更新。

（2）应急响应启动后，应急救援指挥部应指导后勤保障组，根据突发事件性质，启用应急物资，为抢险救援组提供应急装备。

（3）必备重要物资装备的数量和清单。

（六）应急救援。

应急响应启动后，应急救援指挥部应分析判断突发事件的严重程度、波及范围、存在的威胁，制定合理的救灾路线和施救方案，确保救援人员的人身安全和救援工作的顺利开展。

（七）应急响应升级。

应急响应启动后，应急救援指挥部应随时掌握事态发展，当依靠自身力量无法控制和消除其严重危害时，应及时向上级部门、当地政府及其相关部门请求支援。

第四十八条 处置措施。

（1）任何人员发现火情时应立即进行初期火灾扑灭操作，防止火势扩大，同时报告应急救援指挥部。

（2）应急指挥部立即组织抢险救援组（业务消防队）进行扑救。火势无法控制时，应立即报警，请消防部门协助灭火。

（3）灭火以后，要保护火灾现场，不得留有暗火，并设专人巡视，以防复燃和垮塌等次生伤害。

（4）应急队员收集事故资料，掌握事故情况，查明事故原因，评估事故影响程度和损失，分清事故责任并提出相应处理意见，提出防止事故重复发生的意见和建议，写出应急处置报告。

第四节 坍塌事故专项应急预案

第四十九条 事故风险分析。

在施工过程中，可能发生坍塌事故主要在基坑边坡堆料小于安全距离或堆料荷载过大、边坡排水不当、边坡水平及位移观测不及时等。坍塌事故包括深基坑坍塌，塔式起重机等大型机械设备倒塌，整体模板支撑体系坍塌，以及建筑外脚手架倒塌等。

事故发生后会造成人员伤亡或机械设备损坏。

第五十条 应急指挥机构及职责。

（一）应急救援领导小组组织机构。

组 长：项目经理

副组长：项目副经理

组 员：项目技术负责人、各部门负责人、安全员、各班组长

（二）应急救援队组织机构。

队 长：项目副经理

副队长：项目技术负责人

队 员：安全员、施工员、材料员、司机、现场电工、现场班组长和作业人员

（三）应急领导小组岗位职责。

1.组长的职责。

（1）执行国家、地方、行业、上级有关安全应急管理的法律法规、标准和应急预案。

（2）随时掌握项目现场事故灾害及险情，向公司应急指挥中心报告有关情况。

（3）根据事故现场的情况，启动并组织实施项目现场处置方案。

（4）确保应急资源配备投入到位，组织项目应急演练，指挥项目应急行动。

2.副组长的职责。

（1）协助组长开展应急指挥工作，组长不在位时，代行其职责。

（2）组织编制现场处置方案，落实项目应急行动，组织搞好培训和演练。

（3）负责现场应急处置，根据险情发展，提出改进措施。

（4）组织落实现场善后恢复。

3.组员的职责。

（1）实施现场处置，将人员和设备迅速撤离危险地点，根据现场情况，适时调整并调集人员、设备和物资搜救被困人员。

（2）负责现场伤员的医疗抢救工作，根据伤员受伤程度做好转运工作。

（3）维护现场，将获救人员转至安全地带；对危险区域进行有效的隔离。

（4）提供技术保障，并保证应急处置的通讯畅通，物资、设备和资金及时到位及后勤供给。

（5）妥善安置受伤人员和安抚伤亡人员的家属，配合公司做好理赔工作。

（6）按要求提供事故情况和相关资料，参与评估事故影响程度和损失，提出防止

事故再次发生的意见和建议。

（四）应急救援队岗位职责。

1.队长的职责。

（1）正确组织指挥责任人员分工，有效展开工作和组织人员、物资调配。

（2）紧急制定事故处理方案，根据情况变化，果断采取有效措施，控制事态发展。

（3）组织好现场有关行动人员协同配合。

（4）组织相关部门调查事故原因。

2.副队长的职责。

（1）协助队长开展应急指挥工作，队长不在位时，代行其职责。

（2）协助队长制定事故处理方案，落实行动。

3.队员的职责。

（1）准确掌握事故动态，正确制定事故方案，执行有效处理措施，控制事故蔓延发展。

（2）及时向有关领导汇报，保护好事故现场，协助队长的工作，执行队长的命令。

（3）针对现场的情况，对人员、物资进行疏散，明确安全出口位置、疏散标志以及明确引导人的任务，合理分工落实具体的疏散措施。

（4）在发现问题后迅速向队长报告，并做好各人员分工后信息的沟通和联络，及时将事故事态发展情况上传下达。

（5）组织人力和工具尽早尽快将人员救出，遵循救人重于救灾的原则。

（6）组织机具、材料等的检查，负责事故原因调查，做好事故的记录。

第五十一条 处置程序。

（一）信息报告程序和内容、报告方式和责任人。

（1）当发生事故时，现场值班人员应立即组织危险区域施工人员撤离，并迅速报告应急领导小组，启动现场处置方案，同时上报应急领导小组组长。

（2）采用喊话或其他方式疏散人员。

（3）现场应急指挥中心负责人应及时与医院、电力部门取得联系，确保24小时联络畅通，联络方式采用电话、传真等。

（4）现场应急指挥中心负责人通过上述联络方式向有关部门报警，报警的内容主要是：坍塌发生的时间、地点，造成的损失（包括人员伤亡数量、坍塌情况及造成的直接经济损失），已采取的处置措施和需要救助的内容。

（二）应急响应。

1.响应分级。

事故响应按照分级负责的原则，根据事故危害、影响范围和控制事态的能力，本预案应急响应分为三级响应，即：三级（现场级）响应、二级（公司级）响应、一级（社会级）响应。

（1）三级（现场级）响应。

三级（现场级）响应是指事故发生的初期，处于现场可控状态而做出相应的响应。

（2）二级（公司级）响应。

二级响应是事故现场应急救援力量满足不了应急需求，需要全公司应急救援力量支援，由指挥部统一指挥，按照综合预案和专项预案而采取的行动。

（3）一级响应（社会级）。

一级响应是指事故超出本公司的控制能力，或事故影响范围扩大，对社会正常秩序造成影响，本公司向上级主管部门或事故发生地人民政府、安全生产监督管理部门申请启动上级预案，有社会应急力量参与的应急行动

2. 报告和启动。

应急领导小组收到坍塌的险情报告后，迅速启动现场处置方案，同时报告公司应急指挥中心，公司应急指挥中心接到信息后上报公司应急指挥中心领导，立即对事故进行评估，根据评估结果确定应急响应等级，应急指挥中心启动预案、确定现场指挥人员。

（三）接警报警。

任何人员发现事故后应立即启动现场处置方案，同时迅速向应急救援指挥部报告，应急指挥部根据实际情况立即对事故进行评估，根据评估结果确定响应级别并决定是否启动预案。

（四）应急指挥。

应急响应启动后，现场人员中最高职务者承担应急的临时指挥，组织在场人员开展初期的应急处置工作。当总指挥到达后，临时指挥人员应汇报现场的应急处置情况，并将应急指挥权转交给总指挥，由总指挥全面负责应急救援工作。应急响应后，应急救援指挥部应指导抢险救援组，开展人员疏散、人员营救、事态控制、现场警戒和物资保护等工作。

（五）资源调配。

（1）按照平战结合的原则，确定应急物资、设备机具、防护用品的品种、规格和标准，报送需求计划，由相关专业主管部门审核汇总后，根据物资、装备类别报送应急自救小组的保障组，保障组对需求计划再进行审核并组织实施，确保应急所需物资、装备及时供应、补充和更新。

（2）应急响应启动后，应急救援指挥部应指导后勤保障组，根据突发事件性质，启用应急物资，为抢险救援组提供应急装备。

（3）必备重要物资装备的数量和清单。

（六）应急救援

应急响应后，应急救援指挥部应分析判断突发事件的严重程度、波及范围、存在的威胁，制定合理的救灾路线和施救方案，确保救援人员的人身安全和救援工作的顺利开展。

（七）应急响应升级。

应急响应启动后，应急救援指挥部应随时掌握事态发展，当依靠自身力量无法控制和消除其严重危害时，应及时向上级部门、当地政府及其相关部门请求支援。

第五十二条 处置措施。

（1）坍塌事故发生后，项目部成立应急小组，由项目经理担任组长，生产负责人及安全员，各专业工长为组员，外包队管理人员及后勤人员，协助做好辅助工作。

（2）发生坍塌事故后，发现事故发生人员首先应高声呼喊，报告现场安全员，安全员立即报告项目经理，项目经理应组织应急小组进行现场抢救。同时拨打120，报告公司应急指挥部，并在事故现场周围设警戒线。

（3）公司应急救援负责人应立即赶赴现场，首先查明险情，确定是否还有危险目标。如基坑边坡是否有继续坍塌的危险、人员伤亡情况等，迅速将伤员脱离危险地带，移至安全地带。与应急救援相关人员商定初步救援方案，组织有关人员进行清理土方或杂物，如有人员被埋，应组织人员尽快解除重物压迫，减少伤员挤压综合症发生，挖掘被掩埋伤员及时脱离危险区，防止事故发展扩大。

（4）根据具体情况，采取人工和机械相结合的方法，对坍塌现场进行处理。抢救中如遇到坍塌巨物，人工搬运有困难时，可调集大型吊车进行调运。在接近边坡处时，必须停止机械作业，全部改用人工扒物，防止误伤被埋人员。现场抢救中，还要安排专人对边坡、架料进行监护和清理，防止事故扩大。

（5）加强基坑排水、降水措施；迅速运走边坡弃土、材料机械设备等重物；加强基坑支护，对边坡薄弱环节进行加固处理；削去部分坡体，减小边坡坡度。

（6）如果发生脚手架坍塌事故，按预先分工进行抢救，架子工组织所有架子工进行倒塌架子的拆除和拉牢工作，防止其他架子再次倒塌。

（7）对轻伤人员在现场采取可行的应急抢救，如现场包扎止血等措施，防止受伤人员流血过多造成死亡事故发生。

第十二章 现场处置方案

第一节 触电现场处置方案

第五十三条 事故风险分析。

（一）危险性分析。

在电气设备运行、操作、检修、安装工作中，由于电气设备的屏护缺陷、安全间距不够、绝缘损坏、保护接地失效、违章作业、误入带电间隔、检修工作安全措施不当、电工安全用具缺陷等原因，工作人员触碰到带电体或过分接近高压带电体，均可能造成触电伤害事故。

（二）事故发生的场所。

发生触电的场所有：所有用电设备、线路（包括临时用电）；电气设备、线路安装、调试场所。

（三）事故发生的诱因和预兆。

1.引发触电事故的主要诱因。

（1）带电体裸露。

（2）用电设备无安装漏电保护开关、外壳无可靠接地。

（3）作业人员无任何安全防护措施进行带电作业。

（4）无证人员私自安装用电线路或设备。

2.可能出现的预兆。

（1）发现漏电后未采取任何措施，继续操作。

（2）安全意识不强，带电检修。

第五十四条 应急工作职责。

（一）应急组织机构。

成立现场应急小组，由现场负责人和作业人员组成。其中，现场负责人为现场应急小组组长。

（二）工作职责。

1.岗位员工职责。

（1）发现可能或已触电者，应立即高声呼叫求救。

（2）立即采取措施，使触电者脱离电源，如切断电源等。

（3）报告应急小组组长。

（4）接受并执行本应急小组的指令。

2.应急小组组长职责。

（1）接到员工报告后，应立即到现场进行确认。

（2）组织现场员工，按现场应急处置措施执行。

（3）若事故后果超出本班组控制能力，立即上报应急指挥部。

（4）接受和执行应急指挥部的指令。

第五十五条 应急处置。

（一）事故应急处置程序。

详见下图。

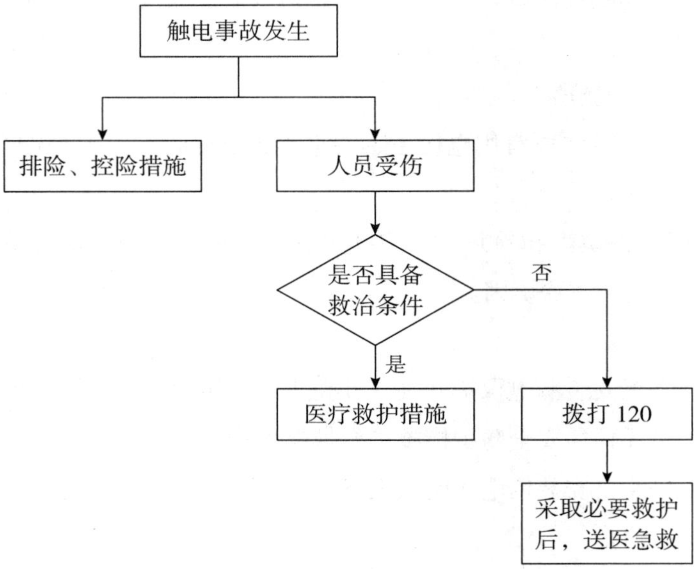

触电事故应急处置程序

（二）现场应急处置措施。

1.医疗救护应急处置措施。

（1）触电者未失去知觉的救护措施：应让触电者在比较干燥、通风暖和的地方静卧休息，并派人严密观察，同时请医生前来或送往医院诊治。

（2）触电者已失去知觉但尚有心跳和呼吸的抢救措施：应使其舒适地平卧着，解开衣服以利呼吸，四周不要围人，保持空气流通，冷天应注意保暖，同时立即请医生前来或送往医院救治。若发现触电者呼吸困难或心跳失常，应立即施行人工呼吸及胸外心脏按压。

（3）对“假死”者的急救措施：当判定触电者呼吸和心跳停止时，应立即按心肺复苏法就地抢救。方法如下：

①消除口中异物。使触电者仰面躺在平硬的地方，迅速解开其领扣、围巾、紧身衣和裤带。如发现触电者口内有食物、假牙、血块等异物，可将其身体及头部同时侧转，迅速用一只手指或两只手指交叉从口角处插入，从口中取出异物，操作中要注意预防将异物推到咽喉深处。

②采用仰头抬颏法畅通气道。操作时，救护人用一只手放在触电者前额，另一只

手的手指将其颏颌骨向上抬起，两手协同将头部推向后仰，舌根自然随之抬起、气道即可畅通。为使触电者头部后仰，可于其颈部下方垫适量厚度的物品，但严禁用枕头或其他物品垫在触电者头下。

2.排险、控险应急处置措施。

触电急救的要点是动作迅速，救护得法，切不可惊慌失措，束手无策。要贯彻“迅速、就地、正确、坚持”的触电急救八字方针。发现有人触电，首先要尽快使触电者脱离电源，然后根据触电者的具体症状进行对症施救。

脱离电源的基本方法有：

（1）将出事附近电源开关刀拉掉、或将电源插头拔掉，以切断电源。

（2）用干燥的绝缘木棒、竹竿、布带等物件将电源线从触电者身上拨离或者将触电者拨离电源。

（3）必要时可用绝缘工具（如带有绝缘柄的电工钳、干燥的木柄斧头以及锄头）切断电源线。

（4）救护人戴上手套或在手上包缠干燥的衣服、围巾、帽子等绝缘物品拖拽触电者，使之脱离电源。

（5）如果触电者由于痉挛手指紧握导线缠绕在身上，救护人可先用干燥的木板塞进触电者身下使其与地绝缘来隔断入地电流，然后再采取其他办法把电源切断。

（6）如果触电者触及断落在地上的带电高压导线，在尚未确证线路无电之前，救护人员不可进入断线落地点8～10米的范围内，以预防跨步电压触电。进入该范围的救护人员应穿上绝缘靴接近触电者。触电者脱离带电导线后应迅速将其带至8～10米以外立即开始触电急救。只有在确证线路已经无电，才可在触电者离开触电导线后就地急救。

（三）报告事项。

1.报警电话及联系方式。

报警电话及联系方式见附件。

2.报告内容。

（1）触电发生的时间和地点。

（2）人员伤亡情况。

（3）已采取的措施，报告人及电话。

第五十六条 注意事项。

在使触电者脱离电源时应注意的事项：

（1）未采取绝缘措施前，救护人不得直接触及触电者的皮肤和潮湿的衣服。

（2）严禁救护人直接用手推、拉和触摸触电者；救护人不得采用金属或其他绝缘性能差的物体（如潮湿木棒、布带等）作为救护工具。

（3）在拉拽触电者脱离电源的过程中，救护人宜用单手操作，这样对救护人比较安全。

（4）当触电者位于高位时，应采取措施预防触电者在脱离电源后坠地摔伤或摔死（电击二次伤害）。

（5）夜间发生触电事故，应考虑切断电源后的临时照明问题，以利救护。

第二节　高处坠落现场处置方案

第五十七条　事故风险分析。

（一）危险性分析。

本公司施工项目高处作业较多，有临边作业、洞口作业、攀登作业、悬空作业、高处平台作业和交叉高处作业等。如果未设置防护措施或防护措施不当，人员失足可能导致高处坠落。

（二）事故发生的场所。

发生高处坠落的区域、地点或装置主要有：临边作业、洞口作业、攀登作业、悬空作业、高处平台作业和交叉高处作业等高处作业场所。

（三）事故发生的诱因和预兆。

1.引发高处坠落的主要诱因。

（1）高处作业人员安全意识不强。

（2）管理缺失，安全防护措施不足。

（3）室外高处作业时风力超过6级。

2.可能出现的预兆。

（1）高处作业平台防护措施缺失；

（2）高处作业人员违章操作。

第五十八条　应急工作职责。

（一）应急组织机构。

成立现场应急小组，由现场负责人和作业人员组成，由现场负责人任现场应急小组组长。

（二）工作职责。

1.岗位员工职责。

（1）发现事故发生，应立即高声呼叫求救。

（2）在确保自身安全的前提下，立即执行现场应急处置措施。

（3）报告班组长或应急小组组长。

（4）接受并执行本应急小组的指令。

2.应急小组组长职责。

（1）接到工作人员报告后，应立即到现场进行确认。

（2）组织本班组员工，按现场应急处置措施进行应急救援。

（3）向应急指挥部报告。

（4）接受并执行应急指挥部的指令。

第五十九条 应急处置。

（一）事故应急处置程序。

详见下图。

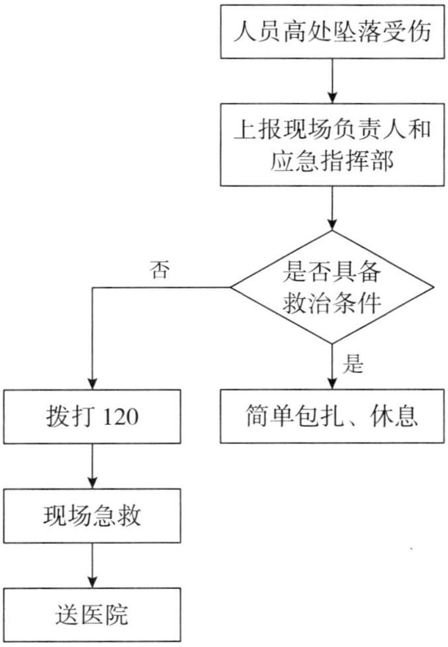

高坠事故应急处置程序

（二）现场应急处置措施。

1.排险处置措施。

如果有受伤者高处坠落后有物体一起坠落压住受伤者，应立即移开物品。

2.救护处置措施。

（1）当发生高处坠落事故后，抢救的重点放在对休克、骨折和出血的处理上。

（2）发生高处坠落事故，应马上组织抢救伤者，首先观察伤者的受伤情况、部位、伤害性质，如伤员发生休克，应先处理休克。遇呼吸、心跳停止者，应立即进行人工呼吸，胸外心脏按压。处于休克伤员要让其安静、保暖、平卧、少动，并将下肢抬高20°左右，尽快送医院进行抢救治疗。

（3）出现颅脑损伤，必须维持呼吸道通畅。昏迷者应平卧，面部转向一侧，以防舌根下坠或分泌物、呕吐物吸入，发生喉阻塞。有骨折者，应初步固定后再搬运。遇有凹陷骨折、严重的颅底骨折及严重的脑损伤症状出现，创伤处用消毒的纱布或清洁布等覆盖，用绷带或布条包扎后，及时送往医院治疗。

（4）发现脊椎受伤者，创伤处用消毒的纱布或清洁布等覆盖伤口，用绷带或布条包扎。搬运时，将伤者平卧放在帆布担架或硬板上，以免受伤的脊椎移位、断裂造成截瘫，招致死亡。抢救脊椎受伤者，搬运过程中，严禁只抬伤者的两肩与两腿或单肩背运。

（5）发现伤者手足骨折，不要盲目搬运伤者。应在骨折部位用夹板把受伤位置临时固定，使断端不再移位或刺伤肌肉，神经或血管。固定方法：以固定骨折处上下关节为原则，可就地用木板等材料，在无材料的情况下，上肢可固定在身侧，下肢与健侧下肢缚在一起。

（6）遇有创伤性出血的伤员，应迅速包扎止血，使伤员保持头低脚高的卧位，并注意保暖。

（7）动用最快的交通工具，及时把伤者送往附近医院抢救，运送途中应尽量减少颠簸。同时，密切注意伤者的呼吸、脉搏、血压及伤口的情况。

（三）报告事项。

1.报警电话及联系方式。

报警电话及联系方式见附件。

2.报告内容。

（1）高坠发生的时间和地点。

（2）人员伤亡情况。

（3）已采取的措施，报告人及电话。

第六十条　注意事项。

（1）若受伤者伤势严重，不要轻易移动伤者。

（2）遵循“先救命、后救肢”的原则。

第三节　火灾现场处置方案

第六十一条　事故风险分析。

（一）危险性分析。

施工使用乙炔瓶如果泄漏可能因泄漏起火，氧气瓶泄漏会助燃，增大火灾危险；

施工机械设备、车辆油箱可能发生火灾；电气设备、线路短路、过载可能发生火灾；临时搭设的木工棚也可能发生火灾。

（二）事故发生的主要场所。

发生初始火灾的主要场所有：乙炔瓶、氧气瓶使用和放置处，油箱和电气设备、线路，木工棚等。

（三）事故发生的诱因和预兆。

1.引发初期火灾的诱因。

（1）氧气泄漏助燃火势。

（2）机油泄漏。

（3）乙炔泄漏。

（4）电气设备、线路过载，短路。

（5）违章动火。

2.初始火灾可能出现的预兆。

（1）可燃气体检测报警仪报警。

（2）闻到烧焦味。

（3）看到火光或浓烟。

第六十二条 应急工作职责。

（一）应急组织机构。

本现场处置方案的组织机构设置如下：成立现场应急小组，由现场负责人和岗位员工组成。其中，现场负责人为现场应急小组组长。

（二）工作职责。

1.岗位员工职责。

（1）发现初始火灾。

（2）使用现场灭火器进行灭火。

（3）呼喊周围人员参加到灭火和报警。

（4）报告班组长或应急小组组长。

（5）接受并执行本应急小组的指令。

2.应急小组组长职责。

（1）接到员工报告后，应立即到现场进行确认。

（2）组织本应急小组成员，按现场应急处置措施执行。

（3）上报应急指挥部。

（4）接受和执行应急指挥部的指令。

第六十三条 应急处置。

（一）事故应急处置程序。

详见下图。

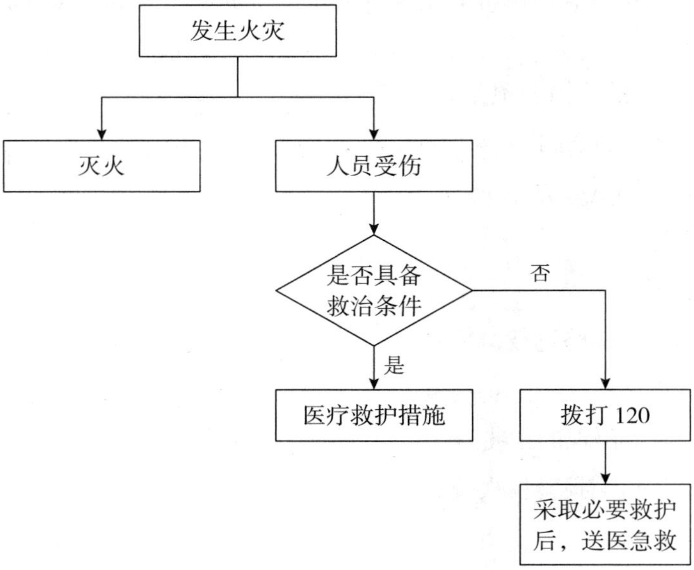

火灾事故应急处置程序

（二）现场应急处置措施。

在火灾尚未失控之前，迅速采取正确措施，控制火灾。应急小组组长应根据火势和现场情况，决定是否拨打119报警电话请求当地消防队救援。

1.易燃气体着火现场处置措施。

（1）迅速关闭易燃气体（如乙炔）气瓶的阀门；移走旁边氧气瓶等助燃、可燃物质，氧气瓶应移至至少20m以外。

（2）易燃气体着火后，若不能立即切断气源，则不允许熄灭正在燃烧的气体，只能喷水冷却容器，可能的话将容器从火场移至空旷处。

（3）切断气源后，使用二氧化碳灭火器将火灾扑灭。

2.电气设备着火现场处置措施。

（1）电线、电气设备着火应立即切断供电线路及电气设备设备电源，然后充分利用周围的消防设施进行灭火。

（2）对带电设备使用手提式干粉灭火器或二氧化碳灭火器等灭火，不得使用泡沫灭火器或水系灭火。

（3）扑救电气设备火灾时，灭火人员应穿绝缘鞋、戴绝缘手套、防毒面具等加强自我保护。

3.其他火灾现场处置措施。

发现着火，报警后立即就近取用灭火器材进行灭火。人员衣服着火时，应尽快脱去着火的或沸液浸渍的衣服；或迅速卧倒，慢慢就地滚动，压灭火焰；或用手边不容易燃烧的材料如大衣、沙土等，迅速覆盖着火处，使之与空气隔绝；也可用水将火浇灭或跳入附近水池、河沟内。坚决制止伤者奔跑呼叫或用双手扑打火焰，以免助长燃烧并引起头面部、呼吸道和双手烧伤。

4.灭火器的使用方法。

（1）干粉灭火器使用方法。

灭火时，可手提灭火器快速奔赴火场，在距燃烧处2～5米左右，放下灭火器。操作者应先将开启把上的保险销拔下，然后握住喷射软管前端喷嘴部，另一只手将开启压把压下，打开灭火器进行灭火，当干粉喷出后，迅速对准火焰的根部扫射。灭火时应始终保持压把压下，不能放开，否则会中断喷射；如在室外，应选择在上风方向喷射。

（2）二氧化碳灭火器使用方法。

灭火时，将灭火器提到火场，在距燃烧物2～5米左右，放下灭火器，拔出保险销，一手握住喇叭筒根部的手柄（对没有喷射软管的二氧化碳灭火器，应把喇叭筒往上扳70°～90°），另一只手紧握启闭阀的压把，打开灭火器进行灭火。使用时，不能直接用手抓住喇叭筒外壁或金属连接管，防止手被冻伤。灭火时当可燃液体呈流淌状燃烧时，使用者应将二氧化碳灭火剂的喷流由近而远向火焰喷射。如果可燃液体在容器内燃烧时，使用者应将喇叭筒提起，从容器的一侧上部向燃烧的容器中喷射，但不能将二氧化碳射流直接冲击可燃液面上，以防止将可燃液体冲击容器而扩大火势，造成灭火困难。在室外使用二氧化碳灭火器的，应选择上风方向喷射，在室内窄小空间使用的，灭火后操作者应迅速离开，以防窒息。

（3）室内消火栓的使用方法。

室内水电安装作业发生火灾可利用建筑内消火栓灭火。打开消火栓箱门，延伸水带，将水带的一端与水枪连接，另一端接口与消火栓接口连接，按逆时针方向旋转消火栓手轮，对准火点进行喷水灭火。

（三）报告事项。

1.报警电话及联系方式。

报警电话及联系方式见附件。

2.报告内容。

（1）火灾发生的地点和时间。

（2）起火位置、着火的原因，火势情况。

（3）已采取的措施，报告人及电话。

第六十四条 注意事项。

判定初始火灾是否可灭的五个原则：

（1）孤立火源。

（2）未产生大量有毒烟气。

（3）救火位置安全，并随时可逃生。

（4）附近没有大量易燃易爆物品。

（5）周围有足够灭火器材。

第四节 坍塌现场处置方案

第六十五条 事故风险分析。

（一）危险性分析。

在施工过程中，可能发生坍塌事故，主要原因在基坑边坡堆料小于安全距离或堆料荷载过大、边坡排水不当、边坡水平及位移观测不及时等。坍塌事故包括深基坑坍塌，塔式起重机等大型机械设备倒塌，整体模板支撑体系坍塌，以及建筑外脚手架倒塌等。

事故后果：事故发生后会造成人员伤亡或机械设备损坏。

（二）事故发生的主要场所。

发生坍塌事故的场所主要有：基坑内作业区，基坑边坡和基坑顶边。

（三）事故发生的诱因和预兆。

1.引发坍塌事故的主要诱因。

（1）基坑未设置支护或支护失效。

（2）管理缺失，违反施工方案施工或在边坡旁堆积重物。

（3）在地质条件不明的情况下施工。

（4）雨季施工，大雨天气施工。

2.可能出现的征兆。

（1）基坑顶面或坡面出现较大裂缝，挡护支撑结构变形，出现异常响声或地震等。

（2）坑壁有泥水流出，出水量大于正常的抽水量。

（3）严重违章操作、机械下方地面出现滑塌等。

第六十六条 应急工作职责。

（一）应急组织机构。

本现场处置方案的组织机构设置如下：成立现场应急小组，由现场负责人和岗位员工组成。其中，现场负责人为现场应急小组组长。

发生坍塌事故时，公司内部应急救援指挥部应根据事故类型、严重程度等，立即启动三级应急响应。

应急组织以项目部、部门为单位，项目部/部门负责人为应急组织的组长，在岗员工为应急组织的成员。

（二）工作职责。

组长：负责对坍塌事故的指挥处理工作。

组员：

（1）抢救现场伤员。

（2）抢救现场物资。

（3）保证现场救援通道的畅通。

（4）负责现场伤员救护。

（5）记录伤员伤情。

（6）协助120和上级部门对伤员进行抢救。

第六十七条　应急处置。

（一）事故应急处置程序。

详见下图。

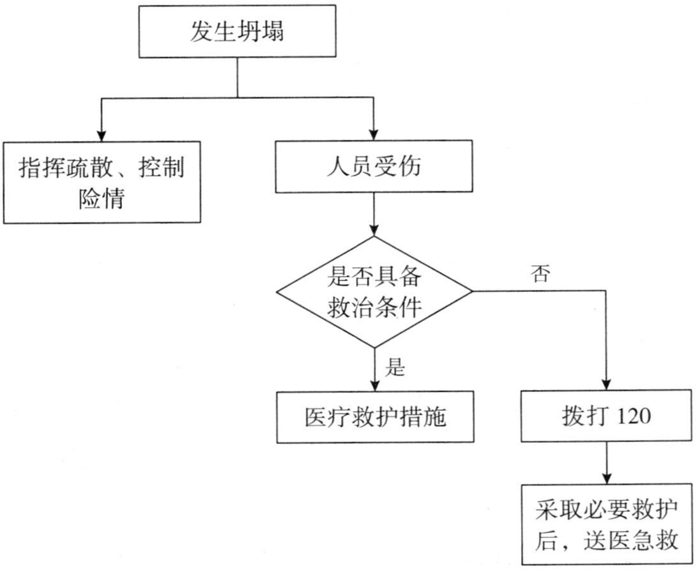

坍塌事故现场处置程序

（二）现场应急处置措施。

1.脚手架坍塌事故的应急处置措施。

（1）发生脚手架坍塌事故后，发现事故发生人员首先高声呼喊，组织作业范围内人员疏散，并报告现场安全员，安全员立即报告项目经理，项目经理应组织应急小组进行现场抢救。同时拨打120，报告公司应急指挥部，并在事故现场周围设警戒线。

（2）如果发生脚手架坍塌事故，按预先分工进行抢救，架子工组织所有架子工进行倒塌架子的拆除和拉牢工作，防止其他架子再次倒塌。

（3）救人第一的原则。当现场遇有人员受到伤亡威胁时，首要任务是抢救人员。应立即与急救中心和医院联系，请求出动急救车辆并做好急救准备，确保伤员得到及时医治。对轻伤人员在现场采取可行的应急抢救，如现场包扎止血等措施。防止受伤人员流血过多造成死亡事故发生。

（4）根据具体情况，采取人工和机械相结合的方法，对坍塌现场进行处理。抢救中如遇到坍塌巨物，人工搬运有困难时，可调集大型吊车进行调运。在接近边坡处时，必须停止机械作业，全部改用人工扒物，防止误伤被埋人员。现场抢救中，还要安排专人对边坡、架料进行监护和清理，防止事故扩大。

2.基坑坍塌事故的应急处置措施。

（1）一旦发生基坑坍塌事故，首先应由安全保卫组组织疏散坑内作业人员，清点人数，确定有无人员失踪，受伤。了解事发前该区域施工人员情况，作业人数，如有施工人员失踪或被埋，立即组织有效的挖掘工作。

（2）应采用人工挖掘，禁止采用机械挖掘，防止及机械对被埋人员造成伤害。人工挖掘尽量避免使用尖锐性工具。对于大块沉重物体，应合理组织搬运，尤其是压在被埋人员身上的大块物体，必须组织好足够人力方可搬运，搬运前明确职责，由专人负责将被埋人员移出。

（3）抢救挖掘合理按照工作面安排人力，力争在最短时间内将被埋人员抢救出来。如有人员失踪、受伤应立即报警，并安排车辆引导员做好救助车辆引导。

（4）划定危险区域，由安全保卫组警戒。抢险救灾组安排测量人员进行基坑坡面位移变形观测，并安排有经验的技术人员做好监控工作，如坡面不稳定，应及时采取措施处理，必要时合理组织卸掉坑顶堆载，基坑坡面组织有效支撑，对已破坏的既有支撑结构进行加固，防止塌方面扩大。

（5）在专业医疗人员到达前由救助组对受伤人员进行简单救助。争分夺秒抢救压埋者，使头部先露出，保证呼吸畅通；移出之后，呼吸停止者立即做人工呼吸，然后进行心肺复苏；伤口止血宜使用止血带；切忌对压伤者进行热敷或按摩。

3.基坑涌水、涌泥事故的应急处置措施。

（1）当发生基坑内涌水、涌泥时，立即停止作业，组织无关人员撤至安全地点，利用抽水设备、加大抽水量，同时，派技术人员观测基坑边坡变化，如有发生坍塌的可能，采用沙袋堆码或其他支撑方法进行挡护。

（2）出现坑内施工作业人员被淹时，在组织潜水泵抽水和支护边坡的同时，调查清楚具体被淹溺的人员及数量，派水性好的营救人员系安全绳下基坑进行打捞营救。

（3）受伤人员营救出以后，迅速吊至基坑顶面安全区域，清除掉口腔、鼻腔内的泥浆等杂物，保持呼吸道畅通。使受伤者采用平卧位，头侧向一侧或俯卧位，面朝下，头低脚高，迅速倒掉胸腔和胃内吸入的水，同时检查心跳呼吸情况。发现呼吸停止，瞳孔散大、口唇青紫明显，神志不清者，要立即进行人工呼吸，心跳停止者则应立即同时进行胸外心脏按压，并同时紧急送往医院。

4.施工开挖机械倾覆事故的应急处置措施。

（1）当发生机械倾覆事故时，首先看司机是否被困在操作室内，检查有无其他人员被砸伤或掩埋在其下面。

（2）若有人员被困，确定被埋压人员的位置，立即组织现场急救。营救被埋压人员时，不得生拉硬挖，切勿用机械挖救，以免进一步伤害；同时调用其他起重设备将倾覆机械慢拉起，顶升稳固，再组织全力抢救被埋人员。当有人员被困在机械下方或操作室内，被物卡住无法脱身时，要用切割设备切割掉卡死物件，再组织营救。

（3）当被压埋者被救后，应立即将其抬至通风良好的地方，解开衣服、裤带，纠正机体缺氧；呼吸停止者，应做人工呼吸；心跳停止者，应做胸壁外心脏按压；同时要迅速送往医院抢救。

第六十八条　注意事项。

（1）参加坍塌抢险救援前，应正确佩戴好安全帽。

（2）使用救援器材前，检查所使用的救援器材是否完好无损，并掌握正确使用方法，随身携带的工（器）具必须用绳索等系挂在身上。

（3）首先在确保营救人员自身安全后，方可参与救援；针对人员受伤部位、伤势严重程序采取不同救援措施，严禁盲目搬运背扛以及不恰当的止血措施；采取坑壁支护措施时，要防止坑内人员再次受到伤害。

（4）受伤人员没有能力摆脱被困环境时，在救援人员到达之前，尽量保存自身体力等待救援，在救援人员到来时，尽最大能力呼救；遇塌方掩埋情况，被困人员尽量用衣裳等布织物掩盖口鼻呼吸，防止被呛。

（5）正确判断事故现场应急处置能力，决不能因怕扩大事故影响而对不能组织抢险自救的强行组织自救，不向外部请求救援。

（6）事发现场一定要做好隔离防护，禁止抢险救助以外的人员进入现场。

（7）应急救援结束后，立即查看事故现场是否还有不安全因素，是否还有被困人员，并采取妥善防范措施。

（8）注意自我保护。在救助行动中，抢救机械设备和救助人员应严格执行安全操作规程，配齐安全设施和防护工具，加强自我保护，确保抢救行动过程中的人身安全和财产安全。

（9）鉴于坍塌事故有突发性，在短时间内不易处理，处置行动必须做到接警调度快、到达快、准备快、疏散救人快，做到以快制快。

第五节　中毒和窒息现场处置方案

第六十九条　事故风险分析。

（一）危险性分析。

在给水、排水、污水管道及其井下等密闭、有限空间内作业时，管道内、井下可能积存各种有毒有害气体，包括硫化氢、一氧化碳、二氧化碳、可燃气体等。由于通风不良，致作业环境中严重缺氧以及有毒气体急剧增加造成作业人员缺氧窒息和气体中毒窒息等事故。

（二）事故发生的场所。

发生中毒窒息的场所主要有：给水、排水、污水管道及其井下、地下室等有限空间作业场所。

（三）事故发生的诱因和预兆。

1. 主要诱因。

（1）有毒有害、窒息性物质超标；

（2）人员未佩戴呼吸防护用具；

（3）通风不良。

2. 可能出现的征兆。

（1）人员咳嗽、呼吸困难；

（2）监护人员喊话，无回应。

第七十条　应急工作职责。

（一）应急组织机构。

本现场处置方案的应急自救组织机构设置如下：成立现场应急小组，由现场负责人和现场作业人员组成。其中，现场负责人为现场应急小组组长。

（二）工作职责。

1.应急小组成员职责。

（1）在发生事故时及时通知应急小组组长。

（2）采取应急处置措施，及时控制住当前局势，防止继续恶化。

（3）若有中毒窒息者，伤情比较严重，应立即拨打120，送医院抢救。

（4）疏散无关人员撤离现场。

2.应急小组组长职责。

（1）接到报告后，及时组织应急小组成员。

（2）指挥应急小组成员有条不紊地采取处置措施，控制局势。

（3）查找引起中毒事故的原因，找到泄漏源，及时排除。

（4）若中毒情况有进一步蔓延的趋势，立即组织疏散作业人员到指定地点。

（5）设置现场警戒线，严禁非工作人员进入现场。

（6）及时将情况上报应急指挥部。

第七十一条 应急处理。

（一）事故应急处置程序。

详见下图。

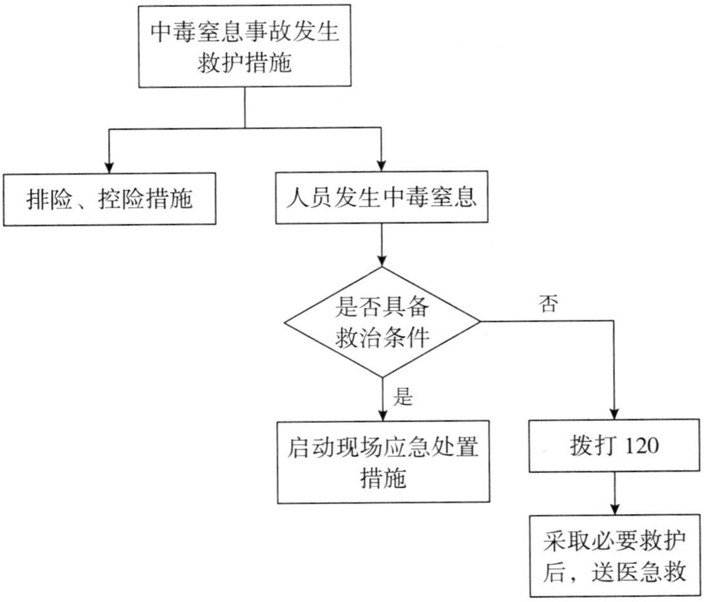

中毒和窒息事故现场处置流程

（二）现场应急处置措施。

人员急救是指现场工作人员意外受到有毒化学物质伤害时所采取的自救或互救的简要处理方法。现场及时准确处理对急性中毒者来说是十分重要的，简单有效的措施常能使濒死者复活、重危者减轻伤害的程度，争取时间为进一步治疗创造条件。

1.基本原则。

充分重视个体防护，尽快把中毒者从中毒现场抢救出来，既要抢救别人，又要顾及自己，个人防护特别重要。

发现中毒、窒息者应迅速将中毒患者移至空气新鲜处，松解衣扣和腰带，摘下假牙和清除口腔异物，维护呼吸道通畅，注意保暖。在搬运过程中要沉着、冷静，不要强拖硬拉，防止造成骨折；如果已有骨折或外伤，则要注意包扎和固定。

2.抢救方法。

（1）心脏复苏术。

心前区叩击术——发现心脏停止跳动后，立即用拳头叩击心前区（拳头力量不要太猛），可连续叩击3～5次，然后观察心脏是否起搏，若心跳恢复则表示成功，心跳不恢复应改为胸外心脏挤压术。

胸外心脏挤压术——通常按压胸骨下端而间接地压迫心脏，使血液建立有效的循环。具体操作如下：患者仰卧于硬板床或地板上，施救者在患者一侧或跨骑在患者身上，面向患者头部将一手掌的根部置于患者胸骨下段，另一手掌交叉置于手背上，双手用冲击式有节律地向脊背方向垂直下压，压下约3～5厘米，每分钟冲击十多次。挤压时不要用力过猛，以免造成骨折。在进行胸外心脏挤压术时必须密切配合进行口对口人工呼吸。

（2）呼吸复苏术。

呼吸复苏术一般与心脏复苏术同时进行，常用的有口对口人工呼吸和人工加压呼吸两种方法。口对口人工呼吸就是使患者头部后仰，用手捏住患者的鼻孔，向患者口中吹气，有节律地反复进行，保持每分钟16～20次，直至患者胸部开始运动。

（三）报告事项。

1.报警电话及联系方式。

报警电话及联系方式见附件。

2.报告内容。

（1）中毒窒息发生的地点和时间。

（2）中毒窒息的原因，中毒窒息人数。

（3）已采取的措施，报告人及电话。

第七十二条 注意事项。

（1）进入中毒窒息事故场所实施人员抢救时，抢救人员必须配备必要的个人防护器具。

（2）进入中毒窒息场所时，严禁单独行动，要有监护人。

（3）搬运伤员，解毒清洗，迅速将中毒者移到空气清新处，松解衣扣和腰带，清除口腔异物，保持呼吸道畅通。在搬运过程中要沉着、冷静，不要强拖硬拉，防止造成骨折。

（4）细心检查，抓住重点，把中毒者从现场抢救出来后立即进行一次检查，检查顺序是：神志是否清醒，脉搏、心跳是否存在，呼吸是否存在，有无出血和骨折。

第六节 物体打击现场处置方案

第七十三条 事故风险分析。

（一）危险性分析。

本单位施工过程中由于人员违规作业、材料堆放不平稳、装运物不规范、机械设备运转部位松脱等原因，坠落物或飞出物速度快，可对作业人员造成伤害，甚至威胁生命。

（二）事故发生的场所。

发生物体打击的主要场所有：高处作业场所、临边作业、施工机具作业等。

（三）事故发生的诱因和预兆。

1.引发物体打击的主要诱因。

（1）防护措施不全，防护不当；

（2）管理不严，作业人员安全意识不强。

2.发生物体打击可能出现的预兆。

（1）高处作业人员未使用工具袋，乱扔乱抛物料（工具）。

（2）起重吊装作业未设警戒线，人员进入危险区。

（3）机械作业防护不到位。

第七十四条 应急工作职责。

（一）应急组织机构。

本现场处置方案的应急自救组织机构设置如下：成立现场应急小组，由现场负责人和现场作业人员组成，由现场负责人任现场应急小组组长。

（二）工作职责。

1.岗位员工职责。

（1）发现事故发生，应立即高声呼叫求救。

（2）在确保自身安全的前提下，立即执行现场应急处置措施。

（3）报告班组长或应急小组组长。

（4）接受并执行本应急小组的指令。

2.应急小组组长职责。

（1）接到工作人员报告后，应立即到现场进行确认。

（2）组织本应急小组成员，按现场应急处置措施进行应急救援。

（3）向应急指挥部报告。

（4）接受并执行应急指挥部的指令。

第七十五条 应急处置。

（一）事故应急处置程序。

详见下图。

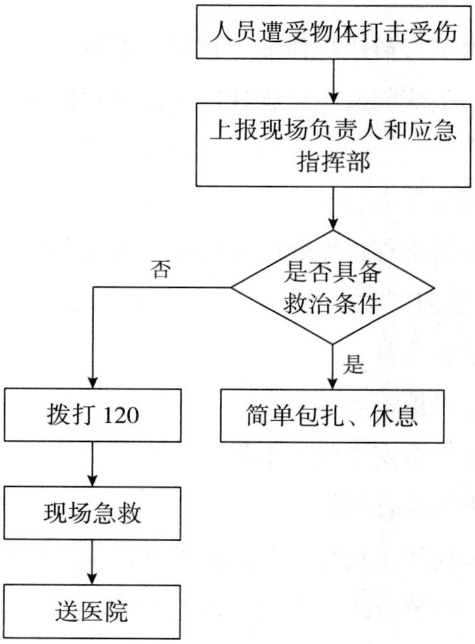

物体击打事故现场处置流程

（二）现场应急处置措施。

1.医疗救护应急处置措施。

发生物体打击事故后，抢救的重点放在对休克、骨折和出血的应急救护上。

（1）伤口止血方法。

①一般小伤口的止血法：先用生理盐水（0.9%NaCL溶液）冲洗伤口，涂上红药

水，然后盖上消毒纱布，用绷带较紧地包扎。

②加压包扎止血法：用纱布、棉花等做成软垫，放在伤口上再加包扎，来增强压力而达到止血目的。

③止血带止血法：选择弹性好的橡皮管、橡皮带或三角巾、毛巾、带状布条等，上肢出血结扎在上臂1/2处（靠近心脏位置），下肢出血结扎在腿上1/3处。结扎时，在止血带与皮肤之间垫上消毒纱布棉垫。每隔25～40分钟放松一次，每次放松0.5～1分钟。

（2）如伤员发生休克，应先处理休克。处于休克状态的伤员要让其安静、保暖、平卧、少动，并将下肢抬高约20°左右，尽快送医院进行抢救治疗.遇呼吸、心跳停止者，应立即进行人工呼吸和胸外心脏按压。

（3）如伤者出现颅脑损伤，必须保持呼吸道通畅。昏迷者应平卧，面部转向一侧，以防舌根下坠或分泌物、呕吐物吸入，发生喉阻塞。有骨折者，应初步固定后再搬运。遇有凹陷骨折、严重的颅底骨及严重的脑损伤症状出现，创伤处用消毒的纱布或清洁布等覆盖伤口，用绷带或布条包扎后，及时就近送往有条件的医院治疗。

（4）如发现脊椎受伤者，创伤处用消毒的纱布或清洁布等覆盖伤口，用绷带或布条包扎后，搬运时，将伤者平卧放在帆布担架或硬板上，以免受伤的脊椎移位、断裂造成截瘫或致死亡。抢救脊椎受伤者，搬运过程中，严禁只抬伤者的两肩与两腿或单肩脊运。

（5）如发现伤者手足骨折，不要盲目搬运伤者。应在骨折部位用夹板把受伤位置临时固定，使断端不再移位或刺伤肌肉、神经或血管。固定方法：以固定骨折处上、下关节为原则，可就地取材，用木板、竹竿等。无材料的情况下，上肢可固定在身侧，下肢与健侧下肢缚在一起。

（6）遇有创伤性出血的伤员，应迅速包扎止血，使伤员保持头低脚高的卧位，并注意保暖。

（7）应动用最快的交通工具，及时把伤者送往附近医院抢救，运送途中应尽量减少颠簸。同时密切注意伤者的呼吸、脉搏、血压及伤口的情况。

2.排险、控险应急处置措施。

（1）搬运物品前先将物体稳固，需两人及两人以上协作时，应相互配合。

（2）气瓶立放必须采取防倾倒措施。

（3）作业人员必须上岗前、作业时注意检查、观察岗位承压设备各部件有无松脱情况，发现异常应立即处理。

（4）置于高处的物体必须稳固。

（三）报告事项。

1.报警电话及联系方式。

报警电话及联系方式见附件。

2.报告内容。

（1）事故发生的时间和地点。

（2）人员伤亡情况。

（3）已采取的措施，报告人及电话。

第七十六条 注意事项。

（1）若受伤者伤势严重，不要轻易移动伤者。

（2）去除伤员身上的用具和口袋中的硬物，注意不要让伤员再受到挤压。

第七节 机械伤害现场处置方案

第七十七条 事故风险分析。

（一）危险性分析。

本单位施工机械设备运动部件、工具、加工件直接与人体接触引起的夹击、卷入、绞、碾、割、刺等伤害。机械设备运动部件未安装安全防护罩或安全防护罩失效、员工违章启动设备、检修时违章起动设备等原因都可能造成机械伤害。

（二）事故发生的场所。

发生机械伤害的区域、地点或装置主要有：设备工作区。

（三）事故发生的诱因和预兆。

1.引发机械伤害的主要诱因。

（1）设备存在安全隐患，经常“带病”工作。

（2）安全防护设施不健全。

（3）修理、检查机械时，未断电检修，电源连接处未挂警示牌。

（4）违章作业，随便进入危险作业区。

（5）不熟悉操作规程，无证上岗，安全意识薄弱等。

2.机械伤害出现的预兆。

（1）设备故障，因未发生人员伤亡继续使用。

（2）设备故障，未经检修继续使用。

第七十八条 应急工作职责。

（一）应急组织机构。

本现场处置方案的应急自救组织机构设置如下：成立现场应急小组，由现场负责人和现场作业人员组成。其中，现场负责人为现场应急小组组长。

（二）工作职责。

1.岗位员工职责。

（1）发现机械伤害，应立即高声呼叫求救。

（2）立即停止设备设施运行。

（3）报告班组长或应急小组组长。

（4）接受并执行本应急小组的指令。

2.应急小组组长职责。

（1）接到员工报告后，应立即到现场进行确认。

（2）接到报告后，立即组织本应急小组成员。

（3）组织本应急小组成员，按现场应急处置措施执行。

（4）接受和执行应急指挥部的指令。

第七十九条 应急处置。

（一）事故应急处置程序。

详见下图。

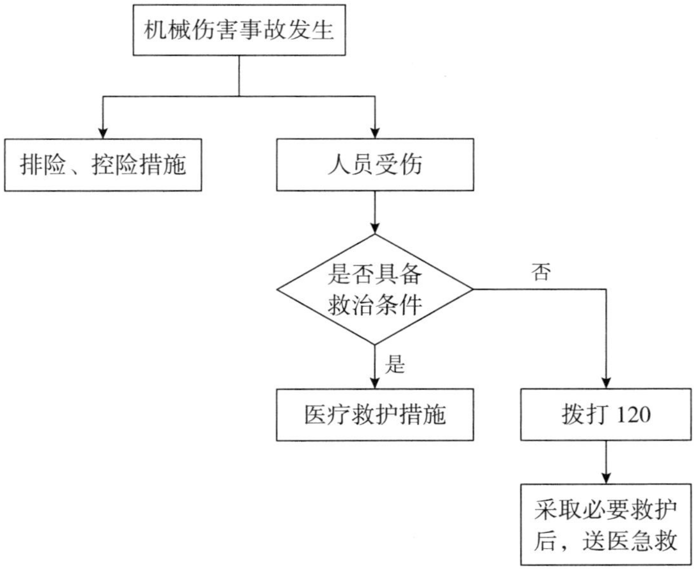

机械伤害事故现场处置流程

（二）现场应急处置措施。

1.医疗救护应急处置措施。

当发生机械伤害事故后，抢救重点是集中现场的人力、物力和设备，尽快把压在人上面的设备构件搬离和割开，将受伤者抬出来并立即抢救。

（1）发生机械伤害事故，抢救的重点放在对休克、骨折和出血的处理上。

（2）发生机械伤害事故，应马上组织抢救伤者，首先观察伤者的受伤情况、部位、伤害性质，如伤员发生休克，应先处理休克。遇呼吸、心跳停止者，应立即进行人工呼吸和胸外心脏按压。处于休克伤员要让其安静、保暖、平卧、少动，并将下肢抬高约20°左右，尽快送医院进行抢救治疗。

（3）发现伤者手足骨折，应在骨折部位用夹板把受伤位置临时固定，使断端不再移位或刺伤肌肉，神经或血管。固定方法：以固定骨折处上下关节为原则，可就地取材，用木板、竹竿等，在无材料的情况下，上肢可固定在身侧，下肢与健侧下肢缚在一起。

（4）遇有创伤性出血的伤员，应迅速包扎止血，使伤员保持头低脚高的卧位，并注意保暖。

（5）动用最快的交通工具，及时把伤者送往附近医院抢救，运送途中应尽量减少颠簸。同时，密切注意伤者的呼吸、脉搏、血压及伤口的情况。

2.排险、控险应急处置措施。

（1）立即停止设备设施运行。

（2）确保其他从业人员无违反操作规程。

（3）确保其他设备设施的防护罩完好。

（三）报告事项。

1.报警电话及联系方式。

报警电话及联系方式见附件。

2.报告内容。

（1）机械伤害发生的时间和地点。

（2）人员伤亡情况。

（3）已采取的措施，报告人及电话。

第八十条　注意事项。

（一）若受伤者伤势严重，不要轻易移动伤者。

（二）去除伤员身上的用具和口袋中的硬物，不要让伤者再受到挤压。

（三）抢救失血者，应先行止血；抢救休克者，应采取保暖措施。

第八节　淹溺现场处置方案

第八十一条　事故风险分析。

（一）危险性分析。

本单位在有水源附近施工，由于安全防护措施不到位，作业人员坠落水中发生淹溺事故。

（二）事故发生的场所。

发生淹溺的场所主要有：水源附近施工作业场所。

（三）事故发生的诱因和预兆。

1.主要诱因。

（1）单独作业。

（2）未采取防护措施。

（3）麻痹大意，安全意识不强。

2.可能出现的征兆。

人落水后，不会游泳者在水中挣扎；会游泳者因手足抽筋或者头部受伤而不能自救。

第八十二条 应急组织和职责。

（一）应急组织机构。

本现场处置方案的应急自救组织机构设置如下：

成立现场应急小组，由现场负责人和现场作业人员组成。其中，现场负责人为现场应急小组组长。

（二）工作职责。

1.应急小组成员职责。

（1）在发生事故时及时通知应急小组组长。

（2）服从应急小组长指挥，采取应急处置措施。

（3）若落水者伤势严重，应立即拨打120，送医院抢救。

2.应急小组组长职责。

（1）接到报告后，及时确认情况。

（2）指挥应急小组成员迅速采取应急措施。

（3）及时将情况上报应急指挥部。

第八十三条 应急处理。

（一）事故应急处置程序。

详见下图。

（二）现场应急处置措施。

（1）自救：落水后，应保持冷静，切勿大喊大叫，以免水进入呼吸道引起阻塞和剧烈咳呛。应尽量抓住漂浮物如木板等，以助漂浮。双脚踩水。双手不断划水，落水后立即屏气，在挣扎时利用头部露出水面的机会换气，再屏气，如此反复，等待救援。

（2）水上救助：对筋疲力尽的溺水者，抢救人员可从头部接近；对神志清醒的溺水者，应从后面托住其头部，另一只手抓住溺水者的手臂，游向岸边。

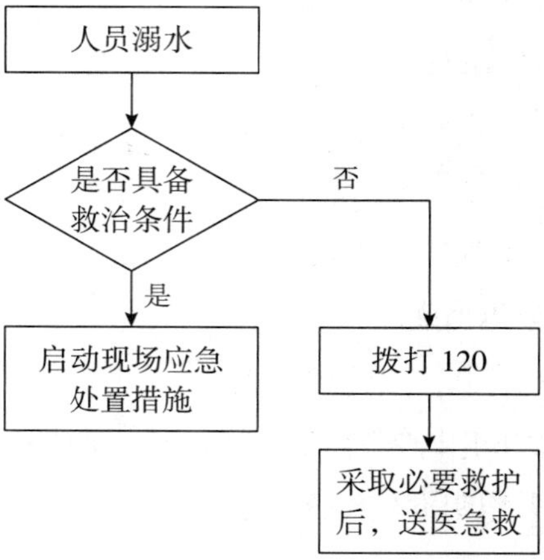

淹溺事故现场处置流程

（3）现场有关人员立即向周围人员呼救，同时向项目部负责人报告。不会游泳时，立即用绳索、竹竿、木板或救生圈等使溺水者握住后拖上岸。

（4）溺水者被抢救上岸后，迅速设法用手指抠出淹溺者口、鼻中的污泥、杂草或呕吐物，以保证气道畅通。设法使溺水者吐出吸入的水，立即进行人工呼吸，心跳停止者施行胸外心脏按压。

（5）应拨打120与当地急救中心取得联系，详细说明事故地点、严重程度、联系电话，并派人到路口接应。

（三）报告事项。

1.报警电话及联系方式。

报警电话及联系方式见附件。

2.报告内容。

（1）事故发生的地点和时间。

（2）事故原因，溺水人数。

（3）已采取的措施，报告人及电话。

第八十四条 注意事项。

（1）未受过专业救人训练或未领会水中救生方法的人，切记不要轻易下水救人。谨记一点，会游泳并不代表会救人。

（2）要防止抢救人员被溺水者死死抱住，而双双发生危险。

（3）若在水中发现淹溺者已昏迷，可在拖泳过程中对淹溺者进行口对口吹气，边游边吹，争取抢救时间。

附件：

附件1　公司应急领导小组主要人员的联系方式（略）

附件2　外部报警联系电话（略）

附件3　应急器材、物资配置一览表（略）

附件4　生产安全事故快报表

附件5　OHS危险目标辨识与风险评价表

附件6　生产安全事故应急处理流程图

附件7　应急响应记录表及应急预案变更通知单

附件8　培训、演练记录表

附件4　生产安全事故快报表

生产安全事故快报表

填报单位：　　　　　　　　　　　　　　　　　　　　年　　月　　日　　时

事故基本情况			
事故发生时间		事故发生地点	
事故单位名称		预估直接经济损失	万元
死亡人数		重伤人数	
事故简要经过			
原因初步分析			
抢险救援情况			
事故单位基本情况			
法定责任人		职工总数	
经营业务			
联系人		联系电话	
单位负责人		填报人	

附件5 OHS危险目标辨识与风险评价表

OHS危险目标辨识与风险评价表

一、危险目标辨识与风险评价表

序号	作业活动	危险因素	可能导致的事故	涉及相关方	判别依据	作业条件危险性评价				危险级别	控制措施	备注
					L~V	L	E	C	D			
1	深基坑（深井）作业	缺少个人安全防护用品	高处坠落、物体打击	施工人员及相关人员	4、5	3	3	15	135	显著危险，须整改	执行建质〔2003〕82号文件、公司事故应急预案、培训教育等。	
2	深基坑（深井）作业	临边缺少防护；高处落物	高处坠落、物体打击	施工人员及相关人员	4、5	6	3	15	270	高度危险，要立即整改	执行建质〔2003〕82号文件、公司事故应急预案、培训教育等。	
3	深基坑（深井）作业	坑（井）壁未进行有效支护	高处坠落、坍塌	施工人员及相关人员	4、5	6	3	15	270	高度危险，要立即整改	执行建质〔2003〕82号文件、公司事故应急预案、培训教育等。	
4	土方开挖	人工开挖时人与人之间间距少于2m；无个人安全防护用品或防护用品存在缺陷	物体打击	施工人员及相关人员	4、5	3	6	3	54	可能危险，须注意	执行公司各工种的安全操作规程、公司事故应急预案、培训教育等。	
5	土方开挖	坑边堆土不符合规范要求；偷土取岩	坍塌	施工人员及相关人员	4、5	1	6	15	90	显著危险，须整改	执行公司各工种的安全操作规程、公司事故应急预案、培训教育等。	

续表

序号	作业活动	危险因素	可能导致的事故	涉及相关方	判别依据	作业条件危险性评价				危险级别	控制措施	备注
					L~V	L	E	C	D			
6	土方开挖	地下设施（煤气管道、电缆）情况未探明或已探明但未制订相应施工方案情况下强行施工	触电、爆炸	施工人员及相关人员	4、5	3	6	15	270	高度危险，要立即整改	执行公司各工种的安全操作规程、公司事故应急预案、培训教育等。	
7	土方开挖	机械开挖时机械处于非正常工作状态或存在缺陷；违章操作、指挥失误或作业范围内站人	机械伤害	施工人员及相关人员	4、5	1	6	15	90	显著危险，须整改	执行公司各工种的安全操作规程、公司事故应急预案、培训教育等。	
8	排水降水	排水时机具处于非正常工作状态或存在缺陷	触电、机械伤害	施工人员及相关人员	4、5	1	6	15	90	显著危险，须整改	执行公司各工种的安全操作规程、公司事故应急预案、培训教育等。	
9	焊接	缺少或无个人防护用品；防护用品存在缺陷	灼伤眼睛、皮肤、触电	施工人员及相关人员	4、5	1	6	15	90	显著危险，须整改	执行公司各工种的安全操作规程、公司事故应急预案、培训教育等。	
10	焊接	密闭容器内或管道内焊接未佩戴有氧防护用具或未采取通风措施	中毒、窒息	施工人员及相关人员	4、5	3	6	15	270	高度危险，要立即整改	执行公司各工种的安全操作规程、工程公司事故应急预案、培训教育等。	
11	焊接	氧气、乙炔气瓶未按规范放置使用或气瓶存在缺陷	爆炸、火灾	施工人员及相关人员	4、5	3	6	15	270	高度危险，要立即整改	公司各工种的安全操作规程、工程公司事故应急预案、培训教育等。	

续表

序号	作业活动	危险因素	可能导致的事故	涉及相关方	判别依据	作业条件危险性评价				危险级别	控制措施	备注
					L~V	L	E	C	D			
12	起重吊装作业	缺少或无个人防护用品；防护用品存在缺陷	物体打击	施工人员及相关人员	4、5	1	6	15	90	显著危险，须整改	执行公司各工种的安全操作规程、工程公司事故应急预案、培训教育等。	
13	起重吊装作业	起重机吊装时无专人指挥或指挥失误；碰撞	机械伤害、物体打击	施工人员及相关人员	4、5	1	6	15	90	显著危险，须整改	执行公司各工种的安全操作规程、工程公司事故应急预案、培训教育等。	
14	起重吊装作业	起重机吊臂下和转台范围内站人；违章操作	机械伤害、物体打击	施工人员及相关人员	4、5	1	6	15	90	显著危险，要立即整改	执行公司各工种的安全操作规程、工程公司事故应急预案、培训教育等。	
15	起重吊装作业	吊索质量不符合使用要求，存在断裂可能	机械伤害、物体打击等	施工人员及相关人员	4、5	1	6	15	90	显著危险，须整改	执行公司各工种的安全操作规程、工程公司事故应急预案、培训教育等。	
16	管道冲洗	非工作人员在盲板、法兰、焊口等接口处停留；冲洗前未检查管内是否有作业人员	淹溺	施工人员及相关人员	4、5	1	6	15	90	显著危险，须整改	执行公司各工种的安全操作规程、工程公司事故应急预案、培训教育等。	
17	汽车驾驶	汽车在非正常状态下行驶或本身存在缺陷；驾驶员处于不适宜驾驶状态	交通伤亡事故	施工人员及相关人员	4、5	1	6	15	90	显著危险，须整改	执行公司设备管理规定和国家道路交通管理条例	

续表

序号	作业活动	危险因素	可能导致的事故	涉及相关方	判别依据	作业条件危险性评价				危险级别	控制措施	备注
					L~V	L	E	C	D			
18	汽车驾驶	超重、超长、超宽、超高装运；超速驾驶	交通伤亡事故	施工人员及相关人员	4、5	1	6	15	90	显著危险，须整改	遵守道路交通安全法规。	
19	汽车驾驶	运载易燃易爆或其他各种危险品时未按照有关规定执行或未做好防护措施	爆炸、火灾	施工人员及相关人员	4、5	1	6	15	90	显著危险，须整改	执行运载危险品的有关规定、公司事故应急预案、培训教育等。	
20	高空作业	脚手架搭设不符合规范要求	高处坠落、塌陷	施工人员及相关人员	4、5	1	6	15	90	显著危险，须整改	执行施工方案，公司事故应急预案、培训教育等。	
21	高空作业	无安全网或安全网搭设不规范；四口、五邻不按规定防护	高处坠落	施工人员及相关人员	4、5	3	6	15	270	高度危险，要立即整改	执行施工方案，公司事故应急预案、培训教育等。	
22	高空作业	无个人防护用品或防护用品存在缺陷	高处坠落	施工人员及相关人员	4、5	1	6	15	90	显著危险，须整改	执行公司安全生产管理规定和事故应急预案、培训教育等。	
23	作业场所	电线铺设不符合安全用电要求	触电、火灾	施工人员及相关人员	4、5	1	6	15	90	显著危险，须整改	执行公司各工种的安全操作规程和事故应急预案、培训教育等。	
24	作业场所	粉尘排放	污染大气、影响人员身体健康	施工人员及相关人员	4、5	1	6	15	90	显著危险，须整改	执行相关法律法规和局、公司安全文明施工管理规定。	

续表

序号	作业活动	危险因素	可能导致的事故	涉及相关方	判别依据	作业条件危险性评价				危险级别	控制措施	备注
					L~V	L	E	C	D			
24	作业场所	废气、污水、噪声的排放	造成环境污染、影响人员身体健康	施工人员及相关人员	4、5	1	6	15	90	显著危险，须整改		
25	作业场所	现场的氧气瓶、乙炔器未按规定正确存放和使用	爆炸	施工人员及相关人员	4、5	1	6	15	90	显著危险，须整改	制定管理方案和加强现场监督检查。	
26	作业场所	台风	财产损失人员伤害	施工人员及相关人员	4、5	3	6	15	270	高度危险，要立即整改	执行事故应急预案	
27	施工作业	用电设备无三级配电、两级保护	触电	施工人员及相关人员	4、5	3	6	15	270	高度危险，要立即整改	执行公司各工种的安全操作规程和事故应急预案、培训教育等。	
28	施工作业	用电设备本身存在缺陷	触电	施工人员及相关人员	4、5	1	6	15	90	显著危险，须整改	执行公司设备管理规定和事故应急预案、培训教育等。	
29	施工作业	机械故障；机械防护装置缺；未使用或不正确使用个人防护装置	机械伤人	施工人员及相关人员	4、5	1	6	15	90	显著危险，须整改	制定设备管理规定和操作规程，加强现场监检查，执行预案。	
30	高温作业	无防暑降温防护用品；连续高温作业时间过长	中暑	施工人员及相关人员	4、5	3	6	7	126	显著危险，须整改	执行公司有关做好防暑降温工作的通知。	

续表

序号	作业活动	危险因素	可能导致的事故	涉及相关方	判别依据	作业条件危险性评价				危险级别	控制措施	备注
					L~V	L	E	C	D			
31	人工顶管管内作业	流砂；管涌	坍塌	施工人员及相关人员	4、5	1	6	15	90	显著危险，须整改	执行公司各工种的安全操作规程、公司事故应急预案、培训教育等。	
32	人工顶管管内作业	未采取通风措施	中毒、窒息	施工人员及相关人员	4、5	1	6	15	90	显著危险，须整改	执行公司各工种的安全操作规程、公司事故应急预案、培训教育等。	
33	仓库管理	消防设施缺；电线铺设不符合用电要求；未按规定要求放置易燃易爆品或有毒化学品	触电、火灾、爆炸、财产损失、人员伤害	仓管人员	4、5	1	6	15	90	显著危险，须整改	执行仓库管理制度、事故应急预案、培训教育等。	
34	施工用电、动火	无用火管理规定；用电器不符合要求；火源处防护不符合要求；禁火处无明显标识；员工在禁火处吸烟；焊渣引起明火	火灾	施工人员及相关人员	4、5	3	6	7	126	显著危险，须整改	执行公司有关安全生产管理制度、事故应急预案、培训教育等。	
35	高处吊物作业	设备故障，设备未经验收使用；起重未按规定操作；指导信号不对；未戴安全帽；不正确使用吊索具	起重伤人	施工人员及相关人员	4、5	1	6	15	90	显著危险，须整改	执行公司设备管理规定、事故应急预案。	

续表

序号	作业活动	危险因素	可能导致的事故	涉及相关方	判别依据	作业条件危险性评价				危险级别	控制措施	备注
					L~V	L	E	C	D			
36	夏季高温作业	未提供防暑降温品；连续高温作业时间过长	中暑	施工人员及相关人员	4、5	3	6	3	36	可能危险，需要注意	执行高温管理方案和应急预案。	
37	油漆作业	通风不好	中毒	施工人员及相关人员	4、5	3	6	3	36	可能危险，需要注意	保持通风良好。	
		未远离火源	火灾、爆炸	施工人员及相关人员	4、5	3	6	3	36	可能危险，需要注意	远离火源。	
		未佩戴防护用品	中毒	施工人员及相关人员	4、5	3	6	3	36	可能危险，需要注意	按要求佩戴防护用品。	
		违章作业	中毒、火灾、爆炸	施工人员及相关人员	4、5	3	6	3	36	可能危险，需要注意	加强教育和检查，杜绝违章。	
38	模板	立杆接头在同一平面	坍塌	施工人员及相关人员	4、5	1	6	15	90	显著危险，须整改	执行相关法律法规、施工方案和事故应急方案。	
		立杆底部无垫板或用砖垫高	坍塌	施工人员及相关人员	4、5	1	6	15	90	显著危险，须整改		
		未设剪刀撑	坍塌	施工人员及相关人员	4、5	1	6	15	90	显著危险，须整改		
		未设扫地杆	坍塌	施工人员及相关人员	4、5	1	6	15	90	显著危险，须整改		
		立杆间距大于设计要求	坍塌	施工人员及相关人员	4、5	1	6	15	90	显著危险，须整改		
		模板上施工荷载超过要求	坍塌	施工人员及相关人员	4、5	1	6	15	90	显著危险，须整改	执行施工方案，严禁超载。	

续表

序号	作业活动	危险因素	可能导致的事故	涉及相关方	判别依据	作业条件危险性评价				危险级别	控制措施	备注
					L~V	L	E	C	D			
38	模板	立杆材料不符合要求	坍塌	施工人员及相关人员	4、5	1	6	15	90	显著危险，须整改	使用合格的材料。	
		模板上施工荷载不均匀	坍塌	施工人员及相关人员	4、5	1	6	15	90	显著危险，须整改	按施工方案要求施工。	
		大模板存放无防倾倒措施	倾倒伤人	施工人员及相关人员	4、5	3	6	3	36	一般危险，需要注意	采取可靠的防倾倒措施。	
		模板存放不整齐、过高	倾倒伤人	施工人员及相关人员	4、5	3	6	3	36	一般危险，需要注意	模板码放整齐，严禁超过。	
		2 米以上模板工程施工作业时无可靠立足点	人员坠落	施工人员及相关人员	4、5	1	6	15	90	显著危险，须整改	采取可靠的防护措施。	
		模板拆除区域未设置警戒线，而且无监护人	落物伤人	施工人员及相关人员	4、5	1	6	15	90	显著危险，须整改	设置警戒线，指定专人监护。	
		模板拆除时仍留有悬空模板	落物伤人	施工人员及相关人员	4、5	1	6	15	90	显著危险，须整改	执行施工方案，严禁留有悬空模板。	
		模板拆除时，砼强度达不到设计要求	坍塌	施工人员及相关人员	4、5	1	6	15	90	显著危险，须整改	按施工方案要求施工。	
		作业面孔及临边无防护措施	人员坠落	施工人员及相关人员	4、5	1	6	15	90	显著危险，须整改	采取可靠的防护措施。	
		垂直交叉作业无防护措施	落物伤人	施工人员及相关人员	4、5	1	6	15	90	显著危险，须整改	采取可靠的防护措施。	

续表

序号	作业活动	危险因素	可能导致的事故	涉及相关方	判别依据	作业条件危险性评价				危险级别	控制措施	备注
					L~V	L	E	C	D			
39	电锯作业	未佩戴防护用品	听力下降、眼部损伤	施工人员及相关人员	4、5	1	6	15	90	显著危险，须整改	按照操作规程，正确佩戴安全防护用品。	
		违章作业	触电、伤人	施工人员及相关人员	4、5	1	6	15	90	显著危险，须整改	加强教育和监督检查，杜绝违章。	
40	切割机作业	未佩戴防护用品	听力下降、眼部损伤	施工人员及相关人员	4、5	1	6	15	90	显著危险，须整改	按照操作规程，正确佩戴安全防护用品。	
		违章作业	触电、伤人	施工人员及相关人员	4、5	1	6	15	90	显著危险，须整改	加强教育和监督检查，杜绝违章。	
41	搅拌机	未佩戴防护用品	听力下降、尘肺病	施工人员及相关人员	4、5	1	6	15	90	显著危险，须整改	按照操作规程，正确佩戴安全防护用品。	
		违章作业	触电、伤人	施工人员及相关人员	4、5	1	6	15	90	显著危险，须整改	加强教育和监督检查，杜绝违章。	
42	脚手架	钢管、扣件材质不合格	脚手架倾则、坍塌	施工人员及相关人员	4、5	1	6	15	90	显著危险，须整改	材料进场时严格验收，使用合格材料。	
		搭设时螺丝拧紧力矩不够	脚手架倾则、坍塌	施工人员及相关人员	4、5	1	6	15	90	显著危险，须整改	扣件紧固力矩应符合施工方案要求。	
		架体下部无扫地杆	脚手架倾则、坍塌	施工人员及相关人员	4、5	1	6	15	90	显著危险，须整改	执行相关法律法规和施工方案。	
		基础进水	脚手架倾则、坍塌	施工人员及相关人员	4、5	1	6	15	90	显著危险，须整改	执行施工方案，设置排水沟。	

续表

序号	作业活动	危险因素	可能导致的事故	涉及相关方	判别依据	作业条件危险性评价				危险级别	控制措施	备注
					L~V	L	E	C	D			
42	脚手架	基础不平、不实、无垫板	脚手架倾则、坍塌	施工人员及相关人员	4、5	1	6	15	90	显著危险，须整改	执行相关法律法规和施工方案，找平、夯实、加垫板。	
		未张挂密目网	坠落物体伤人	施工人员及相关人员	4、5	1	6	15	90	显著危险，须整改	执行施工方案，按规定张挂合格的安全网。	
		密目网未能张挂严密	坠落物体伤人	施工人员及相关人员	4、5	1	6	15	90	显著危险，须整改	执行相关法律法规和施工方案，用密目网全封闭。	
		作业层未挂平网	坠落物体伤人	施工人员及相关人员	4、5	1	6	15	90	显著危险，须整改	执行相关法律法规和施工方案，挂平网封闭。	
		未设防护栏杆	坠落物体伤人	施工人员及相关人员	4、5	1	6	15	90	显著危险，须整改	执行相关法律法规和施工方案，设置防护栏杆。	
		未设挡脚板	坠落物体伤人	施工人员及相关人员	4、5	1	6	15	90	显著危险，须整改	执行相关法律法规和施工方案，设置防护栏杆。	
		拉结点数量不足	脚手架倾则、坍塌	施工人员及相关人员	4、5	1	6	15	90	显著危险，须整改	执行相关法律法规和施工方案，设足够的拉结点。	
		拉结点不牢固	脚手架倾则、坍塌	施工人员及相关人员	4、5	1	6	15	90	显著危险，须整改	执行相关法律法规和施工方案，拉结点要牢固。	

续表

序号	作业活动	危险因素	可能导致的事故	涉及相关方	判别依据	作业条件危险性评价				危险级别	控制措施	备注
					L~V	L	E	C	D			
42	脚手架	未设置剪刀撑	脚手架变形、坍塌	施工人员及相关人员	4、5	1	6	15	90	显著危险，须整改	执行相关法律法规和施工方案，设置剪刀撑。	
		剪刀撑不符合要求	脚手架变形、坍塌	施工人员及相关人员	4、5	1	6	15	90	显著危险，须整改		
		脚手板未铺满	人员、物体坠落伤人	施工人员及相关人员	4、5	1	6	15	90	显著危险，须整改	执行相关法律法规和施工方案，按规定铺满脚手板。	
		脚手板材质不符合要求	人员、物体坠落伤人	施工人员及相关人员	4、5	1	6	15	90	显著危险，须整改	按施工方案要求，使用合格的脚手板。	
		脚手板存在探头板现象	人员、物体坠落伤人	施工人员及相关人员	4、5	1	6	15	90	显著危险，须整改	按施工方案要求，铺设脚手板。	
		擅自拆除杆件、扣件	脚手架坍塌	施工人员及相关人员	4、5	1	6	15	90	显著危险，须整改	对施工人员进行安全技术交底，加强检查，杜绝擅自拆除。	
43	搭设、拆除脚手架	作业人员未戴安全帽	碰伤、物体击伤	施工人员及相关人员	4、5	1	6	15	90	显著危险，须整改	对施工人员进行安全技术交底，作业时正确佩戴好安全帽。	
		未设置警戒区；无专人监控	物体打击伤人	施工人员及相关人员	4、5	1	6	15	90	显著危险，须整改	按施工方案要求，设置警戒区和专人监控。	
		施工人员无证上岗	坠落伤人	施工人员及相关人员	4、5	1	6	15	90	显著危险，须整改	执行相关法律法规，对无证人员勒令停工，并撤离施工现场。	

续表

序号	作业活动	危险因素	可能导致的事故	涉及相关方	判别依据	作业条件危险性评价				危险级别	控制措施	备注
					L~V	L	E	C	D			
43	搭设、拆除脚手架	违章作业	坠落伤人、物体打击	施工人员及相关人员	4、5	1	6	15	90	显著危险，须整改	对施工人员进行安全技术交底，加强检查，杜绝违章。	
		台风、暴雨天气作业	坠落伤人	施工人员及相关人员	4、5	1	6	15	90	显著危险，须整改	按有关规定，严禁在台风、暴雨天气搭、拆脚手架。	
		脚手架材料乱堆放	碰伤	施工人员及相关人员	4、5	1	6	3	18	稍有危险，可被接受	按文明施工管理规定，材料堆放整齐，用围栏围蔽。	
44	气瓶	气瓶间距不符合要求	火灾、爆炸	施工人员及相关人员	4、5	1	6	15	90	显著危险，须整改	按有关规定，不同类型气瓶间距大于5米。	
		防护装置不符合要求	火灾、爆炸	施工人员及相关人员	4、5	1	6	15	90	显著危险，须整改	防护装置齐全。	
		无防晒措施	爆炸	施工人员及相关人员	4、5	3	6	3	36	可能危险，需要注意	夏天有防暴晒措施。	
		乙炔气瓶平放使用	火灾、爆炸	施工人员及相关人员	4、5	3	6	3	36	可能危险，需要注意	乙炔气瓶严禁平放使用。	
		存放区未远离住宅区、火源	火灾、爆炸	施工人员及相关人员	4、5	1	6	15	90	显著危险，须整改	执行仓库管理规定和消防管理制度。	
		违章作业	火灾、爆炸	施工人员及相关人员	4、5	1	6	15	90	显著危险，须整改	做好安全技术交底，加强检查，杜绝违章。	

续表

序号	作业活动	危险因素	可能导致的事故	涉及相关方	判别依据	作业条件危险性评价				危险级别	控制措施	备注
					L~V	L	E	C	D			
45	宿舍（工棚）用电	擅自接、拉电线	触电	施工人员及相关人员	4、5	1	6	15	90	显著危险，须整改	执行宿舍（工棚）管理规定，加强检查杜绝擅自接、拉电线。	
		使用电炉	火灾	施工人员及相关人员	4、5	1	6	15	90	显著危险，须整改	执行宿舍（工棚）管理规定，加强检查，严禁使用电炉。	
46	现场照明	灯具金属外壳未作保护接零	触电	施工人员及相关人员	4、5	1	6	15	90	显著危险，须整改	按照有关安全用电管理规定和产品使用说明书。	
		手持照明灯具或潮湿作业场所未使用安全电压	触电	施工人员及相关人员	4、5	1	6	15	90	显著危险，须整改	按有关安全用电管理规定，使用安全电压。	
		室内线路及灯具安装高度低于 2.4 米未使用安全电压	触电	施工人员及相关人员	4、5	1	6	15	90	显著危险，须整改	按有关安全用电管理规定，使用安全电压。	
47	办公场所	在办公场所乱扔烟头	火灾	管理人员	4、5	3 6		3	36	可能危险，需要注意	设置烟灰缸。	
		使用的复印机有臭氧污染	危害员工健康	管理人员	4、5	3 6		3	36	可能危险，需要注意	定期检查、保障通风。	
		电线铺设不符合用电要求；办公设备处于不安全工作状态或存在缺陷	触电、火灾	管理人员	4、5	3	6	7	126	显著危险，须整改	按照有关安全用电管理规定和产品使用说明书，制定事故应急预案，并组织培训教育、演练等。	

续表

序号	作业活动	危险因素	可能导致的事故	涉及相关方	判别依据	作业条件危险性评价				危险级别	控制措施	备注
					L~V	L	E	C	D			
47	办公场所	使用茶壶（饮水机）本身存缺陷或不符合用电要求	触电	管理人员	4、5	3		3	36	可能危险，需要注意	使用合格产品或遵照产品使用说明操作。	
		使用电脑产生电磁辐射	危害员工健康	管理人员	4、5	3		3	36	可能危险，需要注意	避免长时间操作。	
		硒鼓墨盒的废弃	危害员工健康	管理人员	4、5	3		3	36	可能危险，需要注意	由办公室统一回收处理。	
		热水器（电热开水瓶）瓶内水垢	危害员工健康	管理人员	4、5	3		3	36	可能危险，需要注意	瓶内定期清洗。	
		暖水瓶破碎、开水遗洒地面	人员烫伤、跌伤	管理人员	4、5	3		3	36	可能危险，需要注意	对员工进行安全教育，提高员工安全防范意识。	
		上下班、外出公务活动	伤亡、财产损失	管理人员	4、5	3		3	36	可能危险，需要注意	对员工进行安全教育，提高员工安全防范意识。	
		办公设备电源不稳定	触电	管理人员	4、5	3		3	36	可能危险，需要注意	使用合格产品。	

二、危险目标评价方法

危险性=LEC

L——事故或危险事件发生可能性；

E——暴露于危险环境的频率；

C——危险严重度。

三、评价结果分类及控制要求

分数值	危险程度
>320	极其危险，不能继续作业
160–320	高度危险，需要立即整改
70–160	显著危险，需要整改
20–70	可能危险，需要注意
<20	稍有危险，可被接受

附件6　生产安全事故应急处理流程图

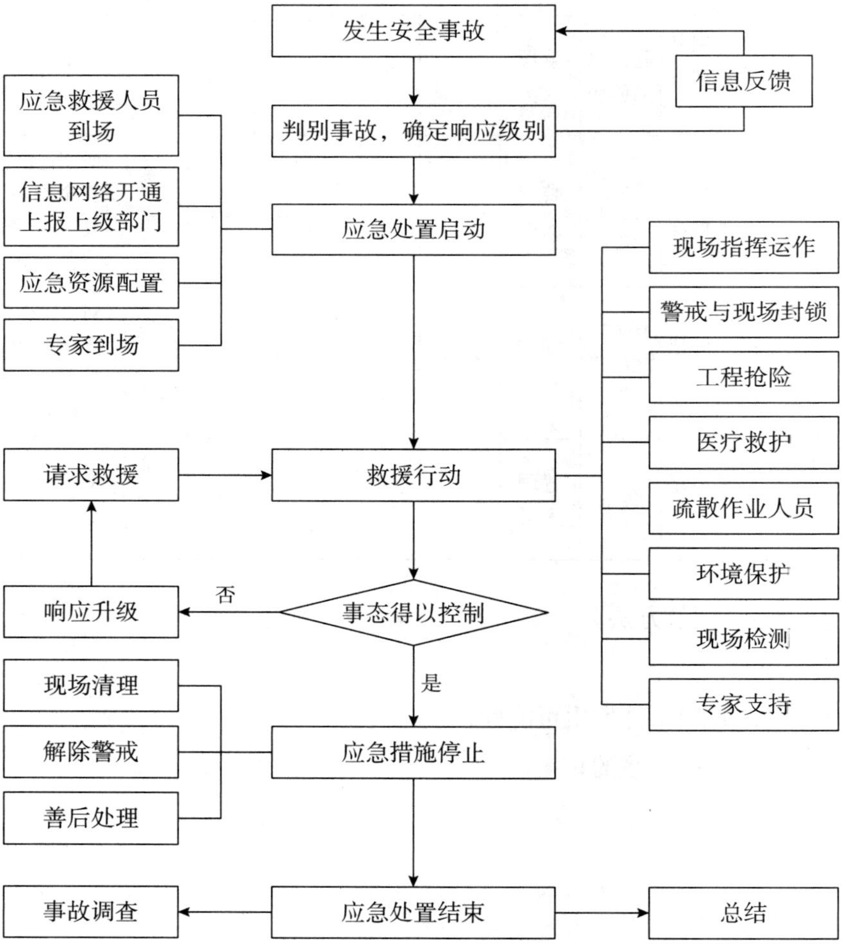

生产安全事故应急处理流程图

附件7 应急响应记录表及应急预案变更通知单

应急响应记录表

紧急情况或 事故发生地点	发生 时间	原因	处理 经过	责任 单位	备注

记录人: 年 月 日

应急预案变更通知单

<table>
<tr><td colspan="2">更改文件名称</td><td colspan="2"></td><td>文件编号</td><td></td></tr>
<tr><td>序号</td><td>更改页码</td><td>更改位置</td><td>序号</td><td>更改页码</td><td>更改位置</td></tr>
<tr><td></td><td></td><td></td><td></td><td></td><td></td></tr>
<tr><td></td><td></td><td></td><td></td><td></td><td></td></tr>
<tr><td colspan="6">原内容：</td></tr>
<tr><td colspan="6">更改为：</td></tr>
</table>

<table>
<tr><td colspan="2">提出部门</td><td colspan="2"></td><td colspan="2">编制人签字及日期</td><td colspan="2"></td></tr>
<tr><td colspan="2">审核人签字及日期</td><td colspan="2"></td><td colspan="2">批准人签字及日期</td><td colspan="2"></td></tr>
<tr><td colspan="8">分发记录</td></tr>
<tr><td>序号</td><td>接收部门</td><td>日期</td><td>签收人</td><td>序号</td><td>接收部门</td><td>日期</td><td>签收人</td></tr>
<tr><td></td><td></td><td></td><td></td><td></td><td></td><td></td><td></td></tr>
<tr><td></td><td></td><td></td><td></td><td></td><td></td><td></td><td></td></tr>
<tr><td></td><td></td><td></td><td></td><td></td><td></td><td></td><td></td></tr>
<tr><td></td><td></td><td></td><td></td><td></td><td></td><td></td><td></td></tr>
</table>

附件8 培训、演练记录表

培训、演练记录表

<table>
<tr><td colspan="6">应急培训（演练）课题：</td></tr>
<tr><td colspan="6">培训（演练）日期：　　　　年　　月　　日</td></tr>
<tr><td colspan="3">地点：</td><td colspan="3">负责人：</td></tr>
<tr><td colspan="6">参加培训（演练）人员：</td></tr>
<tr><td></td><td></td><td></td><td></td><td></td><td></td></tr>
<tr><td></td><td></td><td></td><td></td><td></td><td></td></tr>
<tr><td></td><td></td><td></td><td></td><td></td><td></td></tr>
<tr><td></td><td></td><td></td><td></td><td></td><td></td></tr>
<tr><td></td><td></td><td></td><td></td><td></td><td></td></tr>
<tr><td></td><td></td><td></td><td></td><td></td><td></td></tr>
<tr><td></td><td></td><td></td><td></td><td></td><td></td></tr>
<tr><td colspan="6">应急培训（演练）内容：</td></tr>
<tr><td colspan="6">培训（演练）评价意见及存在问题：</td></tr>
</table>

记录人：　　　　年　　月　　日　　　　　　审核人：　　　　年　　月　　日

范本5 工程项目质量管理基本制度

第一章 总 则

第一条 为保证公司各工程项目的建设工程施工质量，加强施工质量管理，提高经济效益和社会信誉，依据《中华人民共和国建筑法》《建设工程质量管理条例》以及相关法令、法规，结合公司实际，特制定本制度。

第二条 贯彻落实“百年大计、质量第一”的方针，工程施工切实把工程质量摆在各项工作的首位，以质量求生存，以信誉求发展。

第三条 贯彻建筑企业质量责任制，坚持“验评分离、强化验收、完善手段、过程控制”的工程施工质量验收原则，落实质量终身制。

第四条 公司、各区域分公司、子公司的全部工程项目的工程质量检查、监督及管理，由公司工程管理中心及各区域分公司、子公司的工程部独立履行质量检查、监督、控制职责。各级管理人员必须支持工程管理中心和工程部人员依章行使职权。

第五条 本制度如有与国家法律、法规有关规定相抵触的，以国家法律、法规规定为准。

第六条 公司工程管理中心和各区域分公司、子公司工程部依据本制度制定具体管控办法和实施细则，报公司董事会审批通过后即可实施。

第二章 公司领导的质量责任制

第七条 公司总经理的质量责任。

（一）总经理是第一质量责任人，对整个公司的工作质量、工程质量负全责。

（二）贯彻执行国家和各级政府制定的现行的方针、政策和各项法规。

（三）合理设置管理机构，健全各级全面质量管理保证体系。

（四）决策、审批公司质量管理方针、制度、各级责任制。

（五）完善和加强公司质量管理的培训、教育体系。

（六）加强公司质量管理，强化质量意识，重视和支持质量否决权。

（七）领导、组织、检查公司内的质量管理和教育培训工作。完善持续改进措施。

（八）掌握质量动态，协调各部门质量工作关系。

第八条 公司主管副总经理的质量责任。

（一）认真贯彻“百年大计，质量第一”的方针，始终把质量放在管理工作的首位。

（二）执行现行的国家法律、法规、验收标准、企业标准。

（三）制订公司的质量发展计划并具体组织实施。

（四）负责制订公司质量责任制、公司质量管理制度，并组织实施。协调公司工程管理中心及分子公司工程部的工作关系，确保质量管理体系的有效运行。

（五）领导和组织公司的质量管理检查工作。

（六）加强质量管理，强化质量意识，支持和行使质量否决权。

（七）掌握工程质量动态，领导质量预控，确保质量目标的实现。

（八）对工程质量实行内控，协助总经理行使质量奖罚权。

第九条 公司总工程师的质量责任。

（一）制订和完善企业标准，并对公司质量技术工作进行具体组织、指导。

（二）负责公司范围施工组织设计、专项方案的审批。

（三）组织制订创优工程的工程质量计划，制订具体技术措施。

（四）组织各项目广泛开展QC小组活动，通过职能机构使这项活动经常化。

（五）制订公司确保工程质量若干规定，并组织实施。

（六）负责组织对重大质量事故调查分析原因，总结结果。

（七）加快公司技术进步，推广和应用工程建设新技术、新工艺。

第十条 工程管理中心及所属工程部的质量责任。

（一）工程管理中心是公司质量管理的监督、检查部门。

（二）认真收集贯彻执行国家、政府部门有关质量的法规、法令、条例及企业标准。

（三）负责对公司范围内各基层单位承建工程的工程质量进行监督检查，有权制止不按验收规范、设计图纸、技术规范施工，有权按规定对基层单位根据施工现场质量的优劣提出奖罚意见。

（四）参加质量计划、质量管理制度、质量责任制的编制和质量问题监督整改、验收。

（五）经常深入基层和施工现场，掌握和了解工程质量的动态，并帮助施工现场解决工程质量中存在的问题。

（六）协助项目部开展“三检”工作。

（七）及时向公司主管生产的副总经理、总经理汇报全公司工程质量情况。

（八）负责工程技术资料的检查、监督、归档和管理工作。

（九）参加工程的分部（子分部）工程验收和竣工验收。

（十）正确做好公司内控评定，负责竣工项目的售后服务工作。

（十一）协助公司有关部门开展QC小组活动。

（十二）对本公司施工工程中使用的监视和测量装置进行检查。

（十三）负责指导并督促检查所属各工程公司、项目部认真执行国家规范、规程及有关规定。

（十四）负责开工报告的审批，督促抓好施工组织设计的实施、创优计划的实施、施工技术交底和过程控制。

（十五）监督生产执行情况，做好施工前准备。

（十六）参加项目部工程中间结构验收及竣工验收。

（十七）负责指导、督促项目部对存在的问题采取纠正和预防措施，并予以落实整改。

（十八）参加与支持图纸会审和技术交底，参加质量事故的处理。

第十一条　经营目标责任人的质量责任。

（一）经营目标责任人是公司工程项目质量管理的全面实施者。按经营目标责任书的要求对管辖范围内工程质量负全面责任。

（二）贯彻上级精神，执行公司质量方针、质量管理制度、质量责任制，积极开展质量活动。

（三）制定所管辖的各项目的质量目标、质量计划。因地制宜制订工程项目的质量管理各项制度、责任制。

（四）健全质量管理机构，按要求落实设岗。

（五）正确处理质量与进度的关系。确保工程质量合格率100%，创优目标达到计划要求。

（六）组织质量大检查，坚持质量一票否决制，严格实施质量奖罚。

（七）积极推行QC小组活动，推广新技术、新工艺的应用。

第三章　质量管理

第十二条　公司每半年进行一次质量综合考评，分子公司对所属施工项目每月进行一次质量检查。并建立质量责任制考核奖罚制度，对照相关制度严格奖惩。

第十三条　施工项目必须配齐检测工具，并建立台账。施工班组应做到对施工的内容全部进行实测实量，严格按内控指标检查验收。

第十四条　监督检查工程项目图纸会审和设计技术变更联系工作，检查地基验槽、隐蔽工程验收及其他检查、验收工作，参与工程中间验收及单位工程综合质量验收。其中，地基与基础、主体分部和竣工工程质量验收必须报工程部备案审核。

第十五条　公司实施创优工程目标管理。工程开工后15天内由项目部会同分公司工程质量管理部门根据合同要求及工程特点制定相应的创优目标，由项目负责人制订创优计划和措施，经公司工程管理中心工程部审核后统一上报上级主管部门。各区域分公司工程部应严格把好工程质量关，严格执行规范标准，加强对质量人员的指导、培训，提高业务素质，维护质量人员的威信，真正做到有责、有权。

第十六条 公司、各区域分公司及子公司工程部负责组织学习国家颁布的有关法规和政策，传达、贯彻上级主管部门的有关文件精神，学习和推广新技术、新工艺，邀请有关专家和领导进行技术讲座和指导等。

第十七条 各区域分公司工程部应充分考虑可能造成质量问题的因素和环节，做好控制和协调工作，将质量事故消灭在萌芽状态。

第十八条 公司要严格项目开工审批制度。工程合同签订后，项目部必须按公司管理规定办理有关手续，填写开工报告和开工安全生产条件审查表一式四份，送公司工程管理部门审查并签署意见，再送相关部门审批，符合要求后方可正式开工。未经审批或审批不合格私自开工的，以违章施工论处。单位工程开工前要进行技术交底，做好图纸会审工作，编制好施工组织设计方案，明确施工顺序、质量要求及相应的技术措施。

第十九条 坚持“三级质量检测制度”，对检测结果及时做好记录，发现问题及时整改。做好质量统计分析，持续改进工程质量。

第二十条 单位工程应挂牌施工，接受社会监督，施工现场应设置计量器具，并做好砼、砌筑砂浆的原材料过磅工作。进入施工现场的主要建筑材料应经施工员、质量员、材料员检验验收合格报监理认可后，方可使用。

第二十一条 单位工程各分项工程施工前，必须进行书面技术交底，技术交底质量要求的内容要有针对性。对于采用新结构、新工艺的项目，技术交底中要详细说明，施工时要先做样板，验收合格后再全面铺开。对分包工程必须有书面的技术交底，并应督促分包单位对施工人员进行分项和分部的施工交底。

第二十二条 对技术素质差、工程（产品）低劣的班组和有关人员，质量员有权采取必要的处罚措施，对严重违反操作规程的行为采取制止、纠正、停工整改、罚款直至辞退相关人员。

第二十三条 建立质量例会制度，把工程质量问题进行交流，群策群力，搞好工程施工质量。

第二十四条 施工现场试块、试件及材料的取样、制作、养护、送检必须按规定执行由专人负责，送检人员必须经过培训并持证上岗，遵守真实、有效的原则，不弄虚作假，试验结果要及时报告项目技术负责人。

第二十五条 做好细部处理及成品保护工作。单位工程进入装饰阶段后，施工技术部门应采取相应措施，制订有关细部处理和成品保护工作的实施方案，并组织实施，有利于提高观感质量和整个单位工程质量的综合评定。

第二十六条 单位工程竣工验收前应提前15天上报公司工程管理中心，进行工程质量内部预检，对预检中发现的工程质量弊病，项目部必须及时进行整改，并进行复验。

第二十七条 积极开展QC小组活动，抓好全员质量意识教育，严格执行公司质量奖罚制度和质量内控指标，做好质量预控。

第四章 附 则

第二十八条 本制度与国家、行业、地方有关法律、法规、规范有冲突时，以上级规定为准。

第二十九条 本制度由公司工程管理中心负责解释。

第三十条 本制度自公司董事会审议通过、发布之日起实施。

范本6 工程项目部组织架构标准

为加强公司工程项目的质量、安全等方面的管理、控制，总经理办公会议研究通过了《工程项目部组织架构标准》，现予公布。

第一章 项目部管理人员配置及构架

第一条 项目部主要管理人员配置。

见下图。

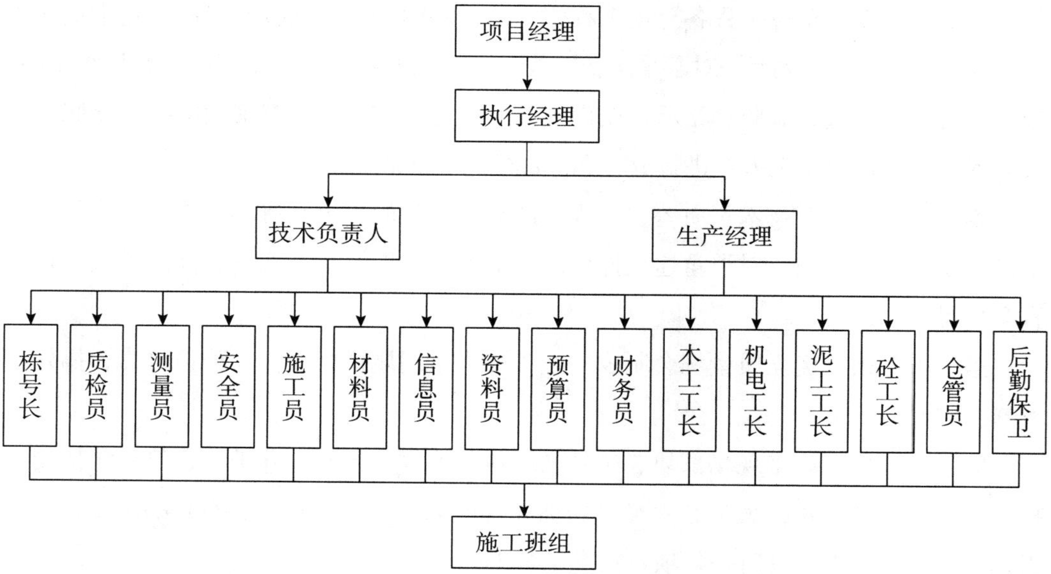

注：项目部以图中架构为基础，合理增减专职岗位。

项目部主要管理人员配置

第二条 工程项目规模划分标准表。

根据工程的规模、特点和公司实际情况，现将工程项目划分为四个等级：特大型、大型、中型和小型，并依据项目规模制定不同的岗位人员配置标准。详见下表。

项目规模划分标准表

类型	标　　准
特大型工程	工程建筑面积≥ 30 万 m^2 或工程造价≥ 5 亿元
大型工程	工程建筑面积：10 万 m^2 ≤建筑面积 <30 万 m^2 或工程造价：2 亿元≤工程造价 <5 亿元
中型工程	工程建筑面积：5 万 m^2 ≤建筑面积 <10 万 m^2 或工程造价：1 亿元≤工程造价 <2 亿元
小型工程	工程建筑面积 <5 万 m^2 或工程造价 <1 亿元

注：同期施工的不同标段可累计计算划分工程标准。

第三条 项目部主要管理人员配置标准。

详见下表。

项目部主要管理人员配置标准

	特大型项目部	大型项目部	中型项目部	小型项目部	主要管理人员
项目执行经理	1 ~ 2	1	1	1	★
技术负责人	2 ~ 3	1 ~ 2	1	1	★
生产经理	1 ~ 2	1 ~ 2	1	1	
施工员	10 ~ 15	5 ~ 10	3 ~ 5	2 ~ 3	★
安全员	5 ~ 8	3 ~ 5	3 ~ 4	1 ~ 3	★
测量员	6 ~ 12	2 ~ 6	2 ~ 3	1 ~ 2	★
资料员	2 ~ 4	2 ~ 3	1 ~ 2	1	★
质检员	4 ~ 6	2 ~ 4	2 ~ 3	1 ~ 2	★
预决算员	2 ~ 3	1 ~ 2	1	1	★
材料员	3 ~ 5	1 ~ 3	1	1	★
信息员	1	1	1	1	

续表

	特大型项目部	大型项目部	中型项目部	小型项目部	主要管理人员
仓库管理员	3 ~ 5	1 ~ 3	1	1	
项目财务	1	1	1	1	★
后勤保卫负责人	1	1	1	1	
合　计	42 ~ 68	23 ~ 44	20 ~ 26	14 ~ 20	/

注：1.带“★”的表示项目部必须到位管理人员。
2.对于工期较长的大型工程，主要管理人员可以根据工程进度的需要分批进场。

第二章　项目部管理岗位职责

第四条　经营目标责任人岗位职责。

（一）代表企业实施施工项目管理，维护企业的合法权益。系项目上安全生产、施工进度、工程质量等方面的第一责任人。

（二）签订和组织履行《经营目标责任书》，履行企业与业主签订的施工合同。

（三）负责配备项目部的人、财、物等资源并进行动态管理。

（四）组织制定项目部各类管理人员的职责和权限。

（五）严格执行财务制度，加强成本核算。

（六）及时协调解决施工中出现的问题。

（七）做好对内与公司各职能部门，对外与各种主管部门关系的协调工作。

（八）组织做好工程竣工结算、项目部解体、竣工后回访保修工作。

第五条　项目经理（执行经理）岗位职责。

（一）根据经济目标责任人授权实施项目管理。

（二）按照国家规定，项目经理（执行经理）必须具备相应资格证书，方能上岗。

（三）项目经理（执行经理）是项目上安全生产、施工进度、工程质量等方面的第一实施人。

（四）安排项目管理班子岗位工作，责任到人。

（五）做好施工各阶段工作，安排并落实质量、安全、文明施工、CI形象、进度、成本等各项计划目标。

（六）协调材料、机械、劳动力等各项生产要素的配置，落实各部门的工作。

（七）协调、管理各分包单位的生产工作。

（八）协调处理公司内部职能部门及外部行政主管部门的工作往来事项。

（九）负责工程项目的成品保护。

（十）组织结构验收与竣工验收工作。

（十一）组织编写工程施工总结。

第六条 技术负责人岗位职责。

（一）负责工程项目施工的技术管理、质量管理，贯彻技术规程、规范。

（二）组织图纸会审和负责工程洽商工作。

（三）编制施工组织设计和施工技术方案及施工详图工作，落实应急救援预案、临时用电方案审核工作。

（四）负责组织项目技术交底工作及技术资料管理工作。

（五）负责对工程材料、设备的选型及材质的控制和项目的试验工作。

（六）负责引进与推广有实用价值的新技术、新工艺、新材料。

（七）参与项目结构验收和竣工验收。

（八）参与质量安全事故的调查和处理工作。

（九）参与项目成本计划的编制与分析工作。

（十）负责做好项目的技术总结。

第七条 生产经理岗位职责。

（一）负责工程项目施工的各项工作。

（二）负责项目施工的计划管理工作，参与编制项目施工的总工期控制计划，按上述计划要求，编制项目施工的月、周实施计划。

（三）做好生产要素的综合平衡工作以及各专业工程的交叉作业的综合平衡工作。

（四）负责日常施工生产中的技术交底工作和质量过程控制并及时处理出现的质量问题。负责项目质量计划的贯彻实施。

（五）组织项目结构验收与竣工验收工作。

（六）在施工过程中及时收集完整的索赔资料以及工期延误，及时办理签证认可手续。

（七）负责计划统计与分析工作。

第八条 资料员岗位职责。

（一）负责所有技术资料、图纸、变更、洽商记录、来函的及时接收、整理、发放、借出、保存工作。

（二）收到文件、设计变更通知后，立即编号登记，及时、有效地传达到文件使用者。

（三）负责施工技术资料的按时搜集、整理、装订、审查。

（四）加强资料的日常管理和保护工作，定期检查，发现问题及时向领导汇报，采取有效措施，保证资料安全。

（五）认真做好综合管理体系资料。

（六）负责竣工资料的整理、分册、汇总和装订成册工作。

（七）工作变动时，必须在办理完资料移交手续后，才能离开岗位。

第九条 质检员岗位职责。

（一）负责项目质量检查监督和管理工作，执行项目质量计划。

（二）督促分承包方建立有效的质量管理体系并监督其有效运行，把好过程控制关。

（三）对重点部位及工序实施全过程跟踪检查，分阶段提出质量控制点并组织落实。

（四）定期召开质量例会或分析会，研究质量状况和存在问题，并提出有效的预防措施。

（五）对潜在的不合格隐患发出整改通知，对造成质量问题的责任方进行处罚。

（六）参加工程结构验收和竣工验收。

（七）参加工程质量事故调查分析会，提供真实施工情况供领导决策。

（八）沟通与监理、业主的关系，保持业务联系与往来，做好工程质量报验工作。

第十条 施工员岗位职责。

（一）认真贯彻执行施工组织设计和施工方案中保证质量、安全、工期和降低成本的各种技术措施。

（二）按设计图纸、规范、施工组织设计（方案）、质量安全标准组织施工，指导管区内作业工人按技术、质量安全标准进行操作，纠正一切违章指挥、违章作业的行为。

（三）编制施工进度作业计划，合理安排劳动力、材料、机具、设备的使用，合理安排流水作业、交叉作业，及时与技术组配合解决施工难点、关键部位等技术问题。

（四）配合测量员做好测量工作。

（五）针对生产任务特点，向班组、分包单位下达任务并进行书面的技术、工序、质量、安全交底。

（六）坚持“三检制”，组织施工班组的工序自检、互检、交接检，不合格的工序不得移交下道工序。

（七）熟悉施工图纸等设计技术文件及规范标准，参加图纸内部会审、复审。

（八）参加隐蔽工程检查验收、工程结构验收、单位工程竣工验收。

（九）督促施工队伍及时整改安全、质量问题。

（十）配合试验员做好现场混凝土、砂浆的搅拌、试块制作养护、试件取样、计量等工作，发现问题及时纠正解决。

（十一）按有关要求认真详细填写施工日志和施工记录，对主要施工过程、主要操作方法不得遗漏后补。填写各种技术资料必须做到及时、完整、准确、齐全，并及时移交给资料员。

第十一条 测量员岗位职责。

（一）熟悉各种有关的计量测量技术、规章制度、标准、规范。做好施工现场的测量工作，使各次测量闭合，标高、坐标、定位、放线、角度、引线等各测量项目符合技术要求和有关规定。做到每次测量的原始数据、资料满足施工需要。

（二）做好测量资料汇总、整理、递交、保管，做到各个数据资料准确无误，真实可靠，提供及时。

（三）做好测量控制桩、标桩、标牌等测量标志管理，做到位置准确、标志明显、在施工期间保护完好。

（四）负责指导分包单位的测量技术工作，解决疑难测点的测量工作。

（五）负责测量放线后的复查工作。

（六）负责按期进行沉降观测、构筑物垂直偏差等观测。

（七）负责测量仪器设备、器材的保养、维护、修理、保管工作，保证精度。

（八）负责测量计量器具的报废和购买等的申报工作。

（九）负责计量器的送检工作；保证计量技术指标的完成，做到计量器具配备率达100%，计量检测率达100%，计量器具周检受检率达100%，计量器具抽检合格率达100%。

第十二条 安全员岗位职责。

（一）负责项目的安全管理、文明施工工作。

（二）负责贯彻安全生产方针、政策、规章制度，推动项目安全管理体系的运行。

（三）对施工全过程的安全进行监督，纠正违章作业，排除安全隐患，组织安全教育和开展全员安全活动（定期组织应急救援演练等），监督劳保用品质量和正确使用。发现重大安全隐患，及时向执行经理汇报并同时勒令立即改正。

（四）落实安全设施的设置。对施工现场安全防护装置和设施进行验收。

（五）检查安全标牌是否按规定设置，标识方法和内容是否正确完整。

（六）组织分包单位开展安全监督与检查工作。

（七）参与安全事故的调查与处理。

（八）对进场的分包队伍进行资质的审查及三级安全教育。

第十三条 预算员岗位职责。

（一）熟悉施工图纸、设计变更、施工组织设计、施工方案等施工文件、施工合同、相关法律、法规、规定，充分掌握工程分承包合同文件的经济条款，并做好合同交底工作。

（二）负责工程预算的编制和修订，做好项目计划成本的编制及对项目目标成本的复核工作，并根据现场实际情况，对比实际成本与目标成本差异，做出分析。

（三）认真阅读施工图纸，及时发现相关问题，参与图纸会审。

（四）根据现场实际发生情况及时提醒技术员办理工程签证，并结合预算相关知识到甲方办理经济签证及最终审核。

（五）参与分包工程承包合同的起草工作。参与劳务结算的审核。

（六）收集工程各阶段、节点基础经济数据，并归类整理，汇总分析。

（七）负责与业主及时办理工程结算，平时注意收集、整理相关资料。

（八）配合其他部门的工作，及时为其提供有关的资料。

第十四条 项目财务岗位职责。

（一）严格按照公司财务制度的规定做好成本核算工作。

（二）严格按照施工地税收管理的规定做好税款缴纳工作。

（三）严格按照国家税收管理的规定做好发票管理工作。

（四）负责工程项目各项财务、税务报表编报工作

（五）完成公司或分、子公司财务部安排的工程项目上的其他财务工作。

（六）完成工程项目经理安排的工程项目上的其他财务工作。

第十五条 材料员岗位职责。

（一）负责项目的材料管理工作，贯彻执行材料管理制度。

（二）负责项目的材料计划管理，及时提出用料计划。

（三）负责项目物资采购管理。

（四）负责项目材料的验收与现场材料管理。负责进场材料的验收及不合格材料的处理。负责现场材料的存放、保管和使用管理，以及材料的标识等管理工作。

（五）负责材料的材质证明管理。

（六）负责项目废旧品、余料回收管理。

第十六条 仓库管理员岗位职责。

（一）认真做好物资入库验收工作。

（二）负责物资的保管、保养、发放。

（三）负责仓库物资盘点工作。

（四）做好物资的修旧利废工作。

（五）建立各种台账、记录，按时上报。

（六）及时向材料员反映库存情况。

（七）协助后勤保卫做好物资的防火、防盗等工作。

第十七条 信息管理员岗位职责。

（一）负责本项目的信息录入及处理日常的应用问题，收集信息系统的反馈意见。

（二）做好保密工作，不得随意外泄资料。

（三）根据行政主管部门要求，及时采集相关数据并上传至相关系统。

（四）对人员、设备及时检测项目运作信息进行动态统计上传。

（五）负责对项目信息化日常业务培训、答疑和数据上传工作。

（六）负责信息化系统的维护。

（七）及时完成领导交办的其他工作。

第十八条 后勤保卫岗位职责。

（一）负责项目部治安综合治理、后勤、食堂、保卫工作。

（二）负责调解处理项目内部治安纠纷。

（三）负责对施工人员进行法制教育，减少违法犯罪活动、治安灾害事故和治安纠纷。

（四）与当地有关部门及所在地方公安派出所加强保安工作联系。

（五）负责项目部施工现场、办公区、生活区消防工作，及办公场所、生活区域后勤管理。

第十九条 栋号长岗位职责。

（一）在项目技术负责人、生产经理指导下，负责所管辖范围内技术、生产的全面管理工作。

（二）负责按已批准的进度计划督促作业队严格按期完成。

（三）严格按规范图纸、变更、作业指导书组织施工，督促作业队对施工质量进行自检、互检，对施工全过程的质量负直接责任。

（四）做好质量活动的质量记录，如施工日志、隐蔽工程记录、质量自检记录，砼施工记录、顾客提供产品使用记录等，保证其完整性、准确性和可追溯性，并及时移交给项目资料员及有关部门。

（五）对施工现场搭设脚手架、安装的电气机械设备等安全防护装置组织验收，合格后方可使用。

（六）根据进度要求合理组织施工，并确保按期保质完成。对分管范围内的材料和文明施工负责。

（七）协助质安员组织工人学习安全操作规程，教育督促工人不违章作业。

（八）参与项目环境因素、危险源辨识、评价的管理措施的实施。

（九）认真消除事故隐患，发生工伤事故及时上报，保护现场，参加调查处理工作。

（十）及时完成领导交办的其他工作。

第二十条 木工工长、机电工长、砼工长、泥工工长，按照国家、行业、地方、企业施工工艺标准执行。

第三章 附 则

第二十一条 本标准由工程管理中心制定并负责解释。

第二十二条 本标准自总经理办公会审议通过之日起实施。

范本7 项目检查管理办法

第一章 总 则

第一条 为保证各区域分公司、子公司所属全部工程项目的工程质量、安全生产，依据《内部控制基本制度》《安全生产管理制度》《工程项目质量管理基本制度》的精神，制定本管理办法。

第二条 公司工程管理中心依据本管理办法规定，负责组织对各区域分公司、子公司所属全部工程项目的工程质量、安全生产管理情况进行检查。

第二章 检查形式与内容

第三条 公司工程管理中心对各工程项目的工程质量、安全生产管理情况的检查有三种形式：常规监督检查；依据突出问题或管理热点的专项检查；半年度综合考核性检查。

第四条 项目检查管理内容。

（一）常规监督检查。

1.工程质量方面检查：质量管理体系建立情况，监管体系建立及运作情况。样板引路、实测实量、模板工程、钢筋工程、混凝土工程、砌体工程、刚性屋面、楼面防水工程、细部构造、抹灰工程、外墙装饰工程、室内装饰工程等质量过程施工及验收实施情况，质量事故、质量投诉处理情况。

2.安全生产方面检查：安全生产管理体系建立情况，监管体系建立及运作情况。消防安全、安全管理、文明施工、脚手架、高处吊篮作业、基坑工程、模板支架、高处作业、施工用电、安全检查的整改落实及复查情况；安全交底、安全教育、持证上岗情况；工程实体安全生产及文明施工监督检查；消防安全监督检查。具体检查内容见《VIS施工现场安全文明标准化实施手册》。

3.机械设备方面检查：施工升降机、塔式起重机、起重吊装、施工机具等现场实物和操作的规范性、安全性。

4.工程资料方面检查：项目技术资料，如施工方案、图纸会审、设计变更记录、标准规范；项目工程资料，如前期资料、施工各阶段的施工管理资料、质量控制资料；项目安全资料，如安全管理、安全检查、安全教育、应急救援、综合管理、人员管理、脚手架、基坑支护、模板工程、安全防护、施工用电、大型机械、施工用具等工程资料的同步性、真实性、规范性和完备性。

（二）专项检查或调查。

1.项目存在重大质量、安全隐患而影响项目正常运作时需组织专项检查，分析原因并监控整改。

2.项目参建单位之间质量、安全、维修方面存在重大分歧等的调查。

3.项目发生重大质量安全事故时，组织调查事故过程、起因、损失、各责任主体履职情况等，初步分析事故原因，提出处理建议，出具调查报告。

4.有计划针对评优项目进行专项检查，或应评优项目要求前往进行辅助性检查。协助和督促项目按专家评审意见及时督促整改落实。

5.项目部受到业主、监理单位及顾客投诉的事项调查。

6.项目部受到当地建设行政主管部门处罚或不良行为扣分等事项的调查。

（三）综合考核性检查。

1.检查安排。

工程管理中心组织工程主管部门对区域管辖范围内各项目至少每半年进行一次综合性检查，可提前通知项目部，依照公司《安全文明施工（CI）检查评分表》和《质量检查评分表》进行综合检查。

2.检查方式。

（1）大检查执行交叉检查，即区域分公司工程部派检查组检查别的分公司辖区项目。

（2）检查过程中区域分公司派专人全程陪同来访区域分公司检查组，做好项目指引、食宿安排等工作。

3.检查组成员。

每个区域检查成员包括组长、副组长及质量、安全、机电、资料、CI检查人员各一名。

4.检查结果。

按加权平均计算综合考核分值：

（1）综合考核评分≥80分（优良）且排名在前三名的在建优良项目部，给予2万～5万元奖励。

（2）综合考核评分在70～80分（合格）的项目部，不予奖励。

（3）综合考核评分低于70分（不合格）的项目部和综合考评排名在倒数三名以内的项目部，处以2万～5万元罚款。

（4）奖励或处罚额度可依据实际情况进行调整。

5.检查要求。

（1）检查组结合公司近期发布的检查要点，在综合检查中对项目现场的检查有所侧重，并就相关隐患开具整改单。

（2）各项目接受检查时必须有项目基本情况介绍（采用PPT格式），内容应涵盖项目创优目标和评优情况，工程进度、质量、安全（含CI）管理和项目自检情况等。

（3）项目部必须高度重视检查工作，经营责任人与项目相关工作人员必须参与检查。

（4）公司检查组检查之后立即召开项目管理人员会议，当场公告检查问题及结果。

（5）检查小组成员不需要项目部安排餐宿。所在地区偏远的项目应提供就餐，检查组按公司财务制度对项目发放补贴。

6.综合大检查结果的公布。

综合大检查结果在公司内部公布，内容为不同辖区项目排名情况，对奖罚项目部的情况进行点评，列明奖罚金额，并随后执行经济奖罚。

第五条 违规红线考核。

依据工程管理部门对项目的阶段性巡查结果，若存在项目整体管理水平不稳定，亟待加强公司在建项目整体施工管理力度的情况，可使用《施工管理违规红线考核表》在月度巡查中对触碰红线内容的项目部进行经济处罚。

第六条 检查原则及纪律。

（一）检查人员在检查、取证和处罚过程中，接受检查方不得以任何方式阻碍、干扰或抗拒，否则将予以重罚。

（二）检查人员对现场进行检查的同时，应对违章人员进行纠正或者追究其安全、质量事故责任，及时发出整改通知单或停工通知书。整改通知单一式两份，并由执行人和被查的项目部经理或管理人员签名确认。一份由公司工程部录入档案，作为对项目部复查时的凭证，另一份留项目部作为整改的依据。若项目部经理和管理人员不在现场或拒绝签字确认，执行人双签见证，实行留置送达。

（三）由检查人员对违章行为出具处罚单，原则上不需要受罚项目部签字确认，但有告知义务。处罚单一式三联，一联交被处罚项目部作为处罚的凭据，一联公司工程管理中心留底，一联送达公司财务部。

（四）工程管理中心或工程部有权对违法、违规项目按上述（不限于）条款进行处理，视情节严重程度可做出停工处理，并有权建议解除合同协议。

（五）检查人员履行执法检查应做到：坚持原则、秉公办事、事实清楚、证据充分。

（六）检查人员在执行处罚中玩忽职守、滥用职权、徇私舞弊的，视情节轻重，分别给予内部批评、通报批评、调岗和辞退等处分。

第三章　附　则

第七条　本管理办法由公司工程管理中心负责解释。

第八条　本管理办法由公司工程管理中心、分子公司项目负责监督、执行。

第九条　本管理办法自公司总经理办公会审议通过、发布之日起实施。

附件：

附件1　工程项目部日常巡检工作流程

附件2　巡查计划表

附件3　质量、安全、文明施工检查整改通知单

附件4　质量、安全、文明施工检查整改回复单

附件5　施工管理违规红线考核表（略）

附件6　工程项目部考核性检查工作流程

附件7　安全文明施工（CI）检查评分表

附件8　质量检查评分表

附件9　罚款通知单

附件1　工程项目部日常巡检工作流程

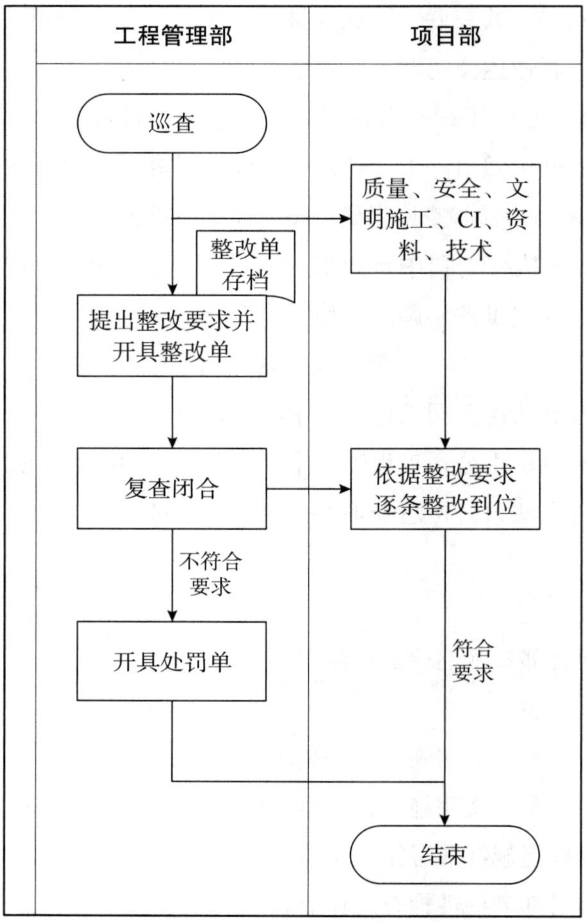

工程项目部日常巡检工作流程

附件2 巡查计划表

巡查计划表

时间： 月 日至 月 日　　　　项目 / 部：　　　　填表人：

重点工作										
日期	月 日	月 日	月 日	月 日	月 日	月 日	月 日	月 日	月 日	月 日
星期										
巡检										
日期	月 日	月 日	月 日	月 日	月 日	月 日	月 日	月 日	月 日	月 日
星期										
巡检										
日期	月 日	月 日	月 日	月 日	月 日	月 日	月 日	月 日	月 日	月 日
星期										
巡检										
备注										

附件3 质量、安全、文明施工检查整改通知单

□质量□安全□文明施工检查整改通知单

编号：

<table>
<tr><td>工程名称</td><td></td><td>施工部位</td><td colspan="2"></td></tr>
<tr><td colspan="5">经检查，该工程存在以下问题：
质量：
1.
2.
……

安全文明施工、CI 形象：
1.
2.
……

机电：
1.
2.
……

资料：
1.
2.
……

其他</td></tr>
<tr><td colspan="5">检查人：　　　　　　　　　　　　　　　　　　年　　月　　日</td></tr>
<tr><td colspan="5">整改要求：
1. 施工单位应对上述安全隐患进行整改，限期在________年____月____日前完成。
2. 施工单位应将整改情况完成后的____日内上报检查部门，否则罚款________元。
3. 项目经理、技术总工、项目质安员、公司监督协管应督促施工班组完成对上述隐患的整改。</td></tr>
<tr><td>签发单位</td><td colspan="4"></td></tr>
<tr><td>执行单位</td><td colspan="4"></td></tr>
<tr><td>执行单位
负责人</td><td colspan="2"></td><td colspan="2">年　　月　　日</td></tr>
<tr><td colspan="5">本通知一式两份，检查单位、受检单位各一份。</td></tr>
</table>

注：质量与安全、文明施工分开写。

附件4　质量、安全、文明施工检查整改回复单

□质量□安全□文明施工检查整改回复单

项目部名称		整改通知单号	
致：________________ 根据公司________年____月____日的质量、安全、文明施工检查中发现的____项问题和整改要求，本项目部制定了相应整改措施，并落实了责任人，已于________年____月____日整改完毕，现将整改结果书面上报，以备复查。整改情况及整改措施如下： 安全： 1. 2. 3. 质量： 1. 2. 3. CI 形象： 1. 2. 3. ……			
本表一式两份，一份报公司检查部门，一份项目部留存。			

项目部负责人（签字）：　　　　　　　　派驻专岗管理员（签字）：

1. 附整改后图片	2. 附整改后图片
简单说明	简单说明

附件6　工程项目部考核性检查工作流程

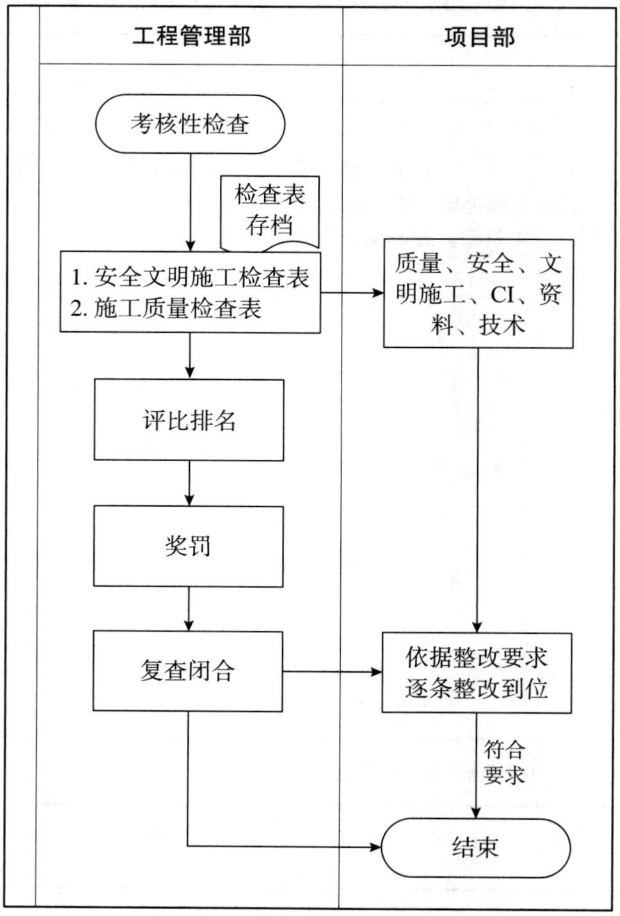

工程项目部考核性检查工作流程

附件 7　安全文明施工检查评分表

安全文明施工检查评分表（A 表）

项目名称：　　　　　　　　　　　　　　　　　　　　　　　　检查日期：

序号	检查项目		扣分标准	应得分数	扣减分数	分数汇总	A 表 60%
1	外脚手架	主控项目	脚手板铺设未采用每步满铺的方式扣 5 分	10			
			脚手架未跟上主体进度，在操作层横杆未超过作业面 1.2m 以上扣 5 分				
			落地脚手架未搭设安全方便的上人通道（斜道）扣 5 分				
			脚手架悬挑层未按公司《安全文明标准化实施手册》进行全封闭扣 5 分				
		一般项目	脚手架基础不平、不实、立杆底部未设置硬质垫块，悬空吊脚、未设扫地杆，扣 0.5 ~ 3 分				
			连墙件：双排脚手架连墙件未采用刚性连接，间距不符合要求施工组织设计要求（最大竖向间距≤层高或未采用抱柱拉结，水平间距≤ 4.5m），扣 0.5 ~ 3 分				
			离墙间距和水平封闭：内立杆离结构距离不超过 300mm，每三层不超过 10m 采用水平兜网或其他措施封闭；外架未设置外水平防坠网，扣 0.5 ~ 2 分				
			剪刀撑：未沿脚手架高度连续设置或角度不符合规范要求，斜杆的接长或剪刀撑斜杆与立杆固定不符合规范要求，扣 0.5 ~ 3 分				
			立杆间距：立杆间距（跨距）不符合设计和规范要求，大横杆间未设两道腰杆，扣 0.5 ~ 2 分				
			安全网：外脚手架使用密目式安全网全封闭，安全网美观平整，无超过 10cm 缝隙，无污损，阳角处加内立杆，设置高度不低于 18cm 硬质挡脚板，不符合则扣 0.5 ~ 3 分				
			脚手架搭设前未钢管必须刷防护漆（外立杆和水平杆黄色，剪刀撑黄黑相间色），扣 0.5~3 分				
			钢管、扣件和安全网材质不符合要求，无出厂合格证、检验合格证等，未经二次送检合格就投入使用，安全网现场采样阻燃性能不合格，扣 0.5 ~ 5 分				

续表

序号	检查项目		扣分标准	应得分数	扣减分数	分数汇总	A表60%
1	外脚手架	一般项目	操作层脚手架脚手板绑扎不牢固，有探头板；外架上有残留物或垃圾；扣 0.5 ~ 3 分				
			未将模板支架、泵管、起重设备、卸料平台等固定在脚手架上；扣 0.5 ~ 3 分				
			搭拆脚手架时未进行安全技术交底，地面未设围栏和警戒标志并派人看守，有非作业人员入内，扣 0.5 ~ 3 分				
			悬挑外架：悬挑钢梁固定端长度不小于 1.25 倍的悬挑端长度，钢梁外端设置钢丝绳与上一层建筑结构拉结，悬挑钢梁与预埋环空隙（顶部和两侧）用木楔楔紧，斜拉钢丝绳直径不小于 Φ16，预埋吊环不小于 Φ20 圆钢，不符合则扣 0.5~3 分				
2	洞口临边防护	主控项目	电梯门洞：未做钢质栅栏门防护，扣 5 分	10			
			通道口防护：进大楼或施工电梯的通道口未设置防护棚，扣 5 分；施工电梯通道外架未单独搭设，每层拉结点小于 3 个，每处扣 2 分				
			楼梯、基坑、楼层、屋面及平台等无临边防护措施，每处扣 2 分				
		一般项目	预留洞口防护：小于 50cm 洞口：采用旧木板、模板封闭，板下木枋顶紧洞口边，防止盖板移位；50 ~ 150cm 洞口：先设置钢管网（或利用混凝土板内钢筋网），上满铺脚手板或旧模板；大于 150cm 洞口：洞口四周设 1.2m 高防护栏，挂立网封闭；护栏底部设 18cm 高踢脚板，洞口内挂水平安全网；扣 0.5 ~ 3 分				
			电梯井口防护：采用钢质栅栏门（高度不低于 1.8m），井内每三层（不超过 10m）设硬质水平防护（主体施工阶段）或兜挂安全水平网（装修施工阶段）进行安全防护；钢质栅栏门立杆间距≤ 15cm，与结构牢固连接或上锁；门口有醒目安全警示牌。不符合则扣 0.5 ~ 3 分				
			通道口防护：搭设宽于通道口的双层防护棚并满铺脚手板；防护棚长度 6 层以下建筑不小于 3m，7 层以上建筑不小于 6m；防护棚高度不小于 3m；侧面立网封闭，侧立杆间距不大于 1.8m。施工电梯层站两侧防护高度不小于 1.5m 并挂安全网或硬质防护，梯笼与层站空隙小于 150cm，防护架每 4 层一卸荷，层门应设置插销。不符合则扣 0.5 ~ 3 分				

续表

序号	检查项目		扣分标准	应得分数	扣减分数	分数汇总	A表60%
2	洞口临边防护	一般项目	楼梯口防护：设高度不小于1.2m的防护栏，扶手处设二道防护栏杆；竖杆间距不大于1.8m。不符合则扣0.5～3分				
			基坑临边防护：设高度不小于1.2m的防护栏，设三道防护栏杆；竖杆间距不大于1.8m；挂密目安全网封闭，设置挡脚板，基坑边设挡水坎，基坑内设置降水措施。不符合则扣0.5～2分				
			楼层临边防护：设高度不小于1.2m的防护栏，设三道防护栏杆，刷黄黑油漆；竖杆间距不大于1.8m；挂密目安全网封闭；斜屋面临边防护高度不低于1.5m。不符合则扣0.5～5分				
3	卸料平台和封闭管理	主控项目	悬挑式卸料平台钢丝绳禁止使用花篮螺栓，卸荷预埋吊环必须采用Φ20以上圆钢。不符合则扣5分	10			
			施工现场进出口未设置大门及围墙，扣5分				
			未设置车辆冲洗设施，扣5分				
		一般项目	卸料平台：有专项施工方案，设置限载牌和验收合格牌；悬挑式卸料平台两边分别设两道Φ16以上的钢丝绳；悬挑钢梁有效锚固，锚固卡环必须采用Φ20圆钢或螺栓；与结构缝隙封闭严密。不符合则每处扣2分				
			工地周围未设置封闭围挡或围挡高度大于规定高度（市区主要路段不小于2.5m，一般路段不小于1.8m），每处扣2分				
			围挡未达到坚固，稳定、整洁、美观，扣0.5～4分				
			施工现场出入口未标有企业名称或标识，扣0.5～2分				
			未设置门卫室，扣0.5～2分				
			未建立门卫值守管理制度或未配备门卫值守人员，扣0.5～2分				
			施工人员进入施工现场未佩戴工作卡，扣0.5～2分				
4	施工机械	主控项目	大型机械及塔楼覆盖高压线，塔机大臂覆盖有障碍物阻挡，扣5分	10			
			塔吊附墙拉杆超过厂家设计或方案内无受力计算，塔吊附墙拉杆角度不符合规范要求（45°～35°之间），塔吊附墙无合格证（含拉杆及附墙框），塔吊基础预埋件无合格证，扣5分				

续表

序号	检查项目		扣分标准	应得分数	扣减分数	分数汇总	A表60%
4	施工机械	主控项目	塔吊吊钩保护装置失效，塔吊起升高度限位失效，塔吊力规超载保护失效，塔吊未使用专用钢丝绳，扣5分				
			塔吊/施工电梯/物料提升机进场证件不完善，安装单位不具备相应资质等级，扣5分				
			未办理安装告知安装，大型机械安装未进行检测，大型机械安装未办理使用登记，擅自安装、使用，扣5分				
			施工升降机超载保护失效，施工电梯防坠落器过期未检测，扣5分				
			施工电梯无极限位、上下限位、笼顶限位，门机联锁失效，扣5分				
			物料提升机无超载保护，无上下限位，停层装置失效，扣5分				
			群塔无专项防碰撞专项方案，扣5分				
			施工未配足特殊工种并持有效证件上岗，未做到人证合一，扣5分				
		一般项目	塔吊、施工电梯、物料提升机的安装、拆卸、顶升加高未按专项方案执行，扣0.5～2分				
			施工升机附墙穿墙螺杆未使用平垫，双螺母，螺杆超出3～5扣，扣0.5～2分				
			大型机械未按规范要求接防雷接地，扣0.5～2分				
			塔吊材料混吊，吊具吊索不符合要求，扣0.5～2分				
			建筑起重机械未持有有效检验合格报告或复检合格报告，扣0.5～2分				
			未建立运行记录、保养记录制度，大型机械保养记录不真实，未留影像资料，扣0.5～2分				
			安、拆、顶升、加节前没有对安装公司进行安全技术交底，扣0.5～2分				
			各楼层施工电梯、物料提升机口未设置有效的呼叫装置，物料提升机未配可视系统，扣0.5～2分				

续表

序号	检查项目		扣分标准	应得分数	扣减分数	分数汇总	A表60%
4	施工机械	一般项目	塔吊基座、附着、操作平台及人行天桥、塔吊电梯预留洞口未按要求搭设，人货电梯架体不牢固，平台不干净，扣 2 分				
			小型机械设备摆放不整洁，机械传动罩及防护罩未保持完好，扣 0.5 ~ 2 分				
5	施工用电	主控项目	未按《安全文明标准化实施手册》设置配电房，扣 5 分	10			
			配电房漏电开关未按 150MA 0.2S 漏电电流执行，扣 5 分				
			配电未按 TN-S 系统执行，未按《施工现场临时用电安全技术规范 JGJ-2005》要求进行接地保护，动力照明未分开设置，扣 5 分				
		一般项目	现场电缆不完好，有老化、破皮、随地拖拉现象，扣 0.5 ~ 2 分				
			用电设备开关箱不符合“一机、一闸、一漏、一箱”要求，开关箱未贴有线路图及巡查记录，扣 0.5 ~ 2 分				
			现场作业电焊机未正确使用二次侧触电保护器，扣 0.5 ~ 2 分				
			生活区工人宿舍用电规范，插座、照明未分开设置，未安装限流器（每间 8 人不超过 3A），扣 0.5 ~ 2 分				
			二级箱、分配箱、开关箱漏电，开关漏电，电流设置不合理，扣 0.5 ~ 2 分				
			配电房，配电箱前不得堆放杂物；主电缆、上楼电缆必须按规范防护、护套，不得直接绑在脚手架上；各级电箱不得越级取电，分配箱以下电箱严禁串联取电源，施工现场末端箱电线不得超过 30m。不符合则扣 0.5 ~ 2 分				
6	现场防火	主控项目	施工楼层未配置灭火器，每层扣 2 分	10			
			未设置临时消防给水系统或系统不符合要求（要求：设置智能变频器，保持常压力，使用两台水泵，水池达到防火规范要求），扣 5 分				
			消防主管管径 DN 小于 100cm，扣 5 分				
			可燃材料堆场（存放点）未配置灭火器，每处扣 2 分				

续表

序号	检查项目		扣分标准	应得分数	扣减分数	分数汇总	A表60%
6	现场防火	一般项目	施工现场未制定消防安全管理制度、消防措施，项目部未成立应急小组、制定人员分工。扣0.5～3分				
			未绘制消防和现场安全标志布置图，扣0.5～2分				
			未按部位和现场设施的变化调整安全标志设置，扣0.5～1分				
			施工现场的临时用房和作业场所的防火设计和材料不符合规范要求，扣0.5～3分				
			施工现场灭火器材布局、配置不合理或灭火器材失效，扣0.5～2分				
			未办理动火审批手续或未指定动火监护人员，扣0.5～2分				
			施工现场消防通道、消防水源的设置不符合规范要求，扣0.5～3分				
7	CI形象及综合管理（施工区）	主控项目	建筑施工高度超20m，外脚手架未按要求挂设企业标志，扣5分	10			
			未按公司《安全文明标准化实施手册》要求制作定型化安全通道和各类机具防护棚；扣5分				
			七牌一图的样式、内容、材质、颜色、标识组合不符合公司要求，扣5分				
			未设置重大危险源公示牌，扣5分				
			在建工程内设置员工宿舍，扣5分				
		一般项目	大门、围墙未按公司《安全文明标准化实施手册》要求制作，扣0.5～1.5分				
			门卫室材质、颜色、规格、门牌不符合公司要求；无门卫制度。扣0.5～1.5分				
			吸烟亭、茶水亭的设置、颜色、尺寸不符合公司要求，扣0.5～2分				
			塔吊、施工电梯安装验收牌和条幅或图牌的标志组合、颜色、尺寸不符合公司要求，扣0.5～1.5分				
			配电箱的颜色、标志尺寸规格和粘贴位置不符合公司要求，扣0.5～1.5分				

续表

序号	检查项目		扣分标准	应得分数	扣减分数	分数汇总	A表60%
7	CI形象及综合管理（施工区）	一般项目	主要施工区域、危险部位、设施未按规定悬挂安全标志，扣0.5～2分				
			施工作业区、材料存放区或办公、生活区未采取隔离措施，扣0.5～1.5分				
			施工现场未制定防粉尘、防噪音、防光污染等措施，扣0.5～1.5分				
			在城区的施工项目未制定施工不扰民措施，扣0.5～1.5分				
8	CI形象及综合管理（办公区）	主控项目	办公室门牌材质、尺寸、颜色不符合公司要求，扣5分	10			
			各类施工图牌（如安全警示牌、生产值日牌、工期倒计时牌、材料标识牌、操作规程牌等）的材质、颜色、尺寸不符合公司要求，一项扣2分				
		一般项目	旗台尺寸、标识组合、颜色不符合公司要求，扣0.5～1.5分				
			未设置宣传栏、读报栏、黑板报，扣0.5～1.5分				
			办公室内岗位责任牌的材质、尺寸、颜色不符合公司要求，扣0.5～1.5分				
			办公室二层护栏条幅的颜色、材质、标识组合不符合公司要求，扣0.5～1.5分				
			办公室侧墙板房宣传板的尺寸、颜色、标识组合不符合公司要求，扣0.5～1.5分				
			办公室桌旗颜色、样式、规格不符合公司要求，扣0.5～1.5分				
			办公室窗帘的颜色、标识组合不符合公司要求，扣0.5～1.5分				
			会议室内各类方针牌的尺寸、颜色、材质不符合公司要求，扣0.5～1.5分				
			安全帽标志及胸卡的颜色、标识字样、尺寸不符合公司要求，扣0.5～1.5分				
9	场地及材料管理	主控项目	施工现场主要道路及材料加工区地面未进行硬化处理，扣5分	10			
			未建立易燃易爆物品专用仓库或易燃易爆物品未分类储藏在专用库房，扣5分				
		一般项目	施工现场道路不畅通，路面不平整坚实，扣0.5～3分				
			施工现场材料存放未采取防火、防锈蚀、防雨措施，扣0.5～3分				
			未设置吸烟处，随意吸烟，扣0.5～3分				

续表

序号	检查项目		扣分标准	应得分数	扣减分数	分数汇总	A表60%
9	场地及材料管理	一般项目	建筑材料、构件、料具未按总平面布局码放，扣0.5～3分				
			材料码放不整齐；未标明名称、规格。扣0.5～2分				
			施工现场未采取防尘措施，扣0.5～3分				
			施工现场未设置排水设施或排水不通畅、有积水，扣0.5～3分				
			未采取防止泥浆、污水、废水污染环境措施，扣0.5～3分				
			建筑物内施工垃圾的清运未使用器具或管道运输，扣0.5～4分				
			温暖季节未进行绿化布置，扣0.5～3分				
10	CI形象及综合管理（生活区）	主控项目	卫生间未按VIS标准化实施手册（A型）设置，扣5分	10			
			食堂与厕所、垃圾站、有毒有害场所的距离不符合规范要求，扣5分				
		一般项目	宿舍门牌及管理制度牌、板房侧面宣传牌的颜色、尺寸、材质不符合公司要求，扣0.5～1.5分				
			宿舍未设置可开启式窗户，扣0.5～1.5分				
			宿舍未设置床铺；床铺超过2层或通道宽度小于0.9m。扣0.5～1.5分				
			宿舍人均面积或人员数量不符合规范要求，扣0.5～1.5分				
			夏季宿舍内未采取防暑降温和防蚊蝇措施，无消杀记录；冬季宿舍内未采取采暖和防一氧化碳中毒措施。扣0.5～1.5分				
			生活区未设置供作业人员学习和娱乐场所，扣0.5～1.5分				
			生活用品摆放混乱；环境卫生不符合要求。扣0.5～1.5分				
			生活垃圾未装容器或未及时清理，扣0.5～1.5分				
			卫生间门牌、管理制度牌的颜色、尺寸、材质不符合公司要求；未建立卫生责任制度。扣0.5～1.5分				
			厕所内的设施数量和布局不符合规范要求；厕所卫生未达到规定要求。扣0.5～1.5分				
			食堂门牌、管理制度牌的颜色、尺寸、材质不符合公司要求，扣0.5～1.5分				

续表

序号	检查项目		扣分标准	应得分数	扣减分数	分数汇总	A表60%
10	CI形象及综合管理（生活区）	一般项目	食堂未办理卫生许可或未办理炊事人员健康证，扣 0.5 ~ 1.5 分				
			食堂使用的燃气罐未单独设置存放处间或存放间通风条件不好，扣 0.5 ~ 1.5 分				
			食堂未配备排风、冷藏、消毒、防鼠、防蚊蝇等设施，扣 0.5 ~ 1.5 分				
			食堂未做到生、熟食分开且每餐留样检查，扣 0.5 ~ 1.5 分				
			淋浴室不能保证冷、热水供应；排水、通风不佳，不能满足现场人员需求。扣 0.5 ~ 1.5 分				
			盥洗池、晾衣区未设置定型化、工具化防护棚，扣 0.5 ~ 1.5 分				

安全文明施工检查评分（B表）

项目名称：　　　　　　　　　　　　　　　　检查日期：

序号	检查项目		扣分标准	应得分数	扣减分数	分数汇总	B表40%
1	重点项目	安全监督及相关证件	未办理和收集规划许可证、施工许可证，扣 3 分	15			
			未办理质量、安全监督相关手续，扣 3 分				
			无公司资质，未报监理审批，扣 3 分				
			无项目人员任命文件及证书，证书过期未及时更新，扣 3 分				
			无现场平面布置图及安全标志平面布置图，扣 3 分				
2		安全生产责任制	未建立安全生产责任制，扣 2 分	15			
			安全生产责任未经责任人签字确认，扣 1 分				
			未备有各种安全技术操作规程，扣 1.5 分				
			项目未按规定配备专职安全员，扣 2 分				
			工程项目部承包合同中未明确安全生产考核指标，扣 1.5 分				
			未制定安全生产资金保障制度，扣 1.5 分				
			未编制安全资金使用计划或未按计划实施，扣 1.5 分				

续表

序号	检查项目		扣分标准	应得分数	扣减分数	分数汇总	B表40%
2	重点项目	安全生产责任制	未制定伤亡控制、安全达标、文明施工等管理目标，扣 1.5 分				
			未进行安全责任目标分解的，扣 1 分				
			未建立对安全生产责任制和责任目标的考核制度，扣 1.5 分				
3		施工组织设计及专项施工方案	施工组织设计中未制订专项定安全技术措施，扣 2 分	10			
			危险性较大的分部分项工程未编制安全专项施工方案并履行审批手续，扣 2 分				
			未按规定对超过一定规模危险性较大的分部分项工程专项方案进行专家论证，扣 2 分				
			施工组织设计、专项方案未经审批，扣 2 分				
			安全技术措施、专项施工方案无针对性计算，扣 2 分				
			未按施工组织设计、专项施工方案组织实施，扣 2 分				
4		安全技术交底	未进行书面安全技术交底，扣 5 分	10			
			未按分部分项进行交底，扣 2 分				
			交底内容不全面或针对性不强，扣 2 分				
			交底未履行签字手续或代签，扣 3 分				
5		安全检查	未建立安全检查制度，扣 3 分	10			
			未留有书面安全检查记录，扣 5 分				
			事故隐患的整改未做到定人、定时间、定措施，扣 2 分				
			对重大事故隐患改通知书所列项目未按期整改和复查，扣 2 分				
6		安全教育	未建立安全教育培训制度，扣 3 分	10			
			施工人员入场未进行三级安全教育和考核，扣 3 分				
			未明确具体安全教育内容，扣 2 分				
			交换工种或采用新技术、新设备、新工艺、新材料施工未进行安全教育，扣 2 分				
			施工管理人员、专职安全员未按规定进行年度培训和考核，扣 2 分				
			安全教育未保留影像和书面材料，扣 2 分				

续表

序号	检查项目		扣分标准	应得分数	扣减分数	分数汇总	B 表 40%
7	重点项目	应急预案	未制定安全生产应急预案及救援措施，扣 3 分	10			
			未建立应急救援组织或未按规定配备救援人员，扣 3 分				
			未定期进行应急救援演练，扣 3 分				
			未配置应急救援器材和设备，扣 3 分				
8	一般项目	分包单位安全管理	分包单位资质、资格、分包手续不全或未生效，扣 2.5 分	10			
			未签订安全生产协议书，扣 2.5 分				
			分包合同、安全协议书、签字盖章手续不全，扣 2.5 分				
			分包单位未按规定建立安全机构或未配备专职安全员，扣 2.5 分				
9		安全事故处理	生产安全事故未按规定报告，扣 5 分	5			
			生产安全事故未按规定进行调查分析、制定防范措施，扣 1.5 分				
			未依法为施工作业人员办理保险，扣 1.5 分				
10		资料管理	施工现场无总平面布局图，扣 1 分	5			
			施工现场无消防总平面和立面消防水源、器材布置图，扣 1 分				
			安全帽、安全带、安全网无合格证或未及时送检并取得检测报告，扣 1 分				
			未将现场文明施工各项管理制度汇总装订成册，扣 1 分				
			无文明施工检查动态性记录，扣 1 分				
			应整改回复而未整改或无回复，扣 1 分				
					得分		
检查组组长（签名）:				项目负责人（签名）:			
检查人（签名）:				被检查人（签名）:			

附件8 施工质量检查表

施工质量检查表（A表）

项目名称：　　　　　　　　　　　　　　　　　　　　　　　　　　检查日期：

序号	检查项目			扣分标准	应得分数	扣减分数	分数汇总	A表60%
1	重点项目	砼	主控项目	砼结构的实测实量合格率 <90%，扣 15 分	30			
			一般项目	要求混凝土构件无严重的质量缺陷如胀模，有一般缺陷如少量漏浆、烂根、蜂窝、麻面，扣 0.5 ~ 8 分				
				混凝土结构应达到内实外光、面层平整，棱角方正饱满，梁柱节点、墙板交角、高低跨吊模处线、面顺直清晰、平顺，拆模无破坏现象。不符合则扣 0.5 ~ 5 分				
				施工缝结合严密平整，无夹杂物。不符合则扣 0.5 ~ 5 分				
				无混凝土标养试件和同条件养护试件，扣 0.5 ~ 5 分				
2		钢筋	主控项目	钢筋的锚固、搭接、焊接长度、接头率未满足设计要求及规范要求，每处扣 2 分。箍筋制作角度未满足抗震要求 135°，扣 0.5 ~ 3 分	10			
				梁柱交接点内的箍筋必须采用焊钢筋笼做柱头箍，没有做的项目扣 5 分				
			一般项目	箍筋制作、间距不符合要求，绑扎不牢固。扣 0.5 ~ 5 分				
				钢筋安装位置、保护层、垫块不符合要求，扣 0.5 ~ 2 分				
				拉筋、悬挑钢筋不正确，扣 0.5 ~ 2 分				
				洞口没有加强钢筋，扣 0.5 ~ 2 分				
3		砌体	主控项目	砌体实测实量合格率 <95%，扣 10 分	20			
			一般项目	灰缝饱满、组砌合理、双面勾缝、有通缝，不符合则扣 0.5 ~ 5 分				
				有顶砖：顶部采用实心砖斜砌，斜砌角度在 45° ~60° 之间，双侧双向斜砌（倒八）；顶砖待填充墙砌筑完成 14 天后方可施工；顶砖砂浆饱满、堵塞严实，无明显裂缝。不符合则扣 0.5 ~ 5 分				

续表

序号	检查项目			扣分标准	应得分数	扣减分数	分数汇总	A表60%
3	重点项目	砌体	一般项目	二次构件及保护：门窗垛及栏杆固定件部位按要求留设预埋件，位置、数量符合要求；砌体上空调孔洞、排气孔洞须采用混凝土预制件；按要求设置砼构造柱、系梁、加强带及拦河压顶；二次构件施工不扰动、破坏砌体；构造柱或砼边框等支模不破坏外墙砌体。不符合则扣0.5～5分				
				留槎、拉结筋：按要求留设斜槎、阳槎，禁止留阴槎；马牙槎留设符合要求；拉结筋位置、数量、间距、规格、长度及末端弯钩符合要求。不符合则扣0.5～5分				
4		装修工程	主控项目	抹灰工程实测实量合格率 <98%，扣10分	20			
			一般项目	内墙按规范及设计要求挂网，拉毛，无空鼓、开裂、起砂、表面粗糙、露网现象，阴阳角方正，线面顺直清晰。不符合则扣0.5～5分				
				外墙抹灰按规范要求挂网，拉毛，按规范要求分层压实，无空鼓、开裂、起砂、露网现象；门窗顶、窗台按要求留置坡度；饰面砖灰缝横平竖直、大小均匀，排版合理。不符合则扣0.5～5分				
				未及时回收利用落地砂浆，未做到工完场清，有残留物或垃圾，扣0.5～3分				
				未做好成品和半成品保护，门窗边、栏杆、墙面等有污染，扣0.5～3分				
5		防水工程	主控项目	地下室、外墙、卫生间、厨房、屋面等部位有渗漏水现象，每项扣2分	5			
				防水工程未按设计和规范要求设置反坎、窗口压顶等，每项扣2分				
			一般项目	基层表面有松动、空鼓、开裂、起沙、表面粗糙未处理，扣0.5～3分				
				防水材料搭接长度及返边高度不符合要求，扣0.5～5分				

续表

序号	检查项目			扣分标准	应得分数	扣减分数	分数汇总	A表60%
6	一般项目	样板引路	一般项目	现场应实行样板引路：模板制作、钢筋制安、构造柱、门过梁、砌筑、抹灰、外墙、水电线管敷设、消防等，每少一项扣1分	8			
7		模板工程	主控项目	高大支撑模板未按专项施工方案搭设、检查验收，扣5分	7			
			一般项目	模板表面没有清除干净；拼接不平整，拼缝过大。扣0.5～2分				
				模板压脚压楞未按方案设置，扣0.5～2分				
				支撑系统弯曲、损伤，连接件失效；加固体系缺少未按要求设置。扣0.5～2分				
				模板内有杂物或积水，扣0.5～2分				
				模板起皮、翘曲、分层、掉角，扣0.5～3分				
				起拱不够或下沉；尺寸偏差超规范。扣0.5～2分				
8		水电安装	主控项目	检查防雷焊接材料未采用镀锌圆钢或扁铁；焊接长度不符合要求；焊接固定的焊缝不饱满有遗漏。每项扣2分	5			
			一般项目	避雷带安装不是横平竖直，有高低起弯和弯曲现象；遇有变形缝处未做煨弯补偿，固定点支持件间距不均匀、固定不可靠，突出天面金属部分未与避雷网连成一体。扣0.5～4分				
				管道安装未预埋穿墙（穿板）防水套管，扣0.5～2分				
				水电预埋管线未保证多管预埋时有合理间距、分开布设。扣0.5～2分				
				金属排水管道上的吊钩或卡箍应固定在承重结构上，固定件距离：横管不大于2m，立管不大于3m，立管底部的弯管处应设置支墩或采取固定措施，管道安装应横平竖直，不得有歪斜现象。不符合则扣0.5～3分				

施工质量检查表（B表）

项目名称：　　　　　　　　　　　　　　　　　　　　　　检查日期：

<table>
<tr><th>序号</th><th colspan="2">检查项目</th><th>扣分标准</th><th>应得分数</th><th>扣减分数</th><th>分数汇总</th><th>B表40%</th></tr>
<tr><td rowspan="9">1</td><td rowspan="21">资料检查</td><td rowspan="9">重点项目</td><td>水泥出厂合格证、物理性能检验报告，每缺一项扣 2 分</td><td rowspan="9">70</td><td></td><td rowspan="9"></td><td rowspan="21"></td></tr>
<tr><td>钢筋出厂合格证、进场力学性能、工艺性能检验报告、监督抽检资料，每缺一项扣 2 分</td><td></td></tr>
<tr><td>钢筋连接接头试验报告、监督抽检资料，每缺一项扣 2 分</td><td></td></tr>
<tr><td>商品混凝土出厂质量证明书，每缺一项扣 2 分</td><td></td></tr>
<tr><td>混凝土试件抗压强度试验报告、监督抽检资料，每缺一项扣 2 分</td><td></td></tr>
<tr><td>混凝土结构实体同条件养护试件检验资料，每缺一项扣 2 分</td><td></td></tr>
<tr><td>混凝土结构实体钢筋保护层厚度检验资料，每缺一项扣 2 分</td><td></td></tr>
<tr><td>设备及主要材料（配件）进场复验、抽检报告，每缺一项扣 2 分</td><td></td></tr>
<tr><td>缺分部（子分部）工程验收资料，扣 5 分</td><td></td></tr>
<tr><td rowspan="12">2</td><td rowspan="12">一般项目</td><td>缺建设工程规划许可证（无正当理由），扣 2 分</td><td rowspan="12">30</td><td></td><td rowspan="12"></td></tr>
<tr><td>缺建设工程施工许可证（无正当理由），扣 2 分</td><td></td></tr>
<tr><td>缺单位工程开工申请报告及报审表，扣 3 分</td><td></td></tr>
<tr><td>缺施工图设计文件审查意见，扣 2 分</td><td></td></tr>
<tr><td>缺设计图纸会审、变更及洽商记录，扣 1~2 分</td><td></td></tr>
<tr><td>施工记录及分项验收资料未与现场进度同步，扣 1~3 分</td><td></td></tr>
<tr><td>缺分部工程检测报告，扣 1~3 分</td><td></td></tr>
<tr><td>缺隐蔽工程质量验收记录，扣 1~3 分</td><td></td></tr>
<tr><td>缺施工日志（包括桩基础、地基基础和主体结构），扣 1~3 分</td><td></td></tr>
<tr><td>缺监理单位、监督机构质量抽查整改意见执行情况，扣 1~2 分</td><td></td></tr>
<tr><td>缺地质勘察资料，沉降观测记录，工程基线复核记录，扣 1~2 分</td><td></td></tr>
<tr><td>分包单位资料收集不及时，扣 1~3 分</td><td></td></tr>
<tr><td colspan="6">总　分</td><td colspan="2"></td></tr>
</table>

注：1. 实测实量检查抽样原则：（1）砼结构在拆除模板后的当月完成的楼层随机抽取2层实测；（2）砌筑及抹灰工程根据进度在当月完成的楼层随机抽2层。

2. 观感及工序质量抽样原则：（1）砼观感质量根据施工进度在当月完成的随机抽取一层；（2）砌体及抹灰观感质量根据施工进度在当月完成的楼层随机抽取一层。

3. 其他分项工程在施工作业面随机抽检。

检查组组长（签名）：　　　　　　　　　　项目负责人（签名）：

检查人（签名）：　　　　　　　　　　　　被检查人（签名）：

附件9　罚款通知单

罚款通知单

编号：

受罚单位（项目部或个人）:	
罚款原因	
处罚意见	
罚款金额（大写）	
工程部	年　月　日
工程管理中心	年　月　日
副总经理/总经理	年　月　日

注：1. 此通知单一式三份，一联交受罚单位，一联存根，一联上报。若受罚单位拒绝签字，罚款加倍且自动生效。

2. 编号：工程部（GCB-2018）+序号组成。

3. 此通知单一式三份，一联交奖励单位，一联存根，一联交财务。

范本8 项目部质量管控办法

第一章 总 则

第一条 为强化公司，对各工程项目的质量管理，根据公司实际情况，制订本管控办法。

第二条 本管控办法适用于公司、区域分公司、子公司所属的全部工程项目。

第二章 质量计划

第三条 质量目标。

由经营目标责任人根据公司与建设单位签订的《建设工程施工合同》、公司管理规定及现场实际情况，在公司与经营目标责任人签订的经营目标责任书中明确项目质量目标。内容包括：符合合同约定的要求，争创工程奖项类别。

第四条 质量创优。

（一）项目部明确创优目标和计划，并报区域公司工程部备案。

（二）创优项目部必须制定具体的创优方案和措施，对创优工作全过程进行严格监管，保证施工过程的施工质量达到创优要求，确保实现创优目标。

（三）质量创优实行动态管理及调整，当合同、图纸和施工工艺等发生较大变化影响实施时，由项目部技术负责人组织进行调整。

（四）公司工程管理中心、区域分公司工程部负责创优工作的检查、督促指导和考核工作。

（五）具体执行依据项目所在地主管部门发布的地区建设工程质量评优指导文件。

第三章 质量控制过程管控

第五条 施工前质量控制。

（一）在项目管控组织架构下配套质量管控组织架构，明确项目相关部门和岗位的质量职责，建立健全项目部质量管控制度，建立项目部质量管控对外沟通机制，开展与业主、监理、地方质安主管部门、质量检测单位的对接及协调沟通工作。

（二）区域分公司工程部质量、资料主管在项目管控人员架构配置完备并开工后，赴项目部进行质量管控要求及管控过程注意事项的交底。

第六条 样板引路。

（一）项目部负责人确定工程实施的样板主题、样板施工方法及验收标准，在基础、主体、安装、装饰等各阶段，开展工序质量实物样板、楼层样板间、样板层的制作和展示，样板旁应标注工艺、工序和标准，并对相应管理岗位和分包做好交底工作。

（二）质量样板经总承包、业主、监理单位联合验收后方能展开大面积施工；项目部施工管理相关岗位人员及时填写样板验收记录。

第七条 施工中质量控制。

（一）交底。

项目部施工管理岗根据质量目标，分阶段组织交底，并针对各工区或作业面对各作业班组进行技术交底或培训。

（二）通病防治。

项目部施工管理岗根据质量通病防治措施和工程实际情况，将易出现的质量通病及治理措施在交底过程中专项明确，有必要的可在施工现场作业明显位置进行宣传张贴。

（三）实测实量。

各项目部应对在建工程各施工阶段实施100%的实测实量，填写工程实测实量检查表格，将抽测内容建立测量档案，并根据测量结果采取措施逐步改进质量。具体参照公司《实测实量指导手册》。

（四）管控。

1.工序交接中做好“四检”（即班组“自检”及“互检”和施工管理岗“交接检”及“专检”）。

2.项目部项目负责人应坚持巡检和周检，发现问题时下发《质量整改通知单》，并对整改情况跟踪落实，并根据发生的质量问题，建立检查台账，统计整改发生的部位和处理情况。

3.项目部技术负责人组织开展实体实测实量，并对检查结果进行统计分析，制定对策加以改进。

4.对于当地建设主管部门、上级单位、业主和监理提出的书面整改要求，项目负责人要及时整改及建立台账。

（五）检验、试验、检测。

1.项目部通过检验、试验、检测等方式确定项目总承包自行施工及分包部分的施工质量。

2.项目部技术负责人应定期对检验、试验、检测等设备和现场施工作业环境进行检查和评估，必要时需形成评估报告并进行应对处理。

3.项目部施工管理岗应对取样和送检数量进行核实，并将试验结果和发现的问题及时反馈给项目技术负责人应处。

4.桩基、回填土、实体、氯离子、幕墙等检测，由项目技术负责人组织进行，需要外部单位检测的，外部单位应具备相应资质。

（六）半成品及成品保护。

项目部施工管理岗对进场原材料和半成品、中间产品、已完工序、分项工程、分部工程及单位工程的保护工作进行监督检查，发现问题立即督促责任单位整改。

第四章　质量投诉处理

第八条　项目部收到质量投诉后，项目负责人应进行现场核实，出具处理方案，处理完成并经业主或监理核实后报投诉单位，重大质量问题和紧急情况下需上报区域分公司工程部应处。

第九条　当受到业主、监理单位及顾客质量投诉时，项目部应及时反映、迅速处理，若因整改不力而发生以下事项，公司对项目部进行责任追究：

（一）公司每收到1份投诉函对项目部罚款2万元。

（二）公司工程管理中心总监就同一事项接到电话投诉3次，对项目部罚款3万元。

（三）公司董事长或总经理就同一事项接到电话投诉1次，对项目部罚款5万元。

第十条　受到当地建设行政主管部门处罚的项目部，每发生1起对项目部罚款5万元。其处罚对公司造成严重影响或损失的项目部，每发生1起对项目部罚款10万～20万元。

第五章　分包质量管理

第十一条　有创优要求的项目应优先选择有创优经验的分包单位。

第十二条　项目部项目负责人对分包质量管理体系组建、专职质安人员配备进行管控，并将分包质量管控纳入总承包单位的统一管控。

第十三条　总承包项目部技术负责人应结合工程质量情况及要求，定期组织对分包单位人员开展质量管理、最新验收规范标准、工程质量收集与整理等方面的培训。

第十四条　项目部项目负责人应定期组织对分包工程质量进行巡检、周检、月检，对于发现的问题签发整改通知单，督促分包单位落实整改。

第十五条　项目部项目负责人对分包工程质量定期进行考评，将工序质量与分包单位的经济利益挂钩，工程完工后应出具综合考核评价报告。

第六章　附　则

第十六条　本管控办法由公司工程管理中心负责解释。

第十七条　本管控办法由公司工程管理中心、各区域分公司、子公司工程部负责监督执行。

第十八条　本管控办法自公司总经理办公会审议通过、发布之日起实施。

范本9 项目部机械设备管控办法

第一章 总 则

第一条 为提高公司各工程项目部机械使用效率，减少机械事故，依据公司相关规定，制订本管控办法。

第二条 本管控办法适用于公司、各区域分公司、子公司和工程项目。

第二章 机械设备计划

第三条 项目进场后由项目技术负责人负责组织完成机械设备计划的编制。

第四条 根据投标文件及合同承诺，结合项目部《施工组织设计》对设备选型的要求，综合市场资源和成本控制的实际情况，确定主要设备选型配置方案。

第三章 机械设备进退场管理

第五条 机械设备进场前工作。

（一）按照公司合同审批制度流程完成相应合同的审批。

（二）设备安装、拆卸应由具备相应安拆资质的安装单位编制设备安装、拆卸方案。项目部技术负责人对安装方案复核，公司总工室负责方案审核，公司总工程师负责方案审批，公司工程管理中心负责现场使用监管。

（三）项目部负责组织现场设备安装、拆卸作业的实施，项目部安全主管进行过程监控。及时收集设备安拆单位及设备自身的相应资质文件（安拆资质、安全生产许可证、设备制造许可证、设备出厂合格证、设备备案证等），安拆单位的资质等级必须能够覆盖所安拆设备的型号。

第六条 设备初始安装。

（一）设备进场前，项目部需组织完成场内运输、临时堆放、设备基础、配套设施等准备工作，合理计划设备进场时间。

（二）机械设备进场时，项目部组织对设备完好状态、安全保护装置、环境保护性能、随机档案资料等进行查验，并与设备供应商办理设备交接手续。

（三）项目部技术负责人牵头组织对设备（塔式起重机、施工升降机等）基础进行验收（具体表格以地方政府监管机构表格为准）。

（四）安装方案审批后，项目部根据施工进度计划组织设备进场，并办理相应安装告知手续（具体表格以地方政府监管机构表格为准）。

（五）项目部安全主管对设备安装人员进行资格审查并组织入场安全教育和安全技术交底，对设备安装过程进行全程安全监督。

（六）设备安装后，项目负责人组织出租、安装、监理等单位对设备（塔式起重机、施工升降机等）进行联合安装验收（具体要求以地方政府及监管机构表格为准）。

（七）设备验收合格，项目部协助安装单位办理设备第三方检验手续。

第七条　设备使用过程中安装。

（一）项目部牵头组织设备顶升、爬升、附墙安装作业及验收，项目安全主管负责安全监督，并由施工管理岗组织填写塔式起重机附墙锚固检验记录、塔式起重机顶升检验记录和施工升降机加节检验记录，并对设备垂直度进行观测记录（具体要求以地方政府监管机构表格为准）。

（二）项目部安全主管对设备安装人员进行资格审查并组织入场安全教育和特种作业安全技术交底，对设备安装过程进行全程安全监督。

第八条　设备拆卸。

（一）拆卸方案审批后，项目部根据施工进度计划组织设备拆卸，并办理相应拆卸告知手续（具体要求以地方政府监管机构表格为准）。

（二）项目部安全主管对设备拆卸人员进行资格审查并组织入场安全教育和特种作业安全技术交底，对设备拆卸过程进行全程安全监督。

第四章　机械设备日常使用及特种人员管理

第九条　特殊工种管理。

项目部安全主管对机械设备特种人员上岗证进行审查，建立设备特种作业人员花名册，填写设备特种人员花名册，并负责对其进行入场安全教育和定期安全技术交底（具体要求以地方政府监管机构表格为准）。

第十条　机械设备现场管理。

（一）项目部对现场使用设备严格按照“定人、定机、定岗”原则进行管理，大中型设备存在多班作业，设备操作人员应在班前做好设备交接工作并按要求填写设备交接班记录（具体要求以地方政府监管机构表格为准）。

（二）当多台塔式起重机在同一施工现场交叉作业时，项目部必须采取防碰撞安全措施，组织编制群塔作业专项方案报公司总工室审批。

（三）设备运行过程检查管理：项目部安全主管每月组织对设备进行检查并填写机械设备月检记录（具体要求以地方政府监管机构表格为准）。

第十一条　机械设备保养维修。

（一）设备操作人员按照安全操作规程要求对设备进行操作、保养并填写机械设备运转及保养记录（具体要求以地方政府监管机构表格为准）。

（二）设备出现故障时，项目部施工管理岗及时通知设备供应商对设备进行维修，并要求设备操作人员对维修情况做好记录，填写机械设备维修记录（具体要求以地方政府监管机构表格为准）。

第五章　附　则

第十二条　本管控办法由公司工程管理中心负责解释。

第十三条　本管控办法由公司工程管理中心负责监督、执行。

第十四条　本管控办法自公司总经理办公会审议通过、发布之日起实施。

范本10　项目部安全、文明、CI标准化管控办法

第一章　总　则

第一条　为加强公司各工程项目安全、文明、CI标准化管理，依据公司相关规定，制订本管控办法。

第二条　本管控办法适用于公司、各级区域分公司、子公司的全部工程项目。

第二章　项目安全、文明、CI标准化生产规划

第三条　安全、文明、CI标准化目标。

由项目经营负责人根据公司与建设单位签订的《建设工程施工合同》、公司管理规定及现场实际情况，在公司与经营负责人签订的经营目标责任书中明确项目安全生产、文明施工、CI标准化目标。内容包括：符合合同约定的要求，争创工程奖项类别。

第四条　安全、环境（文明）、绿色施工创优流程参照质量创优内容。

第三章　项目安全、文明、CI标准化生产管理运行控制

第五条　组织机构。

项目负责人为公司安全、文明、CI标准化生产直接责任人，安全主管为日常工作组织实施者及项目部第一责任人（小型项目可两者合一），项目部在工程施工期内需成立安全、文明、CI标准化生产工作小组，小组由安全主管、项目承包人、项目部相关岗位、专业分包、劳务分包队伍现场负责人组成。

第六条　安全、文明、CI标准化生产交底。

区域分公司工程部安全、机电、CI、资料主管在项目管控人员架构配置完备并开工后，赴项目部进行安全、文明、CI、资料管控要求及管控过程注意事项的交底。

第七条　安全、文明、CI标准化教育培训。

项目安全主管负责组织对新上岗作业人员进行三级教育，总体不得少于50学时，对所有分包单位和其他相关方进入施工现场人员进行入场安全教育，培训时间不少于12学时，每月对项目部作业人员进行一次日常安全教育，各类教育培训应填写培训教

育记录表（具体要求以地方政府监管机构表格为准）。

第八条 现场安全文明标准化管理。

依据公司VIS《施工现场安全文明标准化实施手册》。

第四章 安全、文明、CI标准化生产检查

第九条 检查由项目负责人带队，安全主管组织，项目部相关岗位及分包队伍参加，每1周至少组织1次安全、文明、CI标准化生产监督检查，覆盖在建工程所有分部分项工程，填写安全检查记录（具体要求以地方政府监管机构表格为准），

第十条 安全主管每日对施工现场进行安全、文明、CI标准化监督检查，施工作业班组专、兼职安全管理岗位负责每日对本班组作业场所进行监督检查。

第十一条 项目部施工管理岗、各专业分包负责人根据《整改通知书》制定整改措施并在规定时间内完成整改后，书面回复，由安全主管对整改情况进行复查并在隐患整改单复查栏签字确认。

第十二条 每月安全主管在项目部月度会议上对项目安全、文明、CI标准化生产管理情况进行总结、分析，并提出下月度安全监控重点，相关内容在月度会议纪要上专题表述。

第五章 项目安全生产奖罚与考核

第十三条 项目负责人按公司要求接受公司对项目安全、文明、CI标准化生产管理考核及奖罚。

第十四条 项目部依照公司与项目承包人签订的经营目标责任书，配套项目部安全、文明、CI标准化生产奖罚规定，明确双方在安全、文明、CI标准化生产方面的职责与权限，并对其进行安全、文明、CI标准化生产奖罚及考核与评价。

第十五条 当受到业主、监理单位及顾客相关投诉时，项目部应及时反映、迅速处理，公司对项目部追究处罚因整改不力而造成的后果，具体参照质量投诉处理章节内容。

第六章 附 则

第十六条 本管控办法由公司工程管理中心负责解释。

第十七条 本管控办法由公司工程管理中心负责监督执行。

第十八条 本管控办法自公司总经理办公会审议通过、发布之日起实施。

范本11 项目部工程资料管控办法

第一章 总 则

第一条 为妥善保管公司的工程项目资料，依据公司相关规定，制定本管控

办法。

第二条 本管控办法适用于公司、各级区域分公司、子公司的所有工程项目。

第二章 工程资料管控依据

第三条 依据国家现行《建筑工程施工质量验收统一标准》《建筑工程施工质量验收规范》及地方性官方用表。

第四条 勘察和设计文件要求。

第三章 施工资料管控内容

第五条 工程管理资料。

（一）前期手续文件。

工程前期向建设单位收集工程准备阶段文件：建设工程立项批复及申请报告、建设工程用地批准文件、建设工程规划批准文件、建设工程设计图纸审查批准文件、建设工程节能设计审查批准文件、消防审核意见书、招投标文件、建设工程合同、监理合同、施工合同、可行性研究批准文件及可行性研究报告、施工图预算书、工程地质勘察报告及水文地质勘察报告、管理人员名单及上岗位证书、施工单位、监理单位、试验室单位营业执照、资质书。以上资料均为复印件，加盖建设单位公章，但是，施工许可证应收集副本原件。

（二）工程开工报告。

（三）施工现场质量管理检查记录表。

（四）施工日记。

（五）分包单位资料。

1.劳务分包、各专业分包单位进场需进行资质报审，及时收集各分包单位施工资料（土方、桩基、防水、保温、消防、门窗、幕墙、电梯等）存档。

2.三方协议：对直接由甲方分包，且关系结构安全的分包方，如需加盖我司总包单位公章，必须由分包单位提供三方协议。

3.盖章：分包单位需要盖章时，分包单位必须将资料及《分包工程自查情况表》提交项目部，项目部审查符合要求后，由项目部到公司审批盖章。

4.加强对分包单位资料的检查及管理，特别是桩基等重要分部（子分部）的管理。

第六条 工程技术资料。

（一）技术交底。

（二）图纸会审记录。

（三）工程变更资料。

（四）工程预算变更资料。

第七条 工程物资资料。

（一）收集进场原材料的出厂合格证、质量证明文件、厂家抽检报告、许可证、CCC认证等质保资料。

（二）及时进行复试，收集复试报告并汇总归档。

第八条 工程测量资料。

（一）施工层基线复核记录。

（二）建筑物垂直度、标高测量记录。

（三）沉降观测记录（自检及第三方检测）。

（四）地基验槽记录。

第九条 工程施工资料。

（一）隐蔽工程检查记录表。

（二）中间检查交接记录表。

（三）混凝土施工日记。

（四）大体积混凝土养护测温记录。

（五）建筑通风道、烟道、垃圾道检查记录。

（六）混凝土拆模申请表。

第十条 工程质量验收记录。

（一）防水工程试水检查记录表。

（二）单位（子单位）工程、分部（子分部）工程、分项工程质量验收记录表。

第十一条 检验（测）报告资料。

收集各分部的相关检验（测）报告资料，如：主体的各项检验报告（钢筋、砼、砂浆、砌体、砖、石材、玻璃、桩基检测、主体检测、门窗三性检测、室内环境检测、幕墙四性检测、节能检测、生活给水水质检测等）。

第四章 工程资料归档及移交

第十二条 竣工资料归档要求。

（一）组卷目录按照分部分为：工程准备阶段文件、建筑工程综合管理记录、地基与基础工程、主体结构工程、建筑装饰装修工程、建筑幕墙工程、建筑屋面工程、建筑设备安装工程综合管理资料、建筑给水、排水及采暖工程、建筑电气工程、建筑节能工程、竣工图和竣工验收文件、竣工决算书等。

（二）卷内目录应填写齐全，文件按照卷内目录的顺序排列，对于在施工中不产生的文件，在卷内目录上不用打印出来。

（三）日期：填写文件形成的日期或起止日期。

（四）页次：填写每份文件在本案卷的起始页号。最后一份文件填写起、止号，如最后一项文件为单页，只填写起号（或止页号）即可。

（五）资料整理份数应基本保证四份：一份交城建档案馆，一份交建设单位，一份交监理单位，一份交公司存档。如其他单位需要，则另增加资料份数。

第十三条 竣工资料移交。

（一）向建设方及建设档案管理部门移交项目技术资料时，向建设方提交使用说明书、工程保修书。

（二）根据《工程质量归档规定通知》及《建筑工程档案管理办法》要求，项目完成竣工备案后两个月内，项目部必须将项目实施过程中的技术管理、安全环保管理等资料分类整理装订成册，及时移交公司档案室存档。工程竣工决算后，经营责任人应将竣工决算资料整理装订成册，移交公司档案室存档。

（三）项目部技术专用章及项目部章的移交按公司工程项目用章管理办法规定执行。

第五章 附 则

第十四条 本管控办法由公司工程管理中心负责解释。

第十五条 本管控办法由公司工程管理中心及区域分公司工程部负责监督执行。

第十六条 本管控办法自公司总经理办公会审议通过、发布之日起实施。

附件：项目管理备案通知单

项目管理备案通知单

项目部：

请贵部在年月日前，填好《项目管理备案表》，上报工程管理中心工程部，同时报送以下资料电子版或复印件：（1）《中标通知书》；（2）《施工合同》；（3）《聘用项目负责人责任承包合同》；（4）《施工组织设计》；（5）《项目策划书》；（6）《项目CI实施计划》；（7）现场动态施工平面布置图（分±0.000以下和以上，含施工区、办公区、生活区细部，临水临电布置）；（8）安全警示标志平面图；（9）施工图电子版。按以上9项顺序做好目录，装订成册，封面统一为“×××项目管理备案资料”，并把所有电子版发到工程部。

×××××公司

××××年××月××日

项目管理备案表

工程名称：　　　　　　　　工程地址：　　　　　　　　报送日期：

施工单位			承包负责人 / 手机号码	
工程概况	合同开工日期		施工许可证开工日期	
	开工报告开工日期		进场日期	
	合同计划竣工日期		实际竣工日期	
	建筑面积		占地面积	
	结构形式		栋数层数	
	建筑高度		合同造价	
	建设单位			
	设计单位			
	监理单位			
	监督单位			
工程特点（注明深基坑、高支模、大型机械、特殊工序等情况）				

公司工程部责任人	姓名	联系方式	公司驻项目专岗管理员	姓名	联系方式
实际项目管理人员名单					
岗位	姓名	联系方式	岗位	姓名	联系方式
执行项目经理			技术负责人		
安全员			预决算员		
施工员			质检员		
材料员			机电工长		
测量员			资料员		
CI 管理员（可兼）			信息化管理员（可兼）		
实测管理员			劳资实名管理员（可兼）		

创优管理员			财务		
后勤保卫					
报建管理人员名单					
项目经理			技术负责		
安全员			质检员		
材料员			造价员		
施工员			标准员		
报优计划					
报送人		备案签收人			

注：本表一式两份，项目部和工程部各存一份。如有变动，请及时报工程部更新。

范本12　工程项目管理处罚细则

第一章　总　则

第一条　为加强公司各工程施工项目现场的质量、安全文明管理，严肃查处施工过程中违纪违规行为，落实责任，杜绝安全、质量事故发生，确保生产顺利进行。依据《质量管理制度》《安全生产管理制度》《项目检查管理办法》的精神，制订本处罚细则。

第二条　公司工程管理中心和区域分公司工程部为实施本处罚细则的职能部门，依照本处罚细则对项目部进行巡查执法。

第二章　质量控制方面

第三条　混凝土工程有下列情形，或违反规定要求的，处罚500～5000元：

（一）混凝土结构达到内实外光、面层平整，棱角方正饱满；梁柱节点、墙板交角、高低跨吊模处，线、面顺直清晰、平顺、拆模无破坏现象。

（二）施工缝结合严密平整、无夹杂物，无形成冷缝；混凝土地面浇灌原浆收光或打磨压实，表面平整无痕迹。

（三）混凝土浇筑完毕后，不得在强度未达到1.2MPa以上时就上人、上材料，以免造成开裂；各分部分项工程经过验收合格后必须做好成品保护，任何人不得故意损坏。

（四）砼标准养护室按规定要求设置；现场留置有同条件试块并按要求送检。

第四条　钢筋工程有下列情形，或违反规定要求的，处罚500～5000元：

（一）钢筋原材料符合设计检验检测要求；规格、数量、锚固、搭接、焊接长度、接头率满足设计要求及规范要求。

（二）箍筋制作角度、间距，绑扎牢固，跳扎、漏扎不得超出规范要求。

（三）钢筋安装位置、保护层、垫块符合要求；墙柱纵筋无偏位现象；结构收顶处理符合要求；拉筋、悬挑钢筋正确；洞口有加强钢筋。

（四）电渣压力焊偏心、融化点不均，焊包渣及墙柱内焊渣清理不干净。

（五）浇筑混凝土前严禁乱踩上层钢筋，浇筑混凝土时用铺板搭桥，杜绝乱踩现象严重。

第五条 模板工程有下列情形，或违反规定要求的，处罚500～5000元：

（一）结构线条、梁柱截面尺寸及模板标高均符合图纸及规范允许偏差值要求。

（二）模板起皮、翘曲、分层、掉角；支撑弯曲、损伤，连接件失效；支架剪刀撑、扫地杆、垫板、顶托、保险扣缺少，支撑系统不按方案施工。

（三）支模模板表面没有清除干净；模板内有杂物或积水。

（四）模板压脚压楞未按方案设置；起拱不够或下沉，尺寸偏差超规范。

（五）拼接不平整，拼缝过大，剪力墙柱支模垂直度超出规范要求。

第六条 砌体工程有下列情形，或违反规定要求的，处罚500～5000元：

（一）灰缝饱满、组砌合理、是否有通缝；灰缝宽度、砂浆饱满度、稠度是否符合要求；有无打凿洞槽。

（二）截面尺寸、轴线、表面平整度、垂直度控制在允许范围内。

（三）拉结筋数量、长度、锚固是否可靠，是否符合设计要求；留槎情况、浇水湿润、预埋拉结筋是否符合要求。

（四）顶砖排列无序、斜度不一，未满14天就砌筑。

（五）构造柱、圈梁、窗台和门窗过梁设置是否符合设计和规范要求。

（六）外墙、轻质材料墙体是否双面挂线双面勾缝。

第七条 装修工程有下列情形，或违反规定要求的，处罚500～5000元：

（一）内墙是否按规范及设计要求挂网，是否无空鼓、夹杂、开裂、起砂、表面粗糙、露网现象，阴阳角方正，线面顺直清晰。

（二）外墙抹灰是否按规范要求挂网，按规范要求分层压实，无空鼓、开裂、起砂、露网现象，门窗顶、窗台是否按要求留置坡度，饰面砖灰缝是否横平竖直、大小均匀，排版合理。

（三）及时回收利用落地砂浆，工完场清，无残留物或垃圾；做好成品和半成品保护，门窗边、栏杆、墙面等无污染。

第八条 防水降水工程有下列情形，或违反规定要求的，处罚500～5000元：

（一）基层表面是否有松动、空鼓、开裂、起沙、表面粗糙未处理；阴阳角必须做出半径不小于50mm的圆弧。

（二）防水工程是否按设计和规范要求设置反坎、窗口压顶等；反坎是否夹砖，振捣是否密实。

（三）地下室后浇带、变形缝、塔吊预留洞、物料提升预留洞或分段浇筑位置及其他容易渗水的部位没有按要求设置止水钢板或有效止水措施；各施工缝的止水措施是否符合要求。

（四）防水材料搭接长度及返边高度符合要求。

（五）地下室、外墙、卫生间、厨房、屋面等部位没有渗漏水现象。

（六）地下室底板、基础浇筑时是否有积水，地下水位是否降至–0.5m以下。

第九条 水电安装工程有下列情形，或违反规定要求的，处罚500～5000元：

（一）基础接地、防雷引下线、均压环、避雷针、避雷带的焊接良好，焊接固定的焊缝饱满无遗漏，焊接处的焊渣应敲掉，转弯处不少于90°，焊口处的焊接长度符合规范的要求，螺栓固定的应备冒等防松零件齐全，外露部分焊接的焊接已刷防腐油漆。

（二）避雷带安装做到横平竖直，没有高低起弯和弯曲现象，遇有变形缝处已做煨弯补偿，固定点支持件间距均匀、固定可靠，突出天面金属部分必须与避雷网连成一体。

（三）生活污水管的坡度必须符合设计或施工质量验收规范。

（四）金属排水管道上的吊钩或卡箍应固定在承重结构上，固定件距离：横管不大于2m，立管不大于3m，立管底部的弯管处已设置支墩或采取固定措施，管道安装做到横平竖直，没有歪斜现象。

（五）管道安装已预埋穿墙（穿板）套管。

第十条 样板引路，要求现场实行样板引路。

模板制作、钢筋制安、构造柱、门过梁、砌筑、抹灰、外墙、水电线管敷设、消防、防水等，施工时要求进行首段打样验收，否则处罚2000～10000元。

第三章 安全、文明、CI形象控制方面

第十一条 外脚手架有下列情形，或违反规定要求的，处罚500～5000元：

（一）使用安全网有出厂合格证、检验合格证等；外脚手架使用密目式安全网全封闭。

（二）外架大横杆间距≤1.8m，保证外立面无明显接头。

（三）每三层不超过10m采用兜网或其他措施封闭。

（四）施工操作层搭设安全方便的上人通道；操作层脚手架满铺脚手板，且没有探头板。

（五）外架防护高度超过作业面不小于1.2m；挂密目安全网封闭，设置高度不低于18cm挡脚板。

（六）脚手架基础、连墙件设置符合规范和方案要求。

（七）将模板支架、泵管、起重设备、卸料平台等固定在脚手架上。

（八）搭拆脚手架时，地面应设围栏和警戒标志并派人看守，严禁非作业人员入内。

（九）搭设规范，无明显倾斜变形，有按规范要求验收记录。

（十）外架上没有残留物或垃圾。

第十二条 洞口临边防护有下列情形，或违反规定要求的，处罚500～5000元。

（一）预留洞口防护：小于50cm洞口采用旧木板、模板封闭，板下木枋顶紧洞口边，防止盖板移位；50～150cm洞口先设置钢管网（或利用混凝土板内钢筋网），上满铺脚手板或旧模板；大于150cm洞口四周设1.2m高防护栏，挂立网封闭；护栏底部设18cm高踢脚板，洞口内挂水平安全网。

（二）电梯井口防护：采用钢质栅栏门（高度不低于1.8m），与结构牢固连接；可移动栅栏门须上锁；门口有醒目警示牌；井内每三层（不超过10m）设硬质水平防护（主体施工阶段），或兜挂安全水平网（装修施工阶段）进行安全防护。

（三）楼梯口防护：设高度不小于1.2m的防护栏，扶手处设两道防护栏杆；竖杆间距不大于1.8m。

（四）基坑临边防护：设高度不小于1.2m的防护栏，设三道防护栏杆；竖杆间距不大于1.8m；挂密目安全网封闭，设置挡脚板。

（五）楼层临边防护：设高度不小于1.2m的防护栏，设三道防护栏杆；竖杆间距不大于1.8m；挂密目安全网封闭；斜屋面临边防护高度不低于1.5m。

第十三条 封闭管理有下列情形，或违反规定要求的，处罚500～5000元：

（一）在市区主要路段的工地周围未设置封闭围挡或围挡高度小于2.5m；一般路段的工地周围未设置封闭围挡或围挡高度小于1.8m；围挡未达到坚固，稳定、整洁、美观。

（二）施工现场出入口未标有企业名称或标识；施工现场进出口未设置大门，未设置门卫室；未建立门卫值守管理制度或未配备门卫值守人员。

（三）施工人员进入施工现场未佩戴工作卡；未按当地规定办理平安卡。

第十四条 场地及材料管理有下列情形，或违反规定要求的，处罚500～5000元：

（一）现场警示牌、警示标语不齐全。

（二）施工现场主要道路及材料加工区地面未进行硬化处理；道路不畅通，路面不平整坚实。

（三）施工现场未设置排水设施或排水不通畅，有积水。

（四）未设置吸烟处，有人员随意吸烟。

（五）建筑材料、构件、料具未按总平面布局码放；材料码放不整齐、未标明名称、规格。

（六）施工现场材料存放未采取防火、防锈蚀、防雨措施。

（七）建筑物内施工垃圾未及时清理、归堆；清运未使用器具或管道运输造成污染。

第十五条 模板支撑系统有违反下列规定要求的，处罚500～5000元：

（一）模板及支撑严格按照专项方案搭设，并经项目技术负责人或方案编制人对操作工人进行安全技术交底，支撑搭设完毕，经技术负责人及相关人员验收。

（二）超过5m的属于高支模，现场高支模搭设必须与方案相符，相应验收记录完整。

（三）高支模浇混凝土时，必须先浇柱，3天后视情况再浇梁板。

第十六条 劳动防护有违反下列规定要求的，处罚500～2000元：

（一）现场作业人员佩戴安全帽，系好帽带，严禁酒后作业。

（二）外架作业人员、高处作业人员配备安全带，正确使用安全带。

（三）安全帽、安全带必须符合标准，具有产品合格证明文件。

第十七条 安全教育有下列情形，或违反规定要求的，处罚500～3000元：

（一）作业人员进入现场，必须及时进行入场三级安全教育、培训，经考核合格后，佩戴胸卡，持证上岗，杜绝未经培训教育上岗现象。

（二）分部（分项）工程施工必须对作业人员进行书面安全技术交底，杜绝无书面安全技术交底、交底针对性不强、交底不全面、安全教育和安全交底未履行当事人签字手续等现象。

（三）项目建立、健全安全管理体系，制定安全管理目标，执行安全生产责任制，制定或执行各工种安全技术操作规程。

（四）有定期安全检查制度和安全例会制度，安全检查、安全例会有记录，记录在册的隐患按时整改，事故隐患做到定人、定时间、定措施整改。

第十八条 CI形象有违反下列规定要求的，处罚1000～10000元：

（一）主要施工区域、危险部位、设施按规定悬挂安全标志和企业宣传标语，绘制现场安全标志布置图，及时按部位和现场设施的变化调整安全标志设置，设置重大危险源公示牌，警示标语。

（二）按公司CI要求设置大门、围墙、公司Logo、形象展示牌、项目公示牌、七牌一图、门牌、旗台、安全生产责任牌、操作规程牌、管理框架、材料标示牌、起重机验收牌、机械标示牌、配合比牌、塔吊标示、配电箱标示、楼层牌、卸料平台限载牌等，并及时更新。

（三）临建设施建设，规划布局合理（宿舍、食堂、卫生间、办公室及会议室布置等），公示牌、宣传栏、读报栏、黑板报、温馨提示牌、欢迎牌、门牌等按公司CI要求设置，并及时更新。

（四）安全标牌齐全，标识清晰，安装位置正确，如：塔吊标识牌挂在塔吊正负零第二个标节上，施工电梯标识牌挂在防护棚入口处等。

（五）各类施工用具及材料的颜色使用正确，如电箱应按公司统一颜色（中黄），挡脚板统一颜色等。

第四章　施工机电控制方面

第一节　机械设备管理

第十九条　有下列情形，或违反规定要求的，处罚5000～10000元：

（一）塔吊、施工电梯、物料提升机的安装、拆卸编制有专项方案，并经安装单位技术负责人审批，签字要人证相符。

（二）杜绝未报先装或未报先拆，及未取得检测报告或取得检测报告15天后未办理使用备案登记牌使用的，以及没有检测报告、使用登记过期等现象。

第二十条　有下列情形，或违反规定要求的，处罚500～5000元：

（一）塔吊、施工电梯、物料提升机进场有制造许可证、产品合格证、制造监督检验证明、安装使用说明书、电路图以及设备运转履历书。

（二）安装单位具备相应资质等级。

（三）有安装单位营业执照、安全生产许可证等相关资料（复印件必须盖安装单位公章）。

第二十一条　有下列情形，或违反规定要求的，处罚1000元/人次：

（一）起重设备人员（塔吊司机、施工升降机司机、物料提升机司机、司索工）特殊工种持有效证件上岗。

（二）证件必须是当地建设局认可的且人证相符。

（三）人证相符，证件未过期。

（四）已在网上将作业人员信息打印并附在证件后面。

（五）严禁班组私自操作电梯、物料提升机及指挥塔吊。

（六）作业前须按规定进行例行检查。

第二十二条　有下列情形，或违反规定要求的，处罚500～2000元：

（一）安拆顶升加节前由安装单位进行安全施工技术交底并签字确认，有交底记录并须盖安装单位公章。

（二）安装拆除顶升加节人员在工作前项目必须作安全交底，对证对人签字入档。

（三）顶升、加节的相关资料、大型设备周检、月检、定期检查的资料必须齐全。

第二十三条 有下列情形，或违反规定要求的，处罚1000元：

（一）起重设备人员的资料要保证真实有效，包括：工人安装、拆卸、操作交底、三级安全教育、交接班记录、运行记录、维修保养记录等。

（二）实行多班作业的须按规定填写交接记录。

（三）及时填写维护保养记录。

（四）维保记录的单位要当地安监认可的资质单位。

第二十四条 有下列情形，或违反规定要求的，处罚500～5000元：

（一）未按厂家设计要求，基础、附着预埋件、钢丝绳，自行修改电路及结构且有相关原厂资料。

（二）塔吊基础预埋件、钢丝绳、附着拉杆没有相关检测报告或合格证。

（三）施工电梯拉杆自行加长，没有厂家方案及证明文件。

第二十五条 有下列情形，或违反规定要求的，处罚500～5000元：

（一）施工电梯、物料提升机室外坡道及进入楼层的平台、坡道设置应方便人及材料进出且设置规范。

（二）施工电梯、物料提升机必须有操作棚，设置门锁，下班必须上锁。

（三）各楼层施工电梯、物料提升机口设置有效的呼叫装置。

第二十六条 有下列情形，或违反规定要求的，处罚2000～5000元：

（一）塔吊、施工电梯、物料提升机，必须有可靠的接地防雷网。

（二）大型机械各行程限位，包括：限位、行程开关、急停限位、禁止人为短接，门机联锁等安全机构必须灵敏有效，严禁超载。

（三）防坠器检测报告不得过期，编号与检测报告必须相符。

第二十七条 有下列情形，或违反规定要求的，处罚500～2000元：

（一）塔吊吊具吊索定期检查保养，记录入档。

（二）吊材料要分类、短材料必须使用吊盆吊运，严禁使用不合格的吊具吊运材料。

第二十八条 有下列情形，或违反规定要求的，处罚2000～5000元：

（一）施工电梯防护门采用钢质门，安装牢固，高度1.8m；防护门只能由电梯司机开启，楼层内人员无法打开。

（二）防护门下部与地板面间隙不大于5cm。

（三）物料提升机安全门必须使用钢质门，高度不得少于1.8米，只能由楼层内开启必须设电气联锁，层门打开无法起动，上下及门栅限位必须完好。

（四）塔吊基座防护规范并整洁无积水，附着必须按规范搭设操作平台及人行天桥。

（五）平台搭设在附着下1.2m左右，宽度以标准节外1m，人行天桥两边要有扶手，高度不少于1.2m，应设置三道水平防护，立杆间距≤1.8m。两边用密网封闭。

（六）塔吊电梯预留洞口必须用木板全封闭，塔吊自由高度附着及标准节平台作满铺防护。

第二十九条 有下列情形，或违反规定要求的，处罚500～2000元：

（一）塔吊（吊斗等）必须清洁。

（二）施工电梯定人定岗，电梯笼、钢筋机械、电焊机、砂浆机、搅拌机、混凝土输送泵、手推车、圆盘锯、手持电动工具等摆放整洁。

（三）加工车间边角料、残余物等及时清理，保持清洁。

（四）机械传动罩及防护罩保持完好。

第三十条 有下列情形，或违反规定要求的，处罚500～2000元：

（一）每月1号前上报公司大型机械情况表，应真实对证对人。

（二）塔吊、施工电梯、物料提升机、建筑物、生活区板房等不得覆盖高压线及无防护措施。

（三）塔吊必须设置能360° 旋转，不得与任何物体碰撞。

第二节 施工临时用电控制方面

第三十一条 有下列情形，或违反规定要求的，处罚500～2000元：

（一）施工现场临时用电必须按JGJ46及GB50194规范要求执行，无集装箱式的配电房必须自行设置配电房。

（二）配电房按规范要求配置相应配套设备。

（三）临电方案必须与现场一致。

（四）临电验收表一个月做一次。

第三十二条 有下列情形，或违反规定要求的，处罚500～2000元：

（一）所有配电系统必须按公司配电要求设置：配电房（150mA.0.2s）→二级箱（100mA.0.1s）→分配箱（75mA.0.1s）→开关箱（30mA.0.1s/15mA.0.1s）。

（二）每回路有标识牌及名称，电箱统一颜色，按公司CI形象要求设置。

（三）电房配电箱前不得堆放杂物，外架下的配电箱（二级箱、分配箱）设有防护棚。

（四）分配箱以下电箱严禁串联取电源，施工现场末端箱电线不得超过30m。

（五）用电设备开关箱符合“一机、一闸、一漏、一箱”要求。

（六）项目配电线路采用三相五线制，动力照明严禁混用。

第三十三条 有下列情形，或违反规定要求的，处罚500～2000元：

（一）配电箱内配置应从左至右，由上到下，总隔离开关、分隔离开关、漏电开关、各相线分N、L1、L2、L3和PE，各线颜色不得代换，不得串接。

（二）按规范要求左零右火，进线，含插座。

（三）二级箱、分配箱、专用开关箱设置接线负载端子，PE线与箱门用铜线编织袋进线连接。

（四）箱门内要有电路图及电缆规格、长度、负荷标识牌等。

第三十四条 有下列情形，或违反规定要求的，处罚500～1000元：

（一）所有电缆按规范要求敷设及防护，不得随意拖地、泡水及乱拉乱接及直接敷设在金属体及脚手架上。

（二）电缆线完好，无老化、破皮等现象。

第三十五条 有下列情形，或违反规定要求的，处罚2000～5000元：

（一）施工区域内小于安全距离的高压线路应全封闭防护。

（二）项目周边邻近高压线路小于安全距离的应做水平隔离防护，并悬挂醒目的警示标志。

第三十六条 有下列情形，或违反规定要求的，处罚500～2000元：

（一）防雷接地及重复接地按规范要求设置。

（二）二级箱、分配箱接地线应与电源线线径相等，不得以小替大及线色混用。

（三）连接用线耳压接后用螺栓与接地体连接，接地体不得用螺纹钢代替，有条件应该与建筑物永久性防雷接地连接。

（四）单独设防雷应符合规范要求，凡有防雷接地的开关箱应设重复接地，可与防雷体连接。

第三十七条 有下列情形，或违反规定要求的，处罚500～1000元：

（一）生活区及办公区用电设置、照明与插座分路控制。

（二）工人宿舍插座之间设置限流器（按公司达标手册）插座必须设置保护线。

（三）不得私自接线使用大功率电器（取暖煮饭）。

（四）严禁使用不合格线插排及将电源线敷设在床架及金属体上。

第三十八条 有下列情形，或违反规定要求的，处罚500～2000元：

（一）特种工必须持证上岗，项目班组应设置相应的工人。

（二）钢筋及水电班组应设的电气焊工人，应人证相符，不得利用项目机电班焊工的上岗证报检。

第三节 施工消防安全控制方面

第三十九条 有下列情形，或违反规定要求的，处罚500～2000元：

（一）易燃易爆危险品库房、可燃材料堆场及其加工场、固定动火作业场其他临时用房、临时设施与在建工程的防火间距应满足规范间距要求。

（二）易燃易爆危险品不得布置在架空电力线下，且应远离人员密集区。

（三）易燃易爆物品必须建立库房存放，不允许露天暴晒、雨淋，要有专人进行管理。

第四十条 有下列情形，或违反规定要求的，处罚500～1000元：

（一）施工现场消防通道要满足规范要求。

（二）施工现场必须制定消防安全管理制度、消防措施。

（三）消防应急演练每半年需要进行一次。

第四十一条 有下列情形，或违反规定要求的，处罚1000～5000元：

（一）施工现场的临时用房和作业场所的防火设计应符合规范要求。

（二）建筑构件的燃烧性能等级应为A级，安全网必须采用阻燃型安全网。

第四十二条 有以下情形，或违反规定要求的，处罚500～5000元：

（一）既有建筑进行扩建、改建施工时，必须明确划分施工区和非施工区。

（二）施工区不得营业、使用和居住。

（三）临时消防设施的设置与在建工程主体结构施工进度的差距不应超过3层。

第四十三条 有下列情形，或违反规定要求的，处罚2000～5000元：

（一）消防配电线路从施工现场的总断路器上端接入，保证不间断供电。

（二）施工现场消防水管的管径不应小于DN100，消防水泵的数量不少于两台。

（三）消防方案必须与现场一致，消防泵要长期保持规范压力。

（四）施工现场重点防火部位或区域要设置防火警示标识；安全出口、临时疏散通道、消防车道要保持畅通。

第四十四条 有下列情形，或违反规定要求的，处罚1000～2000元：

（一）动火作业应办理动火许可证，动火操作人员必须具有相应的资格证书。

（二）切割、焊接、加热等动火作业前应对现场的可燃物进行清理，不能清理的要覆盖或隔离。

（三）动火作业要配备有效灭火器材，要设置动火监护人。

（四）施工现场不应采用明火取暖。

第四十五条　有下列情形，或违反规定要求的，处罚500～2000元：

（一）在建工程的临时通道的设计必须与结构施工同步设置，且必须满足规范要求。

（二）施工现场灭火器材布局、配置要合理。

（三）灭火器材不得失效，每个场所的灭火器不少于2具。

（四）施工现场的应急照明需符合规范要求。

第四十六条　有下列情形，或违反规定要求的，处罚500～2000元：

（一）储装气体的瓶罐及其附件应合格、完好和有效。

（二）严禁使用减压器及其他附件缺损的氧气瓶，严禁使用乙炔专用减压器、回火防止器及其他附件缺损的乙炔瓶。

（三）乙炔瓶的工作距离不小于5m，不得横躺卧放。

（四）严禁使用老化的橡皮气管。

第五章　工程技术资料方面

第四十七条　工程开工一周内未在公司工程部进行项目管理备案，备案资料不全、未经审核或审核不符合公司要求的，处罚1000～2000元。

第四十八条　工程开工后两个月内，图纸会审未形成纪要或签章未完善的，处罚1000～2000元。

第四十九条　在收到施工图一个月内，未完成施工组织设计的编制的，处罚3000元，重要的分部分项工程在施工前未编制专项施工方案，每项罚款2000元。专项方案需公司审批的应有公司总工签字及公司印章；只需项目审批的则由项目经理授权项目总工签字并有项目印章；需组织专家论证的有论证报告，专家签字齐全。项目技术负责人或施工员组织对管理人员及作业班组进行方案交底，审批、签章及交底未完善的，每项处罚1000元。

第五十条　须检测的材料未按技术规范的要求收集相关产品质量证明文件的，每批次处罚1000元。

第五十一条　材料未按规定进行取样送检，现场检测试验未及时试验（检测）的，每批次处罚1000元，试验报告未及时拿取的每批次处罚500元。

第五十二条　材料检测及试验台账未及时更新的，处罚500元。

第五十三条　相关隐蔽验收记录或施工记录、试验记录不齐全的处罚500元。

第五十四条　各分部未在完工后1～3个月内办理分部验收，形成记录并签章的，处罚1000～2000元。

第六章 绿色施工方面

第五十五条 有下列情形，或违反规定要求的，处罚500～1000元：

（一）建立绿色施工管理体系，并制定相应的管理制度与目标，施工现场入口应设置绿色施工制度的图牌。

（二）编制绿色施工方案。该方案应在施工组织设计中独立成章，并按有关规定进行审批。

第五十六条 有下列情形，或违反规定要求的，处罚200～1000元：

（一）采取有效措施如洒水、地面硬化、围挡、密网覆盖、封闭等，施工现场出口应设置洗车槽，防止扬尘产生。

（二）采取降低噪声措施，使用低噪音、低振动的机具，采取隔音与隔振措施，避免或减少施工噪音和振动。

（三）在施工现场应针对不同的污水，设置相应的处理设施，如沉淀池、隔油池、化粪池等。

（四）采取设置地表排水系统、稳定斜坡、植被覆盖等措施，减少土壤流失，保护地表环境。

（五）施工现场生活区设置封闭式垃圾容器，施工场地生活垃圾实行袋装化，及时清运。对建筑垃圾进行分类，并收集到现场封闭式垃圾站，集中运出。

第五十七条 有下列情形，或违反规定要求的，处罚200～1000元：

（一）根据施工进度、库存情况等合理安排材料的采购、进场时间和批次，减少库存。

（二）现场材料堆放有序；储存环境适宜，措施得当；保管制度健全，责任落实。

（三）材料运输工具适宜，装卸方法得当，防止损坏和遗洒。根据现场平面布置情况就近卸载，避免和减少二次搬运。

（四）采取技术和管理措施提高模板、脚手架等的周转次数。

（五）推广使用预拌混凝土和商品砂浆。

第五十八条 有下列情形，或违反规定要求的，处罚200～1000元：

（一）施工现场喷洒路面、绿化浇灌不宜使用市政自来水。现场搅拌用水、养护用水应采取有效的节水措施，严禁无措施浇水养护混凝土。

（二）现场机具、设备、车辆冲洗用水必须设立循环用水装置。

（三）现场机具、设备、车辆冲洗、喷洒路面、绿化浇灌等用水，优先采用非传统水源，尽量不使用市政自来水。

第五十九条 有下列情形，或违反规定要求的，处罚200～500元：

（一）制订合理施工能耗指标，提高施工能源利用率。

（二）优先使用国家、行业推荐的节能、高效、环保的施工设备和机具，如采用变频技术的节能施工设备等。

（三）施工现场分别设定生产、生活、办公和施工设备的用电控制指标，选择功率与负载相匹配的施工机械设备，避免大功率施工机械设备低负载长时间运行。

（四）临时设施宜采用节能材料，墙体、屋面使用隔热性能好的材料，减少夏天空调、冬天取暖设备的使用时间及耗能量。

（五）合理配置采暖、空调、风扇数量，规定使用时间，实行分段分时使用，节约用电。

（六）临时用电优先选用节能电线和节能灯具，临电线路合理设计、布置，临电设备宜采用自动控制装置。采用声控、光控等节能照明灯具。

第六十条 有下列情形，或违反规定要求的，处罚200～400元：

（一）应对深基坑施工方案进行优化，减少土方开挖和回填量，最大限度地减少对土地的扰动，保护周边自然生态环境。

（二）红线外临时占地应尽量使用荒地、废地，少占用农田和耕地。工程完工后，及时对红线外占地恢复原地形、地貌，使施工活动对周边环境的影响降至最低。

（三）施工总平面布置应做到科学、合理，充分利用原有建筑物、构筑物、道路、管线为施工服务。

（四）施工现场道路按照永久道路和临时道路相结合的原则布置。施工现场内形成环形通路，减少道路占用土地。

（五）施工现场搅拌站、仓库、加工厂、作业棚、材料堆场等布置应尽量靠近已有交通线路或即将修建的正式或临时交通线路，缩短运输距离。

（六）临时设施布置应注意远近结合（本期工程与下期工程），努力减少和避免大量临时建筑拆迁和场地搬迁。

第七章 附 则

第六十一条 本处罚细则由公司工程管理中心负责解释及监督实施。

第六十二条 本处罚细则与公司其他特定相关规章制度有冲突的，以附件为准。

第六十三条 本处罚细则自公司总经理办公会审议通过、发布之日起执行。

附件：施工管理违规红线考核表

施工管理违规红线考核表

工程名称								
类型	内容	序号	管理违规红线	罚款标准（万元）	预处罚（万元）	限期整改（天）	是否整改	实际处罚（万元）
文明施工	CI标准化	1	施工现场进出口未设置大门及围墙☐ 大门及围墙未按公司 CI 要求制作☐ 主体外架达到四层及以上后未及时张挂 CI 标识☐	3 ~ 5				
		2	施工现场主要道路与材料加工区地面未进行硬化处理☐　未按标准设置洗车槽☐	5				
		3	钢筋加工场未按 CI 要求做定型化防护棚、单独围蔽、地面硬化，保持该区域通道通畅☐ 材料堆放场地不平整、未做简易硬化、有积水，堆放布局不合理，堆放未分类、不整齐、超高堆放☐	3 ~ 8				
		4	主体至三层楼面以上未搭设工人： 进出安全通道☐　施工楼梯☐	3 ~ 5/栋				
		5	作业层第三层以下层间楼面（含外架平台）未保持整洁常态化，垃圾未及时清运☐	5				
		6	未安装考勤打卡设备☐　考勤设备未正常使用☐	0.5 ~ 1				
职业健康安全	消防	7	主体达到 24 米及以上后未设置有效单独消防立管、未布置消防水带或灭火器☐ 主要通道与主体施工操作层未设置灭火器☐	3 ~ 5				
	脚手架	8	脚手架未跟上主体进度（操作层横杆未超过作业面 1.2 米以上）☐　未搭设安全网☐	3 ~ 5				
		9	未每步铺设脚手板或未满铺☐ 作业层未采用安全平网兜底☐	3 ~ 5				
		10	立杆基础未做硬底化处理☐　未做排水设施☐	2 ~ 5				

职业健康安全	脚手架	11	外架钢管刷半漆□　未按 CI 要求统一刷油漆□	5 ~ 10				
		12	安全网未及时张挂或污损，破洞严重、不平整、未到底等现象□	5				
		13	悬挑层未全封闭或封闭不严□ 未按照 CI 要求封闭□	3 ~ 5				
	高处	14	临边、洞口、电梯口、通道口防护未按 CI 要求定型化□　无安全防护□	2 ~ 5				
	用电	15	未按 TN–S 系统执行□ 主线路未按规范采用埋地或架空敷设□	2 ~ 5				
		16	未按公司 CI 手册要求完善配电房□ 设备未按规范要求设专用开关箱□	3 ~ 10				
	大型机械	17	施工电梯□或塔吊□以下配件不灵敏或失效： 开关□　限位□　超载保护□　防坠器过期□	5 ~ 10				
		18	塔吊以下项未按公司 CI 要求完善管理： 底层防护□　结构预留洞口防护□ 附墙平台□　人行天桥□	5 ~ 10				
		19	塔吊吊盆吊索不符合规范要求□ 塔吊未按规范吊运，长短未分开、夹吊、混吊、超载吊运□	5	/	/	/	
		20	附墙架不符合要求：安装连接□ 角度□	5 ~ 10				
		21	人货梯的出料平台未单独搭设或搭设不规范□　未单独编制专项方案□	3 ~ 5				
		22	大型机械维修保养记录不真实□ 未按厂家要求进行保养及检查□	5				
质量管理		23	未设置混凝土试件标准养护室□ 有设置但未正常使用□	3 ~ 5				
		24	混凝土构件存在露筋、蜂窝、夹渣、裂缝、尺寸偏差等现象较多且较严重□ 未立即修补，或随意修补□ 二次结构混凝土浇筑观感较差□	5 ~ 10				
资料管理		25	进场工人未及时进行三级安全教育□ 未及时进行安全技术交底□	3/ 班组				
		26	分部验收资料整理不及时（各分部完工后 2 个月内完成资料整理）□	1/ 项				

<table>
<tr><td rowspan="2">资料管理</td><td>27</td><td>送检计划及相关方案未编制□
各质量管理制度编制不完善□</td><td>0.5/ 项</td><td></td><td></td><td></td><td></td></tr>
<tr><td>28</td><td>未按要求上传当地建设工程质量安全管理综合信息平台（质量、安全、绿色施工）要求资料□</td><td>2</td><td></td><td></td><td></td><td></td></tr>
<tr><td>序号</td><td colspan="2">其他执行处罚的不合格项</td><td>罚款标准（万元）</td><td>预处罚（万元）</td><td>限期整改（天）</td><td>是否整改</td><td>实际处罚（万元）</td></tr>
<tr><td>1</td><td colspan="2">上次巡查整改回复单的实际整改情况核实结果：</td><td>2</td><td>/</td><td>/</td><td>/</td><td></td></tr>
<tr><td></td><td colspan="3"></td><td></td><td></td><td></td><td></td></tr>
<tr><td></td><td colspan="3"></td><td></td><td></td><td></td><td></td></tr>
<tr><td></td><td colspan="3"></td><td></td><td></td><td></td><td></td></tr>
<tr><td colspan="3">备注：1. 以上内容以单项为处罚单位，可累计处罚。
2. 处罚额度区间取值原则：（1）检查项达到规范要求，但未达到公司 CI 要求的，依实际情况在罚款额度区间内取值。（2）检查项既未达到公司 CI 要求，也未达到规范要求的，处罚额度顶格取值。（3）发生的违规项在整改后，按照原定暂扣金 10% 处罚。</td><td>累计</td><td></td><td>/</td><td>/</td><td></td></tr>
<tr><td>检查人</td><td colspan="2"></td><td>检查时间</td><td colspan="4"></td></tr>
<tr><td>受检查项目负责人</td><td colspan="2"></td><td>签发单位</td><td colspan="4">工程管理中心</td></tr>
</table>

Construction Companies

Standards and Criterion of Internal Control & Financial Management

05

法律与合同管理

对于企业来说，合同是防范企业法律风险极为重要的一道防线，但是对合同的管理绝不仅仅是对合同文本的管理，更是全岗位、全过程的管理。法律与合同管理制度明确合同拟定、审批、执行等环节的程序和要求，定期检查和评价合同管理中的薄弱环节，采取相应控制措施，促进合同有效履行，切实维护企业的合法权益。

范本 1　法律风险管理办法

第一章　总　则

第一条　为明确法律风险管理责任，有效应对法律风险，确保公司持续、稳定、健康地发展，根据国家法律法规及公司有关规定，结合公司实际，制订本管理办法。

第二条　本管理办法所称法律风险，是指公司违反法律规定或运用法律不当而导致公司承担法律责任或处于其他不利状况，进而给公司造成损害的可能性。

第三条　本管理办法所称法律风险管理，是指公司围绕总体经营目标，通过在经营管理的各个环节中执行法律风险管理标准化规范，培育良好的法律风险管理文化，建立健全法律风险管理体系，为实现全面风险管理目标提供合理保证的过程。

第四条　本管理办法所称法律风险责任是指因未执行公司法律风险管理制度、规定等而应承担的责任，包括但不限于岗位法律风险责任、部门法律风险责任和跨部门重大法律风险控制管理责任。

第五条　公司法律风险管理应坚持合法性、可行性和效益性原则。

（一）法律风险管理工作应当与公司总体战略目标相适应，促进战略目标的实现。

（二）法律风险管理工作应当融入公司经营管理活动，成为其有机组成部分。

（三）公司所有部门及员工都应当参与法律风险管理，并履行相应的风险管理职责。

（四）法律风险管理应当根据公司内外部环境变化不断调整完善，实现持续改进。

（五）法律风险控制措施应当具有可操作性、可执行性，同时考虑成本与收益的关系。

第六条　法律风险管理工作方针：战略前瞻防源头，过程控制重实效，标准规范遵程序，科学谋划保发展。

第七条　法律风险管理目标：以标准化规范工作为重点，逐步建立健全公司法律风险管理体系，将法律风险的防范和控制延伸至经营管理的各个环节，使法律风险防范和控制的职责落实到公司的各部门、各岗位，形成法律风险管理的合力，力争企业规章制度、经济合同和重要决策的法律审核把关率达到100%，杜绝重大法律纠纷案件，最终形成法律风险管理的长效管控机制。

第二章　法律风险管理责任体系

第八条　法律风险管理工作实行统一领导、分级负责、部门配合、员工尽责的责任体系。

第九条　法律风险管理按照“业务工作谁主管，法律风险谁负责”的责任承担原则，主要负责人是公司法律风险管理的第一责任人；各部门负责人是本部门的法律风险管理的第一责任人。

（一）主要负责人的主要职责。

（1）接受审计监察中心法务部负责人或法律顾问有关法律风险防范管理的工作汇报，支持审计监察中心法务部人员正确履职，顺利开展工作。

（2）协调处理涉及法律风险防范的重大事项，决定有关法律风险解决管理方案及措施的实施。

（3）决定对有关部门和人员的考核、评价与奖惩等。

（4）其他应当由主要负责人履行的职责。

（二）其他经营管理者的主要职责。

（1）协助主要负责人处理业务范围内涉及的法律风险管理事项，对分管工作负法律风险领导责任。

（2）熟悉决策事项法律风险管理流程，对涉及法律风险管理事项作具体部署和指导。

（3）其他应当由其履行的职责。

（三）各部门的主要职责。

（1）执行公司法律风险控制制度，落实法律风险防范措施，对本部门法律风险负主要责任。

（2）修订本部门职责涉及的各种法律风险管理文件，签订法律风险目标责任书。

（3）及时与公司审计监察中心法务部协商、沟通涉及重大权益的法律风险管理事项，按时报送法律风险信息。

（4）对本部门员工进行经常性的法律风险管理教育和培训，提高员工法律风险管理意识。

（5）其他应当由其履行的职责。

（四）公司审计监察中心法务部职责。

（1）负责制订公司法律风险管理的基本制度和政策措施，并组织实施。

（2）检查指导分、子公司法律风险管理制度的执行情况。

（3）协调处理法律风险事项。

（4）对各部门法律风险管理工作进行考核评价。

（5）完成公司领导交办的其他工作。

（五）法律风险管理人员的主要职责。

（1）正确执行国家法律法规，对重大经营决策提出法律意见，防范法律风险。

（2）参与重大经济活动和经营决策，提供法律咨询，以使管理与经营活动中的法律风险得到及时防范和控制。

（3）起草或参与起草、审核规章制度，并对规章制度的合法性进行审查。

（4）参与企业重大合同的谈判、起草工作，并对合同进行审查，防范合同风险。

（5）参与合并、投融资、担保、租赁、权利转让、招投标及重组、上市等重大经济活动，起草或审核有关法律文书，处理有关法律事务。

（6）负责或参与工商登记工作，办理登记、注册、年检等法律事务。

（7）负责专利、商标、商业秘密、著作权等知识产权法律保护事务。

（8）对员工进行法制宣传教育及提供有关的法律咨询。

（9）管理诉讼、仲裁事务，接受法定代表人的委托，代理其参加调解、仲裁、诉讼及其他非诉讼法律活动，协助清理债权、债务，维护公司的合法权益。

（10）负责办理领导交办的其他法律事务。

第三章　法律风险管理工作流程

第十条　法律风险管理流程主要包括收集风险管理初始信息、风险评估、制定风险管理策略、提出和实施风险管理解决方案以及风险管理的监督与改进等五个环节。

第十一条　公司所属各部门根据职能分工，确定的重大事项和经营风险法律防范控制事项范围，分别收集与法律风险有关的原始信息和基础资料。

第十二条　各部门将收集的法律风险初始信息及时进行必要的筛选、分类、组合，识别出可能造成法律风险的因素，报送审计监察中心法务部。不能确定的法律风险初始信息应当由审计监察中心法务部协助进行识别。

第十三条　审计监察中心法务部应指导各相关职能部门针对不同的法律风险制定具体管理解决方案，采取有效措施减少风险发生，使法律风险处于可控状态。

第十四条　各部门为法律风险管理解决方案的组织实施部门，应当将方案的组织实施情况及时反馈给审计监察中心法务部。审计监察中心法务部应当对措施及方案的实施情况做出分析、评价，提出调整或改进意见，并督促落实。

第十五条　审计监察中心法务部有权对法律风险管理制度和政策执行情况进行日常检查，对检查中发现的问题有权及时采取措施，防止法律纠纷的出现，相关部门应积极配合。

第四章 法律风险管理信息报告

第十六条 公司对法律风险管理实行动态监控和定期报告制度。

各部门应当定期向审计监察中心法务部报告以下法律风险信息：

（一）已经发生或可能发生的法律问题、合作争议、纠纷苗头等可能造成法律风险的具体事项。

（二）法律风险管理工作的专项检查情况与全面自查情况。

（三）开展法律风险管理工作的经验和具体做法。

（四）法律风险管理工作的年度工作总结。

（五）与法律风险管理有关的其他信息。

审计监察中心法务部针对报告反映的问题会同业务部门制定具体的管理解决方案，减少风险发生，使法律风险处于可控状态。

第十七条 法律风险报告应同时报送公司领导、和各职能部门。

第五章 法律风险管理的考评与激励

第十八条 审计监察中心法务部负责对公司各部门法律风险管理工作进行指导、检查、考评。

第十九条 法律风险管理工作作为各部门经济责任制考核的重要内容之一，纳入公司月度考核奖惩体系，各部门的管理职责、业绩考核、责任，在年度法律风险管理目标责任书中予以明确。

第二十条 各部门负责人或直接责任人在法律风险管理工作中发生以下情况的，公司根据具体情况给予通报批评、警告等纪律处分，并扣罚该部门负责人年薪的2%～5%，扣除直接责任人的全年绩效薪酬：

（一）违反法律法规和公司规章制度出现重大法律风险或给公司造成损失的。

（二）未及时将生产经营活动中发生的法律风险事项报送审计监察中心法务部给公司造成损失的。

（三）法律风险事项经法律顾问审查后提出法律风险解决方案或修改补充意见，但责任人拒绝执行而给公司造成损失的。

（四）分管的法律风险管理工作不符合公司要求，整改后仍不合格的。

（五）未按岗位要求对本部门员工进行经常性的法律风险管理教育和培训的。

（六）违反公司相关规定的其他情形。

第二十一条 法律风险事项因法律顾问审查失误造成经济损失或其他损失的，应当追究法律顾问的失职责任。

第二十二条 对在法律风险管理工作中做出突出贡献的有关人员和法律顾问给予表彰和奖励。

第六章 附 则

第二十三条 本管理办法未尽事宜按公司有关制度和规定执行。

第二十四条 本管理办法由公司审计监察中心法务部解释。

第二十五条 本管理办法自公司总经理办公会审议通过、发布之日起施行。

范本2 法务案件管理办法

第一章 总 则

第一条 为加强公司审计监察中心法务工作管理，完善法务案件管理流程，提高公司各级管理人员的法律意识，最大限度地维护公司的合法权益，特制定本管理办法。

第二章 法务案件管理工作流程

第二条 法律工作特殊职能要求法律人员各司其职、各负其责，日常经济合同审查以及合同的管理、公司对外行文把关、知识产权的管理、公司涉讼案件处理、诉讼文书领取与提交、诉讼卷宗的整理与归档、外聘律师的联络与沟通等都要职责到人。

第三条 本管理办法所指的法律事务包括诉讼、仲裁、出具法律意见书、审核合同及公司制定的规章制度的合法性，提供法律咨询、出具催告函，法律风险预防与控制、法律知识的宣传培训等诉讼和非诉讼法律事务。

第四条 本管理办法贯彻以公司利益为重、责任到人、奖罚分明的原则。

第五条 本管理办法适用于公司、分（子）公司和所有项目部，其中案件产生的具体单位称为责任单位，与案件有关的单位称为相关单位。

第六条 公司审计监察中心总监受总经理的委托，并在总经理的领导下，负责全公司法律事务的指导、决策、协调和服务工作。公司机关各职能部门、分（子）公司及所有项目部的法律事务工作，必须在公司审计监察中心法务部的指导和决策下开展工作，所有的法律事务事宜，不论时间、地点，都应及时向公司审计监察中心法务部汇报和请示。

第三章 法律纠纷案件的处理

第七条 法律纠纷案件是指各类诉讼、非诉讼、仲裁或者可能引起的诉讼、非诉讼、仲裁争议的案件。

第八条 法律纠纷案件的处理程序是指纠纷发生后，公司采取的与经济纠纷有关的工作程序，包括诉讼程序发生之前的沟通、协调，诉讼或仲裁的开庭前庭审准备，审理中的证据补充，案件审理的全过程，直到判（裁）决或调解后生效法律文书的履行、案件总结。

第九条 公司各职能部门、分（子）公司、项目部对于需要通过诉讼才能实现的债权、民事纠纷，需及时主张权利，将对外债权、民事纠纷的有关情况上报审计监察中心法务部，并填写《诉讼申请表》，经审计监察中心法务部仔细分析、完善证据材料后报公司分管领导与公司主要领导研究决定，以便争取主动，实行依法维护合法权益。

第十条 公司所有人员和职能部门接到法院送达的案件诉讼材料后，立即转交审计监察中心法务部，由审计监察中心法务部进行统一安排，采取相应措施。

第十一条 审计监察中心法务部收到经济纠纷诉讼材料后填写《涉诉案件呈报表》，立即通知责任单位，责任单位接到通知后，必须迅速接收案件材料，并在接到案件材料后两个工作日内将有关案件的情况向审计监察中心法务部做出书面汇报，以便尽快制定出合理有效的解决经济纠纷方案。

第十二条 事实清楚、没有较大争议或诉讼标的额在30万元以下的纠纷案件，经审计监察中心法务部审核后，由责任单位自行处理，审计监察中心法务部为责任单位出具诉讼所需的企业法人营业执照复印件、法定代表人身份证明、授权委托书等材料。责任单位应在确保案件真实、账目清楚的前提下，及时与原告及法院协商，审计监察中心法务部提供指导服务，争取和解，最大限度地降低损失，减少诉讼费用和违约金等费用的支出。责任单位处理完毕后将处理结果及时汇报至审计监察中心法务部。

第十三条 事实不清、争议较大或诉讼标的额在30万元以上的纠纷案件，审计监察中心法务部直接参与处理案件的审理阶段，与责任单位共同解决；责任单位须全力配合，积极提供与案件有关的证据材料，详细汇报全面、真实的案情，并派专人与审计监察中心法务部联络，负责经济案件的全过程，相关单位也应积极配合，提供办案所需资料。

第十四条 法律纠纷案件处理过程中可能达成和解的，其和解方案或可接受的和解底线，应由案件处理责任人事先以书面形式报审计监察中心法务部审批。

第十五条 责任单位聘请专业律师处理法律纠纷案件，应事先将委托合同及费用计算报审计监察中心法务部审批。

第十六条 案件结案后15日内，责任单位具体经办人整理案卷、撰写《案件总结报告》一并上报审计监察中心法务部，由审计监察中心法务部移交公司档案室存档备案。

第十七条 法律纠纷发生后，因案件所发生的各种费用包括本金、违约金、诉讼费、保全费、执行费、律师费、担保费、差旅费及其他开支均由责任单位承担，并计入具体项目成本。

第十八条 各分（子）公司、项目部每月应对本单位案件情况进行统计分析，填报

《案件管理一览表》，并于下月5日前报送至审计监察中心法务部，报表内容必须真实、数据文字准确、填报完整，报送的案件要根据每月情况及时更新，不得瞒报和漏报。

第四章　法律风险预防与控制

第十九条　审计监察中心法务部负责对合同订立履行中的法律风险（如合同条款风险、安全风险、工期风险、资金风险）实行审阅及提示，对签约和履约存在重大风险的项目实施监控，适时发布《履约风险警示书》。

第二十条　项目部对履约过程中的法律风险应制定防范措施，填写《项目法律事务报告书》，内容包括：合同单方解除权的行使条件与程序；工程停、窝工状况下工效下降的计算方式及损失赔偿范围；工程停建、缓建，中间停工时退场、现场保护、工程移交、结算方法和损失赔偿范围；工程进度款拖欠情况下的工期处理；建设单位原因造成工程结算竣工验收延期情况下的工程结算程序和违约责任等。各分（子）公司负责收集所属项目部《项目法律事务报告书》并于每季度末30日前上报审计监察中心法务部。

第二十一条　各分（子）公司、项目部负责人为本单位范围内证据保留工作的责任人。对于发函并取得对方签收盖章的书面材料、通过特快专递邮寄对方的催告函、催款函、采用公正方式送达的证明、建设单位的付款凭据及与建设单位联合签署的关于工程款延期偿还的会议纪要、往来联系函等证据材料，各分（子）公司、项目部都要妥善保管，为以后出现法律纠纷提供胜诉的依据。

第二十二条　公司、分（子）公司和项目部应树立债权保护意识，在债权的诉讼保护时效期间之内，应主动向债务人办理财务对账手续并要求对方签字盖章确认或发催告函、申请书，以有效维护企业各项权利。

第二十三条　各分（子）公司、项目部都应当时刻关注债务人的清偿能力，高度重视公司债权的安全，对于需要通过诉讼才能实现的债权，需及时主张权利，将对外债权的有关情况上报审计监察中心法务部，经审计监察中心法务部仔细分析后报公司分管领导与公司主要领导研究决定，以便争取主动，实施依法清欠。

第二十四条　对三年以上的应收账款由各分（子）公司、项目部确定责任人，积极清收，防止超过诉讼时效期，丧失胜诉权利。

第二十五条　公司、各分（子）公司和项目部必须确保移交给审计监察中心所有资料的真实性，审计监察中心一旦发现公司、各分（子）公司和项目部所移交的资料涉及虚假、伪造，有权给予5万～10万元的处罚。

第五章　奖　惩

第二十六条　审计监察中心或者有关人员在办理法律纠纷案件过程中尽职尽责，为本公司避免、挽回经济损失或获得经济利益的，公司应当根据避免、挽回经济损失额或获得经济利益额的5%给予物质奖励。

第二十七条　法律纠纷案件处理过程中，公司相关部门或者人员存在下列情形的，应当根据造成损失大小、过错程度等因素综合考虑追究责任：

（一）对案件不及时上报、隐瞒不报或超越职权不当办理，造成经济损失或其他不良后果的。

（二）不及时提供与案件相关的原始证据或因保管不善造成原始证据毁损、灭失，造成经济损失的。

（三）泄露案件秘密，造成严重后果的。

（四）在诉讼活动中，与对方当事人或者其他人员恶意串通，损害公司利益的。

（五）其他严重失职、渎职行为，造成重大经济损失或其他不良后果的。

第六章　附　则

第二十八条　本管理办法解释权归审计监察中心法务部。

第二十九条　本管理办法自总经理办公会审议通过之日起实施。

附件：

附件1　诉讼申请表

附件2　涉讼案件呈报表

附件3　项目法律事务报告书

附件1　诉讼申请表

诉讼申请表

编号：审监（　）　　号

申请人		部门		申请日期	
起诉对象及背景					
起诉事由					
相关证据材　料					

申请部门 领导意见	签字： 年　　月　　日
分管副总 （总监） 批示	签字： 年　　月　　日
审计监察 （中心） 部领导批示	签字： 年　　月　　日
处理结果	

申请人：　　　　　　　　　　　　　　　　　　接交人：
日　期：　　　　　　　　　　　　　　　　　　日　期：

附件2　涉讼案件呈报表

涉讼案件呈报表

涉案 单位		涉案部门 经办人		联系电话		
对方 当事人		涉案金额		案由		
法院一审阶段	案情简介及争议要点	涉案单位为：□原告　□被告　□第三人　□其他______ 1. 案情简介： 2. 涉案请求： 3. 争议焦点： 4. 其他：				

	所附材料清单	1. 人民法院传票 2. 民事起诉书 ……	
	涉案单位经办部门领导意见	上报并全力配合分公司相关部门处理，建议聘请律师，在原告同意情况下可以参与和解或调解处理。	
	涉案单位分管副总经理/总经理意见		
	一审处理结果	案件结果:	
		涉案单位经办部门领导意见（就一审裁决结果、是否向二审法院提上诉讼等做出说明）:	
		涉案单位分管副总经理/总经理意见:	

<table>
<tr><td rowspan="5">法院二审阶段</td><td>涉案单位经办部门领导意见</td><td>涉案单位为：□上诉人 □被上诉人 □第三人
□其他______
（就案件处理方案、是否聘请律师、是否和解或调解等做出说明）</td><td></td></tr>
<tr><td>涉案单位分管副总经理/总经理意见</td><td></td><td></td></tr>
<tr><td rowspan="3">二审处理结果</td><td>二审结果</td><td></td></tr>
<tr><td>涉案单位经办部门领导意见：（就案件裁决结果、是否向法院提起再审申请等做出说明）</td><td></td></tr>
<tr><td>涉案单位分管副总经理/总经理意见：</td><td></td></tr>
<tr><td rowspan="3">法院再审阶段</td><td>涉案单位经办部门领导意见</td><td>涉案单位为：□申请人 □被申请人 □第三人
□其他______
（就案件处理方案、是否聘请律师、是否和解或调解等做出说明）</td><td></td></tr>
<tr><td>涉案单位分管副总经理/总经理意见</td><td></td><td></td></tr>
<tr><td>再审处理结果</td><td></td><td></td></tr>
</table>

附件3 项目法律事务报告书

项目法律事务报告书

项目名称		发生日期	
事　　由			
事由基本情况：			
需公司主管部门指导或协助事宜：			
经营目标责任人		日期	
经营分包人		日期	
签收人		日期	
处理结果：			

备注：1.本表用于项目人员向公司审计监察中心汇报项目重大法律事务。
2.本表一式两份，项目人员留存一份，公司审计监察中心一份。

范本3 法律审核工作管理办法

第一章　总　则

第一条　为规范和加强公司重大经营活动的法律审核和论证，建立健全公司法律风险防范机制，促进公司依法决策和依法经营管理，根据国家法律法规及公司有关规定，根据结合公司实际，制定本管理办法。

第二条　本管理办法适用于公司各职能部门及各分、子公司（以下统称各单位）。

第三条 加强内部法律监督和风险控制，建立健全由公司总经理负责、各职能部门参与、审计监察中心法务部组织实施的法律风险防范工作机制和内部法律监督机制。

第四条 公司审计监察中心法务部负责人履行下列职责：

（一）负责公司法律事务工作，统一协调处理公司运营管理中的法律事务，对相关法律风险提出防范意见。

（二）参与公司重大经营决策，对相关法律风险提出防范意见。

（三）负责对公司重要规章制度的制定和实施提出参考意见，建立健全公司法律事务机构。

（四）负责公司的法制宣传和培训工作。

（五）对违反法律、法规的行为提出纠正意见，监督有关部门予以改正。

（六）其他应当由公司法律事务负责人履行的职责。

第五条 公司审计监察中心法务部负责组织协调处理公司法律事务，提供法律咨询。主要职责为：

（一）正确执行国家法律、法规，对公司重大经营决策提出法律意见。

（二）审核、起草或参与起草公司重要规章制度。

（三）审核公司合同，参与重要合同的谈判和起草工作，处理有关法律事务。

（四）受公司总经理委托，处理诉讼或非诉法律事务。

（五）配合公司各职能部门对公司员工开展法制宣传教育。

（六）提供与公司运营管理活动有关的法律咨询。

（七）负责建立健全公司法律工作制度，对公司各部门执行情况进行监督和检查。

（八）建立公司法律纠纷案件备案制度和重大案件即时报告制度，协调处理公司法律纠纷案件。

（九）办理公司领导交办的其他法律事务。

第六条 实施法律审核应当遵循依法合规、全面客观、程序规范、准确及时等原则。

第二章　法律审核的内容

第七条 公司对以下事项实施法律审核及论证：

（一）重大经营决策。

（二）公司章程及重要规章制度。

（三）对外签订的合同、协议。

（四）投融资、担保、产权转让、招投标、重大资产处置等重大经济活动。

（五）分立、合并、破产、解散、重组、上市等重大事项。

（六）其他应当实施法律审核及论证的事项。

第八条 实施法律审核，应当对审核事项所涉及的主体、权限、程序、内容等进行合法性、合规性审核。

第九条 公司审计监察中心法务部负责人参加或列席总经理办公会及各类经营决策会议，对重大经营决策提出法律意见和建议。

第十条 公司审计监察中心法务部应当按照公司相关规章制度和工作流程规定的权限、程序及工作内容，依法履行法律审核职责。

第十一条 公司审计监察中心法务部对法律审核中发现的运营管理中存在的法律风险问题，应当向公司领导提出完善运营管理和风险防范制度的建议。

第十二条 公司审计监察中心法务部与其他职能部门在法律审核工作中应当加强相互协调配合。

提交审核或论证的事项应确保相关文件资料全面、客观、真实，实施法律审核或论证的人员仅就提供的文件资料出具法律意见。

实施法律审核或论证工作的人员有权查阅公司相关的资料，向各业务部门、个人调查了解情况，并要求其提供与法律审核工作相关的文件资料。

第三章 法律审核的程序

第十三条 重大事项决策前，公司应当责成法律事务主管领导组织人员进行法律研究论证，必要时参加重大项目的谈判及签约。

第十四条 公司法律事务负责人在参与重大事项决策时，有独立发表法律意见和建议的权利，并在相应的会议记录中载明。

第十五条 公司审计监察中心法务部依法独立实施法律审核，准确评估审核事项的法律风险，并出具明确的法律审核意见。

第十六条 未经法律论证的重大决策事项，不得提交相关决策会议讨论。

第十七条 未经审计监察中心法务部审核会签的公司章程及重要规章制度，不得提交相关会议审议或发布实施。

第十八条 重要合同或协议审计监察中心法务部实施法律审核后，应当由法律事务负责人复核签字。未履行复核签字程序的，不得对外签订。关于合同审核的具体办法，按照公司《合同管理制度》执行。

第十九条 报送总经办请求指导协调的重大法律事项，必须经公司审计监察中心法务部审核。

第四章　法律意见书

第二十条　本管理办法所称法律意见书，是指公司审计监察中心法务部在从事法律事务、参与重大经营活动过程中，就有关问题实施法律审查、分析法律风险并提出法律建议或解决方案的法律文书。

第二十一条　上报总经办的下列事项，应当根据有关规定附法律意见书，包括但不限于：合同事项、纠纷、问题处理及善后、规章制度、重大资产处置。

无须审核事项包括：业绩考核；工作报告；财务预决算；工程建设、日常运营管理不涉及合同及纠纷的事项；人事任免；薪酬；工程及安全管理；专项工程及科技项目立项。

第二十二条　法律意见书应当一事一议，要求格式规范、依据充分、分析透彻、逻辑严密、表述准确。

第二十三条　法律意见书一般包括标题、正文、附件、落款五个部分。

第二十四条　法律意见书正文一般包括以下内容：

（一）基本事实，包括尽职调查的情况及相关证据资料。

（二）法律依据，包括适用的法律法规、规章及有关文件。

（三）法律论证，包括对重点问题的法律分析及相关论证。

（四）结论性意见或建议，包括对现有状况及可能状况的判断、存在的风险、审核意见及处理建议等。

（五）相关事项的说明。

第二十五条　法律意见书由公司审计监察中心法务部起草，审计监察中心法务部负责人复核签字。

第二十六条　公司审计监察中心法务部起草法律意见书，可以查阅相关资料，向有关部门、个人调查了解情况。

第二十七条　法律意见书由承办部门报送公司领导和公司相关业务部门。

第五章　附　则

第二十八条　公司审计监察中心法务部应当切实履行法律审核职责，对提出的法律意见及办理的法律事务的合法性负责。

第二十九条　凡提出的法律审核意见或出具的法律意见书存在明显瑕疵，导致重大决策出现错误、引发重大法律风险或造成公司财产重大损失的，公司应当追究相关人员的责任。

第三十条　本管理办法由公司审计监察中心法务部责解释。

第三十一条　本管理办法自公司总经理办公会审议通过、发布之日起实施。

附件：

附件1　项目送审表

附件2　法律意见书

附件1　项目送审表

项目送审表

项目名称	
送审部门	
承 办 人	
简要说明	
研究解决要　　点	
项目背景材　　料	
承办部门意　　见	签字：　　　　　　年　　月　　日
法律事务部门意　　见	签字：　　　　　　年　　月　　日

附件2　法律意见书

法律意见书

（　　）年第　　号

依据（部门）＿＿＿＿＿＿（经办人）＿＿＿＿就＿＿＿＿事项提供的相关资料及事实，公司审计监察中心法务部进行了法律分析并提出法律意见。

具体如下：

（一）依据及法律论证

（二）结论性意见

（三）相关事项说明

以上意见，仅供参考。

复核人：　　　　审核人：

年　　月　　日

范本4　法人授权委托管理办法

第一章　总　则

第一条　为完善公司的法人治理结构，规范公司及法定代表人授权委托行为，保障公司及相关当事人的合法权益，根据国家有关法律、法规及公司相关规章制度的规定，制定本管理办法。

第二条　公司各业务部门在对外开展经营活动时，应当按照国家法律、法规的规定和公司规章制度的规定办理法人授权委托手续。

第三条　本管理办法所称法人授权委托，是指公司法定代表人授权委托公司相关责任人在特定时间和授权范围内，以公司或法定代表人的名义行使职权或办理公司有关事务的行为，其出具的法律文件为授权委托书，是被授权人的权利证明书。

第四条 公司法人授权委托一律采用向代理人签发法定代表人授权委托书（式样见附件1）的形式。

第五条 公司审计监察中心法务部是公司法人授权委托书的管理部门。

公司法人授权委托书实行统一制作、统一登记、统一管理。其他任何单位、部门、个人不得自行印制和办理公司法人授权委托书。

第六条 公司法人授权委托书应载明法定代表人姓名、职务、受托人姓名、职务、联系方式、委托事项和权限，有效期限等内容，并由法定代表人签字（或加盖法定代表人印章）及加盖公章后的授权委托书方可生效。

第二章 授权委托事项及程序

第七条 下列事项可以办理法人授权委托：

（一）合同授权委托，即以公司名义对外谈判、协商、签订合同（包括各类协议，补充协议、备忘录、意向书等）。

（二）股东授权委托，即公司委派发起人代表、出资人代表或股东代表，参加所投资公司股东会议并参加表决，签署发起人协议、股东（大）会决议等法律文件。

（三）诉讼、仲裁授权委托，即公司作为诉讼当事人参加诉讼或仲裁。

（四）公司（企业）登记授权委托，即办理公司所投资公司或企业的登记注册、变更、解散等事宜。

（五）产权登记授权委托，即办理公司所有的土地使用权、房产及其资产的产权登记和变更等手续。

（六）根据国家法律、法规规定或公司需求，应当办理法人授权委托的其他事项。

第八条 公司法人授权委托按照授权期限和办理程序的不同，分为年度专项授权委托与一事一授的一次性授权委托。

第九条 年度授权委托是指公司法定代表人根据各部门的职权，对代理人在一年内的授权范围予以书面确认的制度。

公司每年第一季度对年度授权委托以文件形式予以公布，视情况需要发放法人授权委托书。年度法人授权委托的文件必须经公司法定代表人签字并加盖公章方为有效，公司禁止出具年度授权委托书，特殊情况例外。

第十条 一次性授权委托是指公司法定代表人就年度授权以外的事项授权有关人员办理的制度。

按照办理程序不同，一次性授权委托手续分为法定代表人签字授权和法定代表人签章授权两种形式。

法定代表人签字授权，必须由公司法定代表人签字并加盖公司公章方为有效。

第十一条　办理法定代表人签章授权，必须具备办理授权委托的依据。符合以下情况之一的，为具备授权委托的依据：

（一）委托事项已经公司总经理办公会议通过，并且在有关会议纪要上有明确记载。

（二）委托事项已经总经理在阅批件等有关文件上批准。

（三）委托事项已颁发人事任免文件或经法定代表人签发的其他公司文件。

以上依据必须含有对委托事项明确的指示，没有具体指示或者指示不明确的，不得办理法定代表人签章授权。

第十二条　一次性法人授权委托按照授权期限的不同可以办理单一事项委托和连续事项委托。

单一事项委托是指授权委托事项为一项工作并且可以一次性完成。单一事项委托的授权期限为十天，最长一般不得超过一个月。

连续事项委托是指对一段时间内连续发生的某一个事项的委托。连续事项委托必须符合以下条件：

（一）连续事项委托的事项从性质上须为构成一个整体的单一事项，如企业登记注册事项。

（二）连续事项委托的对方当事人必须是同一主体。

（三）连续事项是某一事项在一段时间内连续发生多个具体的行为。

办理连续事项委托手续的，委托期限可以适当延长，但最长不超过三个月。

第十三条　各业务部门或个人因工作需要授权时，按以下程序办理：

（一）申请办理法人授权委托书的业务部门应填写《公司法人授权委托书申请表》，写明受托人姓名、职务、委托事项、权限、委托期限等内容。

（二）被授权人身份证复印件（正反面）。

上述申请表及与授权事项有关的合同、文件、材料等应经申请部门主要负责人审核并签署意见。

（三）拟授权事项与公司其他部门相关的，由申请部门送相关部门审核并签署意见。

（四）经有关部门会签后，送审计监察中心。

审计监察中心负责对申请表填写内容的完整性及所附合同、协议、章程等法律文件的合法性进行审核，并提出修改意见。

（五）由审计监察中心法务部对被授权人资格进行形式审查，不符合相关条件的，不予办理授权委托书。同时，审计监察中心法务部负责审核被授权人权限和授权期限。对符合条件的，报公司审计监察中心总监及分管领导审核同意后，报公司法定代表人审核批准并签发法人授权委托书。

第十四条 各业务部门在办理一次性法人授权委托时提供以下文件：

（一）对外签订合同、协议的，必须提供拟签订的合同、协议、备忘录的正式文本。

（二）对外参加发起人会议、出资人会议或股东（大）会的，应当提供有关公司同意参加会议的批准文件或正式文件。

（三）参加股东（大）会、发起人会议、出资人会议需要表决的，应当提供公司批准或同意表决事项的文件。

（四）其他根据需要应当提供的文件。

第十五条 被授权人或受托人应按照公司相关规定在授权委托书载明的权利范围及期限内诚实并善意地行使该权利。

被授权人或受托人应当保证根据授权所正式签署的合同、协议、章程、决议、文件等与提交审核的文件前后保持一致，如最终文件与提交审核的文件不符，由被授权人或受托人承担责任。不涉及权利义务的个别文字改动除外。

第十六条 法人授权委托书只在载明的有效期限内有效。有效的授权委托书在文本上不得有任何修改、涂改的痕迹。

第十七条 法人授权委托一般不得使用转授权或转委托方式（授权委托书已注明允许转委托的除外）。确有必要转授权或转委托时，申请人应报公司法定代表人批准后，由审计监察中心法务部办理转授权委托书。

第三章 授权委托管理

第十八条 公司对年度法人授权委托实行动态管理。在授权期限内被授权人工作岗位发生变动的，授权权限随时予以调整，原授权委托书自被授权人工作岗位变动之日起失效。

第十九条 被授权人要妥善保管好法人授权委托书，不得出借、损毁、遗失等；出现上述情况时，应立即书面报告法律事务主管部门。

被授权人申请补办授权委托书时，由审计监察中心法务部审核后，视情况决定是否补办。

第二十条 根据工作需要，公司法定代表人可以随时通知审计监察中心法务部或部门撤回授权委托。授权委托书持有人应在接到通知后三个工作日内将其持有的法人授权委托书交至审计监察中心法务部，由审计监察中心法务部在该授权委托书上注明“撤销”字样及撤销日期，并在“撤销”字样上加盖审计监察中心法务部印章。

公司法定代表人部分撤回授权委托的，法律部门应根据剩余授权权限，为其重新办理授权委托书。必要时，原被授权人所在部门应将撤回情况通知相关当事人。

授权委托书一经撤回，其效力不可恢复。撤回的授权委托书应按本办法第二十二条第二款的规定存档。

被授权人拒不交回授权委托书或授权委托书因损毁、遗失无法交回的，由公司再相关媒体上公告其失效。

第二十一条 下列情形出现时，法人授权委托书失效：

（一）授权委托期限届满，自届满之日起授权委托书失效。

（二）年度授权的委托书虽在授权期限内，但被授权人工作岗位发生变动。

（三）年度授权的委托书虽在授权期限内，但被授权权限超出业务范围。

（四）被授权人调出本单位的，自被授权人正式调离本单位之日起授权委托书失效。

（五）被授权人与所在单位解除、终止劳动合同或达到法定退休年龄的，劳动合同解除、终止之日或办理完毕退休手续之日起授权委托书失效，特殊情况除外。

（六）公司或法定代表人撤回全部或部分委托授权，自撤销之日起授权委托书失效。

（七）被授权人丧失民事行为能力的，自依法确认之日起授权委托书失效。

授权委托书失效后，被授权人应当交回相关文书和资料，由原申请部门接收。原申请部门应将接收情况三日内通知人事行政中心。

第二十二条 授权委托书一式两份并编号，一份由申请人使用、保管或交有关当事人，另一份由审计监察中心（附相关材料）存档。

审计监察中心每年1月应将上年度已办结的授权委托书按公司文件存档的有关规定交档案管理部门存档。

第四章　罚　则

第二十三条 申请部门对被授权人使用授权委托书负有直接监管责任，发现问题应及时通知审计监察中心。

第二十四条 被授权人有下列情形之一，造成损失的，应当赔偿损失；情节严重的，同时给予处分；视情节轻重，给予5000～50000元处罚，涉嫌犯罪的，移送司法机关：

（一）无代理权限、超越授权行使权利的。

（二）授权委托书失效后仍进行授权委托事项的。

（三）对授权委托事项不尽职责的。

（四）其他违法行为。

第二十五条 负责管理公司公章、合同专用章及法定代表人名章的有关人员违反本办法，未办理法人授权委托手续而擅自在有关文件上盖章的，依法追究其责任，视情节轻重，给予5000～50000元处罚。构成犯罪的，移交司法机关处理。

第五章 附 则

第二十六条 本管理办法由公司审计监察中心法务部负责解释。

第二十七条 本管理办法自公司总经理办公会审议通过、发布之日起实施。

附件：

附件1 公司授权委托书

附件2 公司授权委托申请单

附件1 公司授权委托书

授权委托书

<table>
<tr><td>委托人</td><td colspan="3"></td></tr>
<tr><td>法定代表人</td><td colspan="3"></td></tr>
<tr><td>受托人</td><td></td><td>单位与职务</td><td></td></tr>
<tr><td>受托人联系电话</td><td colspan="3"></td></tr>
<tr><td>受托事项和权限</td><td colspan="3"></td></tr>
<tr><td>授权期限</td><td colspan="3"></td></tr>
<tr><td colspan="4">法定代表人（签字）：
委托人（公章）：
年 月 日</td></tr>
</table>

附件2 公司授权委托申请单

法人授权委托书办理申请表

[　　]第（　　）号

申请人姓名		身份证号	
承办人		申请部门	
是否使用固定模版 是□　否□　理由：________			
申请授权原因			
申请授权权限			
申请授权期限			
所附申请材料目录			
申请部门领导意见		审计监察中心审核意见	
分管领导意见			
法定代表人意见			

范本5　印章使用管理办法

第一章　总　则

第一条　为保证公司印章使用的合法性、严肃性和可靠性，有效维护公司利益，杜绝违法行为的发生，特制订本管理办法。

第二章　印章的刻制

第二条　公司各类印章、驻外机构、分公司、子公司印章的刻制须根据需求填写

《印章刻制申请表》(见附件1),并按印章刻制申请表的审批流程进行审批,待所有审批同意后,方可进行印章的刻制。

第三条 公司印章的刻制必须统一到指定的公安机关办理雕刻手续,印章的形体、规格按国家有关规定执行,并经公安局备案。

第四条 未按印章刻制申请表的审批流程、未经公司审批批准,任何单位和个人不得擅自刻制印章。

第三章 印章的启用和使用范围

第五条 新印章要做好戳记,并留样保存,以便备查(见附件2)。

第六条 印章启用应报总经理批准,并下发启用通知,注明启用日期、发放单位和使用范围(见附件3)。

第七条 公司的印章主要包括公司行政章、专项业务章(合同章、财务章、发票章)、法人专用个人名章、驻外公章、分公司印章。公司所有印章必须按规定范围使用,不得超范围使用。

(一)公司行政章的使用范围主要为:

(1)公司对外签发的文件。

(2)公司与相关单位联合签发的文件。

(3)由公司出具的证明及有关材料。

(4)公司对外提供的财务报告。

(5)公司章程、协议。

(6)协议(合同)资金担保、承诺书、介绍信。

(二)公司合同专用章的使用范围主要为:

(1)对外投资、合资、合作协议。

(2)各类合同等。

(三)公司法人个人名章,主要用于需加盖私章的合同、财务及报表等各类文件。

(四)财务专用章,主要用于货币结算等相关业务。

(五)驻外公章、分公司印章由公司派驻印章保管人员保管,驻外公章、分公司印章的使用范围为:除经济合同、承诺、担保、抵押、诉讼外的一般事务性用章。

第四章 印章的保管、使用和停用

第八条 公司各类印章必须有专人保管,印章保管须严格做到以下事项:

1.公司的行政公章、合同专用公章由人事行政中心专人保管,财务章、发票章由财务管理中心专人保管,各部门印章由各部门指定专人专柜保管,并将保管公章人员名单报审计监察中心备案。

2.公章保管须有记录，注明印章名称、颁发部门、枚数、收到日期、启用日期、领取人、保管人、批准人、图样等信息。

3.严禁员工擅自借用或私自将公章带出公司使用。若因工作需要，确需将公章带出使用，需提交申请报告，由部门主管同意，公司领导批准后方可带出，公章保管人一同前往。公章外出期间，借用人只可将公章用于申请事由，并对公章的使用后果承担一切责任（见附件4）。

4.公章保管人因事离岗时，须由部门主管指定人员暂时代管，以免贻误工作，但必须办理移交手续。保管人不得擅自将自己保管的印鉴章交予他人使用，也不得私自接受他人保管使用的印章。

5.公章保管必须安全可靠，须加锁保存，公章不可私自委托他人代管。

6.公章保管有异常现象或遗失，应保护现场，及时汇报，配合查处。

第九条　公章移交须办理手续，签署移交证明，注明移交人、接交人、监交人、移交时间、印鉴名称、图样等信息（见附件5）。

第十条　印章的使用和流程。

（一）印章的使用。

1.公司对外签发的文件、有关证明文件或材料、授权书、承诺书、介绍信、担保及公司内部文件等用章都须先经业务部门负责人审核、公司分管领导批准后，持《用印申请单》填写《公章使用登记表》后方可盖章，同时印章管理人员须于每月5号前将印章《用印申请单》（原件）、印章使用登记表（原件）及用印资料（复印件）提交审计监察中心备案（见附件6）。

2.以公司名义签订的合同、协议、订购单等，不允许使用公司公章，须由合同评审审批人员审核后，持合同评审表原件方可使用合同专用章。

3.公章使用必须建立用章登记制度，严格审批手续，不符合规定的和未经主管领导签发的文件、合同等，办公室有权拒印。

4.严禁加盖空白合同、协议、证明及介绍信。任何印章管理员不得在当事人或委托人所持空白格式化文件上加盖印章。用章材料必须已经填写完毕，字迹须清晰、正确。

5.对加盖公章的材料，应注意落款单位必须一致，用印位置恰当，要齐年盖月，字迹端正，图形清晰。

（二）印章使用流程。

1.正常流程：材料盖章→部门领导签字→分管领导批准→总经理审核→备案登记（见附件7）。

2.外借使用流程：公章确需外带→提交申请报告→部门领导签字→分管领导批准→总经理审核→备案登记（见附件4）。

3.驻外公章、分公司印章一般事务性用印流程：材料盖章→部门领导签字→分公司区域经理→公司市场管理中心→分管区域领导负责审核签字批准。

驻外公章、分公司印章经济内合同、担保等用印流程：材料盖章→部门领导签字→分公司区域经理→公司市场管理中心→分管区域领导负责审核签字批准。

印章使用审批权限见附件8。

第十一条 有下列情况，应立即向有关领导和印章主管单位汇报，印章须停用：

（1）公司名称变动。

（2）公章使用损坏。

（3）公章遗失或被窃，声明作废。

第十二条 印章停用须经总经理批准，及时将停用印章送审计监察中心封存或销毁，建立公章上交、存档、销毁的登记档案（见附件9）。

第十三条 公司财务专用章的使用由财务管理中心另行规定。

第五章 罚 则

第十四条 违反本管理办法第二章规定的视为私刻印章，对私自刻印、伪造公司印章的行为，公司将给予30万元的处罚并追究其法律责任，移送司法机关，由此导致的所有法律、经济、民事等责任均由责任人承担。

第十五条 违反本管理办法第三章、第四章规定的，行为人应负所造成的各种后果和法律责任，并处以2000～10000元的罚款。情节严重的，公司有权即时予以解除劳动合同，若给公司造成一定经济损失或不良社会影响，公司将追究其法律责任。

第十六条 印章保管人印章保管不善、用印异常未及时汇报、未按审批程序规定私自使用印章的，不论是否造成后果，均处以1000～5000元的罚款。造成后果，公司有权即时予以解除劳动合同，若给公司造成一定经济损失或不良社会影响，公司将追究其法律责任。

第十七条 用印经办部门负责人对使用印鉴章的合理合法性负首要审批责任，有关职能部门负责人对所分工管理的印章负管理责任，因用印经办人、印章保管人违反本管理办法造成后果的，对经办部门负责人、职能部门负责人处以1000～5000元的罚款。

第六章 附 则

第十八条 本管理办法由公司审计监察中心负责解释。

第十九条 本管理办法自总经理办公会审议通过之日起实施。

附件：

附件1　印章刻制申请表

附件2　印章保管登记表

附件3　印章启用通知书

附件4　外借公章申请表

附件5　印章移交登记表

附件6　公章使用登记表

附件7　用印申请单

附件8　印章使用审批权限表

附件9　停用、报废公章名称备案登记表

附件1　印章刻制申请表

印章刻制申请表

编号：

<table>
<tr><td colspan="2">申请单位</td><td></td><td>申请人</td><td></td><td>申请日期</td><td></td></tr>
<tr><td colspan="2">申请刻制公章类别</td><td colspan="5">□行政公章　□合同专用章　□法人章　□负责人印鉴　□财务专用章　□发票专用章</td></tr>
<tr><td colspan="2">申请刻制原因</td><td colspan="5">□新刻制，原因：____________
□原章损坏，损坏原因：____________
□其他____________</td></tr>
<tr><td colspan="2">公章拟授权人</td><td></td><td colspan="2">专用章拟授权人</td><td colspan="2"></td></tr>
<tr><td colspan="7">审批意见</td></tr>
<tr><td colspan="2">部　门</td><td>审批意见</td><td>签　名</td><td>日　期</td><td colspan="2">审批要点</td></tr>
<tr><td>分公司</td><td>经营分包人</td><td></td><td></td><td></td><td colspan="2">确认申请理由</td></tr>
<tr><td rowspan="3">公司</td><td>市场管理中心</td><td></td><td></td><td></td><td colspan="2">审核必要性</td></tr>
<tr><td>人事行政中心</td><td></td><td></td><td></td><td colspan="2">审核印章授权人</td></tr>
<tr><td>审计监察中心</td><td></td><td></td><td></td><td colspan="2">审核项目有效性及项目全称</td></tr>
</table>

公司	副总经理				确认发起事项生效
	高级副总经理				确认发起事项生效
	总经理				最终审批意见
备注					

附件2　印章保管登记表

印章保管登记表

1	章样：	印章名称	
		保管部门	
		保管人签字	
		接收日期	
2	章样：	印章名称	
		保管部门	
		保管人签字	
		接收日期	
3	章样：	印章名称	
		保管部门	
		保管人签字	
		接收日期	
4	章样：	印章名称	
		保管部门	
		保管人签字	
		接收日期	

附件3　印章启用通知书

印章启用通知书

启用日期			
接收人			
保管人			
留　戳	留　戳	留　戳	
使用范围：			
发放部门			
备注			
批准		日期	

注：本通知一式两份，印章保管人保留一份；审计监察中心保留一份存档备查；本通知书同时代替委托书。

附件4　外借公章申请表

外借公章申请表

单位 / 部门		公章名称	
申请事由			

借出时间	年 月 日 时 至 年 月 日 时			盖章份数 / 次数		
盖章资料主要内容：						
申请人		审批人		副总经理		总经理	

印章外借承诺书

××公司：

根据工作业务需要，现向公司借出＿＿＿＿＿＿印章，办理＿＿＿＿＿＿＿＿＿＿＿＿＿＿＿＿＿＿＿＿＿＿＿＿＿＿相关工作，借出期间并做如下承诺：

一、严格遵守公司印章管理制度、印章使用范围及使用审批程序

二、承诺人将严格按照公司授权范围使用上述印章，并对保管和使用的后果承担全部责任。

三、使用印章期限＿＿＿年＿＿月＿＿日＿＿时至＿＿＿年＿＿月＿＿日＿＿时止。

四、印章模板：

承诺人：

年 月 日

附件5 印章移交登记表

印章移交登记表

序号	印鉴名称	印模	移交记录		移交原因	备注
1			移交人			
			接收人			
			监交人			
			移交时间			

续表

序号	印鉴名称	印模	移交记录		移交原因	备注
2			移交人			
			接收人			
			监交人			
			移交时间			
3			移交人			
			接收人			
			监交人			
			移交时间			

附件6　公章使用登记表

公章使用登记表

年　第__页，共__页

序号	用章事由	用印文件编号	份数	页数	纸张类型	经办人	印章保管人	实际用印日期	备注
1									
2									
3									
4									
5									
6									
7									
8									

附件7 用印申请单

用印申请单

申请日期:　　　　年　　月　　日　　　　　　　　　　　　　　编号:

单位 / 部门			
印章名称		份数	
文件名称及主要内容			
经办人			
经办部门领导			
副总经理审核			
总经理审批			

附件8 印章使用审批权限表

印章使用审批权限表

序号	类别	事项	审批权限						
			总经理	常务副总经理	财务总监	副总经理	市场管理中心	区域经理	部门负责人
1	人事行政日常事务	劳动合同		√		√			√
		社保、医保、公积金手续				√			√
		对外提供的公司证照、资质复印件				√			√
		公司证照变更、新增				√			√
		对外发文、函、公告等				√			√
		对外报送材料、报告、申请等				√			√

续表

<table>
<tr><th rowspan="2">序号</th><th rowspan="2">类别</th><th rowspan="2">事项</th><th colspan="7">审批权限</th></tr>
<tr><th>总经理</th><th>常务副总经理</th><th>财务总监</th><th>副总经理</th><th>市场管理中心</th><th>区域经理</th><th>部门负责人</th></tr>
<tr><td rowspan="5">1</td><td rowspan="5">人事行政日常事务</td><td>内部发文、函、公告等</td><td></td><td></td><td></td><td></td><td></td><td></td><td>√</td></tr>
<tr><td>车辆手续相关材料</td><td></td><td></td><td></td><td>√</td><td></td><td></td><td>√</td></tr>
<tr><td>身份证明、收入证明</td><td></td><td></td><td></td><td>√</td><td></td><td></td><td>√</td></tr>
<tr><td>介绍信</td><td></td><td>√</td><td></td><td>√</td><td></td><td></td><td>√</td></tr>
<tr><td>授权委托书</td><td>√</td><td>√</td><td></td><td>√</td><td></td><td></td><td>√</td></tr>
<tr><td rowspan="6">2</td><td rowspan="6">财务日常事务</td><td>贷款资料</td><td>√</td><td></td><td>√</td><td></td><td></td><td></td><td>√</td></tr>
<tr><td>资产评估资料</td><td></td><td></td><td>√</td><td></td><td></td><td></td><td>√</td></tr>
<tr><td>会计报表、统计报表</td><td></td><td></td><td>√</td><td></td><td></td><td></td><td>√</td></tr>
<tr><td>报税表格及资料、取款证明</td><td></td><td></td><td>√</td><td></td><td></td><td></td><td>√</td></tr>
<tr><td>银行开户、销户</td><td></td><td></td><td>√</td><td></td><td></td><td></td><td>√</td></tr>
<tr><td>审计事务</td><td></td><td></td><td>√</td><td></td><td></td><td></td><td>√</td></tr>
<tr><td>3</td><td colspan="2">项目报建有关</td><td>√</td><td>√</td><td></td><td>√</td><td></td><td>√</td><td>√</td></tr>
<tr><td rowspan="2">4</td><td rowspan="2">工程类日常事务</td><td>工程类结算材料</td><td>√</td><td>√</td><td>√</td><td></td><td></td><td></td><td>√</td></tr>
<tr><td>工程类报送材料（立项、验收类）</td><td></td><td>√</td><td></td><td>√</td><td></td><td>√</td><td>√</td></tr>
<tr><td rowspan="2">5</td><td rowspan="2">外部单位</td><td>费用结算</td><td></td><td>√</td><td>√</td><td></td><td></td><td></td><td>√</td></tr>
<tr><td>招投标项目相关材料</td><td></td><td></td><td></td><td>√</td><td>√</td><td>√</td><td>√</td></tr>
<tr><td>6</td><td colspan="2">驻外公章、公司印章</td><td>√</td><td>√</td><td>√</td><td>√</td><td>√</td><td>√</td><td>√</td></tr>
<tr><td rowspan="2">7</td><td rowspan="2">审计监察日常</td><td>审计事务</td><td>√</td><td>√</td><td></td><td>√</td><td></td><td></td><td>√</td></tr>
<tr><td>诉讼事务</td><td>√</td><td>√</td><td></td><td>√</td><td></td><td></td><td>√</td></tr>
<tr><td>8</td><td>各类合同</td><td colspan="8">凭合同审批表</td></tr>
</table>

附件9 停用、报废公章名称备案登记表

停用、报废公章名称备案登记表

<table>
<tr><th>序号</th><th>公章名称</th><th>停用、报废原因</th><th>停用、报废公章印模</th><th colspan="2">停用、报废移交手续</th><th>备注</th></tr>
<tr><td rowspan="4"></td><td rowspan="4"></td><td rowspan="4"></td><td rowspan="4"></td><td>移交人</td><td></td><td rowspan="4"></td></tr>
<tr><td>监交人</td><td></td></tr>
<tr><td>接交人</td><td></td></tr>
<tr><td>接交日期</td><td></td></tr>
<tr><td rowspan="4"></td><td rowspan="4"></td><td rowspan="4"></td><td rowspan="4"></td><td>移交人</td><td></td><td rowspan="4"></td></tr>
<tr><td>监交人</td><td></td></tr>
<tr><td>接交人</td><td></td></tr>
<tr><td>接交日期</td><td></td></tr>
<tr><td rowspan="4"></td><td rowspan="4"></td><td rowspan="4"></td><td rowspan="4"></td><td>移交人</td><td></td><td rowspan="4"></td></tr>
<tr><td>监交人</td><td></td></tr>
<tr><td>接交人</td><td></td></tr>
<tr><td>接交日期</td><td></td></tr>
<tr><td rowspan="4"></td><td rowspan="4"></td><td rowspan="4"></td><td rowspan="4"></td><td>移交人</td><td></td><td rowspan="4"></td></tr>
<tr><td>监交人</td><td></td></tr>
<tr><td>接交人</td><td></td></tr>
<tr><td>接交日期</td><td></td></tr>
<tr><td rowspan="4"></td><td rowspan="4"></td><td rowspan="4"></td><td rowspan="4"></td><td>移交人</td><td></td><td rowspan="4"></td></tr>
<tr><td>监交人</td><td></td></tr>
<tr><td>接交人</td><td></td></tr>
<tr><td>接交日期</td><td></td></tr>
</table>

范本6 合同管理制度

第一章 总 则

第一条 为规范公司的合同管理，防范与控制合同风险，有效维护公司的合法权益，依据《内部控制基本制度》，结合公司实际，制定本管理制度。

第二条 本管理制度所称合同管理是指公司签订的合同书及其他具有合同性质的协议书、意向书、承诺函等书面文件。本制度适用于公司在经营范围内开展经营活动依法签订的各类合同。公司在签订各项建造合同、采购合同、租赁合同、投资合同、技术合同、联营合同、协议等合同签订、履约过程中应遵守的程序管理。公司内部签订的各种协议及职工聘用劳动合同的管理，不适用本管理制度。

第三条 公司及下属分公司、子公司与公司外各类法人、自然人、其他组织进行各类经济活动和非经济活动所签订的各类合同、协议等均应遵守本管理制度。

第二章 合同管理及职责

第四条 公司审计监察中心法务部，按照本制度规定对合同签订工作进行审查、监督。

第五条 财务管理中心物资部负责采购合同、租赁合同的草拟、审查、谈判及根据公司法定代表人授权签订采购合同。

第六条 市场管理中心市场部、工程管理中心合同核算部负责工程项目相关的合同草拟、审查、谈判及根据公司法定代表人授权签订合同。

第七条 除工程项目合同、采购合同外，其他合同的草拟、审查、谈判由对应的职能部门负责（如：审计类合同由财务管理中心负责，劳动合同由人事行政中心负责、审计监察中心法务部负责相关合同法律事务的处理）。

第八条 公司档案室负责所有合同归档后的统一保管工作。

第三章 合同的签订

第九条 合同的主体。

（一）订立合同的主体必须是公司及所属子公司中具有法人资格，能独立承担民事责任的组织，其他部门、机构等不得擅自签订合同。

（二）订立合同前，应当对对方当事人的主体资格、资信能力、履约能力进行调查，不得与不能独立承担民事责任的组织签订合同，也不得与法人单位签订与该单位履约能力明显不相符的合同。

（三）公司一般不与自然人签订合同，确有必要签订合同的，应经公司总经理书面批准。

第十条 合同的形式。

（一）订立合同，所有合同应当采用书面形式。

（二）“书面形式”是指合同书、补充协议、公文信件、数据电文（包括电报、传真、电子邮件等），除情况紧急或条件限制外，公司一般要求采用正式的合同书形式。

（三）如遇特殊紧急情况，无法按上述程序起草或审批的，应填写《应急项目特别审批表》，由公司总经理特别批示，可先执行，后补签书面合同（限三日内补签完毕）。事后，审计监察中心法务部应对合同执行情况进行重点关注。

第十一条 合同的内容。

（一）当事人的名称、住所：合同抬头、落款、公章与对方当事人提供的资信情况载明的当事人的名称、住所保持一致。

（二）合同标的：合同标的应具有唯一性、准确性，买卖合同应详细约定规格、型号、商标、产地、等级等内容；服务合同应约定详细的服务内容及要求；对合同标的无法以文字描述的应将图纸作为合同的附件。

（三）数量：合同应采用国家标准的计量单位，一般应约定标的物数量，常年经销合同无法约定确切数量的应约定数量的确定方式（如电报、传真、送货单、发票等）。

（四）质量：有国家标准，部门行业标准或企业标准的，应约定所采用标准的代号；化工产品等可以用指标描述的产品应约定主要指标要求（标准已涵盖的除外）；凭样品支付的应约定样品的产生方式及样品存放地点。

（五）价款或报酬：价款或者报酬应在合同中明确，采用折扣形式的应约定合同的实际价款；价款的支付方式如转账支票、汇票（电汇、票汇、信汇）、托收、信用证、现金等应予以明确；价款或报酬的支付期限应约定确切日期或约定在一定条件达成后多少日内支付。

（六）履行期限、地点和方式：履行期限应具体明确定，无法约定具体时间的，应在合同中约定履行期间的方式；合同履行地点应力争做对本方有利的约定，如买卖合同一般约定交货地点为本公司仓库或本公司的住所地；约定具体地名的应明确至市辖区或县一级；买卖合同在合同中一般应约定交付的手续，即合同履行的标志，如托运单、仓库保管员签单等。

（七）合同的担保：合同中对方当事人要求提供担保或本方要求对方当事人提供担保的，应结合具体情况根据担保法的要求办理相关手续。

（八）合同的解释：合同文本中所有文字应具有排他性的解释，对可能引起歧义的文字和某些非法定专用词语应在合同中进行解释。

（九）保密条款：对技术类合同和其他涉及经营信息、技术信息的合同应约定保密承诺与违反保密承诺时的违约责任。

（十）合同联系制度：履行期限长的重大合同应当约定合同双方联系制度。

（十一）违约责任：根据民法典做适当约定，注意合同的公平性。

（十二）解决争议的方式：解决争议的方式可选择仲裁或起诉，选择仲裁的应明确约定仲裁机构的名称，双方对仲裁机构不能达成一致的，可选择第三地仲裁机构。

第十二条 签订合同的工作程序。

（一）签订合同前，合同递交人员或公司合同管理人员应按照本制度第九条规定对对方当事人的有关情况进行审查，并复印对方当事人的法人营业执照及专业资格证书留存。

（二）采购、工程建设分别由物资部、市场部、合同核算部负责人与对方当事人进行商谈，拟好合同条款，报公司合同核算部复核，并由合同核算部按公司合同评审流程递交公司各部门评审。

（三）除采购、工程建设以外的合同由总经理指定责任人员会同相关部门与对方当事人进行商谈，拟好合同条款，报公司合同核算部复核，并由合同核算部按公司合同评审流程递交公司各部门评审。

（四）合同金额低于50万元的，由项目负责人（分公司负责人）签署意见后发起，报（区域分公司）合同核算部、工程部、物资部、审计监察中心法务部、财务管理中心审核，由副总经理审批。

（五）合同金额50万元及以上的，由项目负责人（分公司负责人）签署意见后发起，报（区域分公司）合同核算部、工程部、物资部、审计监察中心法务部、财务管理中心审核，由公司副总经理、总经理审批。

（六）公司合同专用章管理人员在经副总经理审批（50万元以内）、公司总经理签准（50万元及以上）的合同书上盖章。

（七）法律、行政法规规定应当办理批准登记手续的合同，合同成立后由合同核算部依法及时办理。

（八）合同正式签订后，合同核算部应当妥善保管相应合同书原件，如是需要付款合同、建造合同，应交财务管理中心财务部一份（或复印件）。

（九）合同核算部在合同履行完成后，合同文本应当随《合同评审表》按相关规定交存公司档案室统一保管。

第四章 合同的变更、解除

第十三条 在合同履行期间由于客观原因需要变更或者解除合同的，须经双方协商，重新达成书面协议，新协议未达成前，原合同仍然有效。本方收到对方当事人要求解除或变更的通知书后，应当在规定的期限内做出书面答复。

第十四条 存在下列情形之一的，本方可以单方解除合同：

（一）因不可抗力致使不能实现合同目的。

（二）在履行期限届满之前，对方明确表示或者以自己的行为表明不履行主要债务。

（三）对方迟延履行主要债务，经催告后在合理期限内仍未履行。

（四）对方迟延履行债务或其他违约行为致使不能实现合同目的。

（五）法律规定的其他情形。

第十五条 变更或解除的合同，应当采用书面形式（包括书信、电报）。

第十六条 变更或解除合同的协议应按照合同签订程序报原审批人员批准。法律、行政法规规定变更合同应当办理批准登记等手续的，应依法及时办理。

第五章 合同的履行

第十七条 公司及所属子公司、公司各职能部门、项目部应当按照合同约定全面履行自己的义务，并随时督促对方当事人及时履行其义务。

第十八条 在合同履行过程中，对公司的履行情况应及时做好记录并经对方确认。履行采购合同付款时应由对方当事人出具增值税发票，公司原则上只开具限制性抬头的转账支票或银行转账付款，不允许以现金形式支付。

第十九条 在履行合同过程中，相关人员若发现并有确切证据证明对方当事人有下列情况之一的，应立即中止履行，并及时书面上报公司领导处理：

（一）经营状况严重恶化。

（二）转移财产，抽逃资金，以逃避债务。

（三）丧失商业信誉。

（四）有丧失或者可能丧失履行债务能力的其他情形。

第二十条 债权债务的定期确认和发生重大变动时的确认：

（一）在常年合同特别是常年采购合同履行过程中，经办人员应定期对账，确认双方债权债务。

（二）在对方当事人发生兼（合）并、分立、改制或其他重大事项以及本公司或对方当事人的合同经办人员发生变动时，应及时对账，确认合同效力及双方债权债务。

第六章 合同纠纷的调解、仲裁和诉讼

第二十一条 合同双方在履行过程中发生纠纷时，应首先按照实事求是的原则，平等协商解决。

第二十二条 合同双方在一定期限内无法就纠纷的处理达成一致或对方当事人无意协商解决的，经办部门应及时书面报告审计监察中心法务部，并拟定处理意见，报公司领导决定。对方当事人涉嫌合同诈骗的，应立即报告公司总经理。

第二十三条 公司决定审计监察中心法务部采用诉讼或仲裁处理的合同纠纷，以及对方当事人起诉的，经办部门和合同核算部应及时将合同的签订、履行、纠纷的产

生及协商情况整理成书面材料，连同有关证据报公司审计监察中心法务部。

因合同纠纷出现仲裁、诉讼，需要外聘律师的，应由审计监察中心法务部与经办部门和合同核算部协商后向公司领导报告。经办部门和合同核算部应协助审计监察中心法务部和外聘律师做好起诉、应诉和仲裁工作，并将与案件有关的全部资料交给案件主办人。

第七章　合同的日常管理

第二十四条　公司合同核算部负责公司的合同管理，公司档案室全面负责公司的合同归档。

第二十五条　已签订的合同、增值税发票以及业务往来传真、信函、对账单等资料，相关职能部门应自行保管好；重要资料应将原件交公司档案室随合同保管，增值税发票应将原件交财务管理中心保管，档案室留存复印件随合同保管。

第二十六条　合同核算部合同管理人员与本公司终止劳动关系前应把有关材料及名片、委托书移交完毕，经公司人事行政中心和合同核算部确认后方可办理有关手续。合同核算部合同管理人员与本公司终止劳动关系或因其他原因发生变更的，公司人事行政中心应在情况发生后一周内书面告知各有关单位。

第八章　合同的监督

第二十七条　公司审计监察中心负责对金额较大、内容较复杂的合同进行审计检查，并负责监督上述合同的履行过程。

第二十八条　公司审计监察中心可根据需要或公司领导要求对合同履行情况进行专项审计，合同履行责任部门及相关职能部门应予以配合。

第八章　考核与奖惩

第二十九条　公司及所属子公司、项目部全体职员应当严格遵守本制度，有效订立、履行合同，切实维护公司的整体利益。合同的管理工作纳入公司考核工作范畴，公司人事行政中心根据有关合同责任部门和合同责任人执行本制度的情况进行考核。公司审计监察中心负责本制度执行情况的监督考核。

第三十条　对在合同签订、履行过程中发现重大问题，积极采取补救措施，使本公司避免重大经济损失以及在经济纠纷处理过程中，避免或挽回重大经济损失的，予以奖励。

第三十一条　合同核算部合同管理人员出现下列情况之一，给公司造成损失的，公司将依法向责任人员追偿损失：

（1）未经授权批准或超越职权签订合同。

（2）为他人非法提供合同专用章。

（3）应当签订书面合同而未签订书面合同。

第三十二条 合同核算部合同管理人员出现下列情况之一，给公司造成损失的，公司酌情向有关人员追偿损失：

（1）因工作过失致使公司被诈骗的。

（2）公司履行合同未经对方当事人确认的。

（3）遗失重要证据的。

（4）发生纠纷后隐瞒不报、私自了结或报告避重就轻，从而贻误时机的。

（5）其他违反公司相关制度的。

第三十三条 公司职员在签订、履行合同过程中触犯刑法，构成犯罪的，将依法移交司法机关处理。

第九章 附 则

第三十四条 本管理制度由工程管理中心合同核算部负责解释。

第三十五条 本管理制度自公司董事会审议通过、发布之日起实施。

附件：

附件1 合同评审表

附件2 应急项目特别审批表

附件1 合同评审表

__________________签订评审表

项目名称：______________________________ 申请用章名称：______________

呈报事由（项目负责人意见）： 呈报人：________ 日期：__________
分公司负责人意见： 签字：____________________
区域分公司合同核算部意见： 签字：____________________
区域分公司工程部意见： 签字：____________________
区域分公司物资部意见： 签字：____________________

区域分公司审计监察部意见： 签字：________
区域分公司财务部意见： 签字：________
分公司总经理（副总经理）意见： 签字：________
（总公司）合同核算部意见： 签字：________
（总公司）工程管理中心意见： 签字：________
审计监察部总监意见： 签字：________
高级副总经理意见： 签字：________
常务副总经理意见： 签字：________
董事长审批： 签字：________

附件2　应急项目特别审批表

应急项目特别审批表

合同名称：
对方单位：
合同标的金额（大写）：
应急事由：

经办人： 年　　月　　日	部门领导： 年　　月　　日
总经理： 年　　月　　日	
备注：	

注：补签合同过程中，经办人需持本审批表办理，否则各审批层次不予接受。

范本7　合同台账管理规定

第一章　总　则

第一条　为保证公司的合同台账资料完整、统一，规范企业各类合同的管理，根据公司《合同管理制度》，特制定本管理规定。

第二条　凡以公司的名义签订的合同，均应由合同经办部门依照本管理规定建立合同台账（见附件），并同时向公司审计监察中心法务部备案，涉及款项收付的还应同时向财务部门备案。

备案是指合同经办人将合同台账、经办人签字确认无误的合同复印件提交相关部门。

第二章　合同台账内容

第三条　合同经办人员及部门应在合同签订生效后三日内建立合同台账并按规定履行备案手续。合同台账由公司工程管理中心和合同预算部建立管理，协助审计监察中心法务部和财务管理中心对合同管理和履行工作进行指导、检查、监督。

第四条　合同台账采用表格式，一份合同填写一张表格，建立一份档案。

第五条　合同台账应包括以下内容：

（一）合同名称。

（二）合同主体。

（三）合同内容（主要包括合同总价款、付款方式、付款时间、违约责任、纠纷解决方式、对方联系人及联系方式及其他须注明的事项）。

（四）合同履行情况（合同履行的进度、合同履行完毕的时间）。

（五）备注（有无违约、争议、诉讼、合同变更、无效、所附资料等情况）。

（六）其他应当记载的重要内容。

第六条 合同台账应附以下资料：

（一）合同副本。

（二）对方加盖公章的企业法人营业执照等《合同管理制度》中规定对方应提供的资料的复印件。

（三）对方委托代理人授权委托书及代理人身份证明。

（四）补充合同、会议纪要、往来函电。

（五）其他与合同有关的重要资料。

第三章 合同台账管理

第七条 合同履行过程中发生变更、中止等情形的，合同经办人应及时在合同台账表备注栏中予以注明，并报审计监察中心法务部备案。涉及合同价款收付条款变更（包括付款金额、付款时间、付款条件等情形）的，同时报财务管理中心财务部备案。

第八条 合同台账管理人员、审计监察中心法务部人员、财务管理中心财务部人员，有权对备案合同及所附资料进行审查，发现程序不符、内容有误或资料不全等问题时，应及时要求合同经办人员采取措施予以纠正或补充资料，以保证合同的签订和履行合法有效。

第九条 使用或借用合同台账资料，应当办理使用或借用手续，使用人或借用人应妥善保管合同资料，不得损坏或遗失，更不得擅自涂改或更换；办理结束后，应及时将使用或借用的合同资料归还合同台账管理人员。

若违反前款规定给企业造成不良后果，将追究相关责任人责任。

第四章 附 则

第十条 本管理规定由工程管理中心合同核算部制定并负责解释。

第十一条 本管理规定自总经理办公会审议通过之日起实施。

附件：合同台账

合同台账

台账编号：　　　　　　　　　　　　　　　　　　　　年　　月　　日

我方签约方名称			
对方签约方名称			
合同名称			
法务审核编号		签约日期	
合同经办人		经办部门	
对方联系人及联系方式			
纠纷解决方式			
合同总价款、付款方式、付款时间			
我方承担违约责任约定			
合同履行情况			
备　注			

注：台账编号填写法律文件审核表上的编号，如：法务201×-××号。

Construction Companies

Standards and Criterion of Internal Control & Financial Management

06
内部控制与风险管理

由于经营环境的急剧变化和企业自身的发展壮大，提高自身的风险防范与应对能力，已经成为当今企业管理的重心之一。健全的内部控制及风险管理，将是企业可持续发展的关键。内部控制与风险管理制度结合当前企业内控现状，旨在合理保证公司经营管理合法合规、资产安全、财务报告及相关信息真实完整，提高经营效率和效果，促进公司实现发展战略。

范本1 内部控制基本制度

第一章 总 则

第一条 为加强公司内部控制，提高经营管理水平和风险防范能力，促进公司可持续发展，保护股东和投资者的合法权益，根据《公司法》《证券法》《企业内部控制基本规范》及其配套指引等法律法规和国资委的监管要求，结合公司章程和企业实际情况，制定本基本制度。

第二条 本基本制度所称内部控制，是指由公司董事会、监事会、管理层和全体员工实施的、旨在实现控制目标的过程。

第三条 公司内部控制的目标。

（一）保证公司经营管理合法合规。

（二）保障公司的资产安全。

（三）保证公司财务报告及相关信息真实完整。

（四）提高经营效率和效果。

（五）促进公司实现发展战略。

第四条 本基本制度适用于公司及子公司、各级分公司、工程项目部（以下统称各单位）。

第五条 公司内部控制活动涵盖公司所有的管理营运环节，包括但不限于：战略管理、投资管理、财务管理、人力资源管理、财务报告和信息披露、内部审计、销售及收款、采购及付款、固定资产管理、存货管理、预算管理、资金管理、成本和费用控制、信息管理等。

第六条 公司建立与实施内部控制，应当遵循下列原则：

（一）全面性原则。内部控制应当贯穿决策、执行和监督全过程，覆盖公司及其所属单位的各种业务和事项。

（二）重要性原则。内部控制应当在全面控制的基础上，关注重要业务事项和高风险领域。

（三）制衡性原则。内部控制应当在治理结构、机构设置及权责分配、业务流程等方面形成相互制约、相互监督，同时兼顾运营效率。

（四）适应性原则。内部控制应当与公司经营规模、业务范围、竞争状况和风险水平等相适应，并随情况的变化及时加以调整。

（五）成本效益原则。内部控制应当权衡实施成本与预期效益，以适当的成本实现有效控制。

第七条 公司建立与实施有效的内部控制，应当包括下列要素：

（一）内部环境。内部环境是公司实施内部控制的基础，一般包括治理结构、机构设置及权责分配、内部审计、人力资源政策、企业文化等。

（二）风险评估。风险评估是公司及时识别、系统分析经营活动中与实现内部控制目标相关的风险，合理确定风险应对策略。

（三）控制活动。控制活动是公司根据风险评估结果，采用相应的控制措施，将风险控制在可承受度之内。

（四）信息与沟通。信息与沟通是公司及时、准确地收集、传递与内部控制相关的信息，确保信息在公司内部、公司与外部之间进行有效沟通。

（五）内部监督。内部监督是公司对内部控制建立与实施情况进行监督检查，评价内部控制的有效性，发现内部控制缺陷，应当及时加以改进。

第二章 内部控制的组织体系及职责分工

第八条 公司董事会是内部控制的决策机构，对公司内部控制的建立健全和有效实施负责。董事会设立风险管理委员会，负责审查公司内部控制、监督内部控制的有效实施和内部控制自我评价情况，协调内部控制审计及其他相关事宜等。风险管理委员会召集人应当具备良好的职业操守和专业胜任能力。

第九条 监事会对董事会建立与实施内部控制进行监督。

第十条 管理层负责组织领导公司内部控制的日常运行。

第十一条 公司人事行政中心是内控体系建设的牵头部门，经董事会审议批准后，负责组织各职能部门开展制度建设、风险评估、流程梳理等工作。公司审计监察中心是内部控制监督检查的牵头部门，经董事会审议批准后，负责组织开展内控检查、缺陷认定与整改、内控评价等工作。公司各职能部门是内部控制建设的具体操作部门，负责本部门业务领域的内控体系建设的各项工作，具体分工见附件。

第十二条 公司各单位是内部控制实施的具体执行单位，负责在公司内部控制体系框架下，设计并实施相应的内部控制，组织开展本单位内控相关工作。各单位应参照本制度制定本企业的内部控制基本制度，明确内部控制目标、实施范围、原则和基本要素，按照不相容职务分离原则分别指定内控建设和评价的牵头部门，根据公司内控规范实施的进度要求，有序推进本单位内控建设实施和检查评价工作。

第三章 公司的制度体系

第十三条 公司制度按照制度制定的主体、所涉及层次和约束范围，划分为基本管理制度、具体规章、管理办法和实施细则三个层级。

第十四条 基本管理制度是企业内控制度体系中具有根本性质的制度，规定企业的形成和组织方式、决定企业性质、商业模式和运作方式等，基本管理制度包括基本治理和基本职能管理两个方面。

基本治理方面的制度主要是指确保公司治理规范与有效运作，明确企业财产所有形式和分配方式的制度。包括但不限于股东大会、董事会、监事会议事规则，董事会各专门委员会工作细则、独立董事工作制度、董事会秘书工作制度、董事长工作规则、股东权益与利润分配、公司合并、分立与解散管理等相关制度。

基本职能管理方面的制度是内控体系中对企业各管理职能所应遵循的总体原则和框架的规范性制度文件，是调节集体协作行为的制度。包括但不限于《公司章程》规定的董事会职权范围内的事项，以及《企业内部控制规范》中所涉18个应用指引的内容等。

第十五条 具体规章、管理办法是在基本管理制度的原则和框架下，对企业各项经营管理工作的范围、内容、程序、方法及各层次的职权、责任和相互间的配合、协调关系的制度规定，是用来约束集体和个人行为的具体规定或管理办法。

第十六条 实施细则是对基本管理制度和具体规章、管理办法所做的详细、具体的解释和补充，是操作层面的要求和规范，涉及组织规范、技术规范、业务规范、人员规范、财务核算规范等。

第十七条 本制度所涉基本管理制度应由董事会审议批准；具体规章、管理办法通常由管理层审议批准；实施细则由管理层审议批准或由董事长授权的专门会议审议批准。

第十八条 各单位应根据本单位的实际，参照上述第十七条规定和公司的相关制度规定，确定本单位制度的审批权限。

第四章 内部环境及建设

第十九条 内部环境的建设和完善，是企业内部控制体系健全、制度可靠执行、过程和结果有效的重要保障。

第二十条 公司应当根据国家有关法律法规和公司章程，建立规范的公司治理结构和议事规则，明确决策、执行、监督等方面的职责权限，形成科学有效的职责分工和制衡机制。股东大会享有法律法规和公司章程规定的合法权利，依法行使公司经营方针、筹资、投资、利润分配等重大事项的表决权。董事会对股东大会负责，依法行使公司的经营决策权。监事会对股东大会负责，监督公司董事、董事长和其他高级管理人员依法履行职责。管理层负责组织实施股东大会、董事会决议事项，主持公司的生产经营管理工作。

第二十一条 公司应当结合业务特点和内部控制要求设置内部机构，明确职责权限，将权利与责任落实到各责任单位。公司应当通过编制内部管理手册，使全体员工掌握内部机构设置、岗位职责、业务流程等情况，明确权责分配，正确行使职权。

第二十二条 公司应当加强内部审计工作，保证内部审计机构设置、人员配备和工作的独立性。内部审计机构应当结合内部审计监督，对内部控制的有效性进行监督检查。内部审计机构对监督检查中发现的内部控制缺陷，应当按照公司内部审计工作程序进行报告；对监督检查中发现的内部控制重大缺陷，有权直接向董事会及其风险管理委员会、监事会报告。

第二十三条 公司应当制定和实施有利于公司可持续发展的人力资源政策。人力资源政策应当包括以下内容：

（一）员工的聘用、培训、辞退与辞职。

（二）员工的薪酬、考核、晋升与奖惩。

（三）关键岗位员工的强制休假制度和定期岗位轮换制度。

（四）掌握国家秘密或重要商业秘密的员工离岗的限制性规定。

（五）有关人力资源管理的其他政策。

第二十四条 公司应当将职业道德修养和专业胜任能力作为选拔和聘用员工的重要标准，切实加强员工培训和继续教育，不断提升员工素质。

第二十五条 公司应当加强文化建设，培育积极向上的价值观和社会责任感，倡导诚实守信、爱岗敬业、开拓创新和团队协作精神，树立现代管理理念，强化风险意识。董事、监事、董事长及其他高级管理人员应当在企业文化建设中发挥主导作用。企业员工应当遵守员工行为守则，认真履行岗位职责。

第二十六条 公司应当加强法制教育，增强董事、监事、董事长及其他高级管理人员和员工的法制观念，严格依法决策、依法办事、依法监督，建立健全法律顾问制度和重大法律纠纷案件备案制度。

第五章 风险评估

第二十七条 公司开展风险评估，应当采用定性与定量相结合的方法，按照风险发生的可能性及其影响程度等，准确识别与实现控制目标相关的内部风险和外部风险，并对识别的风险进行分析和排序，按照公司对相应的风险承受能力，确定关注重点和优先控制的风险。

第二十八条 公司识别内部风险，应当关注下列因素：

（一）董事、监事、董事长及其他高级管理人员的职业操守、员工专业胜任能力等人力资源因素。

（二）组织机构、经营方式、资产管理、业务流程等管理因素。

（三）研究开发、技术投入、信息技术运用等自主创新因素。

（四）财务状况、经营成果、现金流量等财务因素。

（五）营运安全、员工健康、环境保护等安全环保因素。

（六）其他有关内部风险因素。

第二十九条 公司识别外部风险，应当关注下列因素：

（一）经济形势、产业政策、融资环境、市场竞争、资源供给等经济因素。

（二）法律法规、监管要求等法律因素。

（三）安全稳定、文化传统、社会信用、教育水平、消费者行为等社会因素。

（四）技术进步、工艺改进等科学技术因素。

（五）自然灾害、环境状况等自然环境因素。

（六）其他有关外部风险因素。

第三十条 公司应当结合风险承受度，权衡风险与收益，综合运用风险规避、风险降低、风险分担和风险承受等风险应对策略，实现对风险的有效控制。

第三十一条 公司应当结合不同发展阶段和业务拓展情况，持续收集与风险变化相关的信息，进行风险识别和风险分析，及时调整风险应对策略，补充和完善相关内控制度。

第六章 控制活动

第三十二条 公司应当结合风险评估结果，通过手工控制与自动控制、预防性控制与发现性控制相结合的方法，运用相应的控制措施，将风险控制在可承受范围之内。控制措施一般包括：不相容职务分离控制、授权审批控制、会计系统控制、财产保护控制、预算控制、运营分析控制和绩效考评控制等。

第三十三条 不相容职务分离控制要求公司全面系统地分析、梳理业务流程中所涉及的不相容职务，实施相应的分离措施，形成各司其职、各负其责、相互制约的工作机制。

第三十四条 授权审批控制要求公司根据常规授权和特别授权的规定，明确各岗位办理业务和事项的权限范围、审批程序和相应责任。公司应当编制常规授权的权限指引，规范特别授权的范围、权限、程序和责任，严格控制特别授权。常规授权是指公司在日常经营管理活动中按照既定的职责和程序进行的授权。特别授权是指公司在特殊情况、特定条件下进行的授权。公司各级管理人员应当在授权范围内行使职权和承担责任。公司对于重大的业务和事项，应当实行集体决策审批或者联签制度，任何个人不得单独进行决策或者擅自改变集体决策。

第三十五条 会计系统控制要求公司严格执行国家统一的会计准则制度，加强会计基础工作，明确会计凭证、会计账簿和财务会计报告的处理程序，保证会计资料真实完整。公司应当依法设置会计机构，配备会计从业人员。从事会计工作的人员，必须取得会计从业资格证书。会计机构负责人应当具备会计师以上专业技术职务资格。公司应当设置总会计师（财务总监），不得设置与其职权重叠的副职。

第三十六条 财产保护控制要求公司建立财产日常管理制度和定期清查制度，采取财产记录、实物保管、定期盘点、账实核对等措施，确保财产安全。公司应当严格限制未经授权的人员接触和处置财产。

第三十七条 预算控制要求公司实施全面预算管理制度，明确各责任单位在预算管理中的职责权限，规范预算的编制、审定、下达和执行程序，强化预算约束。

第三十八条 运营分析控制要求公司建立运营情况分析制度，管理层应当综合运用生产、购销、投资、筹资、财务等方面的信息，通过因素分析、对比分析、趋势分析等方法，定期开展运营情况分析，发现存在的问题，及时查明原因并加以改进。

第三十九条 绩效考评控制要求公司建立和实施绩效考评制度，科学设置考核指标体系，对公司内部各责任单位和全体员工的业绩进行定期考核和客观评价，将考评结果作为确定员工薪酬以及职务晋升、评优、降级、调岗、辞退等的依据。

第四十条 公司应当根据内部控制目标，结合风险应对策略，综合运用控制措施，对各种业务和事项实施有效控制。

第四十一条 公司应当建立重大风险预警机制和突发事件应急处理机制，明确风险预警标准，对可能发生的重大风险或突发事件，制定应急预案、明确责任人员、规范处置程序，确保突发事件得到及时妥善处理。

第七章 信息与沟通

第四十二条 公司应当建立信息与沟通制度，明确内部控制相关信息的收集、处理和传递程序，确保信息及时沟通，促进内部控制有效运行。公司应当运用信息技术加强内部控制，建立与经营管理相适应的信息系统，促进内部控制流程与信息系统的有机结合，实现对业务和事项的自动控制，减少或消除人为操纵因素。

第四十三条 公司应当对收集的各种内部信息和外部信息进行合理筛选、核对、整合，提高信息的有用性。公司通过财务会计资料、经营管理资料、调研报告、专项信息、内部刊物、办公网络等渠道，获取内部信息；通过行业协会组织、社会中介机构、业务往来单位、市场调查、来信来访、网络媒体以及有关监管部门等渠道，获取外部信息。

第四十四条 公司应当将内部控制相关信息在公司内部各管理级次、责任单位、业务环节之间，以及公司与外部投资者、债权人、客户、供应商、中介机构和监管部门等有关方面之间进行沟通和反馈。信息沟通过程中发现的问题，应当及时报告并加以解决。重要信息应当及时传递给董事会、监事会和管理层。

第四十五条 公司应当利用信息技术促进信息的集成与共享，充分发挥信息技术在信息与沟通中的作用。公司应当加强对信息系统开发与维护、访问与变更、数据输入与输出、文件储存与保管、网络安全等方面的控制，保证信息系统安全稳定运行。

第四十六条 公司应当建立反舞弊机制，坚持惩防并举、重在预防的原则，明确反舞弊工作的重点领域、关键环节和有关机构在反舞弊工作中的职责权限，规范舞弊案件的举报、调查、处理、报告和补救程序。公司至少应当将下列情形作为反舞弊工作的重点：

（一）未经授权或者采取其他不法方式侵占、挪用公司资产，牟取不当利益。

（二）在财务会计报告和信息披露等方面存在的虚假记载、误导性陈述或者重大遗漏等。

（三）董事、监事、董事长及其他高级管理人员滥用职权。

（四）相关机构或人员串通舞弊。

第四十七条 公司应当建立举报投诉制度和举报人保护制度，设置举报专线，明确举报投诉处理程序、办理时限和办结要求，确保举报、投诉成为公司有效掌握信息的重要途径。举报投诉制度和举报人保护制度应当及时传达至全体员工。

第八章 内部监督

第四十八条 公司应当根据本基本制度，制定内部控制监督制度，明确内部审计机构（或经授权的其他监督机构）和其他内部机构在内部监督中的职责权限，规范内部监督的程序、方法和要求。内部监督分为日常监督和专项监督。日常监督是指公司对建立与实施内部控制的情况进行常规、持续的监督检查；专项监督是指在公司发展战略、组织结构、经营活动、业务流程、关键岗位员工等发生较大调整或变化的情况下，对内部控制的某一或者某些方面进行有针对性的监督检查。专项监督的范围和频率应当根据风险评估结果以及日常监督的有效性等予以确定。

第四十九条 公司应当以书面或者其他适当的形式，妥善保存内部控制建立与实施过程中的相关记录或者资料，确保内部控制建立与实施过程的可验证性。

第九章 内部控制体系运行工作

第五十条 内部控制体系是指为实现内部控制目标和防范风险，保证内部控制有效运行的组织结构、管理制度和业务流程等。内部控制体系运行管理包括以下工作：

（一）内部控制体系的建立和日常维护。

（二）内部控制监督和评价。

（三）内部控制审计。

（四）内部控制的信息披露

（五）内部控制的考核。

第五十一条 内部控制体系的日常维护是从内部控制体系的设计和运行两方面，不断改进和完善内部控制体系文件及改进控制活动的过程。当发生下列事项时，应修改和完善内部控制体系文件：

（一）国家法律法规、行业从业规定、监管部门要求等发生变化。

（二）公司战略、业务范围、组织机构、管理职责等内部环境发生变化。

（三）根据风险评估结果，重大风险和重要风险发生变化。

（四）内部控制监督评价以及内控审计发现存在内控设计缺陷。

（五）其他相关事项。

第五十二条 内部控制监督是公司的日常监督，是对建立与实施内部控制的情况进行常规、持续的监督检查的过程。内部控制评价是指从整体上对内部控制建立和实施的有效性进行全面评价、形成评价结论、出具评价报告的过程。公司应当结合内部监督情况，定期对内部控制的有效性进行自我评价，出具内部控制自我评价报告。内部控制自我评价的方式、范围、程序和频率，由公司根据经营业务调整、经营环境变化、业务发展状况、实际风险水平等自行确定。

第五十三条 公司应当制定内部控制缺陷认定标准，对监督过程中发现的内部控制缺陷，应当分析缺陷的性质和产生的原因，提出整改方案，采取适当的形式及时向董事会、监事会或者管理层报告。内部控制缺陷包括设计缺陷和运行缺陷。公司应当跟踪内部控制缺陷整改情况，并就内部监督中发现的重大缺陷，追究相关责任单位或者责任人的责任。

第五十四条 内部控制审计，是指公司委托会计师事务所，对特定基准日公司内部控制设计与运行的有效性进行审计。公司董事会下设的风险管理委员会负责提议聘请或更换内部控制的外部审计机构，风险管理委员会可以指定内控牵头部门具体负责外部审计机构的选聘、签约、沟通联系和日常管理等工作。

第五十五条 公司应当按照上市地监管要求披露内部控制评价报告和内部控制审计报告，并按规定披露内部控制的建立和运行情况。

第五十六条 公司应当建立内部控制实施的激励约束机制，将各单位、各职能部门和全体员工实施内部控制的情况纳入绩效考评体系，促进内部控制的有效实施。

第十章 附 则

第五十七条 公司将根据法律法规的更新、战略和组织机构的调整、公司各项规章制度运行情况以及内外部审计机构发现的内控缺陷，修正本基本制度。

第五十八条 本基本制度由公司董事会发布、解释。

第五十九条 本基本制度自公司董事会审议通过、发布之日起实施。

附件：各职能部门内控制度设计的职责分工

各职能部门内控制度设计的职责分工

<table>
<tr><th colspan="4">内控规范性要求</th><th colspan="2">职责分工</th></tr>
<tr><th>内部控制基本要素</th><th>内控基本规范及其配套指引</th><th colspan="2">相关要求</th><th>主责部门（牵头部门）</th><th>具体工作</th></tr>
<tr><td rowspan="12">内部环境</td><td rowspan="2">组织架构（1号指引）</td><td colspan="2">治理结构</td><td>股东大会、董事会</td><td rowspan="24">1. 对照内控相关规范文件，制定并修订本部门职责范围内的规章制度。
2. 搜集风险信息，进行风险评估，研究风险应对策略，设立风险事件库。
3. 梳理业务流程，设置风险控制点，明确关键控制措施，按照模版编制流程文件。
4. 梳理本部门的职责权限，编制岗位说明书。
5. 整改本部门职责范围内，内外部内控检查机构发现的内控设计缺陷</td></tr>
<tr><td colspan="2">内部机构设置</td><td>人事行政中心</td></tr>
<tr><td rowspan="2">发展战略（2号指引）</td><td colspan="2">发展战略制定</td><td rowspan="2">董事会、财务管理中心、资本运营中心、人事行政中心</td></tr>
<tr><td colspan="2">发展战略实施</td></tr>
<tr><td rowspan="2">人力资源（3号指引）</td><td colspan="2">人力资源的引进与开发</td><td>人事行政中心</td></tr>
<tr><td colspan="2">人力资源的使用与退出</td><td>人事行政中心</td></tr>
<tr><td rowspan="4">社会责任（4号指引）</td><td colspan="2">安全生产</td><td>工程管理中心</td></tr>
<tr><td colspan="2">工程质量</td><td>工程管理中心</td></tr>
<tr><td colspan="2">环境保护与资源节约</td><td>工程管理中心</td></tr>
<tr><td colspan="2">促进就业与员工权益保护</td><td>工会</td></tr>
<tr><td rowspan="2">企业文化（5号指引）</td><td colspan="2">企业文化的建设</td><td>人事行政中心</td></tr>
<tr><td colspan="2">企业文化的评估</td><td>人事行政中心</td></tr>
<tr><td>风险评估</td><td colspan="3">风险评估（内控基本规范）</td><td>董事会、审计监察中心</td></tr>
<tr><td rowspan="11">控制活动</td><td rowspan="3">资金活动（6号指引）</td><td colspan="2">筹资</td><td>财务管理中心</td></tr>
<tr><td colspan="2">投资</td><td>财务管理中心</td></tr>
<tr><td colspan="2">运营</td><td>财务管理中心</td></tr>
<tr><td rowspan="2">采购业务（7号指引）</td><td colspan="2">购买</td><td>财务管理中心</td></tr>
<tr><td colspan="2">付款</td><td>财务管理中心</td></tr>
<tr><td rowspan="6">资产管理（8号指引）</td><td colspan="2">存货</td><td>财务管理中心</td></tr>
<tr><td colspan="2">固定资产</td><td>财务管理中心</td></tr>
<tr><td rowspan="4">无形资产</td><td>品牌</td><td>品牌部</td></tr>
<tr><td>商标</td><td>品牌部</td></tr>
<tr><td>专利权利</td><td>总工室</td></tr>
<tr><td>土地使用权</td><td>财务管理中心</td></tr>
</table>

续表

<table>
<tr><th colspan="4">内控规范性要求</th><th colspan="2">职责分工</th></tr>
<tr><th>内部控制基本要素</th><th>内控基本规范及其配套指引</th><th colspan="2">相关要求</th><th>主责部门（牵头部门）</th><th>具体工作</th></tr>
<tr><td rowspan="21">控制活动</td><td rowspan="2">销售管理（9号指引）</td><td>销售与市场开发</td><td>工程板块</td><td>市场管理中心、工程管理中心</td><td rowspan="21">1. 对照内控相关规范文件，制定并修订本部门职责范围内的规章制度。
2. 搜集风险信息，进行风险评估，研究风险应对策略，设立风险事件库。
3. 梳理业务流程，设置风险控制点，明确关键控制措施，按照模版编制流程文件。
4. 梳理本部门的职责权限，编制岗位说明书。
5. 整改本部门职责范围内，内外部内控检查机构发现的内控设计缺陷</td></tr>
<tr><td colspan="2">收款</td><td>财务管理中心</td></tr>
<tr><td rowspan="2">研究与开发（10号指引）</td><td colspan="2">立项与研究</td><td>总工室</td></tr>
<tr><td colspan="2">开发与保护</td><td>总工室</td></tr>
<tr><td rowspan="6">工程项目（11号指引）</td><td colspan="2">工程立项</td><td>工程管理中心</td></tr>
<tr><td colspan="2">工程成本核算</td><td>工程管理中心</td></tr>
<tr><td colspan="2">工程招投标</td><td>市场管理中心、工程管理中心</td></tr>
<tr><td colspan="2">工程造价</td><td>工程管理部</td></tr>
<tr><td colspan="2">工程建设</td><td>工程管理部</td></tr>
<tr><td colspan="2">工程验收</td><td>工程管理部</td></tr>
<tr><td rowspan="2">担保业务（12号指引）</td><td colspan="2">调查评估与审批</td><td>财务管理中心</td></tr>
<tr><td colspan="2">执行与监控</td><td>财务管理中心</td></tr>
<tr><td rowspan="2">外包业务（13号指引）</td><td colspan="2">承包方选择</td><td>各职能部门</td></tr>
<tr><td colspan="2">业务外包实施</td><td>各职能部门</td></tr>
<tr><td rowspan="3">财务报告（14号指引）</td><td colspan="2">财务报告的编制</td><td>财务管理中心、审计监察中心</td></tr>
<tr><td colspan="2">财务报告的对外提供</td><td rowspan="2">财务管理中心、资本运营中心</td></tr>
<tr><td colspan="2">财务报告的分析利用</td></tr>
<tr><td rowspan="3">全面预算（15号指引）</td><td colspan="2">预算编制</td><td rowspan="3">财务管理中心、工程管理中心</td></tr>
<tr><td colspan="2">预算执行</td></tr>
<tr><td colspan="2">预算考核</td></tr>
<tr><td rowspan="2">合同管理（16号指引）</td><td colspan="2">合同的订立</td><td>法务部</td></tr>
<tr><td colspan="2">合同的履行</td><td>法务部</td></tr>
</table>

续表

<table>
<tr><th colspan="3">内控规范性要求</th><th colspan="2">职责分工</th></tr>
<tr><th>内部控制基本要素</th><th>内控基本规范及其配套指引</th><th>相关要求</th><th>主责部门（牵头部门）</th><th>具体工作</th></tr>
<tr><td rowspan="10">控制活动</td><td colspan="2">不相容职务分离控制（内控基本规范）</td><td>董事会</td><td rowspan="18">1. 对照内控相关规范文件，制定并修订本部门职责范围内的规章制度。
2. 搜集风险信息，进行风险评估，研究风险应对策略，设立风险事件库。
3. 梳理业务流程，设置风险控制点，明确关键控制措施，按照模版编制流程文件。
4. 梳理本部门的职责权限，编制岗位说明书。
5. 整改本部门职责范围内，内外部内控检查机构发现的内控设计缺陷</td></tr>
<tr><td rowspan="4">授权审批控制（内控基本规范）</td><td>股东大会审批事项</td><td>资本运营中心</td></tr>
<tr><td>董事会审批事项</td><td>资本运营中心</td></tr>
<tr><td>党政联席会审批事项</td><td>党委</td></tr>
<tr><td>总经理办公会审批事项</td><td>总经理办公会</td></tr>
<tr><td colspan="2">运营分析控制（内控基本规范）</td><td>各职能部门</td></tr>
<tr><td rowspan="4">绩效考评控制（内控基本规范）</td><td>管理层业绩考核</td><td>董事会</td></tr>
<tr><td>所属各子公司负责人绩效考核</td><td>董事会</td></tr>
<tr><td>各职能部门负责人绩效考核</td><td>人事行政中心、董事会</td></tr>
<tr><td>员工绩效考核</td><td>人事行政中心</td></tr>
<tr><td rowspan="5">信息与沟通</td><td rowspan="2">内部信息传递（17号指引）</td><td>内部报告的形成</td><td>各职能部门</td></tr>
<tr><td>内部报告的使用</td><td>各职能部门</td></tr>
<tr><td rowspan="2">信息系统（18号指引）</td><td>信息系统的开发</td><td>信息中心</td></tr>
<tr><td>信息系统的运行与维护</td><td>信息中心</td></tr>
<tr><td colspan="2">反舞弊机制（内控基本规范）</td><td>审计监察中心</td></tr>
<tr><td rowspan="3">内部监督</td><td colspan="2">日常监督（内控评价指引）</td><td>审计监察中心</td></tr>
<tr><td rowspan="2">专项监督（内控基本规范）</td><td>工程项目审计</td><td>审计监察中心、工程管理中心</td></tr>
<tr><td>其他专项监督</td><td>各职能部门</td></tr>
</table>

范本2　全面风险管理制度

第一章　总　则

第一条　为加强公司的风险管理工作，建立规范、有效的全面风险管理体系，防范和化解各类风险，确保控制或降低由各项风险造成的损失，增强抗风险能力，实现持续、稳定、健康发展，特制定本管理制度。

第三条　本管理制度依据《中华人民共和国公司法》《企业内部控制基本规范》等有关法律法规，结合公司实际情况制定。

第三条　本管理制度为公司制度体系的第一层级，属于基本管理制度，适用于公司及所属分子公司、工程项目部（以下统称单位）和公司职能部门。

第四条　本管理制度所称风险，是指在公司发展过程中，各种不确定性对公司实现其经营目标的影响，包括纯粹风险（只带来损失一种可能性）和机会风险（带来损失和盈利的可能性并存）。一般可分为战略风险、财务风险、市场风险、运营风险、法律风险、人力资源风险等。

（一）战略风险：因未来的不确定性对企业实现战略目标的影响。具体表现为：缺乏明确的发展战略或发展战略实施不到位；发展战略过于激进，脱离企业实际能力或偏离主业；发展战略因主观原因频繁变动，导致资源浪费；因内外部环境发生重大变化，发展战略未能及时调整等。

（二）市场风险：由于产品或服务的价格及供需变化，能源、原材料、配件等物资供应变化，主要客户、供应商信用变化，税收政策和利率、汇率、股指等变化，潜在进入者、竞争者与替代品竞争等因素带来的市场相关风险。

（三）财务风险：由于公司财务结构不合理、融资不当，使公司可能丧失偿债能力而导致投资者预期收益下降和陷入财务困境甚至破产的风险。

（四）法律风险：公司在经营过程中因自身经营行为的不规范违反法律或监管要求而受到制裁、遭受经济损失或因未能遵守所有适用法律、法规、行为准则或相关标准而给公司信誉带来损失及不利法律后果的风险。

（五）运营风险：由于公司内部流程和系统、人为操作出现不利因素或外部环境的复杂性和变动性，而导致运营失败或运营活动达不到预期目标的风险。

（六）人力资源风险：由于公司人力资源激励约束制度不合理、关键岗位人员管理不完善，可能导致人才流失、经营效率低下或关键技术、商业秘密泄露。人力资源退出机制不当，可能导致法律诉讼或企业声誉受损。

第五条 本制度所称全面风险管理，指公司围绕其发展战略及总体经营目标，通过在企业管理的各个环节和经营过程中执行风险管理的基本流程，培训良好的风险管理文化，建立健全全面风险管理体系，包括风险管理策略、风险管理理财措施、风险管理的组织职能体系、风险管理信息系统和内部控制系统，从而为实现全面风险管理总体目标提供合理保证的过程和方法。

第六条 本管理制度主要应对以下风险：

（一）未能有效地执行风险管理工作，可能导致公司战略与风险管理不匹配，使公司在发展过程中承担过多自身无法承受的风险，影响公司目标实现。

（二）风险评估执行不到位或评估方法不科学，可能导致无法准确掌握公司存在的潜在风险或该风险可能造成的后果，影响公司发展及经营目标的实现。

（三）缺乏整体的风险管理策略，或风险管理解决方案不能有效落实，可能影响风险管理工作的效率及效果，且当重大风险事件发生时，不能有效解决和遏制风险事件带来的不良影响，导致经济损失。

（四）风险管理职责不清晰，缺乏明确不同层级风险管理的职责分配，导致风险管理工作无法顺利进行。

第二章 风险管理的目标、原则及基本要素

第七条 公司开展全面风险管理要努力实现以下风险管理总体目标：

（一）战略目标：确保将风险控制在与总体目标相适应且可承受的范围内。

（二）报告目标：确保内外部，尤其是企业与股东之间实现真实、可靠的信息沟通，包括编制和提供真实、可靠的财务报告。

（三）合规性目标：确保遵守有关法律法规。

（四）经营目标：合理保障企业有关规章制度和为实现经营目标而采取重大措施的贯彻执行，合理保障经营管理的有效性，提高经营活动的效率和效果。

第八条 公司建立全面风险管理体系，应当遵循以下原则：

（一）全面性原则：风险管理应当贯穿决策、执行和监督全过程，覆盖公司及其所属各单位的各种业务和事项。

（二）重要性原则：风险管理应当在全面管理的基础上，关注重要业务事项和高风险领域。

（三）成本效益性原则：要权衡风险管理所付出的成本与风险管理措施所降低的风险损失、可能带来收益之间的关系，用最小的成本达到降低风险的目标。

（四）适应性原则：风险管理应当与公司的经营规模、业务、范围、竞争状况和风险水平等相适应，并随情况的变化及时加以调整。

第九条　公司建立风险管理体系，应当考虑以下基本要素：

（一）目标设定：指公司根据风险偏好设定战略目标。

（二）内部环境：指公司的组织文化以及其他影响员工风险意识的综合因素，包括员工对风险的看法、管理层风险管理理念和风险偏好、职业道德规范和工作氛围、董事会和监事会对风险的关注和指导等。

（三）事件识别：是指在风险事件尚未发生前，通过运用各种方法系统地识别出影响公司目标实现的各种外部和内部事件。

（四）风险评估：是对识别的风险进行分析，考虑其发生的可能性和影响。

（五）风险应对：是在风险识别、风险评估之后，根据风险承受能力和风险偏好确定控制风险的措施。

（六）控制活动：指为确保风险管理策略有效执行而制定的制度和程序，包括核准、授权、验证、调整、复核、定期盘点、记录核对、职能分工、资产保全、绩效考核等。

（七）信息与沟通：是指及时准确地收集、传递与风险管理相关的信息，确保信息在企业内外部之间进行有效沟通。

（八）监督：是对风险管理体系建立与实施情况进行监督检查，评价其运行有效性，发现缺陷或不足，并及时加以改进的过程。

第十条　全面风险管理基本流程包括以下主要工作：

（一）收集风险管理初始信息，并根据所收集的初始信息识别重要经营活动及重要流程中存在的风险。

（二）针对识别出的风险进行风险评估。

（三）根据自身条件及外部环境，围绕企业发展战略，选择适当的风险管理策略。

（四）根据风险管理策略，针对重大风险制定风险管理解决方案。

（五）对风险管理工作的监督与改进。

第十一条　公司开展全面风险管理工作，应注重防范和控制可能给公司造成损失和危害的风险，也应将能够为公司带来机会的风险视为公司的特殊资源，通过对其实施管理，为公司创造价值，促进经营目标的实现。

第十二条　公司应本着从实际出发、务求实效的原则，以对重大风险、重大事件（指重大风险发生后的事实）的管理和重要流程的内部控制为重点，积极开展全面风险管理工作。

第十三条　公司建立风险管理三道防线，即各有关职能部门和各单位为第一道防线；风险管理归口管理部门和董事会相关委员会为第二道防线；内部审计部门和董事会相关委员会为第三道防线。

第十四条 公司开展全面风险管理工作应与其他管理工作紧密结合，把风险管理的各项要求融入公司管理和业务流程。

第三章 风险管理的组织体系与职责分工

第十五条 公司应建立健全风险管理组织体系，主要包括规范的公司法人治理结构，风险管理归口管理部门、内部审计部门和法律事务部门以及其他有关职能部门、业务单位的组织领导机构及其职责。

第十六条 董事会就风险管理工作的有效性对股东大会，在全面风险管理方面主要履行以下职责：

（一）审议并向股东大会提交公司全面风险管理年度工作报告。

（二）确定公司风险管理总体目标、风险偏好、风险承受度，批准风险管理策略和重大风险管理解决方案。

（三）了解和掌握公司面临的各项重大风险及其风险管理现状，做出有效控制风险的决策。

（四）批准重大决策、重大风险、重大事件和重要业务流程的判断标准或判断机制。

（五）批准重大决策的风险评估报告。

（六）批准内部审计部门提交风险管理监督评价的报告。

（七）批准风险管理组织机构设置及其职责方案。

（八）批准风险管理措施，纠正和处理任何组织或个人超越风险管理制度做出的风险性决定的行为。

（九）督导企业风险管理文化的培育。

（十）全面风险管理其他重大事项。

第十七条 公司董事会下设的风险管理委员会是风险管理归口委员会。该委员会对董事会负责，主要履行以下职责：

（一）提交全面风险管理年度报告。

（二）审议风险管理策略和重大风险管理解决方案。

（三）审议重大决策、重大风险、重大事件和重要业务流程的判断标准或判断机制，以及重大决策的风险评估报告。

（四）审议内部审计部门提交风险管理监督评价的报告。

（五）审议风险管理组织机构设置及其职责方案。

（六）办理董事会授权的有关全面风险管理的其他事项。

第十八条 公司董事长对全面风险管理工作的有效性向董事会负责。总经理或其委托的高级管理人员，负责主持全面风险管理的日常工作，负责组织拟订企业风险管理组织机构设置及其职责方案。

第十九条 公司审计监察中心法务部是全面风险管理归口管理部门，对总经理或其委托的高级管理人员负责，主要履行以下职责：

（一）研究提出全面风险管理工作报告。

（二）事件和重要业务流程的判断标准或判断机制。

（三）研究提出跨职能部门的重大决策风险评估报告。

（四）研究提出风险管理策略和跨职能部门的重大风险管理解决方案，并负责该方案的组织实施和对该风险的日常监控。

（五）负责对全面风险管理有效性评估，研究提出全面风险管理的改进方案。

（六）负责组织建立风险管理信息系统。

（七）负责组织协调全面风险管理日常工作。

（八）负责指导、监督有各职能部门、各单位开展全面风险管理工作。

（九）办理风险管理其他有关工作。

第二十条 公司董事会的风险管理委员会是全面风险管理监督评价归口委员会，公司内部控制与风险管理评价工作对该委员会负责。公司审计监察中心法务部在风险管理方面，主要负责研究提出全面风险管理监督评价体系，制定监督评价相关制度，开展监督与评价，出具监督评价报告。

第二十一条 公司其他职能部门及各单位是风险管理的责任部门，应依据自身情况设立或兼设风险管理（或内部控制）岗位，负责职责范围内的风险管理与内部控制工作，接受审计监察中心的组织、协调、指导和监督，主要职责包括：

（一）执行风险管理基本流程。

（二）研究提出本职能部门或业务单位重大决策、重大风险、重大事件和重要业务流程的判断标准或判断机制。

（三）研究提出本职能部门或业务单位的重大决策风险评估报告。

（四）做好本职能部门或业务单位建立风险管理信息系统的工作。

（五）做好培育风险管理文化的有关工作。

（六）建立健全本职能部门或业务单位的风险管理内部控制子系统。

（七）办理风险管理其他有关工作。各单位应当建立与企业相适应或符合全资、控股子企业自身特点、能有效发挥作用的风险管理组织体系。

第四章 风险管理初始信息

第二十二条 公司应广泛、持续不断地收集与本企业风险和风险管理相关的内部、外部初始信息，包括历史数据和未来预测。应把收集初始信息的职责分工落实到各有关职能部门和业务单位。

第二十三条 公司收集风险信息应关注战略风险、市场风险、财务风险、运营风险、法律风险、人力资源风险等六个方面的内容。

第二十四条 公司对收集的初始信息应进行必要的筛选、提炼、对比、分类、组合，以便进行风险评估。

第五章 风险评估

第二十五条 公司应对收集的风险管理初始信息和公司各项业务管理及其重要业务流程进行风险评估。风险评估包括风险辨识、风险分析、风险评价三个步骤。

第二十六条 风险评估应由公司组织有关职能部门和各单位实施，也可聘请有资质、信誉好、风险管理专业能力强的中介机构协助实施。

第二十七条 风险辨识是指查找公司各业务单元、各项重要经营活动及其重要业务流程中有无风险，有哪些风险。风险分析是对辨识出的风险及其特征进行明确的定义和描述，分析风险发生可能性的高低以及风险发生的条件。风险评价是评估风险对实现目标的影响程度、风险的价值等。

第二十八条 进行风险辨识、分析、评价，应将定性与定量方法相结合。定性方法可采用问卷调查、集体讨论、专家咨询、情景分析、政策分析、行业标杆比较、管理层访谈、由专人主持的工作访谈和调查研究等。定量方法可采用统计推论（如集中趋势法）、计算机模拟（如蒙特卡罗分析法）、失效模式与影响分析、事件树分析等。

第二十九条 进行风险定量评估时，应统一制定各风险的度量单位和风险度量模型，并通过测试等方法，确保评估系统的假设前提、参数、数据来源和定量评估程序的合理性和准确性。要根据环境的变化，定期对假设前提和参数进行复核和修改，并将定量评估系统的估算结果与实际效果对比，据此对有关参数进行调整和改进。

第三十条 风险分析应包括风险之间的关系分析，以便发现各风险之间的自然对冲、风险事件发生的正负相关性等组合效应，从风险策略上对风险进行统一集中管理。

第三十一条 公司在评估多项风险时，应根据风险发生可能性的高低和对目标的影响程度的评估，绘制风险坐标图，对各项风险进行比较，初步确定对各项风险的管理优先顺序和策略。

第三十二条 公司应定期或不定期实施风险评估，以便对新的风险和原有风险的变化重新评估，动态的对风险信息进行调整和更新。

第六章 风险管理策略

第三十三条 本制度所称风险管理策略，指公司根据自身条件和外部环境，围绕公司发展战略，确定风险偏好、风险承受度、风险管理有效性标准，选择风险承担、风险规避、风险转移、风险转换、风险对冲、风险补偿、风险控制等适合的风险管理工具的总体策略，并确定风险管理所需人力和财力资源的配置原则。

第三十四条 一般情况下，对战略、财务、运营和法律风险，可采取风险承担、风险规避、风险转换、风险控制等方法。对能够通过保险、期货、对冲等金融手段进行理财的风险，可以采用风险转移、风险对冲、风险补偿等方法。

第三十五条 公司应根据不同业务特点统一确定风险偏好和风险承受度，即公司愿意承担哪些风险，明确风险可承受的最低限度和不能超过的最高限度，并据此确定风险的预警线及相应采取的对策。确定风险偏好，要正确认识和把握风险与收益的平衡，防止和纠正忽视风险，片面追求收益而不讲条件、范围，认为风险越大、收益越高的观念和做法；同时，也要防止单纯为规避风险而放弃发展机遇的情况发生。

第三十六条 公司应根据风险与收益相平衡的原则以及各风险在风险坐标图上的位置，进一步确定风险管理的优选顺序，明确风险管理成本的资金预算和控制风险的组织体系、人力资源、应对措施等总体安排。

第三十七条 公司应定期总结和分析已制定的风险管理策略的有效性和合理性，结合实际不断修订和完善。其中，应重点检查依据风险偏好、风险承受度和风险控制预警线实施的结果是否有效，并提出定性或定量的有效性标准。

第七章 风险管理解决方案

第三十八条 公司应根据风险管理策略，针对各类风险或每一项重大风险制定风险管理解决方案。方案一般应包括风险解决的具体目标，所需的组织领导，所涉及的管理及业务流程，所需的条件、手段等资源，风险事件发生前、中、后所采取的具体应对措施以及风险管理工具（如：关键风险指标管理、损失事件管理等）。

第三十九条 公司应制定风险解决的内控方案，满足合规的要求，坚持经营战略与风险策略一致、风险控制与运营效率及效果相平衡的原则，针对重大风险所涉及的各管理及业务流程，制定涵盖各个环节的全流程控制措施；对其他风险所涉及的业务流程，要把关键环节作为控制点，完善并落实具体的控制措施。

第四十条 公司制定内控措施，一般至少包括以下内容：

（一）建立内控岗位授权制度。对内控所涉及的各岗位明确规定授权的对象、条件、范围和额度等，任何组织和个人不得超越授权做出风险性决定。

（二）建立内控报告制度。明确规定报告人与接受报告人，报告的时间、内容、频率、传递路线、负责处理报告的部门和人员等。

（三）建立内控批准制度。对内控所涉及的重要事项，明确规定批准的程序、条件、范围和额度、必备文件以及有权批准的部门和人员及其相应责任。

（四）建立内控责任制度。按照权利、义务和责任相统一的原则，明确规定各有关部门和业务单位、岗位、人员应负的责任和奖惩制度。

（五）建立内控审计检查制度。结合内控的有关要求、方法、标准与流程，明确规定审计检查的对象、内容、方式和负责审计检查的部门等。

（六）建立内控考核评价制度。具备条件的公司应把各业务单位风险管理执行情况与绩效薪酬挂钩。

（七）建立重大风险预警制度。对重大风险进行持续不断的监测，及时发布预警信息，制定应急预案，并根据情况变化调整控制措施。

（八）建立健全以总法律顾问制度为核心的企业法律顾问制度。大力加强企业法律风险防范机制建设，形成由企业决策层主导、企业总法律顾问牵头、企业法律顾问提供业务保障、全体员工共同参与的法律风险责任体系。完善企业重大法律纠纷案件的备案管理制度。

（九）建立重要岗位权力制衡制度，明确规定不相容职责的分离。主要包括：授权批准、业务经办、会计记录、财产保管和稽核检查等职责。对内控所涉及的重要岗位可设置一岗双人、双职、双责，相互制约；明确该岗位的上级部门或人员对其应采取的监督措施和应负的监督责任；将该岗位作为内部审计的重点等。

第四十一条 公司应当按照各有关部门和业务单位的职责分工，认真组织实施风险管理解决方案，确保各项措施落实到位。

第八章 风险管理监督和改进

第四十二条 公司应以重大风险、重大事件和重大决策、重要管理及业务流程为重点，对风险管理初始信息、风险评估、风险管理策略、关键控制活动及风险管理解决方案的实施情况进行监督，采用压力测试、返回测试、穿行测试以及风险控制自我评估等方法对风险管理的有效性进行检验，根据变化情况和存在的缺陷及时加以改进。

第四十三条 企业应建立贯穿整个风险管理的基本流程，连接各上下级、各部门和各单位的风险管理信息沟通渠道，确保信息沟通的及时、准确、完整，为风险管理监督与改进奠定基础。

第四十四条 各单位应定期对风险管理工作进行自查和检验，及时发现缺陷并改进，其检查、检验报告应及时报送公司审计监察中心法务部。

第四十五条 审计监察中心法务部应适时对各单位风险管理工作实施情况和有效性进行检验，要根据本制度要求对风险管理策略进行评估，对跨部门和业务单位的风险管理解决方案提出调整或改进建议，及时报送企业总经理或其委托分管风险管理工作的高级管理人员。

第四十六条 公司审计监察中心审计部应至少每年一次对各单位是否按有关规定开展全面风险管理工作及其工作效果进行监督评价，监督评价报告应直接报送董事会及其下设的风险管理委员会。此项工作也可结合内部审计工作一并开展。

第四十七条 公司可聘请有资质、信誉好、风险管理专业能力强的中介机构开展风险评估工作和全面风险管理评价工作，由公司审计监察中心牵头，出具相关报告。报告一般应包括以下几方面的实施情况、存在缺陷和改进建议：

（一）风险管理基本流程与风险管理策略。

（二）企业重大风险、重大事件和重要管理及业务流程的风险管理及内部控制系统的建设。

（三）风险管理组织体系与信息系统。

（四）全面风险管理总体目标。

第九章 风险管理监控及突发事件应对

第四十八条 公司各单位应对其管理的重大风险和一般风险进行持续的日常监控。开展风险监控时需要对以下风险信息予以持续关注：

（1）关键风险指标的变化情况。

（2）新出现的风险或原有风险的重大变化。

（3）既定风险管理解决方案的执行情况及执行效果。

第四十九条 公司各单位应对风险监控结果进行分析评价，包括风险变化的原因、潜在影响、变化趋势以及对跨部门风险管理解决方案的调整建议等，并将监控及分析结果汇总提交法务部。

第五十条 当风险监控分析结果中关键监控指标达到预警值，公司各单位应以书面形式向法务部报告，并积极采取防范措施，将实施结果及时提交公司审计监察中心法务部。

第五十一条 公司审计监察中心法务部报告根据各单位提交的风险监控报告，对风险监控预警的执行情况进行汇总分析和评价，定期进行风险监控预警分析，并根据分析结果，对进入预警范围内的风险启动预警程序并对重大风险变化趋势、风险指标结构变化及原因等进行分析，明确后续风险改进建议，形成监控预警分析报告。

第五十二条 公司应建立重大风险事件应急处理机制。各单位在日常风险监控中，如发生重大突发事件，按应急预案采取相应的应对措施，并及时告知公司应急领导小组。

第五十三条 公司应急领导小组在接到各单位的突发风险报告后，应及时组织评价突发事件的影响，建议或制定风险应对方案。对可能造成重大影响的风险，以及需要跨部门协作应对的重大事项，应急领导小组应召开紧急会议，共同讨论完善风险应对方案，由总经理审批后组织实施，并提交董事会备案。

第五十四条 重大风险的应急预案经应急领导小组审议、董事会审批。

第十章 风险管理信息系统

第五十五条 公司应将信息技术应用于风险管理的各项工作，建立涵盖风险管理基本流程和内部控制系统各环节的风险管理信息系统，包括信息的采集、存储、加工、分析、测试、传递、报告、披露等。

第五十六条 公司应采取措施确保向风险管理信息系统输入的业务数据和风险量化值的一致性、准确性、及时性、可用性和完整性。对输入信息系统的数据，未经批准，不得更改。

第五十七条 风险管理信息系统应能够进行对各种风险的计量和定量分析、定量测试；能够实时反映风险矩阵和排序频谱、重大风险和重要业务流程的监控状态；能够对超过风险预警上限的重大风险实施信息报警；能够满足风险管理内部信息报告制度和企业对外信息披露管理制度的要求。

第五十八条 风险管理信息系统应实现信息在各职能部门、业务单位之间的集成与共享，既能满足单项业务风险管理的要求，也能满足企业整体和跨职能部门、业务单位的风险管理综合要求。

第五十九条 企业应确保风险管理信息系统的稳定运行和安全，并根据实际需要不断进行改进、完善或更新。

第六十条 当公司已建立或基本建立企业管理信息系统时，应补充、调整、更新已有的管理流程和管理程序，建立完善的风险管理信息系统；当公司尚未建立企业管理信息系统的，应将风险管理与企业各项管理业务流程、管理软件统一规划、统一设计、统一实施、同步运行。

第十一章 风险管理文化

第六十一条 公司应注重建立具有风险意识的企业文化，促进企业风险管理水平、员工风险管理素质的提升，保障企业风险管理目标的实现。

第六十二条 风险管理文化建设应融入企业文化建设全过程。大力培育和塑造良好的风险管理文化，树立正确的风险管理理念，增强员工风险管理意识，将风险管理意识转化为员工的共同认识和自觉行动，促进企业建立系统、规范、高效的风险管理机制。

第六十三条 公司应在内部各个层面营造风险管理文化氛围。董事会应高度重视风险管理文化的培育，总经理负责培育风险管理文化的日常工作。董事和高级管理人员应在培育风险管理文化中起表率作用。重要管理及业务流程和风险控制点的管理人员和业务操作人员应成为培育风险管理文化的骨干。

第六十四条 公司应大力加强员工法律素质教育，制定员工道德诚信准则，形成人人讲道德诚信、合法合规经营的风险管理文化。对于不遵守国家法律法规和企业规章制度、弄虚作假、徇私舞弊等违法及违反道德诚信准则的行为，企业应严肃查处。

第六十五条 公司全体员工尤其是各级管理人员和业务操作人员应通过多种形式，努力传播企业风险管理文化，牢固树立风险无处不在、风险无时不在、严格防控纯粹风险、审慎处置机会风险、岗位风险管理责任重大等意识和理念。

第六十六条 风险管理文化建设应与薪酬制度和人事制度相结合，有利于增强各级管理人员特别是高级管理人员风险意识，防止盲目扩张、片面追求业绩、忽视风险等行为的发生。

第六十七条 公司应建立重要管理及业务流程、风险控制点的管理人员和业务操作人员岗前风险管理培训制度。采取多种途径和形式，加强对风险管理理念、知识、流程、管控核心内容的培训，培养风险管理人才，培育风险管理文化。

第十二章 附 则

第六十八条 本管理制度将根据公司外部环境的发展变化进行修订和完善。

第六十九条 本管理制度由公司董事会负责解释。

第七十条 本管理制度自公司董事会审议通过、发布之日起实施。

范本3 风险管理评价工作制度

第一章 总 则

第一条 为推动公司风险管理工作的深入开展，围绕风险管理的总体目标，对公司风险管理体系设计及执行的有效性进行评价，促进公司风险管理能力提升，根据《风险管理指引》《企业内部控制基本规范》并结合公司实际情况，制定本工作制度。

第二条 本工作制度适用于公司及所属子公司、分公司、项目部、职能部门（以下统称各单位）。

第三条 本工作制度所称的风险管理评价是指公司董事会或类似权力机构从公司战略目标出发，结合公司实际情况，确定评价方案，对风险管理的有效性进行评价、形成评价结论、出具评价报告的过程。

第四条 公司开展风险管理评价工作至少应遵循下列原则：

（一）全面性原则。公司风险管理评价涵盖公司各项业务和事项，贯穿公司决策、执行和监督的全过程。

（二）重要性原则。公司以重大风险、重要事项、重点业务单位（项目）、关键业务流程等涉及的领域为重点，开展风险管理评价工作。

（三）客观性原则。公司在风险管理评价工作中始终坚持客观性原则，准确地揭示经营管理的风险状况，如实反映风险管理体系设计及执行的有效性。

（四）规范性原则。公司建立风险管理评价制度，设计评价流程，促进公司风险管理评价工作制度化、流程化、规范化。

第二章 风险管理评价机构设置与职责分工

第五条 公司董事会是风险管理评价的最高决策机构，其主要职责包括：

（一）审批公司风险管理评价制度。

（二）审批公司风险管理评价标准。

（三）审批公司年度风险管理评价报告。

（四）审批公司风险管理评价其他重大事项。未设立董事会的公司，应明确类似权力机构在授权范围内履行以上职责。

第六条 风险管理委员会是董事会下设的专门工作机构，对董事会负责，主要履行的风险管理评价工作职责包括：

（一）审议公司风险管理评价制度。

（二）审议公司风险管理评价标准。

（三）审议公司年度风险管理评价报告。

（四）指导公司有效开展风险管理评价工作。

（五）审议公司风险管理评价其他重大事项。

未设立风险管理委员会的公司，应明确类似权力机构在授权范围内履行以上职责。

第七条 监事会对公司风险管理评价工作进行监督，对风险管理评价报告发表意见。

第八条 公司管理层是风险管理评价工作的领导机构和直接责任者，负责领导和开展公司风险管理评价工作，其主要职责包括：

（一）组织制定公司风险管理评价制度。

（二）组织设计公司风险管理评价标准。

（三）审批公司风险管理评价工作方案与计划。

（四）领导实施风险管理评价工作，协调和解决公司风险管理评价过程中出现的重大事项。

（五）组织编写公司年度风险管理评价报告。

（六）落实董事会关于风险管理评价的其他重大事项。

第九条　审计监察中心审计部作为公司风险管理评价工作主责部门，应对包括风险管理职能部门在内的各有关部门和业务单位（项目）能否按照有关规定开展风险管理工作及其工作有效性进行评价，其主要职责包括：

（一）起草公司风险管理评价制度。

（二）研究设计公司风险管理评价标准。

（三）起草公司风险管理评价工作方案与计划。

（四）组织实施公司风险管理评价工作。

（五）起草公司风险管理评价报告。

（六）落实公司董事会及管理层关于风险管理评价的其他事项。

第十条　公司各单位是风险管理评价的参与单位。负责本单位风险管理评价的配合和自评价工作。

第三章　风险管理评价类型

第十一条　风险管理评价根据评价组织形式分为自我评价和独立评价；根据评价性质分为常规评价和专项评价。

第十二条　自我评价是指根据公司风险管理的要求和业务发展的需要，由本单位组织开展的对自身风险管理状况的评价。

第十三条　独立评价是由独立于被评价单位的评价工作组实施开展的评价。

第十四条　常规评价是指按照规定的时间间隔开展的评价。各级责任主体每年至少开展一次常规评价。评价的方式、范围、具体方案由公司董事会根据经营业务调整、经营环境变化、业务发展状况、实际风险水平及上级单位要求等确定。

第十五条　专项评价是指对专项风险的管理情况进行评价，以满足对专项风险管理进行对比分析、预测、监督和改进的需要。公司及所属各单位应根据董事会的要求确定评价的方式、范围、程序和频率等。

第四章　风险管理评价工作内容

第十六条　公司风险管理评价包括公司层面和业务层面两个方面的评价内容。公司层面评价内容一般包括风险管理体系的建设情况，风险管理文化的培育情况，风险管理的总体目标实现情况等；业务层面评价内容主要针对公司重大风险、重要事项、重点业务单位（项目）、关键业务流程等涉及领域的风险管理基本流程的执行情况及效果进行评价。

第十七条 公司评价风险管理体系的建设情况，内容包括：

（一）公司总体风险管理政策的全面性、合规性、统一性、与经营目标的一致性、资源保障的适配性等。

（二）公司风险管理组织架构的健全性、责任落实的完备性、层级之间分工的清晰程度、与绩效考核的结合程度。

（三）公司风险管理制度的健全性。

（四）公司风险理财的保障性、成本效益性。

（五）公司是否建立并持续更新风险事件库、风险案例库，并能够及时结合企业发展战略和当期经营目标确定风险评估标准，不断完善风险管理信息。

（六）公司是否在公司层面及业务层面进行风险评估，并使其成为常态。公司是否特别关注“三重一大”事项的风险评估，对公司可能或已经产生重大影响的突发事件的风险评估，以及对重大风险的原因分析。

（七）公司是否明确重大风险的风险承受度，据此建立合适的风险管理策略，并在经营过程严格执行；公司应当特别关注重大风险的风险承受度及其遵循。

（八）公司是否根据风险承受度对公司各类风险制定包括制度、风险管理基本策略及内部控制活动等在内的应对措施，并且严格执行；公司应当特别关注重大风险应对措施和重大突发事件的应对预案的制定和演练。

（九）公司是否对各类风险及其管理情况进行充分监督，并将监督的结果及时反馈到风险管理初始信息，公司应当特别关注重大风险的监控和预警。

（十）公司风险管理信息系统的覆盖范围，对重大风险管理的支持程度、风险信息传递特别是对突发事件信息传递的及时性和有效性。

第十八条 公司评价风险管理文化的培育情况，内容包括公司董事会对于风险管理的态度，公司的道德诚信准则，统一的风险语言，员工的风险管理教育培训，员工的风险意识和风险应对能力，公司对员工风险管理工作的激励政策等。

第十九条 公司评价风险管理的总体目标实现情况，内容包括：

（一）评价重大风险是否在公司可承受的范围内。

（二）通过检查公司的危机处理和损失情况，突发事件评估及其应对计划，得出能否合理保证公司降低重大损失的评价。

第二十条 公司评价重大风险、重要事项、重点业务单位（项目）、关键业务流程等所涉及领域的风险管理情况，应当遵循风险管理原则，执行风险管理流程，积极开展风险管理评价工作。

第五章　风险管理评价标准

第二十一条　公司应当制定应用于各层级风险管理评价的标准，评价的对象不同，评价标准不同。

第二十二条　公司的风险管理评价标准应当基于公司的风险管理评价指标体系，其中各项指标的优先次序和权重根据公司实际情况确定。

第二十三条　公司的风险管理评价标准应当结合本单位的风险管理工作计划，使得评价结果能够反映出风险管理工作计划的执行情况和效果。

第二十四条　公司应定期分析已制定的风险管理评价标准，结合行业最佳实践，公司战略需要和经营状况、公司风险管理工作的进展等公司内外部环境的实际变化修订和完善。

第六章　风险管理评价的程序与方法

第二十五条　开展风险管理评价工作，首先要由被评价单位开展风险管理自我评价，公司将在被评价单位自我评价的基础上开展评价。

第二十六条　公司全面风险管理评价工作程序分为四个阶段，即准备阶段、实施阶段、报告阶段、整改落实与跟踪阶段。

第二十七条　准备阶段具体工作包括：确定评价内容、时间、评价方式，组建评价组，制定评价方案，下发评价通知书等。

第二十八条　实施阶段具体工作包括：召开评价进场会、数据采集、现场评价实施、交换评价意见、评价资料整理等。评价工作组根据审批后的评价方案通过个别访谈、问卷调查、专题讨论、穿行测试、实地查验、抽样、比较分析等方法开展具体评价工作。在评价实施中应就评价工作组成员之间、评价工作组成员与被评价单位之间的沟通做出正式合理的安排，通过适当的方法收集被评价单位风险管理设计及执行是否有效的证据，对评价项目与有关数据如实确认和进行分析。

第二十九条　报告阶段主要内容包括：撰写评价报告初稿、核实并修改评价报告、评价报告征求意见、评价结果通告等。

第三十条　整改落实与跟踪阶段主要包括：落实整改责任、责任追究、跟踪与报告、整理评价档案等。

第七章　风险管理评价开展方式

第三十一条　风险管理评价开展方式应当根据公司实际情况选择有效的方式开展。应紧密结合公司风险管理体系建设、内控评价、内部审计等工作，做到充分沟通，有机结合，资源共享，提高效率。

第三十二条　公司每年应至少组织开展一次公司层面的风险管理评价，出具风险管理评价报告。

第三十三条 公司应加大对业务层面风险管理评价力度，对公司重大风险、重要事项、重点业务单位（项目）等涉及的领域开展评价，出具风险管理评价报告。

（一）公司每年初根据董事会、管理层的要求制定年度风险管理评价工作计划，对公司重大风险、重要事项、重点业务单位（项目）所涉及领域的风险管理评价工作进行统筹安排。

（二）公司对年度重大风险管理情况的评价应至少每半年开展一次，出具风险管理评价报告

（三）公司董事会、管理层每年根据实际情况和管理要求，确定年度重要事项，并积极开展重要事项的风险管理评价工作，出具风险管理评价报告。

（四）公司每年应对不少于三个重点业务单位（项目）的风险管理情况进行评价，出具风险管理评价报告。对纳入公司重点监管的单位（项目）原则上应加大评价频次，出具评价报告。

第三十四条 公司应认真研究制定年度风险管理评价工作方案和计划，明确本年度风险管理评价范围、内容、实施主体、开展方式和时间安排，并将计划履行审批程序后上报公司备案。

第八章 风险管理评价报告

第三十五条 风险管理评价报告是公司开展风险管理评价工作的重要成果，是对公司风险管理评价状况出具评价意见，并提供给相关信息使用者的一种书面文件。风险管理评价报告至少应包括以下几方面的内容：

（一）风险管理评价依据、指标和标准。

（二）评价方法及评价过程。

（三）风险管理评价的结果。

（四）风险管理的工作改进建议。

第三十六条 公司应及时编写风险管理评价报告，并履行相关审批程序，特别是年度风险管理评价报告，经公司董事会审批后按要求报送相关监管单位或部门。

第三十七条 公司风险管理评价报告、工作底稿及相关资料根据公司档案管理办法进行妥善保存。

第九章 风险管理评价监督及奖惩

第三十八条 公司所有风险管理评价活动都由董事会统一负责监督；对评价的过程或结果的公正性存在质疑，可及时向董事会反映。

第三十九条 风险管理评价结果要与企业负责人履职评估或绩效考核相结合，落

实风险管理的组织领导责任。

第四十条 对于在监督检查中发现的公司风险管理工作严重不足，在评价工作中未充分提及或未及时报告的，将追究企业负责人和相关部门的责任。

第十章 附 则

第四十一条 本工作制度由公司董事会解释。

第四十二条 本工作制度自公司董事会审议通过、发布之日起实施。

范本4 风险评估管理办法

第一章 总 则

第一条 为加强公司的风险管理，及时识别、系统分析经营活动中与实现内部控制目标相关的风险，合理确定公司风险承受度和风险应对策略，依据《全面风险管理制度》和《内部控制基本制度》，制订本管理办法。

第二条 本管理办法为公司制度体系第二层级，其上一层级为《全面风险管理制度》和《内部控制基本制度》。适用于公司及其子公司、分公司（以下统称各单位）。

第三条 本管理办法所称风险，是指在公司发展过程中，各种不确定性对公司实现其经营目标的影响。一般可分为战略风险、财务风险、市场风险、运营风险、法律风险、人力资源风险等。

第四条 本管理办法所称风险评估，是指根据公司内外部环境的变化，对收集风险信息进行分析，量化评估各类风险对公司经营过程造成的影响和损失的可能性，包括风险辨识、风险分析、风险评价等三个主要步骤。

第五条 风险评估分为日常风险评估和专项风险评估。日常风险评估是指公司为建立与实施内部控制体系而执行的定期常规评估工作，工作内容包括组织制定评估方案、拟定风险评估标准、审核汇总风险评估结果等。专项风险评估是指公司在战略、财务、市场、运营、法律、人力资源等风险因素发生较大调整或变化的情况下，对风险事件的某一个案或者某些方面进行有针对性的评估工作。

第六条 本管理办法主要应对以下风险：

（一）未能及时收集公司内外部环境变化信息，有效识别公司经营过程中所面临的风险，可能导致无法采取及时有效的措施应对风险，造成风险扩大，影响公司经营目标的实现。

（二）未对收集的风险信息进行详细有效地分析与评价，可能导致无法全面了解风险对公司经营活动造成的影响程度，造成对风险事件影响的高估或者低估，使得在采取应对措施时，出现无法有效解决或者占用过多资源的情况。

（三）未依据风险分析与评价结果制定有效地应对策略，可能导致风险无法得到有效解决或延误时机，造成公司的经济损失。

（四）风险评估工作管理职责不清晰，缺乏明确不同层级风险评估的职责分工与权限配置，可能导致风险评估工作无法顺利进行。

第二章　风险评估的组织体系与职责分工

第七条　公司董事会是风险评估工作的最高决策机构，决定风险管理体系，确定公司风险管理总体目标和风险评估标准，批准风险评估结果、风险管理策略和重大风险管理解决方案。

第八条　公司管理层对全面风险管理工作的有效性向董事会负责；负责主持全面风险管理的日常工作，负责审核风险评估方案；负责组织拟订风险管理组织机构设置及其职责权限，将风险评估工作分配至各职能部门。

第九条　公司企业策划与管理部是风险评估工作的组织部门，对管理层负责，定期向管理层汇报风险评估工作情况；负责组织日常风险评估工作；研究提出跨部门的重大风险解决方案，协调推进各职能部门和各单位风险评估工作。

第十条　公司其他职能部门是专项风险评估的责任部门，负责职责范围内风险的辨识、分析、评价和应对工作，接受风险管理建设部门的组织、协调和内部审计部门的监督、评价。

第十一条　各单位根据本办法，结合实际情况制定本单位的风险评估管理办法，并报公司审计监察中心备案。

第三章　风险辨识及方法

第十二条　风险辨识是指公司对收集的风险初始信息进行必要的筛选、提炼、对比、分类、组合，辨识出其中对实现经营目标产生影响的风险因素的过程。

第十三条　各单位应当按照风险评估工作安排，全面系统持续地收集相关信息，结合公司实际情况，及时进行风险评估，准确识别出与实现控制目标相关的内部风险和外部风险。

第十四条　各职能部门在进行风险辨识时，可以采取座谈讨论、问卷调查、案例分析、咨询专业机构意见等方法识别相关的风险因素，特别应注意总结、吸取公司和同行业过去的经验教训，加强对高危性、多发性风险因素的关注。

第十五条　各单位应广泛、持续不断地收集与公司风险和风险管理相关的内外部信息，包括历史数据和未来预测。风险信息的收集主要包括以下内容：

（一）战略风险方面，收集国内外企业战略风险失控导致企业蒙受损失的案例，重点收集国内外宏观经济政策以及经济运行情况、行业状况，国内外产业政策、公司治理、投资决策和内设结构等信息。

（二）财务风险方面，收集国内外企业财务风险失控导致危机的案例，重点收集企业财务报表、资产质量、盈利能力、偿债能力、现金流量、成本核算、资金结算等方面的信息。

（三）市场风险方面，收集国内外企业忽视市场风险、缺乏应对措施导致企业蒙受损失的案例，重点收集建设工程市场需求与供给状况、主要客户资信、竞争对手等方面的信息。

（四）运营风险方面，收集国内外企业忽视运营风险、缺乏应对措施导致企业蒙受损失的案例，重点收集与采购销售业务、物流供应链、技术更新、项目管理等方面的信息。

（五）法律风险方面，收集国内外企业忽视法律法规风险、缺乏应对措施导致企业蒙受损失的案例，重点收集国内外法律法规和政策、以往重大法律纠纷案件、竞争对手的知识产权等方面的信息。

（六）人力资源方面，收集国内外企业忽视人力资源风险、缺乏应对措施导致企业蒙受损失的案例，重点收集人力资源法律法规和政策、如何吸引、稳定高水平人才等方面的信息。

第十六条 公司识别内部风险，应当关注下列因素：

（一）董事、监事、经理及其他高级管理人员的职业操守、员工专业胜任能力等人力资源因素。

（二）组织机构、经营方式、资产管理、业务流程等管理因素。

（三）研究开发、技术投入、信息技术运用等自主创新因素。

（四）财务状况、经营成果、现金流量等财务因素。

（五）营运安全、员工健康、环境保护等安全环保因素。

（六）其他有关内部风险因素。

第十七条 公司识别外部风险，应当关注下列因素：

（一）经济形势、产业政策、融资环境、市场竞争、资源供给等经济因素。

（二）法律法规、监管要求等法律因素。

（三）安全稳定、文化传统、社会信用、教育水平、消费者行为等社会因素。

（四）技术进步、工艺改进等科学技术因素。

（五）自然灾害、环境状况等自然环境因素。

（六）其他有关外部风险因素。

第四章　风险分析及方法

第十八条　风险分析是指对风险辨识过程所得到的风险事件，采用定性和定量相结合的方法，对风险及其特征进行明确的定义和描述，分析风险发生可能性的高低及其条件的过程。

第十九条　公司风险分析可采用定量和定性两种方法。两种方法均需明确风险事件的概率和风险损失。定量方法一般准确度较高，但比较复杂，通常需设定数学模型。定性方法相对简单，但对评估人员的知识、经验及风险事件的背景要求较高。

第二十条　常用风险分析方法。

（一）事件库法：指详细列出同类型企业常见的潜在事件，及本企业曾经发生过的事件，通常可总结出按相关属性分类的风险事件列表。

（二）访谈法：风险管理相关机构制定详细的访谈计划，访谈熟悉业务流程、有经验的管理人员，讨论、分析风险情况，形成访谈记录。

（三）头脑风暴法：组成讨论小组，充分发挥集体智慧，对潜在事件提出各自的意见，通过自由、宽松的讨论，汇总、整理有价值的信息，从而正确、全面地识别风险及其相互关系。

（四）风险临界法：通过将当前交易或事件对照预先定义的标准，当风险达到临界时引起管理层的警觉。一旦发现事件达到临界值，则需进一步评估或做出反应。

（五）讨论会法：通过组织讨论，综合管理层、员工和其他利益相关者的知识、经验识别风险事项。讨论会主持人应引导与会者，讨论可能影响实现企业或某一业务单元目标的风险事项。

（六）流程分析法：通过综合考虑影响流程的内、外部因素，识别出影响实现流程目标的事件。

（七）故障树分析法：遵循从结果找原因的原则，通过分析可能造成项目失败的各种因素，画出逻辑框架图，从而确定可能导致项目失败的原因。该方法还可与其他定量分析方法结合使用。

（八）事件重要指标法：通过监测与事件相关的资料，识别是否存在引发风险事件的条件。

（九）损失事件数据法：结合以往各个损失事件的数据库，识别风险事件发生原因或发展趋势。

（十）问卷调查法：通过事先设定的问卷，收集不同级别的人员对风险的态度、认识或经验，并收集风险事项。

第五章 风险评价及方法

第二十一条 风险评价是指在风险分析成果的基础上，评价风险对公司总体目标实现的影响程度及风险的价值，初步确定对各项风险管理的优先顺序和管理策略。

第二十二条 公司应当制定风险评估标准，明确分析、评价风险发生的可能性及风险影响程度的基本依据，确保风险评估程序的合理性和准确性。

（一）风险发生的可能性是指在公司目前的管理水平下，风险可能发生概率的大小或者可能发生的频繁程度，主要基于历史数据分析、风险因素分析和专业性经验判断等方式评估。示例详见附件1。

（二）风险影响程度是指风险事项一旦发生将对公司经营管理的不同方面产生不同程度的影响，主要基于历史数据、风险影响模拟分析和专业性判断等方式进行评估。按照《风险管理指引》，结合公司实际情况，可从财务、战略与经营目标、公司声誉、安全、环境等维度，以公司的整体目标和管理要求为基础进行评价分析。示例详见附件2。

第二十三条 公司在评估多项风险时，应根据对风险发生可能性的高低和对目标的影响程度进行评估判断，绘制风险坐标图，对各项风险进行比较，初步确定对各项风险的管理优先顺序和策略。详见附件3。

第六章 日常风险评估的工作流程

第二十四条 风险管理部门向各职能部门、分公司发布《风险评估调查问卷》，内容包括风险编号、风险事件描述、风险事件发生可能性和影响程度的打分标准及评估人、日期等。

第二十五条 风险管理部门对各部门风险评估人员开展风险评估前的培训，培训内容包括风险分类、风险评估标准、风险管理工具（模版）、应对策略制定原则等内容。

第二十六条 各职能部门、分公司风险评估人员填写《风险评估调查问卷》，分析风险源、制定初步的应对方案。具体工作程序如下：

（一）本部门评估人在经过相关培训后收到《风险评估调查问卷》，按风险评估标准中对应的衡量标准对识别的风险事项打分。

（二）评估人根据风险发生可能性评估表判断该风险发生的可能性，并将对应的风险级别分值填入“风险发生可能性”栏内。

（三）评估人根据风险发生影响程度表判断该风险对所列指标的影响程度，并将对应的风险级别分值填入相关的指标栏内。

（四）对风险影响程度涉及多项指标的，最终分值确定标准是：取最大值作为最终分值。

（五）评分完成后，评估人应填写姓名、日期等内容。

（六）各部门风险管理专员收集评估结果，按权重计算综合评估结果（不设权重的，也可以采用集体讨论的方式确定最终评估结果），经部门负责人签字后提交风险管理部门组织审查，对不合格的返回重新评估。

（七）《风险评估调查问卷》经审查合格后，由风险管理部门计算、汇总、排序风险评估结果，并根据评估分值确定风险等级，整理出风险评估初步结论。

（八）根据整理出风险评估结论，列入风险事件库，录入风险管理工具，自动生成风险坐标图。

（九）风险管理部门将评估结论及风险坐标图报决策机构审议，审议批准后作为风险应对的依据。

（十）风险管理部门将问卷、汇总表等原始资料整理后归档。

第七章　风险应对的方法及工作流程

第二十七条　风险应对的原则。

（一）与内控体系融合对接原则。充分利用并优化内控措施应对风险，对于评估属于中低级别的可控风险点，按照“效益、效率、风险平衡”的原则，优化内控制度，在确保规章制度和流程的可操作性的同时，定期检查、持续改进以保证内控体系的有效运行。

（二）可操作性原则。对于评估的高风险领域和重大风险事件，应建立风险解决方案或危机应急预案，合理配置资源、清晰工作步骤、落实责任人和完成时限等，确保方案或预案的有效实施。

（三）风险与回报平衡原则。在充分考虑风险承受度的基础上，分析风险带来的机遇因素。

第二十八条　常见风险事件应对的方法。

（一）风险接受：是指公司自己承担风险损失，即不采取任何行动，将风险保持在现有水平。

（二）风险规避：是指通过计划的变更来消除风险或风险发生的条件，保护目标免受风险的影响。即选择放弃、停止或拒绝等方式处理面临的风险，通常的做法：

1.通过撤出现有市场或区域，或者通过出售、清算、剥离某个产品组合或业务，规避风险。

2.审查投资方案，避免采取导致低回报、偏离战略，以及承担不可接受的高风险的行动。

（三）风险降低：是指利用政策或措施将风险降低到可接受的水平，通常的做法：

1.将金融资产、实物资产或信息资产分散放置在不同地方，以降低遭受灾难性损失的风险。

2.借助内部控制活动，将不良事件发生的可能性降低到可接受的程度，以控制风险。

3.通过给计划提供支持性的证明文件并授权合适的人做决策，应对偶发事件，必要时可定期对计划进行检查，边检查边执行。

（四）风险转移：是指企业通过契约、合同、经济、金融工具等形式将损失的财务和法律责任转嫁给他人，达到降低风险发生频率、缩小损失幅度的目的。一般说来，风险转移的方式可以分为非保险转移和保险转移。

1.非保险转移：指通过订立经济合同，将风险以及与风险有关的财务结果转移给别人，常见的非保险风险转移有租赁、互助保证、基金制度等等。

2.保险转移：指通过订立保险合同，将风险转移给保险公司（保险人）。

第二十九条 各职能部门根据风险评估的结果，对高风险领域或重大风险事件制定风险解决方案或应急机制，落实责任部门，进行专项追踪；对一般性操作风险，主要通过持续优化的内控措施纳入日常管理工作。

第三十条 风险管理部门负责收集各责任部门编制的风险应对方案，审核应对措施的有效性和合理性。另外，需考虑风险事件之间的关联性，即若某一管理手段可能达到管控多个风险的目的，可将部分相关风险事件合并处理。

第三十一条 风险管理部门负责汇总报批公司整体风险应对方案；经管理层批准后报董事会；董事会负责对风险应对方案进行审批。

第三十二条 风险管理部门应定期总结和分析已制定的风险应对方案的有效性和合理性，结合不断更新的风险信息进行相应修订和完善。

第八章 附 则

第三十三条 本管理办法及其附件将根据公司外部环境的发展变化及国家政策的最新要求定期进行修订和完善。

第三十四条 本管理办法由审计监察中心负责解释。

第三十五条 本管理办法自公司董事会审议通过、发布之日起实施。

附件：

附件1 风险评估标准示例——风险发生可能性评估

附件2 风险评估标准示例——风险影响程度评估

附件3 风险坐标图释义及示例

附件1 风险评估标准示例——风险发生可能性评估

风险发生可能性评估

定量方法一	评分	1	2	3	4	5
定量方法二	一定时期发生的概率	10% 以下	10% ~ 30%	30% ~ 70%	70% ~ 90%	90% 以上
定性方法	文字描述一	极低	低	中等	高	极高
	文字描述二	一般情况下不会发生	极少情况下才发生	某些情况下发生	较多情况下发生	常常会发生
	文字描述三	今后10年内发生的可能少于一次	今后5 ~ 10年内可能发生一次	今后2 ~ 5年内可能发生一次	今后1年内可能发生一次	今后1年内至少发生一次

附件2 风险评估标准示例——风险影响程度评估

风险影响程度评估（适用于所有行业）

适用于所有行业	定量方法一	评分		1	2	3	4	5
	定量方法二	企业财务损失占税前利润的百分比（%）		1% 以下	1% ~ 5%	6% ~ 10%	11% ~ 20%	20% 以上
	定性方法	文字描述一		极轻微的	轻微的	中等的	重大的	灾难性的
		文字描述二		极低	低	中等	高	极高
		文字描述三	企业日常运行	不受影响	轻度影响（造成轻微的人身伤害，情况立刻得到控制）	中度影响（造成一定人身伤害，需要医疗救援，情况需要外部支持才能得到控制）	严重影响（造成严重人身伤害，情况失控，企业失去一些业务能力，但无致命影响）	重大影响（重大业务失误，造成重大人身伤亡，情况失控，给企业造成致命影响）
			财务损失	较低的财务损失	轻微的财务损失	中等的财务损失	重大的财务损失	极大的财务损失
			企业声誉	负面消息在企业内部流传，企业声誉没有受损	负面消息在当地局部流传，对企业声誉造成轻微损害	负面消息在一定区域流传，对企业声誉造成中等损害	负面消息在全国各地流传，对企业声誉造成重大损害	负面消息流传世界各地，政府或监管机构进行调查，引起公众关注，对企业声誉造成无法弥补的损害

附件3 风险坐标图释义及示例

风险坐标图释义及示例

风险坐标图是把风险发生可能性的高低、风险发生后对目标的影响程度，作为两个维度绘制在同一个平面上（即绘制成直角坐标系）。对风险发生可能性的高低、风险对目标影响程度的评估有定性、定量等方法。定性方法是直接用文字描述风险发生可能性的高低、风险对目标的影响程度，如“极低”“低”“中等”“高”“极高”等。定量方法是对风险发生可能性的高低、风险对目标影响程度用具有实际意义的数量描述，如对风险发生可能性的高低用概率来表示，对目标影响程度用损失金额来表示。对风险发生可能性的高低和风险对目标影响程度进行定性或定量评估后，依据评估结果绘制风险坐标图。例如，某企业对9项风险进行了定性评估，风险①发生的可能性为“低”，风险发生后对目标的影响程度为“极低”；风险⑨发生的可能性为“极低”，对目标的影响程度为“高”，则绘制风险坐标图如下：

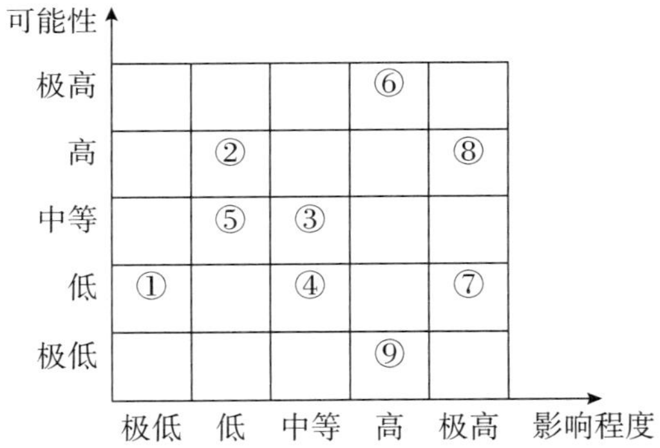

又如，某企业对7项风险进行定量评估，其中：风险①发生的可能性为83%，发生后对企业造成的损失为2100万元；风险②发生的可能性为40%，发生后对企业造成的损失为3800万元；而风险⑦发生的可能性在55%～62%之间，发生后对企业造成的损失在7500万元～9100万元之间，在风险坐标图上用一个区域来表示，则绘制风险坐标图如下：

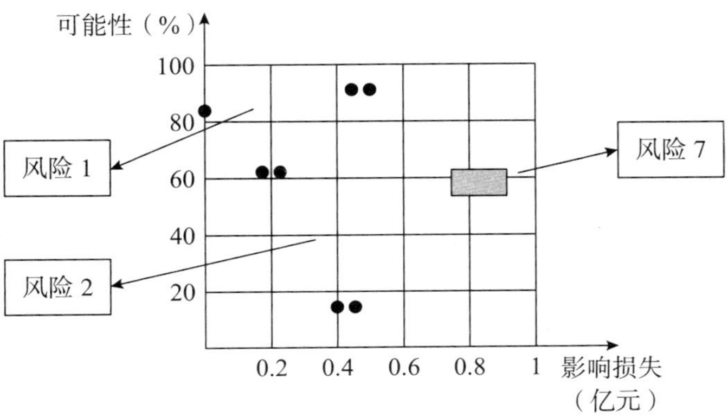

绘制风险坐标图的目的在于对多项风险进行直观的比较，从而确定各风险管理的优先顺序和策略。例如，某公司绘制了风险坐标图，并将该图划分为A、B、C三个区域。公司决定，承担A区域中的各项风险且不再增加控制措施；严格控制B区域中的各项风险且专门补充制定各项控制措施；确保规避和转移C区域中的各项风险且优先安排实施各项防范措施。

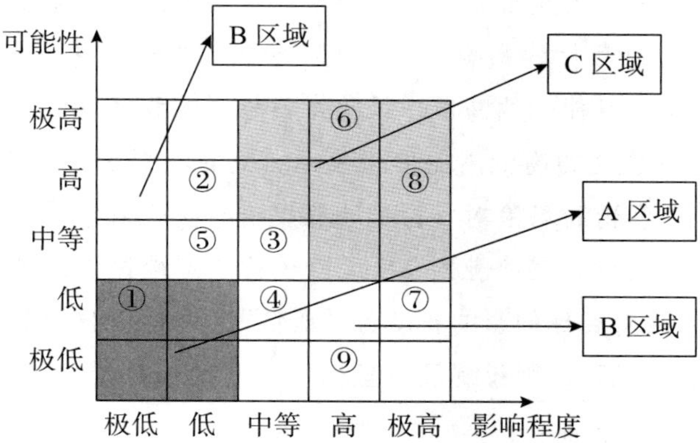

范本5 内部控制评价管理办法

第一章 总 则

第一条 为促进公司全面评价公司内部控制的设计和运行情况，规范内部控制评价程序和评价报告，及时揭示和防范风险，提高公司经营管理水平和风险防范能力，保证公司稳健运行。根据有关法律法规和《企业内部控制基本规范》、《企业内部控制评价指引》的规定，结合公司实际情况制定本管理办法。

第二条 本管理办法适用于公司及其所属分子公司、工程项目部、职能部门（以下统称单位）内部控制评价管理。

第三条 本管理办法所称内部控制评价，是指公司董事会或类似权力机构对内部控制的有效性、实施和运行结果进行全面评价、形成评价结论、出具评价报告的过程。

第四条 公司实施内部控制评价至少遵循下列原则：

（一）全面性原则。公司内部控制贯穿决策、执行和监督的全过程，涵盖公司及其所属单位的各种业务和事项。

（二）重要性原则。公司内部控制在全面控制的基础上着眼于风险，突出重点。关注重要业务单位、重大业务事项和高风险领域。

（三）客观性原则。公司在内部控制评价工作中始终坚持客观性原则，准确地揭示经营管理的风险状况，如实反映内部控制设计的恰当性和运行的有效性。

（四）独立性原则。公司内部控制评价应由公司专门部门或专职人员独立进行。

第二章 内部控制评价机构设置与职责分工

第五条 公司董事会是公司内部控制评价的最高决策机构。董事会设立风险管理委员会，主要负责风险管理和内控体系建设、专项和重大事项的风险控制并参与相关内部控制评价结果的审议；董事会财务与审计委员会负责内部控制审计工作的协调。董事会对内部控制评价报告的真实性负责。其主要职责包括：

（一）审阅批准公司内部控制规范实施工作方案。

（二）批准由公司管理层提交的涉及内部控制整改的重大决策、重大风险、重大事项。

（三）审议批准公司年度内部控制评价报告。

第六条 监事会对董事会建立与实施的内部控制进行监督，对公司内部控制评价报告发表意见。

第七条 公司管理层是公司内部控制评价的领导机构和直接责任者，负责领导和开展公司内部控制评价工作，其主要职责包括：

（一）审议公司内部控制评价工作计划。

（二）协调和解决公司内部控制评价过程中出现的重大事项。

（三）听取和了解公司日常内部控制风险监控结果，根据内部控制缺陷情况，审议内部控制整改方案和措施，对整改过程中出现的相关重大事项按照董事会授权进行决策。

（四）审议公司年度内部控制评价报告，并提出相关意见和建议。

第八条 公司审计监察中心审计部为公司内部控制评价工作主责部门，负责内部控制测试、检查与评价工作，编制公司内部控制评价报告。审计部成立内控评价处，具体负责内控评价各项工作。其主要职责包括：

（一）制定年度内部控制评价工作计划。

（二）落实董事会关于公司内部控制规范实施工作方案中有关内部控制评价工作并组织实施。

（三）对各单位内部控制的建立和执行情况进行评价，编制公司内部控制评价报告。

（四）负责与会计师事务所进行关于内部控制审计方面的沟通，掌握会计师事务所内部控制审计的计划和进度、发现的问题及公司缺陷整改情况。

（五）对各单位内部控制工作进行检查，开展业务培训，指导各单位根据公司要求开展内控自我评价工作，出具内控自我评价报告；

（六）配合公司董事会授权的信息披露部门与上级机构或业务主管部门加强内控评价工作的沟通联系，报送相关资料等。

第九条　公司各单位是内部控制评价的参与单位。各单位在公司审计监察中心审计部的指导下负责组织对本单位内部控制的自查、测试和评价工作，对发现的内部控制设计和运行缺陷提出整改方案并积极整改，上报年度内部控制自我评价报告。

第三章　内部控制评价工作内容

第十条　公司根据《企业内部控制基本规范》《企业内部控制应用指引》《企业内部控制评价指引》的要求，结合公司实际情况，围绕内部环境、风险评估、控制活动、信息与沟通、内部监督等要素，确定内部控制评价的具体内容，对内部控制设计与运行情况进行全面评价。

第十一条　公司组织开展内部环境评价，以组织架构、发展战略、人力资源、企业文化、社会责任等应用指引为依据，结合公司内部控制制度，对内部环境的设计及实际运行情况进行认定和评价。

第十二条　公司组织开展风险评估机制评价，以《企业内部控制基本规范》有关风险评估的要求，以及各项应用指引中所列主要风险为依据，结合公司内部控制制度，对日常经营管理过程中的风险识别、风险分析、应对策略等进行认定和评价。

第十三条　公司组织开展控制活动评价，以《企业内部控制基本规范》和各项应用指引中的控制措施为依据，结合公司内部控制制度，对公司各种业务和事项相关控制措施的设计和执行情况进行认定和评价。

第十四条　公司组织开展信息与沟通评价，以内部信息传递、财务报告、信息系统等相关应用指引为依据，结合公司对信息收集、处理和传递的及时性、反舞弊机制的健全性、财务报告的真实性、信息系统的安全性，以及利用信息系统实施内部控制的有效性等进行认定和评价。

第十五条　公司组织开展内部监督评价，以《企业内部控制基本规范》有关内部监督的要求以及各项应用指引中有关日常管控的规定为依据，结合公司对各项业务事项进行日常监督和专项监督的相关控制措施，对公司内部监督机制的有效性进行认定和评价，重点关注监事会、风险管理委员会、内部审计机构等是否在内部控制设计和运行中有效发挥监督作用。

第十六条　内部控制评价工作要形成工作底稿，详细记录执行评价工作的内容，包括评价要素、主要风险点、采取的控制措施、有关证据资料以及认定结果等。各子公司要在《内部控制评价工作底稿》的基础上更新完善各自的内部控制评价工作底稿。底稿设计应当规范合理、及时更新、简便易行、便于操作和保存。

第四章 内部控制评价的程序和方法

第十七条 公司内部控制评价程序一般包括：制定评价工作方案、组成评价工作组、实施现场测试、认定控制缺陷、汇总评价结果、编报评价报告等环节。审计部负责公司内部控制评价的具体组织实施工作。公司可根据需要委托中介机构实施内部控制评价工作。

第十八条 公司审计监察中心审计部在实施内部控制评价工作过程中拟定评价工作方案，明确纳入评价工作的范围和业务事项，协调各职能部门完善评价工作底稿，明确评价时间表及人员安排等相关内容，报经董事会或其授权机构审批后实施。

第十九条 公司审计监察中心审计部根据经批准的评价工作方案，组建内部控制评价工作组，具体实施内部控制评价工作。内部控制评价工作组由公司内部相关部门熟悉情况的业务骨干参加。评价工作组成员对本部门的内部控制评价工作予以回避。

第二十条 内部控制评价工作组对被评价单位进行现场测试，综合运用个别访谈、调查问卷、专题讨论、穿行测试、实地查验、抽样和比较分析等方法，充分收集被评价单位内部控制设计和运行是否有效的证据，按照评价的具体内容，如实填写评价工作底稿，研究分析内部控制缺陷。公司对各子公司在内部控制评价过程中梳理出的控制缺陷进行汇总并下发整改意见，各子公司要在整改意见下发后认真布置整改并在三个月内上报缺陷整改报告。公司将根据整改实施情况对各单位内控缺陷整改结果进行回访检查。

第二十一条 公司审计监察中心审计部根据公司内部控制评价工作方案实施结果，汇总经核实的证据、认定控制缺陷、出具评价结论并编制公司年度内部控制评价报告，报送总经理办公会和董事会审议。

第五章 内部控制缺陷认定标准

第二十二条 公司依据《企业内部控制基本规范》《企业内部控制评价指引》等对重大缺陷、重要缺陷和一般缺陷的认定要求，结合公司规模、行业特征、风险水平等因素，并根据现场测试获取的证据，研究确定了适用公司的内部控制缺陷认定标准，分别按财务报告内部控制缺陷和非财务报告内部控制缺陷列示如下：

（一）财务报告内部控制缺陷的认定标准。

1.定性标准。重大缺陷，是指单独缺陷或连同其他缺陷导致不能及时防止或发现并纠正财务报告中的重大错报。出现以下情形认定为重大缺陷：

（1）董事、监事和高级管理人员舞弊。

（2）公司更正已对外公布的财务报告。

（3）注册会计师发现当期财务报告存在重大错报，而内部控制在运行过程中未能发现该错报。

（4）公司内部监督部门对内部控制的监督无效。重要缺陷，是指单独缺陷或连同其他缺陷导致不能及时防止或发现并纠正财务报告中虽然未达到或超过重要性水平，但仍应引起董事会和管理层重视的错报。

出现以下情形认定为重要缺陷：

（1）当期财务报告存在重要错报，控制活动未能识别该错报。

（2）错报虽然未达到和超过重要性水平，但仍应引起董事会和管理层的重视。一般缺陷是指重大缺陷、重要缺陷之外的其他缺陷。

2.定量标准。

详见下表。

定量标准	利润总额
重大缺陷	错报≥ 5%
重要缺陷	2% ≤错报 <5%
一般缺陷	错报 <2%

（二）非财务报告内部控制缺陷的认定标准。

1.定性标准。具有以下特征的缺陷，认定为重大缺陷：

（1）公司决策程序不科学，如重大决策失误，给公司造成重大财产损失。

（2）严重违犯国家法律、法规。

（3）关键管理人员或重要人才大量流失。

（4）媒体负面消息频现。

（5）已经发现并报告给管理层的重大内部控制缺陷在经过合理的时间后，并未加以改正。

（6）重要业务缺乏制度控制或制度控制失效。

具有以下特征的缺陷，认定为重要缺陷：

（1）公司因管理失误发生重要财产损失，控制活动未能防范该损失。

（2）财产损失虽然未达到和超过重要性水平，但仍应引起董事会和管理层重视。除重大缺陷、重要缺陷以外的其他非财务报告内部控制缺陷认定为一般缺陷。

2. 定量标准。

定量标准	利润总额
重大缺陷	财产损失≥ 5%
重要缺陷	2% ≤财产损失 <5%
一般缺陷	财产损失 <2%

第二十三条　内部控制评价工作组对评价质量进行交叉复核，工作组负责人要对评价工作底稿进行严格审核，并对所认定的评价结果签字确认后，提交审计部。

第二十四条　公司审计监察中心审计部根据上述认定标准，结合内控评价的结果，对内部控制缺陷及其成因、表现形式和影响程度进行综合分析和全面复核，提出认定意见，并以适当的形式向公司总经理办公会、监事会和董事会报告。公司董事会对内部控制重大缺陷予以最终认定。

第六章　内部控制评价报告

第二十五条　公司审计监察中心审计部根据内部控制检查评价结果，结合单位内部控制的建立和执行情况、内部控制缺陷资料及各单位内部控制缺陷的整改落实情况，汇总分析后，按照规定的程序和要求，及时编制年度内部控制评价报告。

第二十六条　内部控制评价报告围绕内部环境、风险评估、控制活动、信息与沟通、内部监督等要素进行设计，对内部控制评价过程、内部控制缺陷认定及整改情况、内部控制有效性的结论等相关内容做出披露。

第二十七条　内部控制评价报告应当包括下列内容：

（一）董事会对内部控制评价报告真实性的声明。

（二）内部控制评价工作的总体情况。

（三）内部控制评价的依据。

（四）内部控制评价的范围。

（五）内部控制评价的程序和方法。

（六）内部控制缺陷及其认定情况。

（七）内部控制缺陷的整改情况及重大缺陷拟采取的整改措施。

（八）内部控制有效性的结论。

第二十八条　内部控制评价报告报经公司董事会批准后对外披露或报送相关部门。

公司审计监察部审计部及时关注自内部控制评价报告基准日至内部控制评价报告发出日之间是否发生影响内部控制有效性的因素，并根据其性质和影响程度对评价结论进行相应调整。

第二十九条 公司以12月31日作为年度内部控制评价报告的基准日。内部控制评价报告于基准日后3个月内报出。

第三十条 内部控制评价报告与公司年度内部控制审计报告同时对外披露或报送。

第三十一条 公司内部控制评价报告、工作底稿及相关资料根据公司内部审计档案管理办法进行妥善保存。

第七章 内部控制评价监督及奖惩

第三十二条 公司所有内部控制评价活动都由董事会统一负责监督，各单位如对检查评价的过程或结果的公正性存在质疑，可及时向董事会反映。

第三十三条 内部控制评价结果要与各单位负责人履职评估或绩效考核相结合，落实内部控制的组织领导责任。

第三十四条 对于在监督检查中发现的内部控制重大缺陷，公司在自我评价或审计工作中未充分提示或未及时报告的，将追究单位负责人的责任。

第八章 附 则

第三十五条 本管理办法由公司审计监察中心负责解释。

第三十六条 本管理办法自公司总经理办公会审议通过、发布之日起实施。

范本6 规章制度管理办法

第一章 总 则

第一条 为加强和规范公司规章制度的管理工作，使规章制度的制定、修订、废止、批准、发布和备案工作程序化、规范化，落实以风险为导向的内部控制，保障公司合规经营和战略发展，依据《内部控制基本制度》，特制定本管理办法。

第二条 本管理办法是公司制度体系的第二层级，其上一级为《内部控制基本制度》，适用于公司总部及所属各分子公司（以下统称各单位）。

第三条 本管理办法所称规章制度，是指公司依据国家法律法规和公司章程制定的、以公司名义发布的，对公司或所属各单位具有约束力，并与企业管理相关的基本管理制度、具体规章、管理办法和实施细则等能够反复适用的规范性文件，包括内控制度体系、业务板块运营制度体系和行政管理相关制度。本规定所指规章制度不包括党群工等规章制度，及企业标准和技术文件。

第四条 本管理办法主要应对以下风险：

（一）制度内容不符合国家法律法规，或不符合公司经营管理实际情况。

（二）制度文件命名、格式、编制标准不统一，不符合系统化要求，造成重要管理条款的缺漏。

（三）制度制定与发布的程序不明确、不规范。

（四）对制度设计和执行的检查测试不及时、不充分，制度漏洞得不到及时修正，制度得不到有效执行。

第五条 规章制度的编制应遵守的原则：

（一）合规性原则：符合国家法律法规、下级制度规定符合上级制度规定。

（二）全面性原则：覆盖相关管理活动的各个环节，避免出现遗漏、缺失。

（三）可操作性原则：符合业务运作特点，程序、权限描述清晰，便于操作。

（四）针对性原则：与应对的风险相对应。

（五）严密性原则：表述清晰，避免歧义或前后矛盾。

第二章 制度体系的层级及其构成要素

第六条 公司规章制度按制定的主体、所涉及层次和约束范围，划分为基本管理制度、具体规章、管理办法和实施细则三个层级。

第七条 基本管理制度是企业规章制度中具有根本性质的制度，规定企业的形成和组织方式，决定企业性质、商业模式和运作方式。基本管理制度是制度体系的第一层级文件，是制定具体规章、管理办法和实施细则的基础和依据。基本管理制度的文件名称，一般应以“制度”命名。基本管理制度的格式与内容要求，详见附件1。

第八条 具体规章、管理办法是在基本管理制度的原则和框架下，对企业各项经营管理工作的范围、内容、程序、方法及各层次的职权、责任和相互间的配合、协调关系的制度规定，是用来约束集体和个人行为的具体规定或管理办法。具体规章、管理办法是制度体系的第二层级文件，是依据基本管理制度建立的管理文件，是基本管理制度的细化和展开。具体规章、管理办法的文件名称，一般应以“管理办法”或“规定”命名。具体规章、管理办法的格式与内容要求详见附件2。

第九条 实施细则是对基本管理制度和具体规章、管理办法所做的详细、具体的解释和补充，是操作层面的要求和规范，涉及组织规范、业务规范、人员规范、财务核算规范等。实施细则是制度体系的第三层级文件，一般由文字描述、业务流程图、控制活动表（审批表等）和数据报表组成。实施细则的文件名称，一般应以“实施细则”命名。实施细则的格式与内容要求详见附件3。

第十条 规章制度在行文结构上，应依据PDCA（计划、运行、检查、改进）循环的思路设计，形成持续改进的管理“闭环”。

第十一条 规章制度应首先明确制定的目的，说明制度所要规范的对象、内容、范围、要达到的效果；应列明编制该制度所依据的国家法律法规、行业规范和公司内部的上级制度。

第十二条 规章制度应把规范业务运行管理过程的内容作为重点，明确业务运行管理主要应对的风险、职责分工、机构与人员、不相容职务、权限、程序与业务流程、报告、考核等方面的内容。

第十三条 公司规章制度的适用范围是指公司总部、各分公司、各子公司、工程项目部。

第三章 职责分工

第十四条 按照《中华人民共和国公司法》的规定，《公司章程》及其附件的制定、修订和废止由股东大会批准。

第十五条 董事会审议批准基本管理制度的制定、修订和废止。对于董事会及各专门委员会重点关注、直接管控和督导的未做授权且与管理层的权责利有直接关联的事项，如公司发展战略、对公司管理层薪酬与考核、风险管理与内部控制（包括体系建设、工作组织、工作评价和监督）等事项相关的具体规章、管理办法的制定、修订和废止，仍须由董事会审批。

第十六条 总经理办公会议审议批准具体规章、管理办法的制定、修订和废止。

第十七条 总经理办公会议或授权的专门会议审议批准实施细则。

第十八条 人事行政中心是公司规章制度的归口管理部门，履行下列职责：

（一）组织各职能部门对现行规章制度进行全面梳理、评估、核实有效性和适用性。

（二）组织公司规章制度制定、修订、废止、审核、报批、备案等相关工作。

（三）组织公司规章制度的宣贯和培训工作。

第十九条 各职能部门是维护公司各项规章制度有效性的主责部门，履行下列职责：

（一）负责职责范围内各项规章制度的制定、修订、废止及有效性评估、征求意见、报批、解释等工作。

（二）负责督促、检查、测试职责范围内各项规章制度的执行情况。

第四章 规章制度管理的工作内容

第二十条 公司应当每年评估各项规章制度的有效性，并按照评估结果，根据监管要求和公司发展需要拟定制度体系的年度建设计划，明确需要制定、修订和废止的规章制度。各职能部门、分公司应当填写相应的审核表（详见附件4、附件5和附件6），切实做好制度管理的各项准备工作。

第二十一条 根据规章制度年度建设计划，各职能部门、分公司应当指定专人或专门小组负责规章制度的完善工作。对于涉及两个以上部门的业务，应当确定主责部门，并由主责部门负责起草，其他部门协助。

第二十二条 在规章制度起草之前，各职能部门应当进行深入调研所约束业务的实际情况，掌握国家有关法律法规、行业监管要求、相关标准和内控规范性要求，参考同类型企业的相关管理经验，广泛征求各有关单位或专业机构的意见。对于涉及员工切身利益的规章制度，应当听取职工意见或建议。

第二十三条 当存在以下情况时，公司应当修订有关规章制度：

（一）国家法律法规、行业规定、监管部门要求等发生变化。

（二）公司战略、业务范围、组织机构、管理职责等内部环境发生变化。

（三）对照企业内部控制基本规范及其配套指引，需要完善的内控制度设计。

（四）内外部审计机构发现的制度设计缺陷。

（五）制度在实施过程中存在的问题以及其他原因。

（六）规定为“暂行”或“试行”的制度文件，应当在不超过2年的期限内修订。

第二十四条 当存在以下情况时，公司应当废止有关规章制度：

（一）与国家法律法规、行业规定、监管要求等相抵触。

（二）被其他制度所替代。

（三）现有制度规定的事项已经不存在、执行完毕或无继续执行的必要。

（四）其他需要将制度予以废止的情况。

第五章 规章制度管理的工作程序

第二十五条 公司对规章制度的管理执行审核、批准、发布和备案程序（具体流程图，详见附件7）。

第二十六条 企业策划与管理部按照规章制度的格式与内容要求（详见附件1、附件2和附件3），从形式和内容方面进行审核，如发现制度的形式或内容不符合有关规定，由主责部门进行修改和完善。具体审核以下内容：

（一）制度文件名称是否符合命名规则。

（二）制度制定目的是否明确、适用范围是否恰当、制定依据是否充分、是否描述应对的风险点。

（三）制度涉及的术语或定义是否易于理解、没有歧义。

（四）制度约束的职责分工和审批权限是否恰当，是否存在不相容职务，是否存在管理缺位现象。

（五）制度的要求、程序、流程、控制活动是否符合逻辑和内控规范性要求。

（六）附则或附件的表述是否与正文相一致。

（七）涉及制度废止的，废止依据是否充分。

（八）核实制度审批程序或审批发布机构的适用性。

（九）是否征求相关部门的意见。

（十）各职能部门内部审批手续是否合规。

第二十七条 主责部门修改完善后，经主管领导审核批准，报决策机构审议（决策机构审批权限详见本管理办法第十四条至第十七条）。企业策划与管理部每年组织一次规章制度的集中报批工作。

第二十八条 经决策机构审议批准的规章制度，由主责部门按公司发文程序发布。发布范围通常与适用范围相一致，除涉密制度外，应当采用普遍发布的方式。

第二十九条 公司应当定期编制规章制度汇编，整理现行有效的规章制度，供董事会、管理层和各职能部门查阅并贯彻执行。企业策划与管理部负责公司规章制度备案的管理工作。备案内容包括：制度名称、发文编号、发文日期、主责部门、制度属性和适用范围等内容。

第六章 附 则

第三十条 本管理办法由公司人事行政中心负责解释。

第三十一条 本管理办法自公司总经理办公会审议通过、发布之日起实施。

附件：

附件1 基本管理制度的格式与内容要求

附件2 具体规章、管理办法的格式与内容要求

附件3 实施细则的格式与内容要求

附件4 规章制度制定审核表

附件5 规章制度修订审核表

附件6 规章制度废止审核表

附件7 规章制度管理流程图

附件1 基本管理制度的格式与内容要求

基本管理制度的格式与内容要求

一、排版要求

公司基本管理制度的格式排版要求，遵循国家标准GB/T9704—2012。

1.标题：宋体、四号、加粗。

2. 正文：宋体、小四、行距1.5倍。

3. 章：章题加粗、与上章节空一行。

二、编写规则

基本管理制度的结构可分为章、条、段、列项四个层次。

（一）章

章是基本管理制度正文划分的基本单元，每一章均应有标题，自“第一章”开始编号。编号应从“总则”开始，一直连续到“附则”。标题应置于编号之后，并与其后的条文分行。

（二）条

条是对章的细分，是基本管理制度的具体陈述，当表述属于规定性的内容时，必须设条。条自“第一条”开始编号。条若有标题，标题应置于编号之后，并与其后的条文分行。

（三）段

段是条的细分，段不编号。在条之下需做进一步陈述性表述时，可使用段。原则上在条下只有一段内容表述时用段，有两段以上（含两个）内容须表述时则列项。

（四）列项

在条下，若出现须用分行列举说明的事项形式来完成一个句子时，可使用列项。列项自“(一)”开始编号，每个列项以分号“；”结尾，最后一个列项以句号“。”结尾。

三、内容要求

1. 名称（必选）。(基本管理制度的命名规则是：××××公司××××制度。)

2. 目的（必选）。(制定基本管理制度的目标、要达到的效果和要求。)

3. 编制依据（必选）。(制定基本管理制度所依据的国家法律法规和监管机构颁布的有关规定。)

4. 制度层级（必选）。(明确基本管理制度属于公司制度体系中的第一层级。)

5. 适用范围（必选）。(基本管理制度适用的主体范围，如总部或各子公司等。不包括制度适用的业务范围。)

6. 主要应对的风险（必选）。(描述制定基本管理制度主要为了控制和防范哪些风险，写风险发生可能造成的不利影响。编写时每一条风险点都包括两个方面的内容：一是行为，即在管理上有什么动作；二是可能产生的影响，即由于前面的动作，带来哪些不利影响。)

7. 释义（可选）。(解释基本管理制度中涉及的主要术语和定义。)

8. 职责分工（必选）。(基本管理制度业务管理相关的各级决策机构的审批权限，以及各职能管理机构各自应承担的职责。）

9.政策与要求（必选）。（包括与风险防范相应对的业务管理的基本原则、工作内容与监督要求等。）

10.机构与人员（可选）。（为了执行基本管理制度，应设立哪些机构，配备哪些人员。）

11.制度建设（可选）。（依据基本管理制度，总部或所属单位应制定哪些方面的下级制度来约束和规范本制度中涉及的业务，以及这些制度包括哪方面主要内容。）

12.附则（必选）。（解释、附件等。）

附件2　具体规章、管理办法的格式与内容要求

具体规章、管理办法的格式与内容要求

一、排版要求

公司具体规章/管理办法的格式排版要求，遵循即国家标准GB/T9704—2012。

1.标题：宋体、四号、加粗。

2.正文：宋体、小四、行距1.5倍。

3.章：章题加粗，与上章节空一行。

二、编写规则

具体规章/管理办法的结构可分为章、条、段、列项四个层次。

（一）章

章是具体规章/管理办法正文划分的基本单元，每一章均应有标题，自“第一章”开始编号。编号应从“总则”开始，一直连续到“附则”。标题应置于编号之后，并与其后的条文分行。

（二）条

条是对章的细分，是具体规章/管理办法的具体陈述，当表述属于规定性的内容时，必须设条。条自“第一条”开始编号。条若有标题，标题应置于编号之后，并与其后的条文分行。

（三）段

段是条的细分，段不编号。在条之下需做进一步陈述性表述时，可使用段。原则上在条下只有一段内容表述时用段，有两段以上（含两个）内容须表述时则列项。

（四）列项

在条下，若出现须用分行列举说明的事项形式来完成一个句子时，可使用列项。列项自“(一)”开始编号，每个列项以分号“；”结尾，最后一个列项以句号“。”结尾。

三、内容要求

1. 名称（必选）。（具体规章/管理办法的命名规则是：××××公司××××管理办法（规定）。）

2. 目的（必选）。（制定具体规章/管理办法的目标、要达到的效果和要求。）

3. 编制依据（必选）。（制定具体规章/管理办法所依据的公司内部基本管理制度。）

4. 制度层级（必选）。（明确具体规章/管理办法属于公司制度体系中的第二层级，其上一级为××××制度。）

5. 适用范围（必选）。（具体规章/管理办法适用的主体范围，如总部或各子公司等。不包括制度适用的业务范围。）

6. 主要应对的风险（必选）。（描述制定具体规章/管理办法主要为了控制和防范哪些风险，写风险发生可能造成的不利影响。编写时每一条风险点都包括两个方面的内容：一是行为，即在管理上有什么动作；二是可能产生的影响，即由于前面的动作，带来哪些不利影响。）

7. 释义（可选）。（解释具体规章/管理办法中涉及的主要术语和定义。）

8. 职责分工（必选）。（具体规章/管理办法业务管理相关的各级决策机构的审批权限，以及各职能管理机构各自应承担的职责。）

9. 管理要求（必选）。（主要针对基本管理制度所列的主要工作，与基本管理制度的工作要点相对应，具体细化各项要求，包括责任中心、方法、程序、权限、报告、考核、人员配备等要求。可根据实际需要确定本章节的名称或增加相应的章节）。

10. 附则（必选）。（解释、附件等。）

附件3 实施细则的格式与内容要求

实施细则的格式与内容要求

一、排版要求

公司实施细则的格式排版要求，遵循国家标准GB/T 9704—2012。

1. 标题：宋体、四号、加粗。

2. 正文：宋体、小四、行距1.5倍。

3. 章：章题加粗，与上章节空一行。

二、编写规则

实施细则的结构可分为章、条、段、列项四个层次。

（一）章

章是实施细则正文划分的基本单元，每一章均应有标题，自“第一章”开始编号。编号应从“总则”开始，一直连续到“附则”。标题应置于编号之后，并与其后的条文分行。

（二）条

条是对章的细分，是实施细则的具体陈述，当表述属于规定性的内容时，必须设条。条自“第一条”开始编号。条若有标题，标题应置于编号之后，并与其后的条文分行。

（三）段

段是条的细分，段不编号。在条之下需做进一步陈述性表述时，可使用段。原则上在条下只有一段内容表述时用段，有两段以上（含两个）内容须表述时则列项。

（四）列项

在条下，若出现须用分行列举说明的事项形式来完成一个句子时，可使用列项。列项自“(一)”开始编号，每个列项以分号“；”结尾，最后一个列项以句号“。”结尾。

三、内容要求

1. 名称（必选）。(实施细则的命名规则是：××××公司××××实施细则。)

2. 目的（必选）。(制定实施细则的目标、要达到的效果和要求。)

3. 编制依据（必选）。(制定实施细则所依据公司内部的具体规章/管理办法)。

4. 制度层级（必选）。(明确实施细则属于公司制度体系中的第三层级，其上一级为××××管理办法（规定)。)

5. 适用范围（必选）。(实施细则适用的主体范围，如总部或各子公司等。不包括制度适用的业务范围。)

6. 主要应对的风险（必选）。(描述制定实施细则主要为了控制和防范哪些风险，写风险发生可能造成的不利影响。编写时每一条风险点都包括两个方面的内容：一是行为，即在管理上有什么动作；二是可能产生的影响，即由于前面的动作，带来哪些不利影响。)

7. 释义（可选）。(解释实施细则中涉及的主要术语和定义。)

8. 工作程序（必选）。(包括业务的具体要求、工作方法、工作程序、业务流程和控制活动列表等内容，是管理办法中的某一个或几个工作要点的进一步细化。可根据实际需要确定本章节的名称或增加相应的章节。)

9. 附则（必选）。(解释、附件等。)

附件4 规章制度制定审核表

规章制度制定审核表

<table>
<tr><td>申请部门</td><td></td><td>申请日期</td><td></td></tr>
<tr><td>部门联系人员</td><td></td><td>联系方式</td><td></td></tr>
<tr><td rowspan="4">规章制度基本信息</td><td>制度名称</td><td colspan="2"></td></tr>
<tr><td>制度层级</td><td colspan="2">□基本管理制度 □具体规章 / 管理办法 □实施细则</td></tr>
<tr><td>适用范围</td><td colspan="2">□总部 □各分公司 □子公司 □各项目部</td></tr>
<tr><td>需经过的决策机构</td><td colspan="2">□总裁授权的专门会议 □总裁办公会 □董事会 □股东大会 □国资委</td></tr>
<tr><td colspan="4">制定依据（国家法律法规、内控规范性文件或公司内部上一级规章制度规定）:</td></tr>
<tr><td colspan="4">主要内容：</td></tr>
<tr><td colspan="4">主责部门意见：

年 月 日</td></tr>
<tr><td colspan="4">征求部门意见情况：</td></tr>
<tr><td colspan="4">规章制度归口管理部门意见：

年 月 日</td></tr>
<tr><td colspan="4">主管领导意见：

年 月 日</td></tr>
</table>

附件5 规章制度修订审核表

规章制度修订审核表

<table>
<tr><td>申请部门</td><td colspan="2"></td><td>申请日期</td><td></td></tr>
<tr><td>部门联系人员</td><td colspan="2"></td><td>联系方式</td><td></td></tr>
<tr><td rowspan="2">制度名称</td><td>修订后制度名称</td><td colspan="3"></td></tr>
<tr><td>原制度名称</td><td colspan="3"></td></tr>
<tr><td rowspan="3">原规章制度相关信息</td><td>审批发布机构</td><td colspan="3"></td></tr>
<tr><td>文号</td><td></td><td>发布日期</td><td></td></tr>
<tr><td>适用范围</td><td></td><td>制度层级</td><td></td></tr>
<tr><td colspan="5">修订主要内容：</td></tr>
<tr><td rowspan="2">修订后审批程序</td><td>适用范围</td><td></td><td>制度层级</td><td></td></tr>
<tr><td>需经过的审议机构</td><td colspan="3">□总裁授权的专门会议 □总裁办公会
□董事会 □股东大会</td></tr>
<tr><td colspan="5">主责部门意见：
年 月 日</td></tr>
<tr><td colspan="5">征求部门意见情况：</td></tr>
<tr><td colspan="5">规章制度归口管理部门意见：
年 月 日</td></tr>
<tr><td colspan="5">主管领导意见：
年 月 日</td></tr>
</table>

附件6 规章制度废止审核表

规章制度废止审核表

<table>
<tr><td>制度名称</td><td colspan="4"></td></tr>
<tr><td>部门联系人员</td><td></td><td>联系方式</td><td colspan="2"></td></tr>
<tr><td rowspan="3">制度名称</td><td>审批发布机构</td><td colspan="3"></td></tr>
<tr><td>文号</td><td></td><td>发布日期</td><td></td></tr>
<tr><td>适用范围</td><td></td><td>制度层级</td><td></td></tr>
<tr><td colspan="5">废止原因：</td></tr>
<tr><td colspan="5">主责部门意见：
年　月　日</td></tr>
<tr><td colspan="5">征求部门意见情况：</td></tr>
<tr><td colspan="5">规章制度归口管理部门意见：
年　月　日</td></tr>
<tr><td colspan="5">主管领导意见：
年　月　日</td></tr>
</table>

附件7 规章制度管理流程图

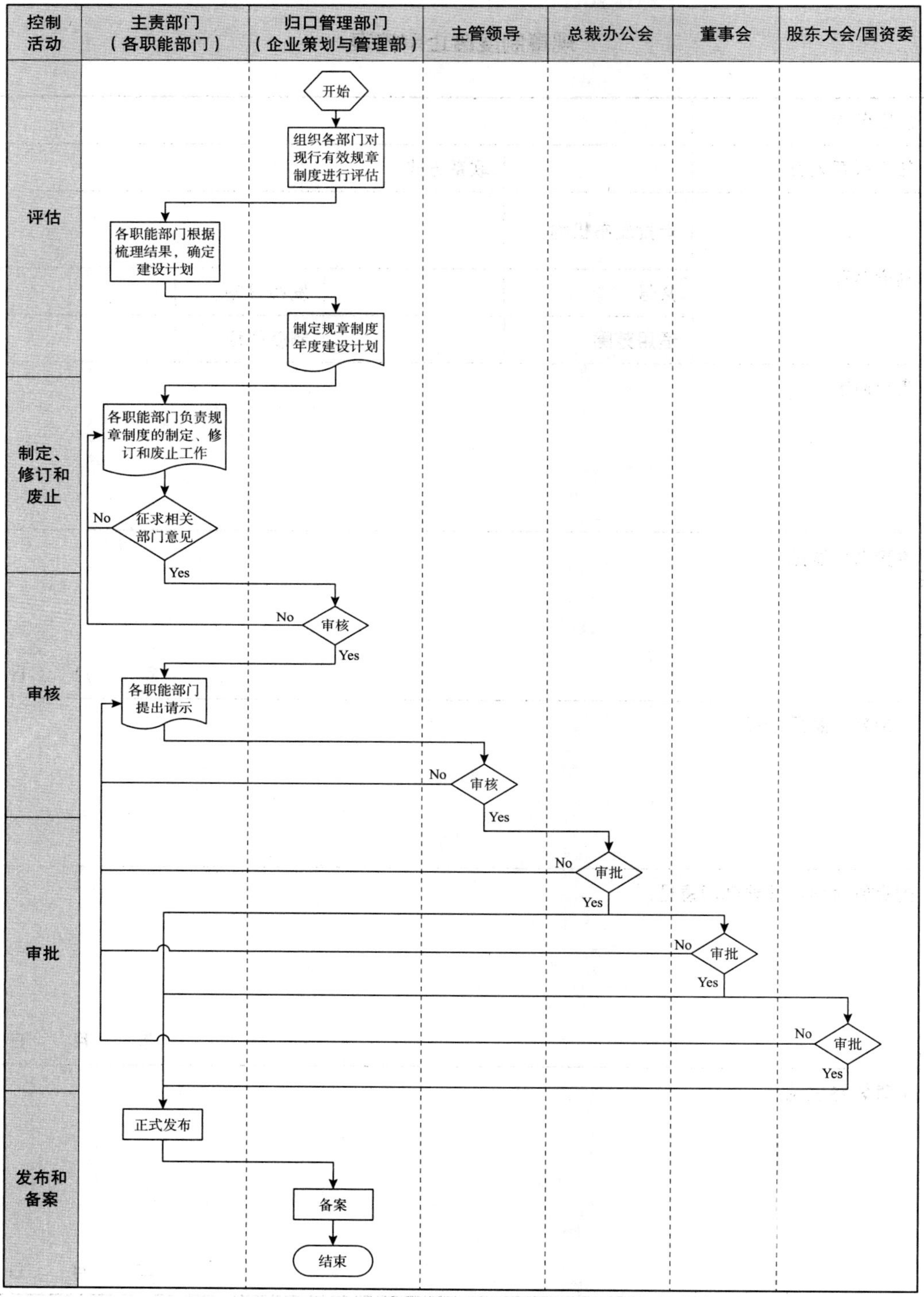

规章制度管理流程图

STANDARDS AND CRITERION OF CONSTRUCTION COMPANIES

Internal Control and Financial Management

建筑施工企业制度范本

内部控制与财务管理

修德军　杨俊平　李志远◎主编

下册

中国市场出版社
China Market Press
·北京·

CONTENTS

目录

07 采购管理

08 资产管理

09 研究与创新管理

10 预算与财务管理

11 资金与担保管理

12 业绩考核与评价管理

13 信息与沟通

14 审计与监察

15 运营管理

Construction Companies

Standards and Criterion of Internal Control & Financial Management

07

采购管理

采购管理是工程施工企业管理的一个重要部分，招标采购工作贯穿整个项目的始终，也关系着整个项目能否正常进行。采购管理制度结合当前企业采购业务流程，建立和完善采购业务相关的管理制度和办法。

范本1 物资采购管理制度

第一章 总 则

第一条 为加强公司的物资、工程和服务的采购管理，规范采购行为，使物资采购工作做到科学、规范、有序、受控、责权清晰，公司依据《中华人民共和国招标投标法》《中华人民共和国招标投标法实施条例》《内部控制基本制度》《企业内部控制应用指引第7号——采购业务》的基本要求，结合公司采购物资的实际情况，制定本管理制度。

第二条 本管理制度是公司制度体系的第一层级，适用于公司、各区域分公司及其所属子公司（以下统称各单位）。

第三条 本管理制度适用的业务范围为：以各单位为主体开展的物资、工程和服务的采购活动。

第四条 本管理制度主要应对以下风险：

（一）采购业务管理缺失或管理不规范时，导致采购标的质次价高，给公司利益带来损失。

（二）应集中采购而未采取时，造成采购价格偏高、增加项目成本。

（三）规避电商平台采购，采购信息不公开，采购过程不透明，发生采购腐败行为。

（四）供应商管理不规范，造成采购渠道风险。

第五条 本管理制度所涉及的物资、工程、服务和大宗采购、采购管理的释义如下：

（一）物资，包括工程建设项目中的设备、材料；固定资产；企业维持正常运营、生产所需的办公用品、劳防用品、工器具、消耗材料等。

（二）工程，包括对用于生产建设、经营、管理、办公等工程项目的勘察、设计、采购、施工、试运行（竣工验收）等实行的全过程或若干阶段的分包。

（三）服务，包括为完成工程所需的勘察、设计、监理、咨询以及企业生产经营所需的租赁、委托等其他服务。

（四）大宗采购，指单次采购估算金额在500万元人民币及以上的同类物资、2000万元人民币及以上的工程、100万元人民币及以上的服务。

（五）采购管理，指公司各单位对以合同方式有偿取得用于企业生产建设、经营、管理、办公等的各类物资、工程和服务的活动而进行的计划、组织、协调和控制管理。

第二章 组织机构及职责

第六条 公司财务管理中心物资部是公司负责采购管理的归口管理部门，履行以下职责：

（一）管理职责：

1.负责贯彻落实国家颁布的有关国有企业采购管理的法律、法规及规章制度。

2.负责制定公司采购管理战略规划并推进落实。

3.负责建立健全科学的采购管理体制和机制，并保持管理体系的有效运行和管理绩效的持续提升。

4.负责制定采购管理制度体系，完善有关集中采购、招标采购、评标专家、采购质量、供应商、电商平台应用等第二层级管理制度并指导监督执行。

5.负责组织指导和协调各区域分公司、子公司的集中采购、招标采购和电商平台采购工作。

6.负责监督、规范各区域分公司、子公司的采购活动，定期考核其采购管理绩效并公示考核结果。

7.负责电商平台应用指导及运行和维护管理。

8.负责组织建立公司评标专家库并维护管理。

（二）服务职责：

1.负责组织或实施公司各单位集中采购的招标工作，并协助采购单位签订合同。

2.负责统一建设、部署并维护公司采购供应管理系统，逐步实现采购信息共享。

3.根据公司需求，代表公司与重点供应商洽谈、签订战略采购合作协议。

4.为各单位提供有关采购业务、采购供应管理系统应用等方面的培训和咨询服务。

5.加强对重点供应商的统一管理，积极支持、协调子公司对供应商的有关权益诉求，维护集团利益。

6.协调各单位的产品（包括服务及闲置物资等）在公司内部的调拨、购销工作。

7.受理供应商的投诉和咨询。

第七条 各区域分公司、子公司职责：

1.负责建立本单位的采购管理体系，健全采购管理机构并配备必要的管理人员，保证管理体系的有效运行和管理绩效的持续提升。

2.接受财务管理中心物资部的工作指导、协调、检查和考核。

3.贯彻落实公司关于招标采购、集中采购、电商平台采购等方面的管理要求，并建立健全本单位有关采购管理制度。

4.负责推广、应用公司采购供应管理系统并保障有效运行。

5.负责推进集中采购和电商平台采购、规范招投标活动及采购行为。

6.负责通过电商平台对合格供应商进行统一管理。

7.负责建立本单位的评标专家库并动态维护。

第三章　采购业务管理

第八条　公司各单位应明确物资、工程和服务请购管理的责任部门或人员，并对请购流程和审批权限做出规定。

第九条　公司各单位应明确采购方案、实施程序、审批流程等。

第十条　公司各单位应建立采购风险及内控管理体系，对采购业务全过程中的风险进行预判、辨识及有效控制，不断提高采购风险预见和防范能力。

第十一条　采购业务的实施过程应保留记录，对于采购过程文件应统一归档保存。

第十二条　公司各单位应根据合同管理规定建立采购合同台账。

第十三条　应根据采购合同文件要求和采购标的验收标准进行采购标的的验收。

第十四条　应按照付款管理规定，明确采购付款流程、审批权限以及过程控制等内容。

第十五条　应根据采购后评价制度，在采购合同履行完毕后，对整个采购过程进行评价和总结。采购后评价内容主要包括但不限于采购方案、采购方式、采购数量及采购价格等是否科学、合理。

第四章　招标采购管理

第十六条　为加强招标采购管理和规范招标采购活动，建立健全招标采购管理的长效机制，公司总部、各区域分公司及子公司均应成立招标领导小组。

第十七条　有下列情形之一的必须进行招标：

（一）物资采购单项合同估算价在100万元人民币及以上的。

（二）工程采购单项合同估算价在200万元人民币及以上的。

（三）服务采购单项合同估算价在50万元人民币及以上的。

（四）单项合同估算价低于上述第（一）、（二）、（三）项规定的标准，但项目总投资额在3000万元人民币以上的。

第十八条 符合上述第十七条规定的采购项目，须按照“公开招标是原则、邀请招标是例外”的原则进行招标采购。任何单位和个人不得以工期紧为由向关联企业直接发包，或以战略联盟为由规避招标和虚假招标。各区域分公司、子公司应根据国家和公司的有关管理要求，进一步明确招标采购、询价采购、竞争性谈判采购、单一来源采购等采购方式的选择条件和适用范围。

第五章 供应商管理

第十九条 公司负责制定供应商管理办法，并对钢材、商砼、模板木方、水泥、电缆等大宗采购的供应商进行统一管理。

第二十条 各单位应加强对供应商的考核管理工作，定期组织对合格供应商的业绩考核，并建立“业绩引导订货”的考核使用管理机制。

第二十一条 各单位应通过电商平台共享优质供应商资源，提高优质供应商的使用比例和服务份额。

第二十二条 公司财务管理中心物资部负责动态发布公司供应商“黑名单”信息，被列入公司“黑名单”的供应商三年内不得参加公司、各区域分公司及子公司的采购活动。

第二十三条 各单位应建立供应商“黑名单”管理机制，及时将有关信息报财务管理中心物资部审核备案。

第六章 监督管理

第二十四条 公司总部的审计监察中心负责对本单位的采购活动进行监督管理。

第二十五条 经查实的采购违规违纪行为，由审计监察中心对相关责任单位或责任人给予处分或处罚。

第七章 附 则

第二十六条 本制度由公司财务管理中心物资部负责解释。

第二十七条 本制度自公司董事会批准、发布之日起施行。

范本2 物资采购质量管理规定

第一章 总 则

第一条 为加强公司的采购管理，保证采购质量，控制采购风险，公司依据《物资采购管理制度》，制定本规定。

第二条 本规定是公司制度体系的第二层级，适用于公司总部、各区域分公司、子公司（以下统称各单位）的物资采购质量管理。

第三条 本规定主要应对以下风险：

（一）采购质量管控缺失或管控不到位，导致发生采购质量事故，给公司利益造成损失。

（二）采购过程监管不到位或管理不细致，导致采购标的选择不当，带来相应的采购风险。

（三）采购风险预估不足，未采取适当的措施进行预防或处理，导致采购事故发生。

第二章 术语和定义

第四条 采购质量，是指采购管理质量、采购过程质量、采购标的质量、采购文件质量和采购服务质量等与采购工作相关的质量。

（一）采购管理质量，是指采购业务管理部门和采购业务监督部门的管理工作质量。

（二）采购过程质量，是指采购业务开展过程中的程序合法性和合规性等采购过程控制质量。

（三）采购标的质量，是指采购物资的质量。

（四）采购文件质量，是指采购业务过程中所产生和提交的文件（包括招标过程文件、往来函件、技术资料、合同等）的质量。

（五）采购服务质量，是指采购劳务人员的服务专业程度和工作质量。

第五条 采购事故，是指由于管理缺位、责任缺失、程序违规、工作失误、结果错误或质量缺陷等原因，造成不良后果的采购事件。根据不良后果的严重程度，采购事故分为三级：一般采购事故、较大采购事故、重大采购事故。具体如下：

（一）一般采购事故。一般采购事故由以下三种情形中的任何一种触发：

1.各单位采购管理部门收到有关组织或个人对本单位采购部门采购质量的投诉，且经查证属实的。

2.造成直接经济损失30万元人民币以下的。

3.物资供货时间逾期10天以上且对项目工期产生轻微影响的。

（二）较大采购事故。较大采购事故由以下三种情形中的任何一种触发：

1.公司财务管理中心物资部收到有关组织或个人对本单位（指各区域分公司、子公司）采购质量的投诉，且经查证属实的。

2.造成直接经济损失30万（含）～100万元人民币的。

3.物资供货时间逾期10（含）～20天且对项目工期产生明显影响的。

（三）重大采购事故。重大采购事故由以下两种情形中的任何一种触发：

1.造成直接经济损失100万元（含）人民币以上的。

2.物资供货时间逾期20天（含）以上且对项目工期产生严重影响的。

第三章 机构与职责

第六条 公司采购质量管理实行公司总部和各区域分公司、子公司两级监管。

第七条 公司财务管理中心物资部是采购质量监管体系中的一级监管单位，是采购质量的监督管理主体，负责指导、监督和检查子公司的采购质量管理工作。

第八条 各区域分公司、子公司是采购质量监管体系中的二级监管单位，是采购质量的控制主体，负责建立本单位的采购质量管理体系，完善采购质量管理制度，并保持有效运行，保证本单位的采购质量得到有效控制。

第九条 公司财务管理中心物资部的主要职责：

（一）指导、监督和检查各单位按照国家、行业有关采购质量管理的法律法规和文件精神，以及上级主管单位的质量管理文件开展采购质量管理活动。

（二）督促各区域分公司、子公司建立健全与其采购业务相适应的采购质量管理体系和制度，确保分公司、子公司的采购质量管理工作有序、有效开展。

（三）不定期检查各区域分公司、子公司采购质量管理制度建设情况，以及采购业务过程的执行情况。

（四）受理采购投诉，组织调查受理的采购质量投诉事件。

（五）组织处理各区域分公司、子公司发生的重大采购事故。

（六）统计分析采购事故，并制订改进方案。

（七）组织考核和评价各区域分公司、子公司的采购质量管理工作绩效。

第十条 各区域分公司、子公司的主要职责：

（一）贯彻执行国家、行业有关采购质量管理的法律法规和文件，以及公司总部的质量管理文件。

（二）建立健全与本单位采购业务相适应的采购质量管理体系和制度，定期评审管理绩效并持续改进。

（三）组织执行本单位采购质量管理制度，建立相应工作流程，确保采购质量符合相关方的要求。

（四）采购事故发生后及时向采购中心报告或备案。

（五）组织处理本单位的采购事故，按采购事故等级做好事故处理过程记录、事故原因分析和总结工作。

（六）建立采购事故预防惩处机制，以及采购事故报备机制。

（七）考核评价采购工作人员、供应商与采购质量相关的工作情况，总结分析共性问题，制定改进措施，督促其改进和提高。

（八）每年年底前向公司财务管理中心物资部上报本单位采购事故分析及采购质

量管理工作报告。

第十一条 各单位的工程管理部门职责：

（一）工期延误的认定：组织并参与重大事故工期延误情况的认定，并出具认定报告。

（二）参与重大事故处理。

第四章 管理要求

第十二条 各区域分公司、子公司应从体系设计、制度建设、组织策划、过程监控、结果考核等方面强化采购质量管理工作。

第十三条 采购质量管理工作的基本要求如下：

（一）明确本单位各级采购管理人员工作范围、明晰工作职责、制定工作标准、规范工作过程并考核工作效力。

（二）建立覆盖本单位50%以上物资（包括材料和设备）采购金额的采购质量管控技术标准。

（三）合理组织、精心策划采购质量管理各阶段工作，明确采购质量控制要点和控制措施。

（四）应确保采购标的符合采购文件要求，符合使用方要求。

（五）确保与采购质量相关的各类技术资料、合同、过程资料和来往函件等文件，符合各级各类标准和规范，且不遗漏、不污损，并及时整理、分类、归档。

（六）确保各级采购管理人员和供应商的服务态度、服务能力、配合程度等服务质量满足项目需求。

（七）采购事故一旦发生，应立即报告、准确判断并及时采取措施，尽最大努力减少损失、消除影响，做好处理过程记录。

（八）重大采购事故应在事故发生后2天内及时向公司财务管理中心物资部报告，一般采购事故、较大采购事故和重大采购事故均应在事故处理完后15天内向采购中心备案。

第五章 附 则

第十四条 本规定由公司财务管理中心物资部负责解释。

第十五条 本规定自公司总经理办公会审议通过、发布之日起实施。

范本3 设备物资供应商管理办法

第一章 总 则

第一条 为规范公司设备物资供应商管理，优化供应商资源，保证采购质量，降低采购成本，控制采购风险，保障集中采购实施，根据公司实际，制定本管理办法。

第二条 公司物资供应商管理遵循“统一管理、两级负责、动态考核、择优汰劣”的原则，财务管理中心物资部是公司设备、物资供应商的归口管理部门。

第三条 本实施细则适用于公司总部、各区域分公司、子公司（以下统称各单位）的设备、物资供应商管理。

第四条 公司各单位采购设备物资时，应通过采购电子商务平台在公司供应商名录范围之内（公开招标采购的除外）选择供应商并进行采购。

第五条 公司统一建立采购电子商务平台，实现供应商寻源、准入、考评、退出等全生命周期的信息化管理。

第六条 有关设备物资供应商管理内容的定义。

（一）物资供应商：指为公司各单位提供设备物资及相关服务的制造商、经销商和服务商。

（二）准入单位：指各单位设备、物资采购管理部门，在公司采购电子商务平台上对供应商进行评审、准入和考核管理的责任单位。

（三）准入供应范围：指准入单位允许供应商提供的设备物资范围，依据公司规定的标准划分。

（四）服务关系：指各单位设备物资采购管理部门与合格供应商之间建立的业务关系，建立服务关系后各单位才可以供应商发生采购业务。

（五）合格供应商：指在公司采购电子商务平台通过准入审批的供应商。

（六）不合格供应商：指经年度考评综合评分低于65分的或因经营活动中发生严重违约、违纪行为被列入“黑名单”的合格名录范围内的供应商。

第二章 职 责

第七条 公司财务管理中心物资部负责制定公司供应商管理的规章制度，建立完善公司供应商管理体系和供应商管理信息平台；负责公司供应商的统一管理，对各区域分公司、子公司供应商管理工作进行指导、监督和检查。

第八条 各区域分公司、子公司设备物资采购管理部门或专员负责制定和完善本单位供应商管理办法，通过公司采购电子商务平台对本单位的供应商进行全生命周期和电子档案维护管理，配合公司财务管理中心物资部对采购供应商实施考核和评价。

第三章 供应商准入

第一节 一般规定

第九条 公司通过采购电子商务平台对供应商实行“准入制”管理，通过审批准入的供应商方可在其准入的供应范围内参与公司采购业务。

第十条 供应商准入执行“充分竞争、择优准入、制造商优先”的原则。确因条件限制无法选择制造商的，可选择经销商。

第十一条 经政府有关部门或公司董事会认可的新产品、节能环保型产品、具有自主知识产权产品的供应商应优先准入。

第十二条 原则上申请准入的供应商须具备以下基本条件：

（一）具有法人资格及相关的资质条件。

（二）申请准入的制造商要具备国家要求必须取得的质量、安全、环保以及其他生产经营资格。

（三）具有良好的商业信誉，经营活动中无违法记录。

（四）具有完善的质量保证体系，在政府部门、行业以质量监督检查中无不良记录。

（五）具有良好的经营业绩、合同履约能力和售后服务能力。

第十三条 凡不符合以上任意一项准入基本条件，或具有以下所述情况任意一项的供应商，不予准入。

（一）依法被撤销、解散、宣告破产等终止的企业。

（二）超出登记机关核准登记的经营范围的。

（三）从事法律禁止的其他活动、损害国家利益或者社会公共利益的。

（四）有严重产品质量问题的。

（五）有经营诚信、职业道德不良行为的。

（六）提供虚假的业绩证明或其他资信资料的。

（七）民事行为能力人依法不能独立实施的。

（八）代理权转委托他人、委托书授权不明或委托代理授权过期的。

（九）违反国家相关法律法规等其他规定的。

（十）违反公司其他有关规定的。

第二节 准入程序

第十四条 供应商的准入，按照准入申请、准入预审、准入评审、准入审批的程序办理。

第十五条 申请准入的供应商须提交准入申请，并应及时提供以下资料：

（一）供应商准入承诺书。

（二）供应商准入申请表。

（三）供应商准入的其他相关资料。

第十六条 对备案供应商进行准入评审、准入审批。

（一）公司财务管理中心物资部、各区域分公司、子公司设备物资采购管理部门分别负责对本单位的备案供应商进行准入评审。

（二）准入评审应依据供应商资质文件、申请准入产品、财务状况、生产能力、研发能力、质量保证、产品业绩、售后服务等内容制定评审标准。

第十七条 特殊情况下的供应商，即按照上述准入程序不能通过的但为建设生产中须用的、不可替代的供应商，如业主推荐、行业垄断及设备物资有特别要求的供应商，由准入单位填写《设备物资供应商准入申请表》，报公司财务管理中心物资部批准后方可获得准入资格，成为合格供应商。

第三节 服务关系

第十八条 供应商在准入审批后即与准入单位建立了服务关系。

第十九条 通过准入审批后的供应商即成为公司的合格供应商，公司财务管理中心物资部负责建立合格供应商名录并在公司内资源共享；各区域分公司、子公司设备物资采购管理部门可以通过公司采购电子商务平台与合格供应商建立服务关系。

第四章 考核评价

第二十条 对供应商实行“动态考核、择优汰劣”的考评管理，并采取日常管理与定期考评相结合的方式进行考评。

第二十一条 各单位在日常采购和使用过程中发现供应商产品质量、服务、违规等问题，应及时填写“供应商问题记录表”，并及时填报“供应商售后服务记录表”；向供应商归口管理部门反馈，并将日常记录作为供应商定期考评的依据。

第二十二条 原则上按年度对供应商定期考评，公司财务管理中心物资部和各区域分公司、子公司设备物资采购管理部门对其准入的或建立服务关系的供应商分别进行定期考评，并将考评结果作为供应商分级、退出依据。

第二十三条 公司财务管理中心物资部和各区域分公司、子公司设备物资采购管理部门负责组织采购部门、使用部门对考评期内发生采购业务的供应商从“综合实力、报价行为、合同执行情况、奖罚情况”等方面进行考评，并填写“量化考评结果表”；对考评期内未发生采购业务的供应商，从资质和准入资料有效性等方面进行符合性审查，并填写“供应商符合性审查表”。

第二十四条 根据考评结果供应商分为“A”“B”“C”“D”四个由高到低的资信等级。

（一）综合评分在90分（含）以上的为A级供应商。

（二）综合评分在80分（含）以上90分以下的为B级供应商。

（三）综合评分在65分（含）以上80分以下的为C级供应商。

（四）综合评分在65分以下的为D级供应商。

第二十五条 A级、B级、C级供应商为合格供应商；D级供应商为不合格供应商，予以退出且在两年内不得重新准入。

第五章 激励与退出

第二十六条 公司财务管理中心物资部和各区域分公司、子公司按照供应商的考评等级制定相应激励措施。对A级和B级供应商，可予以订货份额、付款条件等政策倾斜。

第二十七条 在采购业务实施中，同等条件下采购单位应优先选择资信等级较高的供应商。

第二十八条 供应商出现下列情形之一的，应予以退出；且两年内不得参与公司的采购业务。

（一）定期考评为D级的。

（二）不能提供相应准入供应范围产品的。

（三）提供虚假失实材料骗取准入资格的。

（四）超出代理期限或代理商没有提供有效委托代理授权文件的。

（五）产品出现严重质量问题或存在严重安全环保隐患的。

（六）拒绝配合现场考察工作的。

（七）违背公司有关规定及合同约定的。

（八）有其他违法违规行为的。

第二十九条 为进一步加强对供应商的管控，公司对设备物资供应商实行“黑名单”管理制度，一旦供应商被列入黑名单，禁止从该供应商处采购。供应商出现下列情形之一的，应列入供应商黑名单：

（一）有价格欺诈或采取弄虚作假、串标和围标等不正当竞争手段的。

（二）未按照合同履行义务，给公司总部、各区域分公司、子公司造成重大经济损失的。

（三）采取贿赂等不正当手段向公司总部、各区域分公司及子公司员工及其利益相关人员谋取利益行为的。

（四）产品出现重大质量问题或存在重大安全环保隐患的。

（五）发生恶意诽谤、诬告、陷害等不正当经营行为，给公司或公司员工的社会声誉造成较大负面影响的。

（六）严重违反公司其他有关规定的。

第三十条 公司财务管理中心物资部负责设备物资“供应商黑名单”的日常管理工

作。各区域分公司、子公司上报的“供应商黑名单”，经公司财务管理中心物资部核实后及时在公司电子商务平台上发布有关信息，并对名单上的供应商实行永久性禁入处罚。

第六章 档案管理

第三十一条 公司财务管理中心物资部和各区域分公司、子公司设备物资采购管理部门对其准入的供应商分别负责档案的建立和保存。

第三十二条 存档资料包括准入及认证资料、考评资料、档案信息变更资料及其他相关资料。

第三十三条 供应商信息变更规定为：

（一）供应商名称变更，除保留原档案外，须按准入要求重新提供相关材料，建立新的档案信息。

（二）供应商关键信息包括工商注册号、税务登记证号、开户银行、开户银行账号、组织机构代码、法定代表人等关键信息变更，须填写“供应商关键信息变更申请表”，提交相应证明材料，由供应商管理部门进行变更。

第七章 监督与考核

第三十四条 公司审计监察中心负责对公司设备物资采购管理部门的合格供应商准入、供应商“黑名单”确认及招标中标候选单位选定等工作的合规性进行审核监督。

第三十五条 公司财务管理中心物资部负责对各区域分公司、子公司供应商管理工作进行日常监督和定期检查。

第三十六条 公司和子公司的财务部门应按照职责范围，对采购付款进行审核监督。对于批量设备物资采购，如供货单位是公司采购电子商务平台合格供应商名录范围之外的、或采购部门未通过采购电子商务平台采购的，财务部门应拒绝支付货款并将有关信息及时向本单位有关职能部门通报。

第三十七条 公司、各区域分公司、子公司的设备物资采购管理部门的员工如违反本规定，有下列情形之一的，给予批评教育；情节较重的，按照相关规定给予处分。

（一）未按照规定进行供应商准入或未按照规定方式考核评价供应商的。

（二）串通或协助供应商伪造资料或提供虚假资料的。

（三）对供应商存在重大质量问题或隐患知情不报的。

（四）未经批准在公司合格供应商范围外选择供应商的。

（五）在供应商管理过程中玩忽职守、营私舞弊或收受贿赂的。

（六）私自将相关信息更改、销毁或泄露的。

（七）其他违反本管理办法规定的。

第三十八条 公司财务管理中心物资部或各区域分公司、子公司设备物资采购管理部门如发生违纪违规行为的，按公司有关管理规定进行处罚或通报批评。

第八章　其　他

第三十九条　本管理办法颁布后，各区域分公司、子公司根据供应商管理实际情况，应进一步核对本单位合格供应商的准入条件和范围，并将现有的“合格供应商名录”内的供应商直接录入电子商务平台系统成为公司电子商务平台合格供应商。新增的供应商均应严格按本管理办法办理有关准入手续。

第九章　附　则

第四十条　本管理办法由公司财务管理中心物资部负责解释。

第四十一条　本管理办法自公司总经理办公会审议通过、发布之日起施行。

范本4　招标管理办法

第一章　总　则

第一条　为规范公司招标活动，保护招标活动当事人的合法权益，控制采购成本，提高经济效益，依据《中华人民共和国招标投标法》、《中华人民共和国招标投标法实施条例》、《电子招标投标办法》和《物资采购管理制度》，制定本办法。

第二条　本办法是公司制度体系的第二层级，适用于公司总部、各区域分公司所属子公司的招标投标活动。

第三条　本办法所管辖的招标活动包括物资、工程和服务的采购，相关定义详见《物资采购管理制度》。

第四条　必须进行招标的项目规模和范围详见《物资采购管理制度》。

第五条　公司总部、各区域分公司及其子公司的招标活动及其当事人应自觉接受公司审计监察中心的监督。

第六条　本制度主要应对以下风险：

（一）招标人规避招标或不招标，违反国家相关法律法规，给国家、公司的声誉或利益造成损害。

（二）招标程序不规范，不能使投标人之间形成有效充分竞争，导致采购质量低下和采购价格偏高，损害公司利益。

（三）对招标过程监管不严，造成不公平竞争，导致利益输送，产生腐败。

第二章　机构与职责

第七条　各区域分公司、子公司应根据业务需要设立专职的或指派相关管理部门作为招标工作责任部门，负责本单位招标活动的管理和组织，其主要职责是：

（一）编制并完善本单位招标工作管理办法。

（二）组建招标工作小组，招标工作小组可以是针对具体项目的临时机构，也可以是常设机构。

（三）审核招标公告或确定拟邀请潜在投标人名单。

（四）审查招标文件，并对招标过程进行监管，确保招标活动公开、公平、公正。

第八条 招标工作小组的主要职责是：

（一）编制招标方案和招标文件。

（二）发布招标公告或发出投标邀请。

（三）组织投标人踏勘现场，召开标前会议，组织投标答疑及澄清。

（四）组建招标项目评标委员会。

（五）提出评标委员会成员中非专家人员建议名单。

（六）接收投标文件，组织开标、评标工作。

（七）根据评标委员会提出的评标报告撰写定标报告，并报招标领导小组审批。

（八）向中标人发出中标通知书，向未中标人发出未中标通知。

（九）协助采购人与中标人进行合同谈判，签订合同。

（十）及时退还投标保证金。

第九条 评标委员会主要职责：

（一）根据招标文件载明的评标标准和评标办法，认真评审投标文件。

（二）及时编制《评标报告》。

（三）根据评标结果推荐中标候选人或者根据招标人的授权直接确定中标人。

第三章 招标管理

第十条 根据招标项目规模和性质不同，招标人可选择公开招标或邀请招标。无论采取哪种招标方式，投标人的数量必须达到3家（含）以上。

第十一条 招标方式选择：

（一）各区域分公司、子公司投资的且规模达到公司规定标准的建设项目，其中的工程、物资及服务必须通过公开招标的方式进行采购。

（二）各区域分公司、子公司应根据国家有关法律法规，结合本单位的管理实际，进一步明确邀请招标或其他的采购方式。

第十二条 公开招标的应通过国家指定的媒介发布招标公告。在不同媒介上发布的同一招标项目的招标公告或资格预审公告的内容应当一致。招标公告应当载明招标人的名称和地址、招标项目的性质、数量、实施地点和时间以及获取招标文件的办法等。

第十三条 采取邀请招标的，应向不少于三个具备承担招标项目能力的潜在投标人发出投标邀请书，载明招标人的名称和地址、招标项目的性质、数量、实施地点和时间以及获取招标文件的办法等。

第十四条 招标人具有自行组织招标能力的，须自行组织招标事宜；如需委托招标代理机构进行招标的，在同等条件下，应优先委托集团内部招标代理机构。委托招标代理机构进行招标的，应报公司物资部备案。

第十五条 对于以下两类工程项目的物资、工程分包及服务采取自行招标的，招标单位（部门）必须拥有3名以上取得招标职业资格的专职招标业务人员：

（一）经国务院或国家发展改革委审批的工程建设项目。

（二）地方政府工程建设主管部门对招标单位资格有明确要求的工程项目。

第十六条 招标人不得以不合理的条件限制、排斥潜在投标人或投标人，或强制投标人组成联合体共同投标，限制投标人之间的竞争。

第十七条 招标投标工作实行“推荐、评标、定标”三分离，即推荐入围投标人的人员不参与评标、定标；评标人员不参与推荐和定标；定标人员不参与推荐和评标。

第十八条 资格审查分为资格预审和资格后审。资格审查条件、标准和方法应在资格预审文件或者招标文件中明确。资格审查应当主要审查潜在投标人或者投标人是否符合下列条件：

（一）具有独立订立合同的资格。

（二）具有履行合同的能力，包括专业、技术、管理、经验、信誉、资金、设备、人员等方面的要求。

（三）没有处于被责令停业，投标资格被取消，财产被接管、冻结，破产状态。

（四）在最近三年内没有骗取中标和严重违约及重大工程质量问题。

（五）法律、行政法规规定的其他资格条件。

第十九条 招标文件应当根据招标项目的特点和需要进行编制，一般应当包括招标公告/投标邀请书、投标人须知、合同主要条款、投标文件格式、工程量/需求物资清单、需要达到的技术标准或条件、评标标准和方法等内容。公司及子公司应分别制定本单位统一的招标文件范本。

第二十条 需要对已发出的招标文件进行澄清或者修改的，应当给予投标人在招标文件要求提交投标文件截止期限前足够的修改时间，并以书面形式通知所有潜在投标人。该澄清或者修改的内容为招标文件的组成部分。

第二十一条 招标人应当合理确定投标人编制投标文件所需要的时间，确保多数潜在投标人可完成投标的时间为合理的投标时间。

第二十二条 原则上除不可抗力原因或取得全体投标人同意外，招标人不得随意终止招标。

第四章 开标、评标、定标的管理

第二十三条 开标应当在招标文件确定的提交投标文件截止时间的同一时间公开进行，开标地点应当为招标文件中预先确定的地点。

第二十四条 采取纸质文档进行投标的，投标人应在开标现场对投标文件的密封完好情况进行检查确认并留存记录。

第二十五条 投标人如对开标有异议的，应当在开标现场提出，招标人应当场答复，并做好相关记录。

第二十六条 唱标宜公开进行并由专人负责记录，且投标人有现场确认的权利。

第二十七条 招标人安排的开标、评标地点，应当具备保证开标、评标工作顺利进行的必要的环境及设施条件。

第二十八条 评标工作由依法依规组建的评标委员会负责，评标委员会应由5人（含）以上单数组成，其中技术、经济方面的专家应通过评标专家库抽取。

第二十九条 评标委员会成员应当按照招标文件中载明的评标标准和方法，对投标文件进行独立评审和比较。评标委员会完成评标后，应当向招标领导小组提交书面评标报告和中标候选人名单。中标候选人应当不超过3个，并标明排序。评标报告应当由评标委员会全体成员签字。对评标结果有不同意见的评标委员会成员应当以书面形式说明其不同意见和理由，评标报告应当注明该不同意见。评标委员会成员拒绝在评标报告上签字又不书面说明其不同意见和理由的，视为同意评标结果。

第三十条 评标委员会对投标文件进行评审并按规定否决不合格投标后，如有效投标不足3家的，应由评标委员会根据投标是否具有竞争性决定是否继续进行评标，并留存有关签字确认记录。

第三十一条 招标领导小组对评标报告进行审查，并依据评标报告确定中标人和备选中标人。原则上应确定评标报告上排名第一的中标候选人为中标人。

第三十二条 评标和定标应当在投标有效期内完成。

第三十三条 自中标通知书发出之日起30日内，招标工作小组应协助采购人和中标人按照招标文件和中标人的投标文件订立书面合同。

第三十四条 中标人放弃中标或拒不签订合同，或在签订合同时提出附加条件的，可取消其中标资格，没收其投标保证金，并依次与其他候选中标人签订合同。

第五章　监督管理

第三十五条　招标人存在下列行为之一的，由主管部门责令改正，情节严重的按照公司相关规定进行处理：

（一）规避招标或未按规定选择招标方式的。

（二）开展招标业务不规范或组织、参与招标管理不规范的。

（三）未按照本规定要求实施“三分离”或未按规定确定中标人的。

第三十六条　评标委员会成员有下列行为之一的，由监督部门责令改正。情节严重的，禁止其在一定期限内参加公司范围内招标项目的评标。情节特别严重的，取消其评标资格：

（一）应当回避而不回避。

（二）擅离职守。

（三）不按照招标文件规定的评标标准和方法评标。

（四）私下接触投标人。

（五）向招标人征询确定中标人的意向或者接受任何单位或者个人明示或者暗示提出的倾向或者排斥特定投标人的要求。

（六）暗示或者诱导投标人做出澄清、说明或者接受投标人主动提出的澄清、说明。

第三十七条　投标人存在下列行为之一的，责令其退出投标；已经确定为中标人的，中标无效；情节严重的，取消其在公司范围内投标的资格，并列入公司黑名单：

（一）投标人相互串通投标或者与招标人串通投标的，投标人向招标人或者评标委员会成员行贿谋取中标的。

（二）投标人以他人名义投标或者伪造、编造资格、资质证书或其他许可证件弄虚作假骗取中标的。

第三十八条　中标人存在下列情况之一的，记入供应商信用档案，情节严重的，取消其在公司范围内投标的资格，并列入公司黑名单：

（一）中标人无正当理由不与采购人订立合同，在签订合同时提出其他附加条件，或者不按照招标文件要求提交履约保证金的，取消其中标资格，投标保证金不予退还。

（二）中标人在合同履行过程中存在弄虚作假、提供以次充好产品或未按合同约定履约的。

第六章　附　则

第三十九条　本规定由公司财务管理中心物资部负责解释。

第四十条 本规定自公司总经理办公会审议通过、发布之日起实施。

范本5 评标专家和评标专家库管理办法

第一章 总 则

第一条 为规范公司的招标采购行为，加强对评标专家的监督管理，提高招标评标工作质量和招标采购管理水平，保证评标活动的公平、公正，根据《中华人民共和国招标投标法》、《中华人民共和国招标投标法实施条例》和《物资采购管理制度》，制定本管理办法。

第二条 本管理办法是公司制度的第二层级，其上一级为《物资采购管理制度》，适用于公司总部、各区域分公司、子公司。

第三条 本管理办法适用的业务范围为：公司总部、各区域分公司、子公司（以下统称各单位）评标专家的资格认定、入库及评标专家库的组建、使用和管理活动。

第四条 公司评标专家和评标专家库的管理遵循“统一管理、两级负责、动态考核”的原则。

第五条 本管理办法主要应对以下风险：

（一）未建立评标专家库，不能满足公司招标业务对评标专家的技能要求，影响评标质量。

（二）对评标专家未实行日常动态管理，不能保证在库专家的任职资格条件，影响评标结果。

（三）评标专家未按规定抽取，影响评标的公平性。

（四）对评标专家行为缺乏有效监管，不能保证评标结果的公正性。

第六条 公司将通过采购电子商务平台（以下简称电商平台），实现对评标专家的入库、抽取、考核、退出等过程的管理。

第七条 各单位应通过电商平台在专家库中抽取评标专家。一般情况下在电商平台上抽取评标专家时，应采取随机抽取的方式；特殊情况下（如技术较复杂、专业性要求较高的项目，采用随机抽取方式确定的专家难以胜任的），招标人可直接指定。

第二章 机构与职责

第八条 公司财务管理中心物资部负责公司评标专家库的建立与管理工作；各区域分公司、子公司采购管理部门负责本单位评标专家库的建立与管理工作。公司财务管理中心物资部负责组织评标专家的继续教育与培训工作；各区域分公司、子公司采购管理部门负责组织本单位评标专家的继续教育与培训工作。

第九条 公司各单位的采购管理部门应参照《中华人民共和国招标投标法》《中华人民共和国招标投标法实施条例》以及国家统一的评标专家专业分类标准和管理办法，组建本单位评标专家库。

第三章 评标专家及评标专家库的管理

第十条 各单位的采购管理部门应对拟聘人员的专家资格进行审核，审核通过后方可成为入库专家。评标专家的任职资格采取个人申请和单位推荐两种方式。采用单位推荐方式的，应事先征得被推荐人同意。

第十一条 入选评标专家库的评标专家，应当具备下列基本条件：

（一）从事相关领域工作五年以上，且具有中级及以上职称或具有同等专业水平。

（二）熟悉招标投标的有关法律法规和评标工作。

（三）诚信守业、作风正派、具有良好的道德操守，能够认真、公正、诚实、廉洁地履行职责。

（四）身体健康，能够承担评标工作。

（五）未曾因在招标、投标以及其他与招标投标有关活动中从事违法行为而受过行政处罚或刑事处罚。

（六）法律规章规定的其他条件。

第十二条 建立评标专家库应当满足下列要求：

（一）评标专家库专家人数应能满足差额抽取的需要，原则上不得少于应抽取专业人数的两倍。

（二）评标专家应按专业进行分类管理。

（三）评标专家库应设置专人维护。

第十三条 财务管理中心物资部、各区域分公司、子公司采购管理部门应定期对评标专家进行考核，包括工作态度、职业道德、执业能力、工作表现等，对考核不合格的应取消其评标专家资格，并及时从评标专家库中清退。对于发生岗位变动及离职的专家（如退休、调转、辞职），人力资源管理部门应及时将有关信息通知采购管理部门。

第十四条 评标专家享有下列权利：

（一）接受招标人或招标代理机构聘请，担任评标委员会成员。

（二）依法按照招标文件确定的评标标准和方法，对投标文件独立进行评审，提出评审意见，不受任何单位或者个人干预。

（三）向招标人或者纪监部门反映招标评标活动中发现的违法违规行为。

（四）获得参加评标活动的劳动报酬的权利。

（五）法律法规规定的其他权利。

第十五条 评标专家应履行以下义务：

（一）主动回避的义务：

1.与投标人有利害关系的人不得进入相关项目的评标委员会，已经进入的应当更换。

2.监督部门的工作人员不得担任本部门负责监督项目的评标委员会成员。

（二）准时出席评标活动并客观、公正地履行职责。

（三）对评标过程及相关内容保密，遵守评标工作纪律，不得私下接触投标人，不得收受投标人或者其他利害关系人的财务或者其他好处，不得透漏对投标文件的评审和比较、中标候选人的推荐情况以及与评标有关的其他情况。

（四）对提出的评审意见承担个人责任。

（五）对有关监督部门的监督、检查活动予以协助和配合。

（六）法律法规规定的其他义务。

第十六条 凡接到通知并同意参加评标的专家，不能参加评标活动时，应及时向招标人说明情况，并不得委托他人代理。

第四章 评标专家的抽取

第十七条 抽取评标专家的时间原则上不得早于开标时间48小时，抽取异地专家的，不得早于开标时间72小时，遇节假日向前顺延。

第十八条 抽取评标专家实行封闭管理，参与抽取人员严格控制在以下范围：招标人代表1人，系统操作人员1人，监督人员1人，专家抽取时监督人员必须到场监督。

第五章 监督与责任

第十九条 各单位应当加强对评标专家及评标专家库的管理，任何人不得干预或影响评标专家的具体评标活动。

第二十条 各单位的采购管理部门负责对评标专家管理工作进行日常监督。

第二十一条 评标专家有下列情形之一的，由有关监督部门责令改正；情节严重的，禁止其在一定期限内参加评标活动；情节特别严重的，取消其担任评标委员会成员的资格：

（一）应当回避而不回避。

（二）擅离职守。

（三）不按照招标文件规定的评标标准和方法评标。

（四）私下接触投标人。

（五）向招标人征询确定中标人的意向或者接受任何单位或者个人明示或者暗示提出的倾向或者排斥特定投标人的要求。

（六）对依法应当否决的投标不提出否决意见。

（七）暗示或者诱导投标人做出澄清、说明或者接受投标人主动提出的澄清、说明。

（八）其他不客观、不公正履行职责的行为。

第二十二条 招标项目应按照规定组建评标委员会，违法确定或者更换的评标委员会成员做出的评审结论无效，应重新评审；未从评标专家库抽取专家的，评标无效。

第六章 附 则

第二十三条 本管理办法由公司财务管理中心物资部负责解释。

第二十四条 本管理办法自公司总经理办公会议审议通过、发布之日起施行。

范本6 采购管理工作绩效考核实施细则

第一章 总 则

第一条 为进一步加强公司采购管理工作，充分发挥绩效考核的导向作用，促进各区域分公司、子公司的招标采购、集中采购等工作，持续提升采购管理水平，根据《物资采购管理制度》《招标管理办法》《设备物资供应商管理办法》，特制定本细则。

第二条 本细则是公司制度体系的第三层级，其上一级为《招标管理办法》《物资采购质量管理规定》，适用于公司各区域分公司及所属子公司。

第三条 本细则主要应对以下风险：

（一）采购管理体系不健全，发生内部控制管理重要缺陷。

（二）采购管理制度不健全、不完善，造成管理缺失。

（三）采购管理制度执行不严，发生违规违纪行为，损害公司利益。

第二章 考核对象

第四条 考核对象为各区域分公司及所属子公司的主要负责人。

第三章 考核指标体系

第五条 采购管理工作年度绩效考核指标由机构设置与人员配备、内控管理、电商平台应用管理、集中采购、供应商管理、招标管理六项内容组成。

第六条 各区域分公司及所属子公司采购管理工作绩效考核指标内容及分值（略），考核满分为100分。

第四章 考核事项

第七条 公司财务管理中心物资部负责对各区域分公司及所属子公司负责人采购管理工作绩效考核。

第八条 各区域分公司及所属子公司负责人采购管理工作绩效考核实行年度考核制，以每公历年为一个考核周期。每年第一季度开展上年度绩效考核工作。

第九条 采购管理工作绩效考核纳入各区域分公司及所属子公司负责人年度综合业绩考核。

第五章 附 则

第十条 公司财务管理中心物资部将根据各区域分公司及所属子公司采购管理工作重点的变动调整，以部门文件的形式及时调整本细则的考核内容、评分标准等。

第十一条 本细则由公司财务管理中心物资部负责解释。

第十二条 本细则自公司总经理办公会审议通过、发布之日起施行。

范本7 信息化项目招标采购工作实施细则

第一章 总 则

第一条 为进一步加强公司信息化项目招标采购管理工作，规范信息化项目招标活动，推进上网采购，保证信息化项目产品和服务质量，保护公司利益，依据《招标管理办法》，特制定本实施细则。

第二条 本实施细则是公司制度体系的第三层级，其上一级为《招投标管理规定》，适用于公司总部和分公司、子公司。

第三条 本实施细则主要应对以下风险：

（一）采购方式选择不当，应招未招，可能导致采购的项目质次价高。

（二）潜在供应商选择不当，可能导致采购项目发生渠道风险。

（三）招标采购程序不规范，可能导致“暗箱操作”，滋生腐败，损害公司利益。

第四条 本实施细则所称信息化项目，是指信息化相关的咨询服务、软件开发、计算机系统集成、机房建设改造、系统运维服务、项目监理以及相关系统软件、重要设备、材料采购等。

第五条 信息化项目达到下列规模标准之一的，必须进行招标采购：

（一）计算机系统集成和软件开发的合同估算价在50万元及以上。

（二）重要设备、材料采购的单项合同估算价在50万元及以上。

（三）咨询、监理等服务的单项合同估算价在10万元及以上。

（四）信息化项目作为子项包含在某一项目中的，信息化单项合同估算价在50万元及以上。

第六条 合同估算价在50万元以下的项目也鼓励招标采购。

第七条 根据实施细则必须进行招标的信息化项目，各单位不得以任何方式规避招标。

第二章 信息化项目招标活动

第八条 公司的信息化项目应在年度预算内按计划执行。超出年度预算的信息化项目，按预算管理制度申请追加预算，获得批准后向信息中心报备后开展招标。

第九条 招标活动管理：

（一）招标组织方式。前述第五条规定必须招标的信息化项目，各单位须通过公司采购电子商务平台组织招标采购。公司总部的信息化项目由招标采购管理中心会同信息中心组织招标，子公司的信息化项目由子公司的采购管理部门会同公司信息中心组织招标。

（二）投标人的资质要求。投标人必须为公司采购电子商务平台中供应商管理库内的合格成员，招标人认为需要对投标人进行资格预审的，还应当将资格预审文件一同备案。资格审查文件中涉及对投标人系统集成、监理等行业资质要求的，其资质要求应当与标的物投资额相匹配（监理项目为所监理项目的投资额）。

（三）评标专家的管理。评标委员会专家应在评标前48小时内从公司信息化评标专家库中随机抽取，抽取工作应当在采购电子商务平台内进行。有特殊要求的项目，经信息中心和招标采购管理中心同意，可以由招标人按有关规定直接确定评标专家。评标委员会成员名单在中标结果确定前应当保密。通过采购电子商务平台中相关专家评委管理机制，对信息化项目评标专家定期进行考核和准入、清出的动态管理。对不能胜任评标工作或者有严重不良行为记录的评标专家，向招标公司物资部备案后，取消其评标专家的资格。

第十条 公司需指定信息化专项招投标联络人报信息中心，负责信息化项目招标的联络工作，及时沟通信息化项目招投标相关事宜，人员如有变动需及时报备。

第三章 附 则

第十一条 本实施细则由信息中心和财务管理中心物资部负责解释。

第十二条 本实施细则自公司总经理办公会审议通过、发布之日起施行。

Construction Companies

Standards and Criterion of Internal Control & Financial Management

08 资产管理

资产管理是财务的有效延伸。管好公司的每一项资产，用好公司的每一项资产可以帮助企业节约大量现金流，创造大量利润。资产管理相关制度结合国内外市场、同行业技术水平和现代化管理经验，以及公司资产管理现状，全面梳理各项资产管理中的薄弱环节，切实采取有效措施建立和完善与资产相关的管理制度和办法。

范本1 授权审批管理制度

第一章 总 则

第一条 为规范公司审批程序，加强内部控制，明确审批权限，根据《中华人民共和国会计法》《内部控制基本制度》，特制定本管理制度。

第二条 本管理制度所称授权审批，包括职务性授权、制度性授权和临时性授权。

第三条 本管理制度用于规范公司资金、采购、固定资产、长期股权投资、筹资、预算、成本费用、担保、合同协议、财务报告编制与披露及其他业务审批授权。

第二章 组织机构及职责

第四条 董事长是公司的法定代表人。董事长代表公司并依据公司章程和公司董事会的授权，负责处理公司法人财产事项和主持公司的工作。董事长权限范围的基本依据是《中华人民共和国公司法》和公司章程。董事长授权的范围不得超过上述法律和公司章程的规定。

第五条 公司日常经营工作实行分级分权管理，总经理代表公司的权限根据公司管理层的职责分工逐级授权，授权应体现职责与权限对应的原则。

第六条 审计监察中心负责检查监督越权审批、无权审批；负责对授权审批进行考核，有权处理各职能部门违规审批，并提出处理意见，上报公司总经理。

第三章 授权的原则

第七条 公司授权应遵循以下原则：

（一）在责、权、利统一的基础上实施授权。

（二）被授权人在授权人的领导下开展工作，接受授权人的指导和监督考核。

（三）被授权人对授权人负责，在授权范围内工作，切实保证完成公司下达的任务。

（四）经过授权人批准，被授权人可以对所属下级进行转授权。

（五）授权人给予被授权人充分授权，简化审批程序，提高运营效率。

第四章 授权的形式和使用范围

第八条 公司总经理在授权管理上，应根据公司管理层人员承担相应职务、行使经营管理职责的必备性原则予以授权，具体形式是：

（一）职务性授权：

总经理通过签署发布对公司高级管理人员聘任书的形式同时授予相应的权限，解聘时也视同撤销了相应的权限，以此作为职务性授权的范围和依据。

（二）制度性授权：

总经理办公会可通过签发相关的基本规章来对管理层分工分管交叉但又无法通过职务性授权管理的事项，用相关规章的制定来授予相应的具体权限，其授权的时效按规章制度的时效来确定。

（三）临时性授权：

对公司董事长的重大事项或委托办理的有关董事长事务和临时性工作，董事长采取临时委托公司其他人员办理，签发授权书，被授权人在授权书赋予的职权范围内代表授权人行使职权。

第五章 授权程序

第九条 职工薪酬、采购款项、各项成本费用报销在公司全面预算制度执行后，按照每项预算的授权规定办理。

第十条 在公司全面预算执行前，或不在预算支付范围的事项，按以下授权审批程序执行：

（一）《运营活动授权表》：主要规范公司运营活动方面的授权审批程序。

（二）《××机关费用开支授权表》：主要规范××区域分公司机关费用支出方面的授权审批程序。

（三）《工程项目经营活动授权表》：主要规范各工程项目区域分公司支出方面的授权审批程序。

第六章 罚 则

第十一条 审计监察中心监督、检查授权审批制度的执行情况，对违反制度的行为可予以制止，对已发生的上报公司董事长并提出处罚建议。

第十二条 授权人违反授权审批制度，超越权限授权，或被授权人超越授权行使职权，给公司造成损失的，按照公司相关制度予以处罚。

第七章　附　则

第十三条　本管理制度若与国家法律法规相抵触，以法律法规为准。

第十四条　本管理制度由公司董事会负责解释。

第十五条　本管理制度自发布之日起实施。

附件：

附件1　运营活动授权表

附件2　××机关费用开支授权表

附件3　工程项目经营活动授权表

附件1　运营活动授权表

运营活动授权表

序号	项目			董事长	常务副总经理	分管副总经理	财务负责人	法务专员	部门负责人	经办人
1	薪酬管理（含工资/福利/奖金等）	薪酬体系		决	审	审			拟	
		工资奖金标准	董事会成员、高管	决	审					拟
			部门主管（含副经理）	决	审	审			拟	
			其他员工（广东、安徽）	决	审	审			审	拟
			其他员工（江西）	决		审			审	拟
		工资与奖金发放的签批			决		审			拟
		工资与奖金发放的签批				决	审			拟
2	管理制度	会计核算制度				决	审			拟
		财务管理制度		决	审	审	审			拟
		生产经营与费用开支授权表		决	审	审	审			拟
3	年度财务预算、决算			决	审	审	审			拟
4	对外投资项目、设立及变更分子公司（含股权变更）			决	审	审	审	审		拟
5	非生产用设备及物品采购	每次（件）金额≥5 000元		决	审	审	审		审	拟
		手提电脑等贵重物品		决	审	审	审		审	拟
		5 000元以下（不含手提电脑等）			决	审	审		审	拟

续表

序号	项目		董事长	常务副总经理	分管副总经理	财务负责人	法务专员	部门负责人	经办人
6	无形资产	土地使用权购置及出售	决	审	审	审	审		拟
		商标、专利技术申报	决	审	审	审	拟		
7	融资	金融机构融资	决	审	审	审			拟
		非金融机构融资	决	审	审	审	审		拟
8	担保与抵押	公司借款的抵押或担保	决	审	审	审	审		拟
		项目借款抵押或担保	决	审	审	审	审		拟
9	工程合同签订	金额 >500 万元	决	审	审	审	审		拟
		金额 <500 万元		决	审	审	审		拟
10	资金调拨及拆借	分公司资金调拨			决	审			拟
		分公司向公司资金借款	决	审	审	审			拟
		工程项目向公司借款	决	审	审	审			拟

附件2　××机关费用开支授权表

××机关费用开支授权表

序号	项目			董事长	副总经理（分管财务）	副总经理（某某）	财务负责人	部门主管	经办人
1	年度预算费用及预算增补修正			决	审	审	审	拟	
2	费用定额标准	董事会、高级管理人员		决	审				拟
		部门主管（含副经理）		决	审	审	审	拟	
		其他员工		决	审	审	审	拟	
3	借支	因公借支	1 万元 / 次以上	决	审	审	审	审	拟
			1 万元 / 次以下（含 1 万元）			决	审	审	拟
		因私借支	0.5 万元 / 次以上	决	审	审	审	审	拟
			0.5 万元 / 次以下（含 0.5 万元）			决	审	审	拟

续表

序号	项目			董事长	副总经理（分管财务）	副总经理（某某）	财务负责人	部门主管	经办人
4	日常费用报销审批	董事会、高级管理人员		决	审	审	审		拟
		除上述人员外	0.5 万元 / 次以上	决	审	审	审		拟
			0.5 万元 / 次以下（含 0.5 万元）			决	审	审	拟
5	公关费用	每批费用支出 > 10 万元，或单笔大于 1 万元		决	审	审	审	审	拟
		每批费用支出 ≤ 10 万元，或单笔小于等于 1 万元				决	审	审	拟
6	招待费用	单次招待费 0.5 万元以上		决	审	审	审	审	拟
		单次招待费 0.5 万元（含）以下				决	审	审	拟
7	查罚费用	单笔金额 > 1 万元		决	审	审	审	审	拟
		金额 ≤ 1 万元				决	审	审	拟
8	损失	失职、渎职、制度执行不力等造成	损失金额 > 2 万元	决	审	审	审	审	拟
			损失金额 ≤ 2 万元			决	审	审	拟
		挪用、侵占、贪污等主观故意造成	损失金额 > 0.5 万元	决	审	审	审	审	拟
			损失金额 ≤ 0.5 万元			决	审	审	拟
9	资产报废审批	金额 > 10 万元		决	审	审	审	审	拟
		金额 ≤ 10 万元				决	审	审	拟
	事故损失审批	一次性损失金额 > 1 万元		决	审	审	审	审	拟
		一次性损失金额 ≤ 1 万元				决	审	审	拟
10	呆账核销	一次性损失金额 > 2 万元		决	审	审	审	审	拟
		一次性损失金额 ≤ 2 万元				决	审	审	拟
11	税金	正常税金			决	审	拟	审	
		税务查罚款		决	审	审	拟	审	
	财务费用	规定标准内财务费用			决	审	审	审	拟
		超标准财务费用		决	审	审	审	审	拟

附件3 工程项目经营活动授权表

工程项目经营活动授权表

<table>
<tr><th>序号</th><th colspan="3">项目</th><th>董事长</th><th>副总经理（分管财务）</th><th>副总经理</th><th>财务负责人</th><th>项目负责人</th><th>经办人</th></tr>
<tr><td rowspan="3">1</td><td colspan="3">薪酬体系</td><td>决</td><td>审</td><td>审</td><td>审</td><td>审</td><td>拟</td></tr>
<tr><td rowspan="2">工资奖金标准</td><td colspan="2">项目负责人</td><td>决</td><td>审</td><td>审</td><td></td><td></td><td>拟</td></tr>
<tr><td colspan="2">其他项目管理人员</td><td></td><td>决</td><td>审</td><td></td><td>审</td><td>拟</td></tr>
<tr><td>2</td><td colspan="3">年度财务预算、决算</td><td>决</td><td>审</td><td>审</td><td>审</td><td>审</td><td>拟</td></tr>
<tr><td rowspan="3">3</td><td rowspan="3">款项支付</td><td rowspan="2">有合同</td><td>单笔金额>30万元</td><td>决</td><td>审</td><td>审</td><td>审</td><td>审</td><td>拟</td></tr>
<tr><td>单笔金额≤30万元</td><td></td><td>决</td><td>审</td><td>审</td><td>审</td><td>拟</td></tr>
<tr><td colspan="2">无合同</td><td></td><td>决</td><td>审</td><td>审</td><td>审</td><td>拟</td></tr>
<tr><td rowspan="2">4</td><td rowspan="2">日常费用报销</td><td colspan="2">单笔金额>0.5万元</td><td>决</td><td>审</td><td>审</td><td>审</td><td>审</td><td>拟</td></tr>
<tr><td colspan="2">单笔金额≤0.5万元</td><td></td><td>决</td><td>审</td><td>审</td><td>审</td><td>拟</td></tr>
<tr><td rowspan="2">5</td><td rowspan="2">招待费、经营费</td><td colspan="2">单次招待费0.5万元以上</td><td>决</td><td>审</td><td>审</td><td>审</td><td>审</td><td>拟</td></tr>
<tr><td colspan="2">单次招待费0.5万元（含）以下</td><td></td><td>决</td><td>审</td><td>审</td><td>审</td><td>拟</td></tr>
<tr><td rowspan="2">6</td><td rowspan="2">物资采购、劳务分包、专业分包合同</td><td colspan="2">单笔金额>50万元</td><td>决</td><td>审</td><td>审</td><td>审</td><td>审</td><td>拟</td></tr>
<tr><td colspan="2">单笔金额≤50万元</td><td></td><td>决</td><td>审</td><td>审</td><td>审</td><td>拟</td></tr>
</table>

范本2 货币资金管理制度

第一章 总 则

第一条 为保证公司货币资产的安全、完整和会计核算的真实、准确，依据《中华人民共和国现金管理暂行条例》《人民币银行结算账户管理办法》《会计基础工作规范》《内部控制基本制度》等规定，制定本管理制度。

第二条 货币资金包括公司总部、各级分公司、子公司（以下统称各单位）的库存现金、银行存款和其他货币资金，其他货币资金包括外埠存款、银行汇票存款、银行本票存款、信用卡存款、信用保证金存款、存出投资款、在途货币资金等。

第三条 公司财务管理中心及各区域分公司、子公司财务部门（以下统一简称为财务部门）为公司货币资金管理的责任部门。

第二章 库存现金管理

第四条 公司库存现金由财务部门集中统一管理。库存现金的收支业务，应由财务部门统一办理。其他部门未经授权或委托，不得办理任何收付款业务或出具收付款单据。各部门、各单位未经财务部门而收取现金或私存现金的，均属违反本制度规定的行为。

第五条 财务部门出纳员是负责保管和办理本单位现金收支业务的会计人员。公司出纳员不得兼任会计核算等其他不相容岗位。无会计从业资格证书的人员、曾因经济问题受过处分或曾被调离过会计、出纳岗位的人员，以及有赌博恶习、缺乏责任感、法纪观念淡薄的人员，均不得担任现金出纳工作。

第六条 公司发生的各项经营业务尽量以银行存款支付，部分业务报销及紧急事项必须使用现金的，现金支出限额为：单笔金额1 000.00元（含）。

第七条 允许使用现金开支的内容及范围：

（一）公司员工的工资及各种补助、津贴、奖金、业务奖励。

（二）员工的各种劳保福利费。

（三）员工的零星报销、业务招待费、车辆使用费等。

（四）个人的劳务报酬，如：讲课费、稿费及其他专门报酬。

（五）出差人员必须随身携带的差旅费。

（六）其他零星支出。

（七）无法以支票或网上银行支付的其他特殊支出。

除上述规定内容及范围外，超过现金支付限额的其他支出一律通过银行结算形式支付，异地结算一律不准使用现金。

第八条 公司实行现金管理禁忌制度，即实行现金管理“十不准”制度。

（一）不准超出公司核定的现金库存限额留存现金，未核定限额的，一般以单位三至五天日常零星开支额为限，特殊时期，以借紧急备用金形式应对。

（二）不准用现金支付采购款。

（三）不准以白条顶替库存现金。

（四）不准编造用途或用转账方式套取现金。

（五）不准出借账户或为其他单位、个人套取现金。

（六）不准将单位的现金以私人名义存入个人银行卡中。

（七）不准私自进行定期存款以及购买股票、基金、债券等有价证券。

（八）不准私自向本单位开户行以外的金融机构（部门、单位）存入、转移资金。

（九）不准资金在关联单位之间横向流动，确有需要必须履行规定的审批程序。

（十）实施银行贷款严格审批制度，未经公司批准，不准私自向银行或其他金融机构、单位、个人融资。

第九条 公司建立库存现金盘点制度。

（一）各单位应当建立库存现金日记账，及时记录本单位的库存现金发生额，做到日清、日结，大额现金应当及时存放银行。

出纳人员办理库存现金的收支业务，必须以会计人员填制或经会计人员审核签字的合法凭证为依据，否则一律视为违规。

（二）各单位出纳员应每天对库存现金余额进行盘点，发现长短款及时处理或上报。

（三）各单位财务部门经理应当每月现场监督一次出纳员对库存现金的盘点。出纳员应当对盘点的现金编制“库存现金盘点表”，财务部门经理、出纳员应当在“库存现金盘点表”上签字。

第十条 各单位出纳员为本单位的库存现金安全直接责任人，应当积极做好本单位的库存现金安全工作，防止杜绝库存现金被盗、丢失事件的发生。各单位财务部门经理为库存现金安全管理的领导责任人，应当协助、督促做好现金的安全管理。

第十一条 各单位出纳员违反本制度操作规定，形成库存现金短缺的应当向公司赔偿。

第三章 银行存款管理

第十二条 各单位和工程项目部的银行账户、银行存款由公司财务部门集中统一管理。

第十三条 各单位和工程项目部银行存款的收支业务，应由公司财务部门统一办理。

第十四条 各单位出纳员是负责保管和办理本单位及所属工程项目部银行款项收、支业务的会计人员。

第十五条 银行账户管理必须遵循统一管理、分级审批、规范使用的原则。各单位开立银行账户，由单位经办人员逐级报公司出纳员、资金专管员、总会计师、财务总监批准后方可办理，不得私自开户、多头开户。

第十六条 各单位必须实行银行预留印鉴、票据分管制度。由出纳员负责支票、汇票、付款单据及银行预留印鉴的私章的保管，由财务部门经理负责银行预留印鉴的财务专用章的保管，由财务部门经理或其指定人员负责收据、发票的保管。分管印鉴和票据的人员外出时，应将所分管的印鉴和票据交给总会计师或财务总监指定人员暂时保管，并建立印鉴使用登记制度。严禁将印鉴和票据交由同一人保管。分管印鉴的人员对所保管的印鉴负责，不得私自将印鉴交由他人代管。

第十七条 各单位出纳员应当加强对银行结算票据的管理，按规定取得和使用票据。银行支（汇）票及其他有固定编号的结算票据应建立领取、使用及盘点的登记记录制度，按顺序号签发使用，使用完后及时办理核销手续。如发生遗失、失窃等情况，应迅速向有关部门报告，通知银行止付，同时登报《遗失声明》。票据作废时要在大小写金额处和印鉴处加盖“作废”戳记或用碳素墨水写上“作废”字样，作废的银行票据须纳入会计档案管理。

第十八条 各单位出纳员签发现金支票时必须将各项内容填写齐全。签发转账支票时一般也应将各项内容填写齐全，特殊情况需签发收款人不确定或金额不确定的转账支票时，必须经本单位财务部门经理批准，必须填写当日日期和真实用途，必须在支票用途栏注明限额并在金额小写栏填写货币符号的位置填写货币符号，且必须在专门的登记簿上登记并由批准人、领用人在登记簿上签字。严禁将空白票据和内容填写不全的票据带出本单位财务部门。严禁将空白支票交于他人做信用抵押。

第十九条 各单位出纳员应当建立银行存款日记账，银行存款日记账按照不同账号分别进行记录。出纳人员办理银行资金收支业务，必须以会计人员填制或经会计人员审核签字的合法凭证为依据，否则一律视为违规。出纳人员变动时，由公司财务部经理监督交接，并填写出纳人员变动交接表，由交接人和监交人签字确认。

第二十条 采用网上银行结算支付方式的，需向公司财务部门提交已履行审批程序的《付款审批单》。网银“制单”U盾由出纳员保管并负责付款项目内容的填制，“一级复核”U盾由会计保管并负责付款项目内容的审核，“二级复核”U盾由公司资金主管保管并负责付款项目内容的审批。

第二十一条 公司建立银行存款对账制度。

（一）每月银行结算期末，各单位财务部门应及时向银行索取银行对账单。

（二）出纳员每月末应当将银行存款日记账余额与银行对账单余额进行核对，并编制“银行存款余额调节表”，对发现的差错应当及时进行纠正、汇报。

（三）各单位财务部门经理应当对银行出纳员编制的“银行存款余额调节表”进行复核，并在核对无误的银行余额调节表上签字。

第二十二条 公司建立银行存款安全责任制度。银行存款安全第一责任人为单位的财务部门经理，直接责任人为单位的出纳员。因工程项目部的原因导致银行账户被查封、冻结，工程项目部应负责自银行账户被查封、冻结之日起2天内解决，否则，公司按3%的月息计算工程项目部资金占用费。

第二十三条 因业务变化致使银行账户不再发生收、付款业务的，出纳员应当在一个月内提出银行账户注销请示。

第二十四条 出纳员应在财务部门经理、资金专管员、总会计师、财务总监批复后及时办理僵尸银行账户的销户手续。

第四章 其他货币资金管理

第二十五条 公司的其他货币资金包括外埠存款、银行汇票、银行本票、在途货币资金和信用卡存款、信用证保证金存款等。

第二十六条 公司签发外埠存款、银行汇票、银行本票及信用卡，必须由使用人提出申请，经公司财务总监审核批准后，由公司财务管理中心统一办理。

第二十七条 其他货币资金管理，必须严格按照国家有关票据和支付结算制度的规定进行。

第二十八条 为总括地反映和监督各种其他货币资金的增减和结余情况，财务部门应设立“其他货币资金”总账科目。在总账科目下，按照其他货币资金的不同种类，分设有关二级科目，并按在途货币资金的汇出单位、外埠存款的开户银行、银行汇票和银行本票的收款单位、信用卡的名称设置明细账户，进行明细核算。

第二十九条 公司财务管理中心对其他货币资金应严格进行审核，并督促在规定期限内及时报账。

第三十条 公司财务管理中心应对其他货币资金定期进行清理。

第五章 授权审批

第三十一条 货币资金支付应当遵守《授权审批管理制度》规定的授权审批程序。

第六章 货币资金收支管理

第三十二条 公司货币资金收入业务应当遵循不相容岗位分离原则，即：业务收款人不能经办会计核算。

第三十三条 公司对工程项目部的资金收支采取资金收支预算管理。

（一）工程项目部应在当月3日前向区域分公司（子公司）财务部核算会计报送由总会计师、财务总监签批的“资金收支预算表”，作为本工程项目部当月资金收付依据。

（二）各单位财务部的核算会计应按照经审批的“资金收支预算表”，在符合公司其他规定的条件下，为项目部办理当月的资金收付业务。

（三）工程项目部当月资金支出超出当月预算的，工程项目部应当重新编制“资金收支预算表”对原预算进行修订，修订后的“资金收支预算表”应当履行原审批程序。

（四）资金收支预算在执行过程中当月有结余的可以转入下月预算使用。

（五）工程项目部未向财务部核算会计提供符合公司规定的“资金收支预算表”的，公司财务部可暂停为其办理资金支付业务。

第三十四条 库存现金收款业务应当由出纳员向交款人开具签章的收款收据。

银行存款收款业务应当取得收款银行出具的收款凭单；无法取得银行收款凭单的，应当由出纳员开具签章的收款收据并注明无法取得的原因。

第三十五条 经办人需要公司以货币资金形式支付款项时，应当根据业务情况的不同分别填写“现金支出报销单”“借款单”“项目备用金申请单”“付款审批单”“出差误餐补助申请表”等原始资料。

第三十六条 各级审核人员在审核支付款项单据时，应当关注：

（一）是否已取得了符合规定的发票。

（二）是否已签订了合同书，款项支付是否符合合同书约定。

（三）收款人是否与合同书的货物（劳务）供应人一致。

（四）发票内容（货物、劳务）明细与实际货物验收入库单明细是否一致。

第三十七条 有下列情况的审批人员不予审批，出纳员不予支付款项：

（一）应当取得符合规定的发票而尚未取得的。

（二）已取得了发票但发票内容与所附验收入库单在“供货单位名称”“货物名称”“规格型号”等内容上不一致的。

（三）所附验收入库单与原始入账的验收单内容不一致的。

（四）应当签订购销合同书、劳务合同书而尚未签订的。

（五）款项支付与合同书约定不一致的。

（六）收款人名称与发票开具人名称、与验收入库单的供货单位名称不一致的。

（七）其他不符合公司资金支付管理、财务管理规定的情形。

第三十八条 各单位出纳员应按照已履行授权审批规定的“现金支出报销单”“借款单”“项目备用金申请单”“付款审批单”“出差误餐补助申请表”等为经办人办理款项支付。

第三十九条 公司出纳员在办理支付款项时，应当要求收款人出具其签章的收款收据，否则出纳员有权拒付。

第四十条 公司对工程项目部的资金支付按照《采购与付款管理办法》规定的

“资金收支预算”管理。

第四十一条 公司财务人员未按规定支付款项的，每次处以200～1000元的罚款。

第七章 附 则

第四十二条 本管理制度由公司财务管理中心负责解释。

第四十三条 本管理制度自公司董事会批准、发布之日起施行。

范本3 应收款项管理制度

第一章 总 则

第一条 为加强公司应收款项管理，有效防范财务风险，提高应收款项周转效率，根据有关法律法规、公司章程和《内部控制基本制度》，制定本管理制度。

第二条 本管理制度适用于公司、各区域分公司、子公司和工程项目部（以下统称各单位）的应收款项管理。

第三条 本管理制度所称应收款项，包括应收账款、应收票据、其他应收款和预付账款，以及进行账销案存管理的应收款项。

第四条 各单位应按照逐级负责的原则，建立应收款项形成过程中各环节的岗位责任制度和内部控制制度，实现对应收款项的事前控制、事中催收、事后清欠的全过程管理；明确相关部门和岗位的职责、权限，确保不相容岗位的相互分离、制约和监督。

第五条 各单位负责人、经营目标责任人对管理的应收款项内控制度的有效实施负责。

第六条 各单位应根据本管理制度，结合本单位应收款项特点等实际情况制定具体操作方法，明确各项应收款项管理业务流程、相关责任人的权限和职责，并报公司财务管理中心备案。

第二章 应收款项事前控制

第七条 公司参照行业先进水平，确定年度应收款项总量控制规模；结合不同单位实际情况下达各单位应收款项控制目标，并纳入对各单位绩效评价和业绩考核指标体系。

第八条 各单位应重点做好应收款项的事前控制，从应收款项的源头控制可能形成应收款项的因素，建立适合本单位业务特点的客户管理、项目跟踪、投标报价、合同评审、项目承接决策机制与责任追究等事前控制体系。

第九条 各单位应对与本单位业务上下游密切相关的客户建立起相应的信用管理

与评价体系，对重要客户建立信用档案，并及时进行资料更新。客户信用档案是单位承接项目、选择供应商和提供赊销政策的基础。

第十条 各单位应建立统一的项目选择控制标准和项目承接决策机制，建立一个统一的基本控制标准，规定项目选择必须满足的主要条件和要求，如打分法、关键指标否定法等。各单位应有针对不同规模和类型、不同资金安排等条件下的项目承接决策机制，决策结果应存档。项目选择应在相应的立项审批、合同评审等环节后进行。

各单位负责人对项目选择负责，相关决策参与人员承担相应责任。在项目选择决策时，应当听取公司总会计师或财务总监的意见。

第十一条 项目跟踪和投标阶段，营销部门是主要责任部门。项目跟踪阶段，营销部门应对项目信息来源、建设背景、项目资金安排、业主资信等进行深入分析和调查，根据各单位项目选择标准落实相关问题，对符合条件的项目申请立项审批；项目投标阶段，营销部门会同相关专业部门认真研究招标文件，分析本单位履行项目的技术、人力、资金等保障能力，投标前应有严格的标前评审程序。

第十二条 合同签约前，各单位应有严格的合同评审程序，应由相关部门或主管领导负责合同评审的组织工作，财务部门和法律部门须参与对合同的评审。在合同评审中应明确资金回收要求及相应的保障措施。负责合同评审的相关部门及主管领导对合同评审负责。

第十三条 对招标人要求提供投标保函、保证金或其他形式担保的，市场管理中心应根据公司有关担保管理规定，落实相应评审要求和有效的反担保措施后，履行相应审批手续；未中标时，市场管理中心负责及时办理退还投标保证金或解除担保责任；在项目实施前由经营目标责任人招聘项目经理、工程管理中心任命，市场管理中心应及时将合同等有关资料移交到项目部。

第三章 项目实施过程中的应收款项控制

第十四条 合同签订后，各单位应根据前述第十三条规定明确项目经理的权利、责任和资金回收目标。经营目标责任人是应收款项回收和结算的第一责任人，项目经理是应收款项回收和结算的具体管理人。

第十五条 项目经理应按期组织预结算等有关人员，根据合同、施工图、工程进度、现场签证等资料编制中间结算或竣工结算，并及时报送甲方审核签证确认，作为工程款收款的依据。

甲方不按合同和工程实际进度、现场签证等情况审核签证确认时，项目经理应采取相应的措施促使甲方及时、足额进行签证确认。甲方不予配合的项目经理应向经营目标责任人汇报。重大项目或应收款项金额较大的应向公司总经理汇报。

第十六条 各单位财务部门应根据甲方确认的有效单据正确核算应收账款，不准随意挂账和通过其他科目对应收账款进行核算；应收账款必须依据真实合同和有效票据进行确认并进行账务处理。

第十七条 项目经理应明确具体收款责任人，按合同和工程进度及时、足额收取工程预收款和进度款。各单位原则上不得收取客户开具的商业承兑汇票（包括背书转让），对收取的银行承兑汇票应及时做好核验工作，确保票据安全。

第十八条 项目经理应定期召开会议，就工程实施过程中资金回收情况进行分析，拟定相应措施，确保工程进度款的及时收回，防止项目实施过程中形成应收账款。

第十九条 各单位财务部门应按业务类别、客户明细等建立应收款项管理台账，详细反映应收款项的经济事项、年初余额、本年应收、本年已收、累计应收、累计已收、期末余额、账龄等信息，并及时反馈给项目经理和收款责任人。

第二十条 各单位财务部门应配合相关责任人与债务人，每季度进行往来款项核对，做到债权明确、账实相符、账账相符。项目部至少应在年度财务决算前，按要求取得债务人的对账确认函。对少数难以取得对账确认函的债务人应以特快专递等形式每半年向其发一次催款函并保留发函收据以保证其法律效力。

第二十一条 各单位应建立应收款项回收风险预警及快速反应机制，出现异常，迅速采取行动，规避应收款项风险，并及时向单位相关部门和主管领导通报。

第二十二条 工程项目部应做好日常资料的积累，及时办理交工验收、竣工结算、财务决算等工作，并敦促甲方在合同约定时间内审定资料，形成合法债权。做好甲方回访工作和项目保修工作，按合同约定及时足额回收工程尾款和质保金。

第二十三条 对于工程实施过程中未按进度要求完成收款任务的，各单位应对经营目标责任人、项目经理或项目部留有足够的风险工资或奖金，明确相关责任人协助清欠工作的责任和考核目标，待完成清欠目标后再返还或发放。

第二十四条 公司审计监察中心和区域分公司审计部门对各单位应收款项的管理进行检查监督，对形成的坏账损失进行审核。

第四章 应收款项的清欠管理

第二十五条 工程项目在办理完竣工结算和财务决算后，工程项目部应及时取得债务人有效的债权确认资料，与债务人签订还款计划、落实还款保证等。未完成上述手续及资料移交的，原则上不得给项目经理安排新的工作岗位。

第二十六条 公司对应收款项进行分级管理，对根据合同约定已超过信用期限的应收账款，应设立清欠办公室或类似机构（简称清欠办），采取法律等非常措施进行清欠。应收款项的清欠，清欠办是主要责任部门。

第二十七条　各单位要强化清欠工作的动态管理，做到实时监控与信息反馈。清欠办至少每季度召开一次清欠会议，分析本单位应收款项形成的原因、解决办法，向本单位主管领导汇报清欠进展情况和协调要求，并将有关材料报送财务等相关部门。

第二十八条　各单位应建立清欠责任制度。明确形成应收款项事前、事中阶段的责任人及相关责任；明确清欠责任人及清欠目标，针对不同的债权制订相应切实可行的清欠方案和相应的奖惩措施。在清欠责任人工作调动、辞职时，必须及时做好有关交接工作，落实新的责任人，确保清欠工作的连续性。

第二十九条　各单位应加强对清欠基础工作的管理。建立规范的债权档案，详细记载债务人名称、住所、合同及具有法律效力的其他附件、债权债务关系形成的时间、欠款金额、还款协议、还款进账单、对账单、经营状况、信函签收回执及其他有关主张债权和延续诉讼时效的书面证明，为依法诉讼提供依据和保证。债权档案必须严密保管，不得丢失。

第三十条　各单位收款应以货币资金或银行承兑汇票为主，对于分次还款时间较长的款项加计相应利息，对于提前还款的可以采取现金折扣等方式予以鼓励。对债务人确实资金紧张的，在保证合法及手续齐全的前提下可采取连环抹账、以物抵债的方式。以物抵债的，必须同时具备下列条件：

（一）抵债物能够销售出去或者能够生产自用。

（二）抵债物价格适宜。

（三）抵债物手续完备、来源合法。

（四）经过本单位授权机构或人员批准。

对采取债转股、折让等债务重组形式进行清欠的，应经公司总经理办公会授权人员批准，债务重组损失处理及报批程序按照公司相关规定执行。

第三十一条　各单位应充分利用各种法律手段和形式依法清欠，对信誉差或是财务状况不断恶化的债权，提前采取财产保全等防范措施。充分引用国家相关法律法规、充分运用各种法律手段，最大限度维护单位的合法权益。

第三十二条　各单位在追索逾期应收款项过程中，按照财务管理制度规定支付给专门收款的机构或人员的劳务费用、诉讼费用、律师费用等，作为当期费用处理，不得挂账。

第三十三条　各单位在清查应收款项时，相对应的应付款项应一并清查。对既有债权又有债务的同一债务人，取得相关手续后抵扣应付款项以确认应收款项的真实数额。

第五章 管理责任

第三十四条 对不能收回的应收款项必须查明原因，落实管理责任，并根据责任人的责任范围和损失程度，由责任人承担个人赔付责任，造成严重损失的应追究相关责任人行政责任或法律责任。

第三十五条 各单位内部管理责任包括但不限于以下方面：

（一）内部管理制度不健全，导致应收款项管理混乱的。

（二）在生产经营中违反规定程序，导致坏账损失的。

（三）合同条款不明确、不严密导致无法追索而形成坏账的。

（四）合同执行过程中，收款不及时或不履行合同义务和管理职责或违反规定垫付资金导致坏账损失的。

（五）因清理应收款项不及时，或清理后未及时办理对账确认函，丧失诉讼证据或时效而导致坏账损失的。

（六）因结算、追索不及时或无措施或措施不力导致坏账损失的。

（七）其他内部管理原因导致应收款项损失形成坏账的。

第六章 附 则

第三十六条 本管理制度由公司财务管理中心负责解释。

第三十七条 本管理制度自公司董事会批准、发布之日起实施。

范本4 应收账款清欠回收和损失问责管理办法

第一章 总 则

第一条 为加强公司总部、各区域分公司、子公司应收账款清收管理，提升公司经营效益和管理效率，增强公司领导及应收账款清收责任人恪尽职守、严格办事，确保清欠工作有序开展和预算控制目标的实现，根据《员工奖惩管理办法》、《应收款项管理制度》及《资产减值管理办法》的规定，并结合公司情况，制定本管理办法。

第二条 问责是指公司对问责对象在工作范围内，由于有责不负、有令不行、故意不履行或不正确履行职责，导致企业资产不能及时收回和损失，或者损害企业利益，给企业造成不良影响和后果的行为，进行责任追究。问责包括“管理问责”和“损失问责”两部分内容。

第三条 问责坚持遵循权利与责任相一致，公开、公平、公正；逐级问责、突出重点、注重实效；责任追究与改进工作相结合等原则。

第四条 本管理办法适用于公司、各级区域分公司、子公司（以下统称各单位）。

第二章　问责对象

第五条　各单位主要负责人、职能部门负责人、经营目标责任人、项目经理及相关责任人员属于问责对象范畴。

第三章　管理问责

第六条　被问责人员应当严格履行工作职责，认真完成应收账款管理和清收工作，按时、保质、保量地实现应收账款控制目标。

第七条　具有下列情形之一者，应当受到问责：

（一）未按照公司要求，制定清欠管理制度、方案、措施和办法的。

（二）未建立和完善清欠回收责任机制，确定清欠重点、明确目标，及时解决债权债务事项的。

（三）未建立清欠月度、季度、半年度、年度分析，不能及时了解和掌握清欠工作进展情况的。

（四）未建立应收账款回收风险预警及快速反应机制，出现异常时，未迅速采取果断措施，并据实向清欠办及主管领导报告的。

（五）未按照公司审批权限及合规流程审批，造成应收款项及清欠工作中产生坏账损失的。

（六）应收款项挂账不实，实际收回应收款项或账销实存款项未纳入单位财务部门账内核算管理的。

（七）对重大事项违反决策程序、主观盲目决策，造成决策失误的。

（八）弄虚作假、瞒报、虚报、迟报应收账款执行情况及突发事件和重要情况的。

（九）未建立适合本单位业务特点的客户管理、项目跟踪、投标报价、合同评审、项目承接决策机制的。

（十）未在工程过程中按照合同约定条款及时办理现场签证、中间计量、已完工程结算等及时足额收回工程价款的。

（十一）未完成公司下达的全年清欠任务的。

（十二）其他应当问责的情形。

第四章　损失问责

第八条　各单位经营管理人员和其他有关人员违反国家有关规定以及公司规章制度，未履行或者未正确履行职责，造成企业直接或者间接资产损失的，经调查核实和责任认定，应当追究其责任。

第九条　对单位发生的资产损失，应当在调查核实的基础上，依据有关规定认定损失性质、情形及金额。

第十条 资产损失责任追究中能够证明资产损失真实情况的各种事实，均可作为损失认定证据。主要包括：

（一）司法机关、公安机关、行政部门、专业技术鉴定部门等依法出具的与本企业资产损失相关的书面文件。

（二）会计师事务所、资产评估机构、律师事务所、税务师事务所等社会中介机构对企业某项经济事项出具的专项经济鉴证证明或者意见书。

（三）单位内部涉及特定事项的资产损失的会计记录、内部证明材料或者内部鉴定意见书等。

（四）可以认定资产损失的其他证明材料。

第十一条 认定资产损失金额应当包括直接损失金额和间接损失金额。直接损失金额是指与相关人员行为有直接因果关系的资产损失金额；间接损失金额是指由于相关人员行为引发或者导致的、除直接损失金额之外的、能够确认计量的其他资产损失金额。

第十二条 资产损失金额应当依据有关会计账簿记录，按照会计核算确认的损失分类分项进行认定。未在会计账簿记录或者账面价值与公允价值相差较大的资产，应当按照市价、重置价值等公允价值认定资产损失金额。

第十三条 相关的交易或者事项尚未形成事实损失，但确有证据证明在可预见的未来将发生事实损失，且能计量损失金额的，应当认定为资产损失。

第十四条 资产损失根据单位实际情况，按照金额大小和影响程度划分为一般资产损失、较大资产损失、重大资产损失和特别重大资产损失。

（一）一般资产损失是指单位资产损失金额较小且造成影响较小的。

（二）较大资产损失是指单位资产损失金额较大或者在公司造成一定不良影响的。

（三）重大资产损失是指单位资产损失金额巨大或者在公司及社会造成严重不良影响的。

（四）特别重大资产损失是指资产损失巨大并影响公司持续经营和发展能力，或者在国际、国内造成严重不良影响的。

第五章 问责责任划分

第十五条 问责责任分为直接责任、主管责任、分管领导责任和重要领导责任。

（一）直接责任是指相关人员在其职责范围内，未履行或者未正确履行职责，以及违反法律、法规和相关规定，对造成资产损失起决定性作用时所应当承担的责任。

（二）主管责任是指公司职能部门主管负责人在其职责范围内，未履行或者未正确履行主管工作职责，以及违反法律、法规和相关规定，造成资产损失时所应当承担的责任。

（三）分管领导责任是指单位分管负责人在其职责范围内，未履行或者未正确履行分管工作职责，以及违反法律、法规和相关规定，造成资产损失时所应当承担的责任。

（四）重要领导责任是指单位主要负责人在其职责范围内，未履行或者未正确履行管理职责，以及违反法律、法规和相关规定，造成资产损失时所应当承担的责任。

第十六条 单位因未建立内控管理制度或者内控管理制度存在重大缺陷，造成重大或者特别重大管理失误和资产损失的，除按照本管理办法对其他相关责任人进行责任认定外，单位分管负责人和主要负责人应当分别承担分管领导责任和重要领导责任。

第十七条 单位因违反有关规定，未履行或者未正确履行职责，导致决策失误造成重大或者特别重大资产损失的，单位主要负责人应当承担直接责任，参与决策的企业其他人员应当承担相应的责任。参与决策的人员经会议记录证明决策时曾表明异议的，可以免除相应的责任。

第十八条 单位发生重大或者特别重大管理失误和资产损失隐瞒不报或者少报资产损失的，除按照本管理办法对相关责任人进行责任认定外，财务管理中心经理、总会计师或者公司财务总监、公司主要负责人应当承担分管领导责任和重要领导责任。

第十九条 单位发生重大或者特别重大管理失误和资产损失，未对相关人员进行责任追究的，一经查实，除按照本管理办法对相关责任人进行处罚外，对公司主要负责人应当比照直接责任人进行处罚。

第二十条 对调离工作岗位的责任人，也要按照本管理办法规定给予相应的问责处理。

第六章 问责种类及方式

第二十一条 问责种类。包括诫勉谈话、领导约谈、取消当年评优资格、责令做出书面检查、通报批评、调离工作岗位、停职检查、降级降职等。

第二十二条 问责方式。

（一）情节较轻、损害和影响较小的，诫勉谈话、领导约谈、取消当年评优资格、责令做出书面检查。

（二）情节严重、损害和影响较大，且未完成公司下达的预算控制目标的，通报批评、调离工作岗位、停职检查。

（三）情节特别严重、损害和影响重大，且连续两年未完成公司下达的预算控制目标的，降级降职。

上述问责方式可以单独适用或者并用，对做出停职检查、降级降职等，应按照公司规定的程序实施。同时可根据造成损失大小和情节轻重，给予经济处罚，并与管理层年薪、人事考核、经营目标责任人绩效兑现严格挂钩。被问责人同时违反公司制度、国家法律法规的，由审计监察中心负责按照规定查处；涉嫌犯罪的移交司法机关处理。

第二十三条 有下列情形之一的，可以从轻问责：

（一）在工作中积极进取、改革创新、主动承担责任，但由于客观原因造成目标任务未实现的。

（二）因不可抗力等因素难以履行职责的。

第七章 问责程序

第二十四条 对发现违反本管理办法规定的行为，由公司财务管理中心、审计监察中心等有关部门核实后向清欠领导小组建议，启动问责程序。

第二十五条 清欠领导小组决定启动问责程序后，由财务管理中心、审计监察中心等有关部门成立调查组组织调查。

第二十六条 经调查核实并确需问责的，调查小组形成初步问责建议，经清欠领导小组研究同意后，报请公司总经理办公会审议决定。

第二十七条 调查工作应当在15个工作日完成。情况复杂的，经批准，可适当延长时间。

第二十八条 启动问责程序的同时，问责对象应当采取积极措施，防止损失和影响的扩大，并尽量挽回损失，减少不良影响，否则要对扩大的损失或不良影响承担责任。

第二十九条 经公司总经理办公会审议决定后，由人事行政中心及相关部门办理，在15日内书面通知问责单位及问责对象。

第八章 其 他

第三十条 本管理办法由公司财务管理中心、审计监察中心负责解释。

第三十一条 本管理办法经公司总经理办公会审议通过、发布之日起施行。

范本5 存货管理制度

第一章 总 则

第一条 为加强公司存货管理，保证存货安全完整，提高存货运营效率，保证合理确认存货价值，根据有关法律法规、《内部控制基本制度》，结合公司实际情况，制定本管理制度。

第二条 本管理制度适用于公司总部、各区域分公司、各工程项目部、各子公司（以下统称各单位）的存货管理。

第三条 本管理制度所称存货，是指企业在日常活动中持有的在经营管理过程或提供劳务过程中耗用的材料、物料、周转材料、已完工未结算项目等。

第四条 各单位应根据本管理制度，结合本单位存货业务特点明确具体业务流程、各责任岗位的权限和职责，并报公司财务管理中心备案。

第二章 岗位分工与授权批准

第五条 各单位应科学、合理制定存货业务流程，明确各个环节的控制要求，并设置相应的记录或凭证，如实记载各环节业务开展情况，及时传递相关信息，确保存货业务全过程得到有效控制。

第六条 各单位应根据存货业务流程，建立相应的岗位责任制，明确相关部门和岗位的职责、权限，确保办理存货业务不相容岗位相互分离，形成各司其职、各负其责、相互制约和监督的工作机制。同一部门或个人不得办理存货业务的全过程。存货业务的不相容岗位至少包括：

（一）存货的请购与审批，审批与执行。

（二）存货的采购与验收、付款。

（三）存货的保管与相关会计记录。

（四）存货发出的申请与审批，申请与会计记录。

（五）存货处置的申请与审批，申请与会计记录。

第七条 各单位应配备合格的人员办理存货业务。办理存货业务人员应当具备良好的业务素质和职业道德，熟悉存货采购、保管与维护等业务。

第八条 各单位应对存货业务建立严格的授权批准制度，明确授权批准的方式、权限、程序、责任和相关控制措施，规定经办人的职责范围和工作要求。严禁未经授权的机构或人员办理存货业务。

第九条 审批人应当根据存货业务授权批准制度的规定，在授权范围内进行审批，不得超越审批权限。经办人在职责范围内，按照审批人的批准意见办理存货业务。对于审批人超越授权范围审批的存货业务，经办人员有权拒绝办理，并及时向上级部门报告。

第十条 各单位内部除存货管理部门及仓储人员外，其他部门和人员接触存货时，应由相关部门特别授权。如存货是贵重物品、危险品或需保密的物品，应当规定更加严格符合安全的接触限制条件，必要时，存货管理部门内部也应当执行授权接触。

第十一条 具备室内仓储条件的存货，在符合成本效益的原则下，原则上应进入室内仓库管理，部分工程物资、现场设备等不具备室内仓储条件的存货，应划定堆场，并配备必要的安保措施。

第十二条 各单位可以根据存货业务特点及成本效益原则选用计算机系统和网络技术实现对存货的管理和控制，但应注意计算机系统的有效性、可靠性和安全性，并制定防范意外事项的有效措施。

第三章 一般存货的请购与采购控制

第十三条 一般存货是指各单位外购的原材料、燃料、低值易耗品、周转材料、备品备件等外购材料和外购商品。

第十四条 各单位应根据本单位经营特点、业务分布等情况，设立科学的采购机构，建立合理的采购流程，对于大宗材料或金额较大的存货应采取招标比价、集体决策的方式进行采购，并订立相应的采购合同。

大宗材料的范围和金额较大的划分标准，各单位根据实际情况自行确定，并在本管理制度的具体规定中予以明确。

第十五条 各单位在招标外购存货时，应坚持“质量从优、价格从廉、运距从近”的原则。

第十六条 各单位存货采购，应建立长期的供货渠道，建立客户信用评价体系，保证货源稳定，价格合理。

第十七条 各单位应当建立一般存货采购申请管理制度，明确请购相关部门或人员的职责权限及相应的请购程序。各单位自行生产的产成品应当按照成本费用有关规定，合理计算产品成本。

第十八条 各单位应当根生产计划等制定一般存货采购计划，对一般存货的采购实行预算管理，合理确定材料等存货规模。

第十九条 各单位应当指定专人根据各种材料的采购间隔期和当日材料的库存量，分析确定应采购的日期和数量。

区域分公司物资部对此进行汇总据此进行再订货，尽可能降低材料库存。

第二十条 各单位确定采购时点、采购批量时，应当考虑本单位需求、市场状况、行业特征、实际情况等因素。

第二十一条 各单位应当按照《物资采购管理制度》的基本规定，对采购环节建立完善的管理制度，确保采购过程透明。

各单位应根据预算或采购计划进行采购，严格控制预算外或计划外采购。各单位应当根据预算有关规定，结合本单位的业务特点编制月度的采购预算，并按照预算对实际执行情况予以考核。

第四章　一般存货的验收与保管控制

第二十二条　各单位应当对入库存货数量、质量进行检查与验收，保证存货符合采购要求。

第二十三条　外购存货入库前一般应经过以下验收程序：

（一）检查订货合同、过磅单、供货企业提供的材质证明、合格证、运单、提货通知单等原始单据与待检验货物之间是否相符。

（二）对拟入库存货的交货期进行检验，确定外购货物的实际交货期与订购单中的交货期是否一致。

（三）对待验货物进行数量复核和质量检验，必要时可聘请外部专家协助进行。

（四）对验收后数量相符、质量合格的货物办理相关入库手续，对经验收不符合要求的货物，应及时办理退货或索赔。

（五）对不经仓储直接投入使用的存货，应当采取适当的方法进行检验。

第二十四条　各单位应当建立存货保管制度，加强存货的日常保管工作。

因业务需要分设仓库之情形，应当对不同仓库之间的存货流动办理出入库手续。

对各单位（不同项目部）之间的存货流动办理出入库手续。

应当按仓储物资所要求的储存条件贮存，并建立和健全防火、防潮、防鼠、防盗和防变质等措施。

贵重物品、关键备件、精密仪器和危险品的仓储，应当实行严格入库、出库审批制度。

第二十五条　存货管理部门对入库的存货应当建立存货明细账，详细登记存货类别、编号、名称、规格型号、数量、计量单位等内容，并定期与财务部门就存货品种、数量、金额等进行核对。入库记录不得随意修改。如确需修改入库记录，应当经有效授权批准。

区域分公司财务部核算会计记录原材料增加时，应当依据以下资料：

1.验收入库单；

2.供应商的发货单和材质证明、合格证、运单等；

3.过磅单、计量单等。

第二十六条　各单位应当加强存货的日常保管工作。仓储部门应当定期对存货进行检查，确保及时发现存货损坏、变质等情况。各单位应当就施工现场的材料、低值易耗品等物资的管理制订管理办法，防止浪费、被盗和流失。

第二十七条　一般存货采购应当按照国家统一的会计制度的规定进行初始计量，

正确核算存货采购成本。

第五章 一般存货的领用与发出控制

第二十八条 各单位就一般存货应当建立严格的领用和发出制度。各单位经营领用材料，应持有授权部门核准的领料单。超出存货领料限额的，应当经过特别授权。

第二十九条 各单位应当明确发出存货的流程，落实责任人，及时核对有关票据凭证，确保其与存货品名、规格、型号、数量、价格一致。

第三十条 各单位财务部应针对存货种类繁多、存放地点复杂、出入库发生频率高等特点，定期至少每月一次到仓库办理材料收、发、存签证工作，并将相关单据持回，以便进行发出材料分配、采购借款核销、暂估材料等核算工作，避免已入库存货不入账或已发出存货不销账的现象发生。

第六章 一般存货的盘点与处置控制

第三十一条 各单位应当制定存货盘点制度，明确盘点范围、方法、人员、频率、时间等，定期并至少于资产负债表日进行存货实地盘点，但仓储部门必须经常进行日常盘点工作。

第三十二条 各单位进行定期盘点前，应当制订详细的盘点计划，合理安排人员、有序摆放存货、保持盘点记录的完整，及时处理盘盈、盘亏。对于特殊存货，可以聘请专家采用特定方法进行盘点。

第三十三条 各单位进行存货定期盘点时，应编制存货盘点表，分析存货盘盈、盘亏结果及原因，提出处理意见，经相关部门批准后，在期末结账前处理完毕。

第三十四条 仓储部门应通过盘点、清查、检查等方式全面掌握存货的状况，及时发现存货的残、次、冷、背等情况。仓储部门对残、次、冷、背存货的处置，应当选择有效的处理方式，并经相关部门审批后做出相应的处置。

第三十五条 存货的会计处理，应当符合国家统一的会计制度的规定。

发出存货计价方法确定为加权平均法。

仓储部门与财会部门应结合盘点结果对存货进行库龄、品质等分析，确定是否需要计提减值准备。经相关部门审批后，方可进行会计处理，并附有关书面记录材料。

第三十六条 各单位存货发生盘亏、报废、毁损等情况需要进行损失核销时，应根据《资产减值准备财务核销管理办法》及本单位制定的具体办法，按规定程序申报、批准。

第七章 适用于已完工未结算项目的特殊规定

第三十七条 各单位应以项目合同为基础，以项目部为管理对象，保证已完工未结算项目严格按照会计制度核算。

第三十八条 各单位应严格进行建造合同管理，在建造合同签约及执行的过程中，应准确、及时确认项目形象进度的关键控制点；对于设计变更、现场工作量变更，应以补充协议或现场签单等形式，及时取得甲乙双方或监理认可工作量的书面文件。

第三十九条 已完工未结算账面金额超过应结算金额的20%～30%时，项目管理人员应综合以往结算工作情况、甲方信用记录、甲方支付能力、政策环境变化等因素，集体评估项目结算、回款的可能性，预判项目盈亏。对预计亏损的项目，应及时将具体情况及评估意见以书面形式报上级经营管理、工程管理及财务管理等部门，上述部门在提出本部门处理意见后，报本单位主管领导决策。主管领导进行决策后，项目部应按领导审批意见立即执行。

第四十条 一般存货管理条款中适用于已完工未结算项目的，应予以采用。

第八章 适用于采购、代购设备的规定

第四十一条 对于工程项目部订购或代购设备，根据相关合同，设备采购、运输、仓储等成本由本单位承担的，应在工程项目总体进度安排的前提下，综合考虑设备制造周期、运输手段、运输时间、费用、仓储成本等因素，合理制订经济的订货计划、运输计划、仓储计划，相关计划在可实施的前提下应根据各具体决策因素的变化情况进行调整。

第四十二条 工程项目部采购、代购设备，应在合同设备采购相关条款中明确设备风险和价值转移的条件。订购、代购设备的相关收益，应与本单位承担的风险匹配。按约定已具备向甲方交付条件的，应及时向甲方交付，并办好设备检验、交接手续，明确双方权利、义务。

第四十三条 一般存货管理条款当中适用于采购、代购设备的，应予以采用。

第四十四条 重要、易损、贵重设备，应在权利、风险转移之前予以投保。

第九章 罚 则

第四十五条 工程项目部在办理验收入库时，未按照本管理制度第二十三条规定办理验收入库手续、取得相应资料的，区域分公司财务部负责人可对相关责任人处以1000～2000元的罚款。

工程项目部连续违反本管理制度第二十三条规定的，区域分公司财务部负责人应向公司总会计师、公司财务总监汇报。情节严重的，经公司总会计师、公司财务总监批准可对经营目标责任人处以3000～5000元的罚款，并暂停该项目部的会计事项办理。

第四十六条 各单位财务部门核算会计未按照公司的制度规定，出现依据尚未取

得证明真实发生资料的“验收入库单”“结算单”增加存货项目的，处以300～500元/次的罚款。

第四十七条 各单位财务部门负责人履行辅导、监督职责不到位，出现依据尚未取得证明真实发生资料的“验收入库单”“结算单”增加存货项目的，对每个项目部处以500～1000元的罚款。

第十章 附 则

第四十八条 本管理制度由公司财务管理中心发布并负责解释。

第四十九条 本管理制度自公司董事会批准、发布之日起实施。

范本6 存货管理实施细则

第一章 总 则

第一条 为加强公司存货管理，保证存货安全完整，提高存货运营效率，保证合理确认存货价值，根据有关法律法规、《内部控制基本制度》、《存货管理制度》，制定本细则。

第二条 本细则适用于公司总部、区域分公司、工程项目部、子公司（以下统称各单位）的存货管理。

第三条 本细则所称存货，是指各单位在生产经营过程中持有并直接用于施工的建筑材料、周转材料及低值易耗品等。

第二章 存货一般管理

第四条 存货一般管理的主要内容包括：验收入库、库存登记、耗用领料、编制报表、清查盘点。

第五条 建筑材料采购验收的要求包括：

（一）验收数量，要取得过磅单。

（二）验收质量，要取得质检单。

（三）开具入库单，要有交货人签字。

（四）要与供货方的送货单进行核对。

（五）入库单一式四联，第一联：存查，第二联：发票结算，第三联：公司记账，第四联：材料核算。

第六条 建筑材料“验收入库单”应由工程项目部材料管理员在材料验收入库时如实填开。

第七条 工程项目部材料管理员应当验收当天将填开的“验收入库单”记账联、

结算联、材料核算联转交项目部会计员。

第八条 工程项目部会计员应对建筑材料至少按照下列分类建立数量、金额多栏式明细账进行收发存核算。建筑材料类别可分为：钢材、商砼、水泥、砌块、防水材料、地材类、装饰类、五金类、电料类、水暖类、化工类、工具类、劳保类、周转材料、其他。

第九条 工程项目部会计员可按照成本控制的需要，在建筑材料类别分类下，建立分规格、型号的细化核算。

第十条 建筑材料的采购成本包括：买价、运费、搬运整理费等，但不包括采购过程中取得的进项税额。

第十一条 建筑材料在耗用时，材料管理员应取得由工程管理人员开具、有领用人签字的“领料单”。

第十二条 对于不能按次取得有领用人签字的“领料单”的建筑材料，材料管理员应采用“实地盘存法”，定期（最少每月一次）取得有领用人签字的“领料单”。

第十三条 建筑材料的发出成本计价采用“当月一次加权平均法”计算。

第十四条 工程项目部会计人员应按照本细则的规定，每月2日前向公司会计人员报送上月“建筑材料收发存汇总报表”，“建筑材料收发存汇总报表”应当附“领料单”的记账联。

第十五条 工程项目部会计员在报送“建筑材料收发存汇总报表”时，应按照“领料单”注明的材料用途，同时报送“施工成本耗用表”“采购应收发票明细表”。

第十六条 公司财务部核算会计员应当依据“施工成本耗用表”和所附的“领料单”，进行会计核算，增加施工成本、减少库存原材料。

第十七条 工程项目部采购的“低值易耗品”比照建筑材料采购的规定办理验收手续和结算手续。

第十八条 工程项目部对“低值易耗品”的库存管理，比照建筑材料领用的规定执行，并应建立台账。

第十九条 公司对于周转材料、低值易耗品采用使用时一次性摊销的方法核算，并建立相应台账进行管理。

第二十条 公司财务部核算会计员每月结账后应当将会计账簿记录的原材料分类明细发生额与项目部会计报送的“建筑材料收发存汇总报表”进行核对，发现差错及时处理，保证原材料账账相符。

第二十一条 公司应每半年至少进行一次实地存货清查与盘点，即每年6月30日、12月31日各进行一次。各工程项目工地每个月应对库存的存货盘点一次。

第二十二条 实地盘点应由公司财务部会同工程项目部管理人员、工程项目材料管理人员共同进行，实地盘点结束后，由盘点人员在盘点表上签字，对于账实不符的情况，应查明原因，并提交盘点报告。发生的盘盈、盘亏在查明原因后，应按有关规定程序及时进行处理。

第三章 存货跌价准备管理

第二十三条 当存货存在长期积压、霉烂、严重损坏等情况时，公司应当考虑计提存货跌价准备。

第二十四条 计提的存货跌价准备，计入当期损益。

存货跌价准备=存货成本－可变现净值

可变现净值，是指在日常活动中，存货的估计售价减去至完工时估计将要发生的成本、估计的销售费用以及相关税费后的金额。

第二十五条 公司通常应当按照单个存货项目计提存货跌价准备。对于数量繁多、单价较低的存货，可以按照存货类别计提存货跌价准备。

第二十六条 资产负债表日，公司应当确定存货的可变现净值。以前减记存货价值的影响因素已经消失的，减记的金额应当予以恢复，并在原已计提的存货跌价准备金额内转回，转回的金额计入当期损益。

第四章 罚 则

第二十七条 项目部责任人、项目部会计未按照本细则配合财务部工作的，由总会计师对其处以1 000～3 000元的罚款。

第二十八条 区域分公司财务部会计、出纳员未按照本细则进行核算、付款的，由总会计师对其处以200～1 000元的罚款。

第五章 附 则

第二十九条 本细则由公司财务管理中心负责解释。

第三十条 本细则自总经理办公会审议通过、发布之日起实施。

范本7 固定资产管理制度

第一章 总 则

第一条 为加强公司固定资产管理，保护固定资产安全完整，提高固定资产使用效率，根据有关法律法规和《内部控制基本制度》，结合公司实际情况，制定本管理制度。

第二条 本管理制度适用于公司、各级分公司、子公司和工程项目部（以下统称各单位）的固定资产管理。

第三条 本管理制度所称固定资产，是指为生产经营、提供劳务、出租或经营管理而持有的，使用寿命超过一个会计年度的有形资产。

第四条 各单位投资性房地产应参照本管理制度，按照固定资产的管理要求进行管理。

第五条 各单位应根据本管理制度，结合本单位治理结构和组织结构、固定资产的特点等实际情况制定具体管理细则，明确固定资产业务流程、使用部门的权限和职责，并报公司财务管理中心备案。

第二章 岗位分工与授权批准

第六条 各单位应科学、合理制定固定资产业务流程，明确各个环节的控制要求，并设置相应的记录或凭证，如实记载各环节业务开展情况，及时传递相关信息，确保固定资产业务全过程得到有效控制。

第七条 各单位应根据固定资产业务流程，建立相应的岗位责任制，明确相关部门和岗位的职责、权限，确保办理固定资产业务不相容岗位相互分离，形成各司其职、各负其责、相互制约、相互监督的工作机制。

同一部门或个人不得办理固定资产业务的全过程。固定资产业务不相容岗位至少包括：

（一）固定资产投资预算的编制与审批，审批与执行。

（二）固定资产采购、验收与款项支付。

（三）固定资产投保的申请与审批。

（四）固定资产处置的申请与审批，审批与执行。

（五）固定资产取得与处置业务的执行与相关会计记录。

第八条 各单位应配备合格的人员办理固定资产业务。

办理固定资产业务的人员应当具备良好的职业道德，熟悉固定资产相应管理岗位业务。

第九条 公司对固定资产业务建立严格的授权批准制度，明确授权批准的方式、权限、程序、责任和相关控制措施，规定经办人的职责范围和工作要求。严禁未经授权的机构或人员办理固定资产业务。

第十条 审批人应当根据固定资产业务授权批准制度的规定，在授权范围内进行审批，不得超越审批权限。经办人在职责范围内，按照审批人的批准意见办理固定资产业务。对于审批人超越授权范围审批的固定资产业务，经办人员应拒绝办理，并及时向上级部门报告。

第三章 固定资产的取得与验收管理

第十一条 各单位购建固定资产前，应编制固定资产投资预算，并纳入全面预算编制范围。全面预算管理按照《全面预算管理制度》进行。预算经公司股东大会审议批准，各单位根据批复的全面预算实施固定资产投资。

第十二条 各单位编制固定资产投资预算前，应对重大固定资产投资项目进行可行性研究与评价，并按规定要求决策后编入固定资产投资预算。

第十三条 各单位必须严格执行固定资产投资预算，严禁进行预算没有安排的固定资产投资，严禁擅自超预算进行固定资产投资。超预算的固定资产投资项目，各单位必须按照《全面预算管理制度》有关预算调整程序的规定重新编制追加预算，并说明超预算的原因，经公司总经理办公会议批准后方能执行。

第十四条 各单位投资的固定资产需要外购时，应根据不相容岗位相分离原则和授权批准规定，明确请购部门、审批部门、付款部门的职责、权限和相应的请购、审批、付款程序。

第十五条 各单位固定资产采购过程应当规范、透明。对于一般固定资产采购，应由采购部门充分了解和掌握供应商情况，采取比质比价的办法确定供应商；对于重大固定资产采购，应采取招投标方式进行。招标结果应获得本单位领导的确认并作为采购的依据，实际采购价格应与招标结果一致。

第十六条 各单位应严格执行固定资产交付验收制度，确保固定资产数量、质量等符合使用要求。固定资产交付验收工作由固定资产管理部门、使用部门及其他相关部门共同实施。

第十七条 各单位自行建造的固定资产，应按照《企业会计准则》和公司发布的会计制度规定，及时确认固定资产的建造成本。对于尚未及时办理竣工验收手续，但已达到预定可使用状态的固定资产，应及时将在建工程转为固定资产核算。

第十八条 对需要办理产权登记手续的固定资产，各单位应在固定资产交付使用时及时到当地政府相关部门办理。

第四章 使用与维护控制

第十九条 各单位原则上应设立独立的组织机构或人员，对本单位大型设备进行集中、统一管理与调度使用，提高固定资产使用效率，降低固定资产投资规模。

第二十条 各单位应加强固定资产日常管理工作，授权具体部门或人员负责固定资产的日常使用与维修管理，并明确其具体管理责任，保证固定资产的安全与完整。

第二十一条 各单位应根据经营管理需要，由固定资产管理部门对固定资产进行分类、编号，并进行分类管理；固定资产管理部门应会同财务管理中心编制固定资产目录，建立固定资产卡片，作为固定资产实物、账务管理的基础。固定资产卡片应至少包括制造单位、出厂日期、启用日期、使用年限、原始价值等信息。固定资产目录和卡片应定期（至少每半年）核对、更新。

第二十二条 各单位应对固定资产进行定期维修、保养，保证固定资产的正常运行，提高固定资产的使用效率。固定资产使用部门负责固定资产的日常维修、保养，定期检查并及时消除风险。固定资产大修理由固定资产使用部门提出申请，按规定程序报批后实施。有确凿证据表明固定资产大修理费用符合固定资产确认条件的，应计入固定资产成本，不符合固定资产确认条件的应当费用化，计入当期损益。固定资产在定期大修理期间，应正常提取折旧。

第二十三条 各单位应该严格区分固定资产大修和固定资产改造，固定资产技术改造应组织相关部门进行可行性论证，按照《全面预算管理制度》规定的程序编制改造投资预算，经审批后实施。

第二十四条 各单位可根据固定资产性质、重要性以及国家有关规定对固定资产进行投保。各单位固定资产管理部门对应投保的固定资产提出投保申请，按公司规定程序审批后，办理投保手续。投保金额较大时，各单位可采取招标方式确定保险公司。投保金额较大的划分标准，公司将根据实际情况另行确定。固定资产保险费用账务处理应遵循权责发生制原则及时预提或摊销。

第二十五条 已投保的固定资产因增减、转移或处置等原因发生变动时，固定资产管理部门应提出变更申请，经本单位授权部门或人员审批后办理投保、转移、解除等相关保险手续。

第二十六条 公司将定期并且在年末对固定资产进行盘点。盘点前，各单位固定资产管理部门、使用部门和公司财务管理中心应对固定资产目录、卡片和账务记录进行核对，保证账账、账卡相符。

第二十七条 公司进行固定资产盘点时，应制订盘点计划，并根据盘点结果填写固定资产盘点表，核对固定资产的类别、规格、数量、编号、使用部门、实盘数、账面数、盘盈数、盘亏数等信息。核对后责任人员应在固定资产盘点表上签字确认核对时点固定资产盘点状况。

第二十八条 对固定资产盘盈、盘亏等账实不符情况，各单位固定资产使用部门和管理部门应逐项查明原因，共同编制盘盈、盘亏处理意见，经公司总经理授权部门或人员批准后由财务管理中心及时调整有关账簿记录，保证账实一致。

第二十九条 各单位应严格按照《企业会计准则》和公司会计政策的规定计提固

定资产折旧，不得随意变更折旧政策和折旧方法。如需变更应取得公司总会计师批准后方可调整，并在年度财务报告中说明。

第三十条 每年末公司财务管理中心应判断资产负债表日固定资产价值是否存在减值迹象，有确凿证据表明存在减值迹象的，应进行减值测试，评估其可收回金额。如果可收回金额低于账面价值时，表明固定资产存在减值迹象，应计提减值准备。

第五章 处置与转移控制

第三十一条 各单位固定资产管理部门和使用部门对已损坏或因闲置而未使用或不需用的固定资产应及时提出处置意见，报本单位授权部门或人员批准后实施。对封存的固定资产，应指定专人负责日常管理，定期检查，确保资产的安全和完好状态。

第三十二条 各单位应明确公司对固定资产处置的程序和审批权限等内容，确保固定资产合理利用，应对不同的固定资产采取不同的处置方式，并对不同的部门或人员授予不同的审批权限。

第三十三条 各单位对使用期已满、折旧已提足且不能继续使用的固定资产进行正常报废时，应由固定资产使用部门填制固定资产报废申请表报固定资产管理部门审核，经本单位授权部门或人员批准后实施，财务管理中心根据审批后的处理结果进行相关的账务处理。

第三十四条 各单位对使用期限未满、折旧未提足但不能继续使用的固定资产进行非正常报废时，应由固定资产使用部门提出报废申请报固定资产管理部门审核。报废申请至少应包括固定资产名称、编号、类别、型号、功率、权证号码、坐落地点、使用部门、出厂日期或购建日期、启用日期、账面原值、累计折旧、减值准备、净残值、报废原因、估计清理费用和可回收残值等情况。固定资产管理部门应组织有关部门、专家进行技术鉴定后提出审核意见，并报本单位负责人批准后实施报废。

如单项非正常报废损失超过10万元时，各单位在本单位负责人同意后报公司总会计师审核批准后实施报废。

第三十五条 各单位发生固定资产非正常报废时，应认真查明原因，分清责任，对由于个人原因造成固定资产非正常报废的应追究行政责任和经济责任。

第三十六条 各单位报废固定资产，如需对固定资产实体进行销售时，可根据金额大小通过竞标或议标方式选择收购方；如需聘用其他单位进行清理时，可根据金额大小通过竞标或议标方式选择清理单位。竞标或议标结果应报本单位授权部门或人员批准后实施。

第三十七条 各单位对固定资产进行对外出售、投资、抵债等处置时，如处置单项固定资产账面净值未超过20万元，应在该等处置行为前提出申请报公司总会计师批准。申请内容至少应包括固定资产名称、类别、型号、功率、权证号码、坐落地点、出厂日期或购建日期、启用日期、账面原值、账面净值、处置原因、处置发生损失金额及原因等情况。固定资产对外出售、投资、抵债等行为发生时，凡单项固定资产账面净值超过20万元时应进行评估，需报公司财务总监批准，固定资产交易价格原则上不低于经备案的评估价。

第三十八条 各单位对固定资产进行对外出售、投资、抵债等处置预计发生损失时，要认真查明原因，分清责任，对于个人原因造成固定资产处置损失的应追究责任。如预计发生损失超过10万元时，应在该等处置行为前提出申请报公司总会师批准。

第三十九条 各单位固定资产在内部使用部门之间发生转移时，应填制固定资产内部调拨单，明确固定资产调拨时间、地点、编号、名称、规格、型号等，经授权部门或人员批准后办理调拨手续。固定资产调拨价值应当由本单位固定资产管理部门会同财务管理中心确定。

第四十条 各单位固定资产发生报废、对外出售、投资、抵债等处置行为时，应及时填制固定资产出库单，更新固定资产卡片、固定资产台账、固定资产目录。

第四十一条 各单位固定资产发生内部转移、报废、对外出售、投资、抵债等处置行为时，固定资产管理部门应及时将固定资产内部调拨单、出库单、更新后的固定资产卡片等信息资料向财务管理中心传递，以便财务管理中心及时进行账务处理，确保账实、账卡一致。

第四十二条 各单位固定资产处置涉及产权变更的，应及时办理产权变更手续。

第六章 固定资产的租赁

第四十三条 各单位采取融资租赁方式租入固定资产，应编制固定资产投资预算并纳入全面预算管理，比照购置固定资产的管理要求及程序进行管理。

第四十四条 各单位采取经营租赁方式租入固定资产，在取得与验收程序上比照购置固定资产的管理要求及程序进行管理。

第四十五条 各单位租入固定资产或出租固定资产，应签订租赁合同。租赁合同应经审核、评估并经本单位授权部门或人员批准后方能签订。租赁合同签订后应及时传递至固定资产管理部门和财务管理中心进行台账登记及账务处理。

第七章 关联交易

第四十六条 各单位固定资产购置、租赁、处置、资产置换、共同投资、债务重组、捐赠及接受捐赠等业务，如果涉及关联交易的，应当根据公司《关联交易决策管理制度》等管理办法，就业务的性质、预计交易金额、涉及的关联方等情况在业务发生前报公司财务管理中心备案。

第八章 罚 则

第四十七条 各单位处置固定资产时，未按照本管理制度规定履行向区域分公司财务部、子公司财务部门、公司财务管理中心报告的，由公司总会计师对单位负责人处以1000～3000元的罚款。

第四十八条 各单位处置固定资产时，未按照本管理制度规定履行审批程序的，由公司总会计师对单位负责人处以1000～3000元的罚款。

第四十九条 各单位使用部门未按照本制度规定对所有使用固定资产妥善保管造成盘亏的，由公司总会计师对单位负责人处以1000～3000元的罚款。

第九章 附 则

第五十条 固定资产管理部门为各单位的财务部门或物资部门。

第五十一条 本管理制度由公司财务管理中心负责解释。

第五十二条 本管理制度自公司董事会批准、发布之日起实施。

范本8 固定资产管理细则

第一章 总 则

第一条 为落实《固定资产管理制度》的实施，制定本细则。

第二条 本细则的适用范围与《固定资产管理制度》的适用范围等同。本细则实施由公司固定资产管理部门、物资部共同负责。

第二章 固定资产购置管理

第三条 编制固定资产采购计划与预算。

（一）固定资产使用部门根据实际需要，编制本部门的固定资产年度采购计划，填制《固定资产新增计划表》以及部门的《固定资产购置预算表》。在经由部门负责人审核批准后，报固定资产管理部门汇总。

（二）固定资产管理员对各部门上报的《固定资产新增计划表》和《固定资产购置预算表》进行审核汇总，并据此编制企业的《固定资产购置预算表》，报财务管理中心批准备案。

（三）固定资产管理员审核内容包括以下几个方面：

1.购置的原因。

2.拟购入时间。

3.拟购入数量。

4.由于现有固定资产折旧年限已到需新增的，应审核其相应的购入时间和实际折旧年限。

（四）《固定资产新增计划表》和《固定资产购置预算表》在经由固定资产使用（申请）部门总监审核签字后，交财务管理中心。

（五）财务管理中心审阅并核对下一年度的固定资产采购计划，由财务总监签字确认后，上交董事会审批，形成正式的下一年度《固定资产购置预算表》和《固定资产新增计划表》，并在财务管理中心和固定资产管理部门归档保存。

（六）企业各部门根据正式的固定资产购置计划进行固定资产购置申请。

第四条 购置申请。

（一）根据年度固定资产新增计划以及实际的使用需要，各部门详细填列《固定资产采购申请表》，提出固定资产购置申请。

（二）申请表填制内容主要包括：固定资产名称、规格、型号、预算金额、主要制造厂商以及购置原因等。

（三）《固定资产采购申请表》由各部门购置申请人，报部门负责人审核签字。若属计划外采购，还需递交《计划外固定资产购置说明》，对计划外购置的原因进行详细说明。

第五条 审核审批。

（一）固定资产管理员对使用部门提交的购置申请表进行审核。

（二）审核的内容包括：购置金额大小，购置申请是否经由部门负责人合理审批，是否属于计划内购置等。

（三）固定资产管理员审核后交固定资产管理部门经理签字确认，然后交财务管理中心审核，财务总监和总经理按权限进行审批。

（四）固定资产审核批准的权限按照公司资金审批管理规定执行。

第六条 采购。

（一）物资部根据批准的固定资产采购申请表进行采购，根据申请受理时间，对采购申请单连续编号。

（二）采购过程中应注意以下六点。

1.固定资产购置应坚持多方询价（不少于三方）的原则，保证资产购置价格的合理性。

2.单批购置固定资产金额达到200万元以上的，采用公开招标采购，招标文件和成交合同交财务管理中心备案。

3.对不宜招投标的，应当进行市场调查和多渠道询价，然后确定供货商。

4.采购人员在进行供货商的选择时，应着重考虑供货商的资质、能力、信誉以及质量保证体系；同时，根据供货厂商的报价函及其他书面资料填写《固定资产供货商综合评估表》，书面记录选择过程，并根据价格、品质、交货期、付款条件、厂商信誉以及历史使用情况等选择最优者。

5.在确定供货商或者承包商后，由采购人员或有关负责人在授权的范围内与之签订合同。

6.合同应该明确购置固定资产的型号、性能、价格、质量要求、交货期限、结算方式等，或者土建工程的结构、面积、工期、造价、质量标准等。

第七条 验收。

固定资产采购部门接到供应商发来的机械设备，或者承包商发来的“竣工验收通知单”后，通知固定资产管理部门组织和工程管理中心验收。

（一）工程管理中心和使用部门一起对购置的机械设备等固定资产进行验收，并开具验收报告和验收单。

（二）大型设备和土建工程项目验收。

1.成立验收委员会，验收委员会由公司物资部、审计监察中心、使用部门、财务管理中心组成，必要时可邀请城建、环保、消防等机关参加，可以聘请中介机构和相关专家参与。

2.检查验收符合质量标准者，填制验收合格的书面文件和“付款通知书”，通知财务管理中心结算价款。

第八条 移交。

（一）固定资产验收合格后，由固定资产管理部门移交使用部门投入使用。

（二）固定资产管理部门开具一式三联的固定资产调拨单，经固定资产管理部门和使用部门双方签字后，一联由固定资产管理部门留存，一联交使用部门作为填制固定资产登记卡的依据，第三联交财务管理中心办理入账手续。

第九条 结算付款。

财务管理中心审查验收合格文件、付款通知书、供货或承包合同、账单、发票，审查无误后，由财务人员开具付款凭证，出纳与供应商或承包商办理结算付款。

第十条 安装。

（一）需要安装的固定资产，由固定资产使用部门填制固定资产领用单，经总经理批准后领出。

（二）购置合同中规定供应商负责安装的，工程管理中心协助供应商进行安装；供应商不负责安装的，由工程管理中心负责安装、调试，安装调试合格后投入使用。同时将设备“领用单”送财务管理中心记账。

第十一条 记账。

（一）财务人员应当核对原始凭证与记账凭证是否相符，根据原始凭证和记账凭证及时登记固定资产明细账、固定资产登记簿和开设固定资产登记卡。

（二）登记完毕后应在记账凭证上签名或盖章，并与原始凭证一并转交总账会计登记总分类账。

（三）总账会计人员应当审查记账凭证的对应关系是否合规，借、贷方金额是否一致。

（四）根据记账凭证直接或者汇总登记总分类账。登记或汇总完毕，在记账凭证上签名或盖章，将凭证归档保管。

（五）外购固定资产的成本，包括购买价款、相关税费、使固定资产达到预定可使用状态前所发生的可归属于该项资产的运输费、装卸费、安装费和专业人员服务费等。对于以一笔款项购入多项没有单独标价的固定资产，应当按照各项固定资产公允价值比例对总成本进行分配，分别确定各项固定资产的成本。

（六）购买固定资产的价款超过正常信用条件延期支付，实质上具有融资性质的，固定资产的成本以购买价款的现值为基础确定。实际支付的价款与购买价款的现值之间的差额，除按照《企业会计准则第17号——借款费用》应予资本化的以外，应当在信用期间内计入当期损益。

第三章　固定资产验收管理

第十二条　采购设备运到后，物资部应对设备进行开箱检查，并填列《设备开箱验收单》。

第十三条　物资部在《设备开箱验收单》上填列所收到设备的名称、数量、规格型号、相关参数、出厂日期、制造单位，以及附属设备和技术文件等。

第十四条　《设备开箱验收单》一式三联，在与采购合同或采购订单核对一致后，由物资部、设备使用部门和供货商分别签字确认，并由三方分别归档保存。

第十五条　设备试运行。

（一）无须试运行的处理。

1.在对设备进行开箱验收后，物资部填制《固定资产移交单》，将验收合格后的固定资产移交给使用部门。

2.由物资部和使用部门相关人员分别在《固定资产移交单》上签字确认。

3.《固定资产移交单》一式三联，其中一联由使用部门保管，一联由固定资产管理部门归档保存，并以此作为设备转入的依据，一联随《固定资产转交申请表》交给财务管理中心。

（二）需要试运行的处理。

1.在进行开箱验收确保型号、数量与合同规定一致后，应先由设备使用部门对设备进行试运行。

2. 试运行过程中，应详细填列相关的试运行记录。

3. 试运行合格后，应由设备试运行部门相关人员、安装技术人员、检验员以及供货商签字确认，同时，填列《固定资产移交单》，与设备使用部门办理移交手续。

第十六条 验收后续工作。

（一）对购入设备办完移交手续后，固定资产管理员应对固定资产及时进行编号。

（二）固定资产一经编号不得改变，也不能重复编号，同一编号不能重复使用。

（三）验收后应及时生成该固定资产序号并及时贴于固定资产上。

（四）固定资产管理人员同时登记《固定资产台账》。

（五）《固定资产台账》至少应包括：设备编号、设备名称、规格型号、制造厂家、使用部门、存放地点、出厂日期、出厂编号、使用日期、设备价值、折旧年限和残值率等。

（六）设备价值应包括买价、增值税、进口关税等相关税费，以及为使固定资产达到预定可使用状态前所发生的可直接归属于该资产的其他支出，如场地整理费、运输费、装卸费、安装调试费用和专业人员服务费等。

（七）如果不能及时取得发票，可按合同金额或采购订单上的金额登记《固定资产台账》，待取得发票后，再对设备原值进行调整。

第十七条 账务处理。

（一）在设备达到可使用状态后，固定资产管理员应填列《固定资产转固申请表》，连同《固定资产移交单》一起报给财务管理中心进行审批和相关账务处理。

（二）《固定资产转固申请表》至少应包括：编号和名称、规格型号、制造厂家、原值、残值率、折旧年限、设备出厂日期、验收日期以及开始使用日期等。《固定资产转固申请表》一式两联，一联由固定资产管理部门归档备查，一联作为财务转固的依据。

（三）财务管理中心财务人员对《固定资产转固申请表》进行审核，审核的内容包括：转交金额是否与合同或采购订单一致，选用的折旧年限是否合理，是否满足转交条件，同时，审阅相应的《固定资产移交单》，对该设备的开始使用时间进行核实。

（四）财务人员对《固定资产转固申请表》核实无误后，生成相关的转交凭证。同时，从下月起开始对当月转交的固定资产计提折旧。如果转固时间与财务入账时间出现差异，应对折旧进行调整。

（五）固定资产审核。

1. 财务人员应于每月月末与固定资产管理员核对当月新增固定资产，从而保证达到可使用状态的固定资产能够及时转固。

2.每年年末进行固定资产盘点前，财务人员应与固定资产管理员对账，保证会计记录和固定资产台账一致。

第十八条 公司建造的固定资产主要是工程项目，工程项目的验收有逐期验收和完工验收两种。

第十九条 逐期验收由工程管理中心依据工程合同书估验该工程无误后，填写验收单。

第二十条 完工验收。

（一）由施工单位在工程完成后，向企业提出验收申请。

（二）固定资产管理部门会同工程管理中心、使用部门、施工单位，依据工程合同书及工程设计蓝图的规定，核对进度及竣工图，汇总整理工程分段验收记录、监工记录、材料结算书、检验报告和其他有关资料，逐项核对查验，针对施工进度及质量进行验收作业。

（三）验收无误后，将验收结果填在验收单上。

第二十一条 自行建造固定资产验收。

（一）重要工程应聘请第三方评审机构进行验收，并编制验收决算报告，其中包括工程总结、试运行报告、财务决算和环保、消防、职业安全卫生、防疫等综合情况。

（二）验收结算报告需由工程管理中心核对后，交财务管理中心复核。

（三）验收决算报告核对无误后，送交使用部门、工程管理中心和财务管理中心的负责人签字确认，然后交总经理审批。

（四）审批后，财务管理中心根据发票以及验收决算报告按照企业规定的付款程序进行付款，将工程项目转为固定资产。

第四章 固定资产保管管理

第二十二条 编制固定资产目录及统一编号，是实行固定资产归口分级管理与建立岗位责任制的重要基础工作，是编制固定资产台账、建立固定资产卡片、进行维修、编制统计报表及进行固定资产核算与管理的依据。

第二十三条 固定资产目录按每一固定资产项目进行编制。

第二十四条 固定资产项目是指一个完整的独立物体，或者连同其必不可少的附属配套的综合体。

第二十五条 编制目录时，要注意划清两个界限。

（一）划清固定资产与低值易耗品的界限。

（二）划清生产用和非生产用固定资产的界限。

第二十六条 编制固定资产目录及统一编号时应注意以下五个事项：

（一）进行固定资产编号时应遵循统一规定的编号方法。

（二）号码一经编定不能随意变动。

（三）新增固定资产应从现有编号依次续编。

（四）每一固定资产编号确定后，实物标牌号应与账面编号一致。

（五）编号只有在发生固定资产处置，如固定资产调出、报废等情况时才能注销，并且编号一经注销通常不能补空。

第二十七条 建立固定资产卡片，是进行固定资产明细核算的依据。

第二十八条 固定资产卡片由财务管理中心签发，通常一式三份，财务管理中心、固定资产管理部门和使用部门各一份。

第二十九条 固定资产卡片应按每一独立登记对象登记，一个登记对象设一张卡片。登记对象的确定方法如下。

（一）房屋：以每所房屋（连同附属建筑物及设备）作为一个独立登记对象。

（二）建筑物：以每一独立建筑物（连同附属装置）作为一个独立登记对象。

（三）动力设备：以每一动力机器（连同基座和附属设备）作为一个独立登记对象。

（四）传导设备：以在技术上能够构成一个完整的传导系统的设备作为一个独立登记对象。

（五）工作机器及设备：以每一独立机器（连同基座、附属设备和工具、仪器等）作为一个独立登记对象。

（六）工具、仪器及生产用具：以每一具有独立用途的各种工作用具、仪器和生产用具（连同便于操纵控制的各种附具）作为一个独立登记对象。

（七）运输设备：以每一独立的运输工具（如一辆汽车、一艘船、一架飞机等）作为一个独立登记对象。

（八）管理用具：以每件管理用具作为一个独立登记对象。

第三十条 在每一张卡片中，应记载该项固定资产的编号、名称、规格、技术特征、技术资料编号、附属物、使用部门、所在地点、开始使用日期、原价、使用年限、购建的资金来源、折旧率、转移调拨情况、报废清理情况等详细资料。

第三十一条 固定资产卡片应根据交接凭据和有关折旧、大修理、报废清理等凭证进行登记。

第三十二条 为了汇总反映各类固定资产的增减变动和结存情况，使固定资产卡片适应固定资产增减变动的要求，固定资产管理部门应按固定资产类别建立固定资产增减登记簿。

第三十三条 增减登记簿的两种登记核算形式。

（一）按固定资产使用部门开设账页，登记固定资产的增减变动及余额。

（二）按固定资产类别开设账页，登记固定资产的增减变动及余额。

第三十四条 增减登记簿以固定资产调拨（增减变动）通知单作为增减登记的依据，对固定资产的增减进行序时核算，每月结出余额。

第五章 固定资产折旧管理

第三十五条 固定资产折旧。

固定资产的折旧，是指在固定资产使用寿命内，按照确定的方法对应计折旧额进行系统分摊。

第三十六条 责任单位。

（一）财务管理中心负责企业固定资产的折旧核算。

（二）固定资产管理部门和固定资产使用部门协助完成折旧核算。

（三）财务总监批准固定资产的折旧方法、使用年限及净残值率。

第三十七条 在用固定资产折旧范围。

（一）房屋和建筑物。

（二）融资租入和以经营租赁方式租出的固定资产。

（三）在用机器设备、计算机设备、运输工具、工具器具等。

第三十八条 在建固定资产折旧范围。

（一）已交付使用在年度内办理竣工决算手续的，按照实际成本调整原来的暂估价值，并调整已计提的折旧额，作为调整当月的成本、费用处理。

（二）已交付使用如果在年度内尚未办理竣工决算的，应当按照估计价值暂估入账，并计提折旧，待办理了竣工决算手续后，再按照实际成本调整原来的暂估价值，调整原已计提的折旧额，同时调整年初留存收益各项目。

第三十九条 不需要计提折旧的固定资产。

（一）以经营租赁方式租入的固定资产。

（二）已提足折旧且继续使用的固定资产。

（三）按规定单独估价作为固定资产入账的土地。

第四十条 固定资产折旧时间和总额。

（一）按月提取折旧，当月增加的固定资产，当月不提折旧，从下月起计提折旧，当月减少的固定资产，当月照提折旧，从下月起不提折旧。

（二）企业在每年年底对固定资产的使用寿命、预计净残值和折旧方法进行复核，并根据复核结果进行调整。具体内容如下：

1.使用寿命预计数与原先估计数有差异的，应当调整固定资产使用寿命。

2.预计净残值预计数与原先估计数有差异的，应当调整预计净残值。

3.与固定资产有关的经济利益预期实现方式有重大改变的，应当改变固定资产折旧方法。

（三）固定资产提足折旧后，不论能否继续使用，均不再提取折旧。

（四）提前报废的固定资产，也不再补提折旧。

（五）固定资产应提折旧总额=该项固定资产的原值-预计残值+预计清理费用。

第四十一条 固定资产折旧年限和净残值率如下表所示。

固定资产折旧年限和净残值率一览表

类别	折旧方法	折旧年限（年）	残值率（%）	年折旧率（%）
房屋及建筑物	年限平均法	20	0	5
机器设备	年限平均法	10	5	9.5
办公设备	年限平均法	3 ~ 5	5	19 ~ 31.67
电子设备	年限平均法	3	5	31.67
运输设备	年限平均法	3	5	31.67
板房及其他	年限平均法	3	5	31.67

第四十二条 固定资产折旧方法。

（一）公司对一般使用的固定资产折旧采用年限平均法（直线法）。

年折旧额=［固定资产原价×（1-预计净残值率）］/固定资产预计使用年限

月折旧额=固定资产年折旧额/12

（二）对特殊使用或特殊规定的固定资产可以采用以下方法计提折旧：

1.工作量法（以每单位工作量耗费的固定资产价值相等为前提）。

$$\text{每单位工作量折旧额}=\frac{\text{固定资产原价}-\text{预计净残值}}{\text{固定资产预计使用年限内可完成的总工作量}}$$

2.双倍余额递减法（不考虑固定资产净残值的前提）。

年折旧率=2/预计使用年限×100%

月折旧率=年折旧率/12

月折旧额＝固定资产账面净值×月折旧率

3.年数总和法（年限合计法）。

$$年折旧率=\frac{预计使用年限-已使用年限}{\frac{预计使用年限\times(预计使用年限+1)}{2}}\times 100\%$$

月折旧率＝年折旧率/12

月折旧额＝（固定资产原值－预计净残值）×月折旧率

预计净残值＝固定资产原价×预计净残值率

第六章　固定资产盘点管理

第四十三条　固定资产盘点管理的适用范围。

房屋建筑物、机械设备、运输设备、办公设备、电子设备、板房等。

第四十四条　盘点时间、方式和人员构成如下表所示。

固定资产盘点时间、方式和人员构成表

盘点时间	1. 半年度抽查
	2. 年度盘点
盘点方式	1. 根据固定资产账册每半年抽查一次，每一类别至少 10 项
	2. 年度实行实物盘点法
盘点人员	1. 固定资产管理员
	2. 财务管理中心财务人员
	3. 固定资产使用部门
备注	对于所有盘点，固定资产使用部门或单位负责人、固定资产管理部门经理、财务管理中心负责人均需进行盘点监督

第四十五条　盘点准备。

（一）固定资产管理员根据盘点计划准备盘点表，并预先编号。

（二）在盘点前，固定资产管理部门召开盘点准备会议，向使用部门和财务管理中心传达盘点计划，进行人员的安排和动员，发放盘点表，提前做好盘点的各方面准备。

第四十六条　进行盘点。

（一）在实地盘点时，应由固定资产管理员、财务管理中心财务人员以及固定资产的使用部门人员共同参与，进行盘点。

（二）盘点应该以静态盘点为准则，因此盘点开始后禁止一切固定资产的进出和移动。

第四十七条　盘点结果差异及存档。

（一）盘点结果和差异应由固定资产管理员、会计和固定资产使用部门三方签字确认。

（二）固定资产盘点以及盘点差异表分别由固定资产管理部门和财务管理中心归档保存。

第四十八条 固定资产盘盈盘亏处理审批。

（一）对固定资产的盘盈和盘亏，应由固定资产管理部门和使用部门分析差异原因，及时形成处理意见，落实责任人，并上报财务管理中心负责人审核。

（二）财务管理中心负责人对固定资产盘点差异表和处理意见进行审核，交总经理审核批准。

第四十九条 盘盈固定资产处理。

（一）盘盈的固定资产，按照同类或类似固定资产的市场价，减估计折旧的差额计入营业外收入。

（二）对属于建设项目的，应冲减工程成本。

第五十条 盘亏固定资产处理。

（一）盘亏及毁损的固定资产，按照原价扣除累计折旧、变价收入、过失人及保险公司赔款后的差额计入营业外支出。

（二）对属于建设项目的，应计入工程成本。

第五十一条 盘盈或盘亏固定资产账务处理。

对盘盈或盘亏的固定资产，由固定资产管理部门负责填制或注销固定资产卡片，财务管理中心负责更改固定资产相关账务。

第七章 固定资产处置管理

第五十二条 公司固定资产的处置，是指企业对其占有、使用的固定资产进行产权转让及注销的一种行为。主要包括以下内容：

（一）固定资产报废。

（二）固定资产报损和报失。

（三）固定资产出售。

（四）固定资产捐赠。

第五十三条 申请报废的固定资产应符合下列条件之一：

（一）已经超过使用年限，且不能继续使用。

（二）因工艺设置改变和技术进步而遭淘汰，需要更新换代。

（三）严重毁损，使固定资产失去了原有的功能并且无法恢复到正常使用的状态。

（四）申请报废的固定资产虽未超过使用年限，但实际工作量超过其设计工作量，且继续使用易发生危险。

（五）因其他原因已经无法正常使用。

第五十四条 固定资产报废申请。

（一）对于使用期满、正常报废的固定资产，固定资产使用部门、单位根据报废计划填制固定资产报废单。

（二）对于使用期未满、非正常报废的固定资产，由固定资产使用部门、单位提出报废申请，注明报废理由。估计清理费用和可回收残值、预计出售价值等。

第五十五条 固定资产报废审批。

固定资产报废申请审批按照《固定资产管理制度》相关规定进行报批。

第五十六条 固定资产报废程序。

（一）固定资产的报废，需填写一式三联的报废单，报废单应包括固定资产卡片上所记载的所有内容以及报废理由、预计处理费用及收回的残值。

（二）固定资产报废应有相应的技术鉴定，其中专用设备、仪器仪表由技术管理部负责鉴定；办公设备、家具、房屋、运输工具及其他均由固定资产管理部门负责鉴定。

（三）固定资产报废单应交财务管理中心和固定资产管理部门会签，并按规定审批权限报相关负责人审批。

（四）审批完的报废单分别交固定资产管理部门、财务管理中心留存。固定资产管理员在授权范围内在固定资产管理台账和卡片上盖作废章，以示注销。财务管理中心根据报废单进行资产报废账务处理。

第五十七条 报废固定资产应按审批要求及时处理，报废所得残值收入应交财务管理中心做账务处理。

第五十八条 固定资产报废清理之后，仓库、使用、财务等部门要注销报废固定资产的记录资料。

第五十九条 当固定资产破损或丢失时，固定资产使用单位填写《固定资产报损（报失）申请表》（见下表），交固定资产管理部门审核。

固定资产报损（报失）申请表

申请单位				经办人		
设备编号	名称	数量	单价	金额	购置年月	处置形式
1						□报损 □报失
申请理由						
2						□报损 □报失

申请理由						
3						□报损 □报失
申请理由						
金额合计（人民币）						
技术鉴定意见	签字： 日期：　　年　　月　　日					
固定资产管理部门意见	签字： 日期：　　年　　月　　日					
财务管理中心意见	签字： 日期：　　年　　月　　日					
财务总监意见	签字： 日期：　　年　　月　　日					
总经理意见	签字： 日期：　　年　　月　　日					
残　　值		经手人				
销账日期		经手人				

注：本单一式三联，一联存使用部门，一联存固定资产管理部门，一联交财务管理中心进行账务处理。

第六十条　固定资产管理部门对固定资产报损或报失情况进行核实后，在《固定资产报损（报失）申请表》内填写调查意见，并签字确认，并将《固定资产报损（报失）申请表》送财务管理中心审核。

第六十一条　财务管理中心对报失的固定资产的价值进行估算并填写相关数据，报财务总监和总经理在各自的权限范围内审核。

第六十二条　固定资产管理部门根据审批通过的《固定资产报损（报失）申请单》注销固定资产的台账和卡片，财务管理中心根据审批通过的《固定资产报损（报失）申请单》进行报失固定资产的账务处理。

第六十三条　固定资产出售是指固定资产以有偿转让的方式变更所有权或使用权，并收取相应收益的处置。

第六十四条　在资产出售前由固定资产使用部门对资产出售的必要性、可行性及原因进行说明，并在此基础上编制出售申请，报固定资产管理部门审核。申请中应注明该项固定资产的原价、已计提折旧、预计使用年限、已使用年限、预计出售价格或转让价格等。

第六十五条 固定资产管理部门负责人审核签字后，财务总监填写处置意见，总经理审批后组织执行。对于重大固定资产处置，应当聘请具有资质的中介机构进行资产评估。

第六十六条 固定资产管理部门应会同销售部门和采购部门摸清市场行情并编制销售计划，分析销售的效益，必要情况下应聘请专业的评估机构对固定资产的余值进行评估。

第六十七条 固定资产管理部门应该根据销售计划及相关核准清单编制《固定资产销售明细表》，详细记录固定资产的数量、种类、存放地点和使用历史等。

第六十八条 财务管理中心应对已销固定资产及时开具销售发票，并按照销售发票和有关税、费票据，记录和报告固定资产的销售情况，防止出现资产已处置而固定资产账面未注销的情形，同时要对固定资产的销售收入进行资金、税务管理和监控。

第六十九条 固定资产捐赠是无偿产权转让，应严格履行报批手续，固定资产管理部门填写《固定资产捐赠申请表》，报财务总监、总经理审核、审批后方可办理捐赠手续。

第七十条 公司办理固定资产捐赠手续，必须取得固定资产捐赠接收方的相关接收凭证，并作为财务管理中心账务处理的凭证。

第七十一条 财务管理中心在处理捐赠固定资产账务时，应严格执行国家相关规定。

第八章 固定资产转移管理

第七十二条 固定资产转移包括以下三个方面的内容：

（一）固定资产内部调拨。

（二）固定资产的出租。

（三）固定资产的出借。

第七十三条 公司内部调拨固定资产范围包括：

（一）板房等建筑物。

（二）运输设备、机械设备、电子设备、办公设备等。

第七十四条 固定资产内部调拨申请。

固定资产使用部门、单位根据实际需要，提出固定资产调拨申请，填写《固定资产内部调拨单》（见下表），调拨单的内容包括调拨原因、固定资产调出入双方、调拨价格。

固定资产内部调拨单

<table>
<tr><th>序号</th><th>固定资产
编号</th><th>固定资产
名称</th><th>规格
型号</th><th>购置时间</th><th>数量</th><th>单价</th><th>调拨
价格</th><th>调拨
原因</th></tr>
<tr><td></td><td></td><td></td><td></td><td></td><td></td><td></td><td></td><td></td></tr>
<tr><td></td><td></td><td></td><td></td><td></td><td></td><td></td><td></td><td></td></tr>
<tr><td></td><td></td><td></td><td></td><td></td><td></td><td></td><td></td><td></td></tr>
<tr><td rowspan="2">调出
部门</td><td>保管人</td><td colspan="2"></td><td rowspan="2">调入部门</td><td colspan="2">保管人</td><td colspan="2"></td></tr>
<tr><td>部门经理</td><td colspan="2"></td><td colspan="2">部门经理</td><td colspan="2"></td></tr>
<tr><td colspan="3">固定资产管理部门
审核意见</td><td colspan="6">负责人签字：</td></tr>
<tr><td colspan="3">财务管理中心审核意见</td><td colspan="6">负责人签字：</td></tr>
<tr><td colspan="3">财务总监审批意见</td><td colspan="6">财务总监签字：</td></tr>
<tr><td colspan="3">总经理审批意见</td><td colspan="6">总经理签字：</td></tr>
</table>

注：本单一式四联，一联存调出部门，一联存调入部门，一联交财务管理中心进行账务处理，一联交固定资产管理部门保存。

第七十五条 固定资产内部调拨的审核和批准。

（一）固定资产调拨单经使用部门经理审核签字后报固定资产管理部门。

（二）固定资产管理部门对使用部门提出的调拨单进行审核，并核对年度固定资产购置预算，对预算外采购须在调拨单上注明，固定资产管理部门经理在调拨单上签字批准。

（三）固定资产管理部门审核批准后交财务管理中心，财务管理中心审核调拨单，对预算进行监督，同时审核价值。

（四）经审核的调拨单呈报财务总监审批，财务总监在权限范围内进行审批，无最终审批权的，财务总监应附上自己的审核意见，报总经理批准。

第七十六条 移出部门收到经批准的《固定资产内部调拨单》后，资产移出方负责人办理固定资产交接手续。

第七十七条 固定资产管理部门收到审批的资产调拨单后办理相关固定资产调拨手续。

第七十八条 财务管理中心财务人员对固定资产的内部调拨进行账务处理。

第七十九条 固定资产管理员及时更新固定资产管理台账。

第八十条 固定资产出租方式。

（一）融资租赁。

（二）经营租赁。

（三）融资租赁的期限应达到租赁资产使用年限的75%以上。

第八十一条 固定资产出租审批。

（一）相关部门就出租事项向固定资产管理部门提出申请，提交承租方的有关资料及相应的分析报告。

（二）企业固定资产管理部门会同财务管理中心对固定资产的出租事项进行审核评估，对待租固定资产的价值进行分析，并提出审核意见，报财务总监审核。

（三）财务总监对固定资产管理部门、财务管理中心的意见进行分析判断，并填写审核意见，报总经理签字。

（四）总经理审阅各级部门审核意见后，进行最终批复，总经理认为出租事宜存有疑问的，固定资产管理部门、财务管理中心及相关部门需做出解释。

第八十二条 公司固定资产的管理部门代表企业同承租方签订相关合同或协议，对固定资产的出租期限以及出租期间的保养、完整、损毁等事项做出详细规定。

第八十三条 待租固定资产的清点。

（一）待租固定资产在出租前的主管部门即为固定资产的清点部门，同时财务管理中心、固定资产管理部门参与清点。

（二）清点部门和人员对清点过程进行登记，记录出租固定资产的规格、库存数量、使用情况以及出租期限等。

（三）清点完毕后应将相应资产租赁的详细情况在备查登记簿上进行记录。

第八十四条 所有出租的固定资产在租出之前，固定资产管理部门应进行汇总归集，将原分散在各个部门的资产通过内部调拨汇总集中到同一个仓库，减少相应部门的固定资产账卡记录。

第八十五条 固定资产出租到期处理。

（一）如果承租方不购买，企业应及时收回固定资产，履行规定的入库手续，恢复有关的记录。

（二）如果承租方决定购买，企业应该做销售处理，并注销出租固定资产的所有记录，各部门要保持一致，防止出现虚列资产的现象。

第八十六条 固定资产出借由借用人提出书面要求或申请，说明相关情况，送总经理或其授权人员核准。

第八十七条 固定资产出借事项经核准后，由固定资产管理部门会同财务管理中心门等拟订方案，与借用人签订固定资产出借合同。

第八十八条 出借合同内容。

（一）合同应详细说明固定资产的型号、规格、数量、用途、借用期限、租金和押金的金额及支付方式等事项。

（二）合同应明确固定资产出借期间的修缮保养、税赋缴纳、运杂费的支付、损害赔偿等事宜。

第八十九条 出借合同签订之后，要经过总经理或其授权人员审批。

第九十条 固定资产管理部门根据经过审批的出借合同办理财产移出手续，并会同财务管理中心根据合同修改固定资产卡片及财产目录。

第九十一条 固定资产出借到期，固定资产管理部门应及时催促借用人归还固定资产。对于借用到期迟迟不还的，固定资产管理部门应当及时向管理层报告，必要时以书面方式催交，并依约要求赔偿。

第九章 固定资产减值管理

第九十二条 存在下列迹象的，表明固定资产可能发生了减值：

（一）资产的市价当期大幅度下跌，其跌幅明显高于因时间的推移或者正常使用而预计的下跌。

（二）企业经营所处的经济、技术或者法律等环境以及资产所处的市场在当期或者将在近期发生重大变化，从而对企业产生不利影响。

（三）市场利率或者其他市场投资报酬率在当期已经提高，从而影响企业计算资产预计未来现金流量现值的折现率，导致资产可收回金额大幅度降低。

（四）有证据表明资产已经陈旧过时或者其实体已经损坏。

（五）资产已经或者将被闲置、终止使用或者计划提前处置。

（六）公司内部报告的证据表明资产的经济绩效已经低于或者将低于预期，如资产所创造的净现金流量或者实现的营业利润（或者亏损）远远低于（或者高于）预计金额等。

（七）其他表明资产可能已经发生减值的迹象。

第九十三条 固定资产存在减值迹象的，应当估计其可收回金额。可收回金额应当根据固定资产的公允价值减去处置费用后的净额与固定资产预计未来现金流量的现值两者之间较高者确定。处置费用包括与固定资产处置有关的法律费用、相关税费、搬运费以及为使固定资产达到可销售状态所发生的直接费用等。

第九十四条 固定资产的公允价值减去处置费用后的净额与固定资产预计未来现

金流量的现值，只要有一项超过了资产的账面价值，就表明资产没有发生减值，不需再估计另一项金额。

第九十五条 可收回金额的计量结果表明，固定资产的可收回金额低于其账面价值的，应当将固定资产的账面价值减记至可收回金额，减记的金额确认为固定资产减值损失，计入当期损益，同时计提相应的资产减值准备。

第九十六条 固定资产减值损失确认后，减值固定资产的折旧应当在未来期间做相应调整，以使该资产在剩余使用寿命内，系统地分摊调整后的资产账面价值（扣除预计净残值）。

第九十七条 固定资产减值损失一经确认，在以后会计期间不得转回。

第十章 附 则

第九十八条 公司财务管理中心负责本细则的解释。

第九十九条 本细则自公司总经理办公会审计通过、发布之日起实施。

范本9 财务印章管理办法

第一章 总 则

第一条 为规范公司的财务印章管理，减小因印章使用不当给公司带来的损失，特制定本管理办法。

第二条 本管理办法依据《内部控制基本制度》《印章使用管理办法》制定。

第三条 本管理办法适用于涉及使用财务印章的所有相关人员。

第二章 印章的制作、保管、废止

第四条 公司财务相关方面的印章由公司指定的部门按照《印章使用管理办法》的规定，统一制作。

第五条 经相关管理人员授权后由人事行政中心负责制作财务方面的印章，印章具体分事项印章、财务专用章与人名章三类。

第六条 公司财务方面相关的事项印章由财务管理中心指定专人进行保管，人名章由本人自己保管或本人授权他人保存，财务专用章由财务总监或授权人员负责保管，未经授权的人员一律不得接触、使用印章。

第七条 公司财务印章的保管人员一律不得将印章转借他人，否则造成的后果由印章保管人员负责。

第八条 公司财务印章保管人若管理不慎使印章遗失、被盗或损毁，需立即上报人事行政中心，由人事行政中心登记后申明作废并制作新的印章。

第九条 财务管理中心制订财务方面的印章登记簿，说明印章制作时间、内容、印章发放时间、保管人等。

第十条 公司出纳人员要将财务的有关印签簿交予银行，当印章变动时要及时与银行联系，更新印签簿。

第三章 印章的使用

第十一条 公司财务印章的使用应当符合《印章使用管理办法》的相关规定。

第十二条 公司财务印章在办理公司款项结算、银行事务时方可使用。

第十三条 使用财务印章时，使用人必须填写“印章使用申请单”，说明使用印章的理由、起止时间、印章的种类、材质及申请人等。

第十四条 财务印章使用申请单经有关领导审批后，连同需用印盖章的文件一同交予印章保管人盖章。

第十五条 财务印章保管人要仔细审核印章使用申请单的事项和相关管理人员的批示，若认为不符合相关规定，可拒绝盖章。

第十六条 经授权的印章代理人员使用完财务印章后，要将盖章依据与印章使用申请单交予印章管理人进行审核。

第十七条 公司财务方面的印章原则上不允许带出，确需带出公司使用，必须填写印章使用申请单说明事由，经总经理批准后方可带出，由两人共同使用。

第十八条 财务印章使用申请单由各盖章人员保存，每月月底汇总后交予公司财务部门存档。

第十九条 财务印章保管人在使用完印章后，填写印章使用登记簿，说明印章使用事由、使用对象、盖章时间等并由申请人签字确认。

第四章 印章使用的其他规定

第二十条 财务印章保管人员离职或调动时，必须将保管的印章及相关文件交割，否则不允许离职或调动。

第二十一条 公司中任何涉及财务印章的使用事项均需按本管理办法规定程序执行，严禁擅自使用印章。

第二十二条 未经授权擅自使用公司财务方面印章所造成的后果由使用者与印章保管人共同承担，后果严重者将移交司法机关进行处理。

第五章 附 则

第二十三条 本管理办法由公司财务管理中心负责解释。

第二十四条 本管理办法自公司总经理办公会审议通过、发布之日起实施。

范本10 银行票据管理办法

第一章 总 则

第一条 为加强公司对与资金相关票据的管理，规范各种票据的领用、保管、使用等事项，特制定本管理办法。

第二条 本管理办法依据《内部控制基本制度》等的规定制定。

第三条 本管理办法适用于公司、各区域分公司、子公司、工程项目部（以下统称各单位）的银行票据业务办理。

第二章 票据的领用与使用

第四条 单位出纳人员在向开户银行领购支票时，必须得到财务部门经理的授权审批。

第五条 单位出纳人员领取的票据额必须在银行存款的额度内。

第六条 单位出纳人员负责建立票据登记簿，保管相关的票据。

第七条 单位的各类业务往来原则上使用转账支票，确需签发现金支票的，则需上报公司总会计师批准。

第八条 公司职能部门、单位或人员领用票据时要填写《票据领用单》，注明领用票据的日期、金额、用途等事项并报相关管理人员批准。

第九条 各单位出纳人员签发票据前要逐项审核票据领用单上的内容与相关管理人员的审批意见，审核无误后盖章签发，并在《票据签发登记簿》上记录。

第十条 各单位出纳人员必须按照支票的序号签发支票，不得换本或跳号签发，否则后果由出纳人员承担。

第十一条 各单位出纳人员对填写错误的支票要加盖“作废”戳记并与存根一起保存。

第十二条 票据领用人在《票据签发登记簿》中的领用人栏中签字，未使用的票据与使用过的票据存根、相关使用凭证应当天交予出纳人员进行票据注销登记。

第十三条 各单位出纳人员应在《票据注销登记簿》上注明票据编号与注销日期，逾期不办理票据注销业务的票据领用人，出纳人员有权停止对其部门及个人签发票据。

第十四条 票据领用人妥善保管相关票据，不得将票据折叠、污损、丢失。

第十五条 票据领用人不得将票据借给他人或擅自改变用途及使用限额，否则财务人员不予报销，由此引发的后果由领用人承担。

第十六条 各单位出纳人员不得签发印章齐全的空白支票，确需签发的应得到财务经理的批准，并在支票上注明收款单位名称、款项用途、签发日期、最高限额及报销日期，不能确定收款单位名称的必须注明签发日期、最高限额与报销日期，逾期未用的转账支票需及时收回注销。

第十七条 各单位出纳人员签发票据时用碳素笔填写，数字一律采用银行规定的大写汉字表示，日期、金额、用途、单位应填写齐备并加盖预留银行印鉴，票据填写日期必须是支票签发当日，不得推前或推后，因不按规定填写、被人涂改冒领的，由签发人负全责。

第十八条 各单位出纳人员不得签发没有资金保证的票据或远期支票，套取银行信用；不得签发、取得和转让没有真实交易和债权债务的票据；不得无理拒绝付款或任意占用他人资金。

第十九条 为方便公司财务报表的编制，各单位财务部门定于每月25日停止签发票据，各相关票据领用人要安排好票据的使用，提前或推后请签。

第三章 票据的遗失处理与核销

第二十条 票据的保管、领用人员必须保管好票据，若不慎遗失，由当时的持票人负全责。

第二十一条 部分票据遗失时的处理方法：

（一）持票人的现金支票不慎丢失时，持票人应立即上报单位财务部门，财务部门及时联系银行采取措施。

（二）持票人持有的转账支票不慎丢失时，持票人应立即联系收款单位请求协助防范。

（三）持票人的银行汇票若遗失，持票人立即向兑付银行或签发银行请求挂失。银行不予挂失的填明收款单位与收款人的银行汇票，持票人遗失此类银行汇票时，立即通知收款单位、收款人、兑付银行、签发银行并请求协助。

第二十二条 票据的核销必须经过相关管理层的批准并指定核销日期，任何人不得擅自销毁票据。

第二十三条 票据核销时由财务总监或总会计师、财务部门经理、审计人员与票据保管员共同审核票据的金额、数量等，确保票据是使用过的或已缴款的，并编制核销票据登记簿进行记录。

第二十四条 票据核销后，票据保管人应盖上“作废”章并随同记账凭证，按照票据的本号与序号的相应顺序装订成册，妥善保存，在保存期之前禁止销毁。

第二十五条 核销后的票据保存期限为××年，与票据相关的领用凭证、核销凭证的保存期限不低于10年。

第四章　票据的结算

第二十六条　业务中使用票据结算时，经手人必须审核票据的内容，确认其为有效票据。具体的审核内容包括：

（一）票据填写是否清楚。

（二）票据内容是否齐全。

（三）是否在签发单位处加盖单位印鉴。

（四）票据上的金额及收款人是否有涂改迹象。

（五）票据是否在有效期内。

（六）有背书的票据其背书是否正确。

第二十七条　使用支票结算时，有效支票的标准内容应该具备以下条件：

（一）收款人名称是否正确，要求不能写错或遗漏一个字。

（二）填写的日期必须在10日以内。

（三）交款企业的财务专用章、企业法人章、财务负责人章齐全、清晰。

（四）支票用碳素笔填写，内容清晰，无涂改。

（五）支票金额的大小写一致。

第二十八条　票据背书的规范。

（一）背书要连续，背书粘单上的签章符合规定，背书人的签章符合规定。

（二）背书人为个人的身份证件。

（三）背书粘单上必须加盖企业财务专用章、企业法人章或财务负责人章。

第二十九条　财务部门相关人员收到的现金支票、银行现金本票等要及时存入银行，当日不能存入银行的，需请示财务经理后妥善保管，于第二日存入。

第三十条　若银行退票，票据业务经手人应立即到签发单位进行更换，同时企业将对经手人与出纳的工作过失进行严肃处理。

第三十一条　票据管理员需注意承兑汇票的日期，在到期之前提醒财务经理。承兑汇票到期后，财务经理对汇票进行背书，由出纳人员交到银行委托银行收款。

第五章　票据管理的其他规范

第三十二条　各单位票据与印鉴的保管须分开，出纳员不得保管相关印鉴。

第三十三条　各单位在同城结算时可以使用银行本票。

第三十四条　各种票据的结算日期。

（一）支票的结算日期为出票日起10日内。

（二）银行本票的付款期限为自出票之日起最长不超过2个月。

（三）银行汇票的付款期限为自出票之日起1个月内。

（四）商业汇票的最长付款期限不超过6个月，提示付款期限自汇票到期日起10日内。

第三十五条 出纳人员离职或调职时，必须办理移交手续，移交不清的禁止其离职或调职。

第六章 附 则

第三十六条 本管理办法由公司财务管理中心负责解释。

第三十七条 本管理办法自公司总经理办公会审议通过、发布之日起实施。

范本11 应收票据管理办法

第一章 总 则

第一条 为加强公司总部、区域分公司、子公司的应收票据管理、降低票据风险存在，根据《内部控制基本制度》的相关规定，结合公司实际，制定本管理办法。

第二条 本管理办法所称应收票据是指银行承兑汇票和商业承兑汇票。

第三条 本管理办法由公司财务管理中心负责指导执行。

第二章 应收票据的取得

第四条 工程项目部收取甲方支付的应收票据时，应当按照《中华人民共和国票据法》和《支付结算办法》等规定，仔细审核票据的真实性、合法性，防止以假乱真，避免或减少应收票据风险。

第五条 收取甲方支付的商业承兑汇票时，应当先评估承兑人的信用风险。在未对承兑人信用风险进行评估时或经评估承兑人的信用风险较高时，应当拒绝收取商业承兑汇票。

第六条 各区域分公司财务部核算会计在收到当事人交来的银行承兑汇票和商业承兑汇票时，必须到银行办理认证手续，以防假伪票据的发生。

第七条 各区域分公司财务部核算会计在收取商业承兑汇票时，应当要求当事人提供承兑人的信用风险报告书。

第八条 各区域分公司财务部核算会计在收到银行承兑汇票和商业承兑汇票时，应向交付人开具签章的票据收到收据。

第三章 应收票据的保管

第九条 各区域分公司财务部应当安排专人对取得的应收票据进行保管。

第十条 各区域分公司财务部的应收票据保管人员应设置应收票据备查簿。逐笔登记应收票据的种类、号数、出票日期、票面金额、交易合同号和付款人、承兑人和单位名称、到期日利率、贴现日期、贴现率，贴现净额以及收款日期和收回余额等资料。应收票据到期限结清后，应在备查簿内逐笔注销。

第十一条 应收票据保管人员应当做好以下工作：

（一）对于即将到期的应收票据，应及时向付款人提出付款。

（二）对已转让、贴现、承兑的票据应在备查簿中登记，以便日后追踪管理。

第四章 应收票据的处置

第十二条 各区域分公司财务部应根据月度资金使用计划，合理安排银行承兑汇票、商业承兑汇票的背书转让、贴现、承兑，以提高资金的使用效率。

第十三条 各区域分公司财务部核算会计在转让银行承兑汇票和商业承兑汇票时，应取得收取人签章的票据收到凭单。

第十四条 各区域分公司财务部核算会计，每月期末应当对库存的银行承兑汇票和商业承兑汇票进行盘点，编制由保管人、财务部经理签字的票据盘点表，保证账簿记录与实际一致。

第十五条 各区域分公司财务部会计人员、其他经办人员，在票据取得、保管、转让过程中违反本管理规定给公司造成损失的，按照公司《员工奖惩管理办法》的规定予以处罚。

第五章 附 则

第十六条 本管理规定由公司财务管理中心负责解释。

第十七条 本管理规定由公司总经理办公会议审议通过、发布之日起实施。

范本12 预付账款管理办法

第一章 总 则

第一条 为规范公司的预付款项行为，提高公司资金运转效率，根据《内部控制基本制度》《应收款项管理制度》的规定，结合公司实际，制定本管理办法。

第二条 本管理办法适用于公司总部、各区域分公司、子公司和工程项目部（以下统称各单位）。

第三条 本管理办法由公司财务管理中心、各区域分公司财务部、子公司财务部负责监督、落实。

第二章 预付款项支付申请

第四条 预付款项是指在采购过程中形成的，按照采购合同约定在未收到货物或未接受劳务服务前向供应方预先支付的款项。

第五条 预付款项支付应当由经办部门、工程项目部提出预付采购款项申请。预付采购款项申请主要包括以下内容：

（一）预付采购款项的收款单位名称。

（二）预付采购款项的收款单位银行账户、账号。

（三）预付采购款项的付款金额。

（四）预付采购款项的付款原因说明。

（五）预付采购款项的合同书编号。

第六条 预付采购款项申请应当附采购合同书复印件。

第七条 预付采购款项申请应当由公司财务总监或总会计师签字，公司董事长（总经理）批准。

第三章 预付款项支付

第八条 各单位财务部门出纳员办理预付款项支付时，应当注意：

（一）取得经公司总经理批准的预付采购款申请表及采购合同复印件。

（二）款项收款人的名称、账户、账号必须与申请中的收款人、账户、账号一致。

（三）支付款项金额应当与申请表批准金额一致。

（四）分次预付款的应当注明所批准的付款申请表存放处。

第九条 各单位财务部门的会计应当按照《企业会计准则》的要求，对预付采购进行清晰核算。

第四章 预付款项后续管理

第十条 各单位财务部门会计应每月末对其管理的预付账款进行核查、分析，并编制分析报表。

第十一条 各单位财务部门会计发现预付款项的时间已经超过所附采购合同约定时间的，应当及时向公司总会计师反映。

第十二条 提出预付账申请的部门、项目部负责人应当对超合同约定限期挂账预付款项查明原因，及时上报公司总会计师。

第十三条 人为操作失误形成的预付款项逾期挂账，应当在公司总会计师的监督下进行账务调整。

第十四条 供应方不能及时提供货物或劳务形成的预付款项逾期挂账，款项经办单位和经办人员应当及时与收款人进行联系协商解决方案。

第十五条 预付款项逾期挂账账龄超过6个月以上的，经公司总会计师批准移交公司审计监察中心处理。

第十六条 公司财务部门的会计核算员对逾期挂账的预付款项，按照公司财务会计制度的规定计提坏账准备。

第五章　罚　则

第十七条　各单位财务部会计、出纳员未按照本管理办法规定办理预付款项支付的，处以1 000～3 000元/次的罚款。

第十八条　各单位财务部门负责人应每月对本部门的各项账务处理情况进行检查，发现问题应及时向公司总会计师、财务总监汇报。若未认真履行检查，对账面问题遗漏或发现问题不上报的，处以500～1 000元/月的罚款。

第六章　附　则

第十九条　本管理办法由公司财务管理中心负责解释。

第二十条　本管理办法自总经理办公会审计通过、发布之日起实施。

范本13　其他资金往来管理办法

第一章　总　则

第一条　为规范公司在经营活动中发生的非购销款项、非纳税款项、非职工薪酬款项的行为，根据《内部控制基本制度》，结合公司实际，制定本管理办法。

第二条　本管理办法适用公司、各区域分公司、项目部和所属子公司。

第三条　本管理办法由公司财务管理中心、各区域分公司财务部、子公司财务部（统称财务部门）执行实施。

第二章　其他资金往来的管理

第四条　其他资金往来的管理内容包括：

（一）对其他资金往来款项收支行为的管理。

（二）对其他资金往来合同的管理。

（三）其他资金往来会计核算的规范。

（四）其他资金往来损益的确认。

（五）对其他资金往来款项的偿还（回笼）等方面的管理。

第五条　其他资金往来，是指按照《企业会计准则》的规定，应当在“其他应收款”“其他应付款”科目核算的资金往来款项，和在“长期应收款”“长期应付款”科目核算的非购销形成的资金往来款项。

第六条　资金往来款的收付应当遵守《货币资金管理制度》《授权审批管理制度》的规定。

第七条　其他资金往来中的工程保证金、履约保证金、借出资金、借入资金等

（不包括项目备用金）发生额较大（发生金额在10万元以上）的事项，在事项发生时应当取得相应的合同书；

事项发生时没有签订独立合同书的，经办人员应当提供主体施工合同书、采购合同书、资产租赁合同书等合同书的约定条款说明。

第八条 其他资金往来合同书应当统一编码、统一归档，并由经办人员向公司财务部门备案一份。

第九条 公司财务部门核算会计应对应收性质的其他资金往来款项在发生时，按照以下款项性质分类核算：

（一）投标保证金，是公司在施工合同签订前的投标过程中支付的保证金。

（二）项目备用金，是公司项目部为方便施工现场管理而向公司财务暂借的款项。

（三）民工工资保证金，是公司按照施工地政府的规定，存放于农民工工资专户的款项。

（四）履约保证金，是指公司按照施工合同的要求向客户（甲方）支付合同履约款项。

（五）质量保证金，是指公司按照施工合同的约定，由客户（甲方）在工程款中暂扣的款项。

（六）押金，是指公司因租赁资产等而支付的各种性质的押金。

（七）员工借款，是指公司职工的个人借款。

（八）代职工支付款，是指公司按照国家相关规定，暂时代公司职工支付的各种费用款。

（九）借出资金，是指公司有偿借给其他单位或个人的款项。

（十）其他，是指除上述九类以外的资金往来款项。

其他资金往来发生额、余额大于核算科目发生额、余额10%时，应对该款项发生额单独分类核算。

第十条 公司财务部门核算会计应对应付性质的其他资金往来款项在发生时，按照以下款项性质分类核算：

（一）履约保证金，是指公司在履行采购业务合同时，为保证合同的正常履行而向对方收取的保证金。

（二）押金，是指公司收取的各种性质的押金。

（三）暂扣个人社保，是指公司在发放职工工资时从个人工资额中扣减的个人应承担的社保费，且暂时未向社保征收机构缴纳的款项。

（四）代收理赔款项，是指公司收取的保险赔偿款中应当支付给相关个人的、单位的部分，且暂时尚未支付的款项。

（五）借入资金，是指公司有偿借入其他单位或个人的款项。

（六）其他，是指除上述五类以外的资金往来款项。

其他资金往来发生额、余额大于核算科目发生额、余额10%时，应对该款项发生额单独分类核算。

第十一条 公司财务部门核算会计对借出、借入资金应取得借款合同书，并建立相应台账管理，登记借出（入）人全称、金额、发生日期、期间、偿还日期、利率、利息（使用费）支付规定等。

第三章 资金使用费用管理

第十二条 公司财务部门核算会计应按照资金拆借合同约定的资金使用费计算规定，按照权责发生制的要求，计算确认相应资金使用费收益（或费用），并同时确认相应的资产或负债。

第十三条 公司占用关联方、实际控制人资金的，也应当按照本管理办法的规定，签订资金拆借合同书，计算确认资金使用费。

公司关联方、实际控制人资金放弃收取资金使用费的，应当取得放弃收取资金使用费的说明，公司将其放弃的收益计入“资本公积”。

第十四条 公司财务部出纳员在向资金提供人支付资金使用费时，应向收款人索取合规发票。

第十五条 公司财务部门核算会计应对借出款项按照合同约定计算、收取资金使用费。

第十六条 公司收取的资金使用费应当依法缴纳相应的税费。

第四章 其他资金往来的后续管理

第十七条 公司财务部门核算会计每月需对其他往来资金进行检查、对账，发现有逾期款项时应当向公司总会计师或财务总监汇报，并通知经办人员办理催收、支付。

第十八条 其他往来资金中逾期账龄在1年以上的，经办人应当提出书面原因说明，经公司总会计师、财务总监审查，报公司财务部门核算会计留存。

第十九条 公司财务部门核算会计应按照本公司《财务会计政策》的规定，在年末对其他资金往来中的应收款项计提坏账准备。

第二十条 公司财务部门核算会计和经办人未按照本管理办法规定，对其他资金往来进行管理的，由公司总会计师按照《员工奖惩管理办法》的规定予以处罚。

第五章 附 则

第二十一条 本管理办法由公司财务管理中心负责解释。

第二十二条 本管理办法自总经理办公会审议通过、发布之日起实施。

范本14 项目备用金管理办法

第一章 总 则

第一条 为加强公司的工程项目备用金管理，保证工程项目备用金的安全和使用效率，规范项目备用金的核算方法，依据《内部控制基本制度》等的规定，制定本管理办法。

第二条 本管理办法适用于公司、区域分公司和子公司管理的全部工程项目所需备用金的管理。

第三条 工程项目备用金是指工程项目在施工现场进行管理时，为零星款项支出而备用的资金。

第四条 工程项目备用金由公司财务管理中心、区域分公司财务部（以下统称财务部门）集中管理。

第二章 项目备用金一般管理

第五条 工程项目部应当本着方便、安全的原则减少备用金的使用。

第六条 工程项目部办理款项支付时应当首选银行转账、网银方式支付。

第七条 工程项目因生产实际确需备用金的，应当由项目部会计填写《工程项目备用金使用申请表》,《工程项目备用金使用申请表》经项目经理签字后报公司总会计师、财务总监签批。

第八条 《工程项目备用金使用申请表》应当包括以下内容：

（一）工程项目部名称。

（二）本次申请工程项目备用金金额。

（三）本次申请工程项目备用金的主要原因、用途。

（四）本次申请工程项目备用金预计报账时间。

（五）本次申请工程项目备用金填表人签字。

（六）工程项目部经理签字。

（七）公司总会计师、财务总监签批等内容。

第九条 工程项目备用金的使用范围包括：

（一）工程项目工地现场零星材料的采购。

（二）工程项目工地现场职工食堂福利费支出。

（三）工程项目工地现场零星管理费用支出。

（四）工程项目工地现场的其他零星支出。

第十条 工程项目备用金支出单笔业务不得超过1万元，不得用于资金往来拆借。

第十一条 工程项目备用金必须采用“专卡”管理，即一个工程项目只能设一个专卡，该卡只能用于项目备用金收取、支付，不得发生其他款项收付。

第十二条 工程项目备用金的最高限额为：

（一）工程项目总造价在5 000万元（含）以下的，备用金限额为10万元。

（二）工程项目总造价在5 000万元至2亿元（含）的，备用金限额为20万元。

（三）工程项目总造价在2亿元至5亿元（含）的，备用金限额为30万元。

（四）工程项目总造价在5亿元以上的，备用金限额为50万元。

第三章 工程项目备用金拨付管理

第十三条 工程项目备用金的拨付，应按照《货币资金管理制度》、本管理办法第七条的规定履行审批程序，未履行审批程序的财务部门出纳员应当拒绝拨付。

第十四条 财务部门出纳员在向工程项目备用金管理人转付项目备用金时，应当采用银行转账、网银转账方式，且款项用途应当注明为“项目备用金”。

第十五条 工程项目备用金的余额在每季度末应当清零，每季度末应当将工程项目备用余额转存公司银行账户。项目部下季度需要继续使用工程项目备用金的，应当重新申请并履行规定的审批程序。

第十六条 若因特殊原因项目部不能在季度末将工程项目备用金清零的，应由项目部书面说明并由公司总会计师批准方可以余额挂账，但挂账余额最高不得超过10万元。

第十七条 使用备用金支付的业务，支付回单应和相关票据一起履行规定的审批程序，审批后转交财务部门核算会计进行账务处理。

第十八条 工程项目工程现场发生的单笔业务超过项目备用金支付限额的，项目管理人员应当按照《货币资金管理制度》《工程项目经营活动授权表》的规定履行审批程序，审批后报财务部门人员办理款项支付手续。

第十九条 工程项目管理人员使用备用金支付款项后，相关单据应在次月2日之前按照《货币资金管理制度》《工程项目经营活动授权表》的规定履行审批程序，并到财务部门办理入账手续。

第二十条 项目部管理人员未按照本管理办法规定使用项目备用金的，财务部门核算会计应提请公司总会计师，暂停该工程项目的项目备用金拨付。

第二十一条 财务部门对“工程项目备用金”的核算，应通过“其他应收款——项目备用金”科目进行记录。

第二十二条 “其他应收款——项目备用金”科目月末存在余额的，公司财务部门核算会计应当取得“项目备用金专用卡”的银行对账单。

第四章 附 则

第二十三条 公司总会计师可以依据《员工奖惩管理办法》等相关规定对违反本管理办法的行为进行处罚。

第二十四条 本管理办法由公司财务管理中心负责解释。

第二十五条 本管理办法自公司总经理办公会审议通过、发布之日起实施。

范本15 工程项目物资验收管理办法

第一章 总 则

第一条 为保证公司工程项目物资验收数量准确，物资质量合规，明确物资验收相关人员职责，规范验收程序，制定本办法。

第二章 物资验收规定

第二条 验收要求。

须会同相关施工工长一起查验到场材料的质量和数量，以及产品质量证明文件及相关检测报告。若属甲供物资，还应会同监理、业主共同检查验收。

对不合格材料的处理：发现验收不合格的材料，当场就做退货处理；对验收合格，通过内在质量检验不合格的材料，发现不合格应及时通知供应商将不合格材料拉出现场并做好物资出场记录。

第三条 物资验收。

（一）验收依据。

采购合同、进场计划、相关验收规范（符合国家标准，没有国家标准的须符合行业标准）。

（二）验收工具。

地磅、卷尺（或皮尺）、游标卡尺、标准料斗、坍落筒等。

（三）验收人员及要求。

1.材料进场，项目材料员、相关专业工长须同时参与验收，材料进场直接移交劳务队的，还应由劳务队授权的材料员参与，三人须在送货单据、验收单据上共同签字确认。

2.若属甲供材料，除以上人员还应包括监理、主业相关人员参与。

（四）验收程序。

1.送货车辆进、出项目现场必须在门卫处登记。

2.首先核对所送物资（送货单）是否与项目进场计划相符，并做好物资进场记录。

3.与项目进场计划核对一致后，立即通知相关人员验收。

4.需过磅验收的，过完重磅后，相关人员必须到指定卸车点，监控整个卸车过程，卸车后对空车对磅，并监督整个过程，做好过磅记录。

5.依据合同约定的计量方式，确认数量及开具物资确认单。

6.质保书、检验报告、过磅单、验收单等相关验收单据应规范整理保存。

7.所有需送检物资必须送检合格后才能使用。

第四条 验收标准及要求。

（一）钢材验收。

1.进场验收时须收取质量合格证书，检验包装（铭牌）是否为原厂出具。

2.须根据《物资进场计划》核对该批钢材规格、数量。

3.钢材外观不得有严重的锈蚀、腐蚀、油渣、起皮及翘曲等质量问题。

4.使用游标卡尺和卷尺分别测量直径和直条螺纹钢的长度等是否满足规范要求。

5.验收人员监督供应商在指定的钢筋加工点卸车，不得因为随意卸车导致局部加工点的钢筋库存积压。

6.如果车辆上存在非材料的附属物品（比如草垛、木枋等），在过重磅前要先清理干净。若清理困难，则附属物品应做到随进随出，即：过重磅时已存在车上的其他附属物品，去皮时也应留在车上方可进行过磅。

7.验收人员须对直条螺纹钢点条复核，据点条数量计算出理论重量；并根据送货单重量、理论重量和过磅重量编制《钢筋重量对比表》，并总结计算出各品牌、各规格的正负公差率。

8.项目应当对供应商的钢筋送货车辆进行空车备案，包括：车牌、车底、车顶、水箱及驾驶室等进行拍照记录，并确保照片清晰可见；检查无误后，对空车过磅称重留下记录。过完空磅之后，应当与该车的历史空磅记录核对，检查空磅重量是否异常，如有异常，须查明原因。

（二）商砼验收。

1.进场验收时，验收人员首先检查送货单（主要内容包括：日期、工程名称、浇筑部位、混凝土类别、强度等级、塌落度、容重、方量、发料时间等），看发料是否与《物资进场计划》相符。

2.过磅抽检法。对进场的混凝土罐车随机进行过磅抽检（抽检比例不低于20%，且每次抽检相同装载容量规格车辆至少3车），计算出过磅重量，并根据自测容重记录表计算出混凝土的方量，再对照合同的相关约定，判断是否属于合理误差范围，而且正负合理误差的机会应当均等，不得出现只有负差或者大多数是负差的情况。

若发现误差较大，应重点检查，并通过其他验收方法予以验证。

（三）水泥验收。

1.进场验收时，须收取产品合格证、水泥放射性检验报告、水泥安定性检验报告。

2.须根据《物资进场计划》核对该批水泥标号、数量。

3.进场水泥不得受潮结块，水泥包装不得破损漏失。

4.水泥验收采用点包（或过磅）方式。

（四）砌体材料验收。

1.各种砌体材料（包括加气砖、空心砖、配砖和水泥标砖）进场验收时，须收取产品合格证及第三方检测报告。

2.须根据《物资进场计划》核对该批砖尺寸型号、数量。

3.砖身须坚实，不得松散断裂、缺角倒边。

4.卸车均须人工卸车码放，不得倾倒。

（五）砂石验收。

进场验收时，须根据《物资进场计划》核对该批砂石方量。

（六）周转材料验收。

1.进场验收时，须收取产品合格证及该材料其他相关资质证明。

2.扣件、钢管、顶托等周转材料不得锈蚀严重，其他各种材料不得有明显的外观缺陷。

3.验证扣件是否无滑丝、无丝杆脱落、无裂纹、无损坏现象。

物资验收工作流程见下表。

物资验收工作流程

流程	责任部门／岗位	工作内容
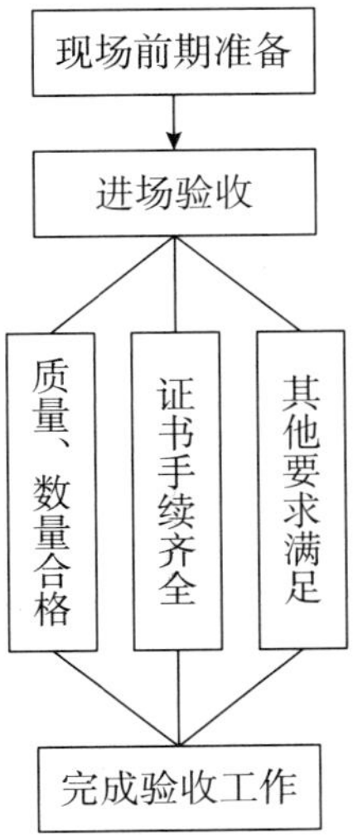	● 项目材料员、生产员、施工员 ● 项目材料员、生产员、施工员、机电员	● 根据施工组织平面布置图，做好物资堆码场地的布置和临时仓库的搭设，做到有利于物资进出和存放，方便施工和避免场内二次搬运。 ● 根据物资计划、送料凭证、产品合格证等进行数量和质量验收，按质量验收规范和计量规定，严格执行“验品种、验型号、验质量、验数量、验证件”制度，做好验收记录，办理验收手续。对有复检要求的材料和新材料，未经试验鉴定的，不得使用。 ● 对不符合计划要求和不合格产品拒绝验收，并上报项目经理及上级部门。

第三章　附　则

第五条　本办法由公司财务管理中心物资部负责解释。

第六条　本办法自发布之日起实施。

范本16　周转材料管理办法

第一章　总　则

第一条　为规范公司工程项目现场的周转材料管理，管好和盘活周转材料，减少浪费，降低成本，提升管理水平，结合公司实际，特制定本管理办法。

第二条　周转材料管理遵循合理配置、加快流转、先调剂后购置的原则。

第三条　本管理办法适用于区域分公司、工程项目部采购的各项周转材料。工程项目部租赁其他单位的周转材料可参照本管理办法相关规定进行管理。

第二章　职能与职责

第四条　职能。

（一）周转材料实行分级管理，区域分公司、工程项目部两级管理。

（二）公司总会计师分管，公司物资部具体落实。

（三）工程项目部经理分管，工程项目物资管理员具体落实。

第五条　区域分公司职责。

（一）负责工程项目部周转材料配置方案、购置计划的审批，统一调配全公司所有周转材料。

（二）建立全公司周转材料台账，实行动态管理。

（三）负责下场周转材料处置报告审批。

（四）监督检查工程项目部周转材料调配、加工、采购、使用、保养维护、保管存放等工作。

第六条　工程项目部职责。

（一）负责编制上报项目部周转材料配置方案、购置计划。

（二）根据公司规章制度制定本级周转材料管理实施细则，建立本级管理体系，落实公司周转材料管理规定。

（三）建立项目部周转材料明细台账、周转材料管理档案资料，按公司要求定期及时上报所需资料、报表。

（四）负责周转材料调运、交接验收、技术交底、组织加工改造、采购、回收、修复、移交、使用管理、费用结算等工作。

第三章 周转材料一般管理

第七条 周转材料实行分类管理。

A类：各项模板。

B类：可直接调配周转材料。如：钢支撑、各类脚手架、各类上下托撑、制式器材、电缆线、配电箱（柜）等。

C类：易损、易耗周转材料。如：专用洞室模板、水沟电缆槽模板、防撞墙模板、仰拱模板、枕木、木枋、竹胶板等。

D类：价值较高或者使用年限在1年以上的办公用品和生活用品等耐用品。

以上各类中已作为固定资产核算的除外。

第八条 周转材料配置方案及报批制度。

（一）工程开工之前，完成项目策划报区域分公司工程管理部门审批同意后，工程项目所需周转材料由区域分公司物资部根据配置计划予以调拨。

（二）公司内部资源不能满足策划方案要求时，工程项目部报区域分公司物资部和工程管理部门审批同意后自行购置或租赁。

（三）周转材料计划方案编制范围：A、B、C、D类周转材料。

第九条 周转材料配置、采购、加工、调配和租赁管理。

（一）在保证工期、质量、安全前提下，立足公司现有周转材料，统一调配，不准未经审批自行采购或加工。

（二）A类周转材料。

1.为方便管理，集设计、加工、运输、安装、调试、拆卸、回收、利旧为一体的管理体制，由区域分公司指定厂家统一加工供应。

2.技术交底、工作内容、规格尺寸、加工质量、交货时间、加工价格、拆卸回收和结算付款、违约责任等由公司和工程项目部一起指定厂家共同协商确定，以合同形式约定，严禁互相推诿扯皮。

3.工程完工后，可利用部分由厂家负责拆卸和回收或改造，其费用由使用单位承担。

4.新购的周转材料在投入使用时，其价值一次性摊销计入工程施工成本。

5.调配周转材料运费由调入方承担，装车费用由调出方承担。

（三）B、C类周转材料。

1.工程项目部现已采购的可周转材料，均在使用时一次性计入工程项目施工成本。

2.公司回收的周转材料由物资部统一管理。

3.工程项目部所用周转材料应先向区域分公司物资部提出使用申请，区域分公司物资部保管的周转材料无法满足其使用要求时，工程项目部可以向社会购买或租赁。

4.周转材料一律由使用项目负责拆卸。运费由调入方承担，装车费用由调出方承担。

5.所有租赁或购置的周转材料由公司统一调配，工程项目部无权自行调配、购买、处置，所有周转材料调配在未接到区域分公司物资部批复之前，严禁项目部之间私自调配。

（四）D类周转材料。

1.工程项目购买办公及生活用品前应报公司物资部审核，区域分公司物资部根据现有资源进行调配，可为其进行调配。如资源不能满足工程项目需要，则由项目自行购买，并按照财务审批程序的要求办理相关手续。

2.快完工项目将项目配置的办公及生活耐用品使用情况表上报区域分公司物资部，区域分公司物资部根据情况调配至其他项目或同意项目自行处理。

3.不到使用年限的耐用品丢失，由使用人全额赔偿；不到使用年限的耐用品损坏，由使用人修复或按原值赔偿；已到使用年限的耐用品丢失或损坏，由使用人按原值的20%赔偿；未经审批购买的耐用品，其产生的费用由工程项目部经理分别承担50%。

第十条 周转材料验收管理。

（一）周转材料一律在工地现场进行交接验收，并由交、接双方签字做好记录。交接内容包括技术交底、资料、清单、合格证、过磅单等。

（二）采购、改造和加工的周转材料在数量验收过程中，必须按照图纸要求的材料规格型号进行过磅验收，禁止理论计量。经工程项目部相关人员签字确认后，方可结算。

（三）成批或价值较大的周转材料在质量验收过程中必须由项目工程负责人指派专人把关验收，否则出现的一切质量问题要追究项目经理的责任。对委外加工、改造、租赁和采购的周转材料，在施工过程中出现质量问题，应立即通知租赁站生产厂家到工地进行维修，并做好索赔工作。

（四）调配的周转材料，在调出方工地现场办理交接验收手续。

第十一条 周转材料使用管理。

（一）对进场的周转材料要派专人看管，防止被盗和丢失。

（二）本着谁使用谁负责原则，工程项目部在周转材料使用管理上应做好保养和维护，以延长材料使用寿命。

在使用过程中，禁止随意改变周转材料的外形、尺寸、物理性能及连接方式，不得切割、焊接、改造等。模板要经常整修、涂油，防止锈蚀或变形，并对模板内外堆积混凝土及时进行清理；模板外观平整、圆顺，禁止模板打孔；在安装和拆卸过程中，高空作业要用起吊设备，禁止野蛮装卸，损坏周转材料，防止安全事故的发生；周转材料要配套使用，附件齐全，禁止扣件随意丢弃、支架随意切割等现象发生。

（三）对于下场周转材料要统一进行维护、保养、整修和喷防锈漆或涂油；周转材料所有润滑点进行充分润滑；万能杆件要按规格打捆；周转材料保管应做好防雨、防潮、防盗工作；小型配件要入库管理。

第十二条 周转材料报废处理。

（一）周转材料处置、处理，严格实行公司审批制度。各单位在未接到公司批复之前，严禁擅自变卖处理。

（二）对确已报废，由工程项目部各部门共同鉴定后，同彩色照片、处理材料清单目录、处理单价、处理数量、估算处理金额和周转材料处置申请报告一同报公司工程管理部门审核批准后，再作报废处理。

（三）工程项目部处理完毕后，将有关部门签认的过磅单及财务收款收据等相关资料报区域分公司物资部备案。

（四）区域分公司物资部在收到工程项目部处置周转材料的资料后，应当及时在周转材料台账中将其注销。

（五）周转材料处理所得收入应及时上交公司财务部门，不得私设小金库或私分。

第四章 周转材料储备库房管理

第十三条 根据施工任务的分布，由区域分公司物资部牵头规划，组建立一个集周转材料加工、改制、存储、设备维修、存放的储备库房。

第十四条 周转材料储备库房由区域分公司物资部统一管理，工程项目部可将下场后的周转材料及设备存入储备库房。

第十五条 入库的周转材料产权全部归公司，由区域分公司仓库维修后供工程项目使用。

第十六条 周转材料储备库房日常维护、管理的费用由公司承担。

第十七条 周转材料储备库房要健全库房管理、维护、保管、收发制度。

第五章 周转材料统计管理

第十八条 工程项目部应按照公司统一格式编制“周转材料”台账，要认真对照要求的内容填写，严禁弄虚作假、舞弊虚报。

第十九条 工程项目部建立的周转材料明细台账，要求做到账账相符、账物相符，有进有出，完善相关收、发料手续。

第二十条 区域分公司物资部、工程项目部建立周转材料台账应当定期进行核对。

第六章 附 则

第二十一条 本管理办法由公司财务管理中心和区域分公司物资部负责解释。

第二十二条 本管理办法自总经理办公会审议通过、发布之日起实施。

范本17 施工成本管理办法

第一章 总 则

第一条 为加强公司及分子公司的工程项目成本管理，根据《企业会计准则》、《成本管理控制制度》、《全面预算管理制度》等规定，结合公司实际，制定本管理办法。

第二条 本管理办法适用于公司、各区域分公司、子公司（以下统称各单位）的所有工程项目的施工成本管理。

第三条 本管理办法由公司财务管理中心负责指导，由区域分公司财务部会计、子公司财务部会计、合同预算部预算人员、工程项目部会计和预算管理人员等相关人员落实、执行。

第四条 施工成本管理是指公司对工程项目在施工中所发生的各项成本进行核算、控制、管理的过程。管理内容包括：施工成本预算管理、施工成本核算管理、施工成本分析、施工成本控制管理等。

第二章 施工成本的预算管理

第五条 公司对工程项目施工成本实施预算管理。工程项目部应在工程项目开始施工之日起60日内，根据施工现场实际条件、建材市场变化情况，由工程项目部预算管理人员编报工程项目施工图预算书和施工成本预算书。

施工成本预算书是公司各级财务部门进行施工成本控制的依据，其主要内容包括：

1.工程项目材料成本预算金额。材料成本预算是对工程项目施工过程中消耗建筑材料、水电费的预算，预算中应当对主材料单独列示，主要材料是指：钢材、水泥、商砼、砌块、防水材料、电缆电料、化工材料、木材、周转材料、临时设施、水电费等。

2.工程项目劳务成本预算金额。劳务成本预算是对工程项目施工过程中耗用的外部（劳务公司或类似单位）劳务成本预算。

3.工程项目机械费预算金额。机械费预算是对工程项目施工过程中耗用各项施工设备的成本预算，包括自有施工设备的折旧、燃料费、维修费和租赁设备的租赁费、燃料费、维修费等。

4.工程项目专业分包费预算金额。分包费预算是对工程项目施工过程中，将部分工程分包给其他专业公司的成本预算。

5.工程项目安全生产费预算金额。安全生产费预算一般按照工程总造价的2%确定。

6.工程项目管理费预算金额。管理费用预算是对工程项目施工过程发生项目管理方面的支出。主要包括：项目管理人员（包括施工现场管理人员、间接管理的经营目标责任人）的薪酬、板房和管理设备折旧、差旅费、电话费、办公费用等。

第六条 工程项目部编制的工程项目施工图预算书、施工成本预算书，在负责本工程项目的经营目标责任人签字后，报管理单位的合同预算部审核。

第七条 合同预算部应在收到工程项目部报送的预算书之日起10日内审核完毕，并将审核后的施工图预算书和施工成本预算书统一编码、建档管理。

第八条 工程项目部应将经合同预算部审核的施工图预算书、施工成本预算书，报所属单位财务部备案。

第九条 所属单位财务部会计应当将有统一编码的施工图预算书、施工成本预算书，按照核算责任人分别进行保管。

第十条 各单位合同预算部、财务部应按照项目部编报的工程项目施工成本预算书，对工程项目发生的施工成本进行管理、分析、控制。

第十一条 施工成本预算因工程项目施工情况、市场环境、国家政策等的变化需要修订的应当及时修订。修订后的施工成本预算应重新上报、审核、归档、备案。

第三章 施工成本的核算管理

第十二条 施工成本核算管理的内容包括：

（一）按照《企业会计准则第14号——收入》和其他相关规定，施工成本核算的内容分为：材料费、劳务费、机械费（包含机械租赁）、安全生产费用、专业分包费、项目管理费等。

1.“合同履约成本——工程施工”中的“材料费”，是指直接用于工程项目建筑过程中耗用的各项建筑材料、水电费成本和周转材料租赁成本。在会计核算过程中依据材料“领料单”“施工成本耗用表”等上注明的用途进行核算。

材料费的核算应将施工过程中耗用的钢材、水泥、商砼、砌块、防水材料、电缆电料、化工材料、木材、周转材料、临时设施、水电费等主要材料分别核算。

2.“合同履约成本——工程施工”中的“劳务费”，是指直接用于工程项目建筑过程中耗用的劳务人工的成本。在会计核算过程中依据“劳务结算单”“施工成本耗用表”上注明的用途进行核算。

3.“合同履约成本——工程施工”中的“机械费”，是指直接用于工程项目建筑过程中的机械设备的租赁费用和租赁过程中发生的各项耗费。在会计核算过程中依据租赁资产的“设备租赁合同书”“租赁结算单”“施工成本耗用表”“审批单”上注明的用途进行核算。

4.“合同履约成本——工程施工”中的“安全生产费”，是指直接用于工程项目建筑过程中用于安全防护的各项耗费。在会计核算过程中依据“领料单”“租赁结算单”“劳务结算单”“施工成本耗用表”“审批单”上注明的用途进行核算。

安全生产费用的支出范围、核算方法依据《安全生产费用管理办法》的规定执行。

5.“合同履约成本——工程施工”中的“专业分包费”，是指工程项目建筑过程中将部分工程分包给专业公司的成本。在会计核算过程中依据“分包合同书”“劳务结算单”“施工成本耗用表”上注明的用途进行核算。

6.“合同履约成本——工程施工”中的“项目管理费”，是指工程项目部在项目管理过程中发生管理人员（包括经营目标责任人）工薪报酬、职工食堂福利费用、办公用设备折旧、工地板房折旧、办公用低值易耗品摊销、其他管理费用等。在会计核算过程中依据费用发生时记录的用途进行核算。

（二）管理单位财务部核算会计应当按照本条款（一）的内容设置“工程施工”明细账户，对施工成本进行明细核算。

第十三条 项目部管理人员（包括经营目标责任人）薪酬管理按照《薪酬管理制度》的相关规定执行。

第十四条 项目部项目管理费，应严格控制在经合同预算部审核的工程项目施工成本预算的范围内。

第十五条 管理单位财务部核算会计应按照《会计基础工作规范》和本管理办法第十二条的规定，依据能够证明工程施工成本真实发生的发票、单据、合同等资料进行会计核算，填制施工成本记账凭证、登记“合同履约成本——工程施工”明细账。

管理单位财务部会计应在每月2日前按照合同履约成本——工程施工明细账，编报上月各工程项目的“工程施工成本进度表”。工程施工成本进度表的主要内容包括：

1.完成总成本比，是反映工程项目工程进度的重要指标。计算公式：

完成总成本比=实际发生累计成本/预算总成本

2.施工成本与营业成本比，是反映工程项目工程施工成本已结转损益的情况。计算公式：

累计施工成本与累计营业成本比=累计施工成本/累计营业成本

当期施工成本与当期营业成本比=当期施工成本发生额/当期营业成本发生额

第十六条 负责项目部管理的经营目标责任人对该工程项目发生的施工成本的真实性、合法性、完整性负责，保证项目部实际发生各项施工成本能够全面、准确地记录到施工成本核算中。

第四章 施工成本的分析控制管理

第十七条 施工成本的分析控制管理包括施工成本分析和施工成本考核两方面。

第十八条 施工成本分析的内容包括：

1.每月由管理单位财务部核算会计、合同预算部责任人编制“施工成本预算进度分析表”。

2.每季度由合同预算部组织工程项目部预算员、财务部核算会计召开施工成本预算执行分析会。对施工成本构成项目与预算对比变动比例超过10%的工程项目，应形成成本分析报告，报工程项目负责人和公司总会计师。

3.对于实际总成本与预算总成本差额比例超过10%的工程项目，财务部、合同预算部应及时召开预算执行分析会，分析差额原因，寻找管理问题、堵塞成本漏洞。会议形成的成本分析报告应报公司财务总监审阅。

4.每月15日前由公司财务部核算会计向公司总会计师报送“项目施工成本与项目营业成本对比表”。公司总会计师应对差额异常的项目进行跟踪了解、差错调整。

第十九条 施工成本考核的内容包括：

1.在施工成本考核中，实际成本与预算成本的差异率不高于5%的为合格、不高于1%的为优秀。

2.因施工情况、市场环境等原因修改、变更施工合同时，项目部预算管理员应根据实际情况及时对施工成本预算进行调整，并在15日内报所属单位的合同预算部、财务部，本情况属于施工成本预算的正常调整。

3.对于工程施工成本预算编制合理、预算成本执行控制到位的工程项目，公司将对项目部管理成员予以集体奖励，根据具体情况确定奖励金额。

4.项目部提供的施工成本预算严重偏离实际，失去了对施工成本的管理、控制的指导作用，所属单位的合同预算部、财务部报公司财务总监批准，对工程项目部负责人处以3 000～5 000元的罚款，并暂停项目部各项资金的支付，直到重新提供符合实际的新施工成本预算书为止。

5.由于工程项目部预算管理员未勤勉尽职，导致施工成本预算的编制不符合实际，对工程项目部预算管理员处以1 000～3 000元的罚款。

6.由于工程项目部的材料管理员、核算员未勤勉尽责，导致施工成本核算数据不准确，对工程项目的材料管理员、核算员处以200～1 000元的罚款。

7.由于工程项目部的材料管理员失职，导致材料款、劳务款、机械租赁款等的支付错误，给公司形成损失的，公司有权对其追偿损失。

8.由于工程项目部的采购员未勤勉尽职，导致采购成本虚高的，对负责的采购人员处以1 000～3 000元的罚款。

9.违反本管理办法经罚款后仍不改正的，公司可对项目部暂停办理一切会计事务（包括款项支付）。

第二十条 各单位财务部核算会计、合同预算部预算人员未按照本管理办法进行施工成本核算、组织施工成本分析的，处以300～500元/月罚款。

第二十一条 各单位财务部负责人未按照本管理办法，指导、督促、检查本部门会计进行施工成本核算、施工成本分析，出现施工核算内容不完整、不准确，施工分析不完整、不准确、不及时的，处以500～1 000元/月的罚款。

第五章 附 则

第二十二条 本管理办法由公司财务管理中心负责解释。

第二十三条 本管理办法自公司总经理办公会审议通过、发布之日起实施。

附件：

附件1 工程施工成本进度分析表

附件2 施工成本与预算成本构成项目差异分析表

附件3 工程施工成本进度与主营业务收入进度明细表

附件4 项目施工成本与项目营业成本对比表

附件1　工程施工成本进度分析表

工程施工成本进度分析表

金额单位：元

序号	工程项目名称	合同（预算）总施工成本	工程施工成本金额		工程施工成本进度	
			累计施工成本	本年施工成本	累计进度（%）	本年进度（%）
1						
2						
3						
4						
5						
6						
7						
8						
9						
10						
11						
12						
13						
14						
15						
16						
17						
18						

附件2　施工成本与预算成本构成项目差异分析表

施工成本与预算成本构成项目差异分析表

单位：元

序号	项目	账面累计施工成本															
		材料成本									人工费	机械使用费			分包成本	管理费	总计
		钢筋	水泥	混凝土	切块	电缆	防水材料	周转材料	其他	小计		机械租赁费	折旧费	其他			
1																	
2																	
3																	
4																	
5																	
6																	
7																	
8																	
9																	
10																	
11																	
12																	
13																	
14																	
15																	
16																	

附件3 工程施工成本进度与主营业务收入进度明细表

工程施工成本进度与主营业务收入进度明细表

金额单位：元

序号	工程项目名称	合同（预算）总施工成本	工程收入进度		工程成本进度		进度对比差异		进度对比差额	
			累计进度（%）	本年进度（%）	累计进度（%）	本年进度（%）	累计进度（%）	本年进度（%）	累计进度差额	本年进度差额
1										
2										
3										
4										
5										
6										
7										
8										
9										
10										
11										
12										
13										
14										
15										
16										
17										

附件4 项目施工成本与项目营业成本对比表

项目施工成本与项目营业成本对比表

单位：元

序号	工程项目名称	合同（预算）总施工成本	工程施工成本金额		营业成本金额		差异金额	
			累计工程施工	本年工程施工成本	累计金额	本年金额	累计差异金额	本年差异金额
1								
2								
3								
4								
5								
6								
7								
8								
9								
10								
12								
13								
14								
15								
16								
17								

范本18　办公家具管理办法

第一章　总　则

第一条　为加强公司及各子公司、各级分公司、工程项目部的办公家具管理，做到合理配置、科学使用，使家具管理制度化、规范化，根据《内部控制基本制度》的规定，特制定本管理办法。

第二条　本管理办法适用于公司总部、分公司、子公司、工程项目部（以下统称各单位）使用办公家具的所有单位及个人，本管理办法所称办公家具包括办公桌椅、会议桌椅、文件柜、档案柜、书柜、沙发、茶几、电脑桌椅及其他各类桌、椅、柜等。

第三条　人事行政中心是办公家具管理的职能部门，各单位人事行政部门具体负责办公家具的计划配置、申购、验收、移交、登记、调配、报废以及使用过程中的监督检查和报废后的处理，并建立公司办公家具总账和标识。

第四条　各单位财务管理中心物资部负责办公家具的采购工作。

第五条　各使用部门负责本部门所配置办公家具的日常管理、保养及维护。

第二章　管理规定

第六条　办公家具配置要根据公司发展规模，生产、经营、科研、管理等工作需要进行全面规划，从实际需要与可能出发，本着适用、节约的原则进行配置。

第七条　各部门需添置办公家具的，由部门负责人填写《办公家具配置申请表》，写明添置原因、数量、要求、放置地点等项目，经部门经理签署意见后提交人事行政中心审核。经审核确实需要添置的由人事行政中心予以内部调剂，无可调剂的报人事行政中心总监批准后由物资部采购。

第八条　采购回的办公家具由人事行政中心组织验收，验收合格统一编号、张贴标牌后移交需求部门使用。验收不合格的退回物资部处理。

第九条　因改善办公条件更换新办公家具的需提出申请，人事行政中心负责人在验旧购新原则下予以批准，经批准后方可按规定程序购置。

第三章　办公家具使用

第十条　办公家具采取“谁使用、谁保管”的原则，使用部门和使用者具有不可推卸的保全与维护责任，不得丢失、损坏和挪作他用。

第十一条　使用者跨部门调动时，其办公家具留在原部门由人事行政中心封存，任何人不得擅自调配或使用该办公家具。新人员到岗后需用办公家具的，到人事行政中心办理使用手续后，方可启用。

第十二条 各部门因编制的原因人员减少或者机构撤销等，其使用的办公家具由人事行政中心收回，任何部门和个人不得拒绝或私自转让、留用。

第十三条 离退人员应将本人所使用的办公家具留在原部门，由人事行政中心查验无损坏后，方可办理离退手续。

第十四条 各家具使用部门不准自行调入、调出和互换办公家具，对长期不投入使用或使用率极低的办公家具，人事行政中心予以收回。

第十五条 办公家具破损或污染需要进行修理与清洗的，各部门必须及时联系人事行政中心安排处理，使用者及各部门不得随意处理。

办公家具确因自然损坏或因使用时间过长而无法修复和无使用价值的，使用部门应及时提出报废申请，经人事行政中心认定，报人事行政中心总监批准后予以报废处理。

任何部门和个人不得以各种理由和名义将本部门和个人的办公家具私自报废、转让或变卖。已批准报废的办公家具，由人事行政中心统一办理账、卡注销手续并回收处理，使用部门和个人不得自行处理。

第十六条 人事行政中心根据购置家具的实际情况，对家具统一分类统一编号，并及时登记入账。

第十七条 人事行政中心每半年对各部门家具使用状况进行检查，保证办公家具完好及账、物、卡相符。

第十八条 使用部门应对办公家具实行专人负责、定期检查、及时维修，并建立本部门办公家具分账目，保证办公家具的良好状态和正常使用，做到账物相符。

第十九条 各项目部使用办公家具及各部门公用办公家具必须指定保管责任人，自配置之日起2年内损坏、丢失的追究部门、项目部负责人和使用责任人责任。

第二十条 因使用人员或管理人员玩忽职守、保管不善导致办公家具损坏、被盗、遗失的，视情节轻重，责令赔偿，并给予适当处分。对损坏、丢失办公家具不报告者，除按有关规定追究当事人的责任外，还要追究部门负责人的责任。

第四章 附 则

第二十一条 本管理办法由公司人事行政中心负责解释。

第二十二条 本管理办法自公司总经理办公会审议通过、发布之日起实施。

附件：

附件1 办公家具配置申请表

附件2 办公家具报废申请表

附件1　办公家具配置申请表

办公家具配置申请表

<table>
<tr><td>申请部门</td><td colspan="2"></td><td>申请时间</td><td colspan="2"></td></tr>
<tr><td rowspan="5">家具</td><td>名称</td><td>数量</td><td>规格型号</td><td>材质</td><td>存放地点</td></tr>
<tr><td></td><td></td><td></td><td></td><td></td></tr>
<tr><td></td><td></td><td></td><td></td><td></td></tr>
<tr><td></td><td></td><td></td><td></td><td></td></tr>
<tr><td></td><td></td><td></td><td></td><td></td></tr>
<tr><td>申请理由</td><td colspan="5">□新增人员（单独办公 / 公用）　□新调入人员（单独办公 / 公用）
□增加（人员 / 设备）　□更新
□其他（请说明）</td></tr>
<tr><td>本部门现有办公家具使用情况</td><td colspan="5"></td></tr>
<tr><td>使用人</td><td colspan="2"></td><td>岗位及职务</td><td colspan="2"></td></tr>
<tr><td colspan="6">申请部门意见：

签名：
年　月　日</td></tr>
<tr><td colspan="6">人事行政中心意见：
□内部调配：
□无可调配，需新置。

签名：
年　月　日</td></tr>
<tr><td colspan="6">人事行政中心总监意见：

签名：
年　月　日</td></tr>
</table>

说明：1. 本表由申报部门主管填写。

2. 需要新置的须经人事行政中心批准。

附件2　办公家具报废申请表

办公家具报废申请表

填报部门：

<table>
<tr><td>家具名称</td><td colspan="2">家具编号</td><td>使用人</td></tr>
<tr><td></td><td colspan="2"></td><td></td></tr>
<tr><td>报废
原因</td><td colspan="3">签字：

日期：</td></tr>
<tr><td>总务处鉴定
意见</td><td colspan="3">签字：

日期：</td></tr>
<tr><td>总务处长
审核</td><td colspan="3">签字：

日期：</td></tr>
<tr><td>行政部经理审批</td><td colspan="3">签字：

日期：</td></tr>
<tr><td>备注</td><td colspan="3"></td></tr>
</table>

范本19　收益性投资管理办法

第一章　总　则

第一条　为做好公司的收益性投资工作，强化风险控制管理，确保资金安全，根据《内部控制基本制度》《对外投资管理制度》的规定，结合公司实际情况，制定本管理办法。

第二条　收益性投资，是指公司在货币市场和资本市场进行的短期行为的投资，包括交易性金融资产投资和可供出售金额资产投资。

第三条　本管理办法仅用于规范公司及各区域分公司、子公司（以下统称各单位）的收益性投资行为。收益性投资原则上由公司财务管理中心负责投放，各区域分公司和子公司除总经理办公会特殊授权外不得从事收益性投资。

第二章　收益性投资的投资管理

第四条　收益性投资应遵循以下原则：

（一）必须遵守国家法律、法规。

（二）必须规模适度，量力而行，不得影响公司主营业务资金的正常需要。

（三）必须以安全性为首要前提，在保持适度流动性基础上，有效利用闲置资金，获取较好收益。

第五条　收益性投资应当履行风险评估程序。

（一）收益性投资风险评估的内容：评估投资对象的收益和风险、评估资金投放对公司正常经营的影响，参与风险评估的人员应当提出书面评估报告。

（二）收益性投资的经办人员不得参与风险评估，确保办理投资业务的不相容岗位相互分离、制约和监督，形成相互制衡机制。

第六条　收益性投资在款项支付时，应当由公司财务总监审批、报公司总经理同意。

第七条　单位财务部门应当对收益性投资按照投资种类、金额、期限、利率等情况建立台账进行明细登记。

第八条　单位财务部门应当对收益性投资的合同、协议资料进行妥善保管，谨防丢失、被盗。

第九条　单位财务部门会计人员应当按照《企业会计准则》的基本要求，在每年末对尚未到期的收益性投资，计算持有期间应当享有的收益或损失金额，确认当期损益。

（一）有公开市场价值的交易性金融资产，应按照资产负债表日的公开市场可查询公允价值减去账面价值，确认为当期收益或损失。

（二）没有公开市场的收益性投资，应按照持有期应收到的红利款项，应当调整“应收利息（股利）”的，调整“应收利息（股利）”；按照规定不需调整“应收利息（股利）”的，作为“投资收益”处理。

第十条 单位财务部门会计人员年末应当取得收益性投资年末余额的证明资料，包括：公开市场可查询证明、委托保管方的托管证明等资料。

第三章 收益性投资的收回

第十一条 单位出纳员对即将到期的收益性投资，应及时通知经办人员办理投资收回手续。

第十二条 收益性投资收回时，应当首先冲减账面投资余额（包括投资成本、公允价值变动）和确认的“应收利息（股利）”余额，冲减后仍有余额的作为“投资收益”处理。

第十三条 存在“公允价值变动”的收益性投资，在投资收回时应当按照该项投资所记录的“公允价值变动”余额，调整“公允价值变动损益”和“投资收益”科目。

第十四条 单位财务部门会计人员或其他经办人员因工作失误，导致投资行为出现损失的，由公司财务总监按照《员工奖惩管理办法》的规定对其进行处罚。

第四章 附 则

第十五条 本管理办法由公司财务管理中心负责解释。

第十六条 本管理办法自公司总经理办公会审议通过、发布之日起实施。

范本20 研究开发费用管理办法

第一章 总 则

第一条 为规范公司的研究开发活动，根据《高新技术企业认定管理工作指引》（国科发火〔2016〕195号）、《企业会计准则第6号——无形资产》、《研究开发项目管理制度》的规定，结合公司实际，制定本管理办法。

第二条 本管理办法适用于公司总部、各区域分公司、子公司、工程项目部（以下统称各单位）。

第三条 本管理办法由公司总工室、各单位财务部门负责具体实施。

第二章 研究开发活动及其管理机构

第四条 研究开发活动是指，为获得科学与技术（不包括社会科学、艺术或人文学）新知识，创造性运用科学技术新知识，或实质性改进技术、产品（服务）、工艺而持续进行的具有明确目标的活动。不包括企业对产品（服务）的常规性升级或对某项科研成果直接应用等活动（如直接采用新的材料、装置、产品、服务、工艺或知识等）。

第五条 公司的研究开发活动由公司总工室负责管理。研究开发费用的核算由各单位财务部门负责管理。

第三章 研究开发费用

第六条 研究开发费用的范围：

（一）人员人工费用，包括公司科技人员的工资薪金、基本养老保险费、基本医疗保险费、失业保险费、工伤保险费、生育保险费和住房公积金，以及外聘科技人员的劳务费用。

（二）直接投入费用，是指公司为实施研究开发活动而实际发生的相关支出。包括：

1. 直接消耗的材料、燃料和动力费用。

2. 用于中间试验和产品试制的模具、工艺装备开发及制造费，不构成固定资产的样品、样机及一般测试手段购置费，试制产品的检验费。

3. 用于研究开发活动的仪器、设备的运行维护、调整、检验、检测、维修等费用，以及通过经营租赁方式租入的用于研发活动的固定资产租赁费。

（三）折旧费用与长期待摊费用。

1. 折旧费用是指用于研究开发活动的仪器、设备和在用建筑物的折旧费。

2. 长期待摊费用是指研发设施的改建、改装、装修和修理过程中发生的长期待摊费用。

（四）无形资产摊销费用，是指用于研究开发活动的软件、知识产权、非专利技术（专有技术、许可证、设计和计算方法等）的摊销费用。

（五）设计费用，是指为新产品和新工艺进行构思、开发和制造，进行工序、技术规范、规程制定、操作特性方面的设计等发生的费用。包括为获得创新性、创意性、突破性产品进行的创意设计活动发生的相关费用。

（六）装备调试费用，是指工装准备过程中研究开发活动所发生的费用，包括研制特殊、专用的生产机器，改变生产和质量控制程序，或制定新方法及标准等活动所发生的费用。

为大规模批量化和商业化生产所进行的常规性工装准备和工业工程发生的费用不能计入归集范围。

试验费用包括新药研制的临床试验费、勘探开发技术的现场试验费、田间试验费等。

（七）委托外部研究开发费用，是指公司委托境内外其他机构或个人进行研究开发活动所发生的费用（研究开发活动成果为委托方企业拥有，且与该企业的主要经营业务紧密相关）。委托外部研究开发费用的实际发生额应按照独立交易原则确定。

（八）其他费用，是指上述费用之外与研究开发活动直接相关的其他费用，包括技术图书资料费、资料翻译费、专家咨询费、高新科技研发保险费，研发成果的检索、论证、评审、鉴定、验收费用，知识产权的申请费、注册费、代理费，会议费、差旅费、通讯费等。

第四章　研究开发项目的立项

第七条　公司欲研究开发新工艺、新技术等时，首先由公司总工室提出目标明确的立项申请。立项申请书包括但不限于以下内容：

（一）研究开发项目的名称。

（二）研究开发项目的技术路线。

（三）研究开发项目的创新点。

（四）参加研究开发项目的技术人员。

（五）研究开发项目的技术负责人。

（六）预计研究开发起止时间。

（七）预计发生的研究开发费用预算等。

第八条　研究开发立项申请书应由公司总工室负责人签批、公司主管副总经理审批。

第九条　经审批后的研究开发立项申请书，应由公司总工室整理、归档，并由该项目的技术负责人向公司财务部门报备复印件。

第五章　研究开发费用的财务管理

第十条　公司财务部门核算会计应当按照研究开发立项申请书上注明的研究开发项目名称建立研究开发费用项目台账。

第十一条　研究开发费用项目台账应按照研究开发费用的内容设置明细专栏，对研发项目所发生的研究开发费用进行归集核算。

第十二条　研究开发项目发生研发费用时，如为直接计入费用，应由项目技术负责人或参与研究的其他技术人员，在原始票据上注明所投入的研究开发项目名称。

（一）原始票据上未注明研究开发项目名称的，该项费用支出不得作为研究开发费用核算。

（二）原始票据的经办人员或报销人员不属于项目立项中的项目研究人员，该项费用支出不得作为研究开发费用核算。

第十三条 研究开发项目发生的材料消耗，应按照《存货管理制度》的规定，办理原材料领料手续。办理原材料领用时应当注意以下事项：

（一）原材料领料单的领用部门名称应当为研究开发项目名称。

（二）原材料领料单的领用人签字应当为项目立项书中参加研发的人员。

第十四条 研究开发项目发生的研究开发人员工资薪酬，应按照《薪酬管理制度》的规定，单独制作工资表。

（一）若研究开发人员在同一期间开展不同项目研究开发，应当有参加不同项目的考勤说明资料。

（二）核算会计人员应当按照不同项目的考勤情况，将研发人员工资薪酬在不同项目之间进行分配。

第十五条 研究开发项目发生的建筑劳务，应按照《施工成本管理办法》的规定收取原始资料、进行会计核算。

第十六条 研究开发项目发生的研发费用需办理货币资金支付的，应按照《货币资金管理制度》的规定履行审批程序。

第十七条 公司总工室应视研究开发项目的进展情况，将研究开发活动划分为研究阶段与开发阶段，并向财务部门说明划分情况。

第十八条 研究开发项目在研究阶段的支出，应当于发生时计入当期损益。开发阶段的支出，符合《企业会计准则第6号——无形资产》规定的资本化条件的，应于发生时予以资本化，不符合《企业会计准则第6号——无形资产》规定的资本化条件的，应于发生时计入当期损益。

第十九条 研究开发项目发生的研究开发费用，应通过“研发支出”科目归集、核算，“研发支出”科目按照研究开发的项目名称设立明细账户进行明细核算。会计核算方法为：

借：研发支出——费用化——×××研究开发项目名称（人员人工费、直接投入费、折旧费、设计费、试验费、委外费用、其他费用等）

贷：应付职工薪酬、原材料、银行存款、累计折旧等

第二十条 月末，财务部核算会计将“研发支出——费用化”的发生额（余额），转入当期损益。会计核算方法为：

借：管理费用——研究开发费用

贷：研发支出——费用化

第二十一条 “研发支出——资本化”部分形成无形资产的，财务部核算会计应在公司取得无形资产的当月，将其结转为无形资产原值。

第六章 附 则

第二十二条 研究开发项目的技术负责人未及时将研究开发项目的立项申请书，按照本管理办法规定履行立项审批程序，影响研发费用归集核算的，按照《员工奖惩管理办法》的规定，由公司总工室负责人对其进行处罚。

第二十三条 财务部门会计人员未按照本管理办法规定对研发费用进行归集、核算的，按照《员工奖惩管理办法》的规定，由公司总会计师对其进行处罚。

第二十四条 本管理办法由公司总工室、财务管理中心负责解释。

第二十五条 本管理办法自公司总经理办公会审议通过、发布之日起实施。

范本21 安全生产费用管理办法

第一章 总 则

第一条 为建立安全生产投入长效机制，加强安全生产费用管理，保障安全生产资金投入，维护公司、公司员工以及社会公共利益，根据《企业安全生产费用提取和使用管理办法》（财企〔2012〕16号）、《企业会计准则》的精神，结合公司实际，制定本管理办法。

第二条 公司工程项目的安全生产由公司工程管理中心和各区域分公司、子公司的工程部、工程项目部负责。

第三条 本管理办法适用于以公司和子公司名义施工的所有工程项目。

第四条 本管理办法所称安全生产费用，是指公司按照规定标准提取在成本中列支，专门用于完善和改进公司或者项目安全生产条件的资金。

第二章 安全生产费用的提取

第五条 各区域分公司财务部门每月应按照当月已确认工程项目营业收入的2%，从施工成本中提取安全生产费。

第六条 公司提取的安全生产费作为“专项储备”在资产负债表中的所有者权益部分列报。

第三章 安全生产费用的使用

第七条 公司安全生产费用的使用范围：

（一）完善、改造和维护安全防护设施设备支出（不含“三同时”要求初期投入的安全设施），包括施工现场临时用电系统、洞口、临边、机械设备、高处作业防护、交叉作业防护、防火、防爆、防尘、防毒、防雷、防台风、防地质灾害、地下工程有害气体监测、通风、临时安全防护等设施设备支出。

（二）配备、维护、保养应急救援器材、设备支出和应急演练支出。

（三）开展重大危险源和事故隐患评估、监控和整改支出。

（四）安全生产检查、评价（不包括新建、改建、扩建项目安全评价）、咨询和标准化建设支出。

（五）配备和更新现场作业人员安全防护用品支出。

（六）安全生产宣传、教育、培训支出。

（七）安全生产适用的新技术、新标准、新工艺、新装备的推广应用支出。

（八）安全设施及特种设备检测检验支出。

（九）其他与安全生产直接相关的支出。

第八条 在本管理办法规定的使用范围内，应当将安全费用优先用于满足安全生产监督管理部门、行业主管部门对公司安全生产提出的整改措施或者达到安全生产标准所需的支出。

第九条 本年度公司层面实际发生的安全生产费用超过提取金额的，超出部分计入当期施工成本；实际发生额小于提取金额的，提取余额结转下年度继续使用。

第四章 安全生产费用的账务处理

第十条 工程项目部施工现场实际发生的安全生产费用，可根据发生时原始凭据，冲减“专项储备——安全生产费”。

第十一条 区域分公司财务部核算会计应当指导工程项目部对发生的安全生产费清晰记录，在实际发生时予以记录并形成原始凭据。

（一）用于安全生产费的原材料应当在领料单中注明。

（二）用于安全生产费的劳务费用应当在每月与劳务公司办理结算时，在结算清单中注明。

（三）用于安全生产费的周转材料、机械租赁费用应当在与出租人办理资产使用结算时，在租赁结算单中注明。

（四）发生直接用于安全生产的费用支出，应当在支付审批单上注明。

第十二条 工程项目部会计人员或预算人员每月应当向财务部门核算会计报送该项目的安全生产费发生额。

第十三条 工程项目竣工决算时，项目账中“专项储备——安全生产费”存在贷方余额的，应结转至新的工程项目继续使用；若为借方余额，应当增加该工程项目的施工成本。

第五章 罚 则

第十四条 工程项目部会计人员或预算人员未按照本管理办法第十一条规定提供

安全生产费原始资料的，区域分公司财务部负责人可对该工程项目部的相应责任人处以300～1 000元罚款。

第六章　附则

第十五条　本管理办法由公司财务管理中心负责解释。

第十六条　本管理办法自公司总经理办公会审议通过、发布之日起实施。

范本22　知识产权管理办法

第一章　总　则

第一条　为加强和规范公司及所属单位在知识产权创造、应用、管理与保护等方面的工作，促进技术创新和形成自主知识产权，防范和化解知识产权风险，提高综合竞争能力，建设创新型企业，根据《中华人民共和国专利法》、《中华人民共和国商标法》和《中华人民共和国著作权法》等法律法规、规章，制定本管理办法。

第二条　本管理办法适用于公司总部和分子公司、工程项目部（以下统称单位）在科学研究、技术开发、生产经营活动中的知识产权管理。

第三条　本管理办法所称知识产权，主要包括：

（一）专利权。专利权是指发明创造人或其权利受让人对特定的发明创造在一定期限内依法享有的专用权与独占权。本管理办法所称专利，是指发明、实用新型和外观设计中属于职务发明创造的部分以及合同约定属于公司及所属单位合作或委托完成的发明创造。专利具体包括新产品、新技术、新工艺、新方法、新材料、新设计、新配方、新品种等专利。

（二）著作权（含计算机软件、集成电路布图设计）。本管理办法所称著作权，是指属于职务作品部分的著作权。具体包括本单位的产品设计图纸及其说明、计算机软件及文档资料、集成电路布图设计、地图、摄影、录像、规范汇编等。

（三）商标专用权。商标专用权是指商标使用人依法对所使用的商标享有的专用权利。本管理办法所称商标专用权，主要指公司及所属单位对其注册商标所享有的专用权利。

（四）商号权。指公司及所属单位享有在商事交易中为法律行为时，用以署名或允许代理人用其与他人进行商事交往使用该名称的权利。

（五）商业秘密。包括技术信息和经营信息等。主要指本单位所拥有的未公开的工程、设计、市场、经营、服务、财务、管理等信息。

（六）国家法律规定保护的其他知识产权。

第四条　公司及所属各单位的知识产权归知识产权的完成单位所有，各单位有权处置本单位的知识产权，但必须符合公司整体利益。

第五条 本单位员工的非职务发明创造和非职务作品属于个人所有，个人有权处置属于本人拥有的知识产权。

第六条 公司对知识产权的管理实行总部战略管理和所属单位具体负责的两级管理模式。

第二章 管理机构与职责

第七条 公司总工室是公司知识产权的归口管理部门。公司所属单位应设立专门机构或专人负责知识产权事务的管理。

第八条 公司总工室的主要职责为：

（一）负责国家有关知识产权政策、法律、法规在公司及所属单位内部的宣传、普及、培训和内部交流工作。

（二）组织制定、实施公司知识产权管理和保护工作的战略规划、计划和各项规章制度。

（三）负责公司及所属单位知识产权的统计、备案工作。

（四）组织开展公司及所属单位的知识产权评估和评价工作。

（五）协助其所属单位或部门知识产权资产的运营（包括转让、许可贸易、实施、作价投资等）管理工作。

（六）为公司所属单位知识产权管理工作提供咨询服务。

（七）负责调解公司所属单位之间的知识产权纠纷。

（八）协助公司所属单位处理与外单位之间的知识产权纠纷。

（九）负责公司科研项目立项、督促检查、验收、成果鉴定、申报奖项的管理，以及科技开发专项经费的管理。

（十）负责公司科学技术奖的组织评审工作。

（十一）负责公司知识产权工作的其他事宜。

第九条 公司所属单位的知识产权管理部门或专人负责本单位的知识产权管理工作，其主要职责为：

（一）贯彻执行国家有关知识产权的政策、法律、法规以及公司知识产权管理制度。

（二）组织制定本单位知识产权管理的规章制度，并负责组织实施。

（三）负责本单位知识产权工作（包括专利申请、技术秘密认定、计算机软件登记、商标注册、权利维护等），处理知识产权纠纷。

（四）负责本单位知识产权工作的其他事宜。

（五）接受公司总工室的工作指导。

第三章　管理与保护

第十条　公司所属单位应建立健全知识产权管理的组织体系和制度体系。公司总工室负责督促检查各单位知识产权管理制度体系建设和执行情况。

第十一条　公司所属单位应根据本单位战略发展规划和公司建设创新型企业标准制订相应的科技发展规划，对本单位的核心技术进行战略布局，并通过申请专利等办法予以保护。

第十二条　公司及所属单位应加强制度建设，鼓励科技人员发明创造，构建适合科技创新的制度环境和文化氛围。

第十三条　公司及所属单位应建立健全科技档案管理制度并严格执行，对科技档案的形成、保管、借阅、复制、使用等进行严格的管理。要采取措施加强电子文档的管理和网络安全的管理。

第十四条　公司所属单位在生产经营活动中，既要维护本单位的知识产权，也要避免侵犯他人的知识产权。在与其他单位进行技术合作时要以合同形式对知识产权的内容、权属、收益分配等问题做出明确约定，不得接受限制自我技术发展等不合理要求。

第十五条　公司所属单位要建立严格的参展、公开展示和参观访问制度。在公司以外发表或展示的科技成果（含论文），须通过本单位知识产权管理部门的保密审查。外单位人员参观本单位设计室、实验室、检测中心、工业试验装置及重要科研设备应经本单位知识产权管理部门批准。

第十六条　公司及所属单位员工和临时聘用人员有保护本单位知识产权不受侵犯的义务，劳动合同中要明确承担保护知识产权的义务。

第十七条　公司及所属单位员工因离休、退休、调离、辞职、保留劳动关系自谋职业等原因离开单位前，须将全部技术资料（技术文档、实验记录、图纸、计算机程序及有关文档，各类图形、文字、数据载体等）、样品、产品、装备和材料等交还所在单位。

第十八条　公司所属单位之间发生的知识产权纠纷，当事人可请求公司总工室进行调处。

第十九条　公司所属单位与公司外单位或个人之间发生的知识产权纠纷，当事人可请求地方有关管理部门调处或向法院起诉。重大知识产权纠纷（诉讼标的超过100万元的）应报公司总工室备案。

第四章　实施与转让

第二十条　公司及所属单位的知识产权实行有偿使用和转让，所获收益归知识产权归属单位。

第二十一条 公司及所属单位的知识产权在完成单位可无偿使用，在公司及所属单位内部各单位之间使用时，实施单位应在实施前与知识产权完成单位签订实施许可协议，同时向知识产权完成单位支付使用费用，其费用由实施单位与完成单位本着内部使用优惠的原则协议确定。

第二十二条 公司及所属单位要重视研究和促进知识产权在生产实践中的应用、推广。鼓励在企业技术改造、生产经营活动中优先使用公司及所属单位的知识产权。

第五章 奖励和处罚

第二十三条 公司及所属单位应制定管理办法，对于在知识产权创造、应用、管理及保护工作中有突出贡献的人员给予物质和精神方面的奖励。

第二十四条 公司对所属单位科技创新活动的支持政策按公司建设创新型企业标准中的规定执行。

第二十五条 对于违反本管理办法，剽窃、篡改、非法占有或者以其他方式侵犯公司及所属单位知识产权的，或造成公司及所属单位知识产权被侵犯的，由其所在单位依据规定追究其经济责任。构成犯罪的，应追究其刑事责任。

第六章 附 则

第二十六条 公司总工室依据本管理办法制定公司相应的专利、商标、商业秘密、计算机软件著作权等管理办法。

第二十七条 本管理办法在执行过程中如有与国家法律、法规相抵触，以国家法律、法规为准。

第二十八条 本管理办法由公司总工室负责解释。

第二十九条 本管理办法自公司总经理办公会审议通过、发布之日起实施。

范本23 商标管理办法

第一章 总 则

第一条 为加强公司及所属子公司对注册商标的管理，增强知识产权和无形资产保护意识，维护公司合法权益，根据《中华人民共和国商标法》和《中华人民共和国商标法实施条例》等有关法律法规，结合实际，特制定本管理办法。

第二条 本管理办法适用于公司及子公司对注册商标的管理和保护。

第三条 本管理办法所称商标包括：

（一）在中华人民共和国境内申请注册的商标。

（二）尚未申请注册的商标。

第四条　公司是注册商标的权利人，依法对注册商标享有专有权。未经权利人许可，任何人都不得非法使用或变造使用公司注册商标。

第五条　子公司对本单位注册持有的注册商标享有专有权。

第六条　公司商标管理的目标：

（一）规范商标的申请、使用、使用许可、转让和保护。

（二）运用商标策略推动市场开拓，提升企业竞争力。

（三）实施商标战略，不断提高商标的商誉价值，争创驰名商标。

第七条　公司商标管理的原则：

（一）依法管理原则。商标权是企业的知识产权，公司应依照国家法律法规对商标进行管理和保护，规范行使、有效保护商标权。

（二）集中管理原则。公司集中管理和保护公司注册商标和子公司注册商标，统一协调和处理商标事务。

（三）分级持有原则。公司和子公司分别持有公司注册商标和子公司注册商标。

（四）全流程管理原则。商标管理应对商标的申请、注册、使用、续展、评估和转让、使用许可、保护等全过程进行规范管理，维护公司商标权益。

第二章　管理部门及职责

第八条　公司品牌部是注册商标主管部门，其商标管理职责包括：

（一）贯彻执行国家商标法律法规，组织制定、落实公司商标管理制度。

（二）负责公司商标的申请、注册、转让、使用许可、续展、保护、驰名商标认定等工作。

（三）协调处理公司商标侵权案件。

（四）指导和检查子公司商标管理和保护工作。

（五）组织商标法律咨询、培训及其他商标事务。

（六）对拟注册商标的文字、图形及组合进行审核。

（七）在注册商标使用过程中，对其文字、图形及组合进行动态监控，防止注册商标被变造及篡改，维护企业品牌形象。

（八）负责商标宣传工作。

第九条　公司相关职能部门根据职责分工，分别负责注册商标的评估、档案管理等工作。

第三章　商标的申请与注册

第十条　申请注册商标，应根据与主业的关联性分类进行。对与公司及子公司主业发展和品牌规划密切相关的商标类别，应优先进行保护性申请注册。

第十一条 在工程项目所在国申请注册商标，应对有关国家法律进行前瞻性研究，以确定商标注册的地域范围。申请注册商标应及时，防止商标在国外被抢注。

第十二条 申请注册商标，由公司或子公司商标管理部门办理，或按照公司规定委托有资质的商标注册代理机构办理。委托代理机构办理的，应签订委托代理合同，及时跟踪审批进度。

第四章 商标的使用和转让

第十三条 使用注册商标时，应以国家商标局核准注册的文字、图形或组合以及核定使用的注册类别为限，做到注册商标与印制标识完全一致，不得擅自改变注册商标的文字、图形或组合；应在国家商标局核定使用的范围内使用，不得超出核定使用的注册类别。

第十四条 使用注册商标时，应当在显著位置标明“注册商标”字样。需要扩大注册商标使用领域的，应经公司审核、批准后，采取新注册商标的形式解决，不得在未核定使用的商品或服务范围使用注册商标并打上注册标记。

第十五条 公司以签订注册商标使用许可合同的形式，允许子公司在合同约定的地域范围、期间和产品上享有该商标的使用权。

第十六条 子公司使用注册商标，应向公司提出书面申请，经审核和批准后，签订商标使用许可合同。

第十七条 公司应监督子公司使用公司注册商标的情况，如发现子公司有违规违约行为，对公司利益或品牌形象造成负面影响，应终止其对注册商标的使用权。

第十八条 经履行公司审批程序，可以有偿许可他人使用注册商标。使用许可协议应明确使用注册商标的商品品种、数量、期限、区域以及费用和支付方式等内容。

第十九条 以注册商标使用权作为对外投资合作条件时，相关合同文件应明确下列内容：

（一）商标使用权的投资方式。

（二）商标使用权作价金额。

（三）使用该注册商标的商品品种、数量、期限和区域。

（四）收益分配和税费承担。

（五）企业终止后商标使用权的归属。

（六）其他有关内容。

第二十条 在下列情况下，应以评估方式确定注册商标价格，防止公司无形资产流失：

（一）以注册商标使用权对外进行投资合作。

（二）对外转让注册商标使用权。

（三）有偿许可他人使用注册商标。

（四）企业重组、改制。

第二十一条 未经授权，任何单位（部门）或个人不得以公司名义对外许可使用或转让注册商标。

第二十二条 商标使用许可合同应当报国家商标局备案。

第五章 商标的管理与保护

第二十三条 公司和子公司应建立商标管理组织体系和制度体系，对注册商标和未注册商标实施动态管理和检查，针对存在的问题提出整改建议。在注册商标有效期届满前，应及时依法进行续展。

第二十四条 应收集、整理下列文件资料，做好注册商标的档案管理工作：

（一）商标注册文件（包括商标设计说明、注册申请文件、受理通知书、审查和核准文件等）。

（二）注册商标的使用信息和商标宣传材料。

（三）商标专用权保护的相关资料（包括商标案件投诉、执法机关检查和处理情况等）。

（四）其他商标文件资料。

第二十五条 公司商标注册、使用和保护信息、商标战略和策略是公司的商业秘密，任何单位（部门）和个人应注意保密。

第二十六条 公司及子公司如发现有侵犯或可能侵犯本企业注册商标行为时，应及时向商标主管部门汇报。对于严重的商标侵权行为，公司应积极组织应对，运用行政和法律手段维护企业合法权益。

第二十七条 子公司与外单位或个人发生商标权纠纷，可采取行政或法律手段解决。涉及注册商标的商标权纠纷，以公司名义统一采取应对措施。

第六章 附 则

第二十八条 本管理办法由公司品牌部负责解释。

第二十九条 本管理办法自公司总经理办公会审议通过、发布之日起施行。

附件：

附件1 商标注册申请表（略）

附件2 注册商标使用许可审批表（略）

范本24 专利管理办法

第一章 总 则

第一条 为规范公司及所属单位的专利管理工作，鼓励员工发明创造，保护发明创造专利权，促进专利的应用，使专利管理工作更好地为生产经营工作服务，提高公司市场竞争力和经济效益，根据《中华人民共和国专利法》《中华人民共和国专利法实施条例》等法律法规，并结合公司专利工作的具体情况，制定本办法。

第二条 本办法所称专利是指：

（一）《中华人民共和国专利法》中规定的发明、实用新型和外观设计专利；

（二）依法在中国或者其他国家及地区享有的专利申请权和被授予的专利相关权利。

第三条 本办法适用于公司及所属子公司（以下统称各单位）。各单位应根据本办法并结合本单位实际情况制定或修订本单位的专利管理办法。

第四条 公司专利管理实行总部战略管理和各单位具体实施的两级管理模式。

第五条 公司专利管理工作的基本任务是贯彻执行专利法，宣传普及专利知识，激发员工发明创造的积极性，推动公司科技进步，提高市场竞争力和经济效益。

第二章 权利归属

第六条 各单位员工完成的下列专利归本单位所有：

（一）执行本单位任务过程中产生的专利；

（二）利用本单位的物质技术条件产生的专利；

（三）与其从事工作和业务相关的专利。

各单位员工非上述范围的专利，企业在同等条件下享有优先受让权。

第七条 各单位委托或与外单位合作进行人才培养、科研开发和生产经营活动所形成的专利，应在合同或者协议中明确专利权归属。

第八条 各单位出资委托外单位进行研发时，研究结果的所有权归企业所属单位所有，专利申请权和专利权归企业所属单位所有。

第九条 各单位未出资与外单位合作开发的技术申请专利时，按以下顺序选择协议条款：

（一）首选独立申请专利，当不能达成协议时；

（二）共同申请专利（按利益最大化原则选择专利权共享或专利权共有）。

第十条 公司及子公司内部各单位合作开发的技术申请专利时，应按专利权共有的原则共同申请专利，并在协议中规定利益分配原则。

第十一条 各单位员工在退休、退职、调出原单位或以其他方式解除劳动关系后一年内做出的，与其在原单位从事的工作和业务相关的专利归原单位所有。

第三章 管理与保护

第十二条 公司总部总工室是专利的归口管理部门，各单位应有明确负责知识产权管理的机构。

第十三条 公司总部总工室的职责包括：

（一）贯彻执行国家有关知识产权的政策、法律法规，对公司的专利工作实施全面管理，组织协调公司的专利工作；

（二）制定并实施公司专利管理的战略发展规划和规章制度，并纳入技术进步和现代企业制度规划中；

（三）负责对公司员工进行专利法和专利知识的宣传培训；

（四）监督、指导所属单位的专利管理工作；

（五）管理公司专利许可贸易、专利价值评估及其他与公司专利工作有关的事务。

第十四条 各单位知识产权责任部门的职责包括：

（一）制定并实施本单位专利管理的规章制度和专利战略，并负责对本单位员工进行专利法和专利知识的宣传培训；

（二）负责本单位专利的申报、评级、维持、终止等工作；

（三）负责本单位专利档案的管理工作，建立本单位专利数据库；

（四）鼓励员工开展发明创造活动，为员工提供有关专利事务的咨询服务；

（五）办理本单位的专利申请、专利资产评估、专利合同备案、专利引进、专利转让、认定登记和专利权质押合同登记以及专利技术宣传等事宜；

（六）保护本单位专利权和防止侵犯他人的专利权，办理有关专利纠纷、专利诉讼事务；

（七）管理、利用与本单位有关的专利文献和专利信息，为科研、生产经营全过程服务；

（八）依法办理对本单位职务发明创造的发明人的奖励与报酬；

（九）其他与本单位专利工作有关的事务。

第十五条 公司总工室对股份公司本部的专利经费实行统一预算管理，合理使用。经费主要用于制定专利战略，专利技术调查、奖励、培训及纠纷处理等。

第十六条 各单位对本单位的专利经费实行统一管理，主要用于专利技术调查，专利申请、审查、维持，专利代理，专利评级、奖励、培训、纠纷处理等。

第十七条 各单位应在技术创新活动中加强相关技术领域中的专利调查、分析及相应的对策研究，使之在本单位科技发展战略制定、科研管理工作中发挥有效的作用。

第十八条 各单位应在技术创新活动中持续跟踪相关技术发展动态，分析竞争对手的专利状况，及时调整研究方向，防止重复研究，避免侵犯他人专利权。

第十九条 各单位对具备申请专利条件并适于采用专利形式保护的新技术或者新产品，应及时申请专利。专利申请受理前不得公开发表论文、成果鉴定、申报奖励、公开使用、公开展示、销售产品、提供样品或者样机。专利申请受理后方可进行成果鉴定（项目验收）、申报奖励等。

第二十条 各单位对涉及国家安全、国防和国家重大利益的发明创造，应遵循国家有关保密规定办理。

第二十一条 各单位根据本单位发展战略，围绕主业发展规划，制定本单位专利战略并进行专利布局，围绕核心专利技术构建专利网，同时要提高发明专利所占比重。公司根据各单位的专利实施情况进行评级管理，评级作为专利动态管理和奖惩的依据。

第二十二条 各单位要加强研究开发过程的技术档案管理，加强专利投入、产出的记录与考核，建立本单位专利数据库，每年度上报公司的专利数据包括：

（一）本年度新获受理的专利；

（二）本年度新获授权的专利；

（三）截至本年度拥有的有效专利。

公司总工室根据各单位上报的数据进行汇总，每年度更新一次专利数据库，每半年在公司内部公布一次专利排名。

第二十三条 各单位对外签订经济技术合同时，应明确双方知识产权的归属，要规避限制本企业发展与技术进步的不合理要求。

第二十四条 各单位应注意跟踪分析相关市场信息，及时发现并制止侵犯本单位专利权的行为，对于明知被侵权却不采取维权措施的单位，公司将追究责任人的责任。

第二十五条 各单位专利权益涉及海关保护的，要按照知识产权海关保护条例要求，及时向海关总署申请办理专利权海关保护备案。

第二十六条 各单位逐步开展专利资产评估，将其纳入财务核算体系，作为经营决策的依据。

第二十七条 各单位员工对未申请专利、已申请专利但尚未公开的职务发明涉及的技术信息承担保密义务。

第二十八条 各单位应与涉及技术秘密的人员签订保密协议，明确在解除劳动关系一年内不得以个人或其他名义申请相关的专利。其间，所在单位应对当事人给予适当的经济补偿。

第四章 申请、维持与终止

第二十九条 各单位专利工作应由知识产权责任部门集中、统一管理并制定管理办法，按规定的流程统一办理专利的申请、维持、终止、交费等事项。

第三十条 各单位拟放弃未到期专利的专利权时，应在维持费用缴款日前一个月内通知公司科技发展部，由公司科技发展部统一协调决定是否放弃专利权。

第五章 实施与运营

第三十一条 各单位应积极组织专利的推广实施。公司鼓励并扶持所属单位实施企业自有专利。

第三十二条 各单位专利的许可与转让应首先对专利价值进行评估，并进行经济、技术、法律论证，报本单位知识产权管理部门审核批准。

第三十三条 各单位专利的许可、转让收益，由专利权所有单位享有。

第三十四条 各单位在进行专利许可与转让贸易谈判中，应有知识产权责任部门的专利管理人员参加，按《中华人民共和国民法典》等有关法律规定签订书面合同并依法办理相关手续。

第三十五条 各单位利用自有专利投资，应首先对专利价值进行评估，并参照执行投资管理的相关规定。

第六章 奖励与惩处

第三十六条 各单位应对授权专利的发明人和管理人员给予奖励。

各单位应建立对专利发明人和管理人员的奖励制度。

公司依照相关的规定，对所属单位的授权专利提供资助，用于对授权专利做出实质性贡献的管理人员、技术人员进行奖励，专款专用，由所属单位按奖励制度进行分配。

第三十七条 各单位应建立专利实施效益评估机制。在专利有效期限内实施企业拥有的专利时，每年依据实施该项专利给本单位新增的经济效益，给予专利发明人相应的报酬。

第三十八条 各单位员工有权保护本单位专利不受侵犯，维护本单位的合法权益，发现侵权行为，应及时报知识产权管理部门，并帮助做好调查取证工作，必要时可请专利管理机关处理或向人民法院起诉。同时本单位应避免侵犯他人的专利权。

第三十九条 各单位对专利发明人、管理人员违反本办法，给企业造成损失的下述行为，视情节轻重，予以处罚：

（一）科研成果未及时申请专利造成知识产权流失的；

（二）未采取有效措施造成专利权丧失的；

（三）以个人或他人名义将职务发明申请专利的；

（四）侵犯他人专利权，给企业造成损失的；

（五）引进和出口技术、产品中的违规失职行为，给企业造成损失的。

第四十条 发生专利纠纷时，应及时向公司报告。

第七章 附 则

第四十一条 本办法在执行过程中如与国家法律、法规相抵触，以国家法律、法规为准。

第四十二条 本办法由公司总工室负责解释。

第四十三条 本办法自公司总经理办公会审议通过、发布之日起实施。

范本25 资产减值管理办法

第一章 总 则

第一条 为加强公司资产减值管理，准确反映公司财务状况，根据有关法律法规、公司章程和《内部控制基本制度》等制度规定，结合公司实际情况，制定本办法。

第二条 本办法适用于公司总部、各区域分公司、子公司（以下统称各单位）。

第三条 资产减值是指资产的可收回金额低于其账面价值。

本办法所称资产减值，是指按照国家和公司有关财务会计制度规定，对应收款项、存货、长期股权投资、成本模式计量的投资性房地产、固定资产、在建工程、工程物资、无形资产、商誉等资产根据出现的减值迹象进行评估并根据评估结果计提减值准备。

本办法所称资产减值准备核销，是指按照国家和公司有关财务会计制度规定，对预计可能发生损失的资产，经取得合法、有效证据证明确实发生已不能给公司带来未来经济利益流入的事实损失，对该项资产进行处置，并对其账面余额和相应的资产减值准备进行财务核销。

第四条 各单位应根据本办法，结合资产特点等实际情况制定具体操作办法，明确资产减值工作流程以及各职能部门、工程项目部的权限和职责等内容，并报公司财务部备案。

第二章　风险识别

第五条　各单位应当至少关注下列风险：

（一）岗位分工与授权批准机制未得到有效执行。

（二）对减值迹象未充分关注，从而忽略了减值风险。

（三）减值的计提缺乏支持性文件，或未经过恰当审批。

（四）减值的核销缺乏支持性文件，或未经过恰当审批。

（五）资产减值会计处理不规范，不符合会计准则要求。

第三章　岗位分工与授权审批

第六条　各单位应科学、合理制定资产减值工作流程，明确各环节的控制要求，并设置相应的记录或凭证，如实记载各环节业务开展情况，及时传递相关信息，确保资产减值工作全过程得到有效控制。

第七条　各单位应根据资产减值工作流程，建立相应的岗位责任制，明确相关部门和岗位的职责、权限，确保资产减值工作中不相容岗位相互分离，同一部门或个人不得办理资产减值工作的全过程。

资产减值工作不相容岗位至少包括：

（一）资产减值的计提与审批。

（二）资产减值的核销与审批。

（三）资产减值工作的执行与相关会计记录编制。

第八条　各单位应对资产减值工作建立严格的授权批准制度，明确授权批准的方式、权限、程序、责任和相关控制措施，规定经办人的职责范围和工作要求。严禁未经授权的机构或人员办理资产减值工作。

第九条　审批人应当根据资产减值工作授权批准制度的规定，在授权范围内进行审批，不得超越权限审批。经办人在职责范围内，按照审批人的批准意见办理资产减值工作。对于审批人超越授权范围审批的资产减值工作，经办人员有权拒绝办理，并向公司总会计师报告。

第四章　资产减值的计提和转回

第一节　应收款项

第十条　各单位应根据公司会计制度的要求对应收款项减值即坏账准备至少每半年计提一次，对坏账准备的计提采用个别认定与账龄分析相结合的方法，尤其对于大额或性质特殊的款项应采用个别认定的方法，对于小额且无特殊事项的款项可以采用账龄分析的方法。对于按照账龄计提的部分由财务部门负责人审批，对于需按照个别认定方法计提坏账准备的应收款项应由财务管理中心定期会同清欠、审计监察中心等相关部门进行逐项评估，并填写《应收款项回收性评估表》，经清欠、审计监察中心等相关部门人员签字确认后，提交财务管理中心、相应工程项目部负责人审核。

第十一条 如经过上述评估表明存在减值迹象，应由财务管理中心填写《计提减值准备审批表》，并附报应收款项不能收回或收回可能性很小的证据材料，由财务管理中心主管审批后，上报公司总会计师审批。

第十二条 如经过上述评估表明已计提坏账准备的应收款项减值迹象已消失，应由财务管理中心填写《减值准备转回审批表》，并附报该部分应收款项已具备回收性的证据材料，由财务管理中心主管审批后，报公司总会计师审批。

第十三条 采用账龄分析方法计提坏账准备的比例如下表所示。

坏账准备计提比例表

账龄	应收账款计提比例（%）	其他应收款计提比例（%）	预付款项计提比例（%）
1 年以内（含，下同）	0.00	0.00	0.00
1 ~ 2 年	5.00	5.00	5.00
2 ~ 3 年	10.00	10.00	10.00
3 ~ 4 年	20.00	20.00	20.00
4 ~ 5 年	50.00	50.00	50.00
5 年以上	100.00	100.00	100.00

第二节 一般存货

第十四条 公司物资管理部门应至少在每半年末会同工程管理中心、工程项目部等相关部门针对存货的保存情况、保质期、使用价值、市场价值以及所生产产品的市场价格等因素，对存货的跌价情况进行评估，填写《存货跌价情况评估表》，经物资、采购、生产和销售部门相关人员签字确认后，提交物资管理部门负责人审核。

第十五条 如经过上述评估表明存在减值迹象，应由物资管理部门填写《计提减值准备审批表》，由物资管理部门负责人审批后上报总会计师审批。

第十六条 如经过上述评估表明已计提跌价准备的存货减值迹象已消失，应由物资管理部门填写《减值准备转回审批表》，并附报该部分存货价值回升的确凿证据，由物资管理部门负责人审批后上报公司总会计师审批。

第三节　工程施工

第十七条　至少每半年评估合同是否存在负毛利或亏损，对合同预计毛利为负数的项目，至少每半年末计算出将要发生的预计损失，调整计提未完合同预计损失准备，并确认为当期费用。每季度末计算出的预计损失与以前季度不同时，应按季度调整补提或冲减未完合同预计损失准备。

工程施工的减值准备的计提和转回应由工程项目部填写《计提减值准备审批表》，由工程管理部门负责人审批后上报总会计师审批。

第十八条　合同完工时，将已提取的损失准备余额冲减合同费用。

第四节　长期股权投资

第十九条　长期股权投资在期末时按账面价值与可收回金额孰低的原则来计量。投资管理部门应每半年会同财务部门对长期股权投资逐项进行评估，填写《长期股权投资减值迹象评估表》，经投资管理部门和财务部门相关人员签字确认后，提交投资管理部门负责人进行审核。特殊情况下（如经济环境发生变化、资产金额较大等），投资管理部门应每季度会同财务部门履行上述评估程序。

第二十条　如经过上述评估表明长期股权投资可收回金额低于账面价值时，由投资管理部门填写《计提减值准备审批表》，附报被投资单位清理整顿、清算或出现其他不能持续经营的证明文件等相关减值资料，由投资管理部门负责人审批后上报公司总会计师审批。

第二十一条　长期股权投资减值不能转回。

第五节　长期资产——有形资产

第二十二条　长期资产的有形资产包括固定资产、成本模式计量的投资性房地产、在建工程、工程物资等。

第二十三条　有形资产管理部门应每半年度会同使用部门、工程管理部门、总工室和财务等相关部门、人员针对固定资产以及投资性房地产的实体保管情况、使用情况、市场价值、技术是否陈旧以及所处的经济环境的因素，对资产进行评估，填写《资产减值迹象评估表》，经有形资产管理部门、财务等相关人员签字确认后，提交财务管理中心主管进行审核。特殊情况下（如经济环境发生变化、资产金额较大等），有形资产管理部门应每季度会同相关部门履行上述评估程序。

第二十四条　如经过上述评估表明存在减值迹象，由财务管理中心或其他财务部门填写《计提减值准备审批表》，附报资产减值相关资料，由部门主管（经理）审批后上报公司总会计师审批。

第二十五条　工程管理部门应每半年度会同总工室、财务等相关部门、人员针对在建工程是否长期停建、工程项目的性能技术是否落后、工程物资是否毁损以及未来市场等情况，对在建工程及工程物资进行评估，填写《工程减值迹象评估表》，经工程管理部门、总工室和财务等部门的相关人员签字确认后，提交工程管理部门负责人进行审核。特殊情况下（如经济环境发生变化、资产金额较大等），工程管理部门应每季度会同相关部门履行上述评估程序。

第二十六条 如经过上述评估表明存在减值迹象时，由工程管理部门填写《计提减值准备审批表》，附报工程减值相关资料，由工程管理部门负责人审批后上报公司总会计师审批。

第二十七条 长期有形资产减值不能转回。

第六节 长期资产——无形资产

第二十八条 无形资产管理部门应会同财务部门人员和总工室技术人员每半年度针对各项无形资产的先进性、市场价值等因素进行评估，填写《无形资产减值迹象评估表》，经相关部门相关人员签字确认后，提交无形资产管理部门负责人进行审核。特殊情况下（如经济环境发生变化、资产金额较大等），无形资产管理部门应每季度履行上述评估程序。

第二十九条 如经过上述评估表明存在减值迹象时，由无形资产管理部门填写《计提减值准备审批表》，附报无形资产技术落后、可收回金额低于其账面价值的证明文件及相关技术资料，由无形资产管理部门负责人审批后上报公司总会计师审批。

第三十条 无形资产减值不能转回。

第七节 递延资产

第三十一条 财务部门应每半年对未来期间是否可以获得足够的应纳税所得额用以抵扣可抵扣暂时性差异进行评估，填写《递延所得税资产减值迹象评估表》，并提交财务部门主管（经理）进行审核。特殊情况下（如经济环境发生变化、资产金额较大等），财务部门应每季度履行上述评估程序。

第三十二条 如经过上述评估表明存在减值迹象时，由财务部门填写《计提减值准备审批表》，附报减值相关资料，由财务部门主管（经理）审批后上报公司总会计师审批。

第八节 其他资产

第三十三条 对于以上未提及的资产类别，如债权投资、其他债权投资等其他长期资产，应参照上述内容执行。

第五章 资产减值的核销

第三十四条 资产减值的核销原则、核销依据、核销程序参见《资产减值准备财务核销管理办法》。

第六章　资产减值的会计核算

第三十五条　资产减值的会计核算，应符合《企业会计准则第8号——资产减值》以及公司会计制度的规定。

第三十六条　下列各项资产，适用其他相关会计准则：

（一）存货的减值，适用《企业会计准则第1号——存货》。

（二）消耗性生物资产的减值，适用《企业会计准则第5号——生物资产》。

（三）建造合同形成的资产的减值，适用《企业会计准则第14号——收入》。

（四）递延所得税资产的减值，适用《企业会计准则第18号——所得税》。

（五）融资租赁中出租人未担保余值的减值，适用《企业会计准则第21号——租赁》。

（六）《企业会计准则第22号——金融工具确认和计量》规范的金融资产的减值，适用《企业会计准则第22号——金融工具确认和计量》。

第七章　附　则

第三十七条　本办法由公司财务管理中心负责解释。

第三十八条　本办法自总经理办公会审议通过、发布之日起实施。

范本26　资产减值准备财务核销管理办法

第一章　总　则

第一条　为加强公司资产减值财务核销管理，确保准确反映公司财务状况和资产安全，根据有关法律法规、公司章程和《内部控制基本制度》，结合公司实际情况，制定本管理办法。

第二条　本管理办法适用于公司、各区域分公司及子公司（以下统称各单位）的资产减值财务核销管理。

第三条　本管理办法所称资产减值准备财务核销，是指公司按照国家和公司有关财务管理规定，对预计可能发生损失的资产，经取得合法、有效证据证明确实发生已不能给公司带来未来经济利益流入的事实损失，对该项资产进行处置，并对其账面余额和相应的资产减值准备进行财务核销的工作。

资产减值范围具体包括：各单位按照国家和公司有关财务会计制度规定，对金融资产、存货、长期股权投资、成本模式计量的投资性房地产、固定资产、在建工程、工程物资、生物资产、无形资产、商誉、递延所得税资产、融资租赁中出租人未担保余值、建造合同等资产或业务计提的减值准备。

第四条 本管理办法所称事实损失，是指企业已计提资产减值准备的资产，有确凿和合法证据表明该项资产的使用价值和转让价值发生了实质性且不可恢复的灭失，已不能给企业带来未来经济利益流入。

第五条 公司依照本管理办法对各单位资产减值准备财务核销工作进行监督检查。

第六条 各单位应根据本管理办法，结合本单位制定操作办法，明确资产减值准备财务核销业务流程、职能部门和工程项目在资产减值准备财务核销业务中的权限和职责，并报公司财务管理中心备案。

第二章 资产减值准备财务核销原则

第七条 各单位应根据各项资产特点和分布情况，建立相应的资产减值准备财务核销业务流程和岗位责任制，明确相关部门和岗位的职责、权限，确保办理资产减值准备财务核销业务不相容岗位相互分离，形成各司其职、各负其责、相互制约和监督的工作机制。同一部门或个人不得办理资产减值准备财务核销业务的全过程。

第八条 各单位需按照国家和公司有关财务管理规定，定期对各项资产进行全面清理核实，遵循谨慎性原则，规范建立各项资产减值准备计提内控制度，如实预计潜在损失和合理计提相应的资产减值准备，并做好资产减值准备的转回和核销工作。

第九条 各单位需对按照国家和公司有关财务管理规定计提了减值准备的各项资产认真进行甄别分类，对不良资产要建立专项管理制度，组织力量认真进行清理和追索，清理和追索收回的资金和残值需及时入账，对形成事实损失的资产按规定要求和工作程序进行财务核销。

第十条 各单位资产减值准备财务核销遵循客观性原则。当已计提资产减值准备的资产成为事实损失时，不论该项资产是否提足了资产减值准备，都需按照规定对该项资产账面余额与已计提的资产减值准备进行财务核销。

第十一条 各单位资产减值准备财务核销需依据公司相关制度，对已计提资产减值准备资产发生损失的事实认真进行确认，取得确凿证据，履行规定的财务核销程序。

第十二条 各单位需建立资产损失责任追究制度并认真贯彻执行，企业资产减值准备财务核销应当在查明资产损失事实和原因基础上，分清责任，提出整改措施，并对相关责任人进行责任追究。

第三章 资产减值准备财务核销依据

第十三条 各单位进行资产减值准备财务核销，需在对资产损失组织认真清理调查的基础上，取得合法证据，具体包括：具有法律效力的相关证据，社会中介机构的法律鉴证或公证证明以及特定事项的单位内部证据等。

第十四条　坏账损失和委托贷款减值准备，应依据下列证据进行财务核销：

（一）债务单位被宣告破产的，应当取得法院破产清算的清偿文件及执行完毕证明；

（二）债务单位被注销、吊销工商登记或被有关机构责令关闭的，应当取得当地工商部门注销、吊销公告、有关机构的决议或行政决定文件，以及债务单位清算报告及清算完毕证明；

（三）债务人失踪、死亡（或被宣告失踪、死亡）的，应当取得有关方面出具的债务人已失踪、死亡的证明及其遗产（或代管财产）已经清偿完毕或确实无财产可以清偿，或没有承债人可以清偿的证明；

（四）涉及诉讼的，应当取得司法机关的判决或裁定及执行完毕的证据；无法执行或被法院终止执行的，应当取得法院终止裁定等法律文件；

（五）涉及仲裁的，应当取得相应仲裁机构出具的仲裁裁决书，以及仲裁裁决执行完毕的相关证明；

（六）与债务单位（人）进行债务重组的，应当取得债务重组协议及执行完毕证明；

（七）债权超过诉讼时效的，应当取得债权超过诉讼时效的法律文件；

（八）清欠收入不足以弥补清欠成本的，应当取得清欠部门的情况说明以及企业董事会或经理（厂长）办公会议批准的会议纪要；

（九）其他足以证明应收款项确实发生损失的合法、有效证据。

第十五条　除应收账款和委托贷款以外的金融资产减值准备，应依据下列证据进行财务核销：

（一）上市流通的上述金融资产发生事实损失的，应当取得企业内部业务授权投资和处置的相关文件，以及有关证券交易结算机构出具的合法交易资金结算单据；

（二）被投资单位被宣告破产的，应当取得法院破产清算的清偿文件及执行完毕证明；

（三）被投资单位被注销、吊销工商登记或被有关机构责令关闭的，应当取得当地工商部门注销、吊销公告，或有关机构的决议或行政决定文件，以及被投资单位清算报告及清算完毕证明；

（四）涉及诉讼的，应当取得司法机关的判决或裁定及执行完毕的证据；无法执行或被法院终止执行的，应当取得法院终止裁定等法律文件；

（五）涉及仲裁的，应当取得相应仲裁机构出具的仲裁裁决书，以及仲裁裁决执行完毕的相关证明；

（六）其他足以证明上述金融资产发生事实损失的合法、有效证据。

第十六条 长期股权投资减值准备，应依据下列证据进行财务核销：

（一）被投资单位被宣告破产的，应当取得法院破产清算的清偿文件及执行完毕证明；

（二）被投资单位被注销、吊销工商登记或被有关机构责令关闭的，应当取得当地工商部门注销、吊销公告，或有关机构的决议或行政决定文件，以及被投资单位清算报告及清算完毕证明；

（三）取得其他足以证明某项投资实质上已经不能再给企业带来经济利益的相关证据。

第十七条 存货、成本模式计量的投资性房地产、固定资产、在建工程、工程物资、生物资产等资产减值准备，应依据下列证据进行财务核销：

（一）发生盘亏的，应当取得完整、有效的资产清查盘点表和有关责任部门审核决定；

（二）报废、毁损的，应当取得相关专业质量检测或技术部门出具的鉴定报告，以及清理完毕的证明，有残值的应当取得残值入账证明；

（三）因故停建或被强令拆除的，应当取得国家明令停建或政府市政规划等有关部门的拆除通知文件，以及拆除清理完毕证明；

（四）对外折价销售的，应当取得合法的折价销售合同和收回资金的证明；

（五）涉及诉讼的，应当取得司法机关的判决或裁定及执行完毕的证据；无法执行或被法院终止执行的，应当取得法院终止裁定等法律文件；

（六）应由责任人或保险公司赔偿的，应当取得责任人缴纳赔偿的收据或保险公司的理赔计算单及银行进账单；

（七）抵押资产发生事实损失的，应当取得抵押资产被拍卖或变卖的证明；

（八）其他足以证明存货、固定资产和在建工程等项资产确实发生损失的合法、有效证据。

第十八条 无形资产减值准备依据下列证据进行财务核销：

（一）已被其他新技术所替代，且已无使用价值和转让价值的，应当取得相关技术、管理部门专业人员提供的鉴定报告；

（二）已超过法律保护期限，且已不能给企业带来未来经济利益的，应当取得已超过法律保护期限的合法、有效证明；

（三）其他足以证明无形资产确实发生损失的合法、有效证据。

第十九条 建造合同相关减值准备，依据建造合同竣工结算资料、实际合同总成本进行财务核销。

第二十条 商誉、递延所得税资产、融资租赁中出租人未担保余值等资产减值准备，依据其他足以证明这些资产确实发生损失的合法、有效证据进行财务核销。

第四章 资产减值准备财务核销程序

第二十一条 公司建立完善的资产减值准备财务核销内控制度，规范资产减值准备财务核销管理工作，明确审批工作程序及内部核准权限。

第二十二条 公司加强对计提减值准备资产的管理工作，组织力量采取有效措施积极进行清理和追索，至少于每年期末进行一次全面复查，按照财务、资产等方面内控制度规定的工作程序，认真组织做好各单位及所属单位的资产减值准备财务核销管理、备案及核准工作。

第二十三条 公司拟核销的资产减值准备，当年度各项资产减值准备财务核销总额累计低于本单位最近一期经审计的合并报表净资产的1%时，应报公司财务总监审批。

第二十四条 公司拟核销的资产减值准备，当年度各项资产减值准备财务核销总额累计超过本单位最近一期经审计的合并报表净资产的1%时，应报公司董事长审批。

第二十五条 公司资产减值准备财务核销，应当遵循以下基本工作程序：

（一）发生资产事实损失的内部单位或部门提出核销报告，说明资产损失原因和清理、追索及责任追究等工作情况，并逐笔逐项提供符合规定的证据。核销资产损失按规定需要外部专业机构出具意见的，应委托专业机构（法律、审计、技术鉴定等单位）出具相关意见；

（二）公司审计监察部门或其他相关部门对该项资产损失发生原因及处理情况进行审核，提出审核意见；

（三）公司财务部门对核销报告和核销证据材料进行复核，并提出复核意见；

（四）根据公司相关内部控制的规定，报公司授权部门或人员审核批准；

（五）根据本管理办法第二十三条、第二十四条的规定报批准；

（六）公司根据批复及相关证据，由总会计师签字确认后，进行相关资产的账务处理和资产减值准备财务核销。

第二十六条 公司按年度批准各单位资产减值准备财务核销工作，每年上报截止日期为12月10日。

第二十七条 公司按照内部核准程序进行资产减值准备财务核销后，需在年度财务决算中由会计师事务所对资产减值准备财务核销情况进行重点审计，形成资产减值准备财务核销专项说明，随年度财务决算一并在财务决算情况说明书中单独披露。

第二十八条 公司相关资产减值准备进行财务核销时，需提供如下报备材料：

（一）资产减值准备财务核销情况专项说明，包括：核销资产减值准备的类别、核销资产的清理与追索情况、核销金额与原因、本单位内部核销审批程序等；

（二）属于较大资产损失的财务核销，需逐笔逐项附报资产确认为事实损失的相关合法证据、本单位董事会或总经理办公会会议纪要批复文件以及有关资产损失的责任认定和责任追究情况；

（三）对须报公司财务部门批准核销的资产损失的财务核销必须逐笔逐项附报备材料；

（四）会计师事务所出具的企业资产减值准备财务核销审核说明；

（五）资产减值准备财务核销备案表及其他相关材料。

第二十九条 公司财务部门对各项资产减值准备财务核销管理建立备案和抽查制度，对较大资产损失的财务核销建立合规性核准制度，并作为年度财务决算审核工作内容之一，以加强对各项资产减值准备财务核销工作的财务监督。

第五章 工作责任与监督

第三十条 公司财务部门负责人（主管或经理）对公司资产减值准备财务核销负领导责任，财务部门对资产减值准备财务核销工作负具体管理责任，审计监察等部门对资产减值准备财务核销工作负审核与监督责任，内部相关部门、工程项目部负责提供审核与监督工作所需的相关材料。

公司财务管理中心对所属子公司资产减值准备财务核销工作负监督责任。

第三十一条 公司对向会计师事务所提供的资产减值准备财务核销相关资料的真实性、合法性和完整性承担责任。

会计师事务所对公司资产减值准备财务核销审核说明的真实性、可靠性承担相应责任。

第三十二条 公司在资产减值准备财务核销过程中，未履行相关内部审批程序和未取得有效、合法证据，弄虚作假，擅自处置的，责令予以纠正，并对其给予通报批评；违反公司内部控制制度，情节严重，造成公司资产流失的，追究其负责人及相关责任人的责任；有犯罪嫌疑的，依法移交司法机关处理。

第六章 附 则

第三十三条 各单位未提取减值准备的资产发生事实损失的财务核销工作，参照本管理办法执行。

第三十四条 本管理办法由公司财务管理中心负责解释。

第三十五条 本管理办法自公司总经理办公会审议通过、发布之日起实施。

范本27 保函管理规定

第一章 总 则

第一条 为规范公司的保函管理，依据《内部控制基本制度》，制定本规定。

第二条 保函管理由公司财务管理中心、各区域分公司财务部、子公司财务部门（统称财务部门）负责。

第三条 本规定所称工程保函，包括投标保函、履约保函、预付款保函、维修金保函、反担保函等，信贷证明和资金证明等视同保函管理。

第二章 保函开具规定和流程

第四条 各工程项目部办理保函均须向公司财务管理中心提交《开具银行保函申请审批表》，并经公司总会计师、财务总监、总经理审核后方可给予办理。

第五条 工程项目部在向公司申请办理保函时，须向公司提供如下材料：

（一）《开具银行保函申请审批表》。

（二）投标保函需报送招标文件中的工程基本情况、与保函有关的条款，以及招标单位要求的保函格式。

（三）履约保函、预付款保函、维修金保函、质保金保函，需报送中标通知书、工程承包合同中与所办保函有关的条款和要求的保函格式。

（四）申请办理银行信贷证明和资金（信）证明需报送招标文件或资格预审文件中工程基本情况以及与证明有关的条款。

（五）银行或公司认为有必要出具的其他文件。

第六条 甲方（业主）对保函格式有固定版本要求的，工程项目部应单独标识，由财务部门（经办人）提前与银行或其他金融机构进行沟通。

第七条 原则上公司不向甲方（业主）出具无固定期限的敞口保函，确需出具的，工程项目负责人应提交必要的说明及承诺。

第八条 公司向银行提出开具保函申请，正常情况下银行开具出保函需7个工作日；信贷证明、资金（信）证明的全套资料必须在出具前3个工作日前报达财务公司。为不影响保函开具工作，工程项目部需尽早向公司提供办理保函所需的各项资料。

第三章 保函延期和到期撤销

第九条 保函到期后若需延期的，工程项目部需在保函到期前一个月到公司财务部门办理延期手续，详细说明理由，并附与此有关的合同附件或补充文件，因工程项目部延误或者其他原因导致不能及时办理或不能办理保函延期，影响工程项目正常施工的，由工程项目部自行承担责任。

第十条 保函到期后不需要延期的，工程项目部应退回保函原件，并由公司财务部门及时办理撤销手续，以解除由本保函承担的风险及责任。

第十一条 需办理保函撤销手续的，工程项目部应提前将保函原件交给公司财务部门。若因工程项目部未能正确履行其职责而导致保函不能按时撤销，引起的一切责任和有关费用，均由项目部负责人承担。

第四章 保函日常管理

第十二条 工程项目部应指定专人负责办理日常的保函工作，并配合公司财务部门办理。

第十三条 申请办理保函业务工程项目部必须落实到人，建立岗位责任制。签批人、经办人均应承担相应责任。责任人岗位调整的，应及时办理保函业务移交手续。

第十四条 保函经办人应按照要求设置台账，及时录入、登记、办理注销手续。

第十五条 预付款保函的减额。按照工程承包惯例，预付款应从工程进度款中按比例逐渐扣减，申请项目部要及时催促业主出具预付款保函相应额度的减额证明，并将业主出具的证明和保函余额及时反馈到公司，以便公司尽快通知经办行，办理减额手续，以降低风险，避免不必要的保函费用支出。

第五章 保函监督和检查

第十六条 公司有权对工程保函及项目情况进行监督和检查，申请项目部应无条件给予配合。

第十七条 项目部申请由担保公司开具的保函，需向公司提供全套有关此项保函文件以存档备查。

第六章 附 则

第十八条 本规定由公司财务管理中心负责解释。

第十九条 本规定自公司总经理办公会审议通过、发布之日起实施。

Construction Companies

Standards and Criterion of Internal Control & Financial Management

09
研究与创新管理

随着“四新”工艺的推出，建筑施工企业对科技创新提出了更高的要求，科技创新管理工作的重要性也凸显出来。公司结合企业发展战略，科学制定研究与创新管理相关制度，强化研发全过程管理，规范研发行为，促进研发成果的转化和有效利用。

范本1 研究开发项目管理制度

第一章 总 则

第一条 为增强公司的科技研发能力，规范科技研发行为，不断解决建筑施工难点问题、创新施工方式，根据国家相关规定和《内部控制基本制度》，结合公司实际，制定本制度。

第二条 本制度适用于公司及所属分子公司、工程项目部（以下统称各单位）自主或联合其他科研单位联合开展研究开发活动的项目。

研究开发活动是指，为获得科学与技术（不包括社会科学、艺术或人文学）新知识，创造性运用科学技术新知识，或实质性改进技术、产品（服务）、工艺而持续进行的具有明确目标的活动。不包括企业对产品（服务）的常规性升级或对某项科研成果直接应用等活动（如直接采用新的材料、装置、产品、服务、工艺或知识等）。

第三条 本制度由公司总工室负责组织实施。

第二章 研究开发项目立项管理

第四条 项目确定。

（一）选题原则：

1.对于现有施工服务有较大提升空间的技术；

2.对于未来施工服务有较大助力的技术；

3.对于行业有较大影响的技术应用；

4.能显著改善现有建筑施工的技术水平；

5.有利于掌握行业核心技术和关键部件。

（二）课题来源：

1.研发人员申请的研发题目；

2.公司制定的研发题目；

3.与其他单位合作的课题或项目；

4.国家、省市级的科技立项。

（三）审核确定。

公司的技术审核委员会对申请的题目进行审核，采用投票决定方法，大于60%的人投票支持即可通过，但是研发总监或公司总工室负责人有一票否决权。

第五条 立项程序。

（一）申报者（项目组或个人）撰写项目申报书并经公司总工室审核同意。

（二）所有待申报项目的报告，首先提交公司总工室初审。

（三）由研发总监或公司总工室负责人召开项目评审会，就项目的技术路线的可行性、应用价值及经费预算等进行论证，提出评审意见，并上报公司董事长审批。

（四）项目经费，经公司总工室评审后，报公司董事长审批。

（五）所有立项的项目均应列（编）入公司总工室年度工作计划。

第三章 项目日常管理

第六条 研究开发项目实行项目组长负责制。

各项目组成员可以交叉，特殊情况下，成员可采用自由组合的方式进行。

第七条 研究开发项目责任制。

项目组长对项目全面负责，管理权限包括项目进度、经费、人员调配、物资领取、经费分配等。

第八条 研究开发项目检查与考核。

项目组长应经常性对项目执行情况进行检查和考核，执行人应按时将阶段性工作进程和评价等情况，书面上报技术研发中心负责人，每月至少小结一次。

第九条 研究开发项目控制。

项目内容、成员、计划进度及经费预算等一经确定，项目组未经批准不得擅自变更或修改，特殊情况下需报研发总监或公司总工室负责人审查，并报公司董事长批准。

第十条 研究开发项目资料。

项目执行过程中形成的各种资料，任何人不得据为己有或销毁，未经许可，不得随意摘抄和发表。

第十一条 研究开发项目实验记录。

项目实验全过程中，项目记录应保证及时、准确、真实与完整。内容应包括实验名称、数据、方案、人员、时间、材料、环境、方法、步骤、过程、结果等，每项实验结束后，应进行数据处理和分析，并形成书面小结。

第十二条 研究开发项目工作人员变化。

项目人员调离工作，应将全部记录资料、档案材料、文献卡片等全部上交技术研发中心，经研发总监或公司总工室负责人签字后，方可办理调离手续。

第十三条 完成项目后的总结。

项目工作全部结束后，由项目组长撰写总结报告及有关论文，并将所有过程资料整理与汇集，经研发总监或公司总工室负责人签字后，上交公司档案室归档。

第十四条 项目执行滞后的处理。

因客观原因，不能按时完成项目，项目组长应书面提交拖延项目的理由报告书，经研发总监或公司总工室负责人组织论证后做如下处理：

（一）有继续开发价值的项目可延期。

（二）无继续研究价值的项目，由项目组长提交书面终止原因报告，经批准后，项目负责人应做好技术资料的清理、归档与清点移交等工作。未做好善后工作情况下，公司总工室不授予新课题项目。

第十五条 项目责任。

对无正当理由不按计划完成项目者，项目组长将没有资格再承担任何新课题项目，同时根据情况由公司给出其他处罚。

第四章 项目成果审核

第十六条 项目成果定义。

项目成果是指具有创造性，有一定科学和实用价值，并能为公司发展创造效益的新技术、新工艺、新产品等。

第十七条 项目成果审核。

由研发总监或公司总工室负责人组织审核组进行审核，从领先性、创新性、实用性、大规模生产、商业化应用、发展潜力等方面进行综合打分、评估，给出审核意见和修改意见。

第十八条 审核结果。

（一）未通过审核的项目，由公司总工室根据项目的综合情况按照公司规定进行后续安排。

（二）通过审核的项目，根据项目成果情况由公司品牌部向国家管理部门申请专利技术等知识产权的保护，维护公司利益。

第五章 项目档案归档

第十九条 研究开发项目的科技资料由项目组长按时立卷归档，所有材料均由公司保存。

第二十条 归档的项目科技档案文件资料，应包括下列内容：

（一）立项书、委托书、审批文件、报告书、协议书、合同书、设计方案等项目前期工作文件与设计文件。

（二）项目实验研究、调查、分析、试制、测试、观测的重要原始记录和数据等项目执行阶段文字与技术数据文件。

第六章　项目经费管理

第二十一条　研究开发项目经费的使用范围及权限。

（一）项目组长应按项目预算计划严格执行审批手续，并有详细的经费使用记录。

（二）所有与项目相关的支出在项目预算范围内的，由项目组长签字批准后，方可使用与报销。

超过项目预算范围的应当及时修订项目预算，项目预算的修订应当由研发总监或公司总工室负责人签字、公司董事长批复。

（三）项目所购物资按公司相关制度办理登记入库手续，然后方可报销。

（四）所有支出报销，均由财务部门根据财务制度审核，如有差异或变动情况，报请研发总监或公司总工室负责人复审。

第七章　项目科研奖励

第二十二条　研究开发项目组，依据公司年度奖励政策，由研发总监或公司总工室负责人落实奖励办法。

第二十三条　研究开发项目组在取得研究成果后，可按照《科技成果奖励办法》的规定，享受科技成果奖励。

第八章　附　则

第二十四条　本制度由公司总工室负责解释。

第二十五条　本制度自公司董事会批准、发布之日起实施。

范本2　科技成果奖励办法

第一章　总　则

第一条　为表彰和奖励在推动公司科技进步中做出突出贡献的集体和个人，充分调动和发挥广大科技人员的积极性、创造性，促进企业科技进步，结合公司的实际情况，制定本办法。

第二条　奖励分类与评审时间。

公司科技成果奖按奖励类别不同，分为技术进步奖、工法奖、技术标准奖、优秀论文奖、QC成果奖、专利技术奖、专业技术人才培养奖、科技项目维护奖。

科技成果奖每年评审一次。每年11月申报，当年12月评审，次年1–3月间召开科技成果奖励表彰会。

第三条 评审原则与标准。

公司科技成果奖的申报、评审和授奖，遵循公开、公平、公正的原则，并建立科学的评价标准，严格规范申报、评审和授奖程序。科技成果评审做到好中取优，宁缺毋滥，不受任何组织或者个人的干涉。

第四条 评审委员会。

（一）科技成果奖评审委员会。

公司成立科技成果奖评审委员会（以下称评审委员会），根据评审工作需要，评审委员会可下设专业评审组。各专业评审组负责各自专业范围内的科技成果奖的初评工作，并将初评结果报评审委员会，评审委员会在此基础上，进行公司科技成果奖的最终评审工作。

（二）奖励评审小组。

成立“奖励评审小组”，对奖励事项进行奖励鉴定以及奖金数额确定。评审小组由各部门负责人组成，对技术特别复杂的事项，根据需要可外聘专家参加评审。

第五条 成果管理。

科技成果实行公司、分（子）公司两级管理。分（子）公司的科技管理部门负责收集、整理本公司的科技成果，择优统一向公司总工室上报；总工室负责公司各类科技成果的申报受理、登记、评审、奖励及推荐上报等组织工作和相关事宜的日常归口管理工作。

第二章 奖励类别和评审标准

第六条 奖励类别和范围。

（一）技术进步奖。

1.在企业生产经营、技术改造、重大装备研制过程中积极采用新技术、新工艺、新材料、新方法，并取得一定的经济效益和社会效益的技术成果。

2.自行开发的应用于建筑行业的新产品、新技术、新工艺、新材料，并取得一定经济效益和社会效益的技术成果。

3.通过引进国内外先进成熟科学技术成果，并在转化、推广应用中有所创新，经实践证明在降低成本、缩短工期、节约资金等方面取得显著效益的技术成果。

4.在企业的决策和经营中，提出和研究企业发展有关的科学决策、企业技术标准、专著、专题调研等，并经实践证明，产生一定经济效益和社会效益的软科学研究成果。

奖项分类：公司级、省（部）级、国家级。

（二）工法奖。

工法必须符合国家工程建设的方针、政策和标准、规范，必须具有先进性、科学性和实用性，保证工程质量和安全，提高施工效率，降低工程成本，节约资源，保护环境等特点。工法分国家级、省（部）级和企业级。

1. 国家级工法。

其关键技术属于国内领先水平或达到国际先进水平，技术难度大，经济效益和社会效益显著。

2. 省（部）级工法。

其关键技术达到省（部）级先进水平，技术难度较大，经济效益或社会效益较好。

3. 企业级工法。

其关键技术是本企业内先进水平或领先水平，或者在公司内首次开发成功的新技术、新工艺，有一定的经济效益和社会效益。

（三）技术标准奖。

技术标准的制定与修订应符合企业发展需求，工艺操作方法科学、先进、合理，能够很好地体现施工方法与产品的技术特点与经济效益，并具有一定的先进性。通过技术标准的实施应用将有利于提高企业技术水平，使现场施工进度及施工质量得到明显提高，使现场质量通病得到有效治理，具有在企业内部推广的价值。

1. 国家（行业）标准起草人。

2. 国家（行业）标准参编人。

3. 企业标准起草人。

（四）优秀论文奖。

以技术研究性为主和以新技术、新工艺、新材料、新设备的应用为主撰写的论文（也可以是对某项技术或某个工程的总结）。反映技术研究成果，介绍新产品的研制，施工技术经验交流，基础理论探讨，实用技术应用，标准的宣贯讨论。要紧密结合工程施工实际，同时撰写的论文应具备正确性、客观性、开发性、先进性、可读性和指导性。

1. 在国际标准刊号ISSN或国内统一刊号CN专业学术期刊上发表的论文。

2. 在市级及以上学术机构（协会）主编或主办的汇编上全文或摘要发表的本专业学术论文。

（五）QC成果奖。

围绕公司的经营战略、质量方针目标和现场存在的问题，针对提高工程（产品）质量、提高工效、缩短工期、降低成本、节约消耗、改善管理、为用户服务或接受上级下达的课题而开展的质量管理活动，并且成效显著。

1.国家级。

2.省（部）级。

（六）专利技术奖。

大力实施知识产权战略，促进公司专利数量的增长和专利质量的提高，提升公司知识产权创造、运用、保护和管理的能力。

凡是在国家知识产权局申请专利，并同时具备以下条件的，均可以申报公司专利技术奖：

1.知识产权属于公司。

2.在评奖当年被授予发明、实用新型、外观专利权。

3.发明创造水平高，已经实施并取得很好的经济效益或社会效益。但未能获得知识产权局授权的专利。

优先申报和推荐高新技术领域的项目，通过专利运用、保护维护和扩大市场份额的项目。奖项分类包括：

1.发明专利。

2.实用新型专利。

3.外观专利。

4.未授权专利。

（七）专业技术人才培养奖。

在专业技术人才培养方面成绩突出、效果显著的。

（八）科技项目维护奖。

相关科技项目申报、各级技术中心及证书实施年度复评维持，给予相关人员奖励。

第七条 评审时间安排（见下图）。

评审时间安排

第八条 科技成果评审标准。

（一）技术进步奖。

1.公司级技术进步奖。

科技成果奖根据科技成果水平对公司科技进步的推动作用及其产生的经济效益和

社会效益，分设一等奖、二等奖、三等奖。

（1）一等奖。创造性地应用国内外新技术，使工程建设的技术水平或对企业的技术改造总体上达到或接近国内领先及其以上水平，在缩短工期、节约投资、降低工程成本、提高质量、提高管理水平和推动公司科技进步等方面有重大作用，并取得显著经济效益（推广应用新技术经济效益在150万元以上）。

（2）二等奖。成功地应用国内外新技术，并有所创新，使工程建设的技术水平或对企业的技术改造总体上达到或接近国内先进水平，在缩短工期、节约投资、降低工程成本、提高质量、提高管理水平和推动公司科技进步等方面有较重大作用，并取得较大经济效益（推广应用新技术经济效益在100万元以上）。

（3）三等奖。成功地应用国内外新技术，使工程建设的技术水平或对企业的技术改造总体上达到或接近国内先进水平或达到本企业先进水平，在缩短工期、节约投资、降低工程成本、提高质量、提高管理水平和推动公司科技进步等方面有较大作用，并取得一定经济效益（推广应用新技术经济效益在70万元以上）。

2.省（部）级技术进步奖。

获得公司技术进步奖一、二等奖的项目，依据省（部）级技术进步奖励办法的规定，经公司择优推荐申报省（部）级技术进步奖且获奖。

3.国家级技术进步奖。

获得省（部）级的技术进步奖的项目，按照《中华人民共和国科技进步法》和《国家科学技术进步奖励条例》的规定，经公司组织申报国家级技术进步奖且获奖。

（二）工法奖。

1.企业级工法奖。

工法编写内容齐全完整、层次分明，文本格式规范。工法关键技术创新点突出、易于操作，达到国内领先水平及以上，有效节约成本，获得很好的经济与社会效益，并利于环保节能。工法已在两项以上工程中得到有效应用，有很好的推广与应用价值，可由分（子）公司推荐申报优秀工法奖。适用于未能获评省（部）级以上工法的企业级工法。

2.省（部）级工法奖。

当年成功获评省（部）级工法。

3.国家级工法奖。

当年成功获评国家级工法，分一级、二级。

（三）技术标准奖。

1.公司级技术标准奖，要求：

（1）企业标准主编。

（2）符合企业相应技术标准编制格式要求；文字阐述清晰准确、逻辑性强，可操作性强；工艺方法科学、先进、合理，符合企业发展需求，有利于提高企业技术水平，使现场施工进度或施工质量得到明显提高。

2. 国家（行业）标准参编。

已批准颁布执行的行业标准。

3. 国家（行业）标准主编。

已批准颁布执行的国家标准。

（四）优秀论文奖。

根据内容难度、撰写规范性、创造性、逻辑性和条理性以及发表的刊物层次，分设两级奖励。

1. 在国际标准刊号ISSN或国内统一刊号CN专业学术期刊上发表的论文。

2. 在市级及以上学术机构（协会）主编或主办的汇编上全文或摘要发表的本专业学术论文。

（五）QC成果奖。

1. 省（部）级QC成果奖。

获评省（部）级QC成果一、二等奖。

2. 国家级QC成果奖。

获评国家级QC成果一、二等奖。

（六）专利技术奖。

1. 发明专利。

获知识产权局授权的发明专利。

2. 实用新型专利。

获知识产权局授权的实用新型专利。

3. 外观专利。

获知识产权局授权的外观专利。

4. 企业级专利技术奖。

此奖项专为已申报国家知识产权局但未能获得授权的专利而设。

该专利所提供的技术方案构思巧妙，原创性强，技术水平高，对促进本领域的技术进步与创新有重大的作用；该专利对于参与国内外市场竞争发挥了重要作用，取得了突出的经济效益及社会效益。

（七）专业技术人才培养奖。

在专业技术人才培养方面成绩突出、效果显著的。

（八）科技项目维护奖。

相关科技项目申报、各级技术中心及证书实施年度复评维持，给予相关人员奖励。

第三章 科技成果申报条件、申报程序和资料要求

第九条 申报条件。

（一）符合公司科技成果奖的奖励范围和评审标准的。

（二）不存在知识产权成果权属、有关完成单位和主要完成人排序等方面的争议。

（三）成果奖项由几个单位共同完成的，成果申报必须由第一完成单位按要求组织申报。第一完成单位应在申报前与其他完成单位共同协商，对主要完成单位、完成人员及其排列顺序等取得一致意见，并在推荐书的主要完成单位栏内，盖上各完成单位的公章。

（四）曾获公司科技成果奖的不重复申报。

第十条 申报程序。

（一）公司科技成果奖的申报采取自下而上的申报程序。凡符合公司科技成果奖申报条件的，申报单位在资料整理以后，由申报单位技术管理部门或技术负责人组织有关人员进行初审，初审合格后在科技成果推荐书上填写具体的评价意见。并根据公司的统一安排，在规定时间内将申报资料上报到总工室。

（二）总工室对上报的资料进行形式审查，对审查不符合要求的资料，及时通知申报单位，在限定时间内进行补正，逾期不补正或补正不符合要求的，取消本次评审资格。

（三）经过形式审查合格的科技成果，报至公司科技成果奖评审委员会进行评审。

第十一条 申报资料要求。

（一）按公司要求填写《项目奖励申报表》（附件2）。

（二）科技成果的相关证明材料必须真实、准确（包括鉴定证书、查新报告、财务部门核准的经济效益证明、有关部门出具的社会效益证明、专利证书、其他获奖证书，反映工程施工的照片、反映工程施工的录像资料等）。

（三）具体申报材料要求如下：

1.申报资料一律用A4纸打印，侧装订。申报单位负责人、课题负责人须本人签字。

2.装订顺序：封面（附件3）→科技成果对外申报时的完整材料→成果获奖的证明材料。

3.装订成册的科技成果资料一式一份和Word格式电子文档一份。

第四章　科技成果评审

第十二条　由公司工程管理高管、技术骨干组成科技成果奖评审委员会。

第十三条　评审委员会下设专业评审组，由各相应专业工程师、人员组成，对提交的科技成果材料进行初评。

第十四条　专业评审组对通过形式审查的申报项目进行评审，并写出书面审查意见，提出获奖项目的建议和初步评定等级。

第十五条　评审委员会对专业评审组推荐的获奖项目进行终审评定，并以无记名投票方式表决评审结果，超过到会人员三分之二以上同意的，成果奖励级别作为最后的有效评审结果。

第十六条　公司科技成果奖评审委员会和专业组评审人员，不代表原工作单位，只对公司评审委员会负责；评审委员会工作人员在评审过程中，如涉及本人参加完成的科技成果评审时，实行回避制度。

第五章　奖励申请

第十七条　奖励流程。

（一）成立“奖励评审小组”，对奖励事项进行奖励鉴定以及奖金数额确定；

（二）评审小组由各部门负责人组成，对技术特别复杂的事项，根据需要可外聘专家参加评审；

（三）由申报项目的主要负责人员填写《项目奖励申报表》，简要说明该项目的实施过程，报评审小组审批；《项目奖励申报表》一式两份，一份存档，一份申请人保留；

（四）由评审小组组织对项目进行综合评价，提出奖励鉴定意见；

（五）评审小组计算出奖励金额，报所属领导批准。

第六章　奖励标准

第十八条　公司对科技成果获奖单位和个人实行精神鼓励和物质奖励相结合的原则，对获奖单位和个人颁发荣誉证书及奖金。分（子）公司可结合本单位实际，给予适当奖励。

第十九条　公司科技成果奖励类别及奖励标准见公司《科技成果奖励标准》（附件1）。

第二十条　对于同一个科技成果项目，在既获得公司成果奖励，同时又获得地市级以上奖励的，公司将以最高奖励金额作为奖励标准。

第二十一条　科技成果奖奖金从公司专项资金中列支。由奖励评审小组按评审委员会终审结果汇总后，提出科技成果奖奖金及评审费预算，报公司领导审批后，由财务部门拨款至总工室进行统一发放。

第七章　评定表彰

第二十二条　对于评审通过的项目采取公示方式通知公司全体员工，公示期为15天。

第二十三条　公司每年1–3月份组织召开一次科技成果奖励表彰大会，对获奖项目进行总结和表彰，并颁发获奖证书和奖金。

第二十四条　对两人以上完成的项目，其奖金分配比例为：项目负责人分配比例不低于50%；项目组其他成员按贡献大小分配其余的50%奖金；以团队申报的项目，项目负责人50%，团队主导人员30%，其余20%归团队其他成员。

第二十五条　项目奖励对象是企业在职人员，离职人员不予奖励。

第二十六条　所有奖励项目申请须由职能部门提出，任何个人或其他组织不得申请。

第八章　异议及其处理

第二十七条　公司科技成果奖的评审工作实行异议制度。任何单位和个人对科技成果奖项目、完成单位及完成人员持有异议的，应当在科技成果奖评审结果公布15日内提出。

第二十八条　提出异议的单位或个人，应当提供书面材料和必要的证明材料，并按要求填写争议登记表（附件4），单位提出异议要加盖单位公章，个人提出异议要署真实姓名，报公司总工室，否则不予受理。

第二十九条　异议分为实质性异议和非实质性异议。凡涉及对获奖成果的创造性、贡献程度、推荐书填写不实方面的异议为实质性异议；对获奖成果主要完成单位、主要完成人及其排序的异议为非实质性异议。

第三十条　对评审等级的不同意见，不属于异议范围，不予受理。

第三十一条　实质性异议由总工室会同申报单位和异议者协商处理；涉及异议的任何一方应积极配合，在一周内核实异议材料，并将调查核实的情况和处理意见报总工室审核；重大问题或协商不成功的由总工室组织评审委员会和有关专家进行研究，并将研究结果提交评审委员会做最终裁决。

第三十二条　非实质性异议由第一完成单位负责协调，提出初步处理意见报送总工室审核。

第三十三条　总工室应向公司科技成果奖评审委员会报告异议核实情况和处理意见，提请评审委员会决定，并将决定意见通知异议方和申报单位、申报人。

第九章　科技成果奖励流程

第三十四条　科技成果奖励流程如下图所示：

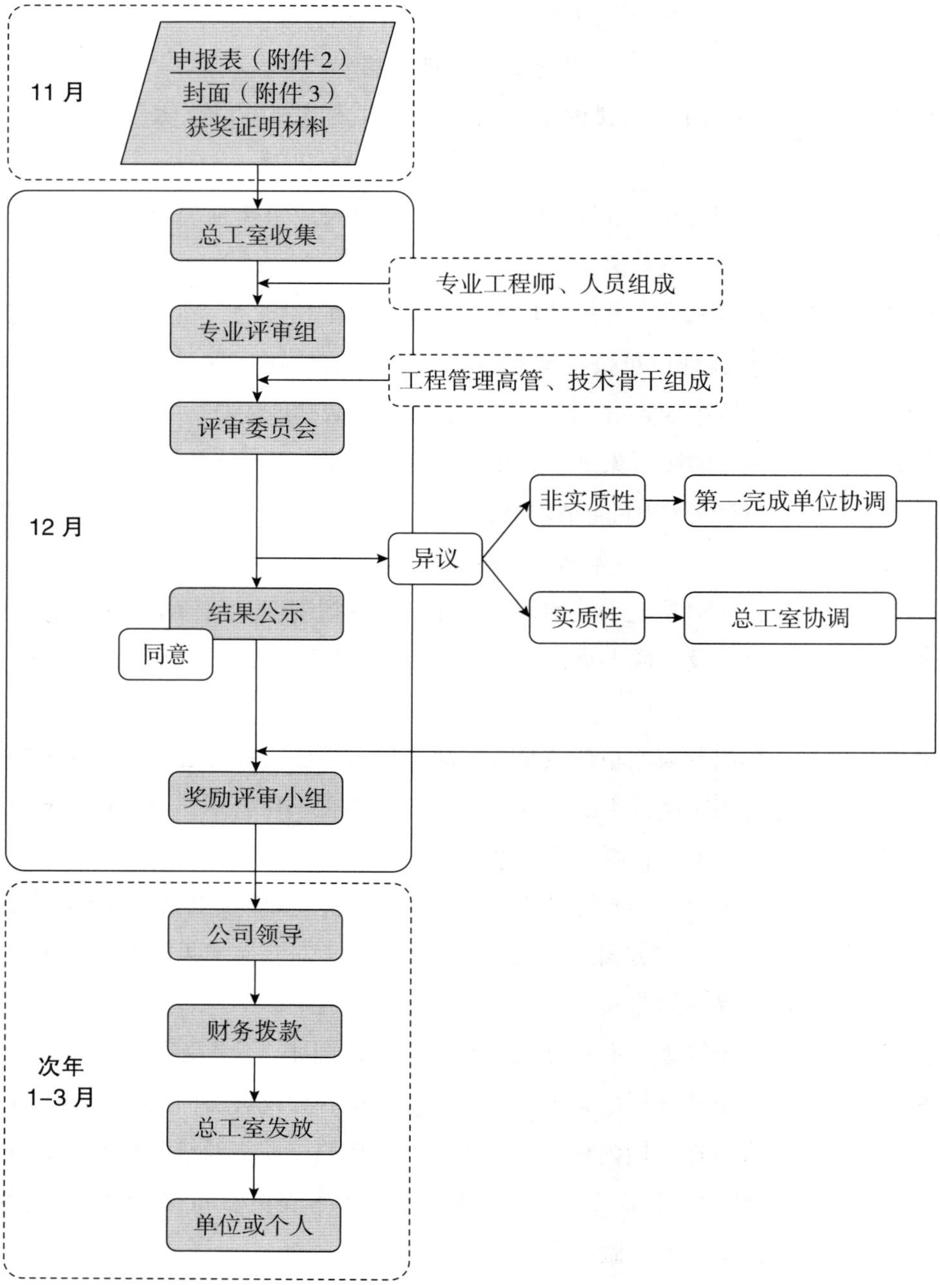

科技成果奖励流程

第十章 罚 则

第三十五条 对获得公司奖励的科技成果，如发现弄虚作假或剽窃他人成果，经查明属实的，总工室追回证书和奖金并撤销对其的奖励，视情节轻重给予批评或处分。

第三十六条 单位和个人提供虚假数据、资料、协助他人骗取科技成果奖的，将对其通报批评；情节严重的对负有直接责任的人员给予行政处分。

第十一章 附 则

第三十七条 本办法由公司总工室负责解释。

第三十八条 本办法自公司总经理办公会批准之日起实施。

附件：

附件1 科技成果奖励标准

附件2 项目奖励申报表

附件3 科技成果奖封面

附件4 科技成果奖争议登记表

附件1 科技成果奖励标准

科技成果奖励标准

序号	科技成果奖项目	类别	等级	奖励金额	说明
1	技术进步奖	国家级	国家课题	20 万元	得到政府补助后再奖励同额奖金
		省（部）级	省（部）级课题	8 万元	得到政府补助后再奖励同额奖金
		公司级	一等奖	2 万元	推广应用新技术经济效益在 150 万元以上
			二等奖	1 万元	推广应用新技术经济效益在 100 万元以上
			三等奖	5 000 元	推广应用新技术经济效益在 70 万元以上
2	工法奖	国家级	一级	2 万元 / 项	成功获批的国家级工法，全程产生的差旅费由公司报销
			二级	1.5 万元 / 项	
		省（部）级		1 万元 / 项	
		公司级		3 000 元 / 项	
3	技术标准奖	国家 / 行业标准主编		5/3 万元	1. 代表公司应邀参加国家 / 行业技术标准起草的第一起草人； 2. 代表公司应邀参与国家 / 行业技术标准修订的参与人； 3. 修订或讨论后正式颁布的标准要有“×××× 公司”署名
		国家（行业）标准参编		3/1 万元	
		企业级标准主编		2 000 元	

续表

序号	科技成果奖项目	类别	等级	奖励金额	说明
4	优秀论文奖	国家级行业专业刊物论文		800 元 / 篇	在国际标准刊号 ISSN 或国内统一刊号 CN 专业学术期刊上发表
		市级以上学术机构刊物论文		300 元 / 篇	在市级及以上学术机构（协会）主编或主办的汇编上全文或摘要发表
5	QC 成果奖	国家级	一等奖	3 万元	
			二等奖	2 万元	
			三等奖	1 万元	
		省级		1 万元	
6	专利技术奖	发明专利		2 万元	1. 技术专利申请人和持有人均属公司； 2. 技术专利以获得专利证书为准； 3. 第一年以后的费用由公司承担。
		实用新型专利		5 000 元	
		外观专利		3 000 元	
		企业级专利技术奖		2 000 元	1. 此奖项专为已申报但未能授权的专利而设。 2. 该专利所提供的技术方案构思巧妙，原创性强，技术水平高，对促进本领域的技术进步与创新有重大的作用；该专利对于参与国内外市场竞争发挥了重要作用，取得了突出的经济效益及社会效益。
7	专业技术人才培养奖			3 000 元	在专业技术人才培养方面成绩突出、效果显著
8	科技项目维护奖			3 000 元 / 项目	相关科技项目申报、各级技术中心及证书经年度复评后得以维持

附件2　项目奖励申报表

项目奖励申报表

<table>
<tr><td>项目名称</td><td></td><td>项目负责人</td><td></td></tr>
<tr><td>项目组成员</td><td></td><td>奖励分配比例</td><td></td></tr>
<tr><td>项目完成情况</td><td colspan="3"></td></tr>
<tr><td>项目验收结果</td><td colspan="3"></td></tr>
<tr><td>获得荣誉及奖励</td><td></td><td>是否存在咨询费用或评审费用</td><td>是
否</td></tr>
<tr><td>核算奖励金额</td><td colspan="3"></td></tr>
<tr><td colspan="4">职能部门负责人：
签字：
年　　月　　日</td></tr>
<tr><td colspan="4">项目管理评审委员会：
签字：
年　　月　　日</td></tr>
<tr><td colspan="4">总经理意见：
签字：
年　　月　　日</td></tr>
<tr><td colspan="4">董事长意见：
签字：
年　　月　　日</td></tr>
<tr><td colspan="4">备注：
签字：
年　　月　　日</td></tr>
</table>

附件3 科技成果奖封面

科技成果奖封面

成果名称：________________________

____

申报单位：________________________

申报时间：________年________月________日

附件4 科技成果奖争议登记表

科技成果奖争议登记表

<table>
<tr><td>项目名称</td><td colspan="5"></td></tr>
<tr><td>项目负责人</td><td></td><td>申请部门</td><td></td><td>获奖等级</td><td></td></tr>
<tr><td>异议单位</td><td colspan="2"></td><td>联系人及电话</td><td colspan="2"></td></tr>
<tr><td>异议人姓名</td><td colspan="2"></td><td>工作单位
及电话</td><td colspan="2"></td></tr>
<tr><td colspan="6">异议的主要内容和论据：</td></tr>
</table>

异议人（签名）： 年　　月　　日	异议单位（盖章）： 年　　月　　日

范本3　科技经费管理办法

第一章　总　则

第一条　为贯彻执行国家有关科技工作的方针、政策与法规，建立和完善公司科技经费管理，特制定本办法。

第二条　本办法适用于公司拨付的科技经费管理。

第三条　本办法所称科技经费，是指根据科技发展规划，在年度预算中安排并专项用于支持分子公司科技创新的经费。

第四条　总工室是公司科技经费的主管部门。

第五条　各分子公司应根据本办法制定相关细则，并报公司总工室备案。

第二章　科技经费支持范围

第六条　科技经费主要用于支持公司科技创新与技术发展，主要包括：科技奖励资金、科技资助资金等科技创新平台建设资金、重大科技专项资金、国家级科技创新平台建设配套资金、国家重大科技专项配套资金以及其他科技经费等。

第七条　公司科技奖励范围包括：国家科技奖、中国专利奖、科学技术奖、专利奖、建筑新技术示范工程奖、优秀论文奖、科技管理先进工作者奖、知识产权管理先进工作者奖等。

第八条　公司科技资助范围包括：专利资助、标准规范编制资助、技术手册编制资助、工法编制资助以及其他专项资助等。

第九条　重大科技专项是指根据公司科技发展规划所确定的重点研发项目。

第十条　国家级科技创新平台主要指获得国家科技部批准的国家工程技术研究中心、国家重点实验室，获得国家发改委批准的国家级企业技术中心、国家工程研究中心、国家工程实验室等国家级科技研发平台等。

第十一条　国家重大科技专项主要指国家科技部批准立项的科技研发项目。

第十二条　其他科技经费是指未纳入上述几项科技经费，但又确有重要需求并经公司批准的其他有关科技经费。

第三章 科技经费来源与支持方式

第十三条 科技经费实行年度预算管理，并按照公司相关规定执行。

第十四条 科技经费来源：

（一）资本金投入，主要指以研发项目为载体构建以资本为纽带的项目公司，形成收益与支出相匹配的项目开发机制；

（二）企业留存收益，主要指通过同比例降低子公司分红数额用以提供的科技经费；

（三）公司总部经费支出；

（四）其他经费来源。

第十五条 科技经费投入方式：

（一）科技奖励资金从公司总部经费中支出；

（二）科技资助资金、工程技术中心等科技创新平台建设资金、股份公司重大科技专项资金、国家级科技创新平台建设配套资金、国家重大科技专项配套资金等科技经费由总工室根据年度科技工作计划、经董事会评审报批后，以同比例降低相关子公司年度分红数额的方式提供专项科技经费；

（三）当投入数额较大时，以对子公司的资本金投入方式进行；

（四）子公司应充分利用国家各种科技优惠政策，并积极探索多渠道的科技投入方式。

第十六条 科技经费的支持方式：

（一）科技奖励只奖励项目完成人，不再对项目完成单位奖励，具体奖励标准按照公司的有关规定执行；

（二）对获得国家科技奖及中国专利奖的第一完成单位或第一完成人给予1：1配套奖励，对于其他方式获得国家科技奖的也给予一定奖励；

（三）其他科技经费按照公司的有关规定执行。

第四章 科技经费管理

第十七条 总工室负责制定年度科技经费预算，并对子公司科技项目与经费进行管理。计划财务部根据预算安排负责科技经费的拨付与核算。

第十八条 子公司负责公司所拨付科技经费的日常管理，并按照有关规定向总工室报告科技经费使用与管理情况。

第十九条 子公司应严格按照有关要求对科技经费进行划拨与使用，并将划拨与使用文件报公司总工室备案。如不按要求划拨或擅自挪作他用，公司将收回该项经费，并停止对其科技项目的经费支持。

第五章 附 则

第二十条 本办法由公司总工室负责解释。

第二十一条 本办法经公司总经理办公会审议通过、发布之日起实施。

范本4 建筑新技术应用示范工程管理办法

第一章 总 则

第一条 为进一步全面提升公司的施工技术水平和管理创新水平，积极参与原建设部（现为住建部）建筑业新技术应用示范工程建设，全力推进新技术和新工法的实施与应用，根据《建设领域推广应用新技术管理规定》（建设部令第109号）、《建设部建筑业新技术应用示范工程管理办法》（建质〔2002〕173号）以及《建设部关于进一步做好建筑业10项新技术推广应用的通知》（建质〔2005〕26号）的有关规定，结合公司建筑技术发展的实际情况，特制定本办法。

第二条 本办法所称建筑新技术，是指原建设部推广的“建筑业10项新技术（2017）”，即地基基础和地下空间工程技术、高性能混凝土技术、高效钢筋与预应力技术、新型模板及脚手架应用技术、钢结构技术、安装工程应用技术、建筑节能和环保应用技术、建筑防水新技术、施工过程监测和控制技术、建筑企业管理信息化技术。本办法所称公司建筑新技术应用示范工程（以下简称示范工程），既可以是应用多项新技术的综合性示范工程，也可以是某一项（子项）新技术应用水平突出的单项示范工程。

第三条 总工室负责示范工程的立项审批、实施及监督，应用成果评审等管理工作。

第二章 建筑新技术的申报及审核

第四条 为保证建筑新技术应用示范工程的示范效益的发挥，申报项目必须满足以下条件：

（一）新开工程，建设规模较大，技术较复杂，质量标准要求高的房屋建筑工程、市政基础设施工程、土木工程和工业建设项目；

（二）工程计划工期在3年以内；

（三）工程资金计划落实；

（四）单体建筑面积达5 000平方米以上或单位工程预算造价达1 000万元以上或是有较大影响的标志性建（构）筑物。

第五条 各子公司按立项条件择优选取有代表性的工程进行初审，通过初审后方可向总工室申报示范工程。

第六条 每年6月30日前为示范工程申报时间。申报单位填写《建筑新技术应用示范工程申报书》(见附件1)，一式三份。各子公司对本单位申报的示范工程须进行初审后方可申报。

第七条 总工室组织专家审核后，经公司批准列为示范工程并发文公布。同时择优推荐有代表性的工程申报住建部建筑业新技术应用示范工程。

已经被批准列为示范工程的项目，如果立项条件发生变化，经有关方面协商后，总工室可以做出取消或更改的决定。

第八条 各子公司要加强对示范工程实施工作的领导，制定实施计划，每半年总结检查一次。

总工室将不定期地对示范工程进行检查。对于应用新技术水平高、示范效果显著的工程，将组织现场观摩会进行推广。

第九条 示范工程执行单位要采取有效措施，认真落实示范工程新技术应用实施计划，强化管理，及时总结，使其成为工程质量优、科技含量高、施工工期符合合同要求、经济和社会效益好的样板工程。

第三章 建筑新技术的评审

第十条 示范工程执行单位全部完成了《建筑新技术应用示范工程申报书》中提出的新技术内容，且应用新技术的分项工程质量达到现行质量验收标准的，示范工程执行单位应准备好成果评审资料，并填写《建筑新技术应用示范工程应用成果评审意见书》(见附件2)，一式三份，可申请示范工程成果评审。

第十一条 示范工程执行单位应提交以下成果评审资料：

(一)《建筑新技术应用示范工程申报书》及批准文件；

(二)工程施工组织设计(有关新技术应用部分)；

(三)应用新技术综合报告(扼要叙述应用新技术内容，综合分析推广应用新技术的成效，体会与建议)；

(四)单项新技术应用工作总结(每项新技术所在分项工程状况，关键技术的施工方法及创新点，保证质量的措施，直接经济效益和社会效益)；

(五)工程质量证明(工程监理或建设单位对整个工程或地基与基础和主体结构两个分部工程质量验收证明)；

(六)效益证明(有条件的可以由有关单位出具社会效益证明及经济效益与可计算的社会效益汇总表)；

(七)企业技术文件(通过示范工程总结出的技术规程、工法等)和专利；

(八)新技术施工录像及其他有关文件和资料。

评审资料应装订成册，要有目录和页码。

第十二条 示范工程应用成果评审的主要内容：

（一）提出的资料是否齐全；

（二）是否完成了申报书中提出的推广应用新技术内容；

（三）施工企业应用新技术中有无创新内容；

（四）应用新技术后对工程质量、工期、效益的影响，经济效益应有定量分析，计算数据可靠。

评审专家组应根据以上内容，对该示范工程应用新技术的整体水平做出综合评价。

第十三条 示范工程的应用成果需专家组进行评审，每项示范工程评审专家组由专家5～7人组成。被评审的示范工程执行单位的人员，不得聘为该项工程的专家组成员。示范工程评审专家从组建的示范工程应用成果评审专家库中选出。专家库实行动态管理，适时进行调整和充实。

第十四条 示范工程应用成果评审工作分两个阶段进行：一是资料审查；二是现场查验。评审专家必须认真审查示范工程执行单位报送的评审资料和查验施工现场，实事求是地提出审查意见。评审专家必须为申报单位保守技术秘密。评审工作费用由申报单位承担。

第十五条 评审专家组组长在综合专家组成员的审查意见基础上提出初步评审意见，当超过三分之一（含）的评审专家对该审查结果提出不同意见时，该评审意见不能成立。评审意见形成后，由评审专家组组长签字。

第十六条 示范工程通过评审，其中应用的新技术水平达到国内领先水平时，该工程可综合评价为示范工程国内领先水平；新技术应用水平达不到国内领先水平时，该工程可综合评价为示范工程国内先进水平；对新技术应用水平特别突出的，可综合评为国际先进水平。

第十七条 通过评审的示范工程，经公司批准后，按照程序予以公告。

第四章 建筑新技术的奖惩

第十八条 公司对通过验收的示范工程，将根据项目的规模、推广新技术的资金投入、取得的效果、验收等级等方面的综合因素，给予一次性的资金支持，其中60%的支持资金可用作奖金，奖励示范工程主要完成人及相关管理人员。

对通过验收的示范工程承建单位将在公司年度工作会上颁发证书。

对通过全国建筑业新技术应用示范工程验收的公司所属的承建单位，公司给予奖励。

对示范工程的支持资金或奖金在公司年度新技术推广应用费用预算中列支。

第十九条 对已通过评审的公司建筑新技术应用示范工程，发现其工程质量存在问题或隐患的，公司将取消其建筑新技术应用示范工程称号，追缴资助资金或奖金，并予以公告。

第五章 附 则

第二十条 本办法由公司总工室负责解释。

第二十一条 本办法经公司总经理办公会审议通过、发布之日起实施。

附件：

附件1 建筑新技术应用示范工程申报书

附件2 建筑新技术应用示范工程应用成果评审意见书

附件1 建筑新技术应用示范工程申报书

建筑新技术应用示范工程申报书

示范工程名称：________________

示范工程执行单位（盖章）：________________

申报单位（盖章）：________________

××××公司

××××年制

示范工程名称：
建筑面积：
开工日期：
示范工程执行单位名称示范工程负责人姓名、职务、电话：

示范工程技术负责人姓名、职务、电话、通讯地址、邮政编码：
工程概况：
拟推广新技术项目名称、应用部位及应用数量：
拟组织技术攻关和创新的项目及内容：
工程进度计划：
预期经济效益和社会效益：
示范工程执行单位意见： （公章） 年　　月　　日
申报单位意见： （公章） 年　　月　　日
×××× 公司审批意见： （公章） 年　　月　　日

附件2 建筑新技术应用示范工程应用成果评审意见书

建筑新技术应用示范工程应用成果评审意见书

示范工程名称：________________

示范工程执行单位：________________

评审部门：________________

评审日期：________________

××××公司

××××年制

工程概况：
应用新技术名称、应用部位、数量：
经济效益和社会效益：
主要推广应用新技术人员名单：
专家评审意见：
专家名单：

主持评审单位意见（盖章）：
主要文件、资料目录及提供单位（盖章）：
附件（另册装订）： 一、示范工程申报书及批准文件 二、工程施工组织设计（有关新技术应用部分） 三、应用新技术综合报告 四、单项新技术应用总结 五、工程质量证明 六、效益证明 七、其他有关文件、资料

范本5　总工室架构、职责、方案审批管理办法

第一章　总　则

第一条　公司根据发展战略，结合市场开拓和技术进步要求，科学制定研发计划，强化研发全过程管理，规范研发行为，促进研发成果的转化和有效利用，不断提升企业自主创新能力，特制定本办法。

第二条　本办法适用于公司及各分子公司。

第三条　总工室的部门职能。

负责公司所有与建设相关的技术、安全方案及建筑信息化管理工作，包括建筑工程、市政公用工程、机电工程、装修工程等内容。

第二章　总工室的主要职责

第五条　贯彻执行国家及上级主管部门基本建设、科技工作等有关方针、政策、法规、规范、规程和技术标准，不断提高企业施工技术水平。

第六条　技术管理。

（一）负责制定与技术管理相关规章制度，并组织落实和执行；

（二）编写技术标；

（三）配合项目部完成项目行政审批及相关手续办理；

（四）参与重点项目图纸会审与技术交底工作，主抓施工技术管理和重大技术方

案的制定；

（五）组织制定施工组织设计、确保安全文明施工的技术措施及确保工程质量保证体系建设，指导、解决有关重大技术难点问题；

（六）审核施工组织设计及专项施工方案，对于技术难度大、工艺复杂的方案，协助工程（项目）部组织专家论证，管理计划和设计变更；

（七）指导子公司技术管理工作，负责对其报审的技术、安全方案进行审批；

（八）定期对项目技术负责人进行专业培训；

（九）参与合同中技术部分的审查监督；

（十）指导项目进行设计优化及深化；

（十一）对项目技术管理情况进行检查督促，并对项目技术负责人进行考核。

第七条　技术研发。

（一）挖掘题材，并组织工程项目的重大技术课题研讨与论证；

（二）负责工法、专利、QC的编制、申报；

（三）负责“四新”科技成果的推广和应用，申报科技研发项目；

（四）普及建筑业十项新技术；选择适合公司实际情况的安全文明施工工具化方案；

（五）接受外部培训，外出观摩学习。

第八条　信息化管理。

（一）推广BIM、PC产业化、装配式施工等新技术；

（二）负责建立、维护企业技术知识库。

第三章　总工室成员的岗位职责

第九条　总工程师。

负责公司所有与建设相关的技术、安全方案及建筑信息化管理工作，包括建筑工程、市政公用工程、机电工程、装修工程等内容。具体如下：

（一）贯彻执行国家及上级主管部门基本建设、科技工作等有关方针、政策、法规、规范、规程和技术标准，不断提高企业施工技术水平；

（二）协助经理建立公司质量保证体系、安全生产体系、环境卫生保障体系等；

（三）主持公司的技术管理工作，审批施工组织设计、危险性较大的安全、技术专项方案；

（四）组织制定单位工程质量应达到的目标，制定和实施纠正预防措施确保质量目标的实现；

（五）参与、审核各分部、单位工程的质量控制措施；

（六）审核、批准公司环境保护、职工身体健康、安全施工的技术文件，并监督其实施；

（七）主持和审核投标文件制作、合同管理工作；

（八）对各类工程技术人员进行技术岗位培训与考核，参与员工的绩效评定；

（九）主持技术研发，负责工法、专利、QC的编制、申报；

（十）推广、普及新技术；

（十一）推动公司建设信息化管理；

（十二）完成公司交办的其他事项。

第十条 副总工程师。

岗位职责包括：

（一）贯彻执行国家及上级主管部门基本建设、科技工作等有关方针、政策、法规、规范、规程和技术标准，不断提高企业施工技术水平；

（二）协助经理建立公司质量保证体系、安全生产体系、环境卫生保障体系等；

（三）协助公司总工程师主持公司的技术管理工作，审批施工组织设计、危险性较大的安全、技术专项方案；

（四）协助公司总工程师组织制定单位工程质量应达到的目标，制定和实施纠正预防措施确保质量目标的实现；

（五）参与、审核各分部、单位工程的质量控制措施；

（六）参与制定公司环境保护、职工身体健康、安全施工的技术文件，并监督其实施；

（七）参与对各类工程技术人员进行技术岗位培训与考核，参与员工的绩效评定；

（八）参与技术研发，负责工法、专利、QC的编制、申报；

（九）推广、普及新技术；

（十）推动公司建设信息化管理；

（十一）完成公司交办的其他事项。

第十一条 专业工程师。

岗位职责包括：

（一）贯彻执行国家及上级主管部门基本建设、科技工作等有关方针、政策、法规、规范、规程和技术标准，不断提高企业施工技术水平。

（二）技术管理：

1.负责制定与技术管理相关规章制度，并组织落实和执行；

2.编写技术标；

3.配合项目部完成项目行政审批及相关手续办理；

4.参与重点项目图纸会审与技术交底工作，主抓施工技术管理和重大技术方案的制定；

5.制定施工组织设计、确保安全文明施工的技术措施及确保工程质量保证体系建设，指导、解决有关重大技术难点问题；

6.审核施工组织设计及专项施工方案，对于技术难度大，工艺复杂的方案，协助工程（项目）部组织专家论证，管理计划和设计变更；

7.指导项目技术管理工作，负责对其报审的技术、安全方案进行审批；

8.定期对项目技术负责人进行专业培训；

9.参与合同中技术部分的审查监督；

10.指导项目进行设计优化及深化；

11.对项目技术管理情况进行检查督促，并对项目技术负责人进行考核。

（三）协助技术组、科技组相关工作。

（四）完成领导交办的其他事项。

第十二条 技术组。

小组职能：负责公司所有与建设相关的技术、安全方案管理工作。主要职责包括：

（一）贯彻执行国家及上级主管部门基本建设、科技工作等有关方针、政策、法规、规范、规程和技术标准，不断提高企业施工技术水平。

（二）技术管理：

1.负责制定与技术管理相关规章制度，并组织落实和执行；

2.编写技术标；

3.配合项目部完成项目行政审批及相关手续办理；

4.参与重点项目图纸会审与技术交底工作，主抓施工技术管理和重大技术方案的制定；

5.组织制定施工组织设计、确保安全文明施工的技术措施及确保工程质量保证体系建设，指导、解决有关重大技术难点问题；

6.审核施工组织设计及专项施工方案，对于技术难度大、工艺复杂的方案，协助工程（项目）部组织专家论证，管理计划和设计变更；

7.指导子公司技术管理工作，负责对其报审的技术、安全方案进行审批；

8.定期对项目技术负责人进行专业培训；

9.参与合同中技术部分的审查监督。

（三）完成上级领导交办的其他事项。

第十三条 科技组。

小组职能：负责公司所有与建设相关的技术、安全研发。主要职责包括：

（一）贯彻执行国家及上级主管部门基本建设、科技工作等有关方针、政策、法规、规范、规程和技术标准，不断提高企业施工技术水平。

（二）技术研发：

1.定期深入基层，发掘题材，并组织技术课题筛选、研讨与论证；

2.负责工法、专利、QC的编制、申报；

3.负责“四新”科技成果的推广和应用；

4.普及建筑业十项新技术；

5.收集现有图集、标杆工程实例，研制PC产业化、装配式构件实施细节措施；

6.选择适合公司实际情况的安全文明施工工具化方案；

7.接受外部培训，外出观摩学习。

（三）参与项目首次图纸会审。

（四）协助项目进行图纸优化及深化。

（五）信息化管理：

1.学习并逐步推广BIM，逐步应用到公司自用方案上；

2.了解并逐步推广PC产业化、装配式施工等新技术；

3.负责建立、维护企业技术知识库。

（六）完成上级领导交办的其他事项。

第四章　技术方案编制及审批

第十四条　加强公司技术、安全方案管理，明确分类编制、层级审核责任。根据技术、安全方案的不同类别以及方案的复杂和重要程度，方案的编制分为：项目部编制、总工室编制、专业分包单位编制，方案的审核则分为：项目部审核、总工室审核、组织专家评审。

第十五条　技术方案编制。

（一）项目部。

负责编制现场所有专题技术方案，主要包括：单位工程施工组织设计方案、钢井架及上人笼基础施工方案、安全保证计划专题方案、各种样板墙间施工方案、项目部应急救援预案、防水施工方案、外排栅施工方案、塔吊基础施工方案、高大模板施工方案等。

（二）总工室。

负责编制的技术方案主要包括：投标方案，施工技术管理文件、重大技术和安全方案，组织编制施工组织设计、确保安全文明施工的技术措施及确保工程质量保证体系建设，指导、解决有关重大技术难点问题。

（三）专业分包单位。

负责编制专业分包工程的施工技术方案，主要包括：

1. 深基坑；

2. 地下室基坑支护与降水施工方案；

3. 土方开挖施工方案；

4. 桩基础施工方案；

5. 地下暗挖；

6. 顶管；

7. 水下作业；

8. 建筑起重机械安装拆卸；

9. 起重吊装方案；

10. 预应力张拉施工方案；

11. 拆除与爆破方案；

12. 钢结构施工方案；

13. 网架工程与特种结构工程施工方案；

14. 建筑幕墙施工方案；

15. 塔吊、施工升降机、物料提升机（钢井架）安装与拆除方案；

16. 整体提升脚手架安装（拆卸）等方案。

（四）安全专项施工方案须单独编制。主要包括：

1. 深基坑；

2. 高支模；

3. 30米及以上高空作业；

4. 拆除爆破；

5. 桩基础；

6. 起重吊装；

7. 外脚手架；

8. 塔吊和施工升降机的安装拆除；

9. 有毒有害等特殊作业；

10. 危险性较大工程；

11. 采用新技术、新工艺、新材料的施工作业。

（五）施工单位在编制专项方案时应考虑后续单项工程施工的问题。

1. 整体基坑分区（段）开挖项目，如个别单位工程需要先行施工，施工单位在编制总体施工方案时应编制相应各区（段）基坑的施工方案；

2.整体高支模搭设项目，如实行分段搭设或分段浇筑的项目，施工单位在编制总体施工方案中应编制分段搭设或分段浇筑的施工方案；

3.其他分部分项工程如涉及分区（段）施工，应分区（段）验收，并编制相应各区（段）的施工方案；

4.危险性较大的分部分项工程中分区（段）实施的部分，各区（段）工程现场验收时也应当邀请参与方案论证的专家组参加。

第十六条　专项方案内容。

（一）工程概况：危险性较大的分部分项工程概况、施工平面布置、施工要求和技术保证条件。

（二）编制依据：相关法律、法规、规范性文件、标准、规范及图纸（国标图集）、施工组织设计等。

（三）施工计划：施工进度计划、材料与设备计划。

（四）施工工艺技术：技术参数、工艺流程、施工方法、检查验收等。

（五）施工安全保证措施：项目安全管理组织架构（包括相关人员姓名、职务、工作职责及联系电话）、施工安全技术措施、应急救援预案、监测监控措施等。

（六）劳动力计划：专职安全生产管理人员、特种作业人员等。

（七）计算书及相关图纸。

（八）方案编制、审核人员名单及学历、专业、职称、职务等情况。

（九）工程项目部相关的专职安全生产管理人员、特种作业人员名单及其安全生产考核合格证书、特种作业资格证书。

第十七条　方案审核。

（一）项目部。

收集并初审专业分包单位所做的专题技术、安全方案，审核完毕，连同项目部所做的技术、安全方案一并送交总工室审核。

（二）总工室。

审核项目部所提交的所有方案。包括：

1.公司投标和报建的方案；

2.新开或在建项目；

3.主体施工组织设计；

4.桩基础施工方案；

5.基坑支护与降水工程；

6. 钢井架及施工升降机基础施工方案；

7. 10层或35米以上外排栅施工方案；

8. 起重吊装方案；

9. 拆除与爆破方案；

10. 钢结构施工方案；

11. 土方开挖施工方案；

12. 防水施工方案；

13. 安全保证计划专题方案；

14. 项目部应急救援预案；

15. 网架工程与特种结构工程施工方案；

16. 玻璃幕墙施工方案；

17. 各种样板墙间施工方案等。

（三）专家评审。

超过一定规模、危险性较大工程（工程范围见附件）的技术、安全方案，经总工室初审后，还需要按规定由总工室负责组织专家进行论证、审查。

第十八条 方案审核流程见下图。

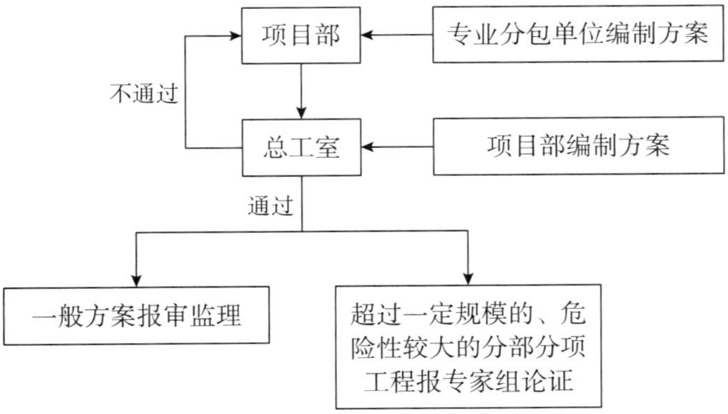

方案审核流程

第十九条 方案签字制度。

专项方案应当由施工单位技术部门组织本单位施工技术、安全、质量等部门的专业技术人员进行审核。经审核合格的，由施工单位技术负责人签字并加盖单位法人公章后报监理企业，由项目总监理工程师审核签字并加盖执业资格注册章。

实行施工总承包的，专项方案应当由总承包单位技术负责人及相关专业承包单位技术负责人签字并加盖单位法人公章。

不需专家论证的专项方案，经施工单位审核合格后报监理单位。

第二十条 专家审核制度。

超过一定规模的危险性较大的分部分项工程专项方案应当由施工单位组织召开专家论证会。实行施工总承包的，由施工总承包单位组织召开专家论证会。

（一）下列人员应当参加专家论证会：

1.专家组成员；

2.建设单位项目负责人或技术负责人；

3.监理单位项目总监理工程师及相关人员；

4.施工单位分管安全的负责人、技术负责人、项目负责人、项目技术负责人、专项方案编制人员、项目专职安全生产管理人员；

5.勘察、设计单位项目技术负责人及相关人员。

（二）专家组成员应当由5名及以上符合相关专业要求的专家组成，专家应当具备以下两个基本条件：

1.从事专业工作15年以上或具有丰富的相关专业经验；

2.具有相关专业高级专业技术职称。

（三）本项目参建各方的人员不得以专家身份参加专家论证会。

（四）专家论证的主要内容：

1.专项方案内容是否完整、可行；

2.专项方案计算书和验算依据是否符合有关技术规范标准；

3.安全施工的基本条件是否满足现场实际情况；

4.相关施工图是否满足施工及验收要求。

（五）专项方案经论证后，专家组应当提交论证报告，对论证的内容提出明确的意见，在论证报告上签字，并附上专家相关信息（单位、学历、专业、职称、职务等）。该报告作为专项方案修改完善的指导意见。

（六）论证报告结论分为三种：通过、修改后通过和不通过。

报告结论为“修改后通过”的，修改意见应当明确并具有可操作性，施工企业应当按专项方案论证会意见修改方案；报告结论为“不通过”的，施工企业应当重新编制方案，并再次组织专家论证。

（七）对论证报告结论为“修改后通过”的专项方案，施工企业要根据专家意见进行修改完善，并附上修改相关材料，由施工企业技术负责人、建设单位项目负责人签字并加盖单位公章，由项目总监理工程师签字并加盖执业资格注册章后，方可组织实施。

（八）对专项方案进行论证时，专家根据论证需要，有权调阅工程相关技术资料，有权提出独立的论证意见，不受任何单位或者个人的干预。

第二十一条 方案审核、实施过程。

施工方案审核过程，方案编制单位须向审批部门提交电子文件，少量修改由审批部门修改，并注明修改内容。对于施工材料、施工方法的选用及人员配置等有较大修改的则交由编制单位进行修改。

施工安全技术方案经批准后施工过程不得随意修改，如施工过程实际有困难必须修改的，须由项目部提出，经编制、审批人员同意才能修改。

原则上小方案由总工室两天内批复，大方案或数量较多时7天内批复。所有需要提交给监理、业主的方案必须经总工室批复后，才能提交。

第二十二条 各项方案、技术文件报审时间要求见下表。

各项方案、技术文件报审时间要求

	项目→总工室	备注
施工组织设计	一周内	项目开工后
专项方案	一个月	工艺开工前
创优策划	一个月	
专家论证方案	半个月	
技术交底	一周	
图纸会审	一周后	图纸交付

第五章 附 则

第二十三条 本办法由公司总工室负责解释。

第二十四条 本办法自公司总经理办公会审议通过、发布之日起实施。

附件[1]：

附件1 危险性较大的分部分项工程范围

附件2 超过一定规模的危险性较大的分部分项工程范围

[1] 说明：本办法附件摘自《危险性较大的分部分项工程安全管理办法》（建质〔2009〕87号），各项目还应根据项目所在地政府文件划分危险性工程范围，如江西省还应参考《江西省危险性较大的分部分项工程安全管理实施细则》（赣建安〔2010〕16号）。

附件1　危险性较大的分部分项工程范围

危险性较大的分部分项工程范围

一、基坑支护、降水工程

开挖深度超过3m（含3m）或虽未超过3m但地质条件和周边环境复杂的基坑（槽）支护、降水工程。

二、土方开挖工程

开挖深度超过3m（含3m）的基坑（槽）的土方开挖工程。

三、模板工程及支撑体系

（一）各类工具式模板工程：大模板、滑模、爬模、飞模等工程。

（二）混凝土模板支撑工程：搭设高度5m及以上；搭设跨度10m及以上；施工总荷载10kN/m^{2}及以上；集中线荷载15kN/m^{2}及以上；高度大于支撑水平投影宽度且相对独立无联系构件的混凝土模板支撑工程。

（三）承重支撑体系：用于钢结构安装等满堂支撑体系。

四、起重吊装及安装拆卸工程

（一）采用非常规起重设备、方法，且单件起吊重量在10kN及以上的起重吊装工程。

（二）采用起重机械进行安装的工程。

（三）起重机械设备自身的安装、拆卸。

五、脚手架工程

（一）搭设高度24m及以上的落地式钢管脚手架工程。

（二）附着式整体和分片提升脚手架工程。

（三）悬挑式脚手架工程。

（四）吊篮脚手架工程。

（五）自制卸料平台、移动操作平台工程。

（六）新型及异型脚手架工程。

六、拆除、爆破工程

（一）建筑物、构筑物拆除工程。

（二）采用爆破拆除的工程。

七、其他

（一）建筑幕墙安装工程。

（二）钢结构、网架和索膜结构安装工程。

（三）人工挖扩孔桩工程。

（四）地下暗挖、顶管及水下作业工程。

（五）预应力工程。

（六）采用新技术、新工艺、新材料、新设备及尚无相关技术标准的危险性较大的分部分项工程。

附件2　超过一定规模的危险性较大的分部分项工程范围

超过一定规模的危险性较大的分部分项工程范围

一、深基坑工程

（一）开挖深度超过5m（含5m）的基坑（槽）的土方开挖、支护、降水工程。

（二）开挖深度虽未超过5m，但地质条件、周围环境和地下管线复杂，或影响毗邻建筑（构筑）物安全的基坑（槽）的土方开挖、支护、降水工程。

二、模板工程及支撑体系

（一）工具式模板工程：滑模、爬模、飞模工程。

（二）混凝土模板支撑工程：搭设高度8m及以上；搭设跨度18m及以上，施工总荷载15kN/m^2及以上；集中线荷载20kN/m^2及以上。

（三）承重支撑体系：用于钢结构安装等满堂支撑体系，承受单点集中荷载700kg以上。

三、起重吊装及安装拆卸工程

（一）采用非常规起重设备、方法，且单件起吊重量在100kN及以上的起重吊装工程。

（二）起重量300kN及以上的起重设备安装工程；高度200m及以上内爬起重设备的拆除工程。

四、脚手架工程

（一）搭设高度50m及以上落地式钢管脚手架工程。

（二）提升高度150m及以上附着式整体和分片提升脚手架工程。

（三）架体高度20m及以上悬挑式脚手架工程。

五、拆除、爆破工程

（一）采用爆破拆除的工程。

（二）码头、桥梁、高架、烟囱、水塔或拆除中容易引起有毒有害气（液）体或粉尘扩散、易燃易爆事故发生的特殊建、构筑物的拆除工程。

（三）可能影响行人、交通、电力设施、通讯设施或其他建筑物、构筑物安全的拆除工程。

（四）文物保护建筑、优秀历史建筑或历史文化风貌区控制范围的拆除工程。

六、其他

（一）施工高度50m及以上的建筑幕墙安装工程。

（二）跨度大于36m及以上的钢结构安装工程；跨度大于60m及以上的网架和索膜结构安装工程。

（三）开挖深度超过16m的人工挖孔桩工程。

（四）地下暗挖工程、顶管工程、水下作业工程。

（五）采用新技术、新工艺、新材料、新设备及尚无相关技术标准的危险性较大的分部分项工程。

10
预算与财务管理

企业的生产、经营、进、销、存等各个环节都离不开财务的反映和调度，企业的经济核算、财务监督更是对企业经济活动的有效制约与检查。结合公司预算目标与政策，制定预算与财务管理方面的相关制度，有利于明确相关工作流程和要求，落实责任制，确保财务报告合法合规、真实完整和有效利用。

范本1 财务部门职责范围及会计岗位职责

第一章 总 则

第一条 为保证公司会计事项的有序开展，提高财务管理效率，根据《中华人民共和国会计法》《会计基础工作规范》的有关规定，结合公司实际业务情况，制定本制度。

第二条 根据公司实际业务情况，公司财务工作的部门有包括：

（一）公司财务管理中心。

（二）区域分公司财务部。

第三条 根据公司实际业务情况，公司需要设置如下财务管理岗位：

（一）公司财务管理中心财务总监。

（二）公司总会计师。

（三）财务总监助理。

（四）公司财务管理中心经理、副经理。

（五）区域分公司财务部经理、副经理。

（六）资金专管岗。

（七）会计核算岗。

（八）出纳岗。

（七）税务专管岗。

（九）项目部物资管理岗。

（十）项目部会计岗。

（十一）其他与资金、物资管理相关的工作岗位。

第四条 会计工作岗位可以一人多岗或者一岗多人，但出纳人员不得兼任稽核、会计档案保管和收入、支出、费用、债权、债务账目的登记工作。

第五条 会计人员必须具有会计从业资格，具备必要的专业技能，熟悉国家有关法律、法规、规章和国家统一会计制度，遵守职业道德。

第二章 财务部门职责

第六条 公司财务管理中心的工作职责：

（一）贯彻执行国家财政法规和公司财务制度。

（二）负责公司财务管理制度的制定工作。

（三）负责公司资金管理工作。

（四）负责公司融资工作。

（五）负责公司税务工作。

（六）负责公司的对外经济管理、协调工作。

（七）负责公司的经济活动分析会组织工作。

（八）负责公司对所属各单位的财务监督、检查、指导。

（九）参与公司各类经济合同签订及经营决策工作。

（十）完成公司领导临时安排的其他工作。

第七条 区域分公司财务部的工作职责：

（一）贯彻执行国家财政法规和公司财务制度。

（二）负责所属项目部的会计核算工作。

（三）负责所属项目部的资金管理工作。

（四）负责所属项目部的税务工作。

（五）负责所属项目部的成本分析。

（六）完成区域分公司领导临时安排的其他财务工作。

（七）完成公司财务管理中心临时安排的其他财务工作。

第三章 财务人员岗位职责

第八条 财务总监的岗位职责：

（一）依据国家法规，制定公司财务制度。

（二）领导公司的财务工作，对各项财务会计工作定期研究、布置、检查、总结。

（三）对公司和各分子公司预算编制工作进行指导。

（四）审核公司预算，并向公司董事会汇报年度预算情况。

（五）审核公司财务决算，并向公司董事会汇报年度预算执行情况和年度财务决算。

（六）组织公司经济活动分析、参与经营决策。

（七）公司董事会授予的其他管理职责。

第九条 总会计师的岗位职责：

（一）参与公司财务制度的制定。

（二）协助财务总监领导公司的财务工作，按照分工对各项财务工作定期研究、布置、检查、总结。

（三）协助公司财务总监对公司全面预算编制工作进行指导、培训、汇总、审查。

（四）定期分析预算的完成情况，找出管理中的漏洞，提出改善经营管理的建议和措施，进一步挖掘增收节支的潜力。

（五）认真研究税法，保证公司经营依法符合国家税收政策的规定，督促各项税款依法足额上缴。

（六）编制公司年度财务决算报告，并对财务状况、经营成果、现金流量提出分析意见。

（七）组织会计人员学习，考核调配人员。

（八）公司财务总监授予的其他管理职责。

第十条 财务总监助理的岗位职责：

（一）认真执行公司各项规章制度和工作程序，服从财务总监领导，保质保量按时完成工作任务。

（二）掌握公司财务状况、经营成果和资金变动情况，及时向财务总监汇报工作情况。

（三）协助财务总监领导公司的财务管理、成本费用管理、预算管理、会计核算、会计监督等方面工作，加强公司经济管理、提高经济效益。

（四）协助财务总监依据国家法规，制定公司财务制度。

（五）协助财务总监审核公司预算、财务收支计划、成本费用计划、信贷计划、财务报告、会计决算报表。

（六）协助财务总监审核涉及财务收支的重大业务计划、经济合同、经济协议等。

（七）完成财务总监安排的其他财务工作。

第十一条 财务管理中心、财务部经理的岗位职责：

（一）业务上接受公司财务总监和公司总会计师的领导。

（二）负责对本部门会计、统计、出纳等工作的领导。

（三）严格执行国家的财政法规和有关财务制度、办法，按照《中华人民共和国会计法》《企业会计准则》和公司管理制度的要求，扎实有效地组织开展会计核算工作，保证会计信息的真实、准确、完整。

（四）严格按照公司对资金管理的要求，认真落实公司规定的资金审批权限和审批流程，规范资金使用，对资金安全负责。

（五）严格按照公司对费用管理的要求，认真落实公司规定的费用审批权限和审批流程，降低费用开支，对审批合规性负责。

（六）负责对各类原始凭证的审核工作，是本单位各类原始凭证审核把关的第一责任人。

（七）负责各项经济数据的统计、分析、考核、报告等方面的工作，对各项数据的准确性、及时性负责。

（八）负责会计档案的保管、移交工作。会计档案未移交前是保管的第一责任人。

（九）参与各类经济合同、协议的会审、联签工作，对合同中的付款要素负审核责任，并跟进落实。

（十）负责对本单位财经纪律执行情况进行财务监督，履行财务监督职能，对违反公司财务制度的行为负有制止和向上级领导报告的责任。

（十一）负责财务印鉴的使用、保管工作，并对财务印鉴的使用、保管负责。

（十二）完成本单位负责人、财务总监、总会计师临时安排的其他工作。

第十二条 会计核算人员岗位职责：

（一）在本部门经理的领导下开展工作。

（二）负责各项经费的报销业务，包括票据的初审、分类、统计、汇总及各项费用的计提、摊销等方面的工作。

（三）负责会计凭证的录入、账簿的登记及会计凭证的装订工作。

（四）负责公司债权、债务账务的登记、整理、核对工作。

（五）负责公司固定资产、无形资产、其他资产的登记、核对工作。

（六）负责薪酬核算等方面的工作，并严格执行保密工作。

（七）负责年度财务预算中管理费开支计划编制工作。

（八）负责各项经济数据的统计、分析及各种台账的登记工作。

（九）完成本部门经理临时安排的其他工作。

第十三条 出纳人员岗位职责：

（一）在本单位财务经理的领导下开展工作。

（二）负责现金、银行的收支业务，并做好现金日记账、银行存款日记账的登记工作。

（三）负责现金、银行存款的安全工作，是资金安全管理的直接责任人。

（四）负责资金日报表的编制、分析工作。

（五）负责各类银行票据、有价证券等重要凭证的保管工作。

（六）负责银行预留印鉴中“私章”的保管工作，对其保管负责。

（七）负责薪酬的发放，并对薪酬负有保密义务。

（八）完成本部门经理临时安排的其他工作。

第十四条 税务专管岗职责：

（一）负责公司跨区域涉税事项报告表（外经证）审批表的审批，整理每周跨区域涉税事项报告表（外经证）资料盖章情况，与注册地主管税务机关对接。

（二）负责公司的跨区域涉税事项报告表（外经证）核销工作。

（三）负责公司开具发票审批工作，核对新项目进项税额是否足够，分公司税额转款与退款，核对开具的发票与审批表是否一致。

（四）负责登记各项目的预缴增值税情况，填制各项目的增值税预缴表。

（五）根据应交税费的账簿记录和开票信息、认证信息等资料填报增值税纳税申报主表及附表、城市维护建设税及教育费附加纳税申报、个人所得税纳税申报等税费的申报工作。

（六）根据跨区域涉税事项报告表（外经证）核销数据申报季度企业所得税。

（七）协助领导开展税收筹划方面的工作，在税法允许的情况下为降低公司税负、提高效益建言献策。

（八）完成本部门经理临时安排的其他工作。

第十五条 项目部物资管理岗职责：

（一）负责建立材料核算账册，完善材料核算制度。物资管理员应对本工程项目发生的主要建筑材料进行记录、核算，建立“数量、金额多栏式明细账”，按照材料物资的验收单登记其增加、按照领料单登记其减少。

（二）负责对材料物资验收入库单的开具、汇总、整理工作。验收入库单是公司对外进行材料款结算的依据，验收入库单必须按照编码顺序使用、规范开具。验收入库应注明：供货单位名称、验收时间、材料品种、规格、计量单位、数量、单价、金额（含税）、收取发票的种类、交货人签字、验收人签字等内容。

（三）负责对现场领料单的开具、汇总、整理工作。对于现场耗用的钢材、水泥、混凝土等材料，可在每月末按照“实地盘存法”开具领料单。领料单应注明：耗用材料的用途（直接成本、安全生产费、研发费用、管理费、其他），领用日期、领用材料名称、计量单位、领用数量、领料人签字、保管人签字等。

（四）负责登记材料物资明细账。按照验收入库单或汇总单（应当及时登记）、领料单或汇总单等登记材料物资明细账，计算出各材料物资的本月验收入库数量、金额，耗用出库的数量、金额。

（五）负责编报“建筑材料收发存报表”“施工成本耗用表”“采购应收发票明

细表”。

（六）参与库存盘点，处理清查账务。要定期、不定期地对材料物资进行盘点，材料核算会计要参与盘点并监盘，年终必须进行全面清查，做到账实相符。对盘盈、盘亏和报废的材料物资要查明原因，分别不同情况，上报主管领导，按照规定审批流程审批。

（七）完成主管领导临时安排的其他工作。

第十六条 项目部会计岗职责：

（一）负责收集、整理项目部工地现场所发生经济事项的各项票据。

（二）负责向上级财务部核算会计的报账、报表工作。

（三）负责项目部税务事项的具体办理工作。

（四）经营目标责任人、项目部经理安排的其他财务工作。

第四章 会计人员管理

第十七条 会计人员实行垂直管理。选拔和任命财务经理、副经理必须征求公司财务总监、总会计师的意见，公司财务总监、总会计师认为不合适的，不得聘用。

区域分公司财务经理、副经理调整时必须事前征得公司财务总监、总会计师的同意。

第十八条 会计人员应按照《中华人民共和国会计法》《企业会计准则》和公司有关规章制度规定的程序和要求开展工作，保证所提供的会计信息合法、真实、准确、及时、完整。

第十九条 会计人员应当保守公司和本单位的商业秘密。除法律规定和单位负责人同意外，不得向外界提供或泄露单位的会计信息。

第二十条 会计人员在会计工作中必须遵守会计职业道德。

（一）会计人员要热爱会计工作，忠于职守，尽职尽责。

（二）会计人员要诚信做人，诚实做事，不弄虚作假，坚持人品至上的原则。

（三）会计人员要端正工作态度，坚持依法依规办事，既要与相关部门密切配合又要保持应有的独立性。

（四）会计人员要树立服务意识，不断提高服务质量，努力营造公司财务品牌。

（五）会计人员要坚持学习，不断更新知识，不断提高执业水平。

第二十一条 会计人员应当勤勉工作，因消极怠工不作为，影响本部门财务工作进度的，由本部门财务经理给予100～1000元/次的罚款。

第二十二条 各单位财务部门的会计人员应当勤勉工作，因消极怠工不作为，影响公司财务工作进度的，由公司财务总监、总会计师对财务部经理给予500～3000元/

次的罚款，若影响严重给公司带来损失的，由公司管理层对其劝退或除名。

第五章　项目部会计人员管理

第二十三条　项目部会计人员的配备：

（一）各工程项目部应当配备会计人员为其办理项目备用金使用管理、材料收发存管理、施工成本耗用核算、采购发票登记整理、销售开票及预缴税款管理、项目管理人员薪酬核算等会计事项，工程项目配备的会计人员可以一人多岗，但应当遵守“不相容岗位分离”的要求。

（二）工程项目部配备的会计人员须到区域分公司财务部备案，纳入公司会计人员管理，履行公司财务管理制度要求。

（三）工程项目部配备的会计人员的业务素质应当满足公司的管理需要，初始学历应为财务专业大专及以上学历。

（四）工程项目部会计人员应当接受区域分公司财务部的业务指导和业务培训，对工程项目部的会计事项处理应当符合公司要求。

第二十四条　项目部会计人员管理：

（一）为提升公司会计人员业务操作能力，公司将会组织各层面的会计人员培训，项目部会计人员应当积极参与，未经批准无故不参加者，每次罚款1 000元。

（二）工程项目部会计人员不配合分子公司财务部工作的，第一次给予警告，第二次罚款2 000元，第三次罚款3 000元。三次以上的，分、子公司财务部将视情况提请更换会计人员。

第六章　附　则

第二十五条　本制度未尽事宜，按公司有关制度执行。

第二十六条　本制度由公司财务管理中心负责解释和修改。

第二十七条　本制度自公司董事会批准通过、发布之日起执行。

范本2　全面预算管理制度

第一章　总　则

第一条　为加强公司全面预算管理，规范预算编制、审批、执行、分析与考核，提高预算的科学性和严肃性，促进实现公司发展战略和预算目标，根据有关法律法规、公司章程和《内部控制基本制度》，结合公司实际情况，制定本制度。

第二条　本制度属于公司制度体系中的第一层级，适用于公司总部、各区域分公司、子公司（以下统称各单位）的全面预算管理。

第三条 本制度所称全面预算，是指企业结合整体目标及资源调配能力，经过合理预测、综合计算和全面平衡，对当年或者超过一个年度的生产经营和财务事项进行相关额度、经费的计划和安排的过程。企业全面预算一般包括经营预算、资本预算和财务预算。

第四条 各单位至少应当关注涉及全面预算的下列风险：

（一）预算体系不健全，岗位职责分工不合理，可能造成企业资源浪费和管理效率低下。

（二）预算管理未经适当审批或超越授权审批，可能因重大差错、舞弊、欺诈而导致损失。

（三）预算目标不合理，预算项目不完整，预算标准不科学，预算编制程序不规范，预算分解和预算调整不合理，可能造成预算管理体系缺乏科学性和准确性。

（四）预算的下达和执行不力，可能造成预算失去其应有的权威性和严肃性。

（五）预算分析不正确，预算监控和预算考核不力，对考核结果的奖惩不公平、不合理，可能造成预算管理流于形式。

第五条 公司围绕战略发展规划，从资本经营出发，建立关键指标体系，指导和推动各单位建立全面预算管理体系。各单位在关键指标体系的指引和约束下，从各项经营活动出发，以具体业务预算为基础，科学开展全面预算管理活动。

第六条 各单位应优化管理流程，加快信息化建设，为预算编制、执行、控制、考核等奠定基础。

第七条 各单位应根据本制度，结合本单位治理结构和组织结构、业务特点等实际情况制定全面预算管理办法，报公司财务管理中心备案。

第二章 岗位分工与授权批准

第八条 各单位应科学、合理制定预算业务流程，明确各环节的控制要求，并设置相应的记录或凭证，如实记载各环节业务开展情况，及时传递相关信息，确保以下全面预算业务过程的各个环节得到有效控制。

（一）预算的编制与审批。

（二）预算的执行与控制。

（三）预算的调整与审批。

（四）预算的评价与考核。

第九条 各单位应根据全面预算业务流程，建立相应的岗位责任制，明确相关部门和岗位的职责、权限，确保办理预算业务不相容岗位相互分离，形成各司其职、各负其责、相互制约和监督的工作机制。同一部门或个人不得办理预算业务的全过程。

全面预算业务不相容岗位至少包括：

（一）预算编制（包括预算调整）与预算审批。

（二）预算审批与预算执行。

（三）预算执行与预算考核。

（四）预算执行与会计记录。

第十条 各单位应配备合格的人员办理预算业务。办理预算业务的人员应当具备良好的综合业务素质和职业道德。

第十一条 各单位应对全面预算业务建立严格的授权批准制度，并通过预算手册等形式明确授权批准的方式、权限、程序、责任和相关控制措施，明确经办人员的职责范围和工作要求。严禁未经授权的机构或人员办理预算业务。

第十二条 审批人应当根据预算业务授权批准制度的规定，在授权范围内进行审批，不得越权审批。

经办人在职责范围内，按照审批人的批准意见办理预算业务。对于审批人超越授权范围审批的预算业务，经办人员有权拒绝办理，并及时向上级部门报告。

第三章 全面预算管理的组织机构

第十三条 公司建立两级全面预算管理体系。公司由股东大会、董事会、经营层、预算管理部门、预算责任部门、预算考核机构和各单位（即预算执行单位）构成综合预算管理体系。各单位应根据本单位治理结构和组织结构建立相适应的预算工作组织领导与运行体制，明确最高权力机构、决策机构、预算管理部门及各预算执行单位的职责权限、授权批准程序和工作协调机制。

股东大会是预算管理的最高权力机构，负责审批公司年度预算方案及年内重大预算调整。

董事会负责制订企业年度预算方案，并根据公司战略目标，制订公司年度运营计划和年度运营的主要经营指标，组织有关人员对预算进行预测、审核、研究、协调、监督和考核等各项预算事项，及年内授权范围内的预算调整。

公司董事长负责预算的组织实施，对预算执行结果负责。

公司财务总监、总会计师协助董事长加强对公司预算管理工作的领导与业务指导。

第十四条 各单位应明确本单位预算管理部门（以下简称预算管理部门）。

预算管理部门主要处理与预算相关的日常事务，并对各预算单位提供的预算草案进行必要的初步审查、协调与综合平衡，是预算管理的日常机构，负责本单位全面预算的组织工作。

（一）公司预算管理部门主要职责是制定和发布预算编制的工具和模板、预算编制的流程和时间管理、预算编制的指南或手册；传达预算的编制方针、程序，具体指导各单位编制预算；对各单位编制的预算草案进行初步审查，提出建议，协调平衡、汇总后编制公司预算草案，报公司董事会审查；在预算执行的过程中，监督、检查、控制各单位的预算执行情况，处理预算执行过程中出现的问题；负责一个年度之内的预算调整、修正过程；指导各单位的预算管理工作，编制预算执行报告和预算差异分析报告，做出解释，提供信息，交董事会审议；预算管理相关的培训和解释工作。

（二）各单位预算管理部门主要负责本单位预算的编制、上报、控制、分析工作，并接受检查、考核，其职责参见公司预算管理部门职责。

第十五条 预算责任部门，即各单位工程管理、投资、财务、物资、人事行政、市场管理等职能部门，是预算执行的主体，是各单位主要相关活动发生的业务单元，负责本部门分管的业务预算的编制、执行、分析和控制工作，并配合预算管理部门做好全面预算的综合平衡、协调、分析、控制、考核等工作。

第十六条 公司财务管理中心是公司预算管理部门。各单位财务部门是本单位预算管理部门。预算管理部门应与预算责任部门密切协助与配合，确保预算各项指标测算基础可靠、依据充分，符合本单位实际，体现指标的先进性和合理性。

第十七条 各单位负责人负责本单位预算的组织实施，对预算执行结果负责。公司总会计师、财务总监协助单位负责人加强对本单位预算管理工作的领导与业务指导。

第四章 全面预算管理的内容

第十八条 各单位所有涉及价值形式的经营活动，都应纳入全面预算管理，明确预算目标，实行预算控制。

第十九条 各单位编制全面预算，应当以经营预算为基础，先经营预算、资本预算，后财务预算。

第二十条 经营预算是反映预算期内企业可能形成现金收付的生产经营活动（或营业活动）的预算，一般包括营业收入预算、营业成本预算、生产预算、施工成本预算、采购预算、期间费用预算等。

第二十一条 资本预算是企业在预算期内进行资本性投资活动的预算，主要包括固定资产投资预算、投资性房地产投资预算、无形资产投资预算、股权投资预算和债券投资预算。

第二十二条 财务预算主要以现金流量预算表、资产负债预算表和利润预算表等形式反映。

（一）现金流量预算表是按照现金流量表主要项目内容编制的反映企业预算期内一切现金收支及其结果的预算。它以经营预算、资本预算为基础，合理安排和编制筹资预算，是有关现金收支预算的汇总。

（二）利润预算表是按照利润表的内容和格式编制的反映预算执行企业在预算期内利润目标的预算报表。根据经营预算以及一些专项预算等有关资料分析编制。

（三）资产负债预算表是按照资产负债表的内容和格式编制的综合反映预算执行企业期末财务状况的预算报表。根据预算期初实际的资产负债表和经营预算、资本预算、现金流量预算等有关资料分析编制。

第五章　全面预算的编制与管理

第二十三条　全面预算编制原则。

（一）战略规划和年度经营计划导向原则。战略规划和年度经营计划是预算编制的基础，各单位编制预算必须按照并不得脱离本单位的战略规划和年度经营计划进行。同时，预算目标必须承接公司的战略规划和年度经营计划及财务经营目标，并按照组织结构依次分解预算目标，实现预算目标的传递和分解。

（二）优化资源配置原则。围绕年度经营目标进行合理的资源配置，同时考虑量入为出和资源的综合平衡，确保经营管理绩效的提升。

（三）承前启后原则。对于在建项目（包括投资项目和工程项目），应在对前期工作进行合理分析和评估基础上，确定当年预算目标。

（四）可行性原则。预算目标要切实可行，既要引导企业完善产业结构、提升经营方式、提高管理效率、提高经济效益，又要合理确保经过努力能够实现各项预算目标；在编制厂房、设备、重要无形资产等资本支出预算时，必须进行可行性分析，并按照重点顺序优先配置资源。

（五）可控性原则。预算编制的口径、基础等应与内部会计核算的口径、基础一致，确保对预算执行过程的实时反映和监控，确保能够对预算结果的准确记录和及时、有效分析。

（六）权责明确、分级实施原则。预算编制和控制实行分级管理和实施，根据预算管理流程进行授权和行权，缩短管理流程，严格过程管理，在权责明确与有效控制下减少管理成本。

（七）绩效考核原则。预算执行结果应与单位及责任人的业绩考核挂钩，绩效考核应与薪酬、职位晋升等挂钩。

第二十四条　各单位预算期间应与会计年度一致。

第二十五条 各单位编制年度全面预算，应基于以下基础：

（一）宏观经济形势的变化，包括国际、国内两个市场的影响。

（二）公司及各单位战略规划及中、短期滚动规划。

（三）同类企业相关指标，包括同行业企业、上市公司同类企业和公司内其他同类各单位的先进指标。

（四）各单位实际主业状况、资源状况、财务状况和经营状况等指标。

第二十六条 全面预算的编制及审批包括前期准备、预算编制及预算审核等工作。

第二十七条 全面预算编制的前期准备工作。

（一）公司经营计划及关键经营指标的制定。公司预算责任部门收集本行业、竞争对手、特别是标杆企业的信息，综合公司的经营和资源供给情况，依据公司中长期战略目标和规划，提出公司下一年度经营计划、经营目标与关键预算指标，并报请公司总经理办公会审批，审批后的关键预算指标由公司预算管理部门在当年9月底前通知各单位。

（二）各单位确定关键指标。各单位预算管理部门，根据本单位所在地区、本单位发展的目标、业务运行情况、历史数据、经营领域实际情况等确定本单位的关键预算指标。

（三）各单位审核关键指标。各单位预算最高决策机构对本单位预算管理部门上报的关键预算指标进行审核。审核时的主要关注点为：关键预算指标是否符合公司预算管理相关规定要求（例如，是否遵循公司预算编制原则和基础要求）；预算指标是否科学合理，是否基于本单位业务发展规划并结合了国内外市场情况及本单位资源状况、历史生产经营情况等因素。

（四）各单位上报关键预算指标。各单位于每年10月底以前将审批的下一年度预算关键指标上报公司。

（五）公司初步平衡关键指标。公司预算管理部门对各单位上报的关键指标进行审查、汇总、分析、平衡后，报总经理办公会审议后上报公司董事会审议通过，并于11月底前下达给各单位。

第二十八条 全面预算的编制。

（一）各单位预算管理部门将公司下发的关键预算指标依次分解下一级预算责任部门，预算责任部门根据确认的经营指标和经营计划、工作范围等，利用统一的预算编制模板和软件进行年度预算的编制。

（二）预算责任部门初步编制完成本业务单元预算后，应根据预算管理部门编制的整体预算进行对比和自我审核，对有差异的预算科目进行初步评审和协调。

（三）预算责任部门将经过初步审核后的年度预算上报预算管理部门，由各单位的预算管理部门对各责任部门上报的预算进行汇总，并按财务会计口径进行内部关联交易的抵销，形成本单位的合并财务预算。

第二十九条 年度预算的上报、审批。

（一）各单位管理层应通过预算评议会的形式对本单位的预算进行再次审核，审核的内容是本单位与各预算责任部门的目标预算、预算编制的合理性和科学性等。

（二）经过管理层审议通过的各单位预算上报公司预算管理部门，公司预算管理部门再次进行审核、修改、再上报的过程，直至汇总成为公司预算，上报公司总经理办公会进行审核。

（三）公司预算经总经理办公会审核通过后，报公司董事会审议。公司董事会主要审核汇总的经营指标与下达的年度经营指标的一致性，预算管理流程的遵循性、规范性和及时性等。

（四）公司预算经董事会审议批准后，公司预算管理部门批复各单位，各单位通过本单位最高权力机构批准预算并下达执行。

第三十条 各单位可以根据不同的预算项目，分别采用固定预算、弹性预算、滚动预算等方法进行编制。

（一）弹性预算的编制。弹性预算是指把已经编制完成的预算作为正常的年度预算，再以此为基础编制乐观或悲观的预算。乐观或悲观的年度预算编制，是在正常年度预算的基础上对主要经营指标进行一定比例的上浮或下浮，形成乐观、正常或悲观的弹性预算。

（二）滚动预算的编制与批准。年度预算编制完成并得到批准后，在预算执行的一定期间（至少按季度，有条件的单位以及最基层的业务预算应按月），各级责任部门编制滚动预算，以年度预算为控制目标，刷新下期间的预算，从动态预算中加强对生产运营的管理。滚动预算刷新时，需同时刷新乐观预算和悲观预算。

第六章 全面预算的执行与控制

第三十一条 全面预算一经公司董事会、各区域分公司管理层批准，必须认真组织实施，将各项指标层层分解，从横向和纵向落实到内部各预算责任部门、各基层单位、各环节和各岗位，形成全方位、全过程、全员参与的责任管理体系。

第三十二条 各单位应该根据批准的全面预算，充分利用本单位各项资源，协调内部各个预算责任部门和基层单位，组织各项经营活动，提高管理效率和经济效益，确保预算目标的实现。

第三十三条 各单位应建立全面预算月度、季度分析报告制度，定期分析、报告预算执行情况，并向本单位管理层、公司董事会报告。其中，月度分析随财务快报说明报公司，季度分析报告应于次月10日前报公司。

第三十四条 公司预算管理部门应根据各单位全面预算执行情况、分析报告，综合分析公司整体经济运行状况，并向公司管理层、董事会报告。

第三十五条 各单位全面预算分析，在管理层和董事会领导下，由预算管理部门组织相关部门，采取科学的方法，针对当期生产经营形势、预算执行情况和存在的问题，共同研究、落实解决预算执行中的问题，纠正预算执行偏差。

第三十六条 各单位每年应定期或不定期组织经济活动分析会，全面分析预算执行情况，交流管理经验。

第三十七条 各单位应建立健全市场营销、成本管理、资金管理等方面管理制度，在全面预算分析的基础上，结合具体情况，采取相应的措施，预防经营活动中可能出现的各种风险。

（一）加大营销力度，采取有效的激励措施和营销手段，努力扩大市场份额，确保年度营销目标顺利实现。

（二）加强成本管理，规范成本预测、预算、核算、分析、控制、考核等行为，确保年度成本控制目标的实现，不断提高经济效益。

（三）加强资金管理，按时组织资金回收，防止拖欠；严格控制资金支付，防范支付风险；强化资金预算，调节资金收支平衡；加强资金集中管理，提高资金使用效率。

第三十八条 各单位应当定期组织全面预算审计，及时发现和纠正全面预算执行中存在的问题，充分发挥内部审计监督作用，维护全面预算管理的严肃性。

第三十九条 全面预算审计工作结束后，应当及时形成审计报告，直接提交给管理层和董事会，作为全面预算调整、改进经营管理和考核的重要参考依据。

第七章 全面预算的调整与审批

第四十条 全面预算调整原则。

（一）不随意调整原则。预算方案一经批准，非客观情况下不得随意调整预算，并且在权力机构批准调整前不得提前执行。

（二）内部挖潜原则。当不利于预算执行的重大因素出现后，应首先通过内部挖潜或采取其他措施弥补，只有在无法弥补的情况下，才能提出预算调整申请。

（三）积极调整原则。当内外部条件发生重大变化时，应积极主动提出预算调整申请，保证预算方案符合客观实际情况。

第四十一条 全面预算调整的条件。在有下列情况之一出现并严重影响预算执行时，可按程序申请预算调整：

（一）企业改制、重组、合并、购并等情况发生。

（二）公司发展战略出现调整，需重新制定公司经营计划，或现有业务范围、经营方式等发生重大改变。

（三）客观环境发生重大变化（如市场需求、行业发展、竞争对手和国家政策方面），需要调整有关预算指标。

（四）公司内部环境（机构、部门、人员）发生重大变化。

（五）发生不可抗力事件，如自然灾害的发生等。

（六）董事会或预算委员会认为必须调整的其他事项。

第四十二条　全面预算调整的时间。

（一）定期调整。每年7月底前，由经理层负责组织有关责任部门参加的预算分析协调会，讨论预算调整事宜，提出预算调整方案。

（二）不定期调整。公司的内外部环境发生巨大变化时，可以根据实际情况提出预算调整。

第四十三条　全面预算调整方式。

（一）自上而下的预算调整。当公司内外部条件变化导致公司全局性预算指标发生重大变化时，由预算管理部门提出预算调整申请。审批程序为：由公司总经理提出预算调整意向，预算管理部门编制预算调整申请表，提交预算执行情况分析报告，说明调整原因和内容，上报公司董事会批准后，下达各单位调整预算并执行。

（二）自下而上的预算调整。当公司内外部条件发生变化导致公司局部性预算指标发生重大变化，而且符合预算调整条件时，由各单位提出预算调整申请。审批程序为：填写预算调整申请表，并分析预算执行情况，说明预算调整的内容和原因，经本单位管理层审核通过后，提交公司预算管理部门；公司预算管理部门经过汇总、分析、审核，形成调整预算报公司总经理办公会审核；报公司董事会审议批准后，下达各单位调整预算方案，各单位经本单位预算管理层批准后调整预算并执行。

第八章　全面预算的评价与考核

第四十四条　各单位应建立全面预算考评制度，明确考核指标体系和考核标准，建立有效的激励约束机制，调动各责任单位加强预算管理的主动性、积极性。

第四十五条　全面预算考核分为预算目标考核和预算工作考核。

（一）预算目标考核是对主要预算指标完成情况的考核。

（二）预算工作考核是对预算管理中工作质量的评价，包括预算编制的准确性，预算编制的及时性和规范性，预算执行的规范性，预算分析的及时性、全面性、系统性，预算工作组织的周密性等。

第四十六条 年度终了，各单位预算管理部门要在全面预算分析的基础上，客观评价全面预算的编制、执行与控制、分析等方面的管理水平，及时向本单位管理层和公司董事会、股东会报告。

第四十七条 公司预算管理部门负责组织对各单位预算执行情况的专项检查，并将检查结果向董事长、董事会进行报告。各单位对内部各部门、工程项目也应当建立监督检查与考评制度。

第九章 附 则

第四十八条 本制度由公司董事会发布并负责解释。

第四十九条 本制度自发布之日起生效并实施。

范本3 建造合同管理制度

第一章 总 则

第一条 为加强公司建造合同管理，提高项目经营效益，根据有关法律法规、公司章程和《内部控制基本制度》，结合公司实际情况，制定本制度。

第二条 本制度适用于公司总部、各级区域分公司、子公司（以下简称各单位）的建造合同管理。

第三条 本制度所称建造合同，是指为建造一项或数项在设计、技术、功能、最终用途等方面密切相关的资产而订立的合同。

第四条 各单位应根据本制度，结合本单位治理结构、组织结构和建造合同业务特点等实际情况制定实施细则，明确建造合同业务流程、职能部门和基层生产经营单位在建造合同业务中的权限和职责等内容，并报公司总部备案。

第二章 岗位分工与授权批准

第五条 各单位应科学、合理制定建造合同业务流程，明确各环节的控制要求，并设置相应的记录或凭证，如实记载各环节业务开展情况，及时传递相关信息，确保建造合同业务全过程得到有效控制。

第六条 各单位应根据建造合同业务流程，建立相应的岗位责任制，明确相关部门和岗位的职责、权限，确保办理建造合同业务不相容岗位相互分离，形成各司其职、各负其责、相互制约和监督的工作机制。同一部门或个人不得办理建造合同业务的全过程。建造合同业务不相容岗位至少包括：

（一）建造合同项目投标标书编制与决策。

（二）建造合同签订与审批。

（三）建造合同成本预算与执行。

（四）建造合同执行与考核。

（五）建造合同业务的执行与相关会计记录。

第七条 各单位应配备合格的人员办理建造合同业务。办理建造合同业务的人员应当具备良好的业务素质和职业道德，熟悉项目营销、施工管理、工程技术、预结算、财务与会计等业务。

第八条 各单位应对建造合同业务建立严格的授权批准制度，明确授权批准的方式、权限、程序、责任和相关控制措施，规定经办人的职责范围和工作要求。严禁未经授权的机构或人员办理建造合同业务。

第九条 审批人应当根据建造合同业务授权批准制度的规定，在授权范围内进行审批，不得超越审批权限。经办人在职责范围内，按照审批人的批准意见办理建造合同业务。对于审批人超越授权范围审批的建造合同业务，经办人员有权拒绝办理，并及时向上级部门报告。

第三章 建造合同投标与履约管理

第十条 各单位应建立广泛的信息渠道，收集工程招投标信息，甄别各种信息质量，有选择地进行工程招投标。

第十一条 各单位进行工程投标前，应分析市场环境、政策环境、金融环境等情况，以及项目工期、质量、技术、资金等方面的要求，根据本单位人力和物力资源、技术水平、财务实力等进行可行性研究。只有本单位在能力上可行、经济上可行、时间上可行的工程项目，市场管理部门才能组织投标。

第十二条 对通过可行性研究的工程项目，市场管理部门应根据本单位资源状况和市场环境，认真分析项目竞争对手情况，编制好技术标和商务标，并经本单位授权管理部门或人员决策批准后进行投标。

第十三条 各单位应根据本单位实际情况，制定相应的营销管理办法，鼓励、奖励市场管理部门和人员积极收集项目信息，合同核算部及市场部认真组织投标工作，争取签约高质量、高效益的建造合同。

第十四条 项目中标后合同签约前，合同核算部及市场部应认真组织好工程造价、质量、材料、技术、安全、财务、资金、法律等部门对合同进行评审，确保合同公平、公正、合理。合同签约后，合同核算部及市场管理部门需将建造合同应注意的关键条款、技术要求、商务要求向这些部门进行交底，并应形成相关会议纪要。对于应进行合同变更的工程，应在施工正式实施变更前执行合同变更程序，具体签约和审批程序参照前述有关程序。

第十五条 各单位应根据本单位实际情况制定项目经理管理办法，明确项目经理选聘与解聘、权利与义务、抵押与担保、奖励与惩处等方面管理内容。代表本单位履行建造合同的项目经理，各单位应择优选聘项目经理，应着重考虑拟选聘的经营目标责任人预计能够取得的合同履约程度、经济效益、社会效益、企业信誉等方面的因素。

第十六条 各单位与选聘的经营目标责任人应签订内部管理责任书，明确建造合同履约要求、应实现的经济效益、社会效益和建造合同执行结果的奖惩办法等。

第十七条 各单位应根据本单位具体管理办法，要求经营目标责任人按照其与本单位签订的内部管理责任书约定的目标提供一定方式的保证。

第十八条 经营目标责任人应根据公司项目管理相关规定，结合项目实际情况并经公司批准后设置项目部职能机构，并明确各部门职责，选聘合适的部门负责人并明确其岗位职责。

第十九条 项目部应根据项目实际情况，制定项目管理奖惩考核办法。

第二十条 项目部应根据建造合同具体情况，积极发挥项目部职能部门积极性，制订科学施工方案、技术方案和质量管理方案，并经本单位授权部门或人员批准后实施。

第二十一条 各单位应根据本单位实际情况制定分包单位和大宗材料供应商选择办法，按照公平、公正的原则，通过公开招标的方式选择分包商和大宗材料供应商。

第四章 招投标记录和建造合同台账管理

第二十二条 各单位应根据本单位组织结构及管理职能设置，明确建造合同台账管理部门及岗位，并指派专人负责合同台账管理工作。具体管理建造合同业务的各部门，应积极配合合同台账管理部门工作。

第二十三条 合同台账管理部门可同时负责招投标记录的管理工作。

第二十四条 招投标记录应记载项目招投标主要流程，包括：

（一）工程项目名称及招标方名称，工程项目名称及招标方名称记录应规范，不得使用简称。

（二）投标审批记录，载明经营部门在项目投标前是否经过授权部门负责人的审批，以及具体的审批时间。未经授权部门审批，不得参与投标。

（三）中标情况，中标项目转入合同台账管理。

第二十五条 合同台账的设置和记录应贯穿建造合同业务主要流程，具体包括：

（一）合同编号及名称：各单位应统一合同编号规则，对建造合同建立统一编号；合同名称应规范，不得使用简称。

（二）合同评审情况：签约前是否经过合同评审、合同评审文档索引号、合同评审时间、评审结论。未经评审合同，不得批准签约。

（三）合同主要信息：合同类型、主要商务条款、专项条款等。

1.合同类型分为固定造价合同和成本加成合同。

2.主要商务条款包括：固定造价合同总金额、成本加成合同毛利率、预付款、履约保函的开具与释放、主要结算方式、币种、项目进度确认方法、结算周期等。

3.专项条款包括：合同约定工期、投保、代扣税费、合同变更、索赔等。

（四）合同分类，各单位应根据合同金额区分重要性水平进行分类管理。具体分类方式应在各单位制定的实施细则中予以规定。合同台账中应对具体合同的类别予以记录。

（五）项目实施涉及总分包情况的，应记录总分包商名称，名称记录应规范，不得使用简称。

（六）项目涉及关联交易的，应注明关联方性质。

第二十六条 建造合同具体业务执行人员不得接触合同台账。

第二十七条 建造合同台账应根据合同变更事项进行更新，合同台账管理部门应根据项目部定期报送的资料及时更新合同最新执行信息，并应不定期向项目部核实合同信息。更新合同台账，必须有书面文件证明合同变更事项已经成立，经过审批并得到批准后方能更新。项目部有及时提供合同更新证据的责任和义务，相关证据应为书面文件。各单位财务部门应参与合同变更审批的会签工作。

第二十八条 合同台账管理部门应定期与财务部门核对合同台账信息，对于双方信息不一致的情况，应及时查找原因，出现差错的一方应及时更正差错。

第五章 建造合同财务管理与会计核算基本要求

第二十九条 各单位建造合同的会计核算，按项目单独设立项目部的，应以项目部作为会计核算主体，对多个项目在一个账套进行集中核算的，应以项目为会计核算对象进行明细核算。

第三十条 建造合同应按月确认建造合同收入和成本。

第三十一条 各单位进行建造合同核算，应做好以下基础工作：

（一）做好合同分立和合同合并工作，确定建造合同核算归集对象。

（二）做好合同收入、合同费用的初始测算工作，以及项目实施过程中的动态调整工作。

（三）确定合同间接费用分配方法和项目实施过程中的间接费用分配工作。

（四）项目实施过程中实际合同成本的归集、确认工作。

（五）同甲方、分包方按合同约定合理确认工程项目完工进度。

（六）按照合同约定确认工程款进度结算工作。

（七）合同预计损失的确定。

（八）上述工作中账务处理依据的收集和整理、归档。建造合同的合同分立和合同合并、合同收入和合同费用的口径划分、合同损失的确定，均按照《企业会计准则第14号——收入》的规定进行。

第三十二条 在资产负债表日，建造合同的结果能够可靠估计的，应当根据完工百分比法确认合同收入和合同费用，建造合同完工百分比按照累计实际发生的合同成本占合同预计成本的比例确定；建造结果不能可靠估计的建造合同，按照《重要会计政策和会计估计》要求进行会计处理。

第三十三条 为确保建造合同有效实施，实现建造合同预计经济效益，项目经理应按照下列要求明确相关管理部门的职责：

（一）合同分立、合同合并：由合同管理部门牵头，施工生产、预结算管理等部门配合。

（二）合同预计收入、预计成本（含预计税费，下同）、预计毛利的测算：由合同核算部门牵头，施工生产、材料管理、财务等部门配合，业务管理、施工生产和材料管理等部门应及时将相关资料提供给财务部门，以准确预计合同总收入、总成本和毛利（具体要求见本制度第八章）。

第六章 建造合同结算与收入管理

第三十四条 各单位在建造合同项目中标后，应根据合同中标价结合项目特点及要素价格，组织相关部门（或人员）进行第一次成本策划，测算出项目初始合同总收入、总成本以及预计毛利，并确定建造合同的目标利润。目标利润应大于或等于预计毛利。

第三十五条 项目部在进行工程施工过程中，至少应及时做好以下工程结算工作：

（一）按照建造合同约定的计价模式，合同核算部门原则上在收到施工图的70日内编制完施工图预算。

（二）现场施工发生设计变更时，项目部施工部门应及时取得甲方的现场签证并交给合同核算部门。合同核算部门原则上在收到设计变更及有效现场签证单10天内编完相应预算。

（三）甲方奖励款项等，项目部相关部门原则上应在事项发生10天内取得甲方或相关方的签字确认。

（四）项目部合同核算员，应按照建造合同约定的时间、方式，按照施工进度完成情况，对施工图预算、设计变更和现场签证、甲方奖励等收入进行分析、汇总编制建造合同结算资料，经项目经理批准后报送甲方，并与甲方进行分阶段、分专业的中间结算或竣工结算工作。

（五）甲方不按建造合同约定进行工程中间结算或竣工结算时，项目经理应及时组织相关人员采取有效手段促进甲方遵守合同按规定及时进行结算。

第七章 建造合同成本管理

第三十六条 项目经理应根据建造合同的项目特点，实行项目目标成本管理，在第一次成本策划时编制目标成本预算，并将目标成本预算根据项目施工要求、技术要求、工艺要求、施工组织方式等因素分解编制各项专业预算，并将各项专业预算落实到项目部各职能部门和关键责任人。

第三十七条 项目经理应按照本单位根据公司《成本管理控制制度》、《存货管理制度》和《物资采购管理制度》等制定的实施细则，建立项目部成本管理责任体系，做好成本过程控制和成本预算考核工作。

第三十八条 项目经理应组织相关负责人根据项目实际运行情况分别与甲方、分包商、大宗材料供应商进行对账，核实双方完成的工程进度量、工程预算量、资金收付金额、材料领用或采购量、材料领用或采购金额，发现差异必须及时调整，确保双方保持一致，并由财务部门保存和归档管理核对记录。

第三十九条 项目部应严格控制对分包单位的现场签证，应要求分包单位必须按月根据分包合同条款、分包工程实际施工进度编制并报送分包工程中间结算资料。项目部核算人员须按月对分包工程的中间结算进行审核，并将审核结果及时送交财务部门作为核算分包成本和作为审核支付分包工程款的依据。

第四十条 项目部材料管理部门要做好以下工作：

（一）及时办理材料出入库手续（在发票未到的情况下，办理暂估入库），出库单上应注明建造合同项目。

（二）至少每月盘点现场材料，并及时办理退库手续，以确保材料成本的真实。

（三）至少每月编制材料收发存报表，使得账实保持一致。至少每月将材料出入库单、盘点表、送货单、收发存报表送交财务部门作为核算材料成本的凭证附件。

第四十一条 项目部核算人员要做好以下工作：

（一）建造合同项目实施前，了解项目应交税费和当地税务部门征管要求，做好项目税收筹划工作。

（二）每月末要求工程管理人员提供业主确认的签证完成量、分包完成工作量，材料部门提供材料出入库清单（并附相应的出入库手续），及时准确核算当月工程结算量、当月合同成本、累计合同成本。

（三）每月末要求合同收入、成本的预测归口管理部门提供合同预计收入、预计成本、预计毛利，按要求计算出当月应确认的合同收入、合同毛利并进行相应的账务处理。

（四）对合同预计毛利为负数的项目，至少每季度末计算出将要发生的预计损失并调整计提未完合同预计损失准备。

第八章 建造合同的风险管理

第四十二条 项目经理至少每季度组织相关部门责任人，对正在实施的建造合同在进行基础数据复核的基础上执行项目分析和风险评估，项目会计人员根据截止季末前一个月的基础数据进行项目分析，并根据分析和评估结果，对其中影响项目财务状况和经营成果的事项，在季末结账前进行相应的会计处理。

在对施工项目执行数据分析和风险评估时，至少应包括以下内容：

（一）合同总收入和合同总成本是否可以合理确定。

（二）根据已发生成本和将要发生成本的分析复核，确认成本预算执行是否存在偏差，合同预计总成本是否需要变更；目前预计的毛利率是否合理，是否可实现。

（三）对完工进度进行分析，根据已发生成本和预计总成本计算完工百分比，结合工程形象进度，分析验证目前账面完工百分比是否合理，是否存在需要调整账面数据的因素（如成本未及时入账、预计总成本需要变更等）。如果账面确认的完工百分比与形象进度差异大于5%的，需要分析差异原因。

（四）工程进度是否缓慢，如果缓慢，需要说明工程缓慢的原因。

（五）合同是否存在负毛利或是亏损，如果是，需要评估损失金额。

（六）结算是否及时，已结算金额与收入确认额是否存在重大差异。对建造合同中间结算与收入确认额进行对比，分析两者差异原因。对收入确认额大于中间结算时，项目经理应根据项目实际情况判断合同履约风险。预计可能发生无法承受的结算风险或收款风险时，应提出风险防范措施并向本单位有关部门或领导汇报，经本单位授权部门或人员批准后实施。

（七）已完工未结算存货、应收款项、长期应收款是否存在减值风险和合理计提了减值准备。

（八）预付账款、预收账款是否及时结转。

（九）是否存在其他长账龄未清理的往来款项及减值风险等。

通过执行项目分析和风险评估，以项目经理和预结算、财务、施工等相关部门责任人对预计收入、成本、毛利率、合同损失、减值准备等进行的重新测算和调整，作为本季度末建造合同账务处理的依据。

如果调整后的预计毛利率低于目标毛利率，应在季度分析中说明原因。在对合同预计收入、成本及毛利率进行测算后，相应调整目标成本，分解编制各专业预算，并将各项预算落实到项目部各职能部门和关键责任人。

项目经理至少每季度组织相关部门责任人根据截至上月财务数据对工程项目进行复核，最迟在当月15日前完成项目的复核、分析和风险评估，相关分析评估结果经所有参与分析讨论的责任人签字确认后，将纸质资料正式归档保存，作为财务部门在季末进行账务处理的凭证附件。财务人员在收到项目各责任人签字确认的项目分析报告后，方可据此对项目估计变更进行账务调整。

第四十三条 各单位至少每季末在总经理及相关部门责任人参加的工作会议上，对所属法人单位层面营业收入最大的至少前十项建造合同（按当年累计营业收入排序）、终止执行的建造合同、合同毛利较低或亏损合同进行专题分析、复核和风险评估。相关分析评估结果经所有参与分析讨论的责任人（至少包括总经理、建造合同主管领导、总会计师）签字确认后，将纸质资料正式归档保存。各单位审计部门应根据职责权限对建造合同执行进展情况进行审计检查，并出具检查报告，及时发现可能存在的风险，提高公司整体会计信息质量和项目管理水平。

第九章 建造合同资金管理

第四十四条 项目经理应按照建造合同的约定，按时、足额收回工程预付款、进度款、竣工结算款和质保金。

第四十五条 项目经理结合建造合同中间结算、收款、甲方财务实力、商业信誉等情况，预计可能发生无法承受的垫资风险时，应提出风险防范措施并向本单位有关部门或领导汇报，经本单位授权部门或人员批准后实施。

第四十六条 项目经理应严格执行本单位货币资金管理办法和工程项目财务管理办法等规定，建立资金管理责任体系，明确不相容岗位相互分离、制约与监督；组织相关人员在项目实施前编制项目资金预算，在项目实施过程中编制年度资金预算、季度和月度资金收支计划，项目部应严格执行并定期开展资金预算执行分析。

第四十七条 项目部财务人员审核资金支付时，至少做好以下工作：

（一）审核交易是否真实存在。

（二）审核支付资料是否齐全。

（三）审核支付审批是否完备。

第四十八条 禁止项目部对外进行投融资活动。

第十章 附 则

第四十九条 本制度由公司财务管理中心发布并负责解释。

第五十条 本制度自总经理办公会审议通过、发布之日起生效并实施。

范本4 成本管理控制制度

第一章 总 则

第一条 为加强公司成本管理，实现公司发展战略和生产经营目标，根据有关法律法规、公司章程和《内部控制基本制度》，结合实际，制定本制度。

第二条 本制度适用于公司、各级区域分公司、子公司（以下统称各单位）费用管理和所属工程项目的成本管理。

第三条 各单位开展成本活动，应遵循分期核算原则、相关性原则、可比性原则、一贯性原则、实际成本核算原则、及时性原则、配比性原则、权责发生制原则、谨慎性原则、重要性原则、明晰性原则，同时坚持做到：

（一）领导负责制。各单位负责人必须重视、支持本单位成本管理工作，对本单位的成本管理成果负完全责任，对本单位成本内部控制体系的建立健全和有效实施以及成本支出的真实性、合理性、合法性负责。

（二）目标成本管理。各单位负责人应根据本单位的业务性质和资源等实际情况，设立合理的成本管理组织结构，根据本单位发展目标和成本效益原则建立严格的成本预算制度，分级分层分岗位确定成本控制目标。

（三）全员责任制。各单位负责人必须组织本单位全体员工参与成本管理，对成本活动每一个环节和过程进行控制。

（四）层层负责制。各单位应按层次下达成本控制目标，即上一层次向下一层次下达成本控制目标；各层次负责人应组织本层次员工加强成本的控制与管理，对本层次的成本管理结果负责，对上一层次的负责人负责。

（五）责任成本考核制。各单位应当根据成本预算内容，分解成本指标，落实成本责任主体，考核成本指标的完成情况，制定奖惩措施，实行成本责任追究制度；对成本管理成果显著的责任单位或责任人，应给予相应的物质或精神奖励，对成本超支造成损失的，应给予相应的处罚。

第四条 各单位应根据本制度，结合本单位治理结构、组织结构、业务性质、生产经营特点等实际情况制定实施细则，明确成本控制活动流程、各职能部门和基层生产经营单位在成本活动中的权限和职责，并报公司财务管理中心备案。

第二章　岗位分工与授权审批

第五条　各单位应科学、合理制定成本管理业务流程，明确各环节的控制要求，并设置相应的记录或凭证，如实记载各环节业务开展情况，及时传递相关信息，确保成本管理业务全过程得到有效控制。成本管理业务基本流程如下：

（一）成本预算的编制与审批。

（二）成本预算的执行与控制。

（三）成本活动的核算与分析。

（四）成本活动的评价与考核。

第六条　各单位应根据成本管理业务流程，建立相应的岗位责任制，明确相关部门和岗位的职责、权限，确保办理成本管理业务不相容岗位相互分离，形成各司其职、各负其责、相互制约和监督的工作机制。同一部门或个人不得办理成本管理业务的全过程。成本管理业务不相容岗位至少包括：

（一）成本预算的编制与审批。

（二）成本支出的审批与执行。

（三）成本预算的执行与考核。

（四）成本支出的执行与相关会计记录。

第七条　各单位应配备合格的人员办理成本管理业务。办理成本管理业务的人员应当具备良好的业务素质和职业道德，熟悉企业管理、营销管理、财务管理等业务。

第八条　各单位应对成本管理业务建立严格的授权批准制度，明确授权批准的方式、权限、程序、责任和相关控制措施，规定经办人的职责范围和工作要求。严禁未经授权的机构或人员办理成本管理业务。

第九条　审批人应当根据成本管理业务授权批准制度的规定，在授权范围内进行审批，不得超越审批权限。经办人在职责范围内，按照审批人的批准意见办理成本管理业务。对于审批人超越授权范围审批的成本管理业务，经办人员有权拒绝办理，并及时向上级部门报告。

第三章　成本预算管理

第十条　各单位应当结合自身经营业务特点和组织结构，采用适当的成本控制方法，分析可控成本与不可控成本，落实各级次各岗位责任控制目标及控制重点，提高成本管理效率。

第十一条　各单位应当根据建造合同项目采用预算成本等控制方法，确定目标成本。合同项目确定后，各单位应及时组织设计、施工、技术人员优化设计方案和施工组织方案，在此基础上预结算人员进行造价水平分析，在本单位现有资源和管理水平条件下，确定实施合同项目所需最小的目标成本和成本降低率目标，测算项目预计造价及预计效益，明确成本管理责任。

第十二条 各单位应当编制年度期间费用预算，落实期间费用控制的责任部门，加强对期间费用的控制。

第十三条 各单位无论采取何种成本管理方法，在成本活动开始前或开始前期，根据业务合同、业务特点、管理水平、企业资源状况、社会资源状况和价格水平等情况或条件，编制成本预算。成本预算经本单位授权部门或人员批准后实施。

第十四条 成本预算批准后，各单位应将成本预算按专业化分工或工艺流程或成本对象单位等方式进行分解到成本责任部门，成本责任部门应继续分解落实到具体工序或岗位或责任人。

第十五条 当编制成本预算的基础发生较大变化时，如市场资源价格发生较大变化，导致原成本预算已不能有效用于成本控制和分析，应及时对原成本预算进行调整。调整后的成本预算应经本单位授权部门或人员批准后实施。

第四章 成本过程控制

第十六条 各单位应积极推进科技创新和技术创新，形成面向市场的新产品开发和技术创新机制，不断优化施工工艺流程和设计施工方案，提高劳动生产率，降低资源消耗。

第十七条 各单位应根据业主需求，合理有效地安排生产计划，最大限度地提高生产效率，避免窝工和存货积压的现象，降低产品成本。

第十八条 材料成本控制。

（一）各单位应根据本单位实际情况制定并认真执行材料管理办法，明确材料采购、保管、消耗、自行加工和委外加工制品管理责任，明确材料超支、节约奖惩制度。

（二）各单位应根据生产计划或施工计划，采用经济批量等办法合理确定材料采购批量，通过集中采购、招标采购、批量采购等方法，合理组织运输，降低材料采购成本和储存成本。

（三）各材料管理部门应加强材料日常管理，做好材料进出计量验收工作，杜绝入库材料质量欠缺、数量短缺，保证出入库材料数量准确；采取有效措施，降低材料库存和保管费用，降低库存材料损耗，降低制品加工过程的损耗和制品进入现场的管理损失。

（四）各单位应制定直接材料消耗定额，建造合同项目应根据施工图编制材料消耗预算，材料管理部门应以材料消耗定额或消耗预算为依据限额发料；对没有消耗定额的，应根据生产工艺水平、以往耗用水平确定耗用计划，并限额发料。对超额用料，应认真分析原因，并对相应责任人进行惩罚。

（五）各单位材料管理部门必须按规定时间做好材料盘点工作，保证材料的安全完整，减少材料损耗；材料盘亏盘盈，必须及时做出详细分析，明确责任，并按审批权限及时进行处理，确保账实一致。

（六）各单位工程应根据施工计划编制周转材料使用计划，合理组织周转材料进出场，减少租用或占用时间，降低周转材料使用成本。

（七）各单位工程应加强对分包单位领用、消耗材料的管理，严格按分包合同规定的甲供材料范围按材料预算实行限额领料，不得超合同范围供应材料，不得给分包单位的材料采购、周转材料租赁提供担保。对超额领用或损耗的材料，必须扣减其分包付款。

（八）各单位应加强对废旧材料物资的回收利用，提高材料物资利用率。确属废旧材料，按规定程序出售，所得价款必须交财务部门入账冲减材料成本，不得留作小金库或挪作他用。

第十九条 人工成本控制。

（一）各单位应当建立人工成本控制制度，合理设置工作岗位，以岗定责，以岗定员，以岗定酬，以绩定酬，通过实施严格的绩效考评与激励机制控制人工成本。

（二）各单位应根据生产经营需要，择优配置人员，形成精干、高效、层次合理的人员结构，提高劳动效率，降低人工成本。

（三）各单位应推行竞争上岗机制，建立优胜劣汰的用工机制，形成岗位及工资收入的动态管理机制，发挥人工成本的激励功能。对于富余人员应采取培训转岗、解除合同等措施进行分流。

（四）各单位向劳务公司外包建筑施工劳务的，应采取招标方式，按照保证质量、择低选用的原则选择劳务供应方，并签订合同。

第二十条 机械设备使用成本控制。

（一）各单位应加强本单位机械设备的维修保养，避免因使用不当或维修不当造成设备停置，从而影响单位生产施工任务，增加施工成本和设备维修成本支出。

（二）各单位如需租赁外单位的机械设备，应采取招标方式，按照保证质量、择低选用的原则选择设备供应方，并签订合同。

（三）各单位工程承包业务需要使用机械设备时，应根据生产施工计划编制机械设备进出场计划，提高机械设备的利用率，降低机械使用成本。

（四）各单位应建立机械设备管理台账，定期盘点，防止机械设备的丢失和毁损。

第二十一条 分包成本和委托外部加工成本控制。

（一）各单位应建立分包和委托外部加工准入制度，加强对分包单位、委托外部加工单位资信和能力的考察、审查和评定，防止因分包单位、委托外部加工单位的能力影响合同履约，从而影响本单位的信誉，增加工程项目成本。

（二）各单位应根据建造合同项目性质，通过招标综合评分，确定分包单位或委托外部加工单位。在确保满足业主需求的情况下，原则上应以低价中标。

（三）各单位应加强工程的分包签证控制，建立签证责任体系，定量授权，分包合同中应指定签证人，明确签证人的签证权限、时限和变更方式，签证资料应及时送交预结算管理部门。

（四）各单位应加强对分包工程和委托外部加工件的材料控制，分包合同和外委加工合同中应明确材料领用范围及结算方式，领用签字人及其权限、变更方式，明确超额领料处罚措施。

（五）各单位应加强工程分包付款和委托外部加工付款的控制，分包合同或外委合同中应明确支付方式、条件、时间等。工程承包合同除垫资项目外，对分包付款原则上不得优于甲方对本单位支付条件。

（六）各单位应建立分包付款和委托外部加工付款的审批流程，分包工程款或外委加工款必须同时经预结算管理部门、材料管理部门、工程管理部门、财务部门、项目负责人等审批后方可予以支付。支付分包工程款或委托外部加工款时应及时扣除分包单位或委托外部加工单位超领材料、各种罚款以及本单位统一结算但应由分包单位或委托外部加工单位分摊承担的水电费、规费等以及代扣代缴税金，防止因扣款不及时造成分包工程款或委托外部加工款超付，从而增加合同项目成本。

（七）各单位应加强工程分包或委托外部加工进度结算控制，要求分包单位或委托外部加工单位按月上报工程完工进度或委托外部加工进度预算，预结算人员应严格遵照合同和现场实际完工量的签证按月审核，预结算分包成本和委托外部加工成本，预结算额必须经项目负责人批准。预结算额超过分包成本预算或委托外部加工成本预算，成本控制责任人必须及时组织预结算、材料、财务等人员进行分析查找原因，落实责任，完善分包合同和分包成本预算、委托外部加工合同和委托外部加工成本预算，堵塞漏洞。

（八）各单位应建立分包结算或委托外部加工结算的两级审核制，分包合同或委托外部加工合同履行完毕，达到办理结算条件，预结算人员应及时办理结算量的审核，并报公司预算部门审核，报项目负责人审批后确定。

第二十二条 其他直接成本控制。

（一）各单位应根据现场施工特点，对可能发生的其他直接成本进行预测，采取有效措施降低其他直接成本的支出。

（二）各单位对于其他直接成本，必须根据工程受益对象进行归集，应由外单位负担的，必须及时提出分摊依据和金额交给财务人员，便于扣减应付账款。

第二十三条 期间费用控制。

（一）各单位应按“必要性、有效性”原则编制年度期间费用预算，并将费用控制指标落实到各职能部门。

（二）各单位应制定费用的开支范围、标准、方式和费用支出的申请、审核、审批、支付程序，严格控制各项费用的支出。

（三）单位应按季形成费用支出分析报告，对异常的费用支出进行及时预警，对违规支出、超标准支出应从相关责任人工资收入中扣回。

第五章 成本核算

第二十四条 各单位应做到正确划分成本核算界限：正确划分资本性支出和损益性支出的界限；正确分清直接成本和间接费用的界限；正确分清本期成本和下期成本的界限；正确分清不同成本核算对象之间的界限；正确分清完工项目成本和未完工项目成本的界限。

第二十五条 各单位应建立合理的成本费用核算制度，成本费用核算制度应符合国家统一的会计准则和本公司《会计核算规范》《施工成本管理办法》等的规定，不得随意改变成本费用的确认标准或者计量方法，不得虚列、多列、不列或者少列成本费用。

第二十六条 各单位财务部门应根据实际成本支出状况，收集各项成本发生的基础数据资料，计提、摊销各项应计、应摊费用，并按受益对象进行归集和分摊，根据本单位会计制度的要求，及时、准确、真实、全面地核算成本。

第二十七条 各单位财务部门应按月或按季按工程管理中心统计出实际成本发生的情况，并送达成本控制责任人，成本控制责任人对实际成本支出情况有异议的，财务部门应及时进行查询、核对。

第六章 成本分析

第二十八条 各单位至少应按季组织相关部门和人员对实际成本支出情况进行分析，对偏离目标成本的，要查明原因，分析成本控制中的薄弱环节，并将分析结果报送本单位负责人及相关成本控制责任人。

第二十九条 各单位每次成本分析，应以工程管理中心为对象，总体分析目标成本执行情况和采取的管理措施效果，进一步对比分析实际消耗量和预算定额消耗量、实际成本价和预算成本价的差异，分析量差、价差对成本超支和节约的影响程度，进一步对比分析实际费用发生的范围、数额和预算数的差异，动态监测目标执行结果，并提出改进成本管理的措施。

第三十条 各单位应建立成本分析报告制度，规定成本报告的报送时间，下一层次的应及时将成本分析结果、进一步采取的成本管理措施上报上一层次，实行层层成本管理监督报告制度。

第七章 成本考核

第三十一条 各单位应根据本单位实际情况制定成本考核制度，并分层次与成本控制责任人签订成本管理责任书。

第三十二条 各单位应严格按成本管理责任书的约定，在规定的时间内完成对成本控制责任人的考核，奖优罚劣，激励全员树立成本控制意识。

第三十三条 各单位的成本考核结果应作为成本控制责任人岗位聘用、职务任免的参考依据。

第八章 附 则

第三十四条 本制度由公司财务管理中心负责解释。

第三十五条 本制度自总经理办公会审议通过、发布之日起实施。

范本5 税务管理制度

第一章 总 则

第一条 为加强公司的税务管理，促进税务管理工作进一步程序化、系统化和制度化，依法履行纳税义务，有效控制税务风险，根据《中华人民共和国税收征收管理法》等有关税收法律法规、公司章程，结合公司实际，制定本制度。

第二条 本制度属于公司制度体系的第一层级，适用于公司、各区域分公司、子公司（以下简称各单位）。

第三条 遵守税收法规、依法合理纳税是公司税务管理工作的宗旨。公司倡导遵纪守法、诚信纳税的税务管理理念，增强企业及员工税务风险意识，并将其作为企业文化建设的一个重要组成部分。

第四条 各单位应按本制度组织本单位的税务管理工作，接受公司的业务指导与监督。

第五条 各单位应根据本制度，结合本单位性质、业务特点、组织结构等情况制定具体实施细则，明确各业务部门具体职责、税务管理具体流程和内容等，并报公司财务管理中心备案。

第二章 税务管理组织机构与职责

第六条 公司税务管理由总经理办公会、经理层和全体员工共同实施。总经理办公会和经理层将加强税务管理，防范和控制税务风险作为经营活动的一项重要内容，促进企业内部管理与外部监管的有效互动。

公司总经理办公会负责审定税务管理制度，对税务风险进行监督。

公司经理层负责税务管理的组织领导，对重大税务安排及筹划进行审议，组织对税务风险控制措施进行落实。

公司财务管理中心是税务工作的日常管理部门。

（一）负责组织各区域分公司、子公司税务管理、业务培训、国内外涉税手册更新、税务风险评估与应对。

（二）汇集各区域分公司、子公司涉税诉求，与税务局进行沟通协调。

（三）组织对重大项目进行专项税务筹划。

（四）参与公司战略规划和日常生产经营活动中的税务影响分析，为经营、投资等经济活动提供税务专业支持与管理建议。

（五）负责各种发票的购买、领用、开具和保管工作。

（六）公司、各区域分公司及所属子公司税务申报与管理等。

第七条 各单位应根据本单位治理结构和组织结构，建立税务管理组织领导与运行体制，明确管理职责权限、授权批准程序和工作协调机制。

第八条 各单位应结合自身实际情况，在财务部门设置专职税务管理岗位和人员。各单位税务管理职责，至少应包括以下内容：

（一）办理日常纳税业务。负责本单位税务事项的审核、核算、申报、缴纳（含代扣代缴）、协调与管理工作；按照税法规定，真实、完整、准确地准备和保存有关涉税业务资料。

（二）贯彻执行税收政策。制定和完善本单位税务管理制度、税务手册；保持与税务机关的日常工作联系，收集整理税收法律法规，了解、宣传税收征管的措施和要求；督促、指导下属单位规范执行各项税收政策，并进行监督检查。

（三）加强税务分析和筹划。加强经营活动的税务筹划，每月对纳税申报、税负情况进行综合分析，有效控制税收成本，发挥税务管理的效益。

（四）合理利用税收政策，有效防范税务风险。熟练掌握国家有关税收政策，按谨慎的原则，结合各地实际情况认真研究分析各项税收政策，实施日常税务风险监测，识别、评估和应对税务风险。

第九条 各单位应建立科学有效的职责分工和制衡机制，确保税务管理的不相容岗位相互分离、制约和监督。税务管理的不相容职责包括：

（一）税务计划的编制、审批与执行。

（二）税务资料的准备与审查。

（三）纳税申报表的填报与审批。

（四）税款缴纳划拨凭证的填报与审批。

（五）发票购买、保管与税务专用印章保管。

（六）税务风险控制程序的执行与执行有效性的审查、评价。

第十条 各单位应建立税务管理岗位责任制，对税务管理人员工作进行考核，考核的主要内容包括：

（一）税务计划执行情况。

（二）税法执行情况，有无漏税、误报、错报、延报现象。

（三）税务规划情况。

（四）与各部门涉税业务的工作配合情况。

（五）业务创新情况。

（六）岗位职责规定的其他职责完成情况。

第十一条 各单位应配备合格的税务管理人员负责涉税业务，税务管理人员任职条件如下：

（一）学历要求：大学专科及以上。

（二）专业知识：税务专业知识、相关财会知识、熟练使用各项办公软件及税务软件。

（三）专业技能：对政策法规有较强的理解能力、业务操作中的策划能力，较强的职业判断能力，较强的人际沟通能力及相关业务程序的协调运作能力。

（四）职业品质：遵纪守法、坚持原则、爱岗敬业、忠于职守。

第十二条 各单位应定期对税务管理人员进行培训，每年培训时间不应少于4个工作日或组织2次以上专业培训。

第三章 税务风险管理

第十三条 各单位应在日常税务管理工作中及时识别税务风险。税务风险指企业涉税业务因未能正确有效遵守税收法律法规而导致未来利益的可能损失，表现为企业多交或少交税款从而给企业的效益和声誉造成影响。

各单位应重点防控的税务风险包括但不限于：

（一）涉税财务管理等基础管理工作不扎实，不能准确、客观反映财税业务状况。

（二）税收政策理解不准确，纳税申报工作不规范，造成多缴、漏缴、晚缴税款；未能及时、准确申请退税、税收返还，增加企业税负。

（三）税务安排与筹划不够全面细致，不能有效达到预期目标。

第十四条 各单位应提高税务风险管理的意识，建立税务管理制度，税务管理人员应参与企业战略规划和经营决策的税务风险控制与识别，并协同相关职能部门共同实施企业日常税务风险监测、识别、评估，及时提出应对策略。

第十五条 税务风险管理的主要目标包括：

（一）税务规划具有合理的商业目的，并符合税收法律法规。

（二）经营决策和日常经营活动考虑税收因素的影响，符合税收法律法规。

（三）对税务事项的会计处理符合相关会计制度或准则以及相关法律法规。

（四）纳税申报和税款缴纳符合相关法律法规。

（五）税务登记、账簿凭证管理、税务档案管理以及税务资料的准备和报备等涉税事项符合相关法律法规。

第十六条 各单位应根据税务风险评估的结果，考虑风险管理的成本和效益原则，建立有效的税务风险内部控制机制，合理设计税务管理流程和控制方法，全面控制税务风险。

（一）建立重大涉税事项汇报制度。各单位发生重大涉税事项或需公司协调事项应及时上报公司协调解决。

（二）建立分工与授权机制。各单位应建立科学有效的职责分工和制衡机制，确保税务管理的不相容岗位互相分离、制约和监督。

（三）及时识别税务风险。各单位应建立由税务、财务及其他经营人员组成的税务风险测评机构，定期或不定期对本单位各类税务风险进行评估。

（四）制定风险控制措施。各单位应针对税务风险所涉及的管理职责和业务流程，制定覆盖各个环节的全流程控制措施。

第四章　税务安排与统筹

第十七条 各单位应提高税务统筹意识，加强对税收优惠政策和各类经济业务的税务研究，开展合法有效的税务安排与统筹，合理降低企业税务成本。对于重大项目，可聘请具有相关资质和专业能力的中介机构，统一研究组织专项税务安排与统筹。

第十八条 各单位开展税务安排与统筹应坚持以下原则：

（一）合法性。税务安排与统筹应当在法律许可的范围内进行。

（二）筹划性。税务安排与统筹应当是经营活动或税务风险影响实际发生前的事先合理规划、筹措或安排。

（三）目的性。税务安排与统筹应当以降低税收负担为目的。

第十九条　各单位开展税务安排与统筹应充分考虑以下因素：

（一）筹划成本。税务安排与统筹应事先充分估计因此而发生的各类成本，进行必要的成本效益分析和综合性考虑。

（二）税法调整变化。税务安排与统筹应充分预计并及时关注税法的调整变化，据此相应调整实施策略和方法。

第五章　税金计算与缴纳

第二十条　各单位应密切关注国家税收政策变化，并及时与主管税务机关沟通获取本单位或特定业务的税收优惠，以及行业性、区域性的税收优惠政策。

第二十一条　各单位应认真分析本单位经营行为、应税行为，准确区分各项业务适用的税法、税种、税目和税率。

第二十二条　各单位应积极与主管税务机关沟通，明确本单位或特定业务税金的计算方法、纳税期限、总分支机构纳税主体等涉税事项。

第二十三条　各单位应按照《企业会计准则》和公司会计制度的要求，正确做好各项业务会计核算工作，准确计算各项业务应税基数和应缴税额。

第二十四条　各单位应将各项业务缴纳的税金正确归集到核算对象，准确核算各项业务经济效益。

第二十五条　各单位依照税法承担代扣代缴义务的，应当按照所代扣代缴的税种，分别设置代扣代缴、代收代缴税款账簿，依法代扣代缴。

第六章　税务资料管理

第二十六条　各单位应建立税务档案，妥善保管税务资料。各单位应指定专人定期收集整理相关税务资料，建立税务档案税务资料登记簿，账簿、记账凭证、报表、完税凭证、发票、出口凭证以及其他有关涉税资料应保存15年。

第二十七条　各单位应按法人单位进行税务资料管理，对下属分公司、项目部以本单位名义从事经营活动涉及的相关会计资料和税务资料应统一在法人单位保存。

第二十八条　各单位应严格查验发票的真伪，确保发票的真实性、合法性，总公司一经查实为虚假发票的，将对各单位按涉税金额的10倍进行处罚。

第七章　附　则

第二十九条　本制度由公司总经理办公会负责解释。

第三十条　本制度自公司总经理办公会审议通过、发布之日起实施。

范本6　纳税事务管理办法

第一章　总　则

第一条　为规范公司的纳税行为，降低纳税风险，依据《税务管理制度》的规定，结合公司实际、制定本办法。

第二条　本办法适用于公司总部、各区域分公司、子公司及所属工程项目部（以下统称各单位）。

第三条　公司纳税事务包括：外经证管理、增值税管理、企业所得税管理、发票管理等纳税事项的管理。

第四条　公司层面的纳税事务由公司财务管理中心税务专管员负责，其他单位的纳税事务由本单位财务部门的税务专管员负责。

第二章　外经证管理

第五条　外经证申请。

（一）各工程项目部在申请开具外经证时，须作为发起人填写《外经证审批表》。

（二）《外经证审批表》申请流程（按填写顺序）：项目名称、项目地址、外经证开具金额（小写、大写）、合同中对方企业名称、经营目标责任人签字（如有分公司负责人作为担保人的，应由分公司负责人签字确认）——税务专管员（区域）签字——财务经理（区域）签字——税务专管员（总部）签字——财务经理（总部）签字。外经证办理完毕后，经办人员应在《外经证审批表》上填写外经证编号、外经证有效期、备注并签字确认。

（三）“项目名称、项目地址、外经证开具金额（小写、大写）、合同中对方企业名称”由各工程项目部负责填写，所有签字均应由本人手签或授权代签，因此所造成的责任和损失由项目负责人承担。“外经证编号、外经证有效期、经办人员、备注”由到税务局开具外经证的经办人员填写，经办人员应将内容填写完整的《外经证审批表》进行归档保存。

（四）为了提高外经证开具效率，如无特殊原因，每周五为统一开具外经证时间（遇节假日则相应提前）。每周五前各单位财务部门的税收专管员将外经证申请表汇总提交给公司财务管理中心的税收专管员。

第六条　外经证核销。

（一）核销期限。所开具的外经证，无论是否开具发票，各工程项目部都必须在外经证到期前8个工作日内邮寄到单位税收专管员处，单位税收专管员必须在外经证到期日前5个工作日内（遇节假日则相应提前）汇总提交到公司财务管理中心税收专管员处。财务管理中心税收专管员必须在外经证到期日前2日内汇总邮寄到公司经办人员或自行到公司注册地税务局办理核销。

（二）核销资金。各单位必须在外经证到期日前3个工作日内，按规定把核销外经证的所得税款转至公司专用账户。户名：××××××，开户行：×××××××××××××，账号：××××××××××××××××××××。不允许以个人名义直接转至公司专用账户，禁止将税款转至个人账户。

（三）若税款未及时转至公司账户导致延期核销的，按照第七条“延期核销罚则”的规定处理。

第七条 延期核销罚则。

鉴于外经证延期对企业纳税信用等级评级的重要影响，为加强公司外经证的规范核销，对于各工程项目部没有在规定时间内进行核销导致延期的，第一次延期处罚10 000元，第二次延期处罚20 000元，第三次及以上延期每次处罚100 000元。

对于各单位税收专管员没有在规定时间内邮寄导致核销延期的，第一次延期对单位税收专管员罚款1 000元，第二次延期对单位税收专管员罚款2 000元，第三次及以上延期每次对单位税收专管员罚款3 000元。对于公司财务管理中心税收专管员或公司经办人员在收到后没有及时核销的，第一次延期对责任人罚款1 000元，第二次延期对责任人罚款2 000元，第三次及以上延期每次对责任人罚款3 000元。

第三章 项目部增值税管理

第八条 增值税及附加税费的预留管理。

工程项目部在编报“资金收支预算”时应当预留相应税费。简易计税项目按3%增值税及对应附加税费预留，待工程项目部自行预交税费后提供完税证明至单位财务部门税收专管员，确认无误后再退还；一般计税项目按9%的增值税及对应附加税费预留，若项目部已提供足额进项发票至单位财务部经认证抵扣后，预留税费可为预交的2%增值税及对应的附加税费。预留税费暂按收到工程款（含各种代付款）金额的一定比例（含已在经营地预缴部分）确定，此比例公司每年将根据实际情况进行动态调整。

第九条 增值税进项税额管理。

（一）工程项目部编制的资金收支预算安排的材料款及劳务款，必须提供足额的发票及对应金额的收据（对于已提供过发票，公司形成应付账款的，在应付款范围内再次支付时可只提供收据），以确保公司有足额的进项税额抵扣。

（二）各工程项目部严禁虚开、虚取增值税专用发票，所有的材料、劳务的增值税专用发票务必保证“四流合一”，虚开发票的按照票面金额的10倍处罚。

（三）工程项目部擅自付款或不经过公司账户支付的，公司对其相对应的进项税额做进项税额转出处理，不予抵扣。

（四）公司已作认证的发票，各供应商在没有经过公司同意的情况下擅自作废，由此产生的一切经济损失，公司视情况按该损失额的5倍以上对工程项目部进行处罚，没有造成经济损失但影响公司纳税信用的，每次对项目负责人给予1 000元的罚款，并要求项目部追究发票提供方的责任。

第十条 工程项目部预交税款所属月份应与发票开具所属月份一致，可以提前预交，不允许推后，特殊情况须经公司财务管理中心批准。

第十一条 公司财务管理中心税务专管员负责每月对工程项目部的增值税、附加税费进行汇总计算、申报、缴纳等。

第四章 发票管理

第十二条 销项发票管理。

（二）公司需要开具的增值税发票由公司注册地办事人员统一向公司注册地税务局购买，并由专人保管。空白发票丢失，必须及时向公司财务总监报告，并向税务机关备案，对因发票丢失造成损失的追究相关人员的责任。

（二）工程项目部需要向业主开具发票时，须认真填写“开具增值税发票审批表”“申请开具发票增值税计算表”，如果因工程项目部原因填写要素不齐全、错误等导致开票退回的，每发生一次对项目部处罚1 000元。

（三）各单位税务专管员负责登记销项发票台账，注明项目名称、项目负责人、开票时间、发票号码、发票内容、收票单位名称、是否作废等。

第十三条 为了准确清晰反映向客户（甲方）已经开具的销售发票和尚未开具的销售发票信息，各单位财务部门会计应在每月15日前，向公司总会计师填报截至上月末的“向客户开具发票情况表”。

第十四条 进项发票管理。

（一）工程项目部会计应根据当月实际采购情况（包括材料采购、劳务采购、租赁采购等），及时催收相应的增值税进项发票，在收到进项发票后须认真审核票、单是否一致。

（二）工程项目部须将发票原件及签字确认的复印件，每月一并寄（送）至税务专管员处进行认证，每月25日前取得的发票须在25日前寄（送），25日之后取得的发票于次月寄（送）。税务专管员收到进项发票后，在“进项发票登记表”上详细记录每张发票的开票时间、发票号码、品种名称、数量、金额、开票单位名称等。

（三）各单位财务部门会计在签收发票后，发现发票有疑问需进一步核实时，公司项目部会计应积极配合，并及时与出票方联系。

（四）工程项目部提供的进项发票已临近认证最后期限，应单独说明，如未及时沟通，导致未能认证的，由项目部承担全部责任。

（五）公司财务管理中心税务专管员应按进项发票的认证顺序，将进项发票装订成册，对于因抵扣联遗失等原因而采用发票联认证的，必须将发票联复印件视同抵扣联装订在抵扣联装订册中。

第十五条 对暂估价入账发票的管理。

（一）工程项目部发生采购业务应当及时取得符合规定的发票，暂时不能取得发票的，公司财务部核算会计应暂估入账。

（二）工程项目部会计应在每月2日前向公司财务部报送本月的“应收发票明细表”。

（三）凡暂估价入账的业务，发票取得期限自入账之月计算不得超过12月。

（四）暂估价入账时间超过3个月仍未取得相应发票的，应当向公司财务总监提出书面解释，经批准后可以适当延长。

（五）应收未收发票超过3个月的，且未经公司财务总监批准，公司财务部可暂停为其办理会计事项，包括款项支付、工资薪酬发放。

第十六条 工程项目部对所提供给公司发票的真实性、合法性负全责，并在每张发票后附查验结果且签字确认。

第十七条 公司财务管理中心会计对项目部提供发票进行复核、查验。因其工作失职出现问题的，公司财务管理中心负责人及核算会计承担连带责任。

第五章 项目部销项税额计算管理

第十八条 工程项目的增值税纳税（预交）义务发生时间为：

（一）预收工程款的，预交税款义务发生时间为收到工程款的当天；

（二）先开票后收款的，纳税义务时间为开具发票的当天。

第十九条 工程项目部应在取得“客户（甲方）、监理方签章的工程项目工程款（进度款）支付申请表”一周内转交本单位财务部门。财务部门应按“客户（甲方）、监理方签章的工程项目工程款（进度款）支付申请表”上的“应付进度款金额”计算销项税额，开具销售发票。

第六章 企业所得税管理

第二十条 公司财务管理中心税务专管员负责按照《中华人民共和国企业所得税法》和相关法规、政策的规定，依法对公司的企业所得税进行计算、申报、缴纳。

第二十一条 公司财务管理中心税务专管员应在次年5月底以前对公司本年度应缴企业所得税进行汇算。

第二十二条 公司财务管理中心税务专管员应在企业所得税汇算的基础上，按照公司《重要会计政策和会计估计》《企业会计准则第18号——所得税》的规定，计算确认递延所得税资产、递延所得税负债和本年度所得税费用。

第二十三条 公司财务管理中心税务专管员对计算确认的递延所得税资产、递延所得税负债和本年度所得税费用在本年度进行账务处理，不得在下年度简单处理。

第二十四条 公司财务管理中心税务专管员拖延失职，影响公司本年度经营成果的，由公司财务总监对其处以200～1 000元罚款。

第七章 个人所得税管理

第二十五条 各单位税务专管员应做好本单位的个人所得税指导计算、扣缴等管理工作。

第二十六条 各单位税务专管员应对工资表中扣缴的个人所得税进行检查，发现错误及时纠正。

第二十七条 工程项目部在施工地预缴的工资薪金所得个人所得税，按照完税凭证上注明的税额，记入“应交税费——应交个人所得税（工资薪金所得）”科目借方发生额。

第二十八条 工程项目部向管理人员发放工资薪金时，按照工资发放表中扣缴的个人所得税税额，记入“应交税费——应交个人所得税（工资薪金所得）”科目贷方发生额。

第二十九条 各单位税务专管员工作失职，造成公司员工个人所得税管理漏洞，形成多交税款、少交税款的，由公司财务总监对其处以200～1 000元的罚款。

第三十条 在税务检查中因单位税务专管员主观原因，给公司造成税务罚款的，由公司财务总监对其处以1 000～3 000元的罚款。

第八章 附 则

第三十一条 本办法由公司财务管理中心负责解释。

第三十二条 本办法由公司总经理办公会审议通过、发布之日起执行。

范本7 融资管理制度

第一章 总 则

第一条 为规范公司在生产经营过程中的筹资行为，降低筹资风险，依据《内部控制基本制度》的规定，结合公司实际，特制定本制度。

第二条 本制度所指的筹资行为，是指公司为生产经营活动的需要，通过合法手段融入资金的过程。包括向银行等金融机构的融资行为，以及向社会其他非金融机构和个人的融资行为。

第三条 本制度适用于公司总部、各区域分公司、子公司和所属工程项目部（以下统称各单位）的融资行为。

第二章 资金筹措

第四条 各单位的资金筹资工作由公司财务管理中心统一管理。

第五条 各单位需要筹措资金时，应向公司财务管理中心提出申请。资金筹措申请应当说明的事项包括：

（一）资金筹措的原因。

（二）资金筹措的金额。

（三）资金筹措的期间。

（四）资金筹措的利率。

（五）筹措资金需要的保证。

（六）公司财务管理中心需要说明的其他事项。

第六条 公司财务管理中心在收到单位申请后，应对其融资行为进行风险评估。风险评估时应当考虑如下事项：

（一）资金筹措的必要性。

（二）对公司层面资金偿还能力的影响。

（三）为资金筹措提供保证的有效性、可行性。

（四）资金使用单位偿还能力。

（五）资金筹措偿还时间的合理性。

（六）其他影响公司信誉的事项。

第七条 公司财务管理中心应当将风险评估结果和审核后的资金筹措申请，向公司财务总监报告。

第八条 在该项筹资风险可控制情况下，公司财务总监方可批准该项资金筹措申请，并经公司董事长审批。经公司领导审批的资金筹措申请，为各单位资金筹资的合规依据。

第九条 各单位筹措的资金应当进入公司指定银行账户，各单位不得直接将筹措的资金用于款项支付。

第十条 各单位筹措资金时，应当与资金出借人签订资金借款合同书。各单位的资金借款合同书应交本单位财务部门保管。

第三章　资金筹措的会计核算

第十一条　单位财务部出纳人员应及时核实筹集资金的到账情况，发现异常，及时汇报，否则出纳员应承担相关责任。

第十二条　单位财务部经理负责对借款凭证进行检查，检查借款手续是否齐全、内容是否合法，确保与筹资申请、合同或协议的内容保持一致，对借款合同应妥善保管、谨防丢失。

第十三条　单位财务部经理应当对每笔筹措资金建立台账，清晰记录每笔资金的合同编码、借款日期、本金、偿还日期、利率、付息方式等内容。

第十四条　根据筹措资金出借人、借款期限的不同可分别采用以下不同会计核算方法：

（一）向银行和非银行金融机构的借款。

1.借款期限在一年以上的通过“长期借款”核算。

2.借款期限在一年以内的通过“短期借款”核算。

（二）向非金融机构的借款。

1.借款期限在一年以上的通过“长期应付款”核算。

2.借款期限在一年以内的通过“其他应付款”核算。

第十五条　在资金使用过程中，属于分期付息合同的，单位财务部会计应足额、及时、按照规定程序办理资金利息的支付。

第十六条　在资金使用过程中，属于到期付息合同的，单位财务部会计应遵照权责发生制的要求，根据借款合同书的约定，对尚未支付的利息的提取进行会计确认。

第十七条　各单位财务部门对支付或应当支付的资金使用费，应当按照《企业会计准则第17号——借款费用》的规定，划分为资本化和费用化进行核算。

第十八条　各单位财务部门在支付借款利息费时，应当取得收款人提供的利息发票。

第四章　债务偿还

第十九条　按照借款合同或协议约定，对30日内将要到期归还的借款本金，单位财务部经理应当提交还款计划，经公司财务总监审批后，由出纳员在到期日前将资金调拨至还款专用户。

第五章　信息披露

第二十条　公司证券部应当对公司重大的融资事项按照《公开发行证券的公司信息披露编报规则》要求，在全国中小企业股转系统有限公司的官方网站披露。

第六章 附 则

第二十一条 本制度由公司财务管理中心负责解释。

第二十二条 本制度由公司总经理办公会审议通过、发布之日起实施。

范本8 工程项目财务管理办法

第一章 总 则

第一条 为加强公司工程项目管理，规范财务收支行为，完善财务管理体系，根据有关法律法规、公司章程和《内部控制基本制度》，结合公司实际情况，制定本办法。

第二条 本办法适用于公司、各区域分公司、子公司（以下统称各单位）所属工程项目的财务管理。

第三条 工程项目是公司的成本中心，实行经营目标责任人负责制。经营目标责任人应依法履行合同，在授权范围内履行财务管理职责，并对其职责负责。

第四条 工程项目财务管理是公司财务管理和项目管理的基础和重点。经营目标责任人应通过落实项目经济责任，加强项目预算管理、资金管理、会计管理，并通过财务信息化建设等措施保证工程项目财务管理的统一性和规范化。

第五条 各工程项目部应根据本办法，结合工程项目部的生产经营特点等实际情况制定实施细则，明确工程项目部的财务管理业务流程，并报公司财务管理中心或区域分公司财务部备案。

第二章 岗位分工与授权批准

第六条 各工程项目部应科学、合理规定其财务管理业务流程，明确各个环节的控制要求，并设置相应的记录或凭证，如实记载各环节业务开展情况，及时传递相关信息，确保工程项目财务管理业务全过程得到有效控制。

第七条 各工程项目部应根据工程项目财务管理业务流程，建立相应的岗位责任制，明确相关部门和岗位的职责、权限，确保办理工程项目财务管理业务不相容岗位相互分离，形成各司其职、各负其责、相互制约和监督的工作机制。同一部门或个人不得办理工程项目财务管理业务的全过程。工程项目财务管理业务不相容岗位至少包括：

（一）项目资金预算的编制与审批、审批与执行、执行与考核。

（二）项目成本预算的编制与审批、审批与执行、执行与考核。

（三）项目用料的请购与审批、采购与验收、采购与付款。

（三）项目分包成本的结算与审批、结算与付款。

（四）项目各项经济活动的执行与相关会计记录。

第八条 各工程项目部应配备合格的人员办理工程项目财务管理业务。办理工程项目财务管理业务的人员应当具备良好的业务素质和职业道德，熟悉财务与会计等。

第九条 各工程项目部应对工程项目财务管理业务建立严格的责任管理制度，明确经办人的职责范围和工作要求。严禁未经授权的机构或人员办理工程项目财务管理业务。

第十条 各项目部审批人在授权范围内进行审批，不得超越审批权限。经办人在职责范围内，按照审批人的批准意见办理工程项目财务管理业务。对于审批人超越授权范围审批的业务，经办人员有权拒绝办理，并及时向区域分公司财务部或总会计师报告。

第十一条 工程项目财务管理业务经办人应严格按照公司财务管理中心的规定要求，及时整理、登记、汇编财务信息资料，并及时报送区域分公司财务部会计。

第三章 项目资金管理

第十二条 工程项目资金收支实行预算管理，工程项目部应在项目开工前，根据合同约定的付款条件、工程进度等编制项目整体资金预算，报区域分公司总会计师批准后实施。

第十三条 工程项目部要在年度资金预算的基础上，逐步建立月预算制度，以保证项目资金的合理调配。项目部会计负责工程项目资金预算的编制、执行和日常管理工作。

第十四条 各工程项目部应建立严格的预算审批制度，工程项目年度和月预算应经公司总会计师审批后执行。工程项目部的所有付款以批复的资金预算为依据，按公司规定的审批流程进行付款审批。

第十五条 公司对项目部资金进行集中管理。

第十六条 经营目标责任人是项目资金回收第一责任人，组织并负责资金回收的各项工作，建立应收工程款风险管理机制，落实资金履约监管责任。工程项目部管理人员及时办理工程量的确认和阶段性结算等工作；项目部会计人员根据合同约定和确认的工程量协助资金回收的办理和对账。

第十七条 各工程项目部不得进行合同规定外的垫资，严禁对外借贷、投资和担保，未经公司财务管理中心批准不得进行融资活动。

第十八条 各工程项目部应根据项目情况制定项目备用金限额标准，报总会计师审批。除符合现金支付条件以外的支出必须采取银行转账结算。现场零星资金收入应及时缴存银行，不得坐支现金。

第四章 项目收入、成本和费用管理

第十九条 工程营业收入管理。

（一）工程项目开工前，工程项目部应根据合同和工程进度，分析项目收入种类，并结合项目特点、市场环境等，做好工程结算策划工作，降低工程结算风险。

（二）工程项目实施过程中，项目部应严格按照合同约定，根据项目实施情况，做好现场签证、设计变更、索赔等工作，及时报甲方确认，并及时办理工程结算。

（三）工程项目部应根据本公司《建造合同管理制度》，持续、动态做好项目结算收入款项的预测和适时调整工作，合理确定完工进度，评估项目预期收益。工程结束后，应及时做好竣工结算工作。

（四）各区域分公司财务部会计应按照收入准则和公司会计核算的规定确认工程营业收入。

（五）工程项目部应当按照区域分公司财务部的要求，及时向区域分公司财务部提供甲方确认的工程款结算单。

（六）工程项目部提供的“甲方确认的工程款结算单”的工程营业收入进度，与各区域分公司财务部会计核算的工程施工成本进度存在的差异，超过预警标准时，工程项目部的会计、预算提供差异分析说明。

（七）经营目标责任人应按合同和工程预算，严格审核有关工程量清单、工程进度以及业主对已完工程量的确认等情况，保证已完工程量确认的真实、准确。

第二十条 成本管理。

经营目标责任人是执行项目成本预算和落实降低成本计划的责任人。经营目标责任人对成本开支的合规性、真实性负责。成本核算必须遵循权责发生制原则，正确归集和真实反映工程项目成本支出情况。

（一）编制项目成本预算，实行目标成本管理。项目开工前工程项目部应根据合同条件、项目特点、市场环境、技术要求等做好成本策划工作，制定切实可行的成本控制措施；并在成本策划的基础上，编制工程项目成本预算，实行目标成本管理。工程项目成本预算，应根据成本项目编制专项预算，如材料预算、机械台班预算、人工预算、劳务分包预算等。项目实施过程中应在项目总成本预算基础上编制年、月成本预算，按公司预算审批程序逐级申报审批后执行。

（二）建立采购招标制度。工程用主要材料、大宗物资和设备租赁、劳务分包的采购原则上应采取招标的方式进行。

（三）严格工程分包管理。各工程项目应根据工程特点、市场价格等因素，确定分包方式，并通过招标方式选择分包单位。对分包工程的计价、验收和工程量的追加、索赔等建立不相容岗位分离的监督机制，对超过工程成本预算或追加分包工程量超过一定范围的分包支出，要按预算审批或合同评审程序逐级申报审批后执行。工程项目部预结算管理人员要按月根据分包工程实际完成量，编制分包工程预结算单，经授权部门批准后，报交公司财务管理中心作为分包成本确认和编制资金预算的依据。

（四）工程项目部应按照公司统一规定，对材料成本、劳务成本、机械施工成本和其他施工成本进行规范的原始记录、取得合规票据。工程项目部会计应当及时对施工成本发生时的原始资料进行整理、记录，并按照区域分公司财务部的规定报送。

（五）工程项目施工过程中，应按期或按重要节点做好成本分析工作。工程项目结束后，应对项目成本管理进行总结，并对相关责任人进行考核。

（六）工程项目财务竣工决算前应对项目物资进行全面清点，剩余物资报本单位有关部门批准后处理。

第二十一条 工程项目间接费管理。

（一）区域分公司合同预算部应制订不同工程项目的间接费统一内容和标准，结合各项目的具体情况确定不同项目的间接费开支标准，作为工程项目间接费预算的依据。

（二）各工程项目部应执行审批的预算内容和标准报销间接管理费用，如需增加开支内容，应报公司预算合同部审核、公司总会计师批准后执行。

（三）各工程项目部的经营目标责任人、项目部会计应当保证相关间接管理费用及时、准确计入工程项目成本。

第五章 固定资产和周转料具管理

第二十二条 各工程项目部用固定资产和周转料具实行集中登记、管理，采取由本区域分公司物资部或财务部统一登记、管理等形式，保证公司资产的合理调度和安全、有效使用。

第二十三条 各工程项目部负责设备和周转料具的日常维护、保养和安全使用，对不能正常使用的固定资产和周转料具要及时修理。

第二十四条 各工程项目部应建立固定资产和周转料具卡片，登记资产的领用日期、使用人、金额、租费等信息，每年至少在年度末进行一次全面盘点，并与资产归口管理部门进行核对，做到账实相符、账账相符。在项目竣工或资产不再使用时，及时办理资产移交手续。

第二十五条 各区域分公司财务部会计应按《重要会计政策和会计估计》规定足额计提折旧，明确折旧的提取主体，不得多提、少提或漏提折旧。

第六章 会计核算及会计基础工作

第二十六条 各区域分公司财务部应逐步推进以网络和财务软件为基础的项目集中会计核算，保证工程项目会计核算的统一化、规范化，保证对工程项目财务信息的适时调度和监控。

第二十七条 各区域分公司财务部应明确项目会计核算的对象和原则，正确划分费用收支界限，加强工程项目核算的基础工作。

（一）建立各种财产物资的收发、领退、转移、报废、清查、盘点、索赔制度。

（二）建立健全与工程项目核算有关的各项原始记录和工作量统计制度。

（三）工程项目核算必须有账有据，要根据内部管理和报表编制的需要，按照核算对象、会计要素等进行合理分类、分配和归集。

第二十八条 工程项目会计要根据“必要、实用、简便”的原则，组织建立项目台账，全面、及时反映项目收入来源、成本构成、发票开具、工程结算、资金流动等情况。

第二十九条 区域分公司财务部要协助做好项目竣工决算编制工作，根据项目竣工决算分工，提供部门意见和决算相关资料。

第三十条 加强会计档案管理，从工程项目立项到竣工投产、交付使用的各个阶段所形成的财务文件、签证、文字材料、图表、计算资料等要进行收集、整理、分类归档保管，确保会计档案的有效性、安全性和完整性，在工程项目清算结束后要按公司会计档案管理规定，移交公司档案管理机构统一保管。

第七章 附 则

第三十一条 本办法由公司财务管理中心负责解释。

第三十二条 本办法自总经理办公会审议通过、发布之日起实施。

范本9 工程项目收入管理办法

第一章 总 则

第一条 为规范公司的工程项目收入确认行为，便于财务会计人员操作，依据《建造合同管理制度》《工程项目财务管理办法》的规定，结合公司实际，制定本办法。

第二条 本办法适用于各区域分公司、子公司财务部门对工程项目收入的核算管理。

第二章 工程项目收入确认

第三条 本办法所称工程项目收入是指，应当按照《企业会计准则第14号——收入》要求确认的工程项目营业收入。

第四条 区域分公司财务部会计、子公司会计应当按照公司《重要会计政策和会计估计》规定的方法确认工程项目收入。即按照实际发生的施工成本占预算施工成本的比例（成本完工进度百分比），确认工程项目收入。

第五条 工程项目部应在次月2日前向区域分公司财务部会计或子公司会计、合同预算部报送本项目本月实际完成的“进度款支付申请表”。

工程项目部报送的本月实际完成的“进度款支付申请表”应由工程项目部负责人、预算员签字。

当月已经办理款项结算或开具发票的，项目部应当向区域分公司财务部会计或子公司会计报送“业主（甲方）、监理方签章的工程项目工程款（进度款）支付申请表”。

第六条 各区域分公司财务部会计、子公司会计在确认工程项目收入时，应当编制“工程项目收入确认计算表”。

“工程项目收入确认计算表”的主要内容包括：

（一）工程项目预算总收入。

（二）工程项目预算总成本。

（三）工程项目预算毛利额。

（四）工程项目预算毛利率。

（五）截至本期末账面实际发生的“合同履约成本——工程施工”的借方累计发生额。

（六）累计施工成本进度（百分比）。

（七）累计工程项目收入金额。

（八）截至上期末已确认工程项目收入金额。

（九）当期确认工程项目收入金额。

第七条 区域分公司财务部会计、子公司会计按照复核无误的“工程项目收入确认计算表”，确认当期工程项目收入。

第三章 分析检查

第八条 区域分公司财务部会计、子公司会计至少每季度，将“业主（甲方）、监理方签章的工程项目工程款（进度款）支付申请表”上的工程产值与会计账簿记录的工程项目收入进行核对。

第九条 账面记录的工程项目累计营业收入换算为累计含税产值后，与“业主（甲方）、监理方签章的工程项目工程款（进度款）支付申请表”上的累计产值对比后出现差异的，区域分公司财务部会计、子公司会计应当编制“收入差异分析报告”，并在期末15日内将“收入差异分析报告”报公司总会计师、公司财务总监。

第十条 公司总会计师应当责成工程项目部经理或经营目标责任人，查明收入差异形成的原因，并以“收入差异原因说明”书面形式，在规定的时间内上报公司总会计师、公司财务总监。

第十一条 区域分公司财务部会计、子公司会计应当根据收入差异形成的不同原因，分别情况进行处理。

（一）属于账面施工成本核算错误形成的，应当根据实际情况对账面发生的“合同履约成本——工程施工”的当期借方发生额进行调整。

（二）属于账面收入核算错误形成的，应当根据实际情况对账面发生的营业收入的当期贷方发生额进行调整。

第十二条 区域分公司财务部会计、子公司会计每月应对账簿记录的工程项目收入与工程结算、应交税费——待转销项税额进行核对。

（一）工程项目确认的累计工程项目产值（含税收入），如果大于或等于工程结算累计贷方发生额，一般情况下是合理的，反之为不合理。

（二）（账面累计工程项目产值（含税收入）-账面工程结算累计贷方发生额）/（1+增值税适用税率）×增值税适用税率=账面待转销项税额是合理的，反之为不合理。

（三）工程项目“合同履约成本——工程施工”累计借方发生额等于“主营业务成本”累计借方发生额是合理的，反之为不合理。

区域分公司财务部会计、子公司会计在分析过程中，发现存在不合理情况的，应当及时上报公司总会计师、公司财务总监。

第十三条 各单位财务部门负责人应当对本单位财务部会计编报分析报表进行指导、督促、检查，发现问题及时向公司总会计师、财务总监汇报。

第十四条 公司总会计师应当将工程项目收入与工程结算、应交税费——待转销项税额核对的不合理情况通知项目部经理或经营目标责任人。

第十五条 工程项目部经理或经营目标责任人，未按照规定时间向公司总会计师、公司财务总监上报“收入差异原因说明”“工程项目收入与工程结算、待转销项税额差异原因说明”，或上报的“收入差异原因说明”不能合理解释差异的，公司总会计可通知区域分公司财务部会计、子公司会计暂停该项目部的会计事项办理，直至做出合理解释为止。

第四章 合同毛利调整

第十六条 区域分公司财务部会计、子公司会计至少每季度将当期发生的施工成本与当期确认的营业成本进行对比。若存在差异，应当查明原因，进行账务调整。

第十七条 区域分公司财务部会计、子公司会计对于因工程施工预算成本或工程预算收入变动形成的预算毛利差异，应对施工成本与营业成本的差异进行调整。

第十八条 工程项目部预算员每月应当按照实际发生的施工成本，对已编报的工程施工预算进行复核、检查，若出现实际合同毛利与预算合同毛利差异时，应当按照《建造合同管理制度》的规定程序，编制预算毛利调整说明，并及时通知区域分公司财务部会计或子公司会计，会计人员依照规定对该工程项目的合同毛利进行修订。

第十九条 公司总会计师应当对每个工程项目的工程预算毛利进行检查，发现预算毛利脱离实际的项目，应当深入了解、跟踪调整。

第五章　罚　则

第二十条 各单位财务部门会计未按本办法规定编报分析报表的，处以300～500元/次的罚款。

第二十一条 各单位财务部会计未按本办法规定将发现的不合理情况以书面形式向公司总会计师、财务总监汇报的，处以300～500元/次的罚款。

第二十二条 各单位财务部负责人未履行指导、督促、检查职责，导致本单位的各项分析报表编制不完整、不准确、不及时，存在的问题未向公司总会计师、财务总监汇报的，处以500～1000元/月的罚款。

第六章　附　则

第二十三条 本办法由公司财务管理中心负责解释。

第二十四条 本办法自公司总经理办公会审议通过、发布之日起实施。

附件：

附件1　工程项目收入与业主确认产值对比表

附件2　工程项目收入与工程结算对比表

附件3　工程项目收入与待转销项税额核对表

附件4　工程收入进度与工程施工成本进度对比表

附件1 工程项目收入与业主确认产值对比表

工程项目收入与业主确认产值对比表

单位：元

序号	工程项目名称	账面累计产值	业主确认的累计产值	差额	原因
1					
2					
3					
4					
5					
6					
7					
8					
9					
10					
11					
12					
13					
14					
15					
16					
17					
18					

附件2　工程项目收入与工程结算对比表

工程项目收入与工程结算对比表

金额单位：元

序号	工程项目名称	合同（预算）总收入	税率	工程收入确认金额（含税）		应收账款（工程结算）确认金额		差异金额		结算占收入比例	累计收入小于累计结算原因
				累计工程收入（含税）	本年工程收入（含税）	累计确认金额	本年确认金额	累计差异金额	本年差异金额		
1											
2											
3											
4											
5											
6											
7											
8											
9											
10											
11											
12											
13											
14											
15											

附件3 工程项目收入与待转销项税额核对表

工程项目收入与待转销项税额核对表

单位：元

序号	工程项目名称	累计账面收入	累计账面产值（含税）	累计工程结算	尚未结算工程产值	应计待转销项税	账面待转销项税	差额
1								
2								
3								
4								
5								
6								
7								
8								
9								
10								
11								
12								
13								
14								
15								
16								
17								

附件4 工程收入进度与工程施工成本进度对比表

工程收入进度与工程施工成本进度对比表

金额单位：元

序号	工程项目名称	合同（预算）总施工成本	工程收入进度		工程成本进度		进度对比差异		进度对比差额	
			累计进度（%）	本年进度（%）	累计进度（%）	本年进度（%）	累计进度（%）	本年进度（%）	累计进度差额	本年进度差额
1										
2										
3										
4										
5										
6										
7										
8										
9										
10										
11										
12										
13										
14										
15										
16										

范本 10 与关联方资金往来管理办法

第一章 总 则

第一条 为规范公司与公司的控股股东、实际控制人及其他关联方的资金往来（以下简称公司关联方），保护投资者合法权益，避免公司关联方占用公司资金，根据《中华人民共和国公司法》《中华人民共和国证券法》《关于规范上市公司与关联方资金往来及上市公司对外担保若干问题的通知》及有关法律、行政法规、部门规章和其他规范性文件的规定，结合公司实际情况，特制订本办法。

第二条 本办法所称“关联方”，与不时修订的相关证券交易管理的规定具有相同含义。

第三条 公司、各区域分公司、子公司（以下简称各公司）与公司关联方之间资金往来适用本办法。

第四条 本办法所称资金占用，包括经营性资金占用和非经营性资金占用。

经营性资金占用，是指公司关联方通过采购、销售及提供劳务等生产经营环节的关联交易所产生的对各公司的资金占用。

非经营性资金占用，是指各公司为公司关联方垫付工资、福利、保险、广告等费用和其他支出，代公司关联方偿还债务而支付资金，有偿或无偿、直接或间接拆借给公司关联方资金，为公司关联方承担担保责任而形成的债权以及其他在没有商品和劳务提供情况下给公司关联方使用的资金。

第二章 各公司与公司关联方资金往来的规范

第五条 严格限制公司关联方占用各公司资金。各公司不得为公司关联方垫支工资、福利、保险、广告等费用，也不得互相代为承担成本和其他支出。

第六条 各公司不得以下列方式将资金、资产和资源直接或间接地提供给公司关联方使用：

（一）有偿或无偿拆借公司资金给公司关联方使用。

（二）通过银行或非银行金融机构向公司关联方提供委托贷款。

（三）委托公司关联方进行投资活动。

（四）为公司关联方开具没有真实交易背景的商业承兑汇票。

（五）代公司关联方偿还债务。

（六）中国证监会认定的其他方式。

第七条 各公司在与公司关联方进行交易时，除符合国家法律、行政法规、部门规章和其他规范性文件以外，还需依照公司章程、《关联交易决策管理制度》等规定的决策程序进行，并且应当遵守公司《信息披露管理制度》，履行相应的报告和信息披露义务。

第三章　资金往来支付程序

第八条　各公司董事、监事、高级管理人员对维护公司资金和财产安全负有法定义务和责任，应按照有关法规和公司章程的规定勤勉尽职、履行自己的职责。

第九条　各公司与公司关联方办理资金支付时，各公司财务部门应当严格遵守国家、公司及本单位的有关规章制度和财务纪律，将有关协议、合同等文件作为支付依据，还应当审查构成支付依据的事项是否符合公司章程及其他治理准则所规定的决策程序。

第十条　各公司财务部门、内部审计部门应定期对本单位与公司关联方资金往来进行检查，杜绝公司关联方非经营性占用资金的情况发生。

第四章　审计和档案管理

第十一条　公司应当在聘请注册会计师为公司年度财务会计报告进行审计工作时，对各公司存在公司关联方占用资金的情况出具专项说明，公司应当就专项说明做出公告。

第十二条　各公司财务部门应当认真核算、统计本公司与公司关联方之间的资金往来事项，每月末与公司关联方进行核对，并建立专门的财务档案，按会计档案管理办法进行相关档案管理。

第五章　法律责任

第十三条　当各公司发生公司关联方侵占公司资产、损害公司及股东利益情形时，各公司应采取有效措施要求公司关联方停止侵害并就该损害造成的损失承担赔偿责任；在公司关联方拒不纠正时，各公司应向有关部门举报，要求有关部门追究其法律责任，必要时可通过诉讼及其他法律形式索赔。

第十四条　各公司董事、监事及高级管理人员违反本办法，协助公司关联方侵占公司财产，损害公司利益，给公司造成损失的，应当承担赔偿责任，损失较为严重的，公司将视情节轻重，对直接责任人给予警告、罚款、降职、免职、开除等处分，构成犯罪的，移交司法机关处理。

第六章　附　则

第十五条　本办法未尽事宜，依照国家法律法规、公司章程等规范性文件的有关规定执行；本办法如与国家日后颁布的法律法规和经合法程序修改后的公司章程相抵触，按照国家有关法律法规和公司章程的规定执行，并及时修订。

第十六条 本办法经公司总经理办公会审议批准后实施，由公司总经理办公会负责解释和修订。

范本 11 财务信息化管理办法

第一章 总 则

第一条 为保障公司财务信息系统的安全运行与顺利实施，提高财务信息管理的科学化、规范化，根据有关法律法规、公司章程和《内部控制基本制度》，结合公司实际，制定本办法。

第二条 本办法适用于公司、区域分公司、子公司（以下统称各单位）的财务信息化管理。

第三条 财务管理中心是公司财务信息化管理的职能部门，负责公司财务信息化规划的制定与组织实施，负责对各单位财务信息化工作的指导、监督和检查。各单位财务部门是本单位财务信息化管理的职能部门，负责本单位财务信息化建设的规划与实施推进，负责财务信息系统的运行与维护、安全运行的监督、检查等工作。

第二章 岗位分工与授权审批

第四条 各单位应建立由财务部门经理负责的财务信息化管理小组，负责本单位财务信息化管理工作，并按照本办法，结合单位实际，做好人员分工和职责权限的落实，做好不相容岗位的分离。

第五条 各单位至少要安排一名财务人员兼任系统管理员，负责本单位所属账套的设置工作及设备维护、数据库维护的管理工作。系统管理员必须熟悉业务，并具备一定的计算机应用基础知识，有较强的组织管理能力。各单位财务信息化系统管理员的更换应报公司财务管理中心备案。

第六条 计算机信息系统岗位一般包括系统分析、编程、测试、程序管理、数据库管理、数据控制、终端操作等。各单位应根据公司计算机信息系统管理部门职能要求，配合做好相关岗位不相容职责分离，系统开发和变更过程中不相容岗位（或职责）一般应包括：开发（或变更）立项、审批、编程、测试；系统访问过程中不相容岗位（或职责）一般应包括：申请、审批、操作、监控。

各单位至少应对以下三方面岗位职责进行分离：

（一）财务部门经理职责权限。

1.拟定本单位财务信息化建设规划，根据批准的规划，负责组织实施和监督检查工作。

2. 负责本单位财务信息化岗位的设定和权限分配，确定对具体人员的职责权限的批准。

3. 负责账套增加，以及会计核算体系、科目体系、系统基本参数等设置的审查、批准。

4. 负责组织对本单位定向开发的财务管理软件进行测试及批准正式启用。

5. 负责财务信息化建设推进中与相关部门、单位的协调工作。

6. 规范本单位的财务行为，及时组织处理系统应用中的突发事件，防止利用计算机进行舞弊，制止不规范业务的发生。

（二）一般操作人员职责权限。

1. 严格按照财务管理信息化建设的有关规定及财务管理软件使用手册进行操作，不越权操作、不违规操作。

2. 妥善保管自己的登录口令或密钥，严禁对外出借口令或密钥，对所有以自己口令或密钥处理的会计业务负全部责任。

3. 所有会计业务处理，必须严格遵循财务制度、会计规范规定，不得进行违章违规处理。

4. 及时核对自己所属业务的账、表、证，确保账务的及时性、正确性。

5. 登录系统后，若长时间不操作业务，应及时退出系统，确保财务数据的安全。

（三）系统管理员职责权限。

1. 负责系统软件、硬件、网络的技术问题，保障财务系统的正常运行。

2. 依据财务部门经理签发的岗位权限标准及授权书，在系统中对具体操作人员的权限（包括临时权限）进行分配和调整，临时权限在完成任务后应立即撤销，对有关密钥等及时收回。

3. 处理日常操作过程中出现的一些常见问题，负责汇总系统应用中的问题，及时与系统服务商联系解决，保证系统的安全运行。

4. 做好数据的日常备份，利用相关技术对操作人员、数据等进行监控，发现异常操作、数据时应做好记录，并立即向本单位财务机构负责人报告。

第三章　财务信息系统操作要求

第七条　各单位应督促指导下属各会计主体及时处理会计业务，填制记账凭证，编制会计报表，以保证各单位财务数据的实时反映与汇总分析。

第八条　财务信息系统在投入使用前应当至少完成整体测试和用户验收测试，并且要与原系统并行三个月以上时间，以确保系统的正常运转和数据的安全性、正确性。

第九条 对系统生成的日志至少要保留一月以上的记录，任何人不得以任何理由删除日志。

第十条 公司统一的会计核算体系及会计科目体系由公司财务管理中心制定并下发，任何单位不得随意更改。各单位可以根据本单位需要在公司统一会计核算体系和会计科目体系下增加下一级明细科目和辅助核算。各单位应控制账套不能更改和增加会计科目体系。

第十一条 公司统一制定和下发各单位上报公司财务管理中心的财务报表格式，各单位不得修改。各单位用于日常管理的报表可自行设计和修改。

第十二条 各单位应按照公司财务管理中心的统一要求按时报送财务报表。

第十三条 各单位对报送的本单位财务报表内容的准确性、真实性、完整性负责。

第四章 财务系统软硬件管理

第十四条 各单位财务信息系统硬件及应用软件的选用采购应满足公司财务信息化建设财务软件的配置标准要求，具体配置标准由公司财务管理中心制定，如因各种原因无法满足高要求，应至少满足基本要求，并不断升级系统软硬件配置标准，以提高财务信息系统运行的安全性及运行效率。

第十五条 各单位应制定财务信息系统硬件管理制度，对设备的新增、报废、流转等情况建档登记，统一管理。

第十六条 各单位应将财务信息系统硬件设备放置在合适的物理环境中，由专人负责管理和检查，其他任何人未经授权不得接触计算机信息系统硬件设备。对于主要系统服务器应当配备不间断电源供给设备。操作人员应当严格遵守用电安全，不得在计算机专用线路上使用其他用电设备。

第十七条 硬件设备的操作使用应严格执行设备操作管理规定，定期对有关设备进行保养，严禁违规违章操作，确保硬件设备的安全。硬件设备的更新、扩充、修复等工作应当由相关人员提出申请，报信息部负责人审批。

第十八条 公司应当完善计算机信息系统硬件设备异常状况处理制度。一经发生异常状况（如冒烟、打火、异常声响等），应当立即通知有关部门，并按处理制度进行处理。

第十九条 未经本单位财务部门经理和系统管理员批准，各单位不得在财务管理信息系统上安装、拆卸软硬件，不得改变系统的运行环境。

第二十条 各单位系统管理员应负责做好计算机病毒防范工作。对所有在用计算机应经常进行病毒检测，严防病毒通过网络传播，若发现病毒应立即处理并报告。所有外来的和来历不明的介质在使用前应进行病毒检测，严禁在计算机上安装各种游戏软件。

第二十一条 各单位应提供财务信息系统所需要的专用机房和操作环境，机房应有防火、防潮、防尘、防盗等设施或措施。各单位应确保财务数据的多重备份、异地备份，并定期对备份数据进行恢复测试。

第二十二条 各单位要保证相关软硬件（如操作系统、数据库、财务软件、服务器等）能及时得到维护。可自行维护或与相关厂家签订维护协议进行定期维护管理等。无论采用哪种维护方式，均须保证当前财务信息化系统（如数据库、财务软件、硬件等）安全运行，并对运行中出现的问题给予及时解决。

第五章　财务系统安全管理

第二十三条 用户权限统一由各单位系统管理员根据财务机构负责人书面通知分配及变更，对各级用户及其权限的设定应进行严格管理。

第二十四条 所有登录系统的财务人员的电脑必须设置登录密码及账套密码，保证自己的密码不泄漏，设置密码时应注意不要使用容易被破解的简单密码，如：生日、电话号码、姓名缩写、用户名等，并经常更换密码。各单位应逐步使用密钥等更高层次的登录控制，确保操作安全。

第二十五条 财务人员调离或调整时，系统管理员应及时报告本单位财务部门经理，并修改相关用户名、口令，收回密钥。由于口令管理不严或操作人员自己误操作造成账套数据丢失等后果的，追究相关责任人的责任。

第二十六条 用于财务系统的硬件和软件只有具备权限的财务人员才能上机操作使用。其他人员一律不允许上机。

第二十七条 财务系统使用者不得利用各种网络设备或软件技术从事用户账户及口令的侦听、盗用活动，不得发布违法违规信息，以及对服务器的端口扫描等活动。财务系统工作站及服务器等发生案件以及遭到黑客攻击后，各单位必须在24小时内向上级单位及公安机关报告。

第二十八条 违反以上规定的行为一经查实，应视情况给予相关单位和个人纪律处分；造成重大影响和损失的应向公安部门报告，由个人依法承担相关责任。故意传播或制造计算机病毒，造成危害财务网络系统安全的按有关规定予以处罚。

第六章　附　则

第二十九条 本办法由公司财务管理中心负责解释和修订。

第三十条 本办法自公司总经理办公会审议通过、发布之日起实施。

范本12 会计信息补充、业务变更和重大会计事项评估管理办法

第一章 总 则

第一条 为加强公司会计信息补充、业务变更和重大会计事项评估管理，确保会计信息补充、业务变更和重大会计事项评估充分、透明，避免虚假记载、误导性陈述或重大遗漏，根据有关法律法规、公司章程和《内部控制基本制度》，结合公司实际情况，制定本办法。

第二条 本办法适用于公司、各区域分公司、子公司（以下统称各单位）的会计信息补充、业务变更和重大会计事项评估工作。

第三条 本办法所称会计信息补充、业务变更和重大会计事项评估，是指根据国家法律法规及有关监管规则，结合公司自身经营管理需要，跟进会计政策或会计估计变更的信息、由于业务变更导致重要会计核算方式改变的信息、其他对财务报告披露的真实性、准确性和完整性可能产生重大影响的信息的过程。

第四条 本办法的基本要求如下：

（一）确保会计信息补充、业务变更和重大会计事项评估质量满足证监会等监管机构及其他报表使用者的披露需求；符合最新会计准则和企业实际情况；避免出现重大遗漏。

（二）明确会计信息补充、业务变更和重大会计事项评估的范围和内容，规范会计信息补充、业务变更和重大会计事项评估业务流程。

第二章 整体要求

第五条 各单位应建立会计信息补充、业务变更和重大会计事项信息的收集及统计、分析及评估、审批及报告的内部管理流程，建立相应的岗位责任制和授权审批制度，确保相关信息的真实性，避免出现虚假记载、误导性陈述等情形。

第六条 会计信息补充、业务变更和重大会计事项评估由公司董事会负责，公司财务部门为具体管理部门，对董事会负责。

第三章 一般流程控制

第七条 各单位出现、发生或即将出现、发生会计信息补充、业务变更和重大会计事项时，相关业务部门对本业务系统事项负有信息收集、分析、评估责任，并在指定时间内以重大财务事项报告的形式向本单位财务部门报送相关信息。

第八条 各单位财务部门根据其他业务部门提供的背景资料和相关法律文本，结

合《企业会计准则》的要求，分析和评估由于该等事项的发生对财务数据产生的影响，并分析该结论是否与相关外部审计师意见一致。

第九条 各单位财务部门需要根据上级单位财务部门的要求定期上报会计信息补充、业务变更和重大会计事项评估的结果，提交前需获本单位授权部门或人员审批。

第十条 各单位财务部门在收到下级单位提交的报告后，必要时会同其他业务部门及时做出分析判断。如果判断结论与下级单位的意见不同，需详述原因，并说明是否与相关外部审计师意见一致。

第四章 具体形式

第十一条 各单位应对本单位本期新发生重大会计事项和业务变更事项进行评估，并以报告形式提出，最终形成统计表。评估报告和统计表需由本单位授权部门或人员审批后上报上一级财务部门。

第十二条 评估信息统计表模版由公司财务管理中心制定统一格式。

第十三条 公司财务管理中心收到各单位评估信息统计表后，应进行审核、汇总，分析其对公司财务报告的影响，做出本期或后期是否变更会计政策和会计估计、是否在本期或后期补充相关会计信息和披露相关重大事项的报告，报董事会审议批准。董事会批准报告后，公司财务管理中心应及时将相关信息反馈到资本运营中心。

第五章 附 则

第十四条 具体重大财务事项报告模版和会计信息补充、业务变更和重大会计事项评估统计表由公司财务管理中心明确样式并下发。

第十五条 本办法由公司财务管理中心负责解释。

第十六条 本办法自公司总经理办公会审议通过、发布之日起实施。

范本13 财务报告申报及披露管理办法

第一章 总 则

第一条 为加强公司财务报告管理，确保财务报告披露的内容真实、准确、完整，格式符合规定，根据有关法律法规、公司章程和《内部控制基本制度》，结合公司实际情况，制定本办法。

第二条 本办法适用于公司及所属子公司（以下统称各单位）的财务报告及披露管理。

第三条 董事长（或法定代表人）对公司财务报告申报及披露工作负责。

第四条 本办法所称财务报告，包括：

（一）遵循《企业会计准则》出具的财务报告（以下简称境内报告），包括年度和中期报告。

（二）政府其他主管部门根据管理需要不定期要求出具的其他财务信息或专项调查表。

第五条 本办法所称财务报告的申报，指公司在财务报告出具后，按照规定的时间要求，向监管机构进行报送。

第六条 本办法所称财务报告披露事项，是指在财务报告中做单独说明的事项。

第七条 财务报告申报的检查，主要涉及财务报告申报流程及时间安排的检查。

第八条 财务报告披露事项的检查，主要涉及披露事项真实性、完整性、规范性的检查。

第二章 职责分工及授权审批

第九条 公司财务报告的申报和披露工作，由公司董事长或法定代表人直接负责，并授权公司资本运营中心、财务管理中心（以下统称信息披露部门）具体执行，信息披露部门应设置具体工作岗位，安排专门人员进行操作。

第十条 财务报告披露要求中规定的披露事项，如关联交易、管理层薪酬、管理层激励机制、管理层变更、员工离职福利计划、承诺事项、重大期后事项、中介机构的聘用等，由上述事项的具体业务管理部门配合信息披露部门进行披露。

第十一条 财务报告出具后，在进行申报和披露前，需向董事长或法定代表人进行汇报，并经董事长或法定代表人批准后，信息披露部门方能对外进行申报和披露。

第十二条 公司合并财务报告和下属各单位单户财务报告，除向法定的报表使用人提供外，未经公司董事会批准，不得以任何形式在公开的媒体公布。

第十三条 经公司董事会批准对社会公众披露的财务报告，应在董事会指定的媒体公布。

第十四条 根据证券监督机构或全国中小企业股份转让系统有限公司（以下简称股转公司）要求，需要对外公开的除财务报告以外的其他财务信息，均需得到公司董事会的批准方可报出。

第十五条 公司除财务报告以外的财务信息，包括经营预算指标及完成情况、各种财务指标、统计指标、可能引起公众对财务指标进行预测及推断的经营信息等，除法定信息使用者外，在报经公司董事会授权的信息披露管理部门核准前，不得以任何形式对社会公众披露或泄露。

第十六条 公司所聘请的中介机构，如工作需要接触财务信息或文件的，公司应与中介机构签署保密协议。

第三章　财务报告的申报

第十七条　各子公司财务报告的申报，应由其公司财务部门具体负责，在本单位董事长或法定代表人批准后，报公司财务管理中心。

第十八条　公司信息披露管理部门根据监管机构及公司管理的需要，应制定、调整财务报告申报的时间安排及格式规定，并下发各单位财务部门执行。公司财务管理中心应根据公司信息披露部门规定的申报时间及格式，层层落实到各级会计核算单位。

第十九条　公司应在财务报告向信息披露管理部门报出前，就财务报告信息披露的真实性、完整性及规范性进行会审，对财务报告申报的格式重点检查。

第二十条　公司应严格按照信息披露管理部门的时间要求进行申报。

第二十一条　信息披露部门对下级单位报送的财务报告及其他财务信息，有检查、核实的权力及责任，对于下级单位财务报告格式不正确、内容不完整、质量不符合要求等情况，应要求整改。对于未按规定时间报送财务报告的下级单位，应追究责任。

第四章　财务报告信息披露检查

第二十二条　公司董事长或法定代表人对财务报告披露信息的真实性、完整性、规范性负责。各单位财务报告报送前，董事长或法定代表人应授权财务部门或其他管理部门对披露信息的真实性、完整性、规范性进行审核。

第二十三条　公司资本运营中心应根据证券监督管理部门、股转公司制定并已经生效的信息披露制度，制定信息披露格式，并下发执行。

第二十四条　由其他业务管理部门具体负责、需要在财务报告中披露的信息，应由具体业务管理部门负责制定信息披露格式，并下发各单位执行。公司信息披露部门应对该等信息披露的时间安排提出具体要求，其他业务管理部门应按照此时间要求布置工作，保证财务报告按时出具并申报。

第二十五条　公司应按公司信息披露部门及其他业务管理部门提出的财务报告信息披露内容及格式，落实所需披露信息的收集、整理、加工、审核、报送工作。

第二十六条　公司在财务报告中披露的财务信息受到信息披露管理部门质询时，应当以书面形式进行汇报、解释。

第五章　附　则

第二十七条　本办法由公司资本运营中心、财务管理中心负责解释。

第二十八条　本办法自董事会审议通过、发布之日起实施。

范本14 财务人员业务培训管理办法

第一章 总 则

第一条 为不断提升公司财务人员业务素质，适应内外监管要求，提高公司财务管理水平，结合实际，制定本办法。

第二条 本办法适用于公司总部、各区域分公司、子公司及所属项目部（以下统称各单位）的财务人员业务培训管理。

第三条 公司财务管理中心负责对各单位财务人员培训工作的组织、管理和监督、检查。

各单位财务部门经理是本单位财务人员培训工作的第一责任人。

第四条 培训目的。

（一）适应公司及各单位长远战略发展需要。

（二）适应各单位不断提高财务管理水平和财务岗位职能变化的需要。

（三）适应员工职业生涯发展的需要。

（四）适应会计理论不断发展、国内和国际会计准则不断完善的需要。

第五条 各单位财务人员培训应做到全员培训。

第六条 本办法所规范的业务培训是指由各单位统一组织的培训工作。为财务人员提供必要的业务培训是各单位的义务，除国家规定的会计人员每年继续教育培训外，各单位还应为每个财务人员提供不少于两个工作日的业务培训。

第七条 各单位应制定财务人员轮岗制度，通过轮岗提高财务人员的综合管理能力。

第八条 各单位应引导和鼓励财务人员参加注册会计师、会计师等资格考试，并给予适当的时间、经济支持。各单位应制定对取得相关专业资格的财务人员在提拔任用、薪酬等方面的激励政策。

第九条 各单位应根据本办法，结合本单组织结构等情况制定具体方案，明确对财务人员培训管理的方式和内容等，并报公司财务管理中心备案。

第二章 培训种类与形式

第十条 各单位可以采取职前培训和在职培训。

（一）职前培训包括一般性培训和专业性培训。

1.一般性培训内容包括公司的历史、本行业的现状、公司的地位、发展战略、组织结构、规章制度、经营理念、价值观、企业文化、职业道德、公关礼仪、行为规范等。

2. 专业性培训内容主要是针对财务人员即将从事的岗位所做的对象化的培训，如报销岗位业务流程与基本要求、管理岗位职业技能等。

（二）在职培训包括一般性培训和专业性培训。

1. 一般性培训包括会计知识、金融知识、信息技术、管理技能、财经政策与法规等。

2. 专业性培训包括初级、中级及高级财务管理人员培训等。具体培训内容应与受培训主体的层次相匹配。

第十一条　培训形式可以是单位内部培训、外部培训或是员工自我培训等。培训时间安排可以是定期培训或者不定期培训。

第三章　培训组织与管理

第十二条　公司财务管理中心负责财务人员专项培训计划的制定、实施和控制，包括培训需求分析、申报培训预算、设立培训目标、设计培训项目、培训实施和评价、建立培训档案等。具体职责如下：

（一）培训计划的制定及审议。

（二）培训费用预算的拟定。

（三）聘请培训讲师或者选择培训机构。

（四）培训教材的编撰与修改。

（五）培训实施情况的督导、追踪与考核。

（六）外派受训财务人员的审核与办理。

（七）外派受训财务人员所携书籍、资料与书面报告的管理。

（八）培训工作档案管理，档案包括培训范围、培训方式、培训师、培训内容、考勤记录、测验试卷等。

第十三条　财务总监负责对公司财务人员培训工作进行批准、监督和检查。

第十四条　各单位应将财务人员培训计划、预算、档案等文件同时报公司人事行政中心备案。

第四章　培训计划与实施

第十五条　各单位财务部门应根据本单位具体业务需要及下属单位需求综合安排，制定本单位年度财务人员培训计划。

第十六条　根据年度培训计划制定实施方案，实施方案包括培训的具体主办部门、培训对象、培训目标和内容、培训方法、培训计划表、培训经费预算等。实施方案经本单位总会计师或财务负责人批准后纳入年度预算，由财务部门组织实施。

第十七条 对于临时提出参加各类外派培训或进修的财务人员，本人需填写《员工外派培训申请表》，经本人所在单位负责人同意后，报经财务负责人批准后实施。

各单位财务部门负责对培训过程进行管理，包括培训记录、出勤情况、培训资料、考试结果等。培训结束后及时建立培训档案。培训档案存档期为三年。

第十八条 各单位财务部门应负责培训的具体实施事宜，如培训场地安排、教材分发、通知培训师及受训单位等。培训结束时，如决定进行测验或考核，应请人事行政中心或培训师负责主持。各项培训课程实施时，参加受训人员应签到，具体负责培训实施的指定人员应组织进行签到工作并将签到文档备案。培训测验或考核缺席者，事后补考一次；补考不列席者，以零分计算。

第十九条 各单位财务人员参加业务培训的情况，应列入部门内部年度考核指标。

第五章 培训报告

第二十条 年度结束时，各单位财务部门应对本单位培训人员、内容、效果等进行评估、分析，撰写《年度培训工作报告》。

第二十一条 参加培训的人员在培训结束后应撰写书面培训总结，具体包括培训内容概要、知识点等。培训当中有领导发言或者工作要求的，应带回发言稿、工作要求、录音等资料，撰写发言要点或工作要求，及时向本单位财务部门负责人汇报。

第六章 员工培训出勤管理

第二十二条 培训期间不得随意请假，如确需请假的，须填写培训员工请假单，并报本单位财务部门负责人批准。

第二十三条 未经批准无故缺勤的，以旷工处理。因特殊情况不能及时请假者，事后应及时向本单位财务部门负责人说明，并补办请假手续。

第二十四条 培训期间迟到、早退按缺勤处理。

第二十五条 对无故不参加单位组织的业务培训或者缺勤、迟到达培训总时间一半以上（含一半）的，年度考核按不及格处理。

第七章 附 则

第二十六条 本办法由公司财务管理中心负责解释。

第二十七条 本办法自公司总经理办公会审议通过、发布之日起实施。

范本15 财务报告审核及分析管理办法

第一章 总 则

第一条 为加强公司财务报告审核及分析管理，保证会计信息真实、可靠、完整，满足公司对外信息披露的需要，提高财务报告利用效率，根据有关法律法规、公司章程和《内部控制基本制度》，结合公司实际，制定本办法。

第二条 本办法所称财务报告，是指企业对外提供的反映企业某一特定日期财务状况和某一会计期间经营成果、现金流量等会计信息的文件。

第三条 本办法适用于公司的财务报告审核与分析管理。

第四条 公司董事长对公司财务报告的真实性、完整性负责，公司财务总监和总会计师是本办法的执行责任人，对公司及下属各会计核算单位执行本办法负有领导、监督、指导、检查的责任。

第五条 财务报告包括会计报表及其附注和其他应当在财务报告中披露的相关信息和资料。会计报表至少应当包括资产负债表、利润表、现金流量表等报表。

第六条 附注是对在资产负债表、利润表、现金流量表和所有者权益变动表等报表中列示项目的文字描述或明细资料，以及对未能在这些报表中列示项目的说明等。附注应当披露财务报表的编制基础，相关信息应当与资产负债表、利润表、现金流量表和所有者权益变动表等报表中列示的项目相互参照。

第七条 公司对财务报告审核及分析实施控制的过程中，至少应当强化以下关键方面或者关键环节的风险控制，并采取相应的控制措施：

（一）审核及分析的岗位分工和职责安排应当明确，一经确定不应随意调整。

（二）财务报告审核准备过程中，有关对账、调账、差错更正、结账等流程控制要求应当已经满足且执行完毕。

（三）财务报告审核范围、审核内容、审核要求、审核标准应当规范且明确。

（四）财务报告审核批准、报送、归档流程应当规范。

（五）财务报告审核质量应该纳入相关岗位财务人员的业绩考核。

（六）财务报告分析应以财务基础数据为依据，不得以经验分析代替数据挖掘工作。

第二章 岗位分工与职责安排

第八条 公司建立财务报告审核岗位责任制，明确相关部门以及相关部门中的具体岗位在财务报告编制、审核、批准、分析、报送过程中的职责和权限，确保财务报告的编制与审核职责相互分离、制约和监督。

第九条 公司财务管理中心是财务报告审核及分析的归口管理部门，其职责一般包括：制定年度财务报告审核方案；收集并汇总有关需要审核的会计信息；审核年度、半年度、季度、月度财务报告；对财务数据进行挖掘和分析；对发现的重大问题向上级领导汇报等。

第三章 半年度、年度财务报告审核

第十条 公司财务管理中心应当制定年度财务报告审核方案，明确年度财务报告审核范围、审核内容、审核方法、审核重点、审核要求，确保年度财务报告符合最新会计政策、披露政策及报告的时间要求，确保数据真实、准确、完整。

第十一条 审核财务报告，应当以真实的交易和事项以及完整、准确的账簿记录等资料为依据，并审核财务报告是否按照有关法律法规、国家统一的会计制度规定进行编制，编制依据和编制原则是否正确。各单位应重点关注对会计报表可能产生重大影响的交易或事项，并及时提交董事会及审计监察中心、总经理办公会审议。

第十二条 对会计报表可能产生重大影响的交易或事项，包括但不限于重组、兼并收购、资产置换、融资租赁、金融工具及衍生品投资、主营业务变更、会计政策变更、会计估计变更、重大会计差错更正、期后事项、重大关联交易、其他影响审计报告的事项等。

第十三条 检查交易或事项所属的会计期间是否记录正确。对在财务报告审核过程中发现的故意漏记或多记、提前确认或推迟确认报告期内发生的交易或事项的情形，应查明原因并进行处理。

第十四条 财务管理中心和区域分公司财务部应当根据现有会计政策，对本期与确认、计量、分类或列报有关的会计政策和会计估计进行分析、评价，在财务报告审核中特别关注是否存在滥用或随意变更会计政策、不恰当调整会计估计所依据的假设及改变原先做出的判断等情形。

第十五条 检查是否是在会计期末进行结账，是否存在提前结账的情况，或先编制会计报表后结账的情况。审核是否严格按关账流程控制程序进行关账。

第十六条 自行审核如果存在有关会计科目调整、合并或拆分时，是否已经获得财务部门负责人或总会计师的书面批准，审核财务报告中另外开设新的会计科目的，是否已经过财务部门负责人或总会计师的批准。

第十七条 审核报表内容是否按照国家统一的会计制度规定的会计报表格式和内容登记完整，审核是否存在漏报或者任意进行取舍的情况。审核基于国内企业会计准则和国际会计准则编制的两个财务报告是否能够调节平衡互相换算，且换算依据是否已经过相应的审核和批准。

第十八条 审核是否已经通过人工分析或利用计算机信息系统自动检查会计报表之间、会计报表各项目之间的钩稽关系的正确性，重点对以下项目进行校验：

（一）会计报表内有关项目的对应关系。

（二）会计报表中本期与上期有关数字的衔接关系。

（三）会计报表与附表之间的平衡及钩稽关系。

第十九条 审核是否已经对会计报表中需要说明的事项在会计报表附注和财务情况说明书中做出真实、完整、清楚的说明。

第二十条 审核发生合并、分立情形的分子公司，是否已经按照国家统一的会计制度的规定编制了相应的财务报告并完成了相应的审核程序。

第二十一条 审核对于终止营业的分子公司，是否已经在终止营业时按照编制年度财务报告的要求全面清查资产、核实债务、进行结账，完成了财务报告编制和相应的审核程序。

第二十二条 审核在清算期间的分子公司，是否已经按照国家统一会计制度的规定编制清算期间的财务报告和相应的审核程序。

第二十三条 检查是否下属各会计核算单位已经按照国家统一会计制度的规定，完成合并会计报表编制工作，合并调整分录是否已经全部过入合并底稿，且合并调整分录和合并报表底稿都已经过了相应的审核，抵销分录正确完整。

第二十四条 公司财务管理中心应当于规定日期前向董事会提交月报、季度、半年度或年度财务报告。通过电子邮件报送的财务报告应当事先打印后送财务总监、总会计师、法人代表审批签字后方可发出。财务报告应装订成册，并由公司法人代表、财务总监、总会计师签名，加盖公章。完成审核程序的财务报告应指定专人进行归档。

第四章 月度财务报表及财务快报审核

第二十五条 月度财务报表包括资产负债表、利润表，但不包括附注，报表审核内容集中在公式审核和逻辑校验范畴即可。财务快报就公式和逻辑校验的审核完毕后，相关记录也需要归档保存。

第五章 审核记录的归档和备查

第二十六条 财务报告及其附注审核控制中的相关审核记录应当及时进行归档。审核记录保存期限为3年。

第六章 半年度、年度财务报告分析

第二十七条 针对半年度、年度财务报告进行分析，评价和剖析公司经营过程中的利弊得失、持续提高经营管理水平是公司管理层的责任。具体工作可授权财务部门会同其他管理部门执行。

第二十八条 公司半年度、年度财务报告分析，应根据财务报告的编制工作底稿、统计数据、行业分析报告等文件，进行数据挖掘，并以财务指标和相关统计指标为主要依据，运用趋势分析、比率分析、比较分析、结构分析和因素分析等方法进行横向、纵向比较，以求达到发现问题、解决问题的目的。

第二十九条　公司财务分析的结果应形成财务情况说明书，经公司财务总监、总会计师、法人代表签发后上报。

第三十条　财务情况说明书应包括但不限于以下内容：

（一）公司生产经营基本情况。

1.公司主营业务范围及附属其他业务。

2.纳入合并范围内下属子公司的股权结构、从事业务、企业从业人员数量和业务素质情况等。

3.各业务区域主要财务指标，包括但不限于主营业务收入、成本、营业利润、利润总额、净利润等。

4.对未纳入合并的单位应说明原因。

5.本报告期生产经营情况，包括新签合同额、在手合同完成情况、营业收入及同比增减情况、在所处行业当中的地位；经营环境变化对本单位的影响；经营范围及细分市场的调整；新技术、新工艺开发及投入情况等。

6.固定资产投资计划执行情况，以及下阶段投资计划。

7.经营中出现的问题与困难，以及需披露的其他事项。

（二）利润实现、分配及亏损情况。

1.主营业务收入的同比增减情况及主要影响因素分析。

2.成本费用变动情况及主要影响因素，有效降低成本及费用的方法和途径。成本费用明细中“其他”项占到各费用总额的10%（含）以上的，应对“其他”项进行明细说明，并列示比较数据。成本费用表中各明细项增减变动幅度在30%（含）以上的，应具体说明原因。

3.其他业务收入、支出的增减变动，如其他业务收入占主营业务收入比例达10%以上的，应按业务类别披露相关数据。

4.非经常性损益的构成及变动情况。

5.利润分配情况。

6.利润表中同比增减变化超过30%，且占报告期利润总额10%以上的项目，应分析并说明原因。

7.税务政策、政府补贴等因素对净利润的影响。

8.会计政策、估计变更对利润总额的影响数。

9.亏损单位户数、亏损面、亏损总额及同比增减额，逐户分析造成亏损的原因及亏损额。

10.福利政策变动情况，以及福利政策变动对损益的影响情况。

（三）资金增减及资产周转情况。

1.现金流管理情况，经营、投资、筹资活动产生的现金流入、流出情况。

2.各项资产所占比重及其变化是否正常、增减原因；购买和处置子公司及资产组的情况。

3.资产结构的构成及与债务结构匹配情况。

4.流动负债与长期负债的比重、长短期借款增减原因分析；营运资金需求及趋势分析；偿还债务能力及财务风险状况；到期借款的资金偿还安排；账龄在三年以上的应收账款和其他应收款的形成原因及回收计划；逾期借款本金和未还利息情况等。

5.从事委托理财、期货及衍生品交易、股票投资、基金投资等业务占用资金情况，以及该等事项的授权、审批、风险控制执行情况。

6.债务重组事项说明及对本期损益的影响。

7.资产、负债、所有者权益项目中，同期比较数据变动幅度达30%（含）以上，且占报表日资产总额5%（含）以上的，应说明原因。

8.各项资产周转情况，以及指标与同期相比增减变动的原因。

（四）对公司财务状况、经营成果、现金流量有重大影响的其他事项。

（五）本年度财务管理制度建设及执行情况。

（六）对上个会计期间指出的财务管理中存在的问题进行整改的情况。

（七）审计工作情况总结，以及对中介机构审计质量的评价。

（八）针对本会计期间发现的经营管理当中存在的问题，提出拟采取的改进管理和提高经营业绩的具体措施，以及业务发展规划。

第七章　月度财务报表及财务快报分析

第三十一条　月度财务报表及财务快报分析由公司财务管理中心负责，目的主要是及时发现经营管理过程当中存在的问题，及时向公司管理层进行汇报。

第三十二条　月度财务报表及财务快报分析主要考查以下内容：

（一）收入、成本等重要指标的完成进度情况。

（二）月间比较是否发生重大变化，如有重大变化，需分析产生的原因。

第八章　附　则

第三十三条　根据国家相关管理机构要求的变化，对于半年报具体审核内容以及财务情况说明书的具体内容和格式，由公司财务管理中心以通知形式明确。

第三十四条　本办法由公司财务管理中心负责解释。

第三十五条　本办法自董事会审议通过、发布之日起实施。

范本16 综合绩效评价管理办法

第一章 总 则

第一条 为加强公司绩效评价管理，规范开展综合绩效评价工作，有效发挥综合绩效评价工作的评判、引导和诊断作用，推动公司不断提高经营管理水平，依据《中华人民共和国公司法》及公司章程，结合公司实际情况，制定本办法。

第二条 本办法适用于公司、各区域分公司、子公司（以下统称各单位）的综合绩效评价管理。

第三条 本办法所称综合绩效评价，是指公司为实现战略目标，运用科学、规范的评价方法，通过建立综合评价指标体系，对照相应行业评价标准，按照一定的程序，对公司特定经营期间的盈利能力、资产质量、债务风险、经营增长以及管理状况等进行的综合评判。

第四条 开展综合绩效评价工作应当遵循以下原则：

（一）全面性原则。综合绩效评价应当通过建立综合的指标体系，对影响公司绩效水平的各种因素进行多层次、多角度的分析和综合评判。

（二）客观性原则。综合绩效评价应当充分体现市场竞争环境特征，依据统一测算的、同一期间的国内行业标准或者国际行业标准，客观公正地评判企业经营成果及管理状况。

（三）效益性原则。综合绩效评价应当以考察投资回报水平为重点，运用投入产出分析基本方法，真实反映公司资产运营效率和资本保值增值水平。

（四）发展性原则。综合绩效评价应当在综合反映公司年度财务状况和经营成果的基础上，客观分析公司年度之间的增长状况及发展水平，科学预测公司的未来发展能力。

（五）战略引导与驱动性原则。通过被选择的综合绩效评价指标，以及对评价结果的运用，应达到对各单位的战略引导作用，并在各单位提高综合绩效的过程中驱动公司整体战略目标的实现。

第五条 开展综合绩效评价工作应当以经社会中介机构审计后的财务会计报告及其他可验证的非财务数据为基础。

第二章 评价主体和评价对象

第六条 综合绩效评价工作按照产权和隶属管理关系进行组织，公司是各单位综合绩效评价工作的评价主体。

第七条　公司财务管理中心负责绩效评价工作的组织实施与管理，包括根据本办法拟定工作方案、汇总数据资料、出具评价结果等工作；其他职能部门配合做好本部门职责范围内的专项分析、评价工作。

第八条　与公司签订年度经营业绩责任书且持续经营的各单位为评价对象。

第九条　公司对各单位进行年度绩效评价时，以一个会计年度为评价周期。特定情况下的绩效评价，可以根据实际情况及特定目标由公司选择评价周期。

第三章　评价内容与评价指标

第十条　综合绩效评价由财务绩效定量评价和管理绩效定性评价两部分组成。

第十一条　财务绩效定量评价是指对评价对象一定期间的盈利能力、资产质量、债务风险和经营增长四个方面进行定量对比分析和评判。

（一）盈利能力分析与评判主要通过资本及资产报酬水平、成本费用控制水平、经营现金流量状况等方面的财务指标，综合反映评价对象的投入产出水平以及盈利质量和现金保障状况。

（二）资产质量分析与评判主要通过资产周转速度、资产运行状态、资产结构以及资产有效性等方面的财务指标，综合反映评价对象所占用经济资源的利用效率、资产管理水平与资产的安全性。

（三）债务风险分析与评判主要通过债务负担水平、资产负债结构、或有负债情况、现金偿债能力等方面的财务指标，综合反映评价对象的债务水平、偿债能力及其面临的债务风险。

（四）经营增长分析与评判主要通过销售增长、资本积累、效益变化以及技术投入等方面的财务指标，综合反映评价对象的经营增长水平及发展后劲。

第十二条　财务绩效定量评价指标依据各项指标的功能作用划分为基本指标和修正指标。

（一）基本指标反映评价对象一定期间财务绩效的主要方面，并得出评价对象财务绩效定量评价的基本结果。

（二）修正指标是根据财务指标的差异性和互补性，对基本指标的评价结果做进一步的补充和矫正。

第十三条　管理绩效定性评价是指在评价对象财务绩效定量评价的基础上，通过采取专家评议的方式，对评价对象一定期间的经营管理水平进行定性分析与综合评判。

第十四条　管理绩效定性评价指标包括评价对象发展战略的确立与执行、经营决策、发展创新、风险控制、基础管理、人力资源、行业影响、社会贡献等方面。

第十五条 财务绩效定量评价指标和管理绩效定性评价指标构成评价对象综合绩效评价指标体系。各指标的权重，依据评价指标的重要性和各指标的引导功能，结合评价对象不同发展阶段的战略目标和经营管理重点，由公司通过参照咨询专家意见和组织必要测试进行确定。

第四章 评价标准与评价方法

第十六条 综合绩效评价标准分为财务绩效定量评价标准和管理绩效定性评价标准。

第十七条 财务绩效定量评价标准包括国内行业标准和国际行业标准。

（一）国内行业标准包括权威机构发布的企业年度财务和经营管理统计数据，以及公司通过特定渠道和统计方法取得的数据，在剔除有关客观差异后统一测算和确定。

（二）国际行业标准根据居于行业国际领先地位的大型企业相关财务指标实际值，或者根据同类型企业组相关财务指标的先进值，在剔除会计核算差异后统一测算和确定。

第十八条 财务绩效定量评价标准的行业分类，按照国家统一颁布的国民经济行业分类标准结合公司实际情况进行划分。

第十九条 财务绩效定量评价标准按照不同行业、不同规模及指标类别，分别测算出优秀值、良好值、平均值、较低值和较差值五个档次。

第二十条 管理绩效定性评价标准根据评价内容，结合公司经营管理的实际水平和出资人监管要求，统一制定和发布，并划分为优、良、中、低、差五个档次。

第二十一条 财务绩效定量评价有关财务指标实际值应当以经审计的企业财务会计报告为依据，并按照规定对会计政策差异、并购重组等客观因素进行合理剔除，以保证评价结果的可比性。

第二十二条 财务绩效定量评价计分以评价对象评价指标实际值对照所处行业、规模标准，运用规定的计分模型进行定量测算。管理绩效定性评价计分由专家组根据评价期间评价对象管理绩效相关因素的实际情况，参考管理绩效定性评价标准，确定分值。

第五章 评价工作程序

第二十三条 绩效评价工作程序是指从确定评价对象至完成整个评价工作的过程。具体包括：

（一）确定评价对象，下达评价通知书。

（二）拟定评价工作方案，搜集基础资料，审核基础资料。

（三）实施评价，反馈企业，撰写评价报告。

（四）将评价报告报送公司董事会，公布评价结果，建立评价档案等。

第二十四条　评价工作方案是公司财务管理中心进行评价活动的工作安排，其主要内容包括：评价对象、评价目的、评价依据、评价项目负责人、评价工作人员、工作时间安排，拟用评价方法、选用评价标准、准备评价资料及有关工作要求等。

第二十五条　评价通知书是公司出具的行政文书，也是各单位接受评价的依据。评价通知书应载明评价任务、评价目的、评价依据、评价人员、评价时间和有关要求等事项。

第二十六条　公司财务管理中心应建立严格的内部工作制度，评价工作的各个环节应规范操作，严格遵循评价规则，坚持“统一方法、统一标准、分类实施”的原则组织实施；对评价结论要有充分的依据；评价工作结束后要进行认真复核。

第二十七条　评价工作人员应具有较丰富的经济管理、财务会计、资产管理及法律等方面的专业知识，熟悉绩效评价业务，有较强的综合分析判断能力，坚持原则、清正廉洁、秉公办事，评价项目主持人应有五年以上经济领域工作经验。

第二十八条　评价人员应独立、客观、公正地开展评价工作，排除各方面特别是被评价单位意愿的影响。但对被评价单位指出的评价工作和评价报告中存在的疏忽、遗漏、疑问，应认真予以解答和补充更正。

第二十九条　评价对象必须提供真实、全面的基础资料，并对上报的财务决算报表数据和其他评价基础资料的真实性、合法性承担法律责任。提供虚假数据，造成评价结论失真的，追究评价对象负责人及总会计师或财务总监的责任。

第六章　评价报告

第三十条　评价报告是指根据评价结果编制、反映评价对象绩效状况的文件，由报告正文和附件构成。评价报告保留十年。

（一）报告正文应当说明评价依据、评价过程、评价结果，以及需要说明的重大事项。

（二）报告附件包括经营绩效分析报告、评价计分表、问卷调查结果分析、专家咨询意见等，其中，经营绩效分析报告应当对企业经营绩效状况、影响因素、存在的问题等进行分析和诊断，并提出相关管理建议。

第三十一条　年度绩效评价结果是公司开展财务监督工作的重要依据，并为企业负责人年度考核工作提供参考。

第三十二条　对综合绩效评价所揭示和反映的问题，应当及时反馈给评价对象，并以适当的形式要求其予以关注或者整改。

第七章 附 则

第三十三条 本办法由公司财务管理中心发布并负责解释。

第三十四条 本办法自公司总经理办公会审议通过之日起实施。

范本17 财务绩效评价实施细则

第一章 总 则

第一条 为规范开展公司财务绩效评价工作，有效发挥财务绩效评价工作的评判、引导和诊断作用，推动公司不断提高经营管理水平，根据《经营业绩考核制度》等有关规定，制定本细则。

第二条 本细则适用于公司总部、各区域分公司、子公司（以下简称评价对象）开展的财务绩效评价工作。

第三条 公司财务绩效评价遵循全面性、客观性、效益性、发展性、战略引导与驱动性等原则，选取具有标杆引导性质的评价标准，运用功效系数法对财务指标计分，从而实现对评价对象经营绩效水平的综合评价。

第四条 公司财务绩效评价分别从横向和纵向两个角度选用不同的标准值进行评价。横向评价侧重于从评价对象与行业同类型企业之间的差异进行比较分析；纵向评价侧重于从评价对象自身不同年度的变化情况进行评价分析。

第五条 公司财务绩效评价以年度评价为主，采用一个会计年度为评价周期。年度财务绩效中涉及的财务指标的完成值，在评价对象经审计年度财务决算数据的基础上，剔除如会计政策差异、并购重组等客观因素后确定。

第二章 评价指标与权重

第六条 公司财务绩效评价指标由反映企业盈利能力状况、资产质量状况、债务风险状况和持续发展状况等4个方面的21个财务定量指标组成。其中包括8个基本指标和13个修正指标。

第七条 基本指标反映对财务绩效定量评价的基本结果，修正指标是根据财务指标的差异性和互补性，对基本指标的评价结果做进一步的补充和修正。

第八条 盈利能力状况以净资产收益率、总资产报酬率两个基本指标和盈余现金保障倍数、销售（营业）利润率、成本费用利润率三个修正指标进行评价，主要反映企业一定经营期间的投入产出水平和盈利质量。

第九条 资产质量状况以应收账款周转率、存货周转率两个基本指标和总资产周转率、流动资产周转率、资产现金回收率三个修正指标进行评价，主要反映企业所占用经济资源的利用效率、资产管理水平与资产的安全性。

第十条 债务风险状况以资产负债率、带息负债比率两个基本指标和速动比率、现金流动负债比率、已获利息倍数、或有负债比率四个修正指标进行评价，主要反映企业的债务负担水平、偿债能力及其面临的债务风险。

第十一条 持续发展状况以销售（营业）利润增长率、资本保值增值率两个基本指标和销售（营业）增长率、资本积累率、技术投入比率三个修正指标进行评价，主要反映企业的持续发展水平、资本增值状况及发展后劲。

第十二条 财务绩效评价指标权重实行百分制，指标权重依据评价指标的重要性和各指标的引导功能确定。

第三章 评价标准选择及计分

第十三条 横向和纵向评价过程中选用的行业评价标准值，可参照国家相关部门每年发布的《企业绩效评价标准值》中相关行业标准值的财务指标完成情况为基础测算确定。

第十四条 在纵向评价过程中，以评价对象在评价年度当年适用的评价标准值测算近几年的财务绩效完成情况，用以体现评价对象自身财务绩效的变化趋势。

第十五条 评价标准分为优秀（A）、良好（B）、平均（C）、较低（D）、较差（E）五个档次。

第十六条 对应五档评价标准的标准系数分别为1.0、0.8、0.6、0.4、0.2，较差（E）以下为0。标准系数是评价标准的水平参数，反映了评价指标对应评价标准所达到的水平档次。

第十七条 按照功效系数法计分原理，公司首先根据评价指标实际值对照选定的行业评价标准值，计算各项基本指标得分。然后在基本指标计分结果的基础上，分别计算盈利能力、资产质量、债务风险和持续发展四个部分的综合修正系数，再据此计算出修正后的分数。

第十八条 对评价对象在所评价期间（年度）发生重大资产损失事项等不良重大事项的，公司根据实际情况对财务绩效评价结果给予扣分处理。

第四章 评价结果与反馈

第十九条 财务绩效评价结果以评价得分、评价类型和评价级别表示。

评价类型是根据评价分数对公司财务绩效所划分的水平档次，分为优（A）、良（B）、中（C）、低（D）、差（E）五种类型。

评价级别是对每种类型再划分级次，以体现同一评价类型的不同差异，采用在字母后标注“+”“-”号的方式表示。

第二十条　财务绩效评价结果以85、70、50、40分作为类型判定的分数线。

（一）评价得分达到85分以上（含）的评价类型为优（A），在此基础上划分为三个级别，分别为：A++ ≥ 95分；95分 > A+ ≥ 90分；90分 > A ≥ 85分。

（二）评价得分达到70分以上（含）不足85分的评价类型为良（B），在此基础上划分为三个级别，分别为：85分 > B+ ≥ 80分；80分 > B ≥ 75分；75分 > B– ≥ 70分。

（三）评价得分达到50分以上（含）不足70分的评价类型为中（C），在此基础上划分为两个级别，分别为：70分 > C ≥ 60分；60分 > C– ≥ 50分。

（四）评价得分在40分以上（含）不足50分的评价类型为低（D）。

（五）评价得分在40分以下的评价类型为差（E）。

第二十一条　公司于每年度财务决算审核后开展年度财务绩效评价工作，并将评价结果书面反馈给评价对象。

第二十二条　年度财务绩效评价结果将成为公司任期考核、资源匹配、经营决策、开展财务监督等工作的重要依据之一。

第五章　附　则

第二十三条　本细则由公司财务管理中心负责解释。

第二十四条　本细则自发布之日起施行。

范本18　采购与付款管理办法

第一章　总　则

第一条　为规范公司采购与付款业务的授权、程序、责任，根据《内部控制基本制度》《存货管理制度》《物资采购管理制度》的规定，结合公司实际，特制定本办法。

第二条　本办法的采购业务是指，一个采购事项或采购合同金额在3万元以上（含3万元）的货物采购、劳务采购、租赁采购等采购业务。

第三条　本办法适用于公司总部、各区域分公司、子公司和工程项目部（以下统称各单位）。

第二章　采购结算管理

第四条　各单位需要办理采购业务的，应当由采购单位或部门负责人提出采购申请。

第五条　各单位物资部门应按照《物资采购管理制度》的规定要求办理采购事项、签订采购合同。

第六条　采购合同签订后，由公司、区域分公司合同预算部统一登记编码，建立材料合同档案管理资料库。

第七条 采购合同签订后5日内，办理采购事项的经办人员应将所签订的采购合同到本单位财务部门备份一套。

第八条 各单位财务部门在收到采购合同备份资料后，应当对采购金额100万元以上或执行期超过3个月的合同建立采购合同台账（一览表）。

第九条 采购合同台账（一览表）应当反映如下内容：

（一）采购合同在公司内部的统一编码。

（二）供应商名称全称。

（三）货物（劳务）名称。

（四）采购数量、金额。

（五）供应商开具发票种类。

（六）款项结算规定等。

第十条 工程项目部的材料管理员应在收到供应商的货物时，按照验收货物的准确数量、验收质量办理验收入库手续，按公司规定格式的“验收入库单”填制。“验收入库单”应记载如下内容：

（一）供应商名称（全称）。

（二）验收货物的时间（日期）。

（三）验收货物的名称、规格、型号。

（四）验收货物的计量单位、数量。

（五）验收货物的含税单价、含税金额。

（六）供应商开具发票的种类、税率。

（七）交货人、收货人签字等内容。

工程项目部材料管理员应当将“验收入库单”的发票结算联附于发票联后，作为采购款项结算依据使用。

第十一条 工程项目部会计人员应及时对材料管理员开具的“验收入库单”进行登记、汇总，定期随“材料供应对外结算单”“材料收发存汇总报表”向本单位财务部门上报“验收入库单”的公司记账联。

第十二条 工程项目部会计人员应定期对使用建筑劳务（包括专业分包、劳务分包）情况进行统计、向劳务提供人开具“劳务结算单”。“劳务结算单”应记载的主要内容包括：

（一）劳务提供人名称全称。

（二）劳务结算的时间（日期）。

（三）劳务用工的人数或完成工程量。

（四）劳务结算标准、含税金额。

（五）劳务提供人开具发票的种类。

（六）结算人、劳务提供人代表签字等内容。

项目部会计人员应当将“劳务结算单”的发票结算联交付劳务提供人，作为采购款项结算依据使用。

第十三条 工程项目部会计人员应定期对租赁资产使用情况进行统计、向资产出租人开具“设备租赁结算单”或“脚手架租赁结算单”。租赁结算单应记载的主要内容包括：

（一）资产出租人名称全称。

（二）资产使用的期间（日期）。

（三）租用资产的名称、规格、型号。

（四）租用资产的计量单位、数量。

（五）租用资产的使用费用标准、使用费金额（含税）。

（六）资产出租人开具发票的种类。

（七）核算人、项目负责人签字等内容。

项目部会计人员应当将“设备租赁结算单”“脚手架租赁结算单”的发票结算联交付资产出租方，作为采购款项结算依据使用。

第十四条 在合同约定的款项结算期内，工程项目部会计人员应在每月末将“劳务结算单”“设备租赁结算单”“脚手架租赁结算单”的公司记账联，随“施工成本耗用表”上报单位财务部门。

第十五条 单位财务部门在收到项目部会计上报的已收到供应商的货物、已接受服务者的劳务、已使用出租人的资产时，按照货物的“验收入库单”、劳务的“劳务结算单”“设备租赁结算单”“脚手架租赁结算单”的公司记账联（尚未取得发票的），月末按照不含进项税金额作暂估价入账。

各单位财务部门核算会计应对材料“验收入库单”“劳务结算单”“设备租赁结算单”“脚手架租赁结算单”等数据的真实性进行复核。项目部不能提供真实发生证明依据的，各单位财务部门核算会计应拒绝对该事项进行账务处理。

第十六条 单位财务部门收到供应商、劳务提供人、出租人按照采购合同开具的发票后，应当将发票内容与所附的“验收入库单”“劳务结算单”“设备租赁结算单”“脚手架租赁结算单”的发票结算联进行核对，核对无误后对暂估入账事项进行账务调整。

第三章 采购付款管理

第十七条 应付账款，是指供应商已向各单位交付货物、提供劳务、出租资产，且各单位收到合同约定的合规发票，而各单位尚未支付的款项。

第十八条 各单位账面“应付账款——暂估价”只作为会计核算的过渡科目，不作为采购款项支付的依据。

第十九条 工程项目部提出采购款项支付申请，凡在资金预算范围内的，经总会计师签批，财务部门可按照申请支付采购款；凡超过资金预算范围的，经公司财务总监审批后，财务部门方可支付采购款。

第二十条 采购合同签订后，合同约定应当预付款项（包括预付定金）的，按照《预付账款管理办法》执行。

第二十一条 货物供应商、劳务提供人、资产出租人请求支付款项时，需经项目部（或部门）的办理人员填写公司统一使用的“付款审批单”并履行授权审批规定的审批程序。办理人员填写“付款审批单”时，应当字迹清晰、内容齐全、数据准确、附件完整。

“付款审批单”应当记载如下事项：

（一）收款供应商（劳务公司、租赁公司）的名称、银行账户名称、银行账号。

（二）货物（劳务、租赁资产）名称。

（三）采购合同编号。

（四）本次申请支付金额。

（五）累计支付金额。

（六）财务部门要求的其他事项。

第二十二条 本单位财务部门会计是“付款审批单”的第一审核人，主要审核内容包括：

1.申请支付的款项是否已取得了供应商的发票，是否已作为应付账款正式挂账。

2.供应商提供的发票种类、发票内容是否与采购合同、验收入库单（劳务结算单、租赁结算单）的内容一致。

3.申请款项的支付时间是否与采购合同约定的时间一致。

4.收款人名称是否与发票开具人、货物供应人或劳务提供人、资产出租人一致。

5.款项支付额度是否在“资金收支预算”范围内等。

第二十三条 本单位财务部门核算会计在审核“付款审批单”过程中，发现第二十二条审核内容中存在问题的，应当拒绝在“付款审批单”上签字，并向财务部门负责人或公司总会计师汇报相关情况。

第二十四条 经单位财务部门核算会计审核的“付款审批单”，方可按照公司授权审批程序进行审批。

第二十五条 已履行审批程序的“付款审批单”是单位财务出纳员支付款项的依据。

第四章 分析管理

第二十六条 每月结账后，各单位财务部门负责人应对本单位会计账务处理进行检查，若发现应付账款借方余额账户时，应检查是否符合《预付账款管理办法》的规定。如果存在违反制度规定的预付款项时，会计人员应当及时向公司总会计师汇报，金额较大（每个项目部合计金额10万元以上）时应向公司财务总监汇报。

第二十七条 工程项目责任人应当就违反制度规定的预付款项，在10日内补充证明预付款项真实发生的相关资料和手续。若在规定时间内不能补充相关资料和手续，公司总会计师应通知会计人员暂停为该项目部办理各项结算业务，直至相关资料和手续补充完毕。

第二十八条 每月结账后，各单位财务部门核算会计应对会计账簿记录的“暂估价应付款项”与项目部会计报送的“采购应收发票明细表”进行核对，发现差错及时处理，保证暂估价应付账款准确无误。

第二十九条 各单位财务部门应当不定期（最少每年一次），通过发询证函、直接对账等方式将应付账款余额与债权人进行核对，发现错误及时纠正。

第五章 罚 则

第三十条 各单位财务部门核算会计未按照公司规定登记应付账款明细账，将尚未取得发票的业务计入付款依据的应付账款明细的，处以300～500元/次的罚款。

第三十一条 各单位财务部门会计在审核款项支付时，未认真履行审核职责，在未取得公司总会计师、财务总监特殊批准的情况下，应付账款出现借方余额的，处以300～500元/次的罚款。

第三十二条 各单位财务部门负责人未按照本办法每月对本部门各项账务情况进行检查，导致不合理事项长期挂账，且未取得公司总会计师、财务总监特批的经办部门、单位说明的，处以500～1000元/户的罚款。

第六章 附 则

第三十三条 本办法由公司财务管理中心负责解释。

第三十四条 本办法自公司总经理办公会审议通过、发布之日生效实施。

范本19 差旅费管理规定

第一章 总 则

第一条 为规范公司差旅费支出、报销行为，根据《内部控制基本制度》的规定，结合公司实际，制定本规定。

第二条 本规定适用于公司总部、各区域分公司、子公司、工程项目部（以下统称各单位）。

第二章 差旅费管理规定

第三条 差旅费标准。

出差费用由住宿费（元/天）、餐费（元/餐）和交通费组成，根据出差目的地城市（分A、B、C三类地区）和不同职级执行不同标准。

（一）交通工具、餐补。

A类地区城市为：北京、上海、广州、深圳四地城区。

B类地区城市为除以上四城市之外的省会及以上城市、计划单列市、经济特区城区。

C类地区城市为A类、B类地区以外的其他城市。

出差费用报销标准见下表：

出差费用报销标准

单位：元/人/天

项目		高管	区域公司总经理（含副）、分公司负责人、项目经理	职能部门主管、项目生产经理、技术总工及以上	其他
住宿费	A	实报实销	410	370	310
	B		340	280	240
	C		260	220	180
餐补		实报实销	60	60	60
省际交通		飞机普通舱或以上、火车软卧/硬卧、高铁	火车硬卧、高铁（特殊情况下如需乘坐软卧、飞机，需经副总经理以上领导批准）		
省内交通		高铁等	火车硬座或硬卧、高铁、长途大巴（三人以上或特殊紧急情况可由公司派车）		
出差地交通		专车或公司派车	出租车、公交、地铁（特殊紧急情况可由公司派车，出租车不得超过120元/天）		

（二）餐补（高管除外）包括中餐及晚餐，早餐不在出差费用报销范围内。报销时填制《差旅费报销审批单》，根据个人职级，按标准报销，不需提供发票，但应提

供《差旅费报销审批单》。

（三）同性别两员工出差时，原则上安排居住于一个双床标准间，并按较高职务人员的包干费用计算报销住宿费。

（四）住宿费发票应详细标明住宿人数、单价、金额，对于不能清楚标明人数、单价的住宿费发票，需向宾馆等单位取得住宿清单。

（五）出差期间如有公餐（指参加招待或有统一安排用餐而出差人未付款的），不得再报销餐补。

第四条 高管级以下人员出差如需公司订票，须按公司流程报批，乘坐飞机需副总经理以上领导审批。

（一）在不影响工作的情况下，出差乘坐飞机的行程尽量选择当日7折以下机票。

（二）未经批准乘坐飞机或超出乘坐标准的，按相应级别火车硬卧或高铁办理报销手续。

（三）高管级以下人员外出办事，原则上乘坐公共交通，但早6点前或晚10点后出差可以乘坐出租车，特殊情况需要乘坐出租车的，需事先请示领导，报账时，应提供领导审批单并列明具体的原因。

第五条 因本人原因导致票据丢失的，公司不予报销。

第三章 附 则

第六条 本规定由公司财务管理中心发布并负责解释。

第七条 本规定自公司总经理办公会审议通过之日起实施。

范本20 重要会计政策和会计估计

为了统一会计核算口径，保证会计信息数据的可比性，公司结合公司总部、各区域分公司、子公司实际生产经营特点，依据《企业会计准则》及相关规定，制定了若干项具体会计政策和会计估计。

第一章 会计政策、估计的基本规定

一、会计期间

本公司的会计期间分为年度和中期，会计中期指短于一个完整的会计年度的报告期间。本公司会计年度采用公历年度，即每年自1月1日起至12月31日止。

二、营业周期

正常营业周期是指本公司从业务承接起至实现现金或现金等价物的期间。本公司以12个月作为一个营业周期，并以其作为资产和负债的流动性划分标准。

三、记账本位币

人民币为本公司及境内子公司经营所处的主要经济环境中的货币，本公司及境内子公司以人民币为记账本位币。本公司编制财务报表时所采用的货币为人民币。

第二章　会计政策和估计

一、同一控制下和非同一控制下企业合并的会计处理方法

企业合并，是指将两个或两个以上单独的企业合并形成一个报告主体的交易或事项。企业合并分为同一控制下企业合并和非同一控制下企业合并。

（一）同一控制下企业合并。

参与合并的企业在合并前后均受同一方或相同的多方最终控制，且该控制并非暂时性的，为同一控制下的企业合并。同一控制下的企业合并，在合并日取得对其他参与合并企业控制权的一方为合并方，参与合并的其他企业为被合并方。合并日，是指合并方实际取得对被合并方控制权的日期。

合并方取得的资产和负债均按合并日在被合并方的账面价值计量。合并方取得的净资产账面价值与支付的合并对价账面价值（或发行股份面值总额）的差额，调整资本公积（股本溢价）；资本公积（股本溢价）不足以冲减的，调整留存收益。

合并方为进行企业合并发生的各项直接费用，于发生时计入当期损益。

（二）非同一控制下企业合并。

参与合并的企业在合并前后不受同一方或相同的多方最终控制的，为非同一控制下的企业合并。非同一控制下的企业合并，在购买日取得对其他参与合并企业控制权的一方为购买方，参与合并的其他企业为被购买方。购买日，是指购买方实际取得对被购买方控制权的日期。

对于非同一控制下的企业合并，合并成本包含购买日购买方为取得对被购买方的控制权而付出的资产、发生或承担的负债以及发行的权益性证券的公允价值，为企业合并发生的审计、法律服务、评估咨询等中介费用以及其他管理费用于发生时计入当期损益。购买方作为合并对价发行的权益性证券或债务性证券的交易费用，计入权益性证券或债务性证券的初始确认金额。所涉及的或有对价按其在购买日的公允价值计入合并成本，购买日后12个月内出现对购买日已存在情况的新的或进一步证据而需要调整或有对价的，相应调整合并商誉。购买方发生的合并成本及在合并中取得的可辨认净资产按购买日的公允价值计量。合并成本大于合并中取得的被购买方于购买日可辨认净资产公允价值份额的差额，确认为商誉。合并成本小于合并中取得的被购买方可辨认净资产公允价值份额的，首先对取得的被购买方各项可辨认资产、负债及或有负债的公允价值以及合并成本的计量进行复核，复核后合并成本仍小于合并中取得的

被购买方可辨认净资产公允价值份额的，其差额计入当期损益。

购买方取得被购买方的可抵扣暂时性差异，在购买日因不符合递延所得税资产确认条件而未予确认的，在购买日后12个月内，如取得新的或进一步的信息表明购买日的相关情况已经存在，预期被购买方在购买日可抵扣暂时性差异带来的经济利益能够实现的，则确认相关的递延所得税资产，同时减少商誉，商誉不足冲减的，差额部分确认为当期损益；除上述情况以外，确认与企业合并相关的递延所得税资产的，计入当期损益。

通过多次交易分步实现的非同一控制下企业合并，根据《财政部关于印发企业会计准则解释第5号的通知》（财会〔2012〕19号）和《企业会计准则第33号——合并财务报表》第五十一条关于"一揽子交易"的判断标准，判断该多次交易是否属于"一揽子交易"。属于"一揽子交易"的，参考本部分前面各段描述及"九、长期股权投资"进行会计处理；不属于"一揽子交易"的，区分个别财务报表和合并财务报表进行相关会计处理：

在个别财务报表中，以购买日之前所持被购买方的股权投资的账面价值与购买日新增投资成本之和，作为该项投资的初始投资成本；购买日之前持有的被购买方的股权涉及其他综合收益的，在处置该项投资时将与其相关的其他综合收益采用与被购买方直接处置相关资产或负债相同的基础进行会计处理（即，除了按照权益法核算的在被购买方重新计量设定受益计划净负债或净资产导致的变动中的相应份额以外，其余转入当期投资收益）。

在合并财务报表中，对于购买日之前持有的被购买方的股权，按照该股权在购买日的公允价值进行重新计量，公允价值与其账面价值的差额计入当期投资收益；购买日之前持有的被购买方的股权涉及其他综合收益的，与其相关的其他综合收益应当采用与被购买方直接处置相关资产或负债相同的基础进行会计处理（即，除了按照权益法核算的在被购买方重新计量设定受益计划净负债或净资产导致的变动中的相应份额以外，其余转为购买日所属当期投资收益）。

二、合并财务报表的编制方法

（一）合并财务报表范围的确定原则。

合并财务报表的合并范围以控制为基础予以确定。控制是指本公司拥有对被投资方的权力，通过参与被投资方的相关活动而享有可变回报，并且有能力运用对被投资方的权力影响该回报金额。合并范围包括本公司及全部子公司。子公司，是指被本公司控制的主体。

一旦相关事实和情况的变化导致上述控制定义涉及的相关要素发生了变化，本公司将进行重新评估。

（二）合并财务报表编制的方法。

从取得子公司的净资产和生产经营决策的实际控制权之日起，本公司开始将其纳入合并范围；从丧失实际控制权之日起停止纳入合并范围。对于处置的子公司，处置日前的经营成果和现金流量已经适当地包括在合并利润表和合并现金流量表中；当期处置的子公司，不调整合并资产负债表的期初数。非同一控制下企业合并增加的子公司，其购买日后的经营成果及现金流量已经适当地包括在合并利润表和合并现金流量表中，且不调整合并财务报表的期初数和对比数。同一控制下企业合并增加的子公司，其自合并当期期初至合并日的经营成果和现金流量已经适当地包括在合并利润表和合并现金流量表中，并且同时调整合并财务报表的对比数。

在编制合并财务报表时，子公司与本公司采用的会计政策或会计期间不一致的，按照本公司的会计政策和会计期间对子公司财务报表进行必要的调整。对于非同一控制下企业合并取得的子公司，以购买日可辨认净资产公允价值为基础对其财务报表进行调整。

公司内所有重大往来余额、交易及未实现利润在合并财务报表编制时予以抵销。

子公司的股东权益及当期净损益中不属于本公司所拥有的部分分别作为少数股东权益及少数股东损益在合并财务报表中股东权益及净利润项下单独列示。子公司当期净损益中属于少数股东权益的份额，在合并利润表中净利润项目下以“少数股东损益”项目列示。少数股东分担的子公司的亏损超过了少数股东在该子公司期初股东权益中所享有的份额，仍冲减少数股东权益。

当因处置部分股权投资或其他原因丧失了对原有子公司的控制权时，对于剩余股权，按照其在丧失控制权日的公允价值进行重新计量。处置股权取得的对价与剩余股权公允价值之和，减去按原持股比例计算应享有原有子公司自购买日开始持续计算的净资产的份额之间的差额，计入丧失控制权当期的投资收益。与原有子公司股权投资相关的其他综合收益，在丧失控制权时采用与被购买方直接处置相关资产或负债相同的基础进行会计处理（即，除了在该原有子公司重新计量设定受益计划净负债或净资产导致的变动以外，其余一并转为当期投资收益）。其后，对该部分剩余股权按照《企业会计准则第2号——长期股权投资》或《企业会计准则第22号——金融工具确认和计量》等相关规定进行后续计量，详见“九、长期股权投资”或“五、金融工具”。

本公司通过多次交易分步处置对子公司股权投资直至丧失控制权的，需区分处置对子公司股权投资直至丧失控制权的各项交易是否属于一揽子交易。处置对子公司股权投资的各项交易的条款、条件以及经济影响符合以下一种或多种情况，通常表明应将多次交易事项作为一揽子交易进行会计处理：①这些交易是同时或者在考虑了彼此影响的情况下订立的；②这些交易整体才能达成一项完整的商业结果；③一项交易的发生取决于其他至少一项交易的发生；④一项交易单独看是不经济的，但是和其他交易一并考虑时是经济的。不属于一揽子交易的，对其中的每一项交易视情况分别按照“不丧失控制权的情况下部分处置对子公司的长期股权投资”（详见“九、长期股权投资”）和“因处置部分股权投资或其他原因丧失了对原有子公司的控制权”（详见前段）适用的原则进行会计处理。处置对子公司股权投资直至丧失控制权的各项交易属于一揽子交易的，将各项交易作为一项处置子公司并丧失控制权的交易进行会计处理；但是，在丧失控制权之前每一次处置价款与处置投资对应的享有该子公司净资产份额的差额，在合并财务报表中确认为其他综合收益，在丧失控制权时一并转入丧失控制权当期的损益。

三、合营安排分类及共同经营会计处理方法

合营安排，是指一项由两个或两个以上的参与方共同控制的安排。本公司根据在合营安排中享有的权利和承担的义务，将合营安排分为共同经营和合营企业。共同经营，是指本公司享有该安排相关资产且承担该安排相关负债的合营安排。合营企业，是指本公司仅对该安排的净资产享有权利的合营安排。

本公司对合营企业的投资采用权益法核算，按照“九、长期股权投资”中所述的会计政策处理。

本公司作为合营方对共同经营，确认本公司单独持有的资产、单独所承担的负债，以及按本公司份额确认共同持有的资产和共同承担的负债；确认出售本公司享有的共同经营产出份额所产生的收入；按本公司份额确认共同经营因出售产出所产生的收入；确认本公司单独所发生的费用，以及按本公司份额确认共同经营发生的费用。

当本公司作为合营方向共同经营投出或出售资产（该资产不构成业务，下同）或者自共同经营购买资产时，在该等资产出售给第三方之前，本公司仅确认因该交易产生的损益中归属于共同经营其他参与方的部分。该等资产发生符合《企业会计准则第8号——资产减值》等规定的资产减值损失的，对于由本公司向共同经营投出或出售资产的情况，本公司全额确认该损失；对于本公司自共同经营购买资产的情况，本公司按承担的份额确认该损失。

四、现金及现金等价物的确定标准

本公司现金及现金等价物包括库存现金、可以随时用于支付的存款以及本公司持有的期限短（一般为从购买日起三个月内到期）、流动性强、易于转换为已知金额现金、价值变动风险很小的投资。

五、金融工具

在本公司成为金融工具合同的一方时确认一项金融资产或金融负债。

（一）金融资产的分类、计量。

1.金融资产的分类。

本公司根据其管理金融资产的业务模式和金融资产的合同现金流量特征，将金融资产划分为以下三类：

（1）以摊余成本计量的金融资产；

（2）以公允价值计量且其变动计入其他综合收益的金融资产；

（3）以公允价值计量且其变动计入当期损益的金融资产。

上述分类一经确定，不得随意变更。

2.金融资产的计量。

金融资产的计量包括初始计量和后续计量，后续计量又包括存续期间利息的分摊、利得或损失的处理、重分类计量、金融资产减值。

1）金融资产的初始计量。

本公司初始确认金融资产，按照公允价值计量。公允价值通常指交易价格，即所收到或支付对价的公允价值。公司取得金融资产所支付的价款中包含的已宣告但尚未发放的利息或现金股利，应当单独确认为应收项目处理。

对于以公允价值计量且其变动损益计入当期损益的金融资产，相关交易费用计入当期损益。

对于其他类别的金融资产，相关交易费用应计入初始确认金额。

2）金融资产的后续计量。

本公司对不同类别的金融资产，分别以摊余成本、以公允价值计量且其变动计入综合收益或以公允价值计量且其变动计入当期损益进行后续计量。

（1）摊余成本，应当以金融资产初始确认金额经下列调整确定：

①扣除已偿还的本金。

②加上或减去采用实际利率法将该初始确认金额与到期日金额之间的差额进行摊销形成的累计摊销额。

③扣除计提的累计信用减值准备。

（2）以公允价值计量且其变动计入其他综合收益的金融资产，其公允价值变动形成的利得或损失，除与套期会计有关外，应当按照下列规定处理：

①分类为以公允价值计量且其变动计入其他综合收益的金融资产所产生的利得或损失，除其减值损失或者利得、汇兑损益外，均应当计入其他综合收益。但是，采用实际利率法计算的该金融资产的利息应当计入当期损益。该类金融资产终止确认时，之前计入其他综合收益的累计利得或损失应当从其他综合收益中转出，计入当期损益

（投资收益）。

②对于指定为以公允价值计量且其变动计入其他综合收益的非交易性权益工具投资，除了获得的股利（属于投资成本收回部分的除外）计入当期损益（投资收益）外，其他相关的利得和损失（包括汇兑损益、公允价值变动）均应计入其他综合收益，且后续不得转入当期损益。当其终止确认时，之前计入其他综合收益的累计利得或损失应当从其他综合收益中转出，计入留存收益。

（3）以公允价值计量且其变动计入当期损益的金融资产以公允价值计量且其变动计入当期损益的金融资产的利得或损失，除与套期会计有关外，应当计入当期损益。

（二）金融资产重分类的计量。

1.以摊余成本计量的金融资产的重分类。

（1）公司将一项以摊余成本计量的金融资产重分类为以公允价值计量且其变动计入当期损益的金融资产的，应当按照该资产在重分类日的公允价值进行计量。原账面价值与公允价值之间的差额计入当期损益。

（2）公司将一项以摊余成本计量的金融资产重分类为以公允价值计量且其变动计入其他综合收益的金融资产的，应当按照该金融资产在重分类日的公允价值进行计量。原账面价值与公允价值之间的差额计入其他综合收益。该金融资产重分类不影响其实际利率和预期信用损失的计量。

2.以公允价值计量且其变动计入其他综合收益的金融资产的重分类。

（1）公司将一项以公允价值计量且其变动计入其他综合收益的金融资产重分类为以摊余成本计量的金融资产的，应当将之前计入其他综合收益的累计利得或损失转出，调整该金融资产在重分类日的公允价值，并以调整后的金额作为新的账面价值，即视同该金融资产一直以摊余成本计量。该金融资产重分类不影响其实际利率和预期信用损失的计量。

（2）公司将一项以公允价值计量且其变动计入其他综合收益的金融资产重分类为以公允价值计量且其变动计入当期损益的金融资产的，应当继续以公允价值计量该金融资产。同时，公司应当将之前计入其他综合收益的累计利得或损失从其他综合收益转入当期损益。

3.以公允价值计量且其变动计入当期损益的金融资产的重分类计量。

（1）公司将一项以公允价值计量且其变动计入当期损益的金融资产重分类为以摊余成本计量的金融资产的，应当以其在重分类日的公允价值作为新的账面余额。

（2）公司将一项以公允价值计量且其变动计入当期损益的金融资产重分类为以公允价值计量且其变动计入其他综合收益的金融资产的，应当继续以公允价值计量该金融资产。对以公允价值计量且其变动计入当期损益的金融资产进行重分类的，公司应当根据该金融资产在重分类日的公允价值确定其实际利率。同时，公司应当自重分类日起对该金融资产按规定进行减值处理，并将重分类日视为初始确认日。

（三）金融资产减值。

公司采用“预期信用损失法”对以摊余成本计量的金融资产和分类为以公允价值计量且其变动计入其他综合收益的金融资产（包括租赁应收款和合同资产）进行减值会计处理并确认损失准备。

1.预期信用损失法在预期信用损失法下，减值准备的计提不以减值的实际发生为前提，而是以未来可能的违约事件造成的损失的期望值来计量当前（资产负债表日）应当确认的减值准备。

2.金融资产减值的三阶段。

（1）信用风险自初始确认后未显著增加（第一阶段）对于处于该阶段的金融资产，公司应当按照未来12个月的预期信用损失计量损失准备，并按其账面余额和实际利率计算利息收入。

（2）信用风险自初始确认后已显著增加但尚未发生信用减值(第二阶段）对于处于该阶段的金融资产，公司应当按照该金融资产整个存续期的预期信用损失计量损失准备，并按其账面余额和实际利率计算利息收入。

（3）初始确认后发生信用减值（第三阶段）对于处于该阶段的金融资产，公司应当按照该金融资产整个存续期的预期信用损失计量损失准备，并按其摊余成本（账面余额减已计提减值准备）和实际利率计算利息收入。

3.信用风险评估企业应当在资产负债表日评估金融资产信用风险（即发生违约的概率）自初始确认后是否已显著增加。但下列两类情形下，公司无须就金融资产初始确认时的信用风险与资产负债表日的信用风险进行比较分析。

（1）较低信用风险的金融资产。

（2）公司对于应收款项、租赁应收款和合同资产，应当始终按照整个存续期内预期信用损失的金额计量其损失准备。

4.预期信用损失的计量。

（1）预期信用损失是以违约概率为权重的、金融工具现金流缺口（即合同现金流量与预期收到的现金流量之间的差额）的现值的加权平均值。公司可在计量预期信用损失时运用简便方法。如对于应收账款的预期信用损失，公司可参照历史信用损失经验，编制应收账款逾期天数与固定准备率对照表，以此为基础计算预期信用损失。

（2）公司应当采用相关金融工具初始确认时确定的实际利率或其近似值，将现金流缺口折现为资产负债表日的现值，而不是预计违约日或其他日期的现值。

（3）公司对预期信用损失的估计，是概率加权的结果，应当始终反映发生信用损失的可能性以及不发生信用损失的可能性（即便最可能发生的结果是不存在任何信用损失），而不是仅对最坏或最好的情形做出估计。

（四）金融资产转移情形、终止确认及计量。

1.金融资产转移的两种情形。

（1）公司将收取金融资产现金流量的合同权利转移给其他方。

（2）公司保留了收取金融资产现金流量的合同权利，但承担了将收取的该现金流量支付给一个或多个最终收款方的合同义务，且同时满足以下三个条件：

①公司只有从该金融资产收到对等的现金流量时，才有义务将其支付给最终收款方。

②转让合同规定禁止公司出售或抵押该金融资产，但公司可以将其作为向最终收款方支付现金流量义务的保证。

③公司有义务将代表最终收款方收取的所有现金流量及时划转给最终收款方，且无重大延误。

2.评估转移程度。

公司在发生金融资产转移时，应当评估其保留金融资产所有权上的风险和报酬的程度，并分别以下列情形进行处理：

公司转移了金融资产所有权上几乎所有风险和报酬的，应当终止确认该金融资产，并将转移中产生或保留的权利和义务单独确认为资产或负债。

以下情形通常表明公司已将金融资产所有权上几乎所有的风险和报酬转移给了转入方：

（1）公司无条件出售金融资产。

（2）公司出售金融资产，同时约定按回购日该金融资产的公允价值回购。

（3）公司出售金融资产，同时与转入方签订看跌或看涨期权合约，且该看跌或看涨期权为深度价外期权。

公司保留了金融资产所有权上几乎所有风险和报酬的，应当继续确认该金融资产。

以下情形通常表明公司保留了金融资产所有权上几乎所有的风险和报酬：

（1）公司出售金融资产并与转入方签订回购协议，协议规定公司将按照固定价格或是按照原售价加上合理的资金成本向转入方回购原被转移金融资产，或者与售出的金融资产相同或实质上相同的金融资产。

（2）公司融出证券或进行证券出借。

（3）公司出售金融资产并附有将市场风险敞口转回给公司的总回报互换。

（4）公司出售短期应收款项或信贷资产，并且全额补偿转入方可能因被转移金融资产发生的信用损失。

（5）公司出售金融资产，同时与转入方签订看跌或看涨期权合约，且该看跌期权或看涨期权为一项价内期权。

（6）采用附追索权方式出售金融资产。

公司既没有转移也没有保留金融资产所有权上几乎所有风险和报酬的，应当根据其是否保留了对金融资产的控制，分别下列情形处理：

（1）公司未保留对该金融资产控制的，应当终止确认该金融资产，并将转移中产生或保留的权利和义务单独确认为资产或负债。

（2）公司保留了对该金融资产控制的，应当按照其继续涉入被转移金融资产的程度继续确认有关金融资产，并相应确认相关负债。

3.金融资产转移的计量。

（1）金融资产整体转移的计量。

金融资产整体转移满足终止确认条件的，应当将下列两项金额的差额计入当期损益：

① 被转移金融资产在终止确认日的账面价值（账面余额减已计提减值）。

②因转移金融资产而收到的对价，与原直接计入其他综合收益的公允价值变动累计额（分类为以公允价值计量且其变动计入其他综合收益的金融资产的情形）之和。

对于分类为以公允价值计量且其变动计入其他综合收益的金融资产整体转移满足终止确认条件的，公司在计量该项转移形成的损益时，应当将原计入其他综合收益的公允价值变动累计利得或损失转出计入当期损益；对于指定为以公允价值计量且其变动计入其他综合收益的非交易性权益工具投资则计入留存收益。

因金融资产转移获得了新金融资产或服务资产，应当在转移日按照公允价值确认该新金融资产或服务资产，并将该新金融资产和服务资产扣除新金融负债及服务负债后的净额作为对价的组成部分。

（2）金融资产部分转移的计量。

公司转移了金融资产的一部分，且该被转移部分满足终止确认条件的，应当将转移前金融资产整体的账面价值，在终止确认部分和继续确认部分（在这种情形下，所保留的服务资产应当视同继续确认金融资产的一部分）之间，按照转移日各自的相对公允价值进行分摊，并将下列两项金额的差额计入当期损益：

①终止确认部分在终止确认日的账面价值。

②终止确认部分收到的对价（包括获得的所有新资产减去承担的所有新负债），与原计入其他综合收益的公允价值变动累计额中对应终止确认部分的金额（涉及部分转移的金融资产为分类为以公允价值计量且其变动计入其他综合收益的金融资产的情形）之和。

（3）继续确认被转移金融资产的计量。

公司保留了被转移金融资产所有权上几乎所有的风险和报酬的，不应当将其从公司的资产负债表中转出，而应当继续确认所转移的金融资产整体，因资产转移而收到的对价，应当在收到时确认为一项金融负债。该金融负债与被转移金融资产应当分别确认和计量，不得相互抵销。在后续会计期间，公司应当继续确认该金融资产产生的收入或利得以及该金融负债产生的费用或损失。

（4）继续涉入被转移金融资产的计量。

公司既没有转移也没有保留金融资产所有权上几乎所有风险和报酬，且保留了对该金融资产控制的，应当按照其继续涉入被转移金融资产的程度继续确认该被转移金融资产，并相应确认相关负债。公司所确认的被转移的金融资产和相关负债，应当反映公司所保留的权利和承担的义务。

公司应当对因继续涉入被转移金融资产形成的有关资产确认相关收益，对继续涉入形成的有关负债确认相关费用。相关负债应当根据被转移的资产是按公允价值计量还是摊余成本计量予以计量：

①被转移的金融资产以摊余成本计量的，被转移资产和相关负债的账面价值等于公司保留的权利和义务的摊余成本；

②被转移金融资产以公允价值计量的，被转移资产和相关负债的账面价值等于公司保留的权利和义务按独立基础计量的公允价值。

（5）金融资产转移中向转入方提供非现金担保物的计量。

公司向金融资产转入方提供了非现金担保物（如债务工具或权益工具投资等）的，公司（转出方）和转入方应当按照下列规定处理：

①转入方按照合同或惯例有权出售该担保物或将其再作为担保物的，公司（转出方）应当将该非现金担保物在资产负债表中重新分类，并单独列报。

②转入方已将该担保物出售的，应确认出售担保物收到的款项；同时转入方应当就归还担保物义务，按照公允价值确认一项负债。

③除公司（转出方）因违约丧失赎回担保物权利外，公司应当继续将担保物确认为一项资产；转入方不得将该担保物确认为资产。

④公司（转出方）因违约丧失赎回担保物权利的，应当终止确认该担保物；转入方应当将该担保物确认为一项资产，并以公允价值计量。若转出方因违约丧失赎回担保物权利前，转入方已出售该担保物，则转入方应当终止确认归还担保物的义务。

（五）金融负债的分类、计量。

1.金融负债的分类。

金融负债可以分为下列四类：以公允价值计量且其变动计入当期损益的金融负债；不符合终止确认条件的金融资产转移或继续涉入被转移金融资产所形成的金融负债；不属于前述两类情形的财务担保合同，以及不属于第一类情形的以低于市场利率贷款的贷款承诺；以摊余成本计量的金融负债。

公司在日常经营活动中所形成的应付账款、短期借款、其他应付款等债务均属于以摊余成本计量的金融负债。公司对所有金融负债均不得进行重分类。

2.金融负债的计量。

（1）金融负债的初始计量。

公司初始确认金融负债，按照公允价值计量。对于以公允价值计量且其变动计入当期损益的金融负债，相关交易费用应当直接计入当期损益；对于其他类别的金融负债，相关交易费用应当计入初始确认金额。

（2）金融负债的后续计量。

以公允价值计量且其变动计入当期损益的金融负债采用公允价值进行后续计量，公允价值变动形成的利得或损失，除与套期会计有关外，应当计入当期损益。

（3）金融资产转移形成的金融负债的后续计量。

金融资产整体转移未满足终止确认条件的，公司继续确认所转移的金融资产，因资产转移而收到的对价在收到时确认为负债。

①继续涉入被转移金融资产以摊余成本计量的，相关负债的账面价值等于继续涉入被转移金融资产的账面价值减去公司保留的权利（如果公司因金融资产转移保留了相关权利）的摊余成本并加上公司承担的义务（如果公司因金融资产转移承担了相关义务）的摊余成本，相关负债不指定为以公允价值计量且其变动计入当期损益的金融负债。

②继续涉入被转移金融资产以公允价值计量的，相关负债的账面价值等于继续涉入被转移金融资产的账面价值减去公司保留的权利（如果公司因金融资产转移保留了相关权利）的公允价值并加上公司承担的义务（如果公司因金融资产转移承担了相关义务）的公允价值，该权利和义务的公允价值为按独立基础计量时的公允价值。

③不属于指定为以公允价值计量且其变动计入当期损益的金融负债的财务担保合同，或没有指定为以公允价值计量且其变动计入当期损益并将以低于市场利率贷款的

贷款承诺，在初始确认后按照损失准备金额以及初始确认金额扣除依据收入确认相关规定所确定的累计摊销额后的余额孰高进行计量。

（4）以摊余成本计量的金融负债的后续计量。

①金融负债的摊余成本，应当以金融负债的初始确认金额经下列调整后的结果确定：

扣除已偿还的本金；

加上或减去采用实际利率法将该初始确认金额与到期日金额之间的差额进行摊销形成的累计摊销额。

②以摊余成本计量且不属于任何套期关系一部分的金融负债所产生的利得或损失，应当在终止确认时计入当期损益或在按照实际利率法摊销时计入相关期间损益。

③公司发行的可转换公司债券的后续计量中，负债部分采用实际利率法按摊余成本计量；权益部分按公允价值计量，且公允价值变动计入当期损益。

在可转换公司债券转换时，应终止确认负债成分，并将其确认为权益。原来的权益成分仍旧保留为权益（从权益的一个项目结转到另一个项目，如从“其他权益工具”转入“资本公积——股本（或资本）溢价”）。可转换公司债券转换时不产生损益。

六、应收款项

应收款项包括应收账款、预付账款、其他应收款等。

（一）坏账准备的确认标准。

本公司在资产负债表日对应收款项账面价值进行检查，对存在下列客观证据表明应收款项发生减值的，计提减值准备：①债务人发生严重的财务困难；②债务人违反合同条款（如偿付利息或本金发生违约或逾期等）；③债务人很可能倒闭或进行其他财务重组；④其他表明应收款项发生减值的客观依据。

（二）坏账准备的计提方法。

1.单项金额重大并单项计提坏账准备的应收款项坏账准备的确认标准、计提方法。

本公司将金额为人民币3 000万元以上的应收款项确认为单项金额重大的应收款项。

本公司对单项金额重大的应收款项单独进行减值测试，单独测试未发生减值的金融资产，包括在具有类似信用风险特征的金融资产组合中进行减值测试。单项测试已确认减值损失的应收款项，不再包括在具有类似信用风险特征的应收款项组合中进行减值测试。

2.按信用风险组合计提坏账准备的应收款项的确定依据、坏账准备计提方法。

（1）信用风险特征组合的确定依据。

本公司对单项金额不重大以及金额重大但单项测试未发生减值的应收款项，按信用风险特征的相似性和相关性对金融资产进行分组。这些信用风险通常反映债务人按照该等资产的合同条款偿还所有到期金额的能力，并且与被检查资产的未来现金流量测算相关。

不同组合的确定依据见下表。

项目	确定组合的依据
低风险组合	正常关联方账款及备用金
账龄组合	不属于低风险组合，单项金额不重大以及金额重大但单项测试未发生减值的应收款项

（2）根据信用风险特征组合确定的坏账准备计提方法。

按组合方式实施减值测试时，坏账准备金额系根据应收款项组合结构及类似信用风险特征（债务人根据合同条款偿还欠款的能力）按历史损失经验及目前经济状况与预计应收款项组合中已经存在的损失评估确定。

不同组合计提坏账准备的计提方法下见表。

项目	计提方法
低风险组合	个别认定法
账龄组合	账龄分析法

①组合中，采用账龄分析法计提坏账准备的组合计提方法见下表。

账龄	应收账款计提比例（%）	其他应收款计提比例（%）	预付款项计提比例（%）
1年以内（含1年，下同）	0.00	0.00	0.00
1～2年	5.00	5.00	5.00
2～3年	10.00	10.00	10.00
3～4年	20.00	20.00	20.00
4～5年	50.00	50.00	50.00
5年以上	100.00	100.00	100.00

②组合中，采用个别认定法计提坏账准备的计提方法见下表。

计提坏账准备的条件	具备以下特征的应收款项，单独进行减值测试，有客观证据表明其发生了减值的：①债务人发生严重的财务困难；②债务人违反合同条款（如偿付利息或本金发生违约或逾期等）；③债务人很可能倒闭或进行其他财务重组；④其他表明应收款项发生减值的客观依据。
坏账准备的计提方法	根据其未来现金流量现值低于其账面价值的差额，确认减值损失，计提坏账准备。

（三）坏账准备的转回。

如有客观证据表明该应收款项价值已恢复，且客观上与确认该损失后发生的事项有关，原确认的减值损失予以转回，计入当期损益。但是，该转回后的账面价值不超过假定不计提减值准备情况下该应收款项在转回日的摊余成本。

七、存货

（一）存货的分类。

存货主要包括原材料、周转材料、建造合同形成的已完工未结算资产等。

（二）存货取得和发出的计价方法。

存货在取得时按实际成本计价，存货成本包括采购成本、施工成本和其他成本。原材料领用和发出时按加权平均法计价。

（三）建造合同形成的存货。

履行建造合同中形成的合同履约成本，按照公司为履行当前或预期取得的合同所发生的实际成本确认为一项资产。初始确认时摊销期限不超过一年或一个正常营业周期的，在资产负债表中计入“存货”项目；初始确认时摊销期限在一年或一个正常营业周期以上的，在资产负债表中计入“其他非流动资产”项目。

资产负债表日，作为合同履约成本确认的资产，其账面价值高于下列第一项减去第二项的差额的，超出部分应当计提减值准备，并确认为资产减值损失：（1）企业因转让与该资产相关的商品预期能够取得的剩余对价；（2）为转让该相关商品估计将要发生的成本。企业应当按照确定交易价格的原则（关于可变对价估计的限制要求除外）预计其能够取得的剩余对价。估计将要发生的成本主要包括直接人工费、直接材料费、间接费用以及仅因该合同而发生的其他成本等。

（四）存货可变现净值的确认和跌价准备的计提方法。

可变现净值是指在日常活动中，存货的估计售价减去至完工时估计将要发生的成本、估计的销售费用以及相关税费后的金额。在确定存货的可变现净值时，以取得的确凿证据为基础，同时考虑持有存货的目的以及资产负债表日后事项的影响。

在资产负债表日，存货按照成本与可变现净值孰低计量。当其可变现净值低于成本时，提取存货跌价准备。存货跌价准备按单个存货项目的成本高于其可变现净值的差额提取。

计提存货跌价准备后，如果以前减记存货价值的影响因素已经消失，导致存货的可变现净值高于其账面价值的，在原已计提的存货跌价准备金额内予以转回，转回的金额计入当期损益。

（五）存货的盘存制度为永续盘存制。

（六）低值易耗品和包装物的摊销方法。

低值易耗品于领用时按一次摊销法摊销；包装物于领用时按一次摊销法摊销。

八、持有待售资产

同时满足下列条件的非流动资产或处置组划分为持有待售：（1）根据类似交易中出售此类资产或处置组的惯例，在当前状况下即可立即出售；（2）本集团已经就一项出售计划做出决议且已与其他方签订具有法律约束力的出售协议，并按规定对要求批准的出售获得相关权力机构或者监管部门的批准，预计出售将在一年内完成。

符合持有待售条件的非流动资产（不包括金融资产、以公允价值计量的投资性房地产以及递延所得税资产），以账面价值与公允价值减去出售费用后的净额孰低计量，公允价值减去出售费用后的净额低于原账面价值的金额，确认为资产减值损失。

被划分为持有待售的非流动资产和处置组中的资产和负债，分类为流动资产和流动负债，并在资产负债表中单独列示。

九、长期股权投资

本部分所指的长期股权投资是指本公司对被投资单位具有控制、共同控制或重大影响的长期股权投资。

共同控制，是指本公司按照相关约定对某项安排所共有的控制，并且该安排的相关活动必须经过分享控制权的参与方一致同意后才能决策。重大影响，是指本公司对被投资单位的财务和经营政策有参与决策的权力，但并不能够控制或者与其他方一起共同控制这些政策的制定。

（一）投资成本的确定。

对于同一控制下的企业合并取得的长期股权投资，在合并日按照被合并方在最终控制方合并财务报表中的账面价值的份额作为长期股权投资的初始投资成本。长期股权投资初始投资成本与支付的现金、转让的非现金资产以及所承担债务账面价值之间的差额，调整资本公积；资本公积不足冲减的，调整留存收益。以发行权益性证券作为合并对价的，在合并日按照被合并方所有者权益在最终控制方合并财务报表中的账面价值的份额作为长期股权投资的初始投资成本，按照发行股份的面值总额作为股本，长期股权投资初始投资成本与所发行股份面值总额之间的差额，调整资本公积；资本公积不足冲减的，调整留存收益。

对于非同一控制下的企业合并取得的长期股权投资，在购买日按照合并成本作为长期股权投资的初始投资成本，合并成本包括购买方付出的资产、发生或承担的负债、发行的权益性证券的公允价值之和。

合并方或购买方为企业合并发生的审计、法律服务、评估咨询等中介费用以及其他相关管理费用，于发生时计入当期损益。

除企业合并形成的长期股权投资外的其他股权投资，按成本进行初始计量，该成本视长期股权投资取得方式的不同，分别按照本公司实际支付的现金购买价款、本公司发行的权益性证券的公允价值、投资合同或协议约定的价值、非货币性资产交换交易中换出资产的公允价值或原账面价值、该项长期股权投资自身的公允价值等方式确定。与取得长期股权投资直接相关的费用、税金及其他必要支出也计入投资成本。

（二）后续计量及损益确认方法。

对被投资单位具有共同控制（构成共同经营者除外）或重大影响的长期股权投资，采用权益法核算。此外，公司财务报表采用成本法核算能够对被投资单位实施控制的长期股权投资。

1.成本法核算的长期股权投资。

采用成本法核算时，长期股权投资按初始投资成本计价，追加或收回投资调整长期股权投资的成本。除取得投资时实际支付的价款或者对价中包含的已宣告但尚未发放的现金股利或者利润外，当期投资收益按照享有被投资单位宣告发放的现金股利或利润确认。

2.权益法核算的长期股权投资。

采用权益法核算时，长期股权投资的初始投资成本大于投资时应享有被投资单位可辨认净资产公允价值份额的，不调整长期股权投资的初始投资成本；初始投资成本小于投资时应享有被投资单位可辨认净资产公允价值份额的，其差额计入当期损益，同时调整长期股权投资的成本。

采用权益法核算时，按照应享有或应分担的被投资单位实现的净损益和其他综合收益的份额，分别确认投资收益和其他综合收益，同时调整长期股权投资的账面价值；按照被投资单位宣告分派的利润或现金股利计算应享有的部分，相应减少长期股权投资的账面价值；对于被投资单位除净损益、其他综合收益和利润分配以外所有者权益的其他变动，调整长期股权投资的账面价值并计入资本公积。在确认应享有被投资单位净损益的份额时，以取得投资时被投资单位各项可辨认资产等的公允价值为基础，对被投资单位的净利润进行调整后确认。被投资单位采用的会计政策及会计期间与本公司不一致的，按照本公司的会计政策及会计期间对被投资单位的财务报表进行调整，并据以确认投资收益和其他综合收益。对于本公司与联营企业及合营企业之间发生的交易，投出或出售的资产不构成业务的，未实现内部交易损益按照享有的比例计算归属于本公司的部分予以抵销，在此基础上确认投资损益。但本公司与被投资单位发生的未实现内部交易损失，属于所转让资产减值损失的，不予以抵销。

在确认应分担被投资单位发生的净亏损时，以长期股权投资的账面价值和其他实质上构成对被投资单位净投资的长期权益减记至零为限。此外，如本公司对被投资单位负有承担额外损失的义务，则按预计承担的义务确认预计负债，计入当期投资损失。被投资单位以后期间实现净利润的，本公司在收益分享额弥补未确认的亏损分担额后，恢复确认收益分享额。

3.处置长期股权投资。

在合并财务报表中，母公司在不丧失控制权的情况下部分处置对子公司的长期股权投资，处置价款与处置长期股权投资相对应享有子公司净资产的差额计入股东权益；母公司部分处置对子公司的长期股权投资导致丧失对子公司控制权的，按“二、合并财务报表编制的方法”中所述的相关会计政策处理。

其他情形下的长期股权投资处置，对于处置的股权，其账面价值与实际取得价款的差额，计入当期损益。

采用权益法核算的长期股权投资，处置后的剩余股权仍采用权益法核算的，在处置时将原计入股东权益的其他综合收益部分按相应的比例采用与被投资单位直接处置相关资产或负债相同的基础进行会计处理。因被投资方除净损益、其他综合收益和利润分配以外的其他所有者权益变动而确认的所有者权益，按比例结转入当期损益。

采用成本法核算的长期股权投资，处置后剩余股权仍采用成本法核算的，其在取得对被投资单位的控制之前因采用权益法核算或金融工具确认和计量准则核算而确认的其他综合收益，采用与被投资单位直接处置相关资产或负债相同的基础进行会计处理，并按比例结转当期损益；因采用权益法核算而确认的被投资单位净资产中除净损益、其他综合收益和利润分配以外的其他所有者权益变动按比例结转当期损益。

十、固定资产

（一）固定资产确认条件。

固定资产是指为生产商品、提供劳务、出租或经营管理而持有的，使用寿命超过一个会计年度的有形资产。固定资产仅在与其有关的经济利益很可能流入本公司，且其成本能够可靠地计量时才予以确认。固定资产按成本并考虑预计弃置费用因素的影响进行初始计量。

（二）各类固定资产的折旧方法。

固定资产从达到预定可使用状态的次月起，采用年限平均法在使用寿命内计提折旧。各类固定资产的使用寿命、预计净残值和年折旧率如下表所示。

类别	折旧方法	折旧年限（年）	残值率（%）	年折旧率（%）
房屋及建筑物	年限平均法	20	0	5
机器设备	年限平均法	10	5	9.5
办公设备	年限平均法	3 ~ 5	5	19 ~ 31.67
电子设备	年限平均法	3	5	31.67
运输设备	年限平均法	3	5	31.67
板房及其他	年限平均法	3	5	31.67

预计净残值是指假定固定资产预计使用寿命已满并处于使用寿命终了时的预期状态，本公司目前从该项资产处置中获得的扣除预计处置费用后的金额。

（三）固定资产的减值测试方法及减值准备计提方法。

固定资产的减值测试方法和减值准备计提方法详见“十五、长期资产减值”。

（四）融资租入固定资产的认定依据及计价方法。

融资租赁为实质上转移了与资产所有权有关的全部风险和报酬的租赁，其所有权最终可能转移，也可能不转移。以融资租赁方式租入的固定资产采用与自有固定资产一致的政策计提租赁资产折旧。能够合理确定租赁期届满时取得租赁资产所有权的，在租赁资产使用寿命内计提折旧；无法合理确定租赁期届满能够取得租赁资产所有权的，在租赁期与租赁资产使用寿命两者中较短的期间内计提折旧。

（五）其他说明。

与固定资产有关的后续支出，如果与该固定资产有关的经济利益很可能流入且其成本能可靠地计量，则计入固定资产成本，并终止确认被替换部分的账面价值。除此以外的其他后续支出，在发生时计入当期损益。

当固定资产处于处置状态或预期通过使用或处置不能产生经济利益时，终止确认该固定资产。固定资产出售、转让、报废或毁损的处置收入扣除其账面价值和相关税费后的差额计入当期损益。

本公司至少于年度终了对固定资产的使用寿命、预计净残值和折旧方法进行复核，如发生改变则作为会计估计变更处理。

十一、在建工程

在建工程成本按实际工程支出确定，包括在建期间发生的各项工程支出以及其他相关费用等。在建工程在达到预定可使用状态后结转为固定资产。

在建工程的减值测试方法和减值准备计提方法详见“十五、长期资产减值”。

十二、借款费用

借款费用包括借款利息、折价或溢价的摊销、辅助费用以及因外币借款而发生的汇兑差额等。可直接归属于符合资本化条件的资产的购建或者生产的借款费用，在资产支出已经发生、借款费用已经发生、为使资产达到预定可使用或可销售状态所必要的购建或生产活动已经开始时，开始资本化；构建或者生产的符合资本化条件的资产达到预定可使用状态或者可销售状态时，停止资本化。其余借款费用在发生当期确认为费用。

专门借款当期实际发生的利息费用，减去尚未动用的借款资金存入银行取得的利息收入或进行暂时性投资取得的投资收益后的金额予以资本化；一般借款根据累计资产支出超过专门借款部分的资产支出加权平均数乘以所占用一般借款的资本化率，确定资本化金额。资本化率根据一般借款的加权平均利率计算确定。

资本化期间内，外币专门借款的汇兑差额全部予以资本化；外币一般借款的汇兑差额计入当期损益。

符合资本化条件的资产指需要经过相当长时间的购建或者生产活动才能达到预定可使用或可销售状态的固定资产、投资性房地产和存货等资产。

如果符合资本化条件的资产在购建或生产过程中发生非正常中断、并且中断时间连续超过3个月的，暂停借款费用的资本化，直至资产的购建或生产活动重新开始。

十三、无形资产

（一）无形资产的计量。

无形资产是指本公司拥有或者控制的没有实物形态的可辨认非货币性资产。

无形资产按成本进行初始计量。与无形资产有关的支出，如果相关的经济利益很可能流入本公司且其成本能可靠地计量，则计入无形资产成本。除此以外的其他项目的支出，在发生时计入当期损益。

取得的土地使用权通常作为无形资产核算。自行开发建造厂房等建筑物，相关的土地使用权支出和建筑物建造成本则分别作为无形资产和固定资产核算。如为外购的房屋及建筑物，则将有关价款在土地使用权和建筑物之间进行分配，难以合理分配的，全部作为固定资产处理。

使用寿命有限的无形资产自可供使用时起，对其原值减去预计净残值和已计提的减值准备累计金额在其预计使用寿命内采用直线法摊销。使用寿命不确定的无形资产不予摊销。

期末，对使用寿命有限的无形资产的使用寿命和摊销方法进行复核，如发生变更则作为会计估计变更处理。此外，还对使用寿命不确定的无形资产的使用寿命进行复核，如果有证据表明该无形资产为企业带来经济利益的期限是可预见的，则估计其使用寿命并按照使用寿命有限的无形资产的摊销政策进行摊销。

（二）研究与开发支出。

本公司内部研究开发项目的支出分为研究阶段支出与开发阶段支出。

研究阶段的支出，于发生时计入当期损益。

开发阶段的支出同时满足下列条件的，确认为无形资产，不能满足下述条件的开发阶段的支出计入当期损益：

①完成该无形资产以使其能够使用或出售在技术上具有可行性。

②具有完成该无形资产并使用或出售的意图。

③无形资产产生经济利益的方式，包括能够证明运用该无形资产生产的产品存在市场或无形资产自身存在市场，无形资产将在内部使用的，能够证明其有用性。

④有足够的技术、财务资源和其他资源支持，以完成该无形资产的开发，并有能力使用或出售该无形资产。

⑤归属于该无形资产开发阶段的支出能够可靠地计量。

无法区分研究阶段支出和开发阶段支出的，将发生的研发支出全部计入当期损益。

（三）无形资产的减值测试方法及减值准备计提方法。

无形资产的减值测试方法和减值准备计提方法详见“十五、长期资产减值”。

十四、长期待摊费用

长期待摊费用为已经发生但应由报告期和以后各期负担的分摊期限在一年以上的各项费用。本公司的长期待摊费用主要包括固定资产装修费等。长期待摊费用在预计受益期间按直线法摊销。

十五、长期资产减值

对于固定资产、在建工程、使用寿命有限的无形资产、以成本模式计量的投资性房地产及对子公司、合营企业、联营企业的长期股权投资等非流动非金融资产，本公司于资产负债表日判断是否存在减值迹象。如存在减值迹象的，则估计其可收回金额，进行减值测试。商誉、使用寿命不确定的无形资产和尚未达到可使用状态的无形资产，无论是否存在减值迹象，每年均进行减值测试。

减值测试结果表明资产的可收回金额低于其账面价值的，按其差额计提减值准备并计入减值损失。可收回金额为资产的公允价值减去处置费用后的净额与资产预计未来现金流量的现值两者之间的较高者。资产的公允价值根据公平交易中销售协议价格确定；不存在销售协议但存在资产活跃市场的，公允价值按照该资产的买方出价确定；不存在销售协议和资产活跃市场的，则以可获取的最佳信息为基础估计资产的公允价值。处置费用包括与资产处置有关的法律费用、相关税费、搬运费以及为使资产达到可销售状态所发生的直接费用。资产预计未来现金流量的现值，按照资产在持续使用过程中和最终处置时所产生的预计未来现金流量，选择恰当的折现率对其进行折现后的金额加以确定。资产减值准备按单项资产为基础计算并确认，如果难以对单项资产的可收回金额进行估计的，以该资产所属的资产组确定资产组的可收回金额。资产组是能够独立产生现金流入的最小资产组合。

在财务报表中单独列示的商誉，在进行减值测试时，将商誉的账面价值分摊至预期从企业合并的协同效应中受益的资产组或资产组组合。测试结果表明包含分摊的商誉的资产组或资产组组合的可收回金额低于其账面价值的，确认相应的减值损失。减值损失金额先抵减分摊至该资产组或资产组组合的商誉的账面价值，再根据资产组或资产组组合中除商誉以外的其他各项资产的账面价值所占比重，按比例抵减其他各项资产的账面价值。

上述资产减值损失一经确认，以后期间不予转回价值得以恢复的部分。

十六、职工薪酬

本公司职工薪酬主要包括短期职工薪酬、离职后福利、辞退福利。其中：

短期薪酬主要包括工资、奖金、津贴和补贴、职工福利费、医疗保险费、生育保险费、工伤保险费、住房公积金、工会经费和职工教育经费、非货币性福利等。本公司在职工为本公司提供服务的会计期间将实际发生的短期职工薪酬确认为负债，并计入当期损益或相关资产成本。其中非货币性福利按公允价值计量。

离职后福利主要包括基本养老保险、失业保险等。离职后福利计划包括设定提存计划。采用设定提存计划的，相应的应缴存金额于发生时计入相关资产成本或当期损益。

在职工劳动合同到期之前解除与职工的劳动关系，或为鼓励职工自愿接受裁减而提出给予补偿的建议，在本公司不能单方面撤回因解除劳动关系计划或裁减建议所提供的辞退福利时，和本公司确认与涉及支付辞退福利的重组相关的成本两者孰早日，确认辞退福利产生的职工薪酬负债，并计入当期损益。但辞退福利预期在年度报告期结束后12个月不能完全支付的，按照其他长期职工薪酬处理。

职工内部退休计划采用与上述辞退福利相同的原则处理。本公司将自职工停止提供服务日至正常退休日的期间拟支付的内退人员工资和缴纳的社会保险费等，在符合预计负债确认条件时，计入当期损益（辞退福利）。

本公司向职工提供的其他长期职工福利，符合设定提存计划的，按照设定提存计划进行会计处理，除此之外按照设定受益计划进行会计处理。

十七、预计负债

当与或有事项相关的义务同时符合以下条件，确认为预计负债：

（1）该义务是本公司承担的现时义务。

（2）履行该义务很可能导致经济利益流出。

（3）该义务的金额能够可靠地计量。

在资产负债表日，考虑与或有事项有关的风险、不确定性和货币时间价值等因素，按照履行相关现时义务所需支出的最佳估计数对预计负债进行计量。

如果清偿预计负债所需支出全部或部分预期由第三方补偿的，补偿金额在基本确定能够收到时，作为资产单独确认，且确认的补偿金额不超过预计负债的账面价值。

十八、收入

（一）工程承包收入。

本公司工程承包业务主要包括公路、桥梁、水利水电、房屋建筑、市政、机场码头的施工建设。工程承包业务中，公司与业主签订的工程承包合同，明确了合同各方与所转让商品或提供劳务相关的权利和义务，约定了合同价款及支付方式，通常符合合同确认的条件。工程承包业务的合同变更一般是对初始合同的工程量或施工价格进行调整，一般将合同变更作为初始合同的一部分进行会计处理。

工程承包合同虽然涉及多项商品及服务（如各项原材料、设备安装、结构建造等），但企业需提供重大的服务将各单项商品进行整合，以形成合同约定的一项组合产出转让给业主，即向业主提供的是不可分割的整体工程服务，因此，单项工程承包合同一般作为一项履约义务。

确定交易价格工程承包合同的交易价格具体包括以下内容：

1.初始合同金额，但不包括合同中规定的暂列金。

2.合同变更、索赔收入。

变更收入，即业主为改变初始合同规定的工程量或施工价格而对初始合同金额进行的调整。索赔收入，即由于业主或第三方的原因造成工程成本损失，企业向业主或第三方收取的、用于补偿对应部分工程成本损失的款项。

合同变更收入和索赔收入，只有在符合下列条件之一时，才能计入交易价格：

（1）合同变更和索赔已经获得业主的最终批复或已与业主签订补充协议；

（2）合同变更和索赔未得到最终批复，但已经收到相应合同变更或索赔款项且未来收入极可能不会转回；

（3）合同变更和索赔未得到最终批复，也未收到变更或索赔款项，但业主已经正式验工计价；

（4）合同明确规定可以调整材料差价但是尚未调整，但已经取得施工方、监理方和业主签认的确认单；

（5）合同变更和索赔未得到最终批复，未收到变更或索赔款项，业主没有进行正式验工计价，但已经取得施工方、监理方、设计单位和业主四方正式签认的确认单。

3.合同包含的可变对价，即合同中规定的奖励款（包括工程质量奖、工程进度奖、提前竣工奖等）、罚款（包括安全生产事故罚款、生产质量问题罚款等）、暂列金等。该部分奖励款、罚款等的确认由于存在不确定性，公司应当根据工程进展或者某种情况的发生，按照期望值或最可能发生金额确定可变对价的最佳估计数，计入交易价格。每一资产负债表日，公司应重新估计可变对价的金额，根据最新信息判断应纳入交易价格的金额。

4.合同中一般约定有质量保证金条款，目的是为提供工程质量保证，并非向业主提供融资，因此质量保证金不属于重大融资成分，不影响交易价格。

工程承包业务中，公司履行合同义务一般属于在某一时段内履行履约义务，公司应在履约义务履行的期间内按履约进度确认收入。工程承包业务通常采用投入法确定履约进度，具体按照累计实际发生的成本占预计总成本的比例（即成本法）确定。其中：累计实际发生的成本包括工程施工过程中所发生的直接成本和间接成本，如直接人工、直接材料、分包成本以及其他与合同相关的成本；预计总成本等于实际已经发生的成本加预计还要发生的合同履约成本。即：履约进度＝累计实际发生成本 ÷ 预计总成本。

公司应按下列公式计算当期应确认收入：

当期应确认收入=合同交易价格总额 × 履约进度 – 以前会计期间累计已确认的收入；

履约进度不能合理确定时，公司已经发生的成本预计能够得到补偿的，应当按照已经发生的成本金额确认收入，直到履约进度能够合理确定为止。

（二）商品销售收入。

公司与客户签订的商品销售合同，明确了合同各方与所转让商品或提供劳务相关的权利和义务，约定了合同价款及支付方式，通常符合合同确认的条件。

通常情况下，公司签订的一份商品销售合同包含销售多种商品或多个数量的一种商品，如这些商品本身能明确区分，客户能从每个单独的商品中收益，则一种或单件商品即构成单项履约义务。如公司需提供整合服务，一般应将提供的整合产品作为一个单项履约义务。

商品销售的交易价格包括销售商品过程中取得的全部价款，包括现金、现金等价物及其他经济利益。公司代第三方收取的款项以及公司预期将退还给客户的款项，应当作为负债进行会计处理，不计入交易价格。公司以分期收款方式销售商品，且判断存在重大融资成分的，应当按照假定客户在取得商品控制权时即以现金支付的应付金额确定交易价格。

商品销售业务属于在某一时点履行的履约义务，公司在商品控制权转移，客户取得相关商品控制权时点确认收入。

（三）使用费收入。

根据有关合同或协议，按权责发生制确认收入。

（四）利息收入。

按照他人使用本公司货币资金的时间和实际利率计算确定。

十九、政府补助

政府补助是指本公司从政府无偿取得货币性资产和非货币性资产，不包括政府以投资者身份并享有相应所有者权益而投入的资本。政府补助分为与资产相关的政府补助和与收益相关的政府补助。政府补助在满足政府补助所附条件并能够收到时确认。

政府补助为货币性资产的，按照收到或应收的金额计量。其中，对期末有确凿证据表明能够符合财政扶持政策规定的相关条件且预计能够收到财政扶持资金时，按应收金额计量；否则，按照实际收到的金额计量。政府补助为非货币性资产的，按照公允价值计量；公允价值不能够可靠取得的，按照名义金额计量。按照名义金额计量的政府补助，直接计入当期损益。

与资产相关的政府补助，是指本公司取得的、用于购建或以其他方式形成长期资产的政府补助；除此之外，作为与收益相关的政府补助。同时包含与资产相关部分和与收益相关部分的政府补助，区分不同部分分别进行会计处理；难以区分的，将其整体归类为与收益相关的政府补助。

与资产相关的政府补助，确认为递延收益，并在相关资产的使用寿命内按照合理、系统的方法分期计入当期损益或冲减相关资产的账面价值。与收益相关的政府补助，用于补偿以后期间的相关成本费用或损失的，确认为递延收益，并在确认相关成本费用或损失的期间计入当期损益或冲减相关成本；用于补偿已经发生的相关成本费用或损失的，直接计入当期损益或冲减相关成本。

与本公司日常活动相关的政府补助，按照经济业务的实质，计入其他收益或冲减相关成本费用；与日常活动无关的政府补助，计入营业外收支。

已确认的政府补助需要返还时，存在相关递延收益余额的，冲减相关递延收益账面余额，超出部分计入当期损益；不存在相关递延收益的，直接计入当期损益。属于其他情况的，直接计入当期损益。

二十、递延所得税资产/递延所得税负债

（一）当期所得税。

资产负债表日，对于当期和以前期间形成的当期所得税负债（或资产），以按照税法规定计算的预期应缴纳（或返还）的所得税金额计量。计算当期所得税费用所依据的应纳税所得额系根据有关税法规定对本年度税前会计利润做相应调整后计算得出。

（二）递延所得税资产及递延所得税负债。

某些资产、负债项目的账面价值与其计税基础之间的差额，以及未作为资产和负债确认但按照税法规定可以确定其计税基础的项目的账面价值与计税基础之间的差额产生的暂时性差异，采用资产负债表债务法确认递延所得税资产及递延所得税负债。

与商誉的初始确认有关，以及与既不是企业合并、发生时也不影响会计利润和应纳税所得额（或可抵扣亏损）的交易中产生的资产或负债的初始确认有关的应纳税暂时性差异，不予确认有关的递延所得税负债。此外，对与子公司、联营企业及合营企业投资相关的应纳税暂时性差异，如果本公司能够控制暂时性差异转回的时间，而且该暂时性差异在可预见的未来很可能不会转回，也不予确认有关的递延所得税负债。除上述例外情况，本公司确认其他所有应纳税暂时性差异产生的递延所得税负债。

与既不是企业合并、发生时也不影响会计利润和应纳税所得额（或可抵扣亏损）

的交易中产生的资产或负债的初始确认有关的可抵扣暂时性差异，不予确认有关的递延所得税资产。此外，对与子公司、联营企业及合营企业投资相关的可抵扣暂时性差异，如果暂时性差异在可预见的未来不是很可能转回，或者未来不是很可能获得用来抵扣可抵扣暂时性差异的应纳税所得额，不予确认有关的递延所得税资产。除上述例外情况，本公司以很可能取得用来抵扣可抵扣暂时性差异的应纳税所得额为限，确认其他可抵扣暂时性差异产生的递延所得税资产。

对于能够结转以后年度的可抵扣亏损和税款抵减，以很可能获得用来抵扣可抵扣亏损和税款抵减的未来应纳税所得额为限，确认相应的递延所得税资产。

资产负债表日，对于递延所得税资产和递延所得税负债，根据税法规定，按照预期收回相关资产或清偿相关负债期间的适用税率计量。

于资产负债表日，对递延所得税资产的账面价值进行复核，如果未来很可能无法获得足够的应纳税所得额用以抵扣递延所得税资产的利益，则减记递延所得税资产的账面价值。在很可能获得足够的应纳税所得额时，减记的金额予以转回。

（三）所得税费用。

所得税费用包括当期所得税和递延所得税。

除确认为其他综合收益或直接计入股东权益的交易和事项相关的当期所得税和递延所得税计入其他综合收益或股东权益，以及企业合并产生的递延所得税调整商誉的账面价值外，其余当期所得税和递延所得税费用或收益计入当期损益。

（四）所得税的抵销。

当拥有以净额结算的法定权利，且意图以净额结算或取得资产、清偿负债同时进行时，本公司当期所得税资产及当期所得税负债以抵销后的净额列报。

当拥有以净额结算当期所得税资产及当期所得税负债的法定权利，且递延所得税资产及递延所得税负债是与同一税收征管部门对同一纳税主体征收的所得税相关或者是对不同的纳税主体相关，但在未来每一具有重要性的递延所得税资产及负债转回的期间内，涉及的纳税主体意图以净额结算当期所得税资产和负债或是同时取得资产、清偿负债时，本公司递延所得税资产及递延所得税负债以抵销后的净额列报。

二十一、租赁

融资租赁为实质上转移了与资产所有权有关的全部风险和报酬的租赁，其所有权最终可能转移，也可能不转移。融资租赁以外的其他租赁为经营租赁。

（一）本公司作为承租人记录经营租赁业务。

经营租赁的租金支出在租赁期内的各个期间按直线法计入相关资产成本或当期损益。初始直接费用计入当期损益。或有租金于实际发生时计入当期损益。

（二）本公司作为出租人记录经营租赁业务。

经营租赁的租金收入在租赁期内的各个期间按直线法确认为当期损益。对金额较大的初始直接费用于发生时予以资本化，在整个租赁期间内按照与确认租金收入相同的基础分期计入当期损益；其他金额较小的初始直接费用于发生时计入当期损益。或有租金于实际发生时计入当期损益。

（三）本公司作为承租人记录融资租赁业务。

于租赁期开始日，将租赁开始日租赁资产的公允价值与最低租赁付款额现值两者中较低者作为租入资产的入账价值，将最低租赁付款额作为长期应付款的入账价值，其差额作为未确认融资费用。此外，在租赁谈判和签订租赁合同过程中发生的，可归属于租赁项目的初始直接费用也计入租入资产价值。最低租赁付款额扣除未确认融资费用后的余额分别长期负债和一年内到期的长期负债列示。

未确认融资费用在租赁期内采用实际利率法计算确认当期的融资费用。或有租金于实际发生时计入当期损益。

（四）本公司作为出租人记录融资租赁业务。

于租赁期开始日，将租赁开始日最低租赁收款额与初始直接费用之和作为应收融资租赁款的入账价值，同时记录未担保余值；将最低租赁收款额、初始直接费用及未担保余值之和与其现值之和的差额确认为未实现融资收益。应收融资租赁款扣除未实现融资收益后的余额分别长期债权和一年内到期的长期债权列示。

未实现融资收益在租赁期内采用实际利率法计算确认当期的融资收入。或有租金于实际发生时计入当期损益。

二十二、安全生产费

本公司根据有关规定，按年度营业收入的2%提取安全生产费用。

安全生产费于提取时计入相关工程项目的施工成本，同时记入“专项储备”科目。

提取的安全生产费按规定范围使用时，属于费用性支出的，直接冲减专项储备；形成固定资产的，先通过“在建工程”科目归集所发生的支出，待安全项目完工达到预定可使用状态时确认为固定资产；同时，按照形成固定资产的成本冲减专项储备，并确认相同金额的累计折旧。该固定资产在以后期间不再计提折旧。

第三章　重大会计判断和会计估计说明

本公司在运用会计政策过程中，由于经营活动内在的不确定性，需要对无法准确计量的报表项目的账面价值进行判断、估计和假设。这些判断、估计和假设是基于本公司管理层过去的历史经验，并在考虑其他相关因素的基础上做出的。这些判断、估计和假设会影响收入、费用、资产和负债的报告金额以及资产负债表日或有负债的披露。然而，这些估计的不确定性所导致的实际结果可能与本公司管理层当前的估计存在差异，进而造成对未来受影响的资产或负债的账面金额进行重大调整。

本公司对前述判断、估计和假设在持续经营的基础上进行定期复核，会计估计的变更仅影响变更当期的，其影响数在变更当期予以确认；既影响变更当期又影响未来期间的，其影响数在变更当期和未来期间予以确认。

于资产负债表日，本公司需对财务报表项目金额进行判断、估计和假设的重要领域如下：

一、收入确认——工程承包合同

期末，本公司按照合同的交易价格总额乘以履约进度扣除以前会计期间累计已确认的收入后的金额，确认为当期收入。当履约进度不能合理确定时，公司已经发生的成本预计能够得到补偿的，应当按照已经发生的成本金额确认收入，直到履约进度能够合理确定为止。

对于每一项履约义务及类似情况下的类似履约义务，企业只能采用一种方法来确定其履约进度，并加以一贯运用。在实务中，通常按照累计实际发生的成本占预计总成本的比例（即成本法）确定履约进度。

二、租赁的归类

本公司根据《企业会计准则第21号——租赁》的规定，将租赁归类为经营租赁和融资租赁，在进行归类时，管理层需要对是否已将与租出资产所有权有关的全部风险和报酬实质上转移给承租人，或者本公司是否已经实质上承担与租入资产所有权有关的全部风险和报酬，做出分析和判断。

三、坏账准备计提

本公司根据应收款项的会计政策，采用备抵法核算坏账损失。应收账款减值是基于评估应收账款的可收回性。鉴定应收账款减值要求管理层的判断和估计。实际的结果与原先估计的差异将在估计被改变的期间影响应收账款的账面价值及应收账款坏账准备的计提或转回。

四、存货跌价准备

本公司根据存货会计政策，按照成本与可变现净值孰低计量，对成本高于可变现净值及陈旧和滞销的存货，计提存货跌价准备。存货减值至可变现净值是基于评估存货的可售性及其可变现净值。鉴定存货减值要求管理层在取得确凿证据，并且考虑持有存货的目的、资产负债表日后事项的影响等因素的基础上做出判断和估计。实际的结果与原先估计的差异将在估计被改变的期间影响存货的账面价值及存货跌价准备的计提或转回。

五、长期资产减值准备

本公司于资产负债表日对除金融资产之外的非流动资产判断是否存在可能发生减值的迹象。对使用寿命不确定的无形资产，除每年进行的减值测试外，当其存在减值迹象时，也进行减值测试。其他除金融资产之外的非流动资产，当存在迹象表明其账面金额不可收回时，进行减值测试。

当资产或资产组的账面价值高于可收回金额，即公允价值减去处置费用后的净额和预计未来现金流量的现值中的较高者，表明发生了减值。

公允价值减去处置费用后的净额，参考公平交易中类似资产的销售协议价格或可观察到的市场价格，减去可直接归属于该资产处置的增量成本确定。

在预计未来现金流量现值时，需要对该资产（或资产组）的产量、售价、相关经营成本以及计算现值时使用的折现率等做出重大判断。本公司在估计可收回金额时会采用所有能够获得的相关资料，包括根据合理和可支持的假设所做出有关产量、售价和相关经营成本的预测。

六、折旧和摊销

本公司对投资性房地产、固定资产和无形资产在考虑其残值后，在使用寿命内按直线法计提折旧和摊销。本公司定期复核使用寿命，以决定将计入每个报告期的折旧和摊销费用数额。使用寿命是本公司根据对同类资产的以往经验并结合预期的技术更新而确定的。如果以前的估计发生重大变化，则会在未来期间对折旧和摊销费用进行调整。

七、递延所得税资产

在很有可能有足够的应纳税利润来抵扣亏损的限度内，本公司就所有未利用的税务亏损确认递延所得税资产。这需要本公司管理层运用大量的判断来估计未来应纳税利润发生的时间和金额，结合纳税筹划策略，以决定应确认的递延所得税资产金额。

八、预计负债

本公司根据合约条款、现有知识及历史经验，对产品质量保证、预计合同亏损、延迟交货违约金等估计并计提相应准备。在该等或有事项已经形成一项现时义务，且履行该等现时义务很可能导致经济利益流出本公司的情况下，本公司对或有事项按履行相关现时义务所需支出的最佳估计数确认为预计负债。预计负债的确认和计量在很大程度上依赖于管理层的判断。在进行判断过程中本公司需评估该等或有事项相关的风险、不确定性及货币时间价值等因素。

第四章　附　则

公司会计政策、会计估计方法由公司董事会批准。

公司会计政策、会计估计的解释、修改由公司财务管理中心负责。

范本21　会计业务处理规范

第一章　总　则

第一条　为统一公司及所属区域分公司、子公司（以下统称各单位）的会计核算，根据《重要会计政策和会计估计》等制度规定，确定以下会计业务处理方法。

第二条　本规范仅列举了各单位部分经常性业务，对本规范尚未列举的事项按照《企业会计准则》的基本规定处理。

第二章　销售、收款业务的会计处理规范

第三条　公司财务部门收取履约保证金的会计处理。

各单位收取劳务公司、专业分包单位等支付的履约保证金，公司不接受个人转入的投标保证金或合同履约保证金。

1.收到款项时的会计分录：

借：银行存款

　贷：其他应付款——履约保证金——×××单位

2.该类款项应当取得的原始会计资料：

（1）银行存款进账回单；

（2）向交款人开具的收款收据。

3.该款项时间较长（超过3个月）且款项金额较大（100万元以上）的，公司应与汇入款单位签订资金借款合同书，约定偿还期限、借款利率等。

按照本规范“第十三章　向非金融机构或个人的资金拆借业务会计处理规范”规定编制（包括收取款项、资金使用费计算、资金使用费支付、款项本金偿还）的会计分录、收集所需原始会计资料。

4.若使用时间超过原预计时间，并预计剩余时间仍将超过3个月的会计分录：

借：其他应付款——履约保证金——×××单位

　贷：其他应付款——借入资金——×××单位

5.因占用时间调整账务所需的会计资料：

（1）资金借款合同书；

（2）调整账务的简单说明。

第四条 公司向招标单位或招标委托代理机构支付投标保证金的会计处理。

1.支付投标保证金的会计分录：

借：其他应收款——投标保证金——×××单位

贷：银行存款、内部往来等

注意：×××不能是公司内部组织或个人。

2.支付投标保证金所需的原始会计资料：

（1）招标公告或响应文书；

（2）银行转账支付回单；

（3）收款人开具并签章的收款证明（若银行转账回单能够证明的可以省略，下同）。

3.收回投标保证金的会计分录：

借：银行存款、内部往来

贷：其他应收款——投标保证金——×××单位

注意："投标保证金"要具体到明细，同一个标的付款时的收款人和收款时的付款人不是同一单位名称，但因属于同一标的，付款、收款两者之间应当对冲，而不是增加新客户。

4.收回投标保证金所需的原始会计资料：

（1）银行进账回单；

（2）同一个标的的收款人、付款人不同的说明。

5.投标保证金转为工程施工履约保证金的会计分录：

借：其他应收款——履约保证金——×××业主

贷：其他应收款——投标保证金——×××单位

6.投标保证金转为履约保证金所需的原始会计资料：

（1）相应的合同书和经办人出具的说明；

（2）按照规定程序履行审批的签批单。

第五条 公司财务部门每月应当工程项目履约进度确认工程合同收入的会计处理。

1.确认工程收入会计分录：

借：合同资产

贷：主营业务收入

应交税费——待转销项税额

一般计税方法项目为主营业务收入乘以9%、简易计税方法项目为主营业务收入乘以3%。

2.会计处理所需的原始会计资料：

（1）工程项目部提供的由项目负责人签字的“工程款（进度款）支付申请表”或类似资料；

（2）施工合同书及后期变更合同书的工程总价款的说明；

（3）工程项目预算书中工程预算毛利的说明。

第六条 公司财务部门确认工程项目应收账款的会计处理。

1.确认工程应收账款的会计分录：

借：应收账款——应收工程款

贷：合同资产

同时，按照开具发票的增值税税额做如下处理：

（1）一般计税方法项目，需编制以下会计分录：

借：应交税费——待转销项税额

贷：应交税费——应交增值税（销项税额）

（2）简易计税方法项目，需编制以下会计分录：

借：应交税费——待转销项税额

贷：应交税费——简易计税

2.会计处理所需的原始会计资料：

（1）销售发票记账联；

（2）客户签收发票的回执；

（3）由业主、监理签章确认的“工程款（进度款）支付申请表”或类似资料的支付工程款说明。

第七条 公司财务部门按规定时间结转工程项目营业成本的会计处理。

借：主营业务成本

贷：合同履约成本——贷方转出

第八条 公司财务部门收到业主支付的工程款项的会计处理。

1.收到工程款项的会计分录：

借：银行存款、应收票据等

贷：应收账款——×××业主

若通过金融机构收款并承担融资利息的会计分录：

借：银行存款、应收票据等

财务费用——其他融资费用——利息支出

贷：应收账款——×××业主

2.会计处理所需的原始会计资料：

（1）银行进账单；

（2）应收票据的复印件；

（3）符合规定的融资利息的计算表及说明；

（4）若为债务重组抵偿的，应当取得债务重组协议书；

（5）若以库存现金方式收取款项的应有收款人开具并签章的收款收据；

（6）若有财务费用——利息支出应有按照规定履行审批程序的签批单。

3.甲方（业主）从工程款中扣减水电费、材料款、违约金、罚款等：

借：合同履约成本——工程施工——管理费用

贷：应收账款——×××业主

4.会计处理所需的原始会计资料：

（1）水电费、材料款、劳务费发票分割单或发票等；

（2）由业主签章的扣减违约金、罚款说明。

注意：未取得发票或发票分割单的水电费、材料款、劳务费等的成本支出不得在所得税前扣除。在年度企业所得税汇算清缴时，应当调整增加应纳税所得额。

第九条 公司财务部门收取业主方支付的工程预收款的会计处理。

1.预收工程款的会计分录：

借：银行存款

贷：合同负债——×××业主

同时，依据《财政部 税务总局关于建筑服务等营改增试点政策的通知》（财税〔2017〕58号）的规定，预收工程款项乘以增值税预征率，计算并预缴增值税。

借：应交税费——预交增值税

贷：银行存款

预收工程款的月末：

借：应交税费——未交增值税

或 应交税费——简易计税

贷：应交税费——预交增值税

2.预收款工程收款分录所需的原始会计资料：

（1）施工合同书预付工程款项的内容说明；

（2）银行进账回单；

（3）发票记账联和客户收到发票回执。

3.预收款工程办理工程结算的会计分录：

（1）借：应收账款——×××业主

贷：合同资产

应交税费——代转销项税额

同时，编制预收账款转应收账款的会计分录：

借：合同负债——×××业主（按照应收账款借方余额转出，但不能出现借方余额）

贷：应收账款——×××业主

（2）工程结算开具发票时，按照发票上的增值税税额（按照工程结算金额开具发票）：

借：应交税费——待转销项税额

贷：应交税费——应交增值税（销项税额）

4.办理工程结算会计处理所需的原始会计资料：

（1）销售发票记账联；

（2）符合规定的客户签收发票的回执；

（3）“工程款（进度款）支付申请表”或类似资料的应支付工程款说明。

第十条 公司财务部门收取银行承兑票据业务的会计处理。

1.收到应收票据抵偿应收账款、其他应收款时的会计分录：

借：应收票据——银行承兑汇票、商业承兑汇票的票面金额

贷：其他应收款——×××（抵偿债权的金额）

若票面金额与抵偿债权的金额出现差额时，应当参照本规范“第十五章 债务重组业务会计处理规范”进行核算。

2.以货币资金购买票据时的会计分录：

借：应收票据——银行承兑汇票、商业承兑汇票的票面金额

财务费用——票据融资费用——票据利息（若出现负数用红字）

贷：银行存款

3.取得票据所需的原始会计资料：

（1）收到的票据复印件或汇总清单表（复印件另行装订）；

（2）按照规定履行审批程序的签批单。

4.用票据抵偿债务、购买货物等的会计分录：

借：应付账款——×××单位或个人等

贷：应收票据——银行承兑汇票、商业承兑汇票的票面金额

若票面金额与抵偿债务的金额出现差额时，应当参照本规范“第十五章 债务重

组业务会计处理规范”进行核算。

5.票据转让所需的原始会计资料：

（1）收取票据方签章的背书复印件或收到票据收据；

（2）按照规定履行审批程序的签批单。

6.票据贴现的会计分录：

借：银行存款、库存现金

财务费用——票据融资费用——贴现利息

贷：应收票据——银行承兑汇票、商业承兑汇票的票面金额

7.票据贴现所需的原始会计资料：

（1）银行进账回单；

（2）收取库存现金人开具签章的收款收据；

（3）发生贴现息的应有履行规定审批程序的签批单。

第十一条 公司财务部门对工程项目竣工决算业务的会计处理。

1.竣工决算增加了工程产值收入，且工程施工成本已全部结转营业成本的会计分录：

摘要（项目）：竣工决算增加工程产值入收入毛利。

借：合同资产

贷：主营业务收入

应交税费——待转销项税额

同时，工程决算书中将尚未结算的工程款项确认为应收账款。

摘要（项目）：竣工决算确认完工工程结算款。

借：应收账款——应收工程款

贷：合同资产

2.竣工决算减少了工程产值收入，且工程施工成本已全部结转营业成本，但未将尚未结算的工程款冲减为零或负数的会计分录：

摘要（项目）：竣工决算冲减工程产值入收入毛利。

借：合同资产（红字）

贷：主营业务收入（红字）

应交税费——待转销项税额（红字）

同时，工程决算书中将尚未结算的工程款项确认为应收账款。

摘要（项目）：竣工决算确认完工工程结算款。

借：应收账款——应收工程款（红字）

贷：合同资产（红字）

3.竣工决算减少了工程产值收入，且工程施工成本已全部结转营业成本，并将尚未结算的工程款冲减为负数的会计分录：

摘要（项目）：竣工决算冲减工程产值入收入毛利。

借：合同资产（红字）

贷：主营业务收入（红字）

应交税费——待转销项税额（红字）

同时，工程决算书中将尚未结算的工程款项确认为应收账款。

摘要（项目）：竣工决算确认完工工程结算款。

借：应收账款——应收工程款（红字）

贷：合同资产（红字）

4.竣工决算增加了工程产值收入，存在工程施工成本尚未全部结转营业成本的会计分录：

摘要（项目）：竣工决算确认完工工程收入成本毛利。

借：合同资产

贷：主营业务收入

应交税费——待转销项税额

借：主营业务成本

贷：合同履约成本——贷方转出

同时，依据工程决算书中尚未结算的工程款确认应收账款。

摘要（项目）：竣工决算确认完工工程结算款。

借：应收账款——应收工程款

贷：合同资产

5.竣工决算减少了工程产值收入，但未将尚未结算的工程款冲减为零或负数，且存在工程施工成本尚未全部结转营业成本的会计分录：

摘要（项目）：竣工决算确认完工工程收入成本毛利。

借：合同资产（红字）

贷：主营业务收入（红字）

应交税费——待转销项税额（红字）

借：主营业务成本

贷：合同履约成本——贷方转出

同时，依据工程决算书中尚未结算的工程款确认应收账款。

摘要（项目）：竣工决算确认完工工程结算款。

借：应收账款——应收工程款

贷：合同资产

6.竣工决算减少了工程产值收入，并将尚未结算的工程款冲减为负数，且工程施工成本尚未全部结转营业成本的会计分录：

摘要（项目）：竣工决算确认完工工程收入成本毛利。

借：合同资产（红字）

贷：主营业务收入（红字）

应交税费——待转销项税额（红字）

借：主营业务成本

贷：合同履约成本——贷方转出

同时，依据工程决算书中冲减已经结算的工程款冲减应收账款。

摘要（项目）：竣工决算冲减完工工程结算款。

借：应收账款——应收工程款（红字）

贷：合同资产（红字）

7.会计处理所需的原始会计资料：

（1）各方签字、盖章的项目竣工工程决（结）算书；

（2）增加、冲减数据的计算过程或说明。

第十二条　公司财务部门对工程项目的工程质量保证金的会计处理。

1.应收工程款转质量保证金的会计分录：

借：合同资产——质量保证金——×××业主

贷：应收账款——×××业主

2.会计处理所需的原始会计资料：

（1）工程施工合同书和工程质量保证金的内容说明；

（2）工程竣工决算书和相关内容说明；

（3）客户出具的将应付工程款转“工程质量保证金”的说明；

（4）按照规定履行审批程序的签批单。

第三章　采购、付款业务的会计处理规范

第十三条　公司财务部门收取供应商支付的履约保证金的会计处理。

1.收取履约保证金的会计分录：

借：银行存款、库存现金等

贷：其他应付款——履约保证金——×××单位

2.会计处理所需的原始会计资料：

（1）采购合同书和收取履约保证金的内容说明；

（2）银行进账回单；

（3）以库存现金方式收取的，应有收款人开具并签章的收款收据。

3.退还履约保证金的会计分录：

借：其他应付款——履约保证金——×××单位

贷：银行存款、库存现金等

4.退还履约保证金所需的原始会计资料：

（1）银行转账支付回单；

（2）以库存现金、备用金方式支付的应当有收款方开具并签章的收款收据。

第十四条 公司财务部门收取的其他保证金的会计处理。

1.收取其他保证金的会计分录：

借：银行存款、库存现金等

贷：其他应付款——×××保证金——×××单位

2.会计处理所需的原始会计资料：

（1）收取保证金的资料或内容说明；

（2）银行进账回单；

（3）以库存现金方式收取的，应有收款人开具并签章的收款收据。

3.退还其他保证金的会计分录：

借：其他应付款——×××保证金——×××单位

贷：银行存款、库存现金等

4.退还其他保证金所需的原始会计资料：

（1）银行转账支付回单；

（2）以库存现金、备用金方式支付的应当有收款方开具并签章的收款收据。

第十五条 采购验收并取得增值税专用发票的会计处理。

1.验收入库的会计分录：

借：原材料——×××类别——×××材料名称

应交税费——待认证进项税额（增值税专用发票上注明的税额）

贷：应付账款——×××供应商等

2.会计处理所需的原始会计资料：

（1）符合规定的原材料验收入库单“公司记账联”“发票结算联”；

（2）供货开具的增值税专用发票“发票联”；

（3）履行审批程序的“材料物资供应对外结算单”；

（4）银行存款转账支付凭单（收款方必须与发票开具人、验收入库单供应商为同一名称）；

（5）符合规定的原材料采购合同书或合同书内容说明。

注意：验收入库单“公司记账联”注明的供应商名称必须与采购合同书的供应商、发票的开票人、以后付款时的收款人一致。

第十六条 采购验收并收取增值税普通发票的会计处理。

1.验收入库的会计分录：

借：原材料——×××类别——×××材料名称

贷：应付账款——×××供应商等

2.会计处理所需的原始会计资料：

（1）符合规定的原材料验收入库单“公司记账联”“发票结算联”；

（2）供货开具的增值税普通发票“发票联”；

（3）履行审批程序的“材料物资供应对外结算单”；

（4）银行存款转账支付凭单（收款方必须与发票开具人、验收入库单供应商为同一名称）。

第十七条 采购验收尚未取得发票的会计处理。

1.验收入库的会计分录：

借：原材料——×××类别——×××材料名称

贷：应付账款——暂估价——×××供应商（按照扣除可收取的进项税计算）

2.会计处理所需的原始会计资料：

（1）符合规定的原材料验收入库单“公司记账联”；

（2）履行审批程序的“材料物资供应对外结算单”；

（3）符合规定的原材料采购合同书或合同书内容说明。

注意：

（1）验收入库单“公司记账联”注明的供应商名称必须与采购合同书的供应商一致；

（2）在“应付账款——暂估价”下的债权人不作为公司支付款项的依据；

（3）“应付账款——暂估价”下的债权人必须为原材料验收入库单“公司记账联”注明的供应商。

第十八条 公司财务部门收取前期应收发票的会计处理。

1.取得发票的会计分录：

（1）若取得发票金额与对应的验收入库金额一致。

借：应交税费——待认证进项税额（增值税专用发票上注明税额）

贷：应付账款——暂估价——×××供应商（红字）

应付账款——×××供应商

（2）若取得发票金额与对应的验收入库金额不一致。

借：原材料——×××（发票金额与验收入库金额的差）

应交税费——待认证进项税额（增值税专用发票上注明税额）

贷：应付账款——暂估价——×××供应商（红字）

应付账款——×××供应商

2. 会计处理所需的会计原始资料：

（1）符合定的验收入库单“发票结算联”；

（2）履行审批程序的供应商发票“发票联”。

注意：入账发票的开具人必须与验收入库单“发票结算联”注明的供应商一致，并与“应付账款——暂估价”下的债权人一致，否则，不得进行账务调整。

第十九条 公司财务部门支付材料采购款项的会计处理。

1. 支付材料款项的会计分录：

借：应付账款——×××供应商

贷：银行存款、其他应收款、内部往来、应收账款等

2. 会计处理所需的原始会计资料：

（1）已履行规定审批程序的支付款项申请单（表）；

（2）银行转账支付回单；

（3）采用“备用金”支付的，应有出纳员开具、并签章的收回“备用金”的收款收据；

（4）库存现金支付的应当取得收款人签章的收款收据；

（5）若为债务重组抵偿的应当取得债务重组协议书。

注意：支付款项的收款人必须为应付账款显示的债权人，否则，公司不予支付款项。

第二十条 预付采购材料款项的会计处理。

1. 预付采购材料款项的会计分录：

借：预付账款——×××供应商

贷：银行存款等

2. 会计处理所需的原始会计资料：

（1）已履行公司规定审批程序的支付款项申请单（表）；

（2）银行转账支付回单；

（3）库存现金支付的应当取得收款人签章的收款收据；

（4）采购合同书和其中的预付款内容说明。

第四章　应交税费业务的会计处理规范

第二十一条　应交税费——应交增值税的会计处理。

1.取得专用发票的会计分录：

借：原材料、固定资产、工程施工等

　　应交税费——待认证进项税额

　贷：应付账款、银行存款等

2.进项税认证的会计分录：

借：应交税费——应交增值税（进项税额）

　　应交税费——待抵扣进项税额

　贷：应交税费——待认证进项税额

3.进项税确认所需的原始会计资料：

（1）当期增值税专用发票的增值税进项税额认证通知单；

（2）其他证明能够作为进项税抵扣的资料。

4.进项税额转出的会计分录：

借：合同履约成本——工程施工

　贷：应交税费——应交增值税（进项税额转出）

5.进项税额转出的所需的原始会计资料：履行审批程序的“进项税额转出”情况说明。

6.在施工地交纳增值税的会计分录：

借：应交税费——应交增值税——已交税金（一般计税项目）

或　应交税费——简易计税（简易计税项目）

　贷：银行存款、内部往来等

7.在施工地交纳增值税所需的原始会计资料：

（1）税务部门的完税票据；

（2）银行划款通知单；

（3）采用“备用金”交纳的应有银行卡支付回单。

8.月末存在未交增值税的会计分录：

借：应交税费——应交增值税——转出未交增值税

　贷：应交税费——未交增值税（转出未交增值税减去已交增值税）

9.月末未交增值税转出所需的原始会计资料：

（1）月末“转出未交增值税”的计算表，即当月销项税额、进项税额、已交税金、进项税额转出的发生金额说明；

（2）前期留抵税额的说明。

10.缴纳上期未交增值税（简易计税）的会计分录：

借：应交税费——未交增值税（一般计税项目）

或　应交税费——简易计税（简易计税项目）

贷：银行存款、内部往来等

11.缴纳上期未交增值税（简易计税）所需的原始会计资料：

（1）税务部门的完税票据；

（2）银行支付划款回单。

12.年末对应交增值税专栏账清理的会计分录：

借：应交税费——应交增值税（进项税额）（红字）

应交税费——应交增值税——转出未交增值税（红字）

应交税费——应交增值税——已交增值税（红字）

贷：应交税费——应交增值税——销项税额（红字）

应交税费——应交增值税——进项税额转出（红字）

应交税费——应交增值税——转出多交增值税额（红字）

13.年末对应交增值税专栏账清理所需的原始会计资料：

（1）各专栏本年发生额的情况说明；

（2）本年度增值税纳税申报表主表复印件。

第二十二条　应交城市维护建设税及教育费附加的会计处理。

（1）计提时的会计分录：

借：税金及附加

贷：应交税费——应交城市维护建设税

应交税费——应交教育费附加

应交税费——应交地方教育附加

（2）计提所需的原始会计资料：应交城市维护建设税及教育费附加计算表。

（3）缴纳时的会计分录：

借：应交税费——应交城市维护建设税

应交税费——应交教育费附加

应交税费——应交地方教育附加

贷：银行存款等

（4）缴纳税费所需的原始会计资料：

①税务部门的完税（费）单；

②银行转账支付回单。

第二十三条 应交房产税的会计处理。

（1）计提时的会计分录：

借：税金及附加

贷：应交税费——应交房产税

（2）计提所需的原始会计资料：

应交房产税计算表。

（3）缴纳时的会计分录：

借：应交税费——应交房产税

贷：银行存款等

（4）缴纳所需的原始会计资料：

①税务部门的完税（费）单；

②银行转账支付回单。

第二十四条 应交车船税的会计处理。

（1）计提时的会计分录：

借：税金及附加

贷：应交税费——应交车船税

（2）计提所需的原始会计资料：应交土地使用税计算表。

（3）缴纳时的会计分录：

借：应交税费——应交车船税

贷：银行存款等

（4）缴纳所需的原始会计资料：

①税务部门的完税（费）单；

②银行转账支付回单。

第二十五条 应交防洪堤围费的会计处理。

（1）计提时的会计分录：

借：税金及附加

贷：应交税费——应交防洪堤围费

（2）计提所需的原始会计资料：应交土地使用税计算表。

（3）缴纳时的会计分录：

借：应交税费——应交防洪堤围费

贷：银行存款等

（4）缴纳所需的原始会计资料：

①税务部门的完税（费）单；

②银行转账支付回单。

第二十六条 应交印花税的会计处理。

（1）计提时的会计分录：

借：税金及附加

贷：应交税费——应交印花税

（2）计提所需的原始会计资料：应交印花税计算表。

（3）缴纳时的会计分录：

借：应交税费——应交印花税

贷：银行存款等

（4）缴纳所需的原始会计资料：

①税务部门的完税（费）单；

②银行转账支付回单。

第二十七条 应交企业所得税的会计处理。

（1）汇算确认所得税费的会计分录：

借：所得税费用

贷：应交税费——应交企业所得税

（2）计提所需的原始会计资料；应交企业所得税计算表。

（3）预缴时的会计分录：

借：应交税费——应交企业所得税

贷：银行存款等

（4）缴纳所需的原始会计资料：

①税务部门的完税（费）单；

②银行转账支付回单。

第二十八条 应交个人所得税的会计处理。

（1）从工资或其他薪酬中扣个人所得税时的会计分录：

借：应付职工薪酬

贷：银行存款等

应交税费——应交个人所得税等

（2）计提所需的原始会计资料：扣缴个人所得税计算表（工资发放表）。

（3）缴纳时的会计分录：

借：应交税费——应交个人所得税

或　合同履约成本——工程施工——间接费用

贷：银行存款等

（4）缴纳所需的原始会计资料：

①税务部门的完税（费）单；

②银行转账支付回单。

第五章　应付职工薪酬业务的会计处理规范

第二十九条　提取工资待发的会计处理。

1.工程项目部管理人员（含研究开发人员）工资的会计处理。

（1）计提工程管理人员（含研究开发人员）工资的会计分录：

借：合同履约成本——工程施工——管理费（项目部管理人员中减去研究开发人员外的工资）

研发支出——费用化——×××研发技术（项目）——人员人工费（项目部专门从事研究开发的人员工资）

贷：应付职工薪酬——工资、奖金

（2）会计处理所需的原始会计资料：

①工资计算表；

②工资计算的依据资料（包括考勤记录等）；

③研究开发人员工资在不同研究开发项目中的分配计算表及相关依据。

2.公司管理人员（含研究开发人员）工资的会计处理。

（1）计算管理人员（含研究开发人员）会计分录：

借：管理费用——职工薪酬

销售费用——职工薪酬（专门从事销售、投标、宣传人员的工资）

研发支出——费用化——×××研发技术（项目）——人员费（公司专门从事研究开发的人员工资）

贷：应付职工薪酬——工资、奖金

（2）会计处理所需的原始会计资料：

①工资计算表；

②工资计算的依据资料（包括考勤记录等）；

③研究开发人员工资在不同研究开发项目中的分配计算表及相关依据。

第三十条 实际发放工资的会计处理。

1.发放工资的会计分录：

借：应付职工薪酬——工资、奖金

贷：应交税费——应交个人所得税

其他应收款——代个人缴纳社保

银行存款、库存现金、其他应收款等

2.会计处理所需的原始会计资料：

①以银行存款发放的应当有银行支出凭单；

②以现金发放的应当有领取人签字的工资表。

第三十一条 计提当期应交未交社会保险费的会计处理。

1.工程项目部当期应交未交社会保险费。

（1）计算应交未交社会报销费的会计分录：

借：合同履约成本——工程施工——管理费（同工资计算）

研发支出——费用化——×××研发技术（项目）——人员费（项目部专门从事研究开发的人员社会保险费）

贷：应付职工薪酬——社会保险费（养老保险、医疗保险、失业保险、工伤保险、住房公积金等）

（2）会计处理所需的原始会计资料：当期应交未交社会保险费计算表及相应说明。

2.公司管理部门当期应交未交社会保险费的会计处理。

（1）计算、提取的会计分录；

借：管理费用——社会保险费

销售费用——社会保险费（专门从事销售、投标、宣传人员的工资）

研发支出——费用化——×××研发技术（项目）——人员费（公司专门从事研究开发的人员社会保险费）

贷：应付职工薪酬——社会保险费（养老保险、医疗保险、失业保险、工伤保险、住房公积金等）

（2）会计处理所需的原始会计资料：当期应交未交社会保险费计算表及相应说明。

第三十二条 实际缴纳社会保险费的会计处理。

1.缴纳的会计分录；

借：应付职工薪酬——社会保险费（养老保险、医疗保险、失业保险、工伤保险、住房公积金等）

贷：银行存款、库存现金、其他应收款等

2. 会计处理所需的原始会计资料：

①以银行存款发放的应当有银行支出凭单；

②社保部门开具的有财政监制章的收费收据。

第三十三条 发生、分配职工教育费的会计处理。

1. 发生时的会计分录：

借：应付职工薪酬——职工教育经费

贷：银行存款、库存现金、其他应收款等

2. 应同时进行分配的会计分录：

借：管理费用——职工教育费

研发支出——费用化——×××研发技术（项目）——人员费（公司专门从事研究开发的人员职工教育费）

贷：应付职工薪酬——职工教育经费

3. 发生、分配所需的原始会计资料：

（1）以银行存款支付的转账回单等；

（2）费用发生的培训发票、住宿、车票等；

（3）按照实际发生对象进行核算，应在原始单据审批单注明。

第三十四条 发生、分配职工福利费的会计处理。

1. 发生时的会计分录：

借：应付职工薪酬——职工福利费

贷：银行存款、库存现金、其他应收款等

2. 应同时进行分配的会计分录：

借：管理费用——职工福利费

贷：应付职工薪酬——职工福利经费

3. 发生、分配所需的原始会计资料：

（1）以银行存款支付的转账回单等；

（2）费用发生的职工食堂的结算单、购买福利品的发票及发放清单等；

（3）按照实际发生对象进行核算，应在原始单据审批单注明。

第六章 施工成本业务的会计处理规范

第三十五条 材料成本的会计处理。

1. 耗用原材料的会计分录：

借：合同履约成本——工程施工——材料费——主要材料名称（按照公司《施工成本管理办法》规定应当单独列示的主要材料成本）

贷：原材料——×××类别——×××材料名称

2.所需的原始会计资料：

（1）符合规定的领料单；

（2）符合规定的施工成本耗用表。

第三十六条 动力成本（若动力成本较小时可以并入材料成本核算）的会计处理。

1.耗用动力（电费）的会计分录：

借：合同履约成本——工程施工——材料费

应交税费——待认证进项税额（取得的专用发票注明的税额）

贷：银行存款、应收账款——×××业主等

2.会计处理所需的原始会计资料：

（1）费用发生时的发票或发票分割单；

（2）业主扣款的收款收据；

（3）履行公司程序的审批单（表）。

第三十七条 劳务成本的会计处理。

1.耗用劳务的会计分录：

借：合同履约成本——工程施工——劳务费

贷：应付账款——暂估价——×××劳务公司

或

借：合同履约成本——工程施工——专业分包费

贷：应付账款——暂估价——×××专业分包单位

2.会计处理所需的原始会计资料：

（1）采购劳务的合同书；

（2）劳务结算单“公司记账联”；

（3）其他证明业务真实发生的资料；

（4）履行公司审批程序的“对外结算单”。

3.一般计税项目取得前期应收未收发票：

比照本规范第三章“采购、付款业务的会计处理规范”中第十八条的规定编制会计分录，并收取原始会计资料。

4.简易计税项目收取专业分包发票的会计分录：

（1）按照收到的分包发票金额冲销暂估价应付账款：

借：合同履约成本——工程施工——专业分包费（红字）

贷：应付账款——暂估价——×××专业分包单位（红字）

（2）按照收到的分包发票金额：

借：合同履约成本——工程施工——专业分包费（不含税）

贷：应交税费——简易计税（红字：分包发票金额抵减销售额的税金）

应付账款——××× 专业分包单位、银行存款等（含税）

可将上述两个分录合并为一个分录：

贷：应付账款——暂估价——××× 专业分包单位（红字）

贷：应交税费——简易计税（红字：分包发票金额抵减销售额的税金）

应付账款——××× 专业分包单位、银行存款等（含税）

5. 简易计税项目收取劳务分包发票所需的原始会计资料：

（1）劳务结算单的“发票结算联”；

（2）劳务分包发票；

（3）银行转账支付回单；

（4）现金支付的应当有收款人开具并签章的收款收据；

（5）尚未支付款项的应当有未付款说明；

（6）履行公司规定程序的审批单（表）。

第三十八条　机械成本的会计处理。

1. 尚未取得发票的会计分录：

借：合同履约成本——工程施工——机械费

贷：应付账款——暂估价——××× 租赁公司（尚未取得发票的）

2. 会计处理所需的原始会计资料：

（1）机械租赁的合同书说明；

（2）机械租赁结算单的“公司记账联”；

（3）履行公司审批程序的“对外结算单”。

3. 取得租赁发票的会计分录：

借：应交税费——待认证进项税额（专用发票上注明的税额）

贷：应付账款——暂估价——××× 租赁公司（红字）

应付账款——××× 租赁公司等

4. 会计处理所需的原始会计资料：

（1）租赁机械的合同书说明；

（2）机械租赁结算单的“发票结算联”；

（3）机械租赁人开具的发票；

（4）履行公司审批程序的审批单（表）。

5.机械加油、维修等费用的会计分录：

借：合同履约成本——工程施工——机械费

应交税费——待认证进项税额（专用发票上注明的税额）

贷：银行存款、库存现金、其他应收款等

6.机械加油、维修等费用所需的原始会计资料：

（1）费用发生时的发票；

（2）按照公司规定程序审批的签批单。

第三十九条 安全生产费的会计处理。

1.按规定使用安全生产费用的会计分录：

借：专项储备——安全生产费

贷：原材料——类别——×××材料名称

应付账款——暂估价——×××劳务公司等

2.安全生产费用使用所需的原始会计资料：

（1）原材料领料单“记账联”、劳务结算单“公司记账联”等；

（2）原材料“收付存报表”“生产成本耗用表”。

3.按照施工合同造价计提时的会计分录：

借：合同履约成本——工程施工——安全生产费用

贷：专项储备——安全生产费

年末“专项储备——安全生产费”为负数时（该负数指公司层面，调整按照公司统一安排进行调整）。

借：合同履约成本——工程施工——安全生产费用

贷：专项储备——安全生产费

4.计提所需的原始会计资料：

（1）当期工程施工收入说明；

（2）应计提计算过程说明；

（3）应计提金额和实际发生额的比对说明；

（4）按规定履行审批程序的签批单。

第四十条 工程施工其他管理费的会计处理。

1.发生的项目部管理人员工资、奖金、社保费、教育费等（详见应付职工薪酬）；

2.发生的项目部固定资产折旧（详见固定资产）；

3.发生的工程安全生产费用支出（详见专项储备）；

4.发生的项目部办公费、差旅费、水电费等。

（1）管理费的会计分录：

借：合同履约成本——工程施工——项目管理费

应交税费——待认证进项税额（专用发票上注明的税额）

贷：银行存款、库存现金、其他应收款等

（2）所需的原始会计资料：

①费用发生时的发票；

②履行公司规定程序的审批单（表）。

第七章　研究开发支出业务的会计处理规范

第四十一条　研究开发支出发生时的会计处理。

1.研究开发所耗用原材料的会计处理。

（1）耗用材料的会计分录：

借：研发支出——费用化——×××研发技术（项目）——直接投入费用

贷：原材料——×××类别——×××名称

（2）会计处理所需的原始会计证资料：

①符合规定的领料单；

②符合规定的施工成本耗用表。

2.研究开发的科技人员报酬的会计处理。

详见应付职工薪酬核算（注意：科技人员薪酬不要低于公司平均薪酬水平）。

3.研究开发的试验、测试所耗用劳务费的会计处理。

（1）耗用劳务费的会计分录：

借：研发支出——费用化——××研发技术（项目）——直接投入费用

贷：应付账款——暂估价——×××单位（未取得发票的）

或

借：研发支出——费用化——××研发技术（项目）——直接投入费用

应交税费——待认证进项税额（专用发票上注明的税额）

贷：银行存款、应付账款——×××单位等

（2）会计处理所需的原始会计资料：

①采购劳务的合同书；

②劳务结算单的“公司记账联”“发票结算联”；

③收款人开具的发票；

④银行转账支付回单及符合规定程序的审批单；

⑤其他证明业务真实发生的资料。

4.研究开发设计费用的会计处理。

（1）设计费用的会计分录：

借：研发支出——费用化——××研发技术（项目）——设计费

应交税费——待认证进项税额（专用发票上注明的税额）

贷：银行存款、库存现金、其他应收款等

（2）会计处理所需的原始会计证资料：

①费用发生时的发票；

②按照公司规定程序审批的签批单（审批单上要注明服务研发对象的名称）。

5.研究开发折旧费用的会计处理。

（1）折旧费的会计分录：

借：开发支出——费用化——××研发技术（项目）——折旧费

贷：累计折旧

（2）会计处理所需的原始会计资料：

①专门于研究开发活动的仪器、设备和在用建筑物的折旧费计算表；

②在不同研发技术（项目）分配折旧的分配表。

6.研究开发中委托外部研究开发费用的会计处理。

（1）委托外部费用的会计分录：

借：开发支出——费用化——××研发技术（项目）——委托外部研究费用

应交税费——待认证进项税额（专用发票上注明的税额）

贷：银行存款、应付账款、其他应收款等

（2）会计处理所需的原始会计资料：

①委托外部研究开发的合同书；

②研究开发活动的发票；

③按照公司规定程序审批的签批单（审批单上要注明服务研发对象的名称，服务多个项目应当有分配表）。

7.研究开发中发生的咨询费、差旅费、会议费、资料费等的会计处理。

（1）其他费用的会计分录：

借：开发支出——费用化——××研发技术（项目）——其他费用

应交税费——待认证进项税额（专用发票上注明的税额）

贷：银行存款、应付账款、其他应收款等

（2）会计处理所需的原始会计资料：

①发生时的相应发票；

②按照公司规定程序审批的签批单（审批单上要注明服务研发对象的名称，服务多个项目应当有分配表）。

第四十二条 研究开发支出结转的会计处理。

每月末结转的会计分录：

借：管理费用——研究开发费

贷：开发支出——费用化——××研发技术（项目）——直接投入费用、人员人工费、折旧费、设计费、委托外部研究费、其他费用

第八章 购买股票等理财产品业务的会计处理规范

第四十三条 股票、基金购买的会计处理。

1.购买投资产品的会计分录：

借：交易性金融资产——×××投资种类

应收利息或应收股利（购买时已到付息期但尚未领取的利息或已宣告但尚未发放的现金股利）

贷：银行存款

2.会计处理所需的原始会计资料：

（1）银行转账支付回单；

（2）按照规定已履行审批程序的购买批复；

（3）拥有股票、基金所有权的证明资料。

第四十四条 持有股票、基金期间收到利息或股息的会计处理。

1.收到利息或股息的会计分录：

借：银行存款

贷：应收利息或应收股利（购买时已到付息期但尚未领取的利息或已宣告但尚未发放的现金股利）

投资收益（持有期间应计利息或股息）——理财收益

2.会计处理所需的原始会计资料：

（1）银行进账回单；

（2）收到利息、股息的情况说明。

第四十五条 股票、基金公允价值变动的会计处理。

1.价值变动的会计分录：

借：交易性金融资产——×××投资类别

贷：公允价值变动损益

2. 会计处理所需的原始会计资料：

截至资产负债表日股票、基金价值的公开信息。

第四十六条 股票、基金处置的会计处理。

1. 处置的会计分录：

借：银行存款

公允价值变动损益

贷：交易性金融资产——×××投资种类

投资收益——理财收益

2. 会计处理所需的原始会计资料：

（1）银行进账回单；

（2）转让处置的申请说明；

（3）按照规定程序同意转让处置的批复。

第四十七条 以摊余成本计量的债券投资的会计处理。

1. 债券购买的会计分录：

借：债权投资——成本（面值）

——利息调整（差额，也可能在贷方）

应收利息（实际支付的款项中包含的利息）

贷：银行存款等

2. 会计处理所需的原始会计资料：

（1）银行转账支付回单；

（2）按照规定已履行审批程序的购买批复；

（3）拥有债券所有权的证明资料。

第四十八条 以摊余成本计量的债券投资持有期间利息及处置的会计处理。

1. 应收持有期间利息的会计分录：

借：应收利息（分期付息债券按票面利率计算的利息）

债权投资——应计利息（到期一次还本付息债券按票面利率计算的利息）

贷：投资收益（债权投资期初账面余额或期初摊余成本乘以实际利率或经信用调整的实际利率计算确定的利息收入）

债权投资——利息调整（差额，利息调整摊销额，也可能在借方）

2. 应收持有期间利息所需的原始会计资料：

（1）应收利息计算的依据资料；

（2）持有期间的应收利息计算表。

3.收到利息的会计分录：

借：银行存款

贷：应收利息

4.收到利息所需的原始会计资料：

（1）银行进账回单；

（2）收到利息的情况说明。

第四十九条 以公允价值计量且其变动计入其他综合收益的债券投资的会计处理。

1.购买债券的会计处理：

借：其他债权投资——成本(面值)

——利息调整(差额，也可能在贷方)

应收利息(已到付息期但尚未领取的利息)

贷：银行存款等

注：若购买的债券为到期一次还本付息债券，则购买价款中包含的利息，记入“其他债权投资——应计利息”科目。

2.资产负债表日计算利息：

借：应收利息(分期付息债券按票面利率计算的利息)

其他债权投资——应计利息(到期时一次还本付息债券按票面利率计算的利息)

贷：投资收益(其他债权投资的期初账面余额或摊余成本乘以实际利率计算确定的利息收入)

其他债权投资——利息调整(差额，也可能在借方)

3.资产负债表日公允价值正常变动：

①公允价值上升：

借：其他债权投资——公允价值变动

贷：其他综合收益——其他债权投资公允价值变动

②公允价值下降：

借：其他综合收益——其他债权投资公允价值变动

贷：其他债权投资——公允价值变动

第五十条 债权投资处置的会计处理。

1.出售以摊余成本计量的债券投资：

借：银行存款等

债权投资减值准备

贷：债权投资(成本、利息调整、应计利息)

投资收益(差额，也可能在借方)

2.出售以公允价值计量且其变动计入其他综合收益的债券投资：

借：银行存款等

贷：其他债权投资(账面价值)

投资收益(差额，也可能在借方)

同时：

借：其他综合收益

贷：投资收益

或相反分录。

3.会计处理所需的原始会计资料：

（1）银行进账回单；

（2）转让处置的申请说明；

（3）按照规定程序同意转让处置的批复。

第九章　长期股权投资业务的会计处理规范

第五十一条　长期股权投资发生业务的会计处理。

1.投资发生时的会计分录：

借：长期股权投资——×××被投资单位

贷：银行存款

2.会计处理所需的原始会计资料：

（1）公司股东会或董事会关于投资事项的决议；

（2）被投资单位的章程；

（3）银行转账支付回单；

（4）按照规定已履行审批程序的投资款拨付批复。

第五十二条　长期股权投资分红业务的会计处理。

1.收到分红款的会计分录；

借：银行存款

贷：投资收益——投资红利

2.会计处理所需的原始会计资料：

（1）银行进账回单；

（2）被投资单位分红的股东会决议等。

第五十三条 长期股权投资转让业务的会计处理。

1.投资转让的会计分录：

借：银行存款

贷：长期股权投资——×××被投资单位

投资收益——转让所得

2.会计处理所需的原始会计资料：

（1）投资转让的董事会决议或股东会决议；

（2）银行进账回单；

（3）投资转让的申请说明；

（4）按照规定履行审批程序的投资转让批复。

第五十四条 长期股权投资收回业务的会计处理。

1.被投资单位注销、撤销收回投资的会计分录：

借：银行存款、原材料、固定资产、应收账款等

贷：长期股权投资——×××被投资单位

投资收益——收回所得

2.所需的原始会计资料：

（1）被投资单位注销、撤销的董事会决议或股东会决议；

（2）被投资单位注销、撤销清算报告；

（3）按照规定履行审批程序的投资收回批复。

第十章 固定资产业务的会计处理规范

第五十五条 固定资产购建业务的会计处理。

1.需要建设、安装的固定资产购建。

（1）购建费用发生时的会计分录：

借：在建工程

应交税费——待认证进项税

贷：银行存款、库存现金、应付账款、原材料等

（2）所需的原始会计资料：

①购建固定资产的申请说明；

②按照规定履行审批程序的购建固定资产批复；

③固定资产采购合同书、建设施工或安装合同书；

④购建活动发生时的供应商、施工方开具的发票；

⑤已履行审批程序的签批单；

⑥耗用原材料的领料单；

⑦尚未支付款项的说明等。

（3）建设、安装活动结束达到可使用状态：

借：固定资产——×××名称

贷：在建工程

（4）达到可使用状态所需的原始会计资料：

竣工验收报告或类似说明和使用部门（项目部）的使用说明。

2.不需要建设、安装的固定资产购建。

（1）购建费用发生时的会计分录：

借：固定资产

应交税费——待认证进项税

贷：银行存款、库存现金、应付账款等

（2）会计处理所需的原始会计资料：

①购建固定资产的申请说明；

②按照规定履行审批程序的购建固定资产批复；

③固定资产采购合同书；

④购建活动发生时的供应商开具的发票；

⑤已履行审批程序的签批单；

⑥尚未支付款项的说明；

⑦固定资产使用部门（工程项目）的验收证明。

第五十六条 固定资产折旧业务的会计处理。

1.工程项目现场使用的固定资产。

（1）直接用于施工的固定资产折旧的会计分录：

借：合同履约成本——工程施工——机械费

贷：累计折旧

（2）用于工地管理使用的固定资产折旧的会计分录：

借：合同履约成本——工程施工——项目管理费

贷：累计折旧

（3）专门用于研究开发使用的固定资产折旧的会计分录：

借：研发支出——费用化——××研发技术（项目）——折旧费

贷：累计折旧

2.公司管理部门（人员）使用的固定资产折旧。

计提折旧的会计分录：

借：管理费用——折旧费

贷：累计折旧

3.公司专门用于研究开发使用的固定资产折旧。

计提折旧的会计分录：

借：研发支出——费用化——××研发技术（项目）——折旧费

贷：累计折旧

4.计提固定资产折旧所需的原始会计资料：

（1）固定资产折旧计算表（可在固定资产卡片中设置准确后，财务软件自动计算、生成）；

（2）研究开发专用的固定资产折旧需要在多个研发（技术）项目进行分配的应当有分配表。

第五十七条 固定资产一般维护、维修业务的会计处理。

1.工程项目现场使用的固定资产一般维护、维修。

（1）直接用于施工的固定资产维护、维修的会计分录：

借：合同履约成本——工程施工——机械费

贷：银行存款、库存现金、应付账款、其他应收款等

（2）用于工地管理使用的固定资产维护、维修的会计分录：

借：合同履约成本——工程施工——项目管理费

贷：银行存款、库存现金、应付账款、其他应收款等

（3）专门用于研究开发使用的固定资产维护、维修的会计分录：

借：研发支出——费用化——××研发技术（项目）——直接投入费用

贷：银行存款、库存现金、应付账款、其他应收款等

2.公司管理部门（人员）使用的固定资产一般维护、维修的会计分录：

借：管理费用——维修费

贷：银行存款、库存现金、应付账款、其他应收款等

3.公司专门用于研究开发使用的固定资产一般维护、维修的会计分录：

借：研发支出——费用化——××研发技术（项目）——直接投入费用

贷：银行存款、库存现金、应付账款等

4.固定资产的一般维护、维修所需的原始会计资料：

（1）按照规定需要事先审批的申请书及批复；

（2）发生时收款人开具的合规发票；

（3）尚不支付款项的说明；

（4）已履行审批程序的签批单。

第五十八条 固定资产改造、装修业务的会计处理。

1.房屋建筑物发生的改造、装修。

（1）发生的会计分录：

借：在建工程

贷：银行存款、库存现金、应付账款、其他应收款等

（2）会计处理所需的原始会计资料：

①改造、装修固定资产的申请说明；

②按照规定履行审批程序的改造、装修批复；

③改造、装修合同书；

④改造、装修活动发生时的收款人开具的发票；

⑤已履行审批程序的签批单。

2.房屋建筑物的改造、装修竣工交付使用。

（1）交付使用的会计分录：

借：固定资产——×××名称

贷：在建工程

（2）会计处理所需的原始会计资料：竣工验收报告或使用部门（工程项目）的使用证明。

第五十九条 固定资产报废处置业务的会计处理。

1.报废处置的会计分录。

（1）固定资产报废的会计分录：

借：固定资产清理

累计折旧

贷：固定资产——×××名称

（2）出售收入的会计分录：

借：银行存款、库存现金、应付账款等

贷：固定资产清理（收到或应收到的款项减去计算的销项税额）

应交税费——应交增值税（销项税额）

或 应交税费——简易计税

处置营改增前购置的固定资产销项税额计算：

处置价款/（1+3%）×2%。

处置营改增后购置的固定资产销项税额计算：

处置价款/（1+13%）×13%。

（3）处置出现损失的会计分录：

借：营业外支出——处置非流动资产损失

贷：固定资产清理

（4）处置出现盈余的会计分录：

借：固定资产清理

贷：营业外收入——处置非流动资产收益

2.会计处理所需的原始会计资料：

（1）固定资产报废处置的申请说明；

（2）按照规定的报废处置批复；

（3）银行进账回单；

（4）库存现金收款的应有收款人开具的收款收据；

（5）未收取款项的说明及批复；

（6）其他方式处置的相关资料等。

第十一章 无形资产业务的会计处理规范

第六十条 无形资产购置业务的会计处理。

1.购置的会计分录：

借：无形资产

应交税费——待认证进项税

贷：银行存款、库存现金、应付账款、其他应收款等

2.会计处理所需的原始会计资料：

（1）购建无形资产的申请说明；

（2）按照规定履行审批程序的购置无形资产批复；

（3）无形资产采购合同书；

（4）购买活动发生时的供应商开具的发票；

（5）已履行审批程序的签批单；

（6）尚未支付款项的说明；

（7）无形资产使用部门（工程项目）的验收证明。

第六十一条 无形资产摊销业务的会计处理。

1.摊销的会计分录：

（1）工程项目现场使用的无形资产（不含研究开发专用无形资产）摊销。

借：合同履约成本——工程施工——项目管理费

贷：累计摊销

（2）公司管理部门使用的无形资产（不含研究开发专用无形资产）摊销。

借：管理费用——无形资产摊销

贷：累计摊销

（3）研发新技术（项目）专用的无形资产摊销。

借：研发支出——×××研发技术（项目）——无形资产摊销

贷：累计摊销

2.会计处理所需的原始会计资料：

（1）无形资产摊销计算表（可在无形资产卡片中设置准确后，财务软件自动计算、生成）；

（2）研究开发专用的无形资产折旧需要在多个研发（技术）项目进行分配的应当有分配表。

第六十二条 无形资产处置业务的会计处理。

1.处置盈余的会计分录：

借：银行存款、库存现金、应付账款、其他应收款等

累计摊销

贷：无形资产

营业外收入——处置非流动资产收益

应交税费——应交增值税（销项税额）

2.处置损失的会计分录：

借：银行存款、库存现金、应付账款、其他应收款等

累计摊销

营业外支出——处置非流动资产损失

贷：无形资产

应交税费——应交增值税（销项税额）

3.处置所需的原始会计资料：

（1）无形资产处置的申请说明；

（2）按照规定的处置批复；

（3）银行进账回单；

（4）库存现金收款的应有收款人开具的收款收据；

（5）未收取款项的说明及批复；

（6）其他方式处置的相关资料等。

第十二章 融资贷款业务的会计处理规范

第六十三条 融资贷款业务的会计处理。

1.取得金融机构的贷款业务。

（1）取得金融机构贷款的会计分录：

借：银行存款

贷：短期借款——×××银行

或 长期借款——×××银行

（2）会计处理所需的原始会计资料：

①金融机构贷款合同书；

②借款借据；

③银行进账回单等；

④双高贷款（利息高、风险高）的董事会批准决议；

⑤抵押、担保合同书。

2.贷款期间的利息业务。

（1）分期付息的会计分录：

借：财务费用——贷款费用——贷款利息

贷：银行存款

（2）长期借款到期一次还本付息：

借：财务费用——贷款费用——贷款利息

贷：长期借款——×××银行

（3）会计处理所需的原始会计资料：

①金融机构贷款合同书；

②借款人（收利息人）开具的利息发票；

③应付利息计算表或说明；

④按规定履行审批程序的签批单。

3.贷款本金的偿还业务。

（1）偿还的会计分录：

借：短期借款——×××银行

长期借款——×××银行

贷：银行存款

（2）所需的原始会计资料：

①提前归还的说明；

②银行转账支付回单；

③按规定履行审批程序的签批单。

第十三章 办理承兑汇票业务的会计处理规范

第六十四条 办理承兑汇票业务的会计处理。

1.办理承兑汇票缴存保证金。

（1）缴存保证金的会计分录：

借：其他货币资金——×××类别存款

贷：银行存款

（2）所需的原始会计资料：

①金融机构办理承兑票的合同书；

②银行转账支付回单、银行收款单；

③按规定履行审批程序的签批单。

2.承兑汇票持有期间。

办理完毕承兑汇票持有期间，不进行账务核算处理，但应当建立“承兑汇票台账”，记录承兑汇票的号码、票据金额、到期日等信息。

3.承兑汇票支付使用。

（1）支付使用的会计分录：

借：应付账款——×××单位或个人等

贷：应付票据——票据种类

（2）所需的原始会计资料：

①收取票据人的收取票据证明；

②按规定履行审批程序的签批单。

4.承兑汇票到期承兑。

（1）到期承兑的会计分录：

借：应付票据——票据种类

财务费用——票据融资费用——承兑利息等

贷：银行存款

（2）到期承兑所需的原始会计资料：

①票据到期承兑说明；

②支付利息的利息发票；

③银行转账支付回单；

④按规定履行审批程序的签批单。

（3）转回办理票据保证金的会计分录：

借：银行存款——×××银行存款

贷：其他货币资金——×××类别存款

（4）转回办理票据保证金所需的原始会计资料：

①票据到期承兑说明；

②银行收款进账回单。

第十四章　向非金融机构或个人的资金拆借业务的会计处理规范

第六十五条　向非金融机构拆入资金的会计处理。

1.借入的会计分录：

借：银行存款、库存现金等

贷：其他应付款——借入资金——×××债权人名称（若借款期在1年以上应当通过“长期应付款”核算）

2.所需的原始会计资料：

（1）资金借款合同书；

（2）银行进账回单；

（3）向付款人开具的借款收据等。

第六十六条　向非金融机构或个人计算、支付资金使用费的会计处理。

1.计算当期应当支付资金使用费的会计分录：

借：财务费用——借款费用——利息支出

贷：应付利息——×××债权人名称（若借款期在1年以上且约定到期一次还本付息的，通过“长期应付款”核算）

2.计算当期应付利息所需的原始会计资料：

（1）资金借款合同书约定的利息计算标准；

（2）应付利息的计算过程说明；

（3）履行规定审批程序审批单（表）。

3.支付资金使用费的会计分录：

借：应付利息——借款费用——利息支出

贷：银行存款等

若不用支付利息：

借：应付利息——借款费用——利息支出

贷：应交税费——应交企业所得税

资本公积——接受捐赠

4.支付资金使用费所需的会计资料：

（1）支付申请说明；

（2）收款人开具的资金使用费发票；

（3）银行转账支付回单；

（4）库存现金、备用金支付的应当有收款人签章的收款收据；

（5）按照规定程序履行审批的签批单。

第六十七条 向非金融机构或个人偿还拆入资金（本金）的会计处理。

1.偿还资金的会计分录：

借：其他应付款——借入资金——×××债权人名称（借款期前在1年以上应当通过“长期应付款”核算）

贷：银行存款、库存现金、其他应收款等

2.偿还拆入资金所需的会计资料：

（1）支付申请说明；

（2）银行转账支付回单；

（3）库存现金、备用金支付的应当有收款人签章的收款收据；

（4）按照规定程序履行审批的签批单。

第六十八条 向其他企业或个人直接拆出资金的会计处理。

1.资金拆出的会计分录：

借：其他应收款——借出资金——×××债务人名称（借款期前在1年以上应当通过“长期应收款”核算）

贷：银行存款等

2.会计处理所需的原始会计资料：

（1）资金借款合同书；

（2）银行转账支付回单；

（3）库存现金、备用金支付的应当有收款人签章的收款收据；

（4）按照规定程序履行审批的签批单。

第六十九条 向其他企业或个人收取资金使用费的会计处理。

1.计算当期应当收取资金使用费的会计分录：

借：应收利息——×××债务人名称（若借款期在1年以上且约定到期一次还本付息的，通过“长期应收款”核算）

贷：其他业务收入——资金使用费收入

应交税费——应交增值税（销项税额）（按照6%税率计算）

所需的原始会计资料：

（1）借款合同书约定的资金使用费计算标准；

（2）应收利息计算过程说明。

2.收取资金使用费的会计分录：

借：银行存款等

贷：应收利息——×××债务人名称（若借款期在1年以上且约定到期一次还本付息的，通过“长期应收款”核算）

所需的原始会计资料：

（1）银行进账的回单；

（2）库存现金收取的应当有向付款人开具并签章的收款收据。

第七十条 收回向其他企业或个人的拆出资金的会计处理。

1.收回资金的会计分录：

借：银行存款

贷：其他应收款——借出资金——债务人名称（若借款期在1年以上且约定到期一次还本付息的，通过“长期应收款”核算）

2.会计处理所需的原始会计资料：

（1）银行进账的回单；

（2）库存现金收取的应当有向付款人开具并签章的收款收据。

第十五章 债务重组业务的会计处理规范

第七十一条 债权人的债务重组会计处理。

1.收到债务人的款项小于该应收款项账面价值的会计分录：

借：库存现金、银行存款等

应交税费——待认证进项税额（实物资产抵偿时应当收取增值税专用发票）

坏账准备

营业外支出——债务重组损失

贷：应收账款、其他应收款、预付账款等

2.收到债务人的款项大于该应收款项账面价值的会计分录：

借：库存现金、银行存款、固定资产等

应交税费——待认证进项税额（实物资产抵偿时应当收取增值税专用发票）

坏账准备

贷：应收账款、其他应收款、预付账款等

资产减值损失

3.会计处理所需的原始会计资料：

（1）债务重组协议书；

（2）以银行存款方式收取的款项，应有银行进账回单；

（3）以库存现金方式收取的款项，应有收款人开具签章的收款收据；

（4）以材料、固定资产等方式抵偿的款项，应有抵偿人开具的发票；

（5）按照规定程序履行审批的签批单。

第七十二条 债务人的债务重组会计处理。

1.以低于重组债务账面价值的款项清偿债务的会计分录：

借：应付账款——×××单位或个人

贷：银行存款等

营业外收入——债务重组利得

2.以修改其他债务条件进行清偿的，重组的账面余额与重组后债务的公允价值的差额的会计分录：

借：应付账款——×××单位或个人

贷：营业外收入——债务重组利得

3.以实物资产（固定资产）清查债务的会计分录：

借：应付账款——×××单位或个人

贷：固定资产清理（固定资产处置的公允价值）

应交税费——应交增值税（销项税额）

营业外收入——债务重组利得（减免的债务）

4.会计处理所需的原始会计资料：

（1）债务重组协议书；

（2）以银行存款方式支付的款项，应有银行转账支付回单；

（3）以库存现金方式支付的款项，应有收款人开具签章的收款收据；

（4）固定资产等方式抵偿的款项，应有销售发票记账联；

（5）按照规定程序履行审批的签批单。

第七十三条 以应收款项抵偿应付债务的会计处理。

（1）以应收款项抵偿应付债务的会计分录：

借：应付账款、其他应付款等

坏账准备

贷：应收账款、其他应收款等

（2）会计处理所需的原始会计资料：

①债务重组协议书；

②按照规定程序履行审批的签批单。

第十六章　预计负债业务的会计处理规范

第七十四条　对外担保、未决诉讼（仲裁）的会计处理。

1.预计负债确认时的会计分录：

借：营业外支出——诉讼损失

贷：预计负债——形成债务的原因

2.预计负债确认或不确认的原始会计资料：

（1）未决诉讼的诉讼书或一审判决书；

（2）未决仲裁的申请书；

（3）案件律师及律师事务所出具的法律意见书或职业判断书；

（4）按照规定程序履行审批的签批单。

3.预计负债转为确定负债或偿还的会计分录：

借：预计负债

营业外支出（存在差额的用蓝字补充或红字冲减）

贷：应付账款、其他应付款、银行存款等

4.预计负债转为确定负债或偿还所需的原始会计资料：

（1）终审判决书、仲裁裁决书或双方达成的和解协议书；

（2）银行存款转账支付回单；

（3）库存现金收取的应当有向付款人开具并签章的收款收据；

（4）按照规定程序履行审批的签批单。

第七十五条　产品质量保证的会计处理。

1.预计负债确认时的会计分录：

借：销售费用——质保费

贷：预计负债——形成债务的原因

2.预计负债确认或不确认的原始会计资料：

（1）由于产品质量产生预计负债的说明；

（2）未决诉讼的诉讼书或一审判决书、未决仲裁的申请书；

（3）案件律师及律师事务所出具的法律意见书或职业判断书；

（4）按照规定程序履行审批的签批单。

3.预计负债转为确定负债或偿还的会计分录：

借：预计负债

销售费用（存在差额的用蓝字补充或红字冲减）

贷：银行存款、应收账款（其他应收款）等：

4.预计负债转为确定负债或偿还所需的原始会计资料：

（1）终审判决书、仲裁裁决书或双方达成的和解协议书；

（2）银行存款转账支付回单；

（3）库存现金收取的应当有向付款人开具并签章的收款收据；

（4）按照规定程序履行审批的签批单。

第十七章　接受投资业务的会计处理规范

第七十六条　接受投资业务的会计处理

1.接受投资的会计分录：

借：银行存款

贷：股本——×××股东

资本公积——资本溢价

2.会计处理所需的原始会计资料：

（1）增资的股东会决议；

（2）股转系统公司的批复；

（3）股东的交款单。

3.支付融资中介费用的会计分录：

借：资本公积——资本溢价

应交税费——待认证进项税额

贷：银行存款、应付账款

4.所需的原始会计资料：

（1）中介服务的合同书；

（2）中介机构开具的发票；

（3）银行转账支付回单；

（4）现金支付的应当有收款人开具签章的收款收据；

（5）按照规定程序履行审批的签批单。

第十八章　坏账准备业务的会计处理规范

第七十七条　计提坏账准备业务的会计处理。

1.计提的会计分录：

借：信用减值损失

贷：坏账准备

坏账准备转回时，做相反分录。

2.所需的原始会计资料：

（1）账龄分析及坏账准备计算表；

（2）按规定履行审批程序的签批单。

第七十八条 发生坏账损失业务的会计处理。

1.坏账损失的会计分录：

借：坏账准备

贷：应收账款、预付账款、其他应收款等

2.所需的原始会计资料：

（1）形成坏账损失的情况说明；

（2）形成坏账损失的外部证据（包括但不限于：债务人的破产证明、注销证明、吊销证明、死亡证明等）；

（3）按规定履行审批程序的签批单。

第十九章 政府补助业务的会计处理规范

第七十九条 收到与收益相关的政府补助的会计处理。

1.收到与企业日常活动相关的政府补助会计分录：

借：银行存款、其他应收款等

贷：其他收益——政府补助

2.收到与企业日常活动无关的政府补助会计分录：

借：银行存款、其他应收款等

贷：营业外收入——政府补助

3.所需的原始会计资料：

（1）与政府补助相关的政府文件；

（2）银行存款进账的回单。

第八十条 收到与资产相关的政府补助的会计处理。

1.收到时的会计分录：

借：银行存款、其他应收款等

贷：递延收益——补助资金类别

2.收到时所需的原始会计资料：

（1）与政府补助相关的政府文件；

（2）银行存款进账的回单。

第八十一条 与资产相关的政府补助补偿折旧、摊销的会计处理。

1.资产折旧摊销时补偿的会计分录：

借：递延收益——补助资金类别

　贷：营业外收入

2.补偿时所需的原始会计资料：

（1）补偿计算表；

（2）按照规定程序审批的签批单。

第二十章 对外捐赠业务的会计处理规范

第八十二条 对外捐赠业务的会计处理。

1.对外捐赠的会计分录：

借：营业外支出——捐赠支出

　贷：银行存款等

2.所需的原始会计资料：

（1）接受捐赠单位、机构开具的收到捐赠款的收款收据；

（2）银行存款支付回单；

（3）按照规定程序审批的签批单。

第二十一章 办公费、会议费、燃油费、维修费等业务的会计处理规范

第八十三条 公司发生各项管理费的会计处理。

1.费用发生的会计分录：

借：管理费用——办公费、会议费等

　应交税费——待认证进项税

　贷：库存现金、银行存款等

2.会计处理所需的原始会计资料：

（1）费用发生取得的发票；

（2）按照规定程序审批的签批单。

第二十二章 银行存款利息收入业务的会计处理规范

第八十四条 公司收到银行存款利息收入的会计处理。

1.收到利息收入的会计分录：

借：银行存款

借：财务费用——利息收入（红字）

2.会计处理所需的原始会计资料：

银行存款利息进账回单。

第二十三章　支付滞纳金、违约金、行政罚款业务的会计处理规范

第八十五条　公司支付滞纳金、违约金、行政罚款的会计处理。

1.支付时的会计分录：

借：营业外支出——滞纳金、违约金

营业外支出——行政罚款

贷：银行存款等

2.所需的原始会计资料：

（1）收款方开具的收款收据（凭证）；

（2）按照规定程序审批的签批单。

第二十四章　递延所得税业务的会计处理规范

第八十六条　确认递延所得税资产的会计处理。

1.确认递延所得税资产的会计分录：

借：递延所得税资产（存在可抵扣暂时性差异）

借：所得税费用（红字）

或

借：所得税费用

贷：递延所得税资产（存在可抵扣暂时性差异转回或存在应纳税暂时性差异）

2.所需的原始会计资料：

（1）递延所得税计算表；

（2）按照规定程序审批的签批单。

第八十七条　递延所得税资产转回的会计处理。

1.转回的会计分录：

借：所得税费用

贷：递延所得税资产

2.所需的原始会计资料：

（1）递延所得税计算表；

（2）按照规定程序审批的签批单。

第二十五章　利润分配业务的会计处理规范

第八十八条　本年利润结转的会计处理。

本年利润结转的会计分录：

借：本年利润

贷：利润分配——未分配利润

第八十九条 利润分配的会计处理。

1.分配利润的会计分录：

借：利润分配——未分配利润

贷：利润分配——提取法定盈余公积

利润分配——应付现金股利

同时：

借：利润分配——提取法定盈余公积

贷：盈余公积

借：利润分配——应付现金股利

贷：应付股利

2.所需的原始会计资料：

股东会进行利润分配的决议。

11
资金与担保管理

“企业管理以财务管理为核心，财务管理以资金管理为中心”。企业财务管理的中心内容是资金及其运动的全过程，是对资金运动的直接管理。为明确担保的对象、范围、方式、条件、程序、担保限额和禁止担保等事项，规范调查评估、审核批准、担保执行等环节的工作流程，结合公司实际，特制定资金与担保管理相关制度，以切实防范担保业务风险。

范本1 对外担保管理制度

第一章 总 则

第一条 为保护投资者的合法权益和公司财产安全，进一步加强公司银行信用管理和规范公司对外担保管理，根据《中华人民共和国公司法》《中华人民共和国证券法》《中华人民共和国担保法》等相关法律、法规，并参照中国证监会《非上市公众公司监督管理办法》等规范性文件及公司章程的规定，制定本制度。

第二条 本制度所称对外担保是指以第三人的身份对于债务人所负的债务提供担保，当债务人不履行债务时，由公司按照约定履行债务或者承担责任的行为。公司对外担保遵循平等、自愿、公平、诚实、信用、互利的原则。

第三条 公司对外担保实行统一管理，未经公司董事会或股东大会批准，公司不得对外提供担保。

第四条 被担保人提供的反担保标的仅限于银行存单、房屋（建筑物）、土地使用权、机器设备和知识产权。

第二章 对外担保程序

第五条 公司对外担保的最高决策机构为公司股东大会，董事会在股东大会的授权范围内享有对外担保的决策权，并管理和具体实施经股东大会通过的对外担保。

第六条 公司下列对外担保行为，须在董事会审议通过后提交股东大会审议通过：

（一）公司对外担保总额，达到或超过最近一期经审计净资产的50%以后提供的任何担保。

（二）公司对外担保总额，达到或超过最近一期经审计总资产的30%以后提供的任何担保。

（三）为资产负债率超过70%的担保对象提供的担保。

（四）单笔担保额超过最近一期经审计净资产10%的担保。

（五）对股东、实际控制人及其关联方提供的担保。

第七条 公司为股东或者实际控制人提供担保的，必须经股东大会决议，股东大会在审议决议为股东、实际控制人及其关联方提供的担保议案时，该股东或受该实际控制人支配的股东，不得参与该项表决，该项表决由出席大会的其他股东所持表决权的半数以上通过。

第八条 公司董事会决定对外担保的单项或现有存续的累计担保金额不得超过本制度第六条关于股东大会审议公司对外担保的权限范围，或不得超过股东大会对董事会对外担保的授权范围。超过董事会的审批权限或授权范围的，董事会应提出预案，提请股东大会审议批准。

董事会审议对外担保事项时，除必须经全体董事过半数通过外，还必须经出席董事会会议三分之二以上（含）董事同意，方为有效通过。

第九条 经股东大会或董事会批准的对外担保额度需分次实施时，可以授权公司董事长在批准额度内签署担保文件。

第十条 公司董事会在为他人提供担保前（或提交股东大会表决前），应尽可能全面掌握被担保人的资信状况，全面分析担保事项可能出现的风险，并予以详尽披露。

第十一条 在股东大会、董事会专项授权之外的所有担保，必须经董事会全体成员三分之二以上（含）签署同意或股东大会批准。

第十二条 公司对外担保的责任管理部门为公司财务部。

第十三条 申请担保方需要公司提供担保时需向公司财务部提供申请材料，申请材料包括但不限于：

（一）担保申请书。

担保申请书至少应包括以下内容：

1.被担保人的基本情况。

2.担保的主债务情况说明。

3.担保类型及担保期限。

4.担保协议的主要条款。

5.被担保人对于担保债务的还贷计划及来源的说明。

6.反担保方案。

（二）申请人营业执照。

（三）申请人最近一期经审计合并会计报表。

（四）申请人最近一期合并会计报表。

（五）其他需报备的材料。

第十四条 公司财务部应根据申请担保方提供的基本资料，调查其经营状况和信誉情况，并将有关资料及书面评审意见提交公司董事会秘书，报公司董事会或股东大会审批。

第十五条 公司董事会或股东大会对呈报材料进行审议，分析申请担保方的财务状况、行业前景、经营运作状况和信用情况，确定是否给予担保或由董事会向股东大会提出是否给予担保的意见。股东大会或董事会对担保事项做出决议时，与该担保事项有利害关系的股东或董事应回避表决。

第十六条 董事会或股东大会经审议同意为被担保方提供担保后，由公司财务部负责办理相关担保手续等事宜，财务部在正式签订担保合同后立即向公司董事会秘书报送相关材料。

第十七条 对外担保合同履行期间由财务部负责监控。财务部应当指定专人建立专门台账管理对外担保事项，及时跟踪被担保人的经济运行情况，每月就对外担保实施情况列表报告董事长和总经理。

第十八条 在承保期内，财务部应定期调查了解被担保方的经营情况和财务状况等情况，并就发现的有关紧急情况及时报告公司，采取有效措施控制风险：

（一）公司担保的债务到期后，积极督促被担保人在十五个工作日内履行还款义务，若被担保人未能按时履行还款义务，及时报告公司及董事会秘书，启动相应的反担保程序。

（二）关注被担保方的生产经营、资产负债的变化，对外担保或其他负债、分立、合并、法定代表人的变更以及对外商誉的变化情况，积极防范风险。

（三）如有证据表明互保协议对方经营严重亏损，或发生公司解散、分立等重大事项，应及时报告公司，提议终止互保协议。

（四）债权人将债权转让给第三人的，应及时报告公司。除合同另有约定，公司应当拒绝对增加的义务承担担保责任。

（五）对于未约定保证期间的连续债权保证，发现继续担保存在较大风险的，应在发现后及时报告公司并通知债权人终止保证合同。

（六）当被担保人面临重大诉讼、仲裁及拟破产、清算等可能影响其履行还款义务的情形时，财务部应当及时了解详情，立即向董事长、总经理报告，并书面知会董事会秘书。董事长获知上述信息后，应当立即召开有关部门研究应对方案。

（七）人民法院受理债务人破产案件后，债权人未申报债权的，应提请公司参加财产分配，预先行使追偿权。

（八）在公司向债权人履行了保证责任后，应及时、积极地向被担保人追偿。

第三章 担保合同管理

第十九条 公司对外提供担保，应签订书面合同。担保合同应依据《中华人民共和国担保法》明确约定担保范围或限额、担保方式和担保期限。担保合同由财务部指示专人妥善保管并注意担保时效期限。

第二十条 财务部应加强对担保合同的管理，杜绝合同管理上的漏洞。对合同副本、担保合同、反担保合同及抵押权、质押权凭证等相关原始资料妥善保存，严格管理，每半年进行一次检查清理，保证存档资料的完整、准确、有效。

第二十一条 法律规定必须办理抵押、质押等相关登记的，有关责任人必须到有关登记机构办理登记。

第二十二条 财务部负责对被担保人进行信息跟踪，收集被担保人的财务资料和审计报告，定期分析财务状况及偿债能力，建立被担保人财务档案，定期向董事会报告。

第四章 责任追究

第二十三条 公司全体董事应当审慎对待和严格控制对外担保产生的债务风险，并对违规的对外担保产生的损失依法承担连带责任；总经理及其他高级管理人员未按本制度规定程序擅自越权签订担保合同，对公司造成损害的，应当追究当事人责任。

第二十四条 相关责任人违反法律规定或本制度规定擅自越权签订担保合同，对公司造成损害的，公司将追究当事人的责任。

第二十五条 对担保项目论证有引导性或判断性错误，导致决策失误的，相关责任人应承担连带责任。

第二十六条 责任人怠于行使其职责，给公司造成损失的，可视情节轻重给予处罚或处分。

第五章 附 则

第二十七条 本制度经股东大会通过后实施。

第二十八条 本制度与国家有关部门或机构日后颁布的法律、法规及规章相抵触时，以国家有关部门或机构日后颁布的法律、法规及规章为准。

第二十九条 本制度解释权归董事会。

范本2 债务融资管理办法

第一章 总 则

第一条 为加强公司债务融资的内部控制和管理，规范债务融资行为，控制融资风险，依据公司章程和国家相关规定，制定本办法。

第二条 本办法所称债务融资，是指企业法人为了满足生产经营发展需要，通过发行债券或者向银行等金融机构借款、融资租赁等形式筹集资金的活动。

第三条 为保证债务融资行为的规范、有序，本办法明确规定了债务融资管理责任、整体授信和重大债务融资管理体制，以及债务融资的决策、执行和偿付管理等制度。

第四条 债务融资管理的目标和遵循的基本原则：

（一）债务融资应严格遵守国家法律、法规和公司内部控制规范，防范风险。

（二）从整体经济效益出发，本着合理、需要、节约的原则，加强债务融资的预算控制和决策管理。

（三）合理配置公司整体信用资源，加强金融机构战略合作，优化融资结构，降低资金成本。

第五条 本办法适用于公司及所属各分子公司。

第二章　债务融资管理责任制度

第六条 公司财务管理中心及各区域分公司、子公司财务部依据各自职责，行使债务融资管理职能，承担管理责任。

第七条 公司财务管理中心是公司债务融资管理工作的主管部门，在债务融资管理方面的主要职责包括：

（一）负责公司债务融资管理制度的建设，指导各分子公司建立健全债务融资管理制度。

（二）制定公司融资预算，统筹规划授信融资规模。

（三）选择公司战略合作金融机构，牵头洽谈整体授信事宜，并负责对各级单位整体授信以外的授信审批工作。

（四）负责重大债务融资方案的制定，代表公司进行重大融资的谈判。

（五）负责公司总部的债务融资管理。

第八条 各区域分公司、子公司财务部门负责本单位及所属项目部的债务融资管理，在债务融资管理方面的主要职责包括：

（一）执行公司债务融资管理制度。

（二）制定本单位年度融资预算初步方案。

（三）在公司整体授信内，开展本单位授信工作。

（四）负责制定本单位重大债务融资初步方案。

第九条 各区域分公司、子公司应明确债务融资的岗位职责和权限，确保办理债务融资业务的不相容岗位相互分离、制约和监督。同一部门或个人不得办理债务融资业务的全过程。

第十条 各区域分公司、子公司在获得授信融资过程中，需要担保，或以资产、权利抵押（质押）的，应按有关担保业务规定流程办理。

第三章 金融机构授信整体管理

第十一条 为优化公司整体融资结构，合理配置信用资源，公司金融机构授信实行整体管理。

第十二条 金融机构授信整体管理包括授信融资规模统筹规划、金融机构统一选择、对外授信集中审批、授信额度调剂使用等。

第十三条 公司财务管理中心根据年度经营计划、财务预算，以及各区域分公司、子公司融资计划，统筹规划授信融资规模，制定年度整体授信融资计划。各分子公司在公司整体融资计划内，执行自身授信融资业务。

第十四条 公司整体授信金融机构由公司财务管理中心统一选择，牵头与各金融机构洽谈整体授信事宜，并负责整体授信额度的分配。各分子公司根据公司财务管理中心安排配合整体授信工作。

第十五条 整体授信额度实行动态调整。财务管理中心与各整体授信金融机构总部定期对各区域分公司、子公司授信额度的使用情况进行统计和分析，并根据额度空余与需求情况进行调整。

第十六条 各区域分公司、子公司应优先使用整体授信额度，在整体授信无法满足资金需求的情况下，可自行进行授信融资，但应事前报股份公司资金部审批。

第四章 重大项目融资管理

第十七条 公司及各区域分公司、子公司的重大项目融资由公司统一管理，融资方案在公司审批后方可实施。重大项目包括但不限于如下项目：

1.总开发在4亿元以上工程建设项目。

2.城市基础设施综合建设投资项目。

3.公司给予资金支持的大型EPC总承包项目。

4.需要公司资金支持的其他工程项目。

公司给予的资金支持包含公司担保、委托贷款、信托资产回购、贷款担保等。

第十八条 重大项目融资，由公司财务管理中心牵头成立融资小组，融资小组负责融资方案的制定，以及组织与金融机构谈判等工作。

第十九条 各区域分公司、子公司上报重大项目立项报告时，应编制初步融资方案和风险评估报告，融资方案应当符合国家有关法律法规、政策的要求，并对预计融资成本、潜在资金风险和具体应对措施以及偿债计划等做出安排。

第二十条 公司对重大项目资金实行监督管理，由公司财务管理中心负责实施。

（一）项目资金预算管理。各区域分公司、子公司应编制重大项目资金预算，并上报资金部审批，包括项目总体资金规划、年度资金预算、月度资金预算。

（二）项目资金使用监管。项目资金纳入公司资金管理系统。

（三）项目资金回收管理。各区域分公司、子公司应编制资金回收方案，制定保证措施，拟定风险应对预案，并上报财务管理中心备案。财务管理中心监督项目资金回收方案的落实。

（四）项目资金分析报告。各区域分公司、子公司应对项目进展情况、融资及偿还情况、资金预算及执行情况进行定期分析，并上报财务管理中心。如有重大事项应及时向财务管理中心报告。

第五章 债务融资执行管理

第二十一条 公司根据经批准的债务融资方案，按照规定程序与融资对象，与金融机构等单位订立债务融资合同、证券承销协议等。债务融资合同、证券承销协议等的订立应当符合《中华人民共和国民法典》及其他相关法律法规的规定，并经公司有关授权人员批准。

第二十二条 融资合同必须事项明确，对借款种类、用途、金额、期限、利率、双方权利和义务、违约责任及其他需要明确的事项，在合同中予以明确。

第二十三条 公司应当对债务融资合同、证券承销协议等的合法性、合理性、完整性进行审核，审核情况和意见应有完整的书面记录。重大债务融资合同、证券承销协议等的订立，应当征询法律顾问或专家的意见。变更债务融资合同或协议，应按照原审批程序进行。

第二十四条 公司应当按照债务融资方案所规定的用途使用筹集的资金。由于市场环境变化等特殊情况导致确需改变资金用途的，应当履行审批手续，并对审批过程进行完整的书面记录。严禁擅自改变资金用途。

第六章 债务融资偿付管理

第二十五条 公司应当结合偿债能力、资金结构等，保持足够的现金流量，确保及时、足额偿还到期本金和利息等。

第二十六条 公司应对债务融资本金、利息或租金的偿付做出计划和预算安排，并正确计算、核对，确保各项款项偿付符合融资合同或协议的规定。

第二十七条 公司支付融资利息或租金等，应当履行审批手续，经授权人员批准后方可支付。

第二十八条 以非货币资产偿付本金、利息或租金时，应当由相关机构或人员合理确定其价值，并报授权批准部门批准，必要时可委托具有相应资质的机构进行评估。

第二十九条 以抵押、质押方式融资，在业务终结后，应当对抵押或质押资产进行清理、结算、收缴，及时注销有关担保内容。

第七章 附 则

第三十条 本办法由公司财务管理中心负责解释。

第三十一条 本办法自公司总经理办公会审议通过、发布之日起实施。

范本3 账户管理办法

第一章 总 则

第一条 为规范公司账户的管理，根据《人民币银行结算账户管理办法》（银发〔2003〕第5号）的有关规定，特制定本办法。

第二条 本办法所称账户，是指各单位的各类本、外币存款账户，主要包括：基本存款账户、一般存款账户、临时存款账户、专用存款账户等各类账户。

第三条 为保证资金安全、高效、有序运行，本办法明确规定了账户的开立、变更、撤销、使用管理、检查报告等制度和违反规定应承担的责任。

第四条 账户管理的目标和遵循的基本原则：

（一）规范使用账户，加强资金管理，防范财务风险。

（二）提高资金使用效率、降低资金成本，保证资金的正常运转和安全，确保企业保值增值。

（三）严格执行资金“收支两条线”管理，加强结算账户的日常监管和预算控制。

（四）全面整合资金资源，加强金融机构战略合作，提高资金集中配置能力。

第五条 本办法适用于公司总部、分公司、子公司和工程项目部（以下统称各单位）。

第二章 账户管理责任制度

第六条 公司财务管理中心和分、子公司财务部门依据各自职责，行使账户管理职能，承担账户管理责任。

第七条 公司财务管理中心是公司账户管理工作的主管部门，在账户管理方面的主要职责包括：

（一）负责公司账户管理制度的建设，指导各分、子公司建立健全账户管理制度。

（二）督促各分、子公司的账户管理工作，并负责指导与检查。

（三）选择公司资金结算银行，搭建快捷、安全、高效的资金管理系统。

（四）负责对公司各级单位开立结算银行外人民币账户、定期存款户、境内结算银行外的外币户及境外账户的审批工作。

（五）负责公司总部账户管理。

第八条 各分、子公司财务部门负责本单位及所属项目部的账户管理，在账户管理方面的主要职责包括：

（一）执行公司账户管理制度，制定本单位账户管理实施办法，健全账户内控制度，并将有关制度报公司财务管理中心备案。

（二）负责本单位及下属项目部的账户管理工作。

（三）检查、监督下属项目部账户管理制度的建设和执行情况。

（四）负责对本级及下属项目部开立结算银行外的人民币账户、定期存款户、境内结算银行外的外币户及境外账户的初审工作，并报公司管理中心审批。

（五）负责对本级及下属项目部开立结算银行内的人民币账户、境内结算银行内的外币户以及专用账户的审批工作，并报公司财务管理中心备案。

第三章 账户的开立、变更和撤销

第九条 各单位开立人民币账户，需按照账户的用途向公司财务管理中心履行报批或备案手续。

（一）各单位需在公司结算银行开立结算账户的，应在账户开立后5个工作日内，由各单位财务部门向公司财务管理中心履行备案手续。

（二）各单位因特殊情况，需在公司结算银行以外的其他银行开立结算账户的，需向公司财务管理中心履行报批手续，批准后方可开立。

（三）项目部原则上不开立银行账户，由分、子公司负责指定银行账户，特殊情况需要开立银行账户的，需向公司财务管理中心履行报批手续，批准后方可开立。

（四）各单位为办理授信、融资而在结算银行以外的银行开立一般账户，需向公司财务管理中心履行报批手续，批准后方可开立。

（五）各单位需在其他银行开立定期存款账户、理财账户的，需向公司财务管理中心履行报批手续，批准后方可开立。

（六）各单位开立专用存款账户，需在账户开立后5个工作日内，向公司财务管理中心履行备案手续。专用存款账户以《人民币银行结算账户管理办法》（银发〔2003〕第5号）的定义为准。

第十条 各单位在境内外币结算银行以外或在境外开立外币账户，需向公司财务管理中心履行报批手续；在境内外币资金结算银行内开立外币账户，需向公司财务管理中心履行备案手续。

第十一条　分、子公司财务部门向公司财务管理中心履行开户报批手续时，应提交书面申请，申请应载明拟开户银行、开户原因、账户性质以及账户使用时间等必要事项，并根据所要开立账户的不同用途提供相应的附件材料，如合同、批文等有效证明文件。

第十二条　公司财务管理中心在收到开户报批资料后，对资料进行审核，在3个工作日内给予同意或不同意开户的回复。

第十三条　分、子公司财务部门向财务管理中心履行账户开立备案手续时，应在账户开立后5个工作日内，将账户开户说明、开户许可证、印鉴卡和相关资料的复印件报送至公司资金部备案，账户使用说明应包括开户具体原因、账户性质以及开户使用时间等必要事项。

第十四条　各单位银行账户的账号发生变更后，应在账号变更后10个工作日内，由分、子公司财务部门向公司财务管理中心履行备案手续。

第十五条　各单位撤销银行账户后，应在账户撤销后10个工作日内，由分、子公司财务部门向公司财务管理中心履行备案手续。

第十六条　各单位除基本存款账户外，其他账户应定期清理。对六个月无使用纪录的结算账户，应查明原因，确无收支业务的，办理账户撤销手续；对不再使用的融资存款户以及其他账户，应及时撤销。

第四章　账户的使用和管理

第十七条　各单位应加强对存款账户的日常管理，明确专人统一负责账户管理工作，建立完整的账户管理档案。

第十八条　各单位不得出租、出借、转让存款账户或办理与自身无关的业务；不得违反国家有关规定支取现金；不得以任何理由将单位资金存放在个人账户中。

第十九条　各单位要加强对存款账户预留印鉴的管理，严格执行内部控制制度，存款账户预留印鉴不得集中一人保管和使用。

第二十条　各单位应按照要求规范账户使用，并按以下要求进行账户管理。

（一）各单位的基本账户只能用于日常经费开支，应在每月末根据下月预算将资金拨入基本账户，日常经费以外的资金不得存放在基本账户中。

（二）各单位开立在公司结算银行以内的结算账户应当授权财务公司进行归集；开立在公司网银平台的账户，应当授权财务公司进行监控。

（三）结算银行外融资账户不得进行结算业务资金的收支，只能用于贷款本息、业务保证金及手续费的收支和存放，在融资账户和支出账户均有余额时，优先使用融资账户资金，公司财务部门对账户资金收支和余额进行查询。

（四）各单位专用账户只能用于办理各项专用资金的收付。

第二十一条 各分、子公司应加强与开户银行沟通，防止留存在银行内的基本资料和重要要素缺失，同时对各存款账户进行动态监控，对业务已结束或长期闲置不用的存款账户予以清理、关闭。

第五章 账户的检查和报告

第二十二条 存款账户月报制度。各分、子公司应根据资金管理要求，每月统计并将各存款账户的相关信息上报公司财务管理中心。

第二十三条 存款账户年检制度。公司财务管理中心在每年4月底前对各单位银行账户进行年检，年检的主要内容是各单位账户使用和管理是否符合要求。各分、子公司于每年1月底前，将截至上年末保留的以及上年度内撤销的银行账户情况，汇总后上报公司财务管理中心。

第二十四条 公司财务管理中心定期或不定期地检查各单位的账户管理工作，包括账户的开立、使用、变更、撤销和管理，内控制度的落实等情况。

第二十五条 若发生下列重大事项，各分、子公司应提前或立即向公司财务管理中心报告：

（一）发生或涉入重大诉讼和仲裁案件。

（二）本单位存款账户被冻结或自动划款。

（三）银行存款出现异常变动。

（四）其他重大事项。

第六章 罚 则

第二十六条 对于违反规定有下列行为之一者，视情节轻重，通报批评或追究单位负责人、财务负责人、当事人及相关人员的责任，按照公司奖惩规定处罚，触犯国家法律的，移交有关司法部门进行处理：

（一）未按规定履行审批手续，擅自开立存款账户的，或开立、变更和撤销存款账户后，不履行备案手续的。

（二）未按规定用途使用、擅自串用存款账户的。

（三）挤占、挪用、截留、坐支收入资金的。

（四）存款账户余额超过资金限额的。

（五）出租、出借、转让银行账户或办理与自身无关业务的。

（六）未按规定管理使用账户、未设置专人统一负责、预留印鉴管理不规范、对账不及时等原因造成银行账户管理混乱的。

（七）不按期检查汇报，或上报情况虚假，有漏报、瞒报行为的。

（八）未按规定进行账户清理，因企业合并或业务终止等情况需撤销存款账户但过期使用、擅自保留账户的。

（九）违反国家相关政策及本办法规定的其他行为。

第七章　附　则

第二十七条　本办法由公司财务管理中心负责解释。

第二十八条　本办法自公司总经理办公会审议通过、发布之日起施行。

Construction Companies

Standards and Criterion of Internal Control & Financial Management

12 业绩考核与评价管理

业绩考核与评价管理不是简单地对业绩结果进行评价，它既是一个指标体系，也是一个控制过程，其最终目的是保证公司战略目标的实现。业绩考核与评价管理相关制度囊括科学的考核指标体系，有利于公司对内部各责任单位和全体员工的业绩进行定期考核和客观评价。

范本1 经营业绩考核制度

第一章 总 则

第一条 为加强公司经营业绩考核管理，建立健全考核体系和激励约束机制，规范考核工作，实现公司价值最大化，依据公司章程等相关文件精神，制定本制度。

第二条 本制度适用于全体员工。

第三条 经营业绩考核主要从公司盈利能力、资产运营能力、债务风险管控、持续发展能力等方面来考核和评价管理层的经营业绩。经营业绩考核应遵循以下原则：

（一）战略导向原则。按照新时代、新思想的要求，推动公司提高战略管理、价值创造、自主创新、资源节约、环境保护和安全发展水平，不断增强企业核心竞争能力和可持续发展能力。

（二）责权利相统一原则。经营业绩同激励约束机制相结合，即业绩上、薪酬上，业绩下、薪酬下，并作为职务聘免的重要依据，建立健全科学合理、可追溯的资产经营责任制。

（三）全面落实责任原则。推动企业建立健全全员业绩考核体系，层层落实责任，增强企业管控力和执行力，注重经营效率，提高资本回报水平，坚持做强主业，引导资产结构优化，合理控制风险，提升管理水平和发展质量。

（四）实事求是原则。结合企业特点和管理现状，考核指标设定体现公开、公平、公正的原则；考核目标实事求是，客观公正并有足够的挑战性。

第二章 管理层绩效管理

第四条 董事会负责对管理层的经营业绩考核，实行年度考核与任期考核相结合的方式，考核结果与薪酬挂钩。

第五条 经营业绩考核包括年度经营业绩考核和任期经营业绩考核。整体经营结果作为管理层的经营业绩考核结果，全体管理层对经营结果负责。

第六条 机构与分工。

（一）公司董事会/绩效管理委员会。

1.是公司经营业绩考核工作的最高管理机构，明确公司远景规划、战略目标及年度经营目标；

2.审核公司高管年度目标及工作计划，对年度绩效指标及标准的设定提供指导意见；

3.参与所属部门和员工的绩效管理，对既定的指标和标准的完成进行监督和评价；

4.受理高管人员（公司总监级以上、各分子公司经理和副经理、项目经理）绩效申诉，对高管人员绩效申诉做出最终裁决。

（二）公司各中心、各分子公司、各部门及各经营目标责任人。

1.对下属讲解、沟通绩效管理制度核心理念；

2.根据年度目标进行有效、合理分解，确定行动计划；

3.提出指标及标准设定的建议；

4.在过程中关注指标的达成；

5.对下属员工分配任务，对既定的指标和标准的完成进行指导。

（三）公司人事行政中心/各分子公司人事行政部、各项目部人事行政人员。

1.人事行政中心负责制定全公司绩效管理制度与执行方案，并对绩效管理方案进行培训和讲解，随着公司发展，动态调整优化方案。

2.人事行政中心收集公司高管及各中心人员绩效考核相关数据资料；分子公司人事行政部收集分子公司人员工绩效考核相关数据资料报公司人事行政中心。

分子公司人事行政部对绩效管理方案进行培训和讲解，随着公司发展，动态调整优化方案。

3.协助绩效管理委员会对项目经理、分公司负责人进行绩效考核，分子公司人事行政部协助分子公司部门负责人对员工进行绩效考核。

4.统计、计算被考核人的绩效考核结果及其他结果应用。

5.受理所辖分子公司绩效申诉，报公司人事行政中心裁决。

第七条 绩效考核流程。

公司总经理（副）、中心总监（副）、分子公司负责人等公司高管和职能部门经理（副）级人员、经营目标责任人绩效考核流程见下图。

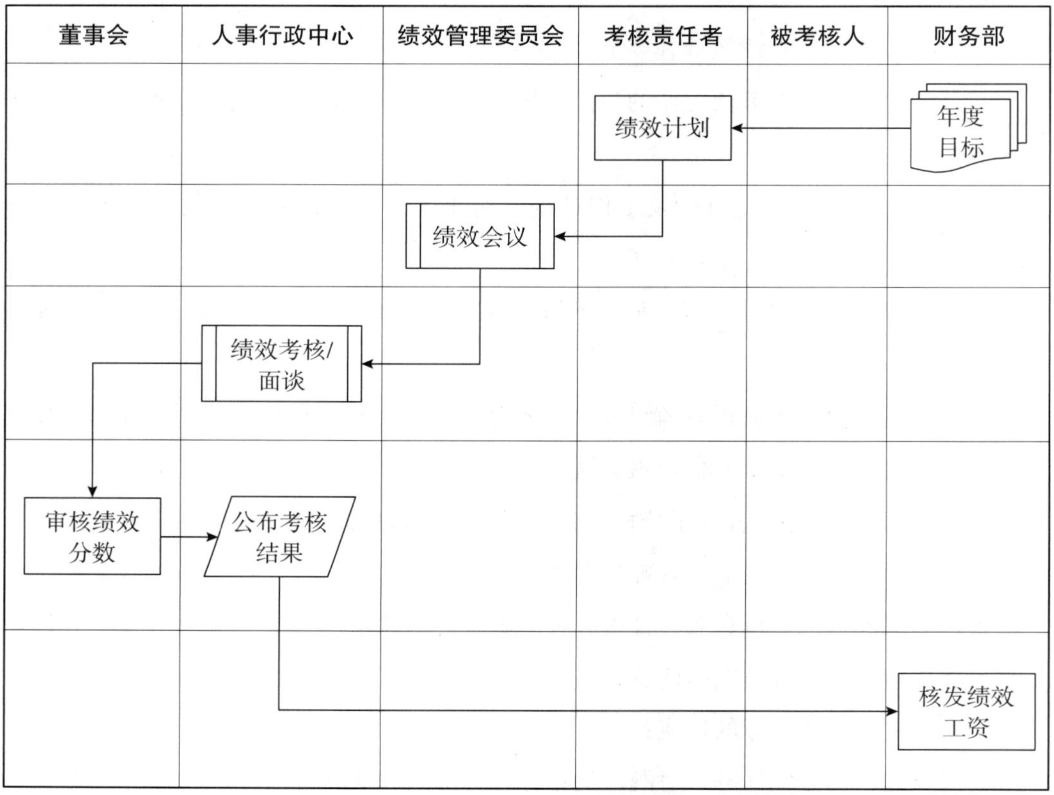

绩效考核流程图（1）

第三章 非管理层绩效管理

第八条 职能部门经理（副）级人员、工程项目负责人以下人员的绩效考核流程见下图（P837）。

第九条 工程项目负责人、项目技术负责人、生产经理、质量负责人、安全负责人及商务经理、八大员、各工长等的绩效考核流程见下图（P838）。

第十条 每年一季度，被考核者直接上级与被考核者沟通，确定被考核者年度目标、计划，同时签订年度目标绩效合同。为确保绩效指标的可执行性，每半年度绩效管理委员会可针对外部形势与环境变化情况调整考核标准和考核权重。

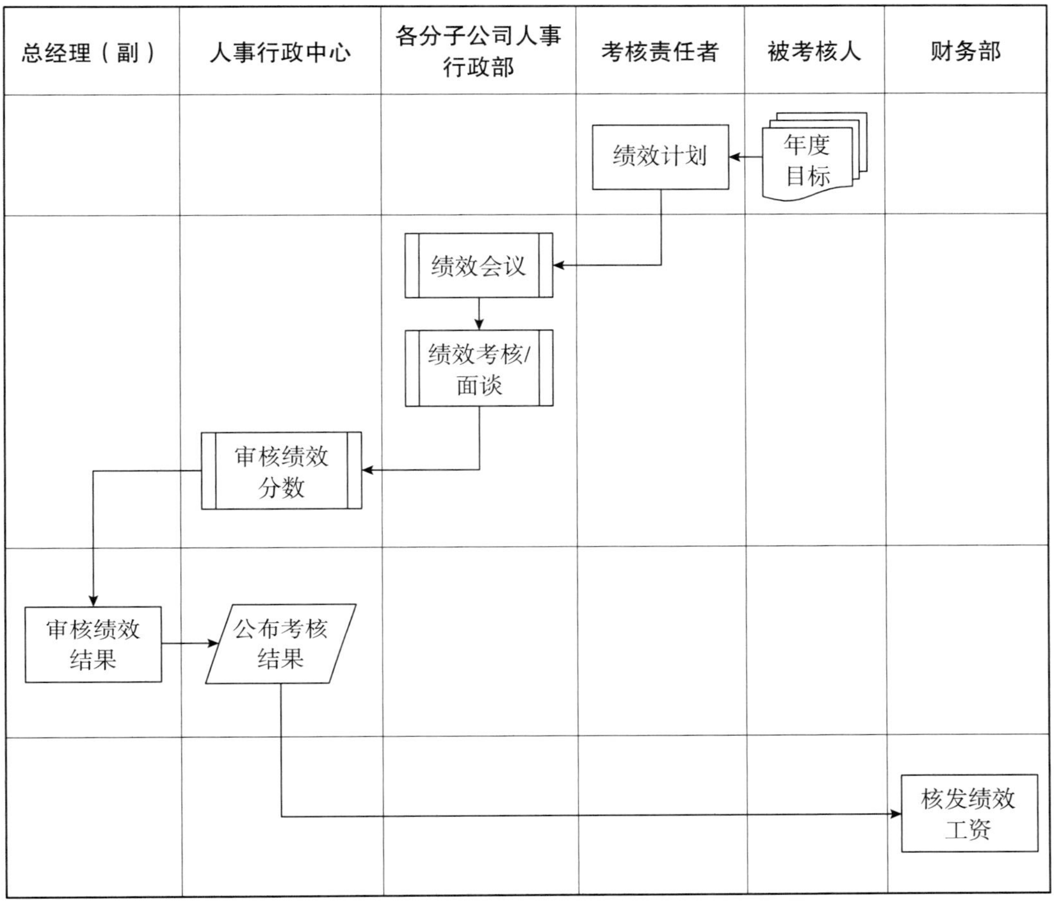

绩效考核流程图（2）

第十一条　每个考核周期结束后，绩效管理委员会针对上一考核周期的考核指标完成情况召开绩效会议。被考核者就上一考核周期内绩效考核指标和计划完成情况进行分析，提出绩效改进建议。

第十二条　公司人事行政中心/分子公司人事行政部组织各分子公司按绩效考核周期完成绩效考核、绩效面谈工作。分子公司人事行政部将绩效考核评分提交公司人事行政中心，公司人事行政中心将绩效考核评分汇总提交董事会或总经理、副总经理审批。

第十三条　人事行政中心公布董事会或总经理、副总经理审批后的绩效考核结果，根据考核结果核发绩效奖金。

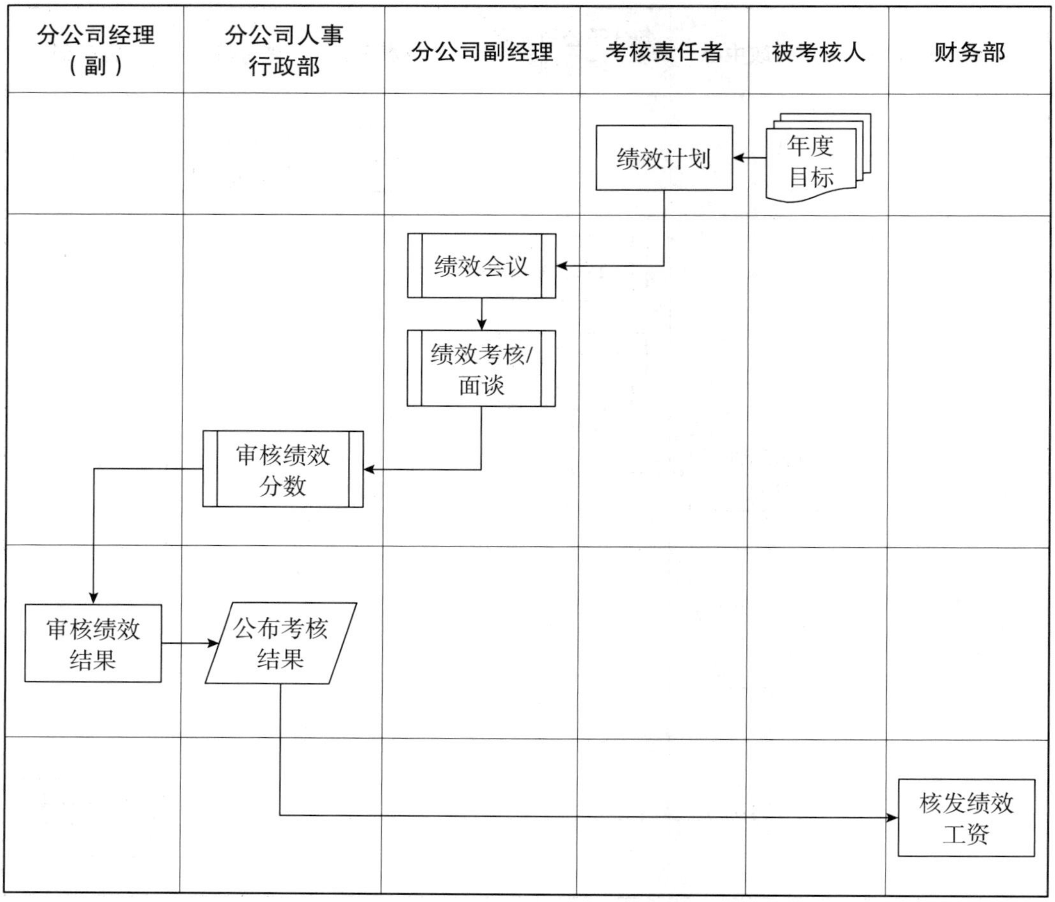

绩效考核流程图（3）

第四章 考核绩效工资

第十四条 按考核周期薪酬一定比例，作为绩效工资（见下表）。

绩效工资组成

被考核人	固定工资（基本工资＋岗位工资）	浮动工资（绩效工资）
公司各中心总监（副）级以上人员、经营目标责任人	80%	20%
公司各职能部门经理（副）级、主管级	80%	20%
公司各职能部门主管级以下员工	80%	20%
工程项目负责人、项目技术负责人、生产经理、质量负责人、安全负责人及商务经理、八大员、各工长等	80%	20%

第五章 考核周期

第十五条 公司行政管理人员的考核周期表见下表。

行政管理人员考核周期

被考核人	考核周期	考核责任者
各中心总监（副）级以上人员	半年度考核	董事会
各职能部门经理（副）级、主管级	半年度考核	总经理、副总经理、直接上级
公司各职能部门主管级以下员工	半年度考核	总经理、副总经理、直接上级

每年1月起，由公司董事会统一制定全年经营目标，1–6月，全年经营目标逐级分解至各部门、各项目部，确认各部门业务指标及综合管理指标，每年7月初统一进行半年度绩效考核，并对全年经营目标按实际情况进行调整，每年12月至次年1月进行全年绩效考核。

第十六条 考核内容。

公司高管、分子公司经理（副）、职能部门经理（副）级以上人员的考核依据为年度计划的分解，具体见该岗位年度绩效考核表。各中心总监、分子公司负责人对该中心/分子公司工作负全责，对各中心总监（副）/分子公司经理级以上的考核即为对该各中心、分子公司的考核。

中层：公司各中心经理（副）级、主管级、各分子公司经理（副）级的考核依据为分解各中心负责人经营指标和业务指标，考核指标的设定尽量量化，定性指标的评价须有关键事件。

基层：公司各中心主管级以下人员考核，以该员工工作职责、季度工作计划及分解其直接上级考核指标为考核依据。考核指标的设定尽量量化，定性指标的评价须有关键事件，具体考核详见该岗位绩效考核表。

第十七条 公司行政管理人员的考核内容及方式见下表。

行政管理人员考核内容及方式

项目	考核内容及方式		
高管考核内容	经济指标（20%）	业务指标（60%）	管理指标（20%）
考核方式	自评（30%）	初评分（30%）	复评分（40%）
中层考核内容	经济指标（10%）	业务指标（80%）	管理指标（10%）

续表

项目	考核内容及方式		
考核方式	自评（30%）	直接上级评分（30%）	复评分（40%）
基层考核内容	经济指标（5%）	业务指标（90%）	团队指标（5%）
考核方式	自评（30%）	直接上级评分（30%）	复评分（40%）

第十八条 考核结果运用见下表。

行政管理人员考核结果运用

绩效考核分数	分数≥ 100 分	100 分＞分数≥ 90 分	90 分＞分数≥ 80 分	80 分＞分数≥ 60 分	分数＜ 60 分
绩效工资发放	按 120% 计发	按 110% 计发	按 100% 计发	按完成比例计发	0

第六章 工程项目管理岗位的考核

第十九条 工程项目管理岗位的考核范围：

经营目标责任人、项目经理、项目技术负责人、生产经理、质量负责人、安全负责人、商务经理、八大员等。

第二十条 考核责任者。

（一）对经营目标责任人的考核由公司总经理或副总经理会同公司人事行政中心进行考核。

（二）对项目经理、项目技术负责人、生产经理、质量负责人、安全负责人及商务经理、各工长、八大员等考核由分公司（区域）经理（副）、项目经营目标责任人及所属分公司（区域）人事部门共同考核。

第二十一条 考核周期。

公司各项目岗位的考核每半年度考核一次（见下表）。分为每年1月份至6月份和每年7月份至12月份。当年7月15日和次年1月15号前考核责任者完成对被考核人上一考核周期绩效考评和绩效面谈工作，同时完成下一考核周期绩效计划沟通和确认工作。

公司各项目的岗位考核周期

被考核人	考核周期	考核责任者
经营目标责任人	半年度考核	董事会 / 相关部门
项目经理、项目技术负责人、生产经理、质量负责人、安全负责人及商务经理、八大员	半年度考核	所属分公司经理 / 项目经营目标责任人 / 所属分公司人事部门共同考核

第二十二条 考核内容。

公司各项目的岗位考核以各项目年度计划和阶段性产值和回款等经济指标和业务指标为依据，考核指标的设定能够量化尽量量化，定性指标的评价须有关键事件，具体见该岗位绩效考核表。考核内容分为三部分：经营目标责任人/项目经理：经济指标（30%），业务指标（55%），管理指标（15%）。项目八大员：经济指标（15%），业务指标（70%），管理指标（15%）。

第二十三条 考核方式。

数字型指标根据评分标准进行评分；非数字型指标由被考核人自评加上级评分、平行相关部门评分。被考核人自评绩效结果占总绩效结果的20%，直接上级考评绩效结果占总绩效结果的40%，平行相关部门考评绩效结果占总绩效结果的40%（见下表）。

公司各项目经营目标责任人及该项目各岗位考核内容及方式

项目	考核内容及方式		
经营目标责任人 / 项目经理考核内容	经济指标（30%）	业务指标（55%）	管理指标（15%）
项目八大员考核内容	经济指标（15%）	业务指标（70%）	管理指标（15%）
考核方式	自评（20%）	直接上级评分（40%）	相关部门评分（40%）

第二十四条 考核结果运用。

（一）经营目标责任人考核结果运用见下表。

经营目标责任人考核结果运用

绩效考核分数	分数≥ 95 分	95 分 > 分数≥ 75 分	分数 < 75 分
工程款	每增加 1 分奖励 5 000 元，最高不超过 5 万元	不奖不罚	每降低一分罚 5 000 元

经营目标责任人的绩效奖金、年终奖励分配计入所管理工程项目的施工成本。

（二）项目经理、项目技术负责人等岗位考核结果运用见下表。

项目经理、项目技术负责人考核结果运用

绩效考核分数	分数≥ 100 分	100 分 > 分数 ≥ 90 分	90 分 > 分数 ≥ 80 分	80 分 > 分数 ≥ 60 分	分数 < 60 分
绩效工资发放	按 110% 计发	按 105% 计发	按 100% 计发	按完成比例计发	0

项目经理、技术负责人、生产经理、质量负责人、安全负责人及商务经理（预算员）、各工长、八大员等的绩效奖金、年终奖励直接计入工程的项目施工成本。

第七章 附 则

第二十五条 公司董事会根据管理需要，对管理层经营业绩考核内容及考核指标进行调整。

第二十六条 公司董事会薪酬管理委员会具体组织对管理层的经营业绩考核工作，公司人事行政中心为该项工作的日常办事部门。

第二十七条 本制度由公司董事会负责解释。

第二十八条 本制度自公司董事会批准、发布之日起施行。

范本2 员工考核评价管理暂行办法

第一章 总 则

第一条 适用范围。

本办法适用于公司总部及各分子公司所有员工。

第二条 考评目的。

（一）基于未来持续改进，通过考核评价（以下简称考评）不断地引导员工持续地改进工作。

（二）建立良好的价值评价体系，努力实现科学评估价值，合理分配价值，从而驱动员工积极创造价值，形成良性循环。

（三）通过客观评价员工的工作绩效、能力和态度，帮助员工提升自身工作水平和综合素质，从而有效提升公司整体绩效。

（四）通过考评促进上下级沟通和各部门间相互协作，增进团队合作精神。

第三条 考评原则。

（一）战略一致性。

（二）业绩、能力导向性。

（三）指标多元性。

（四）平等公开性。

（五）过程与结果统一性。

第二章 员工考评

第四条 考评分类层级。

董事会对管理层进行考评；管理层对各职能部门、直属机构和分子公司及其负责人进行考评；各职能部门、直属机构和分子公司负责人对所在单位员工进行考评。类型上：

（一）试用期考评：新聘人员试用期结束前10个工作日内，所在单位要对其工作表现进行综合性考评。

（二）年终考评：按照不同层级由考评主体对管理层、各职能部门、直属机构及分子公司负责人、经营目标责任人和员工进行年终考评，内容涵盖重点工作、履职情况、工作业绩、工作能力、工作态度、个人素质、专业知识等。

（三）专项考评：就某一具体项目对所属员工的品德、学识、能力、经验、工作业绩、项目质量等进行考评。

第五条 考评周期。

考评可分为定期和不定期考评。一般情况下：

（一）管理层考评每年度由董事会组织考评一次。

（二）职能部门、直属机构的年终考评每年末由人力资源部组织考评一次。

（三）试用期人员由员工所在部门根据试用期长短，在试用期内或试用期结束前进行考评。

第六条 考评主体。

由公司根据有关规定确定，原则上一级考评一级。不同层级的考评者可对考评对象进行评价，并规定相应权重。必要时，可聘请中介机构参与考评。

第七条 考评指标制定。

根据公司发展需要，结合实际情况，选取、整合核心的指标，确定为定期和不定期考评指标，然后逐级分解到各部门、岗位，形成完善的考评指标体系。公司需要改变或提升的重点项目也要纳入考评指标体系。

第八条 考评指标制定原则。

（一）全面性原则。三层考评指标都要根据财务、客户、管理与流程、学习与成长的因素加以确定。

（二）层层分解原则。公司考评指标由公司领导、各部门负责人共同商议决定。部门考评指标的制定要参照公司考评指标与本部门的职责、历史数据等；也就是部门考评指标是基于本部门职责与能力的公司考评指标的分解，员工指标是部门考评指标的分解。

（三）自上而下，上下结合，充分沟通与承诺。

（四）考评指标要具体化、数量化、可实现、有时限性、有挑战性。

（五）长期考评指标与短期考评指标相平衡。

（六）考评指标的衡量标准原则上要标明数值，无法以数值表示的，用文字叙述所完成任务的标准和期限。

第九条 考评程序。

董事会每年度组织相关责任部门和人员对管理层进行考评；管理层对分子公司的考评由人事行政中心根据公司确定的业绩考核指标完成情况进行考评。公司职能部门和直属机构负责人的考评，由人事行政中心每年末组织进行考评。考评时，由各部门、直属机构负责人对上年度工作任务完成情况进行总结述职，考评主体按各考评项目对考评对象进行评价。员工考评由其所在部门或直属单位实施。

第十条 考评结果使用。

（一）绩效工资（奖金）和薪酬的确定。

（二）转正定级及岗位工资的调整。

（三）职务的升降或岗位的调整。

（四）培训。

（五）先进评选。

（六）继续履行或解除劳动合同。

第十一条 沟通反馈。

在考评结束后，直接上级将考评结果反馈给下属，与下属进行充分沟通，并为员工职业发展提供咨询和指导。

第十二条 考评记录归档。

建立正式的人力资源考评记录制度，直接上级将下属的各类考评表收集齐全，交人力资源部存档，确保考评记录完整保存。

第十三条 申诉及其处理。

被考评人如对考评结果不清楚或者持有异议，可以采取书面形式向公司人事行政中心申诉。受理的申诉事件，由人事行政中心对员工申诉内容进行调查，与员工直接上级、主管领导进行协调、沟通，不能协调的，上报公司领导处理。

第三章 附 则

第十四条 考评过程文件（考评评价表、统计表）严格保密，员工考评结果只有公司领导、部门领导及人事行政中心有知情权，可以适当方式告知被考核人，但不对其他人公布。

第十五条 本办法由公司人事行政中心负责解释。

第十六条 本办法自公司总经理办公会审议通过、发布之日起实施。

13
信息与沟通

现代企业信息化管理已经成为企业获取竞争优势的关键。更确切地说，就是信息技术由局部到全局、由战术层次到战略层次向企业全面渗透，运用于各个流程，支持企业经营管理的过程。信息与沟通制度明确内部控制相关信息的收集、处理和传递程序，确保信息及时沟通，促进内部控制有效运行。

范本1 信息管理制度

第一章 总 则

第一条 为推进公司信息化建设，规范和管理IT硬件设备、软件信息及各项信息资源，同时确保集团信息系统的有序运行和公司信息安全，特制定本制度。

第二条 本制度适用于公司和下属所有分子公司、工程项目部（以下统称各单位）。

第三条 公司信息中心（以下简称中心）负责公司信息化的统筹规划、规范，管理公司软件、硬件设备的使用；负责公司信息化的建设和实施，制定和修订公司信息管理制度。

第二章 信息安全

第四条 信息安全是指通过各种计算机、网络（内部信息平台）和密码技术，保护信息在传输、交换和存储过程中的机密性、完整性和真实性。具体包括以下几个方面。

（一）信息处理和传输系统的安全。系统管理员应对处理信息的系统进行详细的安全检查和定期维护，避免因为系统崩溃和损坏而对系统内存储、处理和传输的信息造成破坏和损失。

（二）信息内容的安全。侧重于保护信息的机密性、完整性和真实性。系统管理员应对所负责系统的安全性进行评测，采取技术措施对所发现的漏洞进行补救，防止窃取、冒充信息等。

（三）信息传播安全。要加强对信息的审查，防止和控制非法、有害的信息通过本公司的信息网络（内部信息平台）系统传播，避免对公司利益、公共利益以及个人利益造成损害。

第三章　信息管理

第五条　信息的内部管理。

（一）公司各部门、各单位在向网络（内部信息平台）系统提交信息前要做好查毒、杀毒工作，确保信息文件无毒上载。

（二）根据情况，采取网络（内部信息平台）病毒监测、查毒、杀毒等技术措施，提高网络（内部信息平台）的整体抗病毒能力。

（三）信息应用部门、单位对本部门、本单位所负责的信息必须做好备份。

（四）各部门、单位应对本部门、本单位的信息进行审查，网站各栏目信息的负责部门必须对发布信息制定审查制度，对信息来源的合法性、发布范围、信息栏目维护的负责人等做出明确的规定。信息发布后还要随时检查信息的完整性、合法性；如发现被删改，应及时向信息安全部门报告。

（五）涉密文件不可放置个人计算机中，非涉密电子邮件的收发也要实行病毒查杀。

第六条　信息加密。

（一）涉及公司秘密的信息，其电子文档资料应当在涉密介质中加密单独存储。

（二）涉及公司和部门利益的敏感信息的电子文档资料应当在涉密介质中加密单独存储。

第七条　任何部门和个人不得从事以下活动：

（一）利用信息网络系统制作、传播、复制有害信息。

（二）入侵他人计算机。

（三）未经允许使用他人在信息网络系统中未公开的信息。

（四）未经授权对网络（内部信息平台）系统中存储、处理或传输的信息（包括系统文件和应用程序）进行增加、修改、复制和删除等。

（五）未经授权查阅他人邮件。

（六）盗用他人名义发送电子邮件。

（七）故意干扰网络（内部信息平台）的畅通运行。

（八）从事其他危害信息网络（内部信息平台）系统安全的活动。

第四章　附　则

第八条　本制度若与日后修改的相关法律、行政法规、部门规章及公司章程有冲突，应按后者执行。

第九条　本制度由公司信息中心负责解释。

第十条　本制度经公司董事会批准后生效，修改亦同。

范本2 信息披露管理制度

第一章 总 则

第一条 为指导公司做好信息披露工作，根据《中华人民共和国公司法》《中华人民共和国证券法》《非上市公众公司监管指引第1号——信息披露》（以下简称《信息披露规则》）等有关法律、法规、规范性文件以及公司章程的有关规定，结合公司实际情况，制定本制度。

第二条 本制度所称信息，是指对公司股份报价转让价格可能产生重大影响的信息。本制度所称披露，是指在规定的时间内、在规定的媒体上、按规定的程序、以规定的方式向社会公众公布，并送达监管部门备案。

第三条 公司及其董事和相关责任人应保证信息披露内容的真实、准确、完整、及时，不存在虚假记载、误导性陈述或重大遗漏。

第四条 公司披露的信息，应经董事长或其授权的董事签字确认。若有虚假陈述，董事长应承担相应责任。

第五条 公司董事会指定一名具有相关专业知识的人员负责信息披露事务。公司负责信息披露事务的人员应列席公司的董事会和股东大会。

第六条 公司披露的信息应在全国中小企业股份转让系统信息披露平台发布，在其他媒体披露信息的时间不得早于专门网站的披露时间。

第二章 挂牌报价转让前的信息披露

第七条 挂牌报价转让前，公司应披露股份报价转让说明书。股份报价转让说明书应包括以下内容：

（一）公司基本情况。

（二）公司董事、监事、高级管理人员、核心技术人员及其持股情况。

（三）公司业务和技术情况。

（四）公司业务发展目标及其风险因素。

（五）公司治理情况。

（六）公司财务会计信息。

（七）相关政府主管部门批准公司进入全国中小企业股份转让试点的情况。

第八条 公司应在披露股份报价转让说明书的同时披露推荐报告及其他需要披露的信息。

第三章 持续信息披露

第一节 定期报告

第九条 公司应在每个会计年度结束之日起四个月内编制并披露年度报告。挂牌公司年度报告中的财务报告必须经会计师事务所审计。年度报告应包括以下内容：

（一）公司基本情况。

（二）最近两年主要财务数据和指标。

（三）最近一年的股本变动情况及报告期末已解除限售登记股份数量。

（四）股东人数、前十名股东及其持股数量、报告期内持股变动情况、报告期末持有的可转让股份数量和相互间的关联关系。

（五）董事、监事、高级管理人员、核心技术人员及其持股情况。

（六）董事会关于经营情况、财务状况和现金流量的分析，以及利润分配预案和重大事项介绍。

（七）审计意见和经审计的资产负债表、利润表、现金流量表以及主要项目的附注。

第十条 公司应在董事会审议通过年度报告之日起两个报价日内，以书面和电子文档的方式向推荐主办券商报送下列文件并披露：

（一）年度报告全文。

（二）审计报告。

（三）董事会决议及其公告文稿。

（四）推荐主办券商要求的其他文件。

第十一条 公司应在每个会计年度的上半年结束之日起两个月内编制并披露半年度报告。半年度报告应包括以下内容：

（一）公司基本情况。

（二）报告期的主要财务数据和指标。

（三）股本变动情况及报告期末已解除限售登记股份数量。

（四）股东人数、前十名股东及其持股数量、报告期内持股变动情况、报告期末持有的可转让股份数量和相互间的关联关系。

（五）董事、监事、高级管理人员、核心技术人员及其持股情况。

（六）董事会关于经营情况、财务状况和现金流量的分析，以及利润分配预案和重大事项介绍。

（七）资产负债表、利润表、现金流量表及主要项目的附注。

第十二条 半年度报告的财务报告可以不经审计，但有下列情形之一的，应当经会计师事务所审计：

（一）拟在下半年进行利润分配、公积金转增股本或弥补亏损的。

（二）拟在下半年进行定向增资的。

（三）中国证券业协会认为应当审计的其他情形。

财务报告未经审计的，应当注明“未经审计”字样。财务报告经过审计的，若注册会计师出具的审计意见为标准无保留意见，公司应说明注册会计师出具标准无保留意见的审计报告；若注册会计师出具的审计意见为非标准无保留意见，公司应披露审计意见全文及公司管理层对审计意见涉及事项的说明。

第十三条 公司应在董事会审议通过半年度报告之日起两个报价日内，以书面和电子文档的方式向推荐主办券商报送下列文件并披露：

（一）半年度报告全文。

（二）审计报告（如有）。

（三）董事会决议及其公告文稿。

（四）推荐主办券商要求的其他文件。

第十四条 公司可在每个会计年度前三个月、九个月结束之日起一个月内自愿编制并披露季度报告。挂牌公司第一季度季度报告的披露时间不得早于上一年度年度报告的披露时间。

公司应在董事会审议通过季度报告之日起两个报价日内，以书面和电子文档的方式向推荐主办券商报送下列文件并披露：

（一）季度报告全文。

（二）董事会决议及其公告文稿。

（三）推荐主办券商要求的其他文件。

第二节 临时报告

第十五条 公司召开董事会、监事会、股东大会会议，应在会议结束后两个报价日内将相关决议报送推荐主办券商备案。决议涉及本制度第十六条相关事项的应披露。

第十六条 公司出现以下情形之一的，应自事实发生之日起两个报价日内向推荐主办券商报告并披露：

（一）经营方针和经营范围的重大变化。

（二）发生或预计发生重大亏损、重大损失。

（三）公司减资合并、分立、解散及破产。

（四）控股股东或实际控制人发生变更。

（五）控股股东、实际控制人或者其关联方占用资金。

（六）董事会就并购重组、股利分派、回购股份、定向发行股票或者其他证券融资方案、股权激励方案形成决议。

（七）对外提供担保（挂牌公司对控股子公司担保除外）。

（八）公司及其董事、监事、高级管理人员、公司控股股东、实际控制人在报告期内存在受有权机关调查、司法纪检部门采取强制措施、被移送司法机关或追究刑事责任、中国证监会稽查、中国证监会行政处罚、证券市场禁入、认定为不适当人选，或收到对公司生产经营有重大影响的其他行政管理部门处罚。

（九）因前期已披露的信息存在差错、未按规定披露或者虚假记载，被有关机构责令改正或者经董事会决定进行更正。

（十）重大资产重组。

（十一）重大关联交易。

（十二）重大或有事项，包括但不限于重大诉讼、重大仲裁、重大担保。

（十三）法院裁定禁止有控制权的大股东转让其所持公司股份。

（十四）董事、监事、高级管理人员发生变动；董事长或者总经理无法履行职责。

（十五）变更会计师事务所、会计政策、会计估计。

（十六）主要银行账号被冻结，正常经营活动受影响。

（十七）因涉嫌违反法律、法规被有关部门调查或受到行政处罚。

（十八）涉及公司增资扩股和公开发行股票的有关事项。

（十九）任一股东所持公司5%以上股份被质押、冻结、司法拍卖、托管、设定信托或者被依法限制表决权。

（二十）主办券商或全国股份转让系统公司认定的其他情形。

第十七条 公司有限售期的股份解除转让限制前一报价日，公司须发布股份解除转让限制公告。

第十八条 公司建立完善的内部信息反馈制度，出现以上所涉及事项时，相关部门及有关责任人应于事件发生当日以书面或其他通讯形式上报董事长、总经理。

第十九条 公司日常信息管理规范。

（一）确保信息内容统一：对内、对外提供的资料中所涉及的财务数据均以财务部门提供的为准，涉及技术服务数据的均以销售部和研发部提供的数据为准；涉及员工情况的以人事行政部提供的数据为准。

（二）非正式公开披露前的法定重大信息，在向内、外提供前均要由部门领导签字审核，交公司领导签字批准后，再由董事会留底备案后方可执行。

（三）公司各部门的报表和信息，除向政府部门按其规定时限提供法定报表或其他法定信息外，对外提供报表或其他信息资料的时间不得早于公司临时报告或定期报告公告的时间。在向政府有关部门报送信息、报表等时，要明确提示对方负有保密和不向非法定渠道泄露的责任义务。

（四）公司企业文化宣传部门在网站、报刊及其他相关媒体对外进行宣传时所采用稿件中涉及公司重大信息时，应事先送董事会审核、经公司领导（总经理、董事长）批准后方可发布。

第二十条 信息披露的时间和格式，按《信息披露规则》及其他相关法律法规执行。

第四章 信息披露的程序

第二十一条 信息披露应严格履行下列审核程序：

（一）提供信息的部门负责人认真核对相关资料，各部门确保提供材料、数据的及时、准确、完整，相应责任人和部门领导严格审核、签字后，报送董事会。

（二）董事会收到材料、数据后，应认真组织相关材料、数据的复核和编制，编制完成后交财务处对其中的财务数据进行全面复核。

（三）财务部收到编制材料后，应认真组织、安排人员对其中财务数据的准确、完整等进行复核，最后由部门领导签字确认后交董事会。

（四）董事会收到复核材料后，交相关领导（董事长、总经理）进行合规性审批后，由董事长签发。

第二十二条 公司信息披露工作由董事会统一领导和管理，公司董事长是信息披露的第一责任人，公司董事会指定的人员是信息披露的主要负责人，负责协调和组织公司的信息披露事务。按照相关程序，公司下列人员有权以公司的名义披露信息：

（一）董事长。

（二）董事会指定的人员。

（三）经董事长或董事会授权的董事。

董事会为公司对外日常信息事务处理机构，专门负责回答社会公众的咨询（质询）等事宜，公司其余部门不得直接回答或处理相关问题。

第二十三条 公司有关部门研究、决定涉及信息披露事项时，应通知董事长参加会议，并就决策的合规性从信息披露角度征询其意见，并向其提供信息披露所需的资料。

第二十四条 公司不得以新闻发布会或答记者问在本公司网站上发布等形式代替

信息披露。

第二十五条 公司发现已披露的信息（包括公司发布的公告和媒体上转载的有关公司的信息）有错误、遗漏或误导时，应及时发布更正公告、补充公告和澄清公告等。

第五章 保密措施

第二十六条 公司董事、监事、高级管理人员以及其他因工作关系接触到应披露信息的工作人员，在信息未正式公开披露前负有保密义务。

第二十七条 在公司信息未正式披露前，各相关部门对拟披露信息均负有保密义务，不得在公司内外网站、报刊、广播等媒介公开相关信息，不得向无关第三方泄露。

第二十八条 公司董事会应采取必要的措施，在信息公开披露前，将信息知情者控制在最小范围内，并与相关人员签订保密协议。

第二十九条 当董事会得知有关尚未披露的信息难以保密，或者已经泄露，或者公司股份报价转让价格已经明显发生异常波动时，公司应当立即将该信息予以披露。

第六章 附 则

第三十条 本制度未尽事宜按中国证券业协会或全国中小企业股份转让系统有关部门的规定办理。在监管部门信息披露制度做出修改时，本制度应当依据修改后的信息披露制度进行修订。

第三十一条 本制度若与国家相关法律、法规有冲突，以国家法律、法规、规范性文件为准。

第三十二条 本制度由公司董事会负责解释和修订。

范本3 信息发布管理办法

第一章 总 则

第一条 为规范公司对外信息发布管理流程，加强公司营销、管理等方面的信息发布，特制定本办法。

第二条 信息发布的定义。

信息发布指公司利用对外宣传的窗口，包括公司网站（内部信息平台、外部网站）、各类文化宣传、新闻发布、企业宣传照片、经营资料及照片、短信群发、邮件群发、QQ群等向外界公开的各类信息。

第三条 管理目的。

提高各部门对公司对外宣传的重视程度，保守公司经营机密，避免无序发布带来的不良后果，扩大公司知名度，宣传公司形象，推广公司产品。

第二章　信息发布规定

第四条　公司的所有对外信息发布，必须由信息中心按照公司发展方向统筹规划执行，对外宣传口径和文字内容、图片内容必须经过信息中心审核。

第五条　未经允许，任何部门、员工不得以个人名义对外宣传、发布公司的经营信息。

第六条　各部门需要以公司名义对外发布信息（含短信、邮件推广中的图片、影视、文字等内容）时，必须填写《对外信息发布申请》，详细列明发布信息的主题、内容、数量、对象及发布方式等。

第七条　信息中心负责信息发布的技术支持。

第八条　信息发布平台由信息中心负责监督、管理。各部门指定一名通讯员，各部门每季度向通讯员提供至少一篇稿件。

第九条　新闻事件要求及时撰写及时发布，通讯员收到新闻稿当日内需提交至信息中心。信息中心收到稿件2天内需发布信息。

第三章　信息发布流程

第十条　信息的起草、审核、发布。

信息撰写人按照规定格式起草信息后，应填写《信息发布管理表》（附件）并附信息内容，由各部门通讯员对拟发布的信息进行审核并签字，以确保信息内容真实、符合法律法规的规定，通讯员确认后提交信息中心最终审核并进行发布。

第十一条　信息的撤销。

因各种原因需要撤销信息的，由信息起草部门填写《信息发布管理表》及撤销原因，部门通讯员审核并签字后报信息中心，由信息中心保存《信息发布管理表》并立即将信息予以删除。

第十二条　信息的修改。

信息对外发布后需要修改内容的，由信息起草部门填写《信息发布管理表》及修改原因，部门通讯员审核并签字后报信息中心，由信息中心保存《信息发布管理表》并立即对信息进行修改。

第四章　奖励办法

第十三条　在《信息早报》或《青年时报》每发表一篇，公司奖励作者50～100元稿费，在外网和OA网站每发表一篇，公司奖励作者30～50元稿费。

第十四条　稿费由信息中心每月统一发至作者。

第五章 部门自动发布信息流程

第十五条 授权由各部门发布的信息（包括OA各专栏、部门内部信息等），经部门负责人批准后，由各部门信息发布操作人员进行发布。

第十六条 各部门要加强对OA各专栏的维护更新工作。

第十七条 下列信息不得上网发布：

（一）违反宪法所确定的基本原则。

（二）危害国家安全，泄露国家秘密。

（三）损害公司的荣誉和利益。

（四）煽动民族仇恨、民族歧视，破坏民族团结。

（五）破坏宗教政策，宣扬邪教，宣扬封建迷信。

（六）散布谣言，编造和传播假新闻，扰乱社会秩序，破坏社会稳定。

（七）散布淫秽、色情、赌博、暴力、恐怖或者教唆犯罪。

（八）侮辱或者诽谤他人，侵害他人合法权益。

（九）法律、法规禁止的其他内容。

第十八条 信息中心要保证网站等电子平台正常运行，如发现问题，要及时处置，并做好记录。

第六章 附 则

第十九条 本办法若因相关法律、行政法规、部门规章及公司章程的修改而有冲突，应按前述规定执行。

第二十条 本办法由公司信息中心负责解释。

第二十一条 本办法自公司总经理办公会审议通过、发布之日起实施。

附件：信息发布管理表

附件　信息发布管理表

信息发布管理表

□发布　　□修改　　□撤销

<table>
<tr><td rowspan="3">起草人及起草日期:</td><td>通讯员:</td></tr>
<tr><td>通讯组长（副组长）:</td></tr>
<tr><td>信息中心签发:</td></tr>
<tr><td colspan="2">信息标题:</td></tr>
<tr><td colspan="2">附件:</td></tr>
<tr><td colspan="2">信息发布栏目:</td></tr>
<tr><td colspan="2">信息发布、修改的内容（可附页）或撤销原因:</td></tr>
</table>

范本4 承诺管理制度

第一条 为加强对公司控股股东、实际控制人、股东、关联方等其他承诺人以及公司的承诺及履行承诺行为的规范，切实保护中小投资者合法权益，根据《中华人民共和国公司法》《中华人民共和国证券法》《非上市公众公司收购管理办法》《非上市公众公司重大资产重组管理办法》等有关法律法规的规定和公司章程的规定，并结合公司实际情况，制定本制度。

第二条 公司控股股东、实际控制人、股东、关联方等其他承诺人（以下简称承诺人）以及公司在申请挂牌或上市、股票发行、再融资、并购重组、公司治理专项活动等过程中做出的解决同业竞争、减少关联交易、资产注入、股权激励、盈利预测补偿条款、股票限售等各项承诺事项必须有明确的履约期限，不得使用"尽快""时机成熟时"等模糊性词语。承诺履行涉及行业政策限制的，应当在政策允许的基础上明确履约期限。公司应对承诺事项的具体内容、履约方式及时间、履约能力分析、履约风险及对策、不能履约时的制约措施等方面进行充分的信息披露。

第三条 承诺人在做出承诺前应分析论证承诺事项的可实现性，不得承诺根据当时情况判断明显不可能实现的事项。承诺事项需要主管部门审批的，承诺人应明确披露需要取得的审批，并明确如无法取得审批的补救措施。

第四条 因相关法律法规、政策变化、自然灾害等承诺人自身无法控制的客观原因导致承诺无法履行、无法按期履行的，承诺人应及时、充分披露相关信息。

第五条 除本制度第四条所述的不可抗力的客观原因外，承诺人无法履行、无法按期履行或继续履行承诺将损害公司或全体股东利益的，承诺人应充分披露原因，并向公司提出变更承诺或者提出豁免履行承诺义务的申请。上述变更方案应经公司股东大会审议，承诺人及其关联方应回避表决。监事会应就承诺人提出的上述变更/豁免方案是否合法合规、是否有利于保护公司或全体股东的利益发表意见。上述承诺变更或豁免方案未经公司股东大会审议通过且承诺到期未履行的，视同超期未履行承诺。

第六条 公司应在定期报告中披露报告期内发生或正在履行中的承诺事项及进展情况。

第七条 本制度未尽事宜，依照国家法律法规、规范性文件以及公司章程的有关规定执行。本制度与法律法规、其他规范性文件以及公司章程的有关规定不一致的，以有关法律法规、其他规范性文件以及公司章程的规定为准。

第八条 本制度由公司董事会制定，经公司股东大会审议通过后生效；修改亦同。

第九条 本制度由公司董事会负责解释。

范本5 年度报告重大差错责任追究制度

第一章 总 则

第一条 为进一步提高公司规范运作水平，加大对年度报告信息披露相关责任人员的问责力度，提高年度报告信息披露的质量和透明度，确保公司董事、监事、高级管理人员及相关工作人员在年度报告披露工作中全面、认真履行职责，根据全国中小企业股份转让系统公司的有关规定，以及公司章程等相关规定，并结合公司实际情况，制定本制度。

第二条 本制度所称责任追究制度是指年度报告信息披露工作中，因董事、监事、高级管理人员及相关工作人员未履行或未正确履行职责、义务及其他个人原因，导致年度报告披露工作出现重大差错、重大遗漏信息，对公司造成重大经济损失或造成不良社会影响的追究与处理制度。

第三条 本制度适用于涉及年度报告披露工作的公司董事、监事、高级管理人员和相关工作人员。

第二章 重大差错责任追究

第四条 年度报告披露重大差错责任追究坚持以下原则：

1.实事求是原则。

2.公平、公正、公开原则。

3.有责必问、有错必纠原则。

4.权利与义务相对等、过错与责任相对应原则。

5.追究责任与改进工作相结合原则。

第五条 年度报告披露中发生重大会计差错更正、重大遗漏信息补充以及业绩预告修正等情况的，应按照年度报告格式的披露要求逐项如实披露、更正、补充或修正，并如实披露原因及影响，披露董事会对有关责任人采取的问责措施及处理结果。

第六条 年度报告披露重大差错追究责任的形式和种类。

1.责令改正并做检讨。

2.取消当年晋职资格。

3.通报批评。

4.给予警告、记过处分。

5.给予记大过或者开除的处分。

6.经济处罚。

7.涉嫌犯罪的，移送司法机关。

对责任人追究责任，可视情节轻重采取上述一种或同时采取数种形式。

第七条 公司董事、监事、高级管理人员、各部门负责人出现需责任追究的事件时，公司在进行上述行政处罚的同时可附带经济处罚，处罚金额由董事会、总经理办公室视具体情况进行确定。

第八条 公司董事会对责任人做出处理决定前，应听取责任人的意见，保障其陈述和申辩的权利。

第九条 相关人员在年度报告披露中出现重大差错，如果违反国家法律涉嫌刑事犯罪的，应移送司法机关处理。

第十条 年度报告披露中出现重大差错，因个人原因故意造成公司经济损失的，责任人将承担全部经济责任；因个人过失造成公司经济损失的，视情节按比例承担经济责任。

第十一条 年度报告披露中出现重大差错，有下列情形之一者，可以从轻、减轻或免予追究：

1.情节轻微，没有造成不良后果和影响的。

2.当事人主动承认错误并积极纠正的。

3.非主观因素未造成重大影响的。

4.因意外和自然因素造成的。

第十二条 年度报告披露中出现重大差错，有下列情形之一的，应从严或加重处罚：

1.情节恶劣、后果严重、影响较大且事故原因确系个人主观因素所致的。

2.屡教不改且拒不承认错误的。

3.事故发生后未及时采取补救措施，致使损失扩大的。

4.造成重大经济损失且无法补救的。

第十三条 因违反本制度规定被举报的，由公司进行调查核实并依据制度提出处理意见，报董事会、总经理办公会处理。

第十四条 被追究责任者有不同意见时，可以提出书面的申诉并上报公司。申诉期间不影响处理决定的执行。经调查确属处理错误的，公司给予纠正并出具书面撤销处理决定书。

第十五条 定期报告信息披露重大差错责任追究参照本制度规定执行。

第三章 附 则

第十六条 本制度未尽事宜，或者与有关法律法规或规范性文件相冲突的，按有关法律法规和规范性文件规定办理。

第十七条 本制度由公司董事会制定并负责解释和修订。

第十八条 本制度自公司董事会审议通过、发布之日起实施。

范本6 机房管理办法

第一章 总 则

第一条 为保障公司的机房设备与软件系统的安全，保证公司网络信息系统的正常运行，依据《信息管理制度》，制订本办法。

第二章 机房管理

第二条 机房人员与出入管理。

（一）机房设置专人管理，未经批准，严禁非机房工作人员随意无故地进入机房，杜绝陌生人进出机房。

（二）无关人员未经批准不得进入机房，更不得动用机房设备、物品和资料。

（三）禁止工作人员将机房相关的钥匙、密码等物品外借和信息透露给其他人员。

（四）参观人员进入机房需由机房管理人员陪同，陪同人员应全程陪同并承担参观过程的管理责任。

（五）工作人员离开工作区域前，应保证工作区域内保存的重要文件、资料、设备、数据处于安全保护状态。

（六）任何人不得携带任何易燃、易爆、腐蚀性、强电磁、辐射性、流体物质等对设备正常运行构成威胁的物品进入机房。

（七）出现机房盗窃、破门、火警、水浸等严重事件时，机房工作人员必须尽快到达现场，协助处理相关的事件。

第三条 机房设备与环境管理。

（一）统一管理机房设备，并完整保存计算机及其相关设备的驱动程序保修卡合格证及重要随机文件。

（二）机房设备，非机房专职人员不得自行配置或调试。

（三）机房设备的报废应经相关专职人员鉴定和公司领导批准后方可申请报废。机房重要设备的添置应由机房管理员申请并经公司领导批准后办理。

（四）中心机房应保持清洁卫生，并由专人负责管理和维护（包括温度湿度电力系统网络设备等）。

（五）机房管理员应对数据网络安全及其所涉及的服务器各种账号实施严格的安全与保密管理。

（六）机房内严禁吸烟、吃食物、嬉戏和进行剧烈运动。

（七）定期对机房环境进行清洁，对机器设备吸尘清洁，以保持机房整洁。

第四条　数据保密与备份管理。

（一）根据数据的保密规定和用途，机房管理员应确定使用人员的存取权限、存取方式和审批手续。

（二）任何人员未经批准严禁泄露、外借和转移专业数据信息。

（三）机房管理员应做好数据的及时备份并异地存放，确保系统一旦发生故障时能够快速恢复，备份数据不得更改。

（四）中心服务器数据库要定期进行备份，备份数据应在指定的数据保管室或指定的场所保管。

（五）备份数据资料保管地点应有防火防热防潮防尘防磁防盗设施。

第五条　计算机病毒防范与安全管理。

（一）机房管理人员应具备较强的病毒防范意识，定期进行病毒检测，发现病毒立即处理并通知相关部门。

（二）采用国家许可的正版防病毒软件并及时更新软件版本。

（三）经远程网络传送的程序或数据，必须经过检测确认无病毒后方可使用。

（四）机房管理员应随时监控中心设备运行状况，发现异常情况应及时上报并详细记录。

（五）做好网络安全工作，严格保密服务器的各种账号，对操作密码定期更改，超级用户密码由机房主管掌握。

（六）机房管理人员应恪守保密制度，不得擅自泄露中心各种信息资料与数据。

第六条　机房设备运行维护管理。

（一）各类软件系统的维护、增删，配置的更改，各类硬件设备的添加更换必须经中心总监审批后进行并登记。

（二）严格按规章制度要求做好各种数据文件的备份工作，并严格实行异机存放专人保管。所有重要文档定期整理装订，专人保管。

（三）中心机房主机（系统服务器）网络服务器及其外围设备每周进行一次例行检查和维护，尤其是设备供电运行状态是否正常等要时常检查和维护。

（四）禁止在服务器上进行试验性质的软件调试，禁止在服务器上随意安装软件。

如需要对服务器进行配置，必须在中心总监批准后才能对服务器进行配置。

（五）服务器发生故障必须请示中心总监后进行维护，不得私自重启或配置。

第三章　附　则

第七条　本办法由公司信息中心负责解释。

第八条　本办法自公司总经理办公会审议通过、发布之日起实施。

范本7　网络信息岗位培训管理办法

第一章　总　则

第一条　为推进公司信息化建设，提高公司信息化运行的安全性，依据《信息管理制度》，制定本办法。

第二条　本办法适用于公司网络（内部信息平台）管理员、系统管理员和系统操作员的岗位培训。

第二章　培训管理

第三条　信息中心工作人员的培训由信息中心负责人安排，重点对本部门的主要工作内容进行培训，确保日常工作的有序进行。

第四条　未经过安全操作培训的人员不得从事公司网络信息岗位工作。

第五条　新员工入职后由信息中心统一进行培训，培训内容包括：

（一）系统的使用操作。

（二）IT设备的日常使用管理。

（三）网络的使用管理。

（四）其他与上岗有关的事项。

第六条　信息中心根据公司信息系统的上线情况，对新增、修改的系统模块和功能进行不定期的日常培训，并由培训人员妥善保管培训记录。

第三章　附　则

第六条　本办法由公司信息中心负责解释。

第七条　本办法自公司总经理办公会审议通过、发布之日起实施。

范本8　软件管理办法

第一章　总　则

第一条　为保障公司软件使用的安全性，根据《信息管理制度》，制订本办法。

第二条 本办法的软件包括：操作系统、数据库、各类信息管理系统（办公系统、财务管理系统、项目管理系统等）、监控系统、企业邮箱等。

第三条 公司软件的采购、使用管理由公司信息中心负责。

第二章 软件管理

第四条 信息中心负责信息系统数据库的维护和备份。

第五条 信息中心负责信息系统和企业邮箱账号的开通和维护。

第六条 系统软件和企业邮箱账号一经使用后，任何人不得私自向他人透露账号的相关信息，不得共享账号。

第七条 公司网站及网站域名等信息由信息中心负责协调统一管理。

第八条 新员工入职后，需要到行政部领取并且填写《IT设备、账号使用申请单》，经公司或下属分公司相关部门领导审批同意后，信息中心予以开通账号。

第九条 员工离职后，需要填写《信息化系统账号信息登记表》，待信息中心确认无误后签字确认，由信息中心或者下属分公司IT专员删除该账号。

第三章 附 则

第十条 本办法由公司信息中心负责解释。

第十一条 本办法自公司总经理办公会审议通过、发布之日起实施。

范本9 信息设备及网络管理办法

第一章 总 则

第一条 为保障公司IT硬件使用的安全性，根据《信息管理制度》，制定本办法。

第二条 本办法适用于公司和下属所有分子公司、工程项目部的所有信息设备。

第三条 公司信息设备及网络管理由信息中心负责。

第二章 信息设备管理

第四条 IT硬件设备包括：

（一）计算机硬件：服务器、电脑主机、显示器、鼠标、键盘、存储器等电脑配件。

（二）网络设备：硬件防火墙、路由器、交换机、网络流量控制器、光纤及转发器、网线等。

（三）外设：打印机、复印机、扫描仪、传真机、电话机、投影仪、幕布、UPS不间断电源及其外围设备在内的配件和耗材。

（四）其他设备：安防系统设备、监控摄像头、报警装置、机房精密空调、机房灭火设备等。

第五条 IT硬件设备管理。

硬件设备管理主要是对公司及其下属分公司硬件设备进行申购、入库、领用、调拨、保管、保养维修、报废等统一管理。

（一）申购。

由信息中心根据公司和下属分公司硬件设备的使用情况和库存情况，按流程采购。

（二）入库。

申购设备到达公司后，由公司财务管理中心会同信息中心共同对入库设备进行管理，并定期盘点、清查，验收完毕后，公司信息中心对入库设备生成《中心资产登记表》。

（三）领用及归还。

因新员工入职、出差或者其他原因需要领用设备的，申请人需要到公司或者下属分公司行政部领取并且填写《IT设备、账号使用申请单》，经公司或下属分公司相关部门及领导同意后，方可到信息中心领用设备。设备领用完成后，申领人需要对自己领用的设备进行信息核实（设备型号、配置信息、设备编号），然后在《IT设备使用登记表》签字确认，由信息中心或者下属分公司IT专员统一保存。

设备使用人因离职、出差归来或者领用时间到期需要归还设备的，待信息中心设备管理员或者下属分公司IT专员检查确认设备无问题后，在《IT设备归还登记表》签字确认，由信息中心或者下属分公司IT专员统一保存。

（四）调拨。

设备使用人因离职、出差归来或者领用时间到期需要归还设备的，待信息中心设备管理员或者下属分公司IT专员检查确认设备无问题后，在《IT设备归还登记表》签字确认，由信息中心或者下属分公司IT专员统一保存。

公司IT硬件设备的调拨由信息中心负责，根据公司和下属分公司实际情况，进行统一的调拨安排。

（五）保养维修。

公司各部门IT硬件设备统一由信息中心人员负责安装、保养、维修和配件的更换。

公司下属分公司和项目部的IT硬件设备统一由指定的管理员负责安装、保养、维修和配件的更换。

（六）报废。

IT硬件设备使用人不得擅自报废设备，申请报废的IT设备由信息中心回收，经过技术鉴定确定使用年限已到、无法修复或者维修成本过高的，由信息中心会同财务管理中心按流程统一办理报废手续。

第六条 计算机管理。

（一）计算机一经领用，任何部门和个人不得私自挪用、调换和外借。

（二）公司内部所有计算机的IP地址由信息中心统一分配，任何人不得随意更改。

（三）严禁在计算机上私自安装与工作无关的软、硬件。

（四）定时对计算机进行病毒查杀，在使用移动设备（U盘、移动硬盘等）时，应当先对移动设备进行杀毒处理，确认安全后再打开移动设备。

（五）计算机在使用过程中出现问题后，应当及时联系信息中心进行处理，严禁私自动手进行修理。

（六）使用人员要保持安全责任意识，每天下班离开计算机前应做到及时关机并切断电源。

第三章 网络管理

第七条 公司员工在工作期间（包括加班期间）不得在工作电脑上进行以下行为：

（一）不得浏览与工作无关的网站。

（二）不得安装一些与工作无关的软件，不得在上班期间利用工作电脑从事涉及私人事件的工作，如：炒股、网上购物等（工作原因的网上购物除外）。

（三）禁止在工作电脑上安装、运行各类游戏软件，工作时间禁止进行各类形式的网络游戏、看电影等活动。

（四）一切流媒体网站在工作时间都会被设置为禁止访问，如：土豆、腾讯、爱奇艺、优酷等。

（五）迅雷、BT、电驴等基于P2P协议的下载工具只能在非工作时间使用，如有特殊紧急情况，可以向信息中心提交申请，由信息中心协助下载。

第四章 附 则

第八条 本办法由公司信息中心负责解释、修订。

第九条 本办法自公司总经理办公会审议通过、发布之日起实施。

范本10 密码安全保密管理规定

第一章 总 则

第一条 为提高公司网络信息的使用安全，根据《信息管理制度》，制定本规定。

第二章 密码安全管理

第二条 公司网络（内部信息平台）管理员、系统管理员和系统操作员应提高安全认识，禁止非工作人员操纵系统主机，在不使用系统主机时，应注意锁屏。

第三条 公司网络（内部信息平台）管理员、系统管理员和系统操作员每周应检查主机登录日志，及时发现不合法的登录情况。

第四条 网络（内部信息平台）管理员、系统管理员和系统操作员所用口令应每15天更换一次，口令要无规则，重要口令要多于8位。

第五条 网络（内部信息平台）管理员、系统管理员和系统操作员应加强口令管理，对文件用隐性密码方式保存，确认所有账号都有口令，当系统中的账号不再被使用时，应立即从相应的数据库中清除。

第六条 网络（内部信息平台）管理员、系统管理员和系统操作员调离岗位后一小时内由接任人员监督检查更换新的密码。

第三章 附 则

第七条 本规定由公司信息中心负责解释和发布。

第八条 本规定自公司总经理办公会审议通过、发布之日起实施。

范本11 信息安全及保密管理办法

第一章 总 则

第一条 为保障公司信息安全，依据《信息管理制度》，特制定本办法。

第二条 本办法适用于公司和下属所有分子公司、工程项目部的所有员工。

第三条 公司信息安全及保密管理由信息中心负责。

第二章 信息安全及保密管理

第四条 公司员工不得通过工作电脑制作、复制、传播和查阅下列信息：

（一）煽动抗拒、破坏宪法和法律、行政法规实施的。

（二）煽动颠覆国家政权、推翻社会主义制度的。

（三）煽动分裂国家、破坏国家统一的。

（四）煽动民族仇恨、民族歧视，破坏民族团结的。

（五）捏造或歪曲事实，散布谣言，扰乱社会秩序的。

（六）宣传封建迷信、淫秽、色情、赌博、暴力、凶杀、恐怖，教唆犯罪的。

（七）公然侮辱他人或者捏造事实诽谤他人的。

（八）损害国家机关或本公司信誉的。

（九）其他违反宪法和法律、行政法规的。

第五条 公司员工应牢固树立安全意识和保密意识，严禁在网上共享和泄露公司战略计划、经营数据、业务资料、技术资料等公司机密。

第三章　附　则

第六条　本办法由公司信息中心负责解释和修订。

第七条　本办法自公司总经理办公会审议通过、发布之日起实施。

范本 12　计算机病毒防治管理办法

第一章　总　则

第一条　为加强公司计算机的安全监察工作，预防和控制计算机病毒，保障计算机系统的正常运行，根据《信息管理制度》，结合实际情况，制定本办法。

第二条　凡在公司所辖计算机进行操作、运行、管理、维护、使用计算机系统以及购置，必须遵守本办法。

第二章　计算机病毒防治

第三条　本办法所称计算机病毒，是指编制或者在计算机程序中插入的破坏计算机系统功能或者毁坏数据，影响计算机使用，并能自我复制的一组计算机指令或者程序代码。

第四条　任何工作人员不得制作和传播计算机病毒。

第五条　任何工作人员不得有下列传播计算机病毒的行为：

（一）故意输入计算机病毒，危害计算机信息系统安全。

（二）向信息中心提供含有计算机病毒的文件、软件、媒体。

（三）购置和使用含有计算机病毒的媒体。

第六条　预防和控制计算机病毒的安全管理工作，由公司信息中心负责实施，其主要职责包括：

（一）制定计算机病毒防治管理制度和技术规程，并检查执行情况。

（二）培训计算机病毒防治管理人员。

（三）采取计算机病毒安全技术防治措施。

（四）对计算机信息系统应用和使用人员进行计算机病毒防治教育和培训。

（五）及时检测、清除计算机系统中的计算机病毒，并做好检测、清除的记录。

（六）购置和使用具有计算机信息系统安全专用产品销售许可证的计算机病毒防治产品。

（七）向公安机关报告发现的计算机病毒，并协助公安机关追查计算机病毒的来源。

（八）对因计算机病毒引起的计算机信息系统瘫痪、程序和数据严重破坏等重大事故及时向公安机关报告，并保护现场。

（九）信息中心应加强对计算机操作人员的审查，并定期进行安全教育和培训。

（十）信息中心应建立计算机运行记录制度，未经审定的任何程序、指令或数据，不得输入计算机系统运行。

（十一）信息中心应对计算机及其软件进行计算机病毒检测，发现染有计算机病毒的，应采取措施加以消除，在未消除病毒之前不准投入使用。

（十二）通过网络进行电子邮件或文件传输，应及时对传输媒体进行病毒检测，接收邮件时也要及时进行病毒检测，以防止计算机病毒的传播。

（十三）任何部门和个人不得从事下列活动：

1. 收集、研究有害数据；

2. 出版、刊登、讲解、出租有害数据原理、源程序的书籍、资料或文章；

3. 复制有害数据的检测、清除工具。

第七条 凡未按以上预防计算机病毒步骤执行而造成机器感染病毒并传播者，第一次给予警告，第二次给予通报批评，第三次及以上将给予通报批评并处以100～200元/次的罚款。

第八条 积极接受公安机关对计算机病毒防治管理工作的监督、检查和指导。

第三章 附 则

第九条 本办法由公司信息中心负责解释。

第十条 本办法自公司总经理办公会审议通过、发布之日起实施。

范本13 病毒检测和网络安全漏洞检测管理规定

第一章 总 则

第一条 为保护公司的网络安全，依据《信息管理制度》的规定，制定本规定。

第二条 公司网络安全由公司信息中心负责管理。

第二章 网络安全管理

第三条 对于网络（内部信息平台）服务器，具有合法权限的用户才能进行相应权限范围内的操作，任何其他非法操作都属于入侵行为。

第四条 所有用户，不得扫描端口，不得猜测和扫描其他用户的密码，不得猜测和扫描网络（内部信息平台）的服务器和交换设备的口令。

第五条 系统管理员应定期检查服务器的系统日志，如发现有入侵情况，应及时采取措施，保留原始数据，以便进行调查取证，做好入侵情况登记。

第六条 如果发现网络（内部信息平台）服务器漏洞，要及时修补漏洞或进行系统升级。

第七条 要定期对网站进行网络（内部信息平台）数据包的监控，及时发现网络（内部信息平台）运行情况，全面监视对公开服务器的访问，及时发现和拒绝不安全的操作和黑客攻击行为，阻止网络（内部信息平台）内外的入侵。

第八条 网络（内部信息平台）信息安全员履行对所有上网信息进行审查的职责，根据需要采取措施，监视、记录、检测、制止、查处、防范针对其所管辖网络（内部信息平台）或入网计算机的人或事。

第九条 所有用户有责任对所发现或发生的违反有关法律法规和规章制度的人或事予以制止或向信息中心反映、举报，协助有关部门或管理人员对上述人或事进行调查、取证、处理，向调查人员如实提供所需证据。

第十条 网络（内部信息平台）管理员应根据实际情况和需要采用新技术调整网络（内部信息平台）结构、系统功能，变更系统参数和使用方法，及时排除系统隐患。

第三章　附　则

第十一条 本规定由公司信息中心负责解释。

第十二条 本规定自发布之日起实施。

Construction Companies

Standards and Criterion of Internal Control & Financial Management

14

审计与监察

企业内部审计是现代企业管理控制的重要组成部分，它通过一系列审计与监察机制、程序来规范公司管理的责任要求，促进企业治理的完善和良性循环。为明确内部审计机构（或经授权的其他监督机构）和其他内部机构在内部监督中的职责权限，规范内部监督的程序、方法和要求，特制定审计与监察相关制度。

范本1 审计监察工作管理制度

第一章 总 则

第一条 为规范公司各职能部门、下属分公司、子公司及工程项目（以下统称各单位）的经营管理，加强内部控制与审计监督，保障公司财产物资的安全、完整，保证经营目标的顺利实现，保证各部门、各单位的经营活动按照公司的经营方针、政策进行，降低经营管理风险，提高绩效，根据中国内部审计协会《内部审计基本准则》《内部控制基本制度》，结合公司的具体情况等，特制定本制度。

第二条 本制度所称内部审计，是指公司审计监察中心和审计监察人员，依据国家有关法律法规、公司财务会计制度、公司内部管理规定，对公司各单位的财务收支及其经营活动的真实性、合法性和效益性进行系统的审查、核实、监督和评价的工作。

第三条 内部审计的目的是促进内部控制制度的建立健全，有效控制成本，改善经营管理，规避经营风险，增加公司价值。

第四条 公司各单位均依照本制度规定接受审计监督。

第二章 审计监察中心的职责与权限

第五条 审计监察中心是公司行使审计监察职能的部门，在董事会（董事长）直接领导下，独立开展审计监察工作，以维护财经法纪、改善内控管理、预防法律风险和化解矛盾纠纷为宗旨，建立高效率的内部审计监督机制，促进公司及投资企业改善经营管理，提高经济效益。

第六条 审计监察中心依法行使职权受法律保护，不参与正常的经济业务，不受其他部门、单位和个人干预，独立行使审计监察职权。

第七条 审计监察中心组织架构图（略）。

第八条 审计监察工作的对象如下：

（一）公司各职能部门与员工。

（二）公司下属分公司、项目部。

（三）公司合资、控股子公司。

（四）公司认为需要检查的其他事项和人员。

第九条 审计监察中心为公司内部审计的常设机构，代表公司实行审计监督权，其部门职责见下表。

审计监察中心职责

序号	职能	职责描述
1	全面风险管理	负责公司全面风险预控体系建设，并指导、监督公司风险体系的执行情况。
		负责对项目开发过程中的风险点进行识别、指导。
		负责对公司进行不定期风险排查，清除隐患。
		建立危机处理机制，组织危机事件的处理，编制处理方案及预案。
2	审计管理	内部控制审计。检查和评价内部控制系统和风险管理过程的设计是否合理、健全，运行是否正常、有效，特别关注无故超越控制和风险管理的事项，对存在的缺陷，分析缺陷形成原因，提出改进内部控制建议。
		财务收支审计。对公司的财务收支的真实性、合法性进行审计。主要内容包括对会计资料的真实合法性、资产的安全及保值增值、收入成本费用的真实性进行审计。
		经济责任审计。对下属公司的公司负责人任职期间其所在公司资产、负债、权益和损益的真实性、合法合规性和效益性及重大经营决策等有关经济活动，以及执行政府有关法律法规情况进行的监督和评价工作。包括对公司负责人的离任经济责任审计、任期届满经济责任审计和任中经济责任审计。
		合同审计。对公司大宗物资采购合同、工程承包合同、工程劳务等合同的签订、履行、变更、终止过程及合同管理进行独立客观的监督和评价活动。
		工程项目审计。包括对项目开发过程中的设计管理、采购招投标管理、营销、招商、营运管理等实施情况和合规性进行审计。
		其他专项审计。包括预算管理审计、舞弊审计及其他专项审计等。
		后续审计。在审计报告发出后相隔一定时间内，检查被审计单位对审计发现问题和建议是否已经采取了适当的纠正行动并取得预期效果的跟踪审计。

续表

序号	职能	职责描述
3	法律诉讼与咨询事务	为公司管理层及各部门正确执行国家法律、法规、规章提供法律依据，参与起草、审核重要的规章制度、合同、协议及其他需要由其起草的法律文件，降低法律风险。
		负责法律纠纷的处理，接受公司委托，代理、协调公司各项诉讼事务。
		对重大法律事务外聘律师事务所提供相关意见及建议，并对外聘事务所的工作进行考核、管理。
		收集房地产相关法律、法规，建立公司法规汇编、案例等知识库，开展法律知识培训。
		协助其他部门处理存在历史遗留问题项目的法律事务。
4	项目开发法律支持	参与项目拓展及调研，参与土地拆迁补偿方案的谈判，负责对土地合作方式、土地法律性质、项目获取方式、政策性风险等内容进行评估，提供法律意见和建议。
		负责并购、合作、转入等项目的尽职调查，配合其他部门对并购、合作、转入等进行可行性分析，降低法律风险。
		参与并购、合作、转入等项目的前期谈判，并根据需要提供法律支持。
		参与项目开盘及交付前的风险检查工作。
		为危机事件提供法律支持。
5	合同管理	参与集团各类标准合同文本的编制、审查和修订。
		负责公司合同文本的法律审核，并跟进合同法律条款的落实。

第十条 审计监察中心的权限。

（一）审计监察中心有权要求公司内部各单位按时报送预算或者财务收支计划、预算执行情况、财务决算、会计报表以及审计部门认为与财务收支及经济活动有关的规章制度、经济合同等文件资料，被审计单位不得拒绝、拖延、谎报。

（二）审计监察中心进行审计时，有权检查被审计单位的会计报表、账簿、凭证、资金及其他财产，查阅有关文件、资料，被审计单位不得拒绝。

（三）审计监察中心进行审计时，有权检查内部管理制度、规定和程序，包括财务管理制度、会计核算制度、人事管理制度、工程管理制度、档案资料管理制度、有关业务操作规程、费用报销制度等，相关单位部门应当支持、协助审计部工作。

（四）审计监察中心进行审计时，有权就审计事项的有关问题向有关单位和个人进行调查，索取有关证明材料。有关单位和个人应当支持、协助内部审计部工作，如实向内部审计部反映情况，提供有关证明材料。

（五）审计监察中心有权对正在进行的严重损害公司利益、违反公司各项规章制度及酿成严重损失的行为等，依管理层级提请董事会（董事长）做出临时的制止决定。

（六）审计监察中心有权提出改进管理、提高效益的建议以及纠正违反公司制度行为的意见。对违反公司制度的单位和个人，可建议给予必要的处分；对触犯刑律的，可建议移送司法机关依法追究刑事责任。

（七）对于审计监察中心的审计报告、审计建议和董事会（董事长）确定的审计决定，被审计单位必须按要求认真执行。审计部有权督促、检查被审计单位执行情况，纠正和制止一切不正当的经营活动与财务收支，限期改进工作。

（八）对审计工作中的重大事项有权向董事会（董事长）如实报告。

（九）当内部审计部人员（或资质或时间或专业）达不到审计要求时，有权聘请或委派外部审计机构或专业人士（机构）工作。

第三章　审计监察人员

第十一条　审计监察人员必须熟悉审计监察业务，具备相应的文化水平和专业知识。

第十二条　内审人员应当依法审计，忠于职守，坚持原则，客观公正，廉洁奉公，保守秘密；不得滥用职权，徇私舞弊，泄露秘密，玩忽职守。内审人员依法行使职权受法律保护，任何组织和个人不得拒绝、阻碍审计监察人员依法执行职务，不得打击报复审计监察人员。

第十三条　审计监察人员办理的审计监察事项与本人或者其近亲属有利害关系的，应当回避。

第十四条　审计监察人员为公司审计工作的具体执行者，职责如下：

（一）制定公司审计监察制度、具体审计业务规范和年度审计计划。

（二）定期按审计计划对公司的各项经济业务、财务工作进行审计，发布审计通知书。

（三）依据审计监察制度要求，或公司高级管理人员及董事长的委托，参与公司重大经济业务决策，监核决策过程。

（四）监督集团公司及下属企业执行公司相关管理制度和要求、经营方针、计划与预算的情况。

（五）接受公司高级管理人员和董事长的委托，对特殊经济事项等进行专项审计。

（六）出具审计报告，发表审计意见，并做出包括错弊纠正、责任人追究、程序制度修正等在内的审计决定，向董事会（董事长）汇报。

（七）根据审计结论和发现的问题，组织对公司管理人员和普通员工进行业务规范、制度规范等方面的培训。

（八）对阻挠破坏审计工作及拒绝提供资料的人员，有权向董事会（董事长）提出建议，采取必要措施，追究其责任。

（九）协调外部审计工作。

（十）负责调查、处理公司内部各种涉及经济问题的检举信件。

（十一）对审计结果中反映出的重大问题，可先形成处理意见，然后提交董事会（董事长）讨论解决。

第四章　审计监察工作程序

第十五条　规范内部审计具体业务的操作流程是完善公司内部审计工作、确保审计人员顺利完成审计任务的重要保证，根据公司《内部审计制度》及《内部审计实施细则》的相关规定，内部审计业务的具体操作流程规范如下，审计人员应在审计工作中按规定遵照执行。

第十六条　根据内部审计工作的实质要求，审计工作可分为以下步骤：

（一）审计立项与授权。

1.审计立项是指确定具体的内部审计项目，即被审计的对象。审计对象包括公司下属的各子公司、分公司、公司内部的各职能部门、各项经营活动或项目、系统等。

2.审计对象的选择一般由以下三种方式决定：

（1）公司审计部通过对公司的经营活动风险进行系统的分析来制定年度内部审计工作计划表，经批准后逐项实施。

（2）由公司董事会下达的专项审计任务。

（3）由被审计者提出审计要求，经批准实施审计业务。

3.对于已立项的审计项目，审计部应在审计实施前以正式报告的形式董事会（董事长）审核、批准与授权。

（二）审计准备。

在确定审计事项后，审计人员开始审计准备工作，制订审计计划。审计准备工作包括以下内容：

1.初步确定具体审计目标和审计范围。

（1）内部审计的总目标是审查和评价公司各项经营管理活动，增加组织价值和改善公司运营流程。针对已确定的具体审计任务，审计人员应制定具体的审计目标以便拟定审计方案和审计工作结束后的审计评价。

（2）审计人员应根据具体的审计任务确定具体的审计范围以确保审计目标的实现，内部审计的范围一般包括以下几个方面：

①组织内部控制系统的恰当性、有效性。

②财务会计信息、资料的准确性、完整性、可靠性。

③经营活动的效率和效果。

④资产的保全情况。

⑤对法律、法规及政策、计划的遵守、执行情况。

2.研究背景资料。

在制订审计计划时应收集、研究审计对象的背景资料：

（1）当审计对象为公司子公司、职能部门时，背景资料主要包括其组织结构、经营管理情况、管理人员相关资料、定期的财务报告、有关的政策法规和预算资料等。

（2）当审计对象为某一项目、系统时，背景资料主要指其立项、预算资料、合同及相关责任人资料等。

（3）如果在以前年度实施过内部审计，则应调阅以前的审计文件，关注以前的审计发现及审计对象对审计建议的态度。

3.成立审计小组和确定审计时间。

（1）不同的审计项目要求审计人员具备不同的知识和技能，根据实际业务的需要，审计部门应安排适当的审计人员，指定审计项目负责人，并对审计工作进行具体的安排。

（2）成立审计小组的同时，应初步确定审计时间，包括审计开始的时间、外勤工作时间、审计结束及审计报告的提出时间。

4.准备初步审计方案。

审计方案是说明审计目标、范围和具体进行的程序。完成审计工作后，审计方案是审计工作的记录。审计方案在计划审计工作时由审计负责人初步制定，并在审计工作实际进行中根据需要进行修改和调整。

在被审计单位背景资料不全或实施突击性检查等情况下，审计人员也可以在审计过程中制订和完善审计方案。

5.计划审计报告的提交方式、时间和对象。

6.发出审计通知书。

在审计前，审计人员应通知被审计单位进行审计的时间、审计目标和范围，并要求被审计单位及时准备相关的文件、报表和其他资料、告知需要配合的相关事项。

在经授权实施突击审计的情况下，审计部门可不预先通知被审计单位。

（三）初步调查。

1.审计座谈会。审计开始前，审计人员应与被审计单位负责人、财务负责人及其他相关人员召开审计座谈会。了解基本情况、说明审计的目标和范围以及审计中需要提供的各种资料和需要协助的范围等。

2.实地考察。审计人员应实地观察被审计单位的经营地点、设备、职员及业务情况，对被审计单位的业务活动获得感性认识。

3.研究文件资料。对被审计单位提供的及实地考察过程中得到的文件资料进行整理归档，并进行查阅、研究。

（四）分析性程序及符合性测试。

1.分析性程序（比较、比率和趋势分析）。

审计人员应根据财务报表和有关业务数据计算相关比率、趋势变动，用定量的方法更好地理解被审计单位的经营状况。主要分析、比较内容包括：

（1）实际与预算的比较。

（2）年度内各月份数据的比较及趋势分析。

（3）年度间数据的比较及趋势分析。

（4）账户间关系分析。

（5）财务和经营比率与前期、同类经营机构的分析比较。

审计人员通过比较和分析各项指标所发现的异常情况，应引起充分关注，从而有针对性地采取更详细的审计程序来审查重点领域。

2.描述和分析内部控制设计的恰当性。

（1）审计人员应采用绘制流程图、文字说明等方式描述被审计单位现有的内部控制制度。

（2）审计人员应在认真研究、分析被审计单位现有内部控制系统的相关制度、规定等文件的情况下，对内部控制系统设计的恰当性进行评价。

3.初步分析和评价内部控制执行的有效性。

（1）审计人员可采用内部控制调查表或询问相关人员等方式获得内部控制执行情况的相关信息。

（2）审计人员可采用对经营活动进行“穿行测试”或小样本测试的方式，初步评价内部控制系统的执行情况。“穿行测试”是审计人员针对关键控制点，选取一定的交易和经营活动进行程序测试或文件测试（根据组织的记录来追踪选定测试项目的整个过程）。小样本测试是选择较少的样本量对选定项目进行测试、复核，以测试真实性，了解经营活动的实际处理是否与预期一致。

4.分析重大风险领域，确定重点审计的范围及方法。

通过对内部控制系统进行描述和测试后，审计人员应对被审计单位的内部控制情况进行分析并做出初步评价，评估风险，确定控制薄弱环节以及审计的重点。

（五）实质性测试及详细审查。

1.实质性测试及详细检查是在对内部控制的初步评价基础上，运用适当的审计技术详细审查、评价被审计单位的经营活动。

2.审计人员应收集充分的、可靠的、相关的和有用的审计证据（包括文件、函证、笔录、复算、询问等），进行审核、分析与研究，形成审计判断。一般应包括以下内容：

（1）加总相关明细账户余额与总账余额比较，核对二者是否一致。

（2）运用统计抽样，抽查会计记录，从凭证到账户。

（3）巡视库房，抽查清点库存物资等账面存货，确定存货的保管情况以及存货资产的存在性、完整性及计价的准确性。

（4）清查固定资产，确定资产的管理、使用情况以及增减值情况。

（5）盘点现金，核对银行存款余额，确定货币资金的安全性及账实核对情况。

（6）函证主要往来账户余额，选取无法函证或未取得回函的重要账户实行替代程序，确定往来结算的准确性。

（7）审核各类经济合同，对重要合同签订的招、投标及执行情况进行审查与评价。

（8）审查工程的预、决算资料，复算工程量，确定工程支出的合理性、准确性。

（9）检查采购计划、采购合同与发票、入库单、付款支票是否一致。

（10）采用分析性复核程序，审查成本计算的准确性、折旧计提的正确性等。

（11）检查涉税项目，确定被审计单位是否遵守国家税收法律、法规及其他规定，是否按时、足额缴纳税款。

（12）审核费用的发生情况、审批手续，确定其真实性、合法性、合理性。

（13）其他审计程序。

（六）审计发现和审计建议。

内部审计人员通过执行初步调查、符合性测试和详细审查，收集适当的、有用的及相关的审计证据，并通过分析与评价形成审计发现，提出适当的审计建议。

1.审计发现。

审计发现应包括事实、标准及期望、原因及结果。

（1）事实是指在审计过程中审计人员发现的实际情况、相关问题。

（2）标准及期望是指评价这些问题所依据的相关政策、规范、考核目标、预算指标等。

（3）原因是审计人员分析的实际情况与相关标准产生差异的原因。

（4）结果是指实际情况与标准产生差异造成的影响及相关风险。

审计人员应用书面文字、相关图表等详细阐述相关的审计发现，审计人员成文的审计发现应有相关的审计证据来支持。

2.审计建议。

审计人员应根据具体的内部控制情况及相关的审计发现提出具体的、适当的审计建议，以利于被审计单位完善内部控制、降低经营风险。

（七）审计报告。

1.审计复核与监督。

审计项目负责人应对审计人员的审计工作底稿及收集的相关证明资料进行详细的复核，并对审计人员实施的相关审计程序进行适当的监督和管理。

2.整理审计工作底稿及相关资料，编写审计意见交换记录表。

（1）外勤工作中，审计人员应对编制的审计工作底稿及收集的相关文件、报表、记录等证据资料及时整理、归类。

（2）召开退出会议前，审计项目负责人应编写详细的意见交换稿，也可以编制审计报告初稿代替。意见交换稿应简要说明审计发现的问题、实施的审计程序，并对具体的审计发现和初步的审计建议进行详细阐述。

3.与被审计单位交换意见。

与被审计单位的沟通包括重大问题的沟通及退出会议上的意见交换。

（1）重大问题主要是指，在审计过程中发现的正在进行的重大违规或对公司利益造成严重损害的问题。在这种情况下，需要被审计单位马上采取相关的措施。审计人员应根据具体情况分析所发现问题的实质及影响，确定沟通的对象，并向公司董事长、总经理报告。

（2）召开退出会议，就相关审计发现与审计建议与被审计单位交换意见。

外勤工作结束前，审计人员应与被审计单位负责人及相关责任人召开退出会议，就审计意见交换记录表上的相关问题听取被审计单位的解释与意见，并详细记录。双方应在审计意见交换记录表上签名确认。对在有关问题上的不同意见，可由被审计单位进行书面陈述并交与审计人员，与审计人员的审计发现与建议一齐归档，以便查阅、分析。

4.编制正式的审计报告。

外勤工作结束后，审计项目负责人应及时编制正式的审计报告。正式的审计报告是在审计意见交换记录表的基础上根据与被审计单位沟通的结果，正式编制完成。审计报告应用简捷、扼要的文字阐述审计目标、审计范围、审计人员执行的审计程序以及审计结论，并适当地表明审计人员的意见。被审计单位对审计结论和建议的看法，也可根据需要包括在审计报告中。

5.审核并报送审计报告。

审计部门负责人应对审计报告及相关的审计资料进行详细审核，确认后正式报送给公司董事会（董事长），并对审计结果进行简要的口头汇报。审计部门也应将经批准的审计报告送与被审计单位并确认其已收到。

（八）后续审计。

在出具了正式的审计报告后，审计部门应关注被审计单位对审计结果及公司董事长对相关事项处理决定的态度。在认为合适的一段时间以后，由审计人员对被审计单位实施后续审计，确定审计中发现的问题是否得到了恰当的解决。对于暂时无法解决的问题是否告知并得到了公司董事会（董事长）的批准。审计人员应对相关的风险进行评价，并将后续审计的结果及相关的风险评价报告公司董事会（董事长）。

（九）审计评价。

审计评价是指审计部负责人对具体审计项目的执行情况、审计方法、审计程序及审计目标的完成情况进行的总结、评价。

审计评价由审计人员的自我评价、审计项目负责人的项目评价及审计部负责人的总结评价三个层次构成。每一个审计项目完成之后，审计部负责人都应督促审计人员、审计项目负责人及时做出书面总结、评价，审计部负责人也应根据实际情况签署相关的意见和建议。

（十）审计档案。

完成以上九个步骤后，审计人员应对审计资料进行整理、装订、编号，形成内部审计档案，并由审计监察中心负责保管。

第五章　审计的评价与奖惩

第十七条　审计监察部门在调查违反行政纪律和财经法规行为时，有权根据实际情况和工作需要采取以下措施：

（一）暂与扣留、封存可以证明违反公司行政纪律的文件、资料、财务账目和其他有关的材料。

（二）责令案件涉嫌部门和涉嫌人员在调查期间不得变卖、转移与案件有关的财物。

（三）责令有违反公司规章制度嫌疑人员在指定的时间、地点就调查事项涉及的问题做出解释和说明。

（四）建议公司或有关部门暂停有严重违规违纪的嫌疑人员的执行职务。

（五）对阻挠、破坏审计工作以及拒绝提供有关资料的行为，经董事会（董事长）批准，可采取封存有关账册、资产和冻结资金等必要的临时措施，并提出追究有关人员责任的建议。

（六）对正在进行的严重损害公司利益，违反财经法规和公司各项规章制度及酿成严重损失的行为等，提请董事会（董事长）做出临时的制止决定。

（七）对违反财经法纪和大量浪费的被审计单位的直接责任人员和单位负责人，可建议公司董事长给予行政处分，情节特别严重的可建议移送司法机关依法追究刑事责任。

（八）对违反财经法规和公司董事会有关决议的单位和个人，对严重失职造成重大损失的直接责任人员，可建议董事会给予必要的行政处分。

（九）督促、检查被审计单位对审计机构所签发的审计报告、审计建议和公司董事会（董事长）确定的审计决定执行情况，纠正一切不正当的经营活动与财务收支，限期改进工作。

第十八条 审计监察中心根据检查、调查和审计结果，遇有下列情形之一的，可以做出审计监察建议或提出审计监察决定。

（一）违反公司规章制度和行政纪律，依法应当给予警告、记过、记大过、罚款、降级、撤职、开除行政处分的。

（二）违反公司规章制度和行政纪律取得的财物，依法应当没收、追缴或者责令退赔的。

（三）给公司利益和员工合法权益造成损害，需要采取补救措施的。

（四）录用、任免、奖惩决定明显不适当，应当予以纠正的。

（五）其他需要提出审计监察建议的。

第十九条 被审计监察的部门和人员违反本制度规定，有下列行为之一的，由主管部门或者审计监察中心责令改正，对部门给予通报批评；对负有直接责任的主管人员和其他直接责任人员依法给予处分：

（一）隐瞒事实真相、出具伪证或者隐匿、转移、篡改、毁灭证据的。

（二）利用职权包庇违法、违纪行为的。

（三）故意拖延或者拒绝提供与审计监察事项有关的文件、资料、财务账目及其他有关材料和其他必要情况的。

（四）拒绝就审计监察部门所提问题做出解释和说明的。

（五）拒不执行审计监察决定或者无正当理由拒不采纳审计监察建议的。

（六）以各种手段阻挠、抗拒审计监察人员依法行使职权，干扰影响审计工作正常进行的。

（七）对申诉人、检举人、控告人和审计监察人员实施打击报复的。

（八）泄露举报事项、举报受理情况以及与举报人相关的信息的，经董事会（董事长）批准后，视情节轻重给予警告、通报批评、经济处罚和行政处分；构成犯罪的，移交司法机关依法追究刑事责任。

第二十条 对申诉人、控告人、检举人或者审计监察人员进行报复陷害的，经董事会（董事长）批准后，视情节轻重给予警告、通报批评、经济处罚和行政处分；构成犯罪的，移交司法机关依法追究其刑事责任。

第二十一条 审计监察人以权谋私、弄虚作假、徇私舞弊、泄露秘密的，经董事会（董事长）批准后，视情节轻重给予警告、通报批评、经济处罚和行政处分；构成犯罪的，移交司法机关依法追究刑事责任。

第二十二条 审计监察部根据有关规定做出的审计监察决定，有关部门和人员应当执行。审计监察部根据有关决定提出的审计监察建议，有关部门无正当理由拒不采纳的，经董事会（董事长）批准后，视情节轻重给予警告、通报批评、经济处罚和行政处分。

第二十三条 对审计监察中心提出的审计监察建议无理由不采纳，在后续审计过程中历史问题仍然存在的，审计监察人员可根据具体事项对被审计单位给予通报批评；对负有直接责任的主管人员和其他直接责任人员依法给予警告、通报批评、经济处罚和行政处分。

第二十四条 公司审计监察部对控告、检举重大违法违纪行为的有功人员，可以依照有关规定给予奖励。

第六章 附 则

第二十五条 本制度由公司审计监察中心负责制定和解释。

第二十六条 本制度自公司董事会审议通过、发布之日起执行。

范本2 内部审计档案管理办法

第一章 总 则

第一条 为规范公司审计档案管理工作，保证审计档案的安全完整，发挥审计档案的作用，根据《中华人民共和国档案法》、《中华人民共和国审计法》和国家审计署

《审计机关审计档案工作准则》，结合公司的实际情况，制定本办法。

第二条 内部审计档案（以下简称审计档案）是指公司审计监察中心在开展审计项目和专项审计调查活动中直接形成的，具有保存价值的以纸质、磁盘和其他介质形式存在的历史记录。审计档案是公司档案的重要组成部分。

第三条 审计档案管理是指审计监察中心建立审计档案并进行收集、整理、保管、利用、编研、统计、鉴定和移交的活动。

第二章 审计档案管理职责

第四条 审计档案由公司审计监察中心负责统一管理，接受同级档案管理部门的监督和指导。

第五条 审计监察中心应当配备兼职档案工作人员，负责本单位的审计档案工作。

第六条 审计监察中心档案工作人员的职责包括：

（一）贯彻执行国家、公司档案工作法律、法规，拟定审计档案工作规章制度。

（二）按照有关规定，做好审计档案的收集、整理、保管、利用、编研和统计工作。

（三）定期对本单位库存审计档案进行鉴定，如期移交档案馆部门保管审计档案。

（四）开展审计档案工作的检查、总结、培训、研究等活动。

第七条 审计档案的建立实行审计组负责制。

第三章 审计档案的内容

第八条 应归入项目审计档案的文件材料包括：

（一）立项性文件材料，如审计通知书、审计实施方案。

（二）证明性文件材料，如审计证据（含承诺书）、审计工作底稿。

（三）结论性材料文件，如审计报告、审计工作底稿、审定审计报告的会议纪要、审计决定书、移送处理书、审计处罚决定。

（四）其他备查文件材料。

第九条 审计文件材料按审计项目立卷，一个审计项目可立一个卷或者若干卷，不得将几个审计项目合并立为一个卷。跨年度的审计项目，在项目审计终结的年度立卷。

第十条 审计案卷内文件材料按结论性文件材料、证明性文件材料、立项性文件材料、其他备查文件材料四个单元进行排列。

（一）结论性文件材料，采用逆审计程序并结合文件材料的重要程度进行排列。

（二）证明性文件材料，按与审计方案所列审计事项或者会计报表科目对应的顺序排列。

（三）立项性文件材料，按文件材料形成的时间顺序，并结合文件材料的重要程度进行排列。

（四）其他备查文件材料，按文件材料形成的时间顺序，并结合文件材料的重要程度进行排列。

第十一条 审计案卷内的每份或者每组文件之间排列规则是：

（一）正件在前，附件在后。

（二）定稿在前，修改稿在后。

（三）批复在前，请示在后。

（四）批示在前，报告在后。

（五）重要文件在前，次要文件在后。

（六）汇总性文件在前，基础性文件在后。

第十二条 审计组确定的立卷责任人应当及时收集审计项目的文件材料；审计终结后，立卷责任人对审计项目形成的全部文件材料按立卷方法和规则进行归类管理，经审计组长复查，并经档案工作人员检查后，依照有关规定进行编目和装订。

第四章 审计档案归档

第十三条 审计项目案卷的归档，应当以审计项目案卷为单位向主管审计档案人员移交，归档时间不得迟于该项目反馈意见后的三个月内。

第十四条 当年归档的审计档案在年度终了后可暂由审计部门保管五年。期满后，原则上应由审计部门编造清册，移交本单位档案部门保管。

第十五条 审计档案的保管期限，根据其特点分为永久、长期、短期三类。

第十六条 审计档案在划定保管期限的基础上，应当采用“年度—组织结构—保管期限—审计类别”的方法排列和编目。审计案卷排列方法应当统一，前后保持一致，不得任意变动。

第十七条 审计档案的密级及其保密期限，按卷内文件的最高密级及其保密期限确定，由档案工作人员按有关规定做出标识。

第十八条 审计监察中心应当定期对审计档案保管情况进行检查，确保审计档案的安全。

第十九条 查阅审计档案，仅限定审计监察中心，审计监察中心以外的不得查阅，如有特殊情况需要查阅审计档案或者要求出具审计档案证明的，须经公司领导批准。

第二十条 审计监察中心应当按照有关规定向档案部门移交审计档案。

第二十一条 对损毁、丢失、涂改、伪造、出卖、转卖、擅自提供审计档案者或者因玩忽职守造成审计档案损失的档案工作人员，由主管部门对直接负责人和其他有关责任人依法给予行政处分；构成犯罪的，依法追究刑事责任。

第二十二条 专项审计调查档案比照项目审计档案立卷归档。

第五章 附 则

第二十三条 本办法由公司审计监察中心负责解释。

第二十四条 本办法自公司总经理办公会审议通过、发布之日起实施。

范本3 工程项目审计监察管理办法

第一章 总 则

第一条 为规范和提高公司对工程项目负责人工程施工的管理水平，加强内部控制与审计监督，适应建筑市场要求，有效防范企业、项目经营风险，根据《内部审计基本准则》《公司章程》《内部控制基本制度》，结合公司的具体情况等，特制定本办法。

第二条 本办法适用于公司对所属工程项目（包含分、子公司所管理的工程项目）的管理审计，目的是考核及评价项目负责人的经营活动是否按照公司的经营方针、政策进行，规范工程项目管理行为。

第二章 审计范围与依据

第三条 工程项目管理审计的范围：

（一）项目经营管理活动。

（二）项目各项计划、合同、规章制度的执行情况。

（三）项目与财务收支有关的经济活动。

（四）项目施工管理情况。

（五）项目负责人经济目标责任。

（六）领导临时安排的审计事项。

（七）其他认定事项。

第四条 工程项目管理审计的依据包括：

（一）国家法律、法规、政策。

（二）公司规章制度。

（三）公司经营方针、计划、目标。

（四）其他有关标准。

第三章 审计内容与方式

第五条 工程项目管理审计的内容包括：

（一）财务计划及其预算的执行。

（二）经营成果、财务收支的真实性、合法性、效益性。

（三）内部控制制度的健全、严密、有效性。

（四）资产管理情况。

（五）重要经济合同、契约的签订、实施情况。

（六）工程项目中期、竣工审计。

（七）项目经理经济目标责任或离任审计。

（八）审计监督工程项目质量（包括工程现场施工质量、施工资料、施工环境）。

（九）审计监督工程项目造价（包括各项工程合同、工程招投标、工程变更、商务采购合同、工程款的支付等）。

（十）审计监督工程项目进度（包括工程进度计划、工程进度计划的执行）。

（十一）审计监督项目费用收支有无错弊，各项目是否认真贯彻执行公司关于工程的各项管理程序、规章制度。

（十二）其他需要审计事项。

第六条 工程项目管理审计的方式包括：

（一）报送（送达）审计。

被审项目接到审计通知书，应在指定时间将有关材料送集团审计监察中心接受审计检查。

（二）就地审计。

审计人员到被审计项目进行审计，后者提供必要的工作、生活条件。

第四章 审计人员职权

第七条 审计人员的权限包括但不限于：

（一）审计人员有权要求各项目部按时报送预算或者财务收支计划、预算执行情况、财务决算、会计报表以及审计监察中心认为与财务收支及经济活动有关的规章制度、经济合同等文件资料，被审计项目部不得拒绝、拖延、谎报。

（二）审计人员进行审计时，有权检查被审计项目部的会计报表、账簿、凭证、资金及其他财产，查阅有关的文件、资料，被审计项目部不得拒绝。

（三）审计人员进行审计时，有权检查内部管理制度、规定和程序，包括财务管理制度、会计核算制度、人事管理制度、工程管理制度、档案资料管理制度、有关业务操作规程、费用报销制度等，项目部及项目负责人应当支持、协助审计人员工作。

（四）审计人员进行审计时，有权就审计事项的有关问题向有被审计项目部和个人进行调查，索取有关证明材料。有关单位和个人应当支持、协助审计人员工作，如实向审计人员反映情况，提供有关证明材料。

（五）审计人员有权对正在进行的严重损害公司利益，违反公司各项规章制度及酿成严重损失的行为等，依管理层级提请董事会（董事长）做出临时的制止决定。

（六）审计人员有权提出改进管理、提高效益的建议以及纠正违反公司制度行为的意见。对违反公司制度的项目部和个人，可建议给予必要的处分；对触犯刑律的，可建议移送司法机关依法追究刑事责任。

（七）审计监察中心的审计报告、审计建议和董事会（董事长）确定的审计决定，被审计项目部必须按要求认真执行。审计监察中心有权督促、检查被审计项目部执行情况，纠正和制止一切不正当的经营活动与财务收支，限期改进工作。

（八）对审计工作中的重大事项有权向董事会（董事长）如实报告。

第五章　被审计项目部的义务

第八条　被审计项目部的义务包括但不限于：

（一）被审计项目部在收到审计通知后，必须按审计资料清单的要求做好审计准备，并为审计工作提供必要的工作条件。

（二）被审计项目部相关责任人员应及时完成其本职工作，并向集团审计监察中心提供准确、真实、完整的相关资料与工程类文件，工程类文件包括：工程预算书、工程结算书、招标文件、投标书、询标记录、招投标答疑、会议纪要、施工合同、商务采购合同、补充合同、施工图、设计变更图、工程竣工图、变更签证单、施工联系单、开工报告、竣工报告、工程各类呈报及批复文件资料等影响工程造价的有关资料，并提供上述资料的统计目录等资料。

（三）被审计项目部不得拒绝与阻挠审计人员查阅与工程审计事项有关的各类文件资料。

（四）审计人员就审计事项的有关问题向项目部和个人进行调查、索取有关证明材料时，项目负责人应当支持、协助审计人员工作，并要求相关人员如实向审计人员反映情况，提供有关证明材料。

（五）审计人员在出具审计报告前与被审计项目部交换审计意见，被审计项目部有异议的，应当在3天内将其书面意见送交审计监察中心，逾期不提出的，视为无异议。

（六）被审计项目部应按照审计意见书或者审计结论或决定及时做出处理，并在审计意见书和审计结论的规定时间内将处理结果上报审计监察中心。

第六章　奖励与惩罚

第九条　对被审计项目部负责人及有关人员违反本办法规定，有下列行为之一者，将给予相应的经济处罚或行政处分。

（一）拒绝提供有关文件、账册、凭证、会计报表及证明材料的，弄虚作假，隐瞒事实真相的，处以300元以上3 000元以下的罚款，并可给予警告直至终止后续合作的处分。

（二）阻拦、刁难及破坏审计人员行使职权，抗拒、破坏监督检查的，处以500元以上5 000元以下的罚款，并可给予警告直至终止后续合作的处分。

（三）打击、报复、诬陷举报人和审计人员，处以1 000元以上10 000元以下的罚款，并可给予警告直至终止后续合作的处分。

（四）没有正当理由和法律依据，拒不执行审计报告相关建议的，给予500元以上5 000元以下罚款，并可给予警告直至终止后续合作的处分。

（五）谎报情况，制作伪证，诬陷他人，给予2 000元以上20 000元以下罚款，可并处警告直至终止后续合作的处分。

第十条 审计人员对遵守企业规章制度、做出显著成绩的项目部和个人，可以向董事长提出给予奖励的建议。

第十一条 对审计过程的以上行为，构成犯罪的，提请司法机关依法追究刑事责任。

第七章 附 则

第十二条 本办法由公司审计监察中心负责解释。

第十三条 本办法自公司总经理办公会审议通过、发布之日起实施。

范本4 审计项目质量控制办法

第一章 总 则

第一条 为了规范公司内部审计行为，提高审计质量，明确审计责任，根据《内部审计基本准则》《审计监察工作管理制度》及其他审计相关法规，结合公司实际情况，制定本办法。

第二条 本办法适用于对公司及所属分、子公司和项目部（以下统称单位）的内部审计工作。

第三条 审计机构实施审计项目时，对编制审计方案、收集审计证据、编写审计工作底稿、出具审计报告、归集审计档案等全过程实行质量控制。

第二章 审计方案的质量控制

第四条 审计组在实施审计前，应当编制审计方案。

第五条 审计组在编制审计方案前，应当根据审计项目的规模和性质，安排适当的人员和时间，对被审计单位的有关情况进行审前调查。

第六条 审前调查应当了解被审计单位下列基本情况：

（一）管理体制、机构设置、人员编制情况。

（二）相关的企业内部控制制度及其执行情况。

（三）职责范围或者经营范围。

（四）财务会计机构及其工作情况。

（五）重大会计政策选用及变动情况。

（六）以往接受审计情况。

（七）其他需要了解的情况。

第七条 审计方案的主要内容包括：

（一）审计的依据。

（二）被审计单位的名称和基本情况。

（三）审计目标。

（四）审计的范围、内容、重点以及对审计目标有重要影响的审计事项的审计步骤和方法。

（五）预定的审计工作起止时间。

（六）审计组组长、审计组成员及其分工。

（七）其他有关内容。

（八）编制的日期。

第八条 审计方案的审计目标是指审计组办理审计项目所要完成的任务。确定审计目标时，应当考虑下列因素：

（一）法律、法规、规章的规定及相关政策。

（二）有关部门对审计项目的要求。

（三）被审计单位的有关情况。

（四）审计组成员的业务能力、审计经验。

（五）审计的时间。

（六）其他需要考虑的因素。

第九条 审计方案的审计范围是指被审计单位财务收支的会计期间和有关审计事项。

第十条 审计方案的审计内容是指为实现审计目标所需实施的具体审计事项以及所要达到的具体审计目标。

审计事项一般可以按照被审计单位财务收支的业务活动或者会计报表项目划分或

延伸。

第十一条 审计方案的审计重点是指对实现审计目标有重要影响的审计事项。

审计组应当对审前调查所取得的资料进行初步分析性复核，关注资料间的异常关系和异常变动，分析被审计单位财务收支及其有关的经济活动中可能存在的重要问题和线索，确定审计重点。

第十二条 对实现审计目标有重要影响的审计事项应当确定审计的步骤和方法。

审计步骤和方法应当能够指导审计人员实施审计，实现具体审计目标。

第十三条 确定审计组组长、审计组成员及其分工时，应当考虑其专业胜任能力和职业道德水平，符合有关规定要求。

审计组组长可以委托有资格的审计人员担任主审，履行审计组组长授权范围内的职责，但审计组组长应当对主审履行职责的结果承担责任。

第十四条 确定审计组成员时，与审计项目（对象）有利害关系的可能影响公正性的审计人员应予回避。

第十五条 审计组组长具体负责编制审计方案，经审计机构负责人审核，由审计组负责实施。

第十六条 实施审计过程中有下列情形之一的，应当调整审计方案，并报经审计机构批准：

（一）审计工作方案调整的。

（二）审计组在对被审计单位内部控制测评后，认为需要调整审计重点、步骤和方法的。

（三）审计组人员发生变化，足以影响审计实施方案执行的。

（四）审计中发现重大违法案件线索，需要改变审计内容和重点的。

（五）审计范围受到限制，不能正常开展审计工作的。

（六）审计工作起止时间发生变化的。

（七）其他需要调整的。

第十七条 审计组应当将审计方案调整情况加以记录。

第十八条 审计机构应在实施审计5个工作日前向被审计单位送达审计通知书。

第三章 审计证据的质量控制

第十九条 审计人员应当按照审计方案确定的具体审计事项，在实施审计过程中收集审计证据。

第二十条 审计证据的形式包括书面证据、实物证据、视听或者电子数据资料、口头证据、环境证据（如管理层的经营理念、组织文化等内部控制环境相关内容等）

以及其他证据。

第二十一条 审计证据必须具备充分性、相关性和可靠性。

第二十二条 审计人员应当有针对性地收集与审计事项相关的审计证据。对违反国家规定的财务收支行为以及对审计结论有重要影响的审计事项，须在审计工作底稿后附审计证据支持。

第二十三条 审计人员应当按照下列方法收集审计证据：

（一）通过检查方法收集审计证据的，应当取得与审计事项相关的会计资料、被审计单位承诺书、会议记录、文件、合同等资料，以及审计人员编制的汇总表、调节表、分析表等材料。

（二）通过监盘方法收集审计证据的，应当编制实物资产盘点清单和现金、有价证券盘点表等材料，并由审计人员和被审计单位有关人员签名。

（三）通过观察方法收集审计证据的，应当编制观察记录，注明观察的事项、内容和结果等情况。

（四）通过查询方法收集审计证据的，应当取得被查询的单位或者个人的书面答复材料或者口头答复记录，并注明查询事项、内容、方式和查询结果等情况。

（五）通过函证方法收集审计证据的，应当取得被函证单位或者个人的回函，编制函证记录，注明函证事项、范围和回函结果等情况。

（六）通过计算方法收集审计证据的，应当编制计算表或者计算工作记录，注明计算的事项、所依据的相关数据、计算的方法和结果等。

（七）通过分析性复核方法收集审计证据的，应当编制对比分析表、比率分析表和趋势变动表，分析和说明异常变动项目、重要比率或者趋势与预期数额和相关信息的差异情况。

第二十四条 审计人员可以收集能够证明审计事项的原始资料、有关文件和实物等；不能或者不宜取得原始资料、有关文件和实物的，也可以采取文字记录、摘录、复印、拍照、转储、下载等方式取得审计证据。

第二十五条 审计人员在收集实物证据时，应当注明实物的所有权人、数量、存放地点、存放方式和实物证据提供者等情况。

审计人员在收集视听资料或者电子数据资料时，应当注明制作方法、制作时间、制作人和电子数据资料的运行环境、系统以及存放地点、存放方式等情况。必要时，电子数据资料能够转换成书面材料的，可以将其转换成书面材料。

第二十六条 难以取得充分审计证据的重要审计事项，应当由审计组组长确认，并在审计报告中予以反映。

第二十七条 审计人员取得审计证据，应当由证据提供者签名或者盖章；不能取得提供者签名或者盖章的，审计人员应当注明原因。不能取得签名或者盖章不影响事实存在的，该审计证据仍然有效。

第二十八条 取得的审计证据数量较大的，可以编制汇总的审计证据，由证据提供者签名或者盖章。审计人员应当对取得的审计证据进行分析、判断和归纳。

（一）按照审计事项分类，按照审计证据与审计事项相关程度排序。

（二）对审计证据进行比较判断，决定取舍，剔除与审计事项无关、无效、重复、冗余的证据。

（三）对审计证据进行汇总和分析，确定审计事项的审计证据是否足以支持审计结论。

第二十九条 经过分析、判断和归纳的审计证据，应当编制索引号排序，附在相应的审计工作底稿之后；不能附在审计工作底稿之后的实物证据、视听资料和电子数据资料等，应当按照本办法第二十五条规定编制书面材料，附在相应的审计工作底稿之后。

第三十条 审计组组长应当审核审计证据。发现审计证据不符合要求的，应当责成审计人员进一步取证。

第四章 审计工作底稿的质量控制

第三十一条 审计人员实施审计时，应当对审计事项进行记录，编制工作底稿。审计工作底稿应当内容完整、客观、记录清晰、结论明确。

第三十二条 审计工作底稿的要素包括：

（一）被审计单位名称，即接受审计的单位或者项目的名称。

（二）审计事项，即审计方案确定的审计事项。

（三）会计期间或者截止日期，即审计事项所属会计期间或者截止日期。

（四）审计人员及编制日期，即实施审计项目并编制审计工作底稿的人员及编制日期。

（五）审计结论或者审计查出问题摘要及其依据，即简要描述审计结论或者审计查出问题的性质、金额、数量、发生时间、地点、方式等内容，以及相关依据。

（六）审计组组长或者委托有资格的审计人员对审计工作底稿复核。

（七）索引号及页次，即审计工作底稿的统一编号及本页的页次。

（八）附件，即审计工作底稿所附的审计证据及相关资料。

第三十三条 审计工作底稿应当附有审计证据。

（一）审计工作底稿与审计证据的对应关系，应当通过审计证据的索引号来体现。

（二）审计证据对应多个审计工作底稿时，应当将审计证据附在与其关系最密切的审计工作底稿后面，并在其他审计工作底稿上予以注明。

第三十四条 审计组组长或者其委托有资格的审计人员对审计工作底稿的下列事项进行复核，并提出复核意见：

（一）审计方案确定的审计事项是否实施审计。

（二）审计方案确定的具体审计目标是否实现，审计步骤和方法是否执行。

（三）事实是否清楚。

（四）审计证据是否充分。

（五）适用法律、法规、规章是否准确。

（六）审计结论是否恰当。

（七）其他有关重要事项。

第三十五条 对审计工作底稿中存在的问题，审计组组长应当责成审计人员及时纠正。

第三十六条 审计组组长应加强对工作底稿的现场复核。

第五章 审计报告的质量控制

第三十七条 审计组对审计事项实施审计后，应当提出审计报告。

第三十八条 审计报告包括下列基本要素：

（一）标题，统一表述为“关于对××××××的审计报告”。

（二）收件人。

（三）正文。

（四）附件。

（五）出具单位，即派出审计组的审计机构。

（六）报告日期。

第三十九条 审计报告的正文内容包括：

（一）审计概况及依据，即实施审计立项依据、审计目的、审计重点等。

（二）被审计单位的基本情况，包括被审计单位的管理体制、组织机构、所属单位情况、人员（职工）数量、财务隶属关系以及财务状况等。

（三）实施审计的基本情况，一般包括审计范围、审计方式和审计实施的起止时间。审计范围应说明审计所涉及的被审计单位财务所属的会计期间和有关审计事项。

（四）审计评价意见，即根据不同的审计目标，以审计结果为基础，对被审计单位经营活动及内部控制的适当性、合法性和有效性发表评价意见。适当性、合法性主要评价被审计单位的经营活动、管理活动及财务收支与相关法律、法规、规章的符合程度；内部控制制度和程序符合实现企业经营目标，保证资产安全完整的程度。有效性主要评价被审计单位经营管理活动及财务收支、内部控制的效率和效果的实现程度。发表审计评价意见应运用审计人员的专业判断，并考虑重要性水平、可接受的审计风险、审计发现问题的数额大小、性质和情节等因素。审计机构只对所审计的事项发表审计评价意见。对审计过程中未涉及、审计证据不充分、评价依据或者标准不明确以及超越审计职责范围的事项，不发表审计评价意见。

（五）审计查出的被审计单位违反国家规定的财务收支行为的事实和定性、处理处罚决定以及法律、法规、规章依据，有关移送处理的决定。

（六）针对审计发现的主要问题提出的改善经营活动和内部控制的建议。

第四十条 审计报告经审计机构审核后，送达被审计单位征求意见。

第四十一条 被审计单位对征求意见的审计报告有异议的，审计组应当进行核实，并做出书面说明。必要时，应当修改审计报告。

被审计单位应在收到审计报告之日起10日内将书面意见送交审计组，逾期即视为无异议，审计人员予以注明备案。征求意见的审计报告应予保留。

第四十二条 对被审计单位违反国家规定的财务收支行为需要依法进行处理、处罚的，审计机构应当拟审计决定书。

第四十三条 对审计发现的依法应当由其他有关部门纠正、处理、处罚或者追究有关责任人员行政责任、刑事责任的问题，审计机构应当拟审计移送处理书。

第四十四条 审计监察中心应当将审计报告、审计决定书、审计移送处理书报送公司分管审计的领导签发。

第四十五条 审计机构应当在规定期限内将出具的审计报告、审计决定书送达被审计单位和有关单位，将审计移送处理书送达有关单位。

第四十六条 审计组组长对其提出的审计报告的真实性和完整性负责；对审计工作底稿记录的重大问题不予反映或不如实反映的，审计报告反映的问题严重失实的承担责任。

审计监察中心负责人对其代拟的审计报告、审计决定书、审计移送处理书的恰当性负责；对审计组提出的审计报告中记录的重大问题隐瞒不报或者不如实反映的，其代拟的审计报告、审计决定书、审计移送处理书反映的事实严重失实的承担责任。

审计监察中心分管领导对出具的审计报告、审计决定书、审计移送处理书负责。

审计监察中心根据审计结果编制的审计信息严重失实的，有关人员应当承担责任。

第四十七条 审计组应当将审计报告、被审计单位对审计报告的书面意见、审计组的书面说明、审计实施方案、审计工作底稿、审计证据以及其他有关材料，报所在审计监察中心复核。

第六章　审计档案的质量控制

第四十八条　审计组应当按照审计档案管理要求收集与审计项目有关的材料，建立审计档案。

第四十九条　审计档案实行审计组负责制，审计组组长对审计档案反映的业务质量进行审查验收。

第五十条　审计组应当确定立卷责任人及时收集审计项目的文件材料；审计项目终结后，立卷责任人及时办理立卷工作。

第五十一条　立卷责任人应当将与审计项目有关的下列文件材料归入审计项目案卷：

（一）立项类文件材料，主要是公司领导或相关部门的指令性文件、与审计事项有关的举报材料及领导批示、审计实施方案及审前调查记录等相关材料、审计通知书和授权审计通知书等。

（二）证明类文件材料，主要是被审计单位承诺书、审计工作底稿、审计证据等。

（三）结论类文件材料，主要是审计报告、审计组的书面说明、被审计单位对审计报告的书面意见等审计报告形成过程中形成的文件材料、审计决定书及相关文件材料、审计移送处理书及相关文件材料等。

（四）备查类文件材料，主要是不能归入上述三项的其他文件材料。

第五十二条　审计文件材料按照审计项目立卷，一个项目可立一卷或者若干卷，但不得将数个项目合并立为一卷。跨年度的审计项目，在项目审计终结的年度立卷。

第五十三条　审计机构应当按照规定期限将检查合格的审计项目案卷移交档案管理机构归档。

第七章　审计项目质量责任

第五十四条　审计组成员、审计组组长、审计监察中心负责人、审计监察中心分管领导在执行审计项目过程中，违反审计法规、国家审计准则和本办法有关审计项目质量控制规定的，应当追究相应责任。

第五十五条　追究审计项目质量责任包括下列处理形式：

（一）责令改正错误。

（二）告诫、批评教育。

（三）责令书面检查。

（四）通报批评。

（五）停职培训、转岗。

（六）情节严重的，按照有关规定给予行政处分。

（七）构成犯罪的，依法追究刑事责任。

除上述形式外，可以并处取消评优、评先、加薪、晋职资格。

第五十六条 有下列情形之一的，可以减轻或者免予处理：

（一）非审计人员人为因素造成不良后果的。

（二）主动改正错误或者情节轻微的。

（三）其他可以减轻或者免予处理的情形。

第五十七条 被处理人员若对处理决定不服，可在收到处理决定之日起30日内向公司领导提出申诉。

第八章 附 则

第五十八条 本办法由公司审计监察中心负责解释。

第五十九条 本办法自公司总经理办公会审议通过、发布之日起实施。

范本5 施工项目审计实施细则

第一章 总 则

第一条 为加强对公司施工项目的审计监督，维护财经法纪，促进工程项目管理，提高企业经济效益，根据《工程项目审计监察管理办法》，结合公司实际，制定本细则。

第二条 公司凡从事建筑安装施工活动的单位（指分、子公司所属的各工程项目），其以总包或分包形式承担的施工项目、自筹基建工程项目，均属本细则审计范围。

第三条 工程项目实行从进场之日至竣工结算完毕的全过程审计监督制度。审计监察中心依法对工程项目经营活动的合法性、真实性和效益性进行审计监督与评估。

第四条 工程项目合同终结或变更解除工程项目承包，经过审计部门审计后项目经理才能离任，项目部才能解体。

第五条 对公司及分、子公司（以下统称单位）所属工程项目的审计，均由公司审计监察中心负责组织实施。

第六条 审计监察中心应注意收集国家和被审单位的有关法规、文件、资料进行审计时，工程项目部应根据审计通知要求向审计组提供文件、资料、报表，并对提供资料的真实、合法和完整性负责，审计组对出具的审计报告负责。

第二章　工程项目审计

第七条　工程项目审计是指从工程项目经营活动开始至项目竣工决算完毕，对其财务收支等各项经济活动的真实性、合法性和效益性进行的审计监督。

第八条　工程项目审计的主要任务是对下列事项进行审计监督：

（一）工程项目各项经济责任制的制定和执行情况。

（二）工程项目的各种经济合同订立及履行情况。

（三）工程项目的施工预算、竣工结算。

（四）工程项目的财务、物资管理情况。

（五）工程项目的经济效益。

（六）工程项目施工中严重违反财经法规、损害国家及企业利益的问题。

（七）工程项目施工中的其他问题。

第三章　审计的主要内容

第九条　工程项目经济责任制审计的主要内容包括：

（一）项目经济责任制的建立和执行情况。

（二）项目部机构设置、人员配置、制度规范及各项管理基础工作的建立和运行情况。

（三）项目管理目标执行及考核情况（主要是成本、质量、工期及文明施工是否按规定完成）。

第十条　经济合同审计的主要内容包括：

（一）工程总合同的订立和履行情况。

（二）工程分包合同的订立和履行情况。

（三）劳务分包合同的签订和履行情况。

（四）材料、设备采购合同的签订和履行情况。

（五）周转工具租赁合同的签订和履行情况。

（六）其他经济合同订立和履行情况。

第十一条　预结算审计的主要内容包括：

（一）工程所列项目是否与实际工程项目一致。

（二）工程计算是否符合施工图设计内容和施工说明的规定，计算公式是否符合定额规定的工程量计算规则。

（三）套用的单价是否正确，换算系数是否符合规定，安装工程定额外材料单价是否符合材料预算单价的规定。

（四）补充定额和补充单价的编制和计算是否正确。

（五）工程项目的取费率是否与合同一致，各项费用比例是否真实，计算基础和方法是否正确。

（六）材料结算时，是否按合同规定价格进行结算，材料用量是否超出预算的物料分析总量。

（七）工程项目竣工结算的编制及业主批复（计量）情况。

（八）变更工程设计。

（九）预留的尾工工程。

（十）施工图预算和施工预算编制是否完整、准确、及时，是否能够满足施工进度和管理的需要。

（十一）是否按规定及时编制已完工程月报并取得业主签认。

（十二）现场签证是否及时、完整、是否有业主代表签字、盖章。

第十二条 与分包单位工程预结算审计（在上述第十一条基础上）的主要内容包括：

（一）工程施工现场签证。

（二）工程价款是否控制在施工预算范围之内。

（三）分包队伍的取费标准是否与其资质相符，有无自立名目、自行定价、额外取费等问题。

（四）分包工程在工程量有争议或不明确的情况下，可待总结算结束后再与分包单位清算。

第十三条 工程项目成本审计的主要内容包括：

（一）成本开支是否真实、准确，有无少计、多列或虚增现象。

（二）工程项目结算收入与工程项目成本是否匹配。

（三）未完施工成本是否有对应的工程量。

（四）有无资本性支出计入工程成本，是否划清资本性支出与收益性支出界限。

第十四条 工程项目财务、间接费用审计的主要内容包括：

（一）资产、负债是否真实、合法，会计账户设置是否合理，总账与明细账是否相符，损益是否真实，有无弄虚作假、虚盈实亏问题。

（二）间接费用支出是否按计划执行，开支标准、范围是否符合会计规范和企业内部制度规定。

（三）债权债务是否及时清理，有无虚构债务隐匿收入，债权变现能力如何，坏账核销是否经过审批程序等。

（四）有风险抵押金单位，是否按规定交款到位，有无提前退还情况。

（五）竣工工程保修费是否符合合同规定并单独核算。

第十五条 工程项目税金审计的主要内容包括：

（一）计提工程结算税金及附加，所适用税种、税率是否符合法规规定。

（二）代扣代缴税金是否符合规定。

第十六条 工程项目资金审计的主要内容包括：

（一）是否按合同规定收取工程价款，是否及时与业主核对工程款的收付情况和甲供料领用情况。

（二）资金使用是否合理、合规，有无转移、侵占、挪用现象。

（三）有无非法集资现象。

（四）与分包单位的付款及结算是否严格按合同执行，有无超付现象。

（五）资金分配是否公平、公开，透明度如何。

（六）资金审批手续是否合规。

第十七条 内部控制制度审计的主要内容包括：依据国家和公司内部管理规定评价内控制度是否合理、健全、有效，是否存在无章可循、有章不循的现象。

第十八条 其他审计的主要内容包括：

（一）设备和材料等物资是否按合同、计划进行采购，有无超标准、超等级、超储积压等情况、是否账实相符。

（二）工程项目施工中有无违反国家和企业规定的事项。

（三）项目部解体前各项资料是否完整，是否办理了移交或归档手续。

（四）评审优质工程情况等。

第四章　审计方式和时限

第十九条 工程项目采取送达和就地审计的方式进行。

（一）对已竣工验收并已结算的施工项目采用送达审计方式，即被审计单位将审计要求提供的全部资料送达审计部门进行审计。

（二）对正在施工的项目和已竣工验收但未办理结算的项目采用就地审计的方式进行。

第二十条 审计时限。工程项目审计分为期间审计和终结审计。

（一）工程项目的终结审计。工程项目竣工验收且结算后，其项目部主管单位要按审计通知要求，准备资料，接受审计。

（二）工程项目的期间审计，分以下几种情况进行：

1.工作量在3 000万元以下、工期在一年之内的施工项目，待竣工验收结算后进行一次审计。

2. 工作量在3 000万元以上（含）10 000万元以下、工期在一年以上（含）两年以下的施工项目，在施工期间至少要进行一次期间审计。

3. 工作量在10 000万元以上（含）、工期在两年以上（含）的施工项目，要进行两次以上审计。

4. 对于工程项目在施工期间出现成本超支或非客观原因连续3个月不能正常运作的工程项目要及时进行期间审计。

第二十一条 施工项目的专项审计。审计监察中心可根据施工项目的管理情况，财经法规和内控制度的执行情况，以及有举报事项等对项目部进行专项审计。

第五章 审计程序

第二十二条 审计监察中心根据本单位年度工作重点和审计工作整体规模、单位申请及了解掌握的施工项目进展情况，制定施工项目审计计划。

第二十三条 审计监察中心根据批准的项目审计计划，制定项目审计实施方案，确定审计方式，提前向被审计单位或项目经理部下达审计通知书并组织实施审计。

第二十四条 被审计单位接到审计通知后，按照审计通知书要求如实提供或送达以下资料（以下内容也可以图表形式反映，具体内容按下达审计通知书要求）：

（一）机构设置、人员配置、岗位责任制及有关文件。

（二）《项目管理目标责任书》及施工项目管理过程中执行的有关经营管理制度。

（三）施工合同、补充协议及履行情况，合同、协议委托签订书。

（四）标书、现场签证及施工图预算和施工预算。

（五）业主签字、盖章的工程价款结算（计量）单及向主管单位统计报量情况。

（六）竣工验收后结算的编制情况和业主、审价部门的审核结果。

（七）进场至竣工结算批复后的全部会计报表、账簿、凭证。

（八）应收、预收、预付、应付账款和其他往来账的清理明细表。

（九）银行对账单和调节表。

（十）财务收支和资金收付计划。

（十一）工资、奖金发放表及主管单位对项目工资的批复情况。

（十二）与分包单位签订的《工程分包合同》《劳务分包合同》和施工验收结算单及分包结算书。

（十三）停工证、计时工证、施工任务单、估工任务单、协作队伍用工结算台账等。

（十四）设备、材料、配件的采购计划和采购合同、租赁合同，以及集体定点、定价的采购凭据。

（十五）设备、材料、配件的出、入库单及盘点明细表。

（十六）业主供料及水、电费等结算情况。

（十七）施工日志及质量返工损失和安全事故损失情况。

（十八）公司的检查情况和上次审计报告的落实情况。

（十九）其他与项目审计有关的资料。

第二十五条 工程项目审计结束，由审计组编制审计报告，并征求被审计单位（项目部）负责人意见。被审计单位（项目部）负责人应于收到审计报告之日起15日内核对审计事实，签具书面意见。

第二十六条 被审计单位（项目部）对审计报告有异议的，可在接到审计报告之日起10日内，向审计部门提出复审。

第二十七条 审计部门根据审计报告和被审单位（项目部）合理意见，出具“审计报告”，提交主管领导批复后，下达“审计意见书”“审计决定书”送达被审单位（项目部）。

第六章 附 则

第二十八条 本细则由公司审计监察中心负责解释。

第二十九条 本细则自发布之日起实施。

范本6 货币资金内部控制审计办法

第一章 总 则

第一条 为加强公司货币资金内部控制，规范公司内部审计人员开展货币资金内部控制审计，依据国家《企业内部控制基本规范》等有关法规及《审计监察工作管理制度》，结合公司实际情况，制定本办法。

第二条 本办法适用于公司及所属区域分公司、子公司（以下统称各单位）。

第三条 本办法所称货币资金，是指公司所拥有或控制的现金、银行存款和其他货币资金。

第四条 本办法所称货币资金内部控制审计，是指内部审计机构依据国家有关法律、法规和公司有关规定对公司货币资金内部控制的健全性、有效性进行监督与评价，为实现公司经济目标提供保证和服务。

第五条 货币资金内部控制审计的目的是引导公司加强货币资金内部控制，保证货币资金安全，提高货币资金使用效益。

第二章 货币资金内部控制审计的主要内容

第六条 各单位是否严格遵守国家相关法规，并建立货币资金业务内部控制制度，以保证货币资金业务的有序进行，防止、发现和纠正错误以及舞弊，保证货币资金业务会计记录的真实可靠。

（一）是否建立货币资金业务岗位责任制，明确相关部门和岗位的职责权限，确保办理货币资金业务的不相容岗位相互分离、制约和监督。

（二）是否建立货币资金授权审批制度，明确货币资金业务的授权批准方式、程序、控制措施以及审批人权限和责任等，规定经办人办理货币资金业务的职责范围和工作要求。

（三）是否严格执行《银行账户管理办法》《支付结算办法》《货币资金管理制度》。

（四）是否建立货币资金业务审核制度，包括货币资金支付复核、付款前对会计凭证的稽核以及公司内部定期或不定期的检查和评价等。

（五）是否严格执行货币资金支付的审核批准程序，有无擅自挪用。

（六）是否建立货币资金相关票据及印章保管、使用规定。

（七）是否严禁未经授权的部门、人员办理货币资金业务或直接接触货币资金。

第七条 现金的控制。

（一）库存现金的管理是否合规，超过库存限额的现金是否及时存入开户银行。

（二）是否确定了现金开支范围和限额；不属于现金开支范围或超过限额的业务是否通过银行办理转账结算。

（三）是否存在坐支现象。

（四）取得的现金收入是否全部及时入账，是否存在账外账、收款不入账现象。

（五）是否定期和不定期地进行现金盘点，确保现金日清月结。

第八条 银行存款的控制。

（一）是否严格按照规定开立银行账户，办理存取款和结算业务。

（二）是否定期检查、清理银行账户。

（三）是否对银行结算凭证的填制、传递及保管等环节进行管理与控制。

（四）是否存在套取银行信用行为；有无签发、取得和转让没有真实交易和债权债务的票据。

（五）是否建立银行票据使用登记台账。

（六）是否指定专人定期核对银行账户，按时编制银行存款余额调节表，并指派对账人员以外的其他人员进行审核；是否存在长期未达账项；对银行存款账面余额与银行对账单余额不符的情况是否及时查明原因，并进行处理。

（七）通过网上交易、电子支付等方式办理货币资金支付业务的，是否与承办银行签订网上银行操作协议，明确双方在资金安全方面的责任与义务、交易范围等；有无随意简化、变更支付货币资金所必需的授权批准程序；是否对网上交易、电子支付的不相容岗位进行了分离控制；操作人员的授权层级是否合理，有无越权现象。

第九条 票据及有关印章的管理。

（一）财务专用章与个人名章是否分开保管；是否存在一人保管支付款项所需全部印章的现象。

（二）对需要由有关负责人签字或盖章的经济业务与事项，是否严格履行签字或盖章手续。

第三章　货币资金内部控制审计的主要程序

第十条 审计人员应采取适当方法，了解公司货币资金内部控制情况并进行描述；对货币资金内部控制制度执行情况进行符合性测试。

第十一条 内部审计人员应根据审计结果对公司货币资金内部控制制度建立的适当性、风险的识别和规避、经营目标的实现及制度执行的有效性进行评价。

第十二条 内部审计机构应向主管领导报告货币资金内部控制审计结果，并出具审计报告。审计报告应说明审计的目的、发现的问题、审计结论、对公司货币资金内部控制的评价及改善货币资金内部控制的建议。

第十三条 内部审计人员应在必要时进行货币资金内部控制后续审计。

第四章　附　则

第十四条 本办法由公司审计监察中心负责解释。

第十五条 本办法自公司总经理办公会审议通过、发布之日起实施。

范本7　职工薪酬审计办法

第一章　总　则

第一条 为加强公司职工薪酬管理，规范公司审计人员开展职工薪酬审计，依据《内部审计基本准则》《审计监察工作管理制度》《薪酬管理制度》，结合公司实际情况，制定本办法。

第二条 本办法适用于公司及所属分、子公司（以下统称各单位）。

第三条 本办法所称职工薪酬，是指公司为获得职工提供的服务而给予各种形式的报酬以及其他相关支出，包括职工工资、奖金、津贴和补贴；职工福利费；医疗保险费、养老保险费、失业保险费、工伤保险费和生育保险费等社会保险费；住房公积金；工会经费和职工教育经费；非货币性福利；因解除与职工的劳动关系给予的补偿；

其他与获得职工提供的服务相关的支出。

第四条 本办法所称职工薪酬审计，是指内部审计机构依据国家有关法律、法规和公司有关规定对职工薪酬的真实性、合法性和有效性进行监督和评价，为实现公司经济目标提供保证和服务。

第五条 职工薪酬审计的目的是加强、改进和完善职工薪酬管理，提高职工薪酬管理水平，建立与现代企业制度相适应的职工薪酬决定机制与增长机制。

第二章 职工薪酬审计的主要内容

第六条 审核公司是否建立了职工薪酬制度，分析其内容是否全面，并评价其科学性、公平性。

第七条 审核公司是否建立了职工薪酬制度定期评价机制，检查其实施情况；并对其合理性和执行效果进行评价。

第八条 分析职工薪酬结构；检查绩效工资是否有明确的考核标准。

第九条 检查职工薪酬发放流程，评价其合理性以及与职工薪酬制度的符合性。

第十条 检查是否按时足额支付职工工资，评价职工工资水平。

第十一条 明确职工范围，检查是否与关联公司职工工资混淆列支。

第十二条 检查是否按照规定标准计提职工薪酬，是否存在超标情况。

第十三条 检查高级管理人员薪酬核准情况，并复核相关考核指标。

第十四条 检查职工薪酬分配方法的一致性，并与相关的成本、费用及资本化项目等核对。

第十五条 获取或编制职工薪酬明细表，复核加计是否正确；与财务报表、总账及明细账等进行核对，检查差异原因。

第十六条 检查职工薪酬发生额的异常波动，并分析原因。

第十七条 检查是否按国家、公司的相关法规、制度进行职工薪酬的确认及财务处理。

第十八条 检查职工缴纳个人所得税和公司代扣代缴个人所得税的情况。

第十九条 检查职工薪酬分配情况，判断资产负债表日应付职工薪酬余额的准确性及合理性。

第二十条 检查缴纳各项社会保险费和住房公积金的职工范围和金额；分析异常现象原因。

第二十一条 检查应付福利费是否据实列支。

第二十二条 检查各项非货币性福利是否有明确规定，是否有统一的范围、标准和实现方式。

第二十三条 检查应付职工薪酬在财务报表中的列报与披露是否恰当。

第二十四条 检查职工薪酬、工资发放统计台账及审批记录等管理资料，评价日常薪酬管理的规范性。

第二十五条 检查工资总额的相关内容。

工资总额是指企业在一定时期内直接支付给本企业全部职工的劳动报酬总额。工资总额的计算应以直接支付给职工的全部劳动报酬为根据，包括：计时工资，计件工资，奖金、津贴和补贴，加班加点工资，绩效工资，特殊情况下支付的工资。工资总额检查的主要内容包括：

（一）检查是否根据年度经济效益指标预计完成情况编制年度工资总额使用计划；有特殊情况须调整计划时，是否在规定时间报公司核批。

（二）根据公司批复的工资总额文件复核有关指标的完成情况，检查工资总额的计提及实际发放数额；检查是否将其分解至各所属单位。

（三）抽查项目部工资总额管理情况，判断各项目部工资总额是否纳入公司工资总额管理体系内。

（四）检查工资总额统计台账的登记是否准确、及时；与相关报表数是否一致，分析差异原因。

（五）检查工资总额核算与统计情况，判断以货币形式和非货币形式发放的工资性收入是否均在工资总额内列支，并纳入统计。

（六）检查工资总额的增长幅度是否低于经济效益（依据利润总额计算）的增长幅度；职工实际平均工资增长幅度是否低于劳动生产率（依据增加值计算）的增长幅度。

（七）检查人事行政中心是否定期与财务部门核对工资总额，评价两部门间工作的衔接和配合。

第二十六条 审计人员应在适当时间开展职工薪酬的后续审计，以利职工薪酬管理的改进和提高。

第三章 附 则

第二十七条 本办法由公司审计监察中心负责解释。

第二十八条 本办法自公司总经理办公会审议通过、发布之日起施行。

范本8 后续审计管理办法

第一章 总 则

第一条 为保证公司内部审计工作效果，提高内部审计工作质量，规范后续审计工作，促进企业发展，根据《内部审计基本准则》、《内部审计具体准则第8号——后续审计》及《审计监察工作管理制度》，结合公司实际情况，制定本办法。

第二条 本办法适用于公司及所属分、子公司（以下统称各单位）。

第三条 本办法所称后续审计，是指内部审计机构为检查被审计单位对审计发现问题所采取的纠正措施及其效果而实施的审计。

第四条 审计监察中心应适时安排后续审计工作，并将其作为年度审计计划的一部分。

第五条 根据审计发现问题的重要程度、已取得的纠正措施执行情况等信息，确定是否单独进行后续审计或作为下次审计的部分内容。

第二章 主要程序

第六条 后续审计可采取送达审计和就地审计两种方式；在满足后续审计工作质量的前提下，经审计监察中心同意，亦可采取其他审计方式。

第七条 当被审计单位基于成本或其他考虑，决定对审计发现的问题不采取纠正措施，并做出书面承诺愿意承担相关责任时，审计监察中心应向公司董事长报告。

第八条 后续审计实施程序：

（一）内部审计机构根据经批准的后续审计计划，确定后续审计项目，组成审计组，编制审计方案，实施后续审计。

（二）编制后续审计方案时应考虑以下因素：

1.审计决定和建议的重要性。

2.纠正措施的复杂性。

3.落实纠正措施所需要的时间及其他成本。

4.纠正措施失败可能产生的影响。

5.被审计单位的业务安排和时间要求。

（三）审计监察中心应在实施后续审计5个工作日前向被审计单位送达审计通知。

（四）审计人员根据后续审计方案，运用审核、观察、监盘、询问、函证、计算和分析性复核等方法，获取充分、相关、可靠的审计证据，编制审计工作底稿。

（五）审计人员实施后续审计后，应归集审计工作底稿，并与被审计单位进行审计结果沟通。被审计单位如对审计结果持有异议，审计项目负责人及相关审计人员应进行研究、核实。

（六）经过必要沟通后，审计监察中心出具后续审计报告。

第三章 附 则

第九条 本办法由公司审计监察中心负责解释。

第十条 本办法自公司总经理办公会审议通过、发布之日起施行。

范本9 经济责任审计管理办法

第一章 总 则

第一条 为加强对公司各职能部门和所属分、子公司（以下统称单位）负责人的监督管理，规范经济责任审计工作，客观评价单位负责人任职期间的经营业绩及经济责任，促进企业加强和改善经营管理，保障资产安全。根据国家有关法律法规，结合公司实际情况制定本办法。

第二条 本办法适用于公司及分、子公司。

第三条 本办法所称经济责任审计，是指依据国家规定的程序、方法和要求，通过对单位负责人任职期间所在单位的资产、负债、权益和损益的真实性、合法性、效益性，重大经营决策等经济事项，以及执行国家有关法律法规和公司规章制度情况的监督和评价，对公司法定代表人任职期间经济责任履行情况进行评价的审计活动。

第四条 单位负责人离任或任期届满，应依据国家有关法律法规和本办法规定，组织开展经济责任审计工作。在坚持“离任必审、届满必审”的同时，强化任中经济责任审计，对任期中的单位负责人，根据需要安排进行经济责任审计。对发生重大财务异常情况的单位进行专项经济责任审计。

第二章 经济责任审计工作组织

第五条 经济责任审计，按照单位负责人管理权限和公司产权关系，依据“统一要求、分级负责”的原则组织实施。

第六条 公司应加强对经济责任审计工作的领导，根据国家有关法律法规，制定经济责任审计工作制度。

第七条 经济责任审计应当有计划地进行。由审计监察中心牵头，组织相关部门提出下一年度经济责任审计（离任、任中等）建议，经公司主管领导审定后，纳入审计机构年度审计工作计划并组织实施。

第八条 开展经济责任审计，可由公司内部审计人员实施，亦可聘请具有相应资质的社会中介机构实施。

第九条 在经济责任审计中，财务基础审计范围应当遵循重要性原则，纳入经济责任审计范围的资产量应不低于被审计单位资产总额的70%，户数不低于总户数的50%。对出现财务状况异常的子公司必须纳入审计范围，其他子公司可视不同情况确定审计范围。

第十条 公司领导班子成员离任或任期届满，可根据董事会要求进行经济责任审计。公司主要业务部门、直管项目部及分公司负责人的任期经济责任审计比照本办法执行。

第三章 经济责任审计内容

第十一条 根据国家有关规定及公司经营管理需要，单位负责人经济责任审计主要包括以下内容：

（一）单位财务收支的真实、合法和效益情况。

（二）单位有关内部控制制度的建立和执行情况。

（三）任职期间单位经营绩效情况。

（四）任职期间单位资产、负债的真实性、完整性。

（五）任职期间对单位有关经营活动和重大经营决策负有的经济责任。

（六）单位执行国家有关法律法规情况等。

第十二条 单位经济责任审计要认真检查负责人及单位执行国家有关法律法规和决策部署情况；制定和执行重大经济决策情况；与领导干部履行经济责任有关的管理、决策等活动的经济效益、社会效益和环境效益情况等。

第四章 经济责任审计程序

第十三条 审计监察中心应当根据年度经济责任审计工作计划，组成审计组并实施审计。

第十四条 审计监察中心应当在实施审计5个工作日前通知被审计单位。被审计单位应当按照通知要求做好相关准备工作，如实提供有关资料，并对所提供资料的真实性、完整性做出书面承诺。

第十五条 一般情况下，经济责任审计应成立审计组，审计组组长由公司主管审计工作领导担任，副组长由审计监察中心负责人担任，审计组成员由审计监察中心人员及接受委托的会计师事务所等人员组成。审计组在进入现场审计前，应进行专业的业务技能及保密事项培训，规范审计行为。

第十六条 审计监察中心实施经济责任审计时，应当召开有审计组主要成员、被审计人及其所在单位有关人员参加的进点会议，安排审计工作有关事项，被审计人应进行任期工作述职。审计机构实施经济责任审计，应当进行审计公示。

第十七条 审计组按照审计方案，对被审计单位内部控制制度，会计凭证、账表，实物资产及涉及公司经营活动的各类信息资料进行审查核实，编制审计工作底稿。

第十八条 审计组在经济责任审计过程中，也可采取向有关单位、个人进行调查、访谈等方式，充分听取单位各部门和职工反映的情况和意见。

第十九条 审计组实施审计后，应向审计监察中心提交审计报告，并征求被审计单位及被审计人意见。被审计单位和被审计人应于收到审计报告之日起10个工作日内反馈书面意见，在规定期限内未反馈书面意见，视为无异议。

第二十条 审计监察中心根据审计报告和被审计人的合理意见，出具审计意见书或决定书，报送公司领导；提交委托审计单位；送达被审计单位及被审计人。

第五章 审计评价和结果运用

第二十一条 经济责任审计应当根据审计查证或者认定的事实，依据国家有关法律法规和经营绩效评价政策规定、公司有关规章制度和责任制考核目标等，对被审计人履行经济责任情况做出客观公正、实事求是的评价。审计评价应当与审计内容相统一，评价结论应当有充分的审计证据支持。

第二十二条 经济责任审计应对单位负责人履行经济责任过程中存在问题应当承担的直接责任和主管责任做出界定。

（一）直接责任是指法定代表人因对主管的资产经营活动和财务管理事项未履行或未正确履行职责，致使公司经营管理不善，或由于决策失误而事后又处理不力以及违规操作等，造成所在公司经济损失或经济效益下降所应负的经济责任。

（二）主管责任是指法定代表人在其任期内对所在公司资产和财务状况及有关经济活动应当负有的直接责任以外的领导和管理责任。

第二十三条 负责人应对下列行为负直接责任：

（一）直接违反法律法规、国家有关规定和单位内部管理规定的行为。

（二）授意、指使、强令、纵容、包庇下属人员违反法律法规、国家有关规定和单位内部管理规定的行为。

（三）未经民主决策、相关会议讨论而直接决定、批准、组织实施重大经济事项，并造成重大经济损失浪费、国有资产（资金、资源）流失等严重后果的行为。

（四）其他应当承担直接责任的行为。

第二十四条 经济责任审计的结果，应作为对单位负责人考核、任免、奖惩的重要依据且根据需要可在公司范围内进行公布。经济责任审计结果报告应归入被审计人本人档案。

第二十五条 对于在经济责任审计工作中，发现因经济决策失误给单位造成重大损失，或者单位资产状况不实、经营成果虚假等问题，应当视其影响程度相应追究有关负责人责任，并予以经济处罚。

第二十六条 公司应根据经济责任审计工作所反映出的有关管理问题，及时加强整改工作，堵塞管理漏洞。应当建立健全经济责任审计情况通报、审计整改以及责任追究等结果运用制度，探索和推行经济责任审计结果公告制度。内部审计机构应对有关整改工作进行后续跟踪审计。

第二十七条 在经济责任审计工作中，发现单位负责人有严重违规违纪问题的，应移交有关管理机构予以处理；发现公司领导班子成员中有严重经济问题的，经董事长批准后，移送司法部门处理。

第六章 罚 则

第二十八条 被审计单位负责人或所在单位拒绝、阻挠经济责任审计，或拒绝、拖延提供相关资料或证明材料的，应当责令其改正或给予警告，并对负有直接责任的主管人员和直接责任人给予行政或纪律处分。

第二十九条 被审计单位负责人或所在公司转移、隐匿、篡改、伪造、毁弃有关经济责任审计资料的，对负有直接责任的主管人员和直接负责人给予行政或者纪律处分；涉嫌犯罪的，依法移送司法机关处理。

第三十条 打击报复或者陷害检举人、证明人、资料提供人和审计人员的，责令其改正，并给予行政或纪律处分；给被害人造成损失的，依法予以赔偿；涉嫌犯罪的，依法移送司法机关处理。

第三十一条 审计人员利用职权谋取私利、徇私舞弊、玩忽职守、索贿受贿和泄漏国家机密或商业秘密的，应当给予行政或纪律处分；涉嫌犯罪的，依法移送司法机关处理。

第七章 附 则

第三十二条 本办法由公司审计监察中心负责解释。

第三十三条 本办法自公司总经理办公会审议通过、发布之日起实施。

范本 10 合同专项审计管理办法

第一章 总 则

第一条 为加强公司合同内部控制，规范公司内部审计人员开展合同专项审计，依据国家《企业内部控制基本规范》等有关法规及《审计监察工作管理制度》，参考《中华人民共和国民法典》等法律法规的相关规定，结合公司实际情况，制定本办法。

第二条 本办法适用于公司及所属分、子公司及项目部（以下统称各单位）。

第三条 本办法所称合同专项审计是指内部审计机构和人员对合同的签订、履行、变更、终止过程及合同管理进行独立客观的监督和评价活动。

第四条 通过合同审计，有助于完善合同条款；有助于强化企业内部控制机制，加强相关业务部门责任；有助于确保合同合法合规，避免或减少经济纠纷，防范合同风险；有助于依法维护合同当事人的合法权益。

第五条 本办法适用于公司内部各类组织或其关联组织的内部合同审计机构、内部合同审计人员及其从事的合同审计活动。

第二章 主要程序

第六条 审计范围。

（一）各单位的全部合同（除售房合同、劳动用工合同外）。

（二）各单位对外信函、文件、通知、招（邀）标书、承诺书、委托书以及其他具有要约、承诺性质而涉及公司责任承担的对外文书。

第七条 合同审核事项。

（一）订立合同的主体是否有合法资格。

（二）订立合同是否遵守合法性原则（内容合法、形式合法、程序合法、有法定业务范围）。

（三）合同是否遵守公平自愿、平等互利、协商一致的原则。

（四）合同条款是否填写齐全，语言文字及句法格式是否准确，公司利益是否得到保护。

（五）重点审计内容：供方单位、法人姓名、住所、标的、数量、质量标准、包装要求、验收方式和依据、价款或酬金、付款方式、履行期限、地点和方式、违约责任和索赔方法、解决争议的方法、合同生效、中止、补充、变更、解除、终止约定事由等条款，如有不当应及时向合同经办部门提出。

第八条 合同审计实施程序。

（一）合同的订立。

1.检查所抽取合同在订立方面的规范性：

（1）合同形式是否符合相关法律、行政法规的要求。

（2）合同的内容是否完整，确定合同主要条款有无遗漏，各条款内容是否具体、明确、切实可行，避免因合同条款不全或过于简单、抽象，给合同履行带来困难。

2.审查合同价款是否合理，与同行业或者市场价进行比较，是否存在价格过高过低的异常现象。

3.审查订立合同一方的资质是否符合合同要求。

4.审查合同条款内容的变更。

（二）合同的内控制度。

1.合同审批流程的审计：

（1）检查合同制定后是否经过相关部门的审查（法务部），查看审查记录。

（2）抽取合同，查看合同签订时是否主要负责人都已阅览并做批复，查看合同批复。

2.合同管理制度的审计：

（1）检查企业合同专用章、公章的保管。

（2）检查合同台账的建立，抽查合同台账。

（3）检查合同的分类专项管理，进行实地检查。

（4）检查合同存档情况。

（三）合同履约情况的审计。

1.合同是否得到执行。

2.合同的执行情况：执行上是否有偏差。招投标文件与合同内容是否一致。确认合同关键条款（承包范围、工期、合同价、付款等）是否与招投标内容一致，查找偏差产生的原因，判断偏差是否合理。

3.合同的后期处理：查看后期合同是否存在违约、违约的原因及违约处理结果。

（四）专项合同通用内容的审计。

1.检查合同当事人的法人资质、合同内容是否符合相关法律和法规的要求。

2.检查合同双方在资金、技术及管理等方面是否具备履行合同的能力。

3.检查合同的内容是否与招标文件的要求相符合。

4.检查合同条款是否全面、合理，有无遗漏关键性内容，有无不合理的限制性条件，法律手续是否完备。

5.检查合同是否明确规定甲乙双方的权利和义务。

6.检查合同是否存在损害国家、集体或第三者利益等导致合同无效的风险。

7.检查合同是否有过错方承担缔约过失责任的规定。

8.检查合同是否有按优先解释顺序执行合同的规定。

（五）合同变更的审计。

1.检查合同变更的原因，以及是否存在合同变更的相关内部控制。

2.检查合同变更程序执行的有效性及索赔处理的真实性、合理性。

3.检查合同变更的原因以及变更对成本、工期及其他合同条款的影响的处理是否合理。

4.检查合同变更后的文件处理工作，有无影响合同继续生效的漏洞。

第九条 合同管理审计主要采用审阅法、核对法、重点追踪审计法等方法。

第三章 附 则

第十条 本办法由公司审计监察中心负责解释。

第十一条 本办法自公司总经理办公会审议通过、发布之日起施行。

Construction Companies

Standards and Criterion of Internal Control & Financial Management

15

运营管理

随着我国建筑工程市场化竞争的日益激烈，建筑施工企业需要以更高、更强的营运管理水平为市场提供造价低、质量高、工期短的建筑产品，才能继续保持在市场中所占的份额。为明确各类组织管理、明确各责任主体和人员的职责与工作关系，规范生产运营管理行为，根据企业长期建筑施工营运管理经验，制定运营管理相关制度，以确保公司生产经营日常管理工作的科学化和规范化。

范本1 工程项目基本管理办法

第一章 总 则

第一条 为全面推进公司工程项目的管理工作，提高项目管理水平，促进项目管理的科学化、规范化，从而提高公司的经济效益和社会形象，适应市场经济发展的需要，特制定本办法。

第二条 本办法是根据国家工程项目管理的有关规定，结合公司工程施工项目管理实际，进一步明确项目管理的重点，规范项目管理行为，确定公司与项目管理职责和工作关系，考核和评价经营目标责任人和项目部的基本办法。

第三条 项目管理对公司而言，是包括从市场获取项目、商签施工合同到组织实施合同，以项目为管理对象，实行项目经营目标责任人负责制和项目成本核算制，建立项目管理机构，进行生产要素的合理配置，实现项目的质量、工期、成本等目标的全过程管理。

第四条 项目既是公司的效益源头，又是公司成本控制中心及社会形象的窗口。公司的管理机构和各项管理工作必须适应以项目管理为基点，围绕项目管理进行相应改革。

第五条 项目管理要坚持公司是利润中心，项目是成本中心的原则，坚持项目管理机构一次性的原则。防止机构固化，利润下移，沉淀生产要素。

第六条 项目均应实行经营目标责任人负责制及项目成本核算制。

第七条 本办法适用于公司、各区域分公司、子公司的全部项目。

第二章 项目管理的实施

第八条 推进项目管理的工作由公司总经理全面负责。

第九条 实行项目管理，即实行：

（1）公司内部生产要素市场化。

（2）管理层与劳务层分离。

（3）劳务分包队伍社会化、专业化。

（4）项目开发部门对合同、成本计划一贯制。

（5）项目管理责、权、利统一。

（6）项目部以获得利润空间为主。

（7）项目部奖励与成本降低挂钩为主。

（8）公司各项管理制度与项目管理适应。

（9）公司管理机构的设置与项目管理相适应。管理部门具有健全的、对运行过程指导监督、检查和考核的管理职能。

（10）公司管理机构的设置与项目管理相适应。管理部门具有健全的、对运行过程指导监督、检查和考核的管理职能。

第十条 公司应建立社会分包队伍的选择、准入和淘汰机制，建立分包劳务公司的储备名单，并进行动态管理。

第十一条 经营目标责任人对实施过程中的合同和成本计划执行进行监控，以确保项目实现赢利目标、对公司负责。其主要职责包括：

（一）代表公司签订施工合同，变更、补充合同，或审查变更补充合同。

（二）代表公司商签主要分包合同，重要变更、补充合同，或审查主要分包合同。

（三）负责项目目标成本计划，变更、修订目标成本计划。

（四）牵头制订“项目管理目标责任书”。

（五）牵头组织项目经理招议标选聘工作。

（六）对执行项目合同和成本计划进行监控。

（七）实现公司下达的赢利计划。

第十二条 根据公司实际，制定与本办法配套的实施细则和专项管理制度，主要专业管理制度详见公司相关制度。

第十三条 主要专业管理制度包括：

（一）项目部财务管理办法。

（二）劳务用工管理办法。

（三）项目部机械设备管控办法。

（四）生产安全管理制度。

（五）项目部安全、文明、CI标准化管控办法。

（六）项目检查管理办法。

（七）工程项目部组织架构标准。

（八）工程项目质量管理基本制度。

第十四条 “项目管理目标责任书”要根据项目的具体情况编制，但原则上应符合本办法规定的基本责、权、利关系。

第十五条 公司的管理层与项目的关系应符合以下规定：

（一）公司管理层应制定和健全项目管理制度，使项目部做到有章可循，管理规范。

（二）公司管理层应加强计划管理与协调，保持资源的合理配置和有序流动。

（三）公司管理层应按公司管理制度对项目管理进行事前指导、过程监督、结束考评。

第十六条 公司管理制度应明确何种规模、何种类型的项目必须由公司组建经理部并进行管理。

第三章 经营目标责任人

第十七条 经营目标责任人是项目实施全过程的组织者、管理者、执行者，是项目生产要素合理投入、优化组合和项目经营的总负责人，是实现项目管理目标的第一责任人。

第十八条 经营目标责任人的任职资格和基本条件包括：

（一）必须取得“建造师注册证书和执业印章”。

（二）具有符合项目施工管理要求的组织、指挥、协调能力。

（三）具有相应的施工管理经验和经营管理知识。

（四）具有项目经营管理有关的经济政策和法律、法规知识。

（五）具有良好的职业道德品质。

（六）身体健康。

（七）公司工程管理中心规定的其他条件。

第十九条 经营目标责任人的主要职责包括：

（一）代表公司实施项目管理，贯彻国家的法律法规和强制性标准。贯彻执行企业的管理制度，维护企业的合法权益。

（二）履行公司与业主签订的项目施工合同和与分包商签订的分包合同，履行“项目管理目标责任书”规定的任务。

（三）组织编制项目施工组织设计，制订工期、质量、成本、安全、文明施工等各项措施计划，并组织实施。

（四）控制进入项目的生产要素，并进行优化配置和动态管理。

（五）组织制定项目部的岗位责任制和落实公司有关项目管理的规章制度并实施。

（六）协调与业主、分包、监理、协作单位及公司管理层和有关政府部门的关系，及时解决出现的问题。

（七）经营目标责任人是工程进度的第一责任人，负责建立项目进度管理体系和进度管理责任制等进度管理制度，组织编制项目年、季、月施工计划并组织实施。

（八）经营目标责任人是项目质量的第一责任人，负责建立项目质量管理体系及质量管理制度，执行公司质量管理体系文件。

（九）经营目标责任人是项目成本的第一责任人，负责建立项目成本管理和成本责任制等成本管理制度，并负责实施。

（十）经营目标责任人是项目安全生产的第一责任人，负责建立项目安全生产管理体系和安全生产等安全规章制度，并组织实施。

（十一）组织项目收尾、竣工验收、工程交接、竣工决算、价款回收、债务清算。

（十二）落实公司有关项目报表制度，项目部及时向公司报送规定的各种报表。定期向公司汇报项目情况，及时报告重大事项。

（十三）经营目标责任人是工程款回收的第一责任人，应及时回收资金，减少资金的占用。

（十四）组织及时收集整理竣工验收资料及工程经济、技术资料，项目结束时交公司归档。

（十五）接受公司对项目的监督，配合公司对项目的检查，协助公司进行项目评奖申报工作。

（十六）经营目标责任人是良好公司形象在项目体现的第一责任人，负责项目的文明工地建设及项目人员的思想政治工作和精神文明建设工作。

（十七）项目后续工程跟踪和信息反馈。

（十八）项目结束后全面总结和善后处理。

第二十条 经营目标责任人权限。

（一）了解项目全面情况。

（二）参与调查了解分包情况，选择主要分包商，参与主要分包合同商签。或根据公司授权和公司有关规定选择分包商，商签分包合同。

（三）组织项目部，按公司有关规定，设置项目管理机构，选择竞聘上岗的管理人员及对项目管理人员的提名。

（四）在批准的流动资金额度内和工程款的收支范围内，按公司批复的预算范围决定资金在项目内的使用。

（五）按公司《经营业绩考核制度》《员工考核评价管理暂行办法》规定，决定项目管理人员的考核。

（六）按授权及公司物资供应、租赁程序文件行使采购、租赁权。

（七）在法人授权范围内，按公司有关规定，代表公司与业主商签项目执行文件和来往函件，以及修改、补充施工合同。

（八）行使项目全面的组织、指挥、协调、管理权。

（九）公司法人代表的临时、专项授权。

第二十一条 经营目标责任人利益。

经营目标责任人工资及奖金参照公司《经营业绩考核制度》《员工考核评价管理暂行办法》《薪酬管理制度》执行。

第二十二条 经营目标责任人任命。

（一）经营目标责任人实行任命制和竞争上岗聘任制两种选聘方式。公司应积极创造条件，逐步实行公平、公开竞争，招标或议标择优选择。

（二）经营目标责任人必须满足任职资格和基本要求。

（三）经营目标责任人由经营目标责任书确认。

（四）经营目标责任人任职期间不得兼任其他与项目无关的岗位职务。

（五）项目终结或终止，经营目标责任人的任命自然终止。

第二十三条 经营目标责任书。

对经营目标责任人管理目标的下达、管理范围的界定、与公司管理层衔接关系、授权范围、奖罚办法等，要根据具体不同项目，分别制订“经营目标责任书”，并由企业法人代表或其授权人与经营目标责任人签字后执行。作为公司为项目提供基本条件、经营目标责任人管理项目以及公司考核项目的重要依据。

第二十四条 经营目标责任人离任条件。

（一）工程竣工验收，并办理工程移交。

（二）工程结算办理完毕。

（三）回收工程款达合同到期应收款90%以上，欠款履行完债权手续。

（四）对外债务核实并确认。

（五）施工设备、周转材料退场完。

（六）现场大临设施清理。

（七）办公、生活用具等资产清理完毕。

（八）工程技术、经济资料归档移交完。

（九）项目管理人员办理完工作关系转移手续。

（十）完成工程项目总结报告。

（十一）项目考核审计完成。

第二十五条 经营目标责任人中间解聘。

（一）健康原因不宜留任。

（二）管理原因造成工程严重拖期。

（三）安全质量发生重大责任事故。

（四）工程成本管理不力，成本不清、不实，与项目目标成本相比超支，潜在风险大。

（五）有较严重违规违纪行为。

（六）存在解聘的其他原因。

第四章 项目部管理

第二十六条 项目必须在施工现场设立项目部，由经营目标责任人直接领导，公司各职能管理部门按照制度规定进行事前指导、过程监督检查、结束时考核。

第二十七条 项目部由经营目标责任人组建。

第二十八条 一个项目只能设置一个项目部，不得多重设置或平行设置。分包只能设立为完成分包工程管理且服从项目部指挥的项目分部。项目部与分包通过经济合同明确责、权、利关系。

第二十九条 项目部的管理部门按精干效能的原则，根据项目的规模和专业的复杂程度设置。管理部门及岗位的设置要覆盖项目的全部管理业务。

第三十条 项目无论大小，项目部必须设置技术负责人岗位。

第三十一条 大型项目的项目部经营目标责任人可以聘任项目经理，对项目部的日常事务进行管理。经营目标责任人聘用的专职项目经理应当报区域分公司审核、备案。

项目部经理在经营目标责任人的授权范围内，代行经营目标责任人的权限对项目部进行管理。

第三十二条 特大型项目的项目部须设立党的专职或兼职负责人。负责项目的思想政治工作和精神文明建设，对实现项目目标和廉政建设起监督保证作用。

第三十三条 项目部各管理部门由经营目标责任人明确划分职责，建立健全各项业务管理制度，使各项业务流程相互衔接。

第三十四条 项目部的人员按少而精的原则配备。

项目部人员配备详见公司《工程项目部组织架构标准》。

第三十五条 项目部购置固定资产均应报请公司相关部门批准，并由公司财务管理中心物资部或财务部管理，项目完结或不用时移交公司。

第三十六条 项目部不得将资产外借。

第三十七条 项目部应在项目经理的主持下运行。

（一）组织学习项目部的规章制度，并随时检查执行情况，及时改进管理。

（二）对管理人员责任目标进行检查、考核、奖罚。

（三）对合同进行管理，加强签证和索赔。

（四）对分包实施合同管理，加强控制与协调。

第三十八条 项目部的解体条件。

（一）工程已完成竣工验收，且回收按合同约定完成时的工程款比例。

（二）与分包人已完成结算、确定债务。

（三）与业主已签订“工程质量保修书”。

（四）与公司有关部门办理了交接手续。

（五）现场清理完成。

第五章　项目进度控制

第三十九条 项目进度控制应以实现施工合同约定的竣工日期为最终目标。

第四十条 项目进度控制应以经营目标责任人为责任主体，组成由物资供应人员、分包负责人等参加的项目进度控制体系。

第四十一条 项目应根据开、竣工日期编制施工进度计划。施工进度计划应包括总进度计划和单位工程施工进度计划。

第四十二条 项目的施工进度计划应通过编制年、季、月等施工计划实施。

第四十三条 分包人应根据项目施工进度计划编制分包工程进度计划并组织实施。项目部应将分包工程施工进度计划纳入项目进度计划控制的范畴。

第四十四条 当业主落实的施工条件和资源供应等与合同不一致而不能满足施工进度要求时，应及时取得业主的签证，得不到及时签证也要做好相关记录，保存好相关证据以便对延误工期和经济损失进行索赔。

第四十五条 当实际进度已偏离进度计划较大时，应及时进行计划进度的调整，并编制调整后的进度计划。

第六章　项目质量控制

第四十六条 项目质量控制应按GB/T 19001 — 2000 idt ISO9001：2000《质量管理体系 要求》和企业质量管理体系的要求进行。

第四十七条 项目质量控制应坚持“质量第一，预防为主”的方针和满足技术标准及合同要求。执行公司的质量管理规章制度。

第四十八条 项目部应建立项目质量责任制。经营目标责任人应对项目质量控制负责。过程质量控制应由每一道工序和岗位的责任人负责。

第四十九条 分包工程的质量应由分包人向经营目标责任人负责，经营目标责任人应对分包人的工程质量向业主承担连带责任，分包人应接受项目部的质量管理。

第五十条 经营目标责任人应主持编制项目的质量计划，质量计划应体现从工序、分项工程、分部工程到单位工程的过程控制，从资源投入到完成工程质量最终检验和试验的全过程控制。质量计划应成为对外质量保证、对内质量控制的依据。

第五十一条 质量管理人员应按分工实施质量的控制，并按规定保存记录。

第七章 项目安全控制

第五十二条 项目的安全控制必须坚持“安全第一，预防为主，综合治理”的方针，项目部必须贯彻执行国家和行业的安全法律、法规并建立项目安全管理体系和安全生产责任制，以及执行公司的安全生产规章制度，项目经理是安全生产的总负责人。

第五十三条 项目部应依据项目特点制定安全技术措施，根据施工中的不安全因素和管理缺陷进行相应的安全控制。

第五十四条 实行分包的项目，由经营目标责任人全面负责，分包人向经营目标责任人负责，并服从对施工现场的安全管理。

第五十五条 项目部必须执行施工安全生产的教育制度和培训制度，未经施工安全生产教育和未培训持证的人员不得上岗作业。

第五十六条 项目部必须为从事危险作业的人员办理人身意外伤害保险。

第五十七条 项目部应根据项目安全生产目标的要求，在开工前编制安全生产措施计划，经项目经理批准后实施。根据安全措施计划配置必要的资源，保证安全目标实现。

第五十八条 项目部应根据安全生产责任制的要求，把安全生产责任目标分解到岗，落实到人。

第五十九条 项目部对分包管理的安全生产责任制应包括：

（一）审查分包人的安全施工资格。

（二）审查分包人的安全生产保证体系。

（三）在分包合同和安全协议中明确分包人的安全生产责任和义务。

（四）对分包人提出安全管理要求，并认真监督检查。

（五）对违反安全生产规定的分包人，应令其限期整改。

（六）统计分包人的伤亡事故，按规定上报。

（七）按合同约定协助分包人处理伤亡事故。

第六十条 项目部的技术负责人或分包人确定的技术负责人必须负责组织将工程施工技术和安全技术措施向承担施工作业的负责人、工长、班组长和相关人员进行交底，并保存双方签字确认的安全技术交底记录。

第六十一条 经营目标责任人应组织项目部定期对安全措施计划的执行情况和现场施工安全情况进行检查考核和评价，对施工中的不安全行为和隐患，应分析原因，并制定相应的整改防范措施。追踪这些整改措施的落实情况，直接消除不安全行为和隐患。

第八章 项目成本控制

第六十二条 公司应建立健全并赋予项目部为项目成本控制中心的功能和机制，经营目标责任人承担的成本责任和风险应在“经营目标责任书”中明确。

第六十三条 公司根据成本与合同价分离的原则，或根据工程实物量、本公司的定额水平和项目当地的物价水平或其他有效的方法编制项目的预算成本，下达给项目部执行。遇合同有重大变动时，预算成本由公司调整。

第六十四条 项目部应建立以经营目标责任人为中心的成本控制体系，按内部岗位进行成本责任分解，明确成本责任。严格成本开支范围和限额。

第六十五条 采用施工图预算法的工程项目，项目部应按施工图和变更及其技术要求以及合同规定，认真组织编制施工图预算，防止遗漏项目收入。

第六十六条 项目部通过编制项目施工组织设计、制定成本降低措施，编制施工预算确定项目部的计划成本。计划成本应低于公司下达的预算成本。

第六十七条 项目部应按工程部位进行项目成本分解，为分部分项工程的成本核算提供依据。

第六十八条 项目部应按照公司《工程项目财务管理办法》等管理制度的规定，在公司财务管理中心、区域分公司财务部的指导下，建立施工成本管理体系。真实、完整、及时、准确地记录材料成本、劳务成本、机械成本、管理费等的发生，并妥善保管和报送相应的原始资料。

（一）建立原材料收发存的验收、领用制度，保证账证、账账、账实相符。

（二）建立劳务成本发生记录制度，保证劳务结算金额的可靠、准确。

（三）建立机械使用记录制度，保证机械使用费结算金额的可靠、准确。

（四）建立成本费用报账制度，保证各项施工管理费准确、完整、及时地报送至财务部门。

第六十九条 项目部应定期（最长不超3个月）对实际发生的施工成本进行分析：

（一）实际成本与预算成本的比较。

（二）施工成本与预算成本差异的原因。

（三）改进施工成本管理的措施。

第七十条 项目部应按照公司《纳税事务管理办法》的规定做好纳税事务，保证所有成本费用票据合法、准确，严禁虚开增值税发票。

第七十一条 项目竣工结算并对项目剩余物资（含临建）处理或清理作价后，进行最终工程成本核算，与预算成本比较，做出项目成本分析。

第九章 项目现场管理

第七十二条 项目部应认真搞好施工现场管理，做到文明施工、安全有序、清洁卫生，不污染周边环境。

第七十三条 项目部应负责现场文明管理的总体策划和部署。在现场的醒目位置设置统一设计的标准的工程标示牌，介绍工程名称、规模、业主、承包人、工期等。并具体执行当地行政主管部门的有关要求和规定。

第七十四条 各分包人应在项目部的指导和协助下按分区划块的原则，搞好各自施工区域的现场文明形象管理规划和实施，并接受项目部监督、管理与协调。

第七十五条 项目部应结合施工条件和主要施工进度的要求，认真进行平面图的规划、设计、布置、使用和动态管理。

第七十六条 项目部应建立施工环境监控体系，对施工噪音、粉尘、有害气体、污水等进行监控整改。

第七十七条 现场应设立围墙、门卫、必要的警卫，负责施工现场的保卫工作。

第七十八条 现场应建立消防制度、防火警报系统和灭火系统，并保持设施完好。

第七十九条 施工人员宿舍应尽量远离工地，食堂、厕所、饮用水应符合卫生要求。

第八十条 项目部应对现场文明施工情况和生活区的安全、防火、卫生情况进行定期检查、考评。

第十章 项目合同管理

项目合同的管理按照公司《合同管理制度》执行。

第十一章 项目信息管理

第八十一条 项目信息包括项目在管理过程中形成的文字材料、数据、表格、图纸、技术资料以及音像等材料。

第八十二条 项目部应及时收集、整理信息，并将信息准确地传递给使用部门、单位及人员。

第八十三条 项目部收集整理管理项目范围内的信息。项目分包人应负责分包范围内的信息收集、整理，项目部负责汇总。

第八十四条 项目部应配备专职或兼职的信息管理员。信息管理员应经过有资质的单位培训。

第八十五条 项目部应使项目管理信息系统目录完整，层次清晰，结构严密，重要信息即时存入计算机，原件存档。

第八十六条 项目部要在项目设计、施工准备、施工过程、项目管理的各项业务信息、结算信息、统计信息等之间建立良好的接口，做到收集信息渠道畅通，信息资源共享。

第十二章　项目生产要素管理

第八十七条 项目部应根据合同确定的施工进度计划和工程特点在编制施工组织设计时，编制劳动力需求计划、主要材料和大宗材料供应计划、施工机械使用计划、资金需求计划以及技术准备工作计划。

第八十八条 劳动力需求计划通过劳务分包和专业分包来实现。对劳务分包单位或专业分包单位的资信、业绩、实力、劳动力素质、管理控制能力进行调查，确认其资质。劳务分包单位或专业分包单位的确定，应从已确认资质的单位中尽可能采用竞标方式择优选用。

第八十九条 施工所需主要材料和大宗材料，原则上应由公司物资部通过市场竞争方式采购。远离公司的项目在公司授权下或项目管理责任书已授权的项目可自行就地采购。

第九十条 项目部自行采购的物资应建立相应的管理制度，如入库验收、库存保管、出库限额领料、剩余物资退库等制度。

第九十一条 项目所需施工机械可从公司现有施工机械中调配、租赁或购买，按台班提供给项目部使用，台班价按内部价确定。远离公司的项目经公司授权，可就地解决机械设备来源。若购买属固定资产管理范畴的施工机械应事先报批，并按主管部门的规定办理手续。

第九十二条 项目部直接管理使用的施工机械，应做到技术资料齐全、操作员持证上岗，严格岗位责任、严格操作规程，需安装调试的设备应验收合格方可使用，在使用中做好维护保养工作。

第九十三条 项目无论大小均应设项目技术负责人，项目部要在公司总工程师和技术部门指导下，建立健全技术管理体系。项目部的技术管理应执行国家的技术政策和公司的技术管理制度。项目部可制定涉及本项目的特殊技术的管理制度，报公司审批后执行。

第九十四条 项目部应将分包人的技术管理纳入项目技术管理体系，并对其施工方案的制订、技术交底、施工试验、材料试验、分项工程预检、隐检、竣工验收进行系统的过程控制。

第九十五条 项目部应设资料管理岗位，收集整理施工技术资料和各种施工记录。

第九十六条 项目部应在项目开工前提出项目流动资金需用计划，经公司批准后执行，负责限额流动资金按计划的使用管理。

第九十七条 项目预付款由公司统一收取，公司按资金需用计划拨付项目使用。多余部分由公司使用，不足部分由公司注入。

第九十八条 项目除按资金使用计划占用资金外，不得沉淀资金和变相沉淀资金（购入固定资产等）。

第九十九条 公司授权独立设立财务账号的项目部，只能设立一个账号，并应按月向公司财务管理中心报送资金的使用情况。

第十三章 项目关系协调

第一百条 经营目标责人与公司管理层关系的协调要严格按公司的管理制度和“经营目标责任书”要求进行。

第一百零一条 项目部与分包人和劳务层的关系协调依靠分包合同和“项目施工组织设计”进行。

第一百零二条 项目部与业主之间的关系协调依靠项目承包合同的全面履行，重点是协调施工的外部条件、资金支持、质量和进度问题。

第一百零三条 项目部与政府监督部门的关系协调依照法规进行，注意建立联系，定期报告，接受监督。

第一百零四条 项目部与工程监理单位关系协调依据施工合同规定和“建设工程监理规范”要求进行。

第一百零五条 项目部应建立调度系统，充分发挥调度的现场协调作用。

第十四章 项目竣工验收

第一百零六条 经营目标责任人应全面负责工程交工前的各项准备工作，组织工程收尾、质量检评、整理竣工资料。

第一百零七条 若施工合同有规定或征得业主同意后，交工验收可分段进行。单位工程符合设计文件、具备使用条件的，可分单位工程验收。

第一百零八条 建设项目竣工验收由业主组织设计、施工、监理等单位进行。中间竣工并已办理移交手续的单项工程，不再重复验收。

第一百零九条 项目部应将有各方签字并有业主单位盖章的“工程竣工验收报

告”或业主签发的“工程竣工验收证书”及业主单位签字盖章“工程移交证书”等原件及时送公司存档。

第一百一十条 实行分包的工程，项目部应组织分包人按交工计划安排收尾、质量检评、整理竣工资料，并经项目部验收合格后，由项目部与业主预约竣工验收。

第一百一十一条 项目部应按公司的竣工资料管理制度科学收集资料，定期移交，统一保管，随时检查。资料的收集始于开工终于竣工。

第十五章 项目款项结算与收入管理

第一百一十二条 项目部应按照《工程施工合同》的约定和实际工程进度及时与业主进行工程款结算。

（一）取得业主方、监理方盖章、签字的“工程款支付申请表”。

（二）按照税务管理要求开具工程款结算发票。

第一百一十三条 项目部应按照公司《工程项目收入管理办法》等管理制度的规定，在区域分公司财务部的指导下确认工程营业收入并报送相应资料。

第十六章 项目考核和评价

第一百一十四条 项目考核评价的目的是规范项目管理行为，鉴定项目管理水平，确认项目管理成果，对项目进行全面考核和评价。

第一百一十五条 项目考核评价的主要依据是“经营目标责任书”和公司的有关管理制度。

第一百一十六条 公司对项目实行逐个审计制度。施工期在两年或两年以上项目可按年度审计考核或按工程阶段审计考核，完工后必须对项目管理进行全面终结性审计考核。

第一百一十七条 考核由公司的主管领导组织有关部门组成考评委员会。由考评委员会进行。

第一百一十八条 项目部应按要求向考评委员会提供项目的各种考评要求的资料。

第一百一十九条 考评指标。

考评定量指标包括：

（一）工程质量评定等级。

（二）工程成本降低率。

（三）工期完成。

（四）安全指标。

（五）工程款回收率。

考评定性指标包括：

（一）执行公司的制度情况。

（二）项目管理资料的收集整理情况。

（三）业主对项目的评价。

（四）当地政府主管部门的评价。

（五）管理创新、技术创新、应用新技术情况。

（六）环保及创文明工地情况。

（七）团队精神面貌。

（八）为公司取得新业绩和新荣誉。

（九）项目所在地区的后续工程开发。

第十七章 附 则

第一百二十条 本办法由公司工程管理中心负责解释。

第一百二十一条 本办法自公司董事会批准、发布之日起实施。

范本2 工程造价（概预算、结算）管理办法

第一章 总 则

第一条 为加强和规范公司的工程项目造价（概预算、结算）管理工作，提高公司造价（概预算、结算）管理水平和工程造价人员的业务素质，维护公司的合法权益，提高投资效益，根据国家有关规定，结合公司的具体情况，特制定本办法。

第二条 本办法适用于公司总部、各区域分公司、子公司的全部工程项目的造价（概预算、结算）管理工作。

第三条 工程概预算、结算工作是工程管理工作的组成部分，是一项重要的基础工作。其核心内容是编制与管理工程造价，维护企业的利益，为企业创造经济效益。

第四条 工程概预算、结算工作是一项政策性、技术性、经济性很强的工作，工作中必须严格执行国家的有关方针、政策及规定，合理编制工程造价；坚持实事求是、公平合理的原则，结合工程的具体情况、企业的经营管理水平和建筑市场行情编制具有市场竞争力的工程投标价格。

第五条 公司、区域分公司、子公司、工程项目部应根据承包工程的具体情况，建立健全相应的造价（概预算、结算）管理机构，充实人员，配备具有相应工程造价执业资格的专业技术和管理人员，不断提高素质，以保证工程造价（概预算、结算）编制管理工作的质量。

第二章　职责范围

第六条　工程造价（概预算、结算）管理工作实行统一领导，分级管理。

第七条　公司的工程造价（概预算、结算）管理工作由工程管理中心归口管理，并对区域分公司、子公司、工程项目部的工程造价管理工作进行指导和监督检查。工程管理中心是工程造价（概预算、结算）管理工作的业务主管机构。

第八条　公司造价管理的职责范围。

（一）根据国家有关工程造价管理工作的方针政策，结合公司实际，负责组织制定公司有关工程造价管理的规章制度；逐步建立公司的工程造价管理工作和计价体系。

（二）指导公司各区域分公司、子公司、工程项目部的工程造价管理工作，组织交流经验，调查研究企业在工程造价管理中存在的问题并加以研究解决。

（三）结合公司不同的工程承包方式，负责组织指导区域分公司、子公司、工程项目部单位编制具有市场竞争力的工程造价计价指标体系，为公司决策提供参考数据支撑，为防止内部无序竞争提供合理的造价基础数据。

（四）负责组织研究、指导各区域分公司、子公司、工程项目部建立工程造价资料积累制度和工程造价信息数据库（工程造价指标数据库），逐步实现公司内部工程造价信息资源共享和动态管理的长远目标。

（五）协助有关部门对从事工程造价专业人员（注册造价工程师、行业造价师、造价员）以知识更新为主要内容的继续教育培训工作。

（六）完成公司交办的其他工作。

第九条　区域分公司、子公司、工程项目部造价管理职责范围。

（一）根据经营管理工作的需要，制定和修订本单位的工程项目概预算、结算管理办法及实施细则，并督促检查项目部对管理办法的执行情况。

（二）组织学习和贯彻执行国家、行业、地方有关工程造价的政策、法律、法规和规章。

（三）负责对所属工程项目的建造合同填报、预计总成本及毛利率和阶段性调整的分析、测算、审核、批准、下达。指导工程项目在实施中过程预、结算编制和竣工结算工作。

（四）指导各项目部的预算、结算管理工作，协调解决工程项目预、结算工作中发生的问题。

（五）配合审计部门的审计工作。

（六）建立对项目部工程项目预算、结算编制工作和预算、结算台账及其他管理文件资料台账的定期检查和抽查制度并按工程分部进行结算资料归档。对项目部的工程项目施工图预算编制和预算、结算过程中出现的情况及问题，提出初步处理意见及修改方案。

（七）配备专门的造价专业人员负责收集、储存、整理分析工程项目预算、结算资料；建立健全已完工程项目造价指标资料数据库，为工程投标报价及项目预算、结算提供基础数据。

（八）组织和参加重大工程项目合同纠纷的协调解决。

第三章　工程项目概预算、结算的编制和管理

第十条　工程预算必须由项目承包单位具有工程造价执业资格证书（注册造价工程师或造价员）的专业人员以项目施工图设计文件为基础，根据施工合同约定，依据国家和行业发布的有关工程计价规范或规则、预算定额、综合单价，并结合项目实施阶段建筑市场的工程要素价格的波动情况进行编制。工程预算是进行工程投标报价、控制建设项目工程造价、进行工程结算的重要依据。

第十一条　工程预算是工程管理中一项重要的基础工作，应根据承包工程和工程分包的具体情况，制定相应的管理办法和规定，加强对分包工程预算的管理，以保证工程预算的准确性和完整性。

第十二条　实行预算结算的工程项目，施工图预算应在图纸会审后20天内（业主另有要求的按施工合同执行）编制完毕，特殊工程可适当延长，但最长不超过30天，大型项目可按开工顺序分步编制。设计变更通知单、现场签证单、材料代用单以及工程索赔签证单（函）应在工程项目合同约定的时间内编制补充预算，若无合同约定，可按单位工程（分部工程）编制。

第十三条　施工图预算编制完成后，造价管理人员必须及时向工程项目经理、施工、技术、财务、材料等有关人员进行交底，以便进行工程的成本控制并办理现场签证、工程变更单及施工索赔工作。

第十四条　实行固定总价包干、进行工程结算的项目，在施工图纸会审，并同原投标报价的施工图纸及报价书中的工程实物量进行全面细致核对后，若无重大工艺设计及工程实物量变化，原则上应根据项目的划分，按单位工程编制完整、详细的施工图预算，以满足工程施工、材料采购、财务核算等各阶段管理所需的数据。

第十五条　实行工程量清单计价模式，根据施工合同约定按投标综合单价进行结算的工程项目，原则上可不编制完整、详细的施工图预算，但必须提供能够满足施工、材料、财务等核算和管理各阶段所需要的数据。

第十六条　实行定额计价的工程项目，必须编制完整、详细的施工图预算及竣工

结算（含设计变更通知单、材料代用单、现场签证单、设备修配改等预算）。根据项目系统设置，分专业按单位工程项目进行编制，提供能够满足施工、材料、财务等核算和管理各阶段所需数据。

第十七条　工程项目的预算编制应有编制说明及内容提要，主要反映预算编制内容中需要说明的问题，以及主要工程量、材料量和单位消耗指标等及存在问题的说明。

第十八条　工程项目合同约定按月结算统计报量的大型工程项目，应按工程项目系统要求分专业，并以单位工程的分部分项工程施工顺序为基础编制预算，除满足甲乙双方核算工程价款之用外，工程项目预算的划分还应与计划、统计的口径一致。

第十九条　工程项目必须按合同时限要求编制工程项目竣工结算书，除合同时限要求外，另有规定的，应按甲方规定的时限要求进行编制。如合同无明确要求，应在工程项目投产（热负荷试车、实物交接完成）后60天内编制完成。

第四章　工程概算、预算的审核

第二十条　工程概预、结算编制完成后应进行审核，审核的主要内容包括：

（一）工程项目及预算是否在批准的工程计划和概算范围内。

（二）工程量计算、定额的套用和换算是否正确，工程量清单计价模式下，以综合单价为主进行工程结算的组价内容是否完整规范，有无漏项。

（三）工程设计变更、增减内容是否符合设计的要求。

（四）施工图预算之外的费用是否符合国家规定。

（五）其他有关内容。

第五章　工程造价人员的资格管理

第二十一条　从事工程造价编制与管理工作的上岗人员必须取得注册造价工程师执业资格证书或建设工程造价员资格证书。

第二十二条　取得注册造价工程师执业资格证书或建设工程造价员资格证书的专业人员应按国家和行业的有关规定，进行注册、年检管理和以知识更新为主的继续教育，不断提高自身的业务素质。

第二十三条　工程造价专业人员工作水平的提高，是在工作实践中不断积累经验的过程，在保持概预、结算人员相对稳定的同时，要积极创造条件，大力加强对复合型工程造价专业人才的培养力度。

第六章　工程造价信息资料积累和管理

第二十四条　工程造价信息资料是公司工程造价管理工作的基础。

第二十五条　工程造价信息是指工程承发包合同、投标报价书、工程项目结算书以及其他相关的工程造价文字和数据资料。

第二十六条 区域分公司、子公司、工程项目部应努力提高工程造价信息化水平，建立健全工程造价信息资料的收集积累制度，并做好数据库的安全管理工作。

第二十七条 工程造价资料积累的原则。

（一）选择符合国家产业政策和有利于公司长远发展方向的工程项目，使工程造价资料具有使用和参考价值。

（二）所收集的资料应能满足工程造价动态管理的需要。

（三）工程造价资料的收集、整理、分析应做到制度化、规范化、标准化。

第二十八条 工程管理中心负责组织制定公司所需要的工程造价信息资料的内容，区域分公司、子公司、工程项目部工程造价管理部门应按规定及时提供并参与资料的收集整理和分析工作。

第二十九条 公司工程造价信息资料属商业秘密，须做好对外保密工作。

第三十条 工程造价信息资料的管理应以计算机作为主要实现手段，循序渐进，分部组织实施，最终实现公司内部工程造价信息资源共享和动态管理的长远目标。

第七章 附 则

第三十一条 本办法由公司工程管理中心负责解释。

第三十二条 本办法自公司总经理办公会审议通过、发布之日起施行。

范本3 工程项目投标管理办法

第一章 总 则

第一条 为规范公司工程项目投标活动，提高公司经济效益，特制定本办法。

第二条 本办法依据《中华人民共和国招投标法》和国家有关法律法规制定，遵循公开、公平、公正和诚实守信的原则。

第三条 本办法适用于公司及所属分公司、项目部（以下统称各单位）。

第四条 本办法所管辖的投标活动指工程项目的投标。

第二章 组织机构与管理职责

第五条 公司市场管理中心为投标工作责任部门，其主要职责包括：

（一）在公司主管领导的领导下，对投标工作履行归口管理和协调、服务、监督职能。

（二）做好市场调查和预测，编制公司长短期投标签约计划，召开投标例会及与投标有关的专项会议。

（三）负责对信息的收集、整理、评审、申报、建档、跟踪和反馈等工作。负责投标前的信息评审，并将评审意见书面报告公司主管或分管领导批准后进入投标程序。

（四）负责编制资格预审文件、投标文件，并组织合同评审，提出投标策略供公司领导决策；负责办理投标项目在当地的投标备案等手续。

（五）参加中标项目的合同谈判，并负责中标项目资料的收集、整理、传递和归档保存。

（六）协助公司领导及项目跟踪责任人做好公关工作。

（七）负责公司所属各单位工程信息申报的审查，提出跟踪意见报主管领导批示。

（八）指导公司所属各项目部和分公司的投标，并为各单位的投标提供服务。

第三章　信息管理

第六条　公司市场管理中心为公司工程信息的归口管理部门，负责对信息的收集、整理、评审、申报、建档、跟踪和反馈等工作。市场管理中心设置专人负责信息管理工作。

第七条　建立公司内部信息交流制度，市场管理中心以信息通报的形式定期向公司领导和相关人员、部门提供工程跟踪与投标的信息，即：每月初将工程项目跟踪情况和当月拟投标项目情况通报一次；月中和月末分两次将准备（正在编制投标文件）的投标项目和已投标项目的开标情况向公司领导报告。

第八条　公司鼓励各单位或个人积极提供工程信息。

各项目部或分公司自行跟踪的项目，应每月将项目跟踪情况采用书面或口头方式向公司市场管理中心通报。跟踪的工程投标后，应及时将开标情况（参与竞标单位名单、各家报价）及评标情况以书面形式向市场管理中心报告，市场管理中心定期将有关情况向公司通报。

第四章　投标管理

第九条　投标可采取公司独立投标和与其他单位联合投标等多种方式。

第十条　市场管理中心负责公司跟踪工程项目的投标，并实行投标（资审）文件编制责任人制。

（一）凡公司决定参与投标的工程项目，从购买招标文件、踏看现场起至投标文件编制完成全过程实行责任人制。每个投标项目组织一个由责任人负责的编标小组，负责投标文件的编制工作。

（二）责任人的选定，由市场管理中心根据投标项目的具体情况推荐并报公司主管领导批准确定。

（三）编标小组人员的确定，根据投标项目的类型、工作量的大小及难易程度，由公司主管领导与编标责任人协商确定编标小组组成人数和具体编标人员名单。

第十一条 各项目部或分公司以公司名义自行组织投标的项目，由各项目部或分公司负责办理在项目所在地的投标备案，编制资格预审文件、投标文件，办理投标保函、履约保函及公证。资审和投标时所需的人员及业绩等商务资料在需要时由市场管理中心给予提供，并在编制投标文件时给予指导和协助。

各项目部或分公司跟踪的较大的或技术要求较高的工程项目，若其确实无力组织编标，应向公司报告并经公司领导同意后由公司市场管理中心负责组织协调各部门共同编制投标文件。

各项目部或分公司在项目所在地办理投标备案后，应将相关备案资料交由市场管理中心统一保管。

各项目部或分公司跟踪的重大或重要工程项目、涉及公司市场开发的关键项目由市场管理中心统一组织投标。

第十二条 投标项目评审。

（一）公司投标的每一个项目在投标文件形成前必须按照相关文件规定的程序进行评审，听取有关领导、技术人员和各职能部门提出的评审意见，结合公司拟定的投标策略，形成正式的投标文件。

（二）各项目部或分公司以公司名义自行组织投标项目的评审按照公司相关制度执行。

第五章 投标奖励与处罚

第十三条 奖励。

（一）对积极向公司提供工程信息的单位和个人，并在投标过程中能够协助做好公关工作，提供的信息对项目中标确有帮助并直接促使工程项目中标的，公司将根据中标金额和项目评估的目标利润额的大小给予一定的奖励。

（二）投标项目中标，公司对参与投标的部门和人员视承担工作量的多少和贡献大小，结合中标工程项目的价格水平给予奖励。

第十四条 处罚。

（一）投标文件只要出现一处较大错误（指主要施工方案漏项、施工措施不合理、施工方法不当、报价漏项、主要单价不合理、机械设备和劳动力配置不合理、人员和业绩等资格条件因人为因素未能满足招标文件的要求等，下同），则该项目编标人员均无补助。对错误的直接责任人给予补助额同等金额的罚款，给予该编标责任人一定的罚款。

（二）对于在编标过程中经常出现过错的人员，编标责任人可以提出异议，并有权拒绝接受其参与编标小组。

（三）对于连续两次出现较大错误和一年内累计三次出现较大错误者，公司实行淘汰制，将其调出市场管理中心。

第六章　附　则

第十五条　公司所属子公司的投标管理参照本办法执行。

第十六条　本办法由公司市场管理中心负责解释。

第十七条　本办法自公司总经理办公会审议通过、发布之日起实施。

范本4　资质部工作规则

第一章　总　则

第一条　为加强对公司资质的管理，规定资质的管理工作流程，规范操作步骤，指导资质管理人员工作，从而提高资质管理工作的质量和效率，特制定本规则。

第二章　资质部工作职责

第二条　负责公司各类资质、证书申报、升级、年审、延续等相关工作。

第三条　负责注册人员的注册、变更、续期、换证及继续教育等一系列相关工作。

第四条　了解国家相关部门行业标准及地方标准并贯彻实施。

第五条　通过多渠道收集项目、报奖信息，建立和维护与相关协会及主管部门的良好关系。

第六条　负责收集相关政策信息并根据政策信息提供合理化建议。

第七条　负责组织相关部门安排的统考活动。

第八条　根据各地的投标需求，合理及时地协调建造师出场及配齐投标所需的证件、业绩等资料。

第九条　负责公司建造师、八大员、职称证等证书收集、整理及建档。负责公司投标资料、业绩等资料的及时收集、建档。对于错证及时反馈办理。

第十条　组织八大员的报名、缴费、网学、考试，确保及时准确。

第十一条　配合项目的报建，在规定时间内完成相关报建项目资料的收集及整理。不得拖延、保证及时性。

第十二条　配合人事部门招聘优秀的建造师及其他职称技术类专业人才。

第十三条　中标项目一览表汇总核实。

第十四条 与建设主管部门工作对接等，加强与同行企业等单位的业务沟通。

第十五条 掌握资质升级、职称证办理、荣誉奖项申报等操作流程并及时申报。

第十六条 掌握各种人员证书申办、延期、变更办理流程及继续教育管理流程。

第十七条 掌握全国人员信息系统的操作流程并及时维护与更新公司新增各类人员证件。

第十八条 掌握全国建筑市场监管与诚信信息一体化工作平台的操作流程并及时维护与更新省内录入业绩。

第三章 附 则

第十九条 本规则由市场管理中心资质部负责解释。

第二十条 本规则自总经理办公会审议通过、发布之日起实施。

范本5 大客户管理办法

第一章 总 则

第一条 为更好地指导公司市场管理中心的大客户管理工作，加强公司经营信息收集，建立良好的客户关系，满足和导引客户的需求，让客户满意，同时使企业收益最大化，以此推动大客户工作向着规范化、标准化方向发展，特制定本办法。

第二条 公司及所属各分子公司的大客户管理均由公司市场管理中心负责。

第二章 目 标

第三条 建立大客户管理办法的目标是树立服务理念，以客户为本，用心服务并做到：

（一）强化服务意识，贯彻“以客户为本，用心服务”的服务理念，形成全员在全过程的自觉行为，员工要体现优质服务、创新服务、快乐服务、享受服务。

（二）建立趋向国际标准的服务标准体系，用制度保障服务到位，实现人性化、个性化、亲情化、专业化、智能化服务。

（三）优化服务资源，丰富服务手段，训练服务技能，提高服务能力。提供主动的、直接的、高层次的、智能型的、总包式的服务，稳定现有资源，发展新客户。

第三章 管理办法

第四条 大客户管理办法就是选择和管理客户的业务策略，以使客户长期价值达到最优化，要以客户为中心的理念和文化来支持有效的市场开拓、维护和服务过程。为达到公司持续、健康、高效发展的目的，应从以下几个方面进行客户关系的建立和管理工作：

（一）创造大客户导向。

1.强化公司内部“以客户为中心”的全员经营意识，确保各方认识和实施大客户关系管理的一致性和统一性。

2.以客户及其需求为行动的主要导向，发展并维持良好的客户关系。

3.主动了解客户，主动寻求资料来了解客户的环境、问题、期望，并尽可能预见他们的需要，成为客户的顾问，与客户分享信息，与客户建立良好的合作关系。

4.采取行动满足客户的需求，考虑所采取的行动或计划会对客户产生何种影响；迅速回应客户的需求并解决问题。

5.建立客户反馈系统，运用有效的方法来了解并评估客户的顾虑、问题及满意度，并预测客户的需求。

6.定期并按时回访客户，介绍公司的新工艺、新技术、新亮点、新服务、新动态；同时了解客户的动态、需求和对公司工作的意见和建议，并及时上报领导。

大客户管理是一项涉及企业许多部门、要求非常细致的工作，大客户管理要与许多职能部门取得联系，以满足客户的需要。大客户管理工作的成功与否，对整个企业的经营业绩具有决定性的作用。大客户管理只有调动起企业的一切积极因素，深入细致地做好各项工作，牢牢地抓住大客户，才能以点带面、以小带大。

（二）基于客户导向的组织结构调整。

1.建立有利于大客户关系管理的企业组织结构。

公司市场管理中心大客户部负责大客户的管理工作。

2.大客户部成员的主要职责。

市场管理中心大客户部成员，应热爱本职工作，忠于公司，积极、自信并富有工作热情，责任心强，具有良好的沟通能力和团队合作精神，乐于学习，善于学习，不断提升自己的工作能力和内在修养。对待公司诚实笃信，实事求是；尊重客户，保守客户的商业秘密和信息，不利用工作之便谋取私利。大客户部成员的具体职责如下：

（1）了解客户的需求，与客户建立良好的专业关系。调动公司所有资源，保证整个公司为客户提供出色的服务，创造大客户对公司的积极态度和高度信任。

（2）从事大客户管理的人员制订开发大客户的目标和执行计划，协调其他部门执行大客户管理计划，了解大客户的需求情况，获取大客户尽可能详尽的资料并进行分析利用。

（3）根据大客户需求及目标编制大客户维护计划并推进执行，提升公司的经营业绩。

具体工作如下：

①大客户档案收集整理，确定与客户联系的渠道与方法。

②客情维护：增进并强化与客户的感情联系，包括进行客户拜访的时间安排，建立核心客户，提升经营业绩。

③对一些较重要的大客户，公司应有两个以上的人员与之联系，并建立联系报告制度。

④负责与大客户联系的员工调离公司时，公司应及时通知有关客户，指派其他员工迅速与该客户建立联系。

⑤对客户反馈的意见及时传递、处理，通过信息交换在第一时间发现问题并加以解决。

第四章 维护计划

第五条 维护计划的意义。

大客户关系管理不应局限于知道客户的潜力和现状，还需对客户有更完整、清晰、全面的了解，必须与大客户建立互动和关联，以便定期给客户进行服务和推介。通过差异化的营销服务与产品提升客户忠诚度，客户的忠诚度将有利于挖掘客户未来可产生的潜在价值及通过促销活动引发的增量客户价值。

第六条 维护计划分类。

按客户属性分为两大类，第一类为常规的维护，主要针对普通客户；第二类为关键客户维护计划。

（一）常规维护计划。

维护计划实施标准包括日常回访、祝福类短信、常规经营活动等。

（二）关键客户维护计划。

维护计划实施标准包括：

1.权益服务：投诉处理优先级、定制周期优先级、咨询服务优先级、一对一特别通道等。

2.权益活动：主题活动计划。

3.增值服务：突出与客户实现信息共享为目的。

第七条 大客户维护方案。

全年大客户维护活动计划包括：

1.端午节维护活动。

活动时间：5月下旬（端午节前）；

活动区域：全国；

活动主题：端午祝福；

活动形式：关键人物拜访；

活动内容：根据实际情况制定。

2.中秋节维护活动。

活动时间：8月下旬（中秋节前）；

活动区域：全国；

活动主题：根据实际情况制定；

活动形式：根据实际情况制定；

活动内容：根据实际情况制定。

3.关键客户生日活动。

活动时间：根据实际情况制定；

活动区域：全国；

活动主题：根据实际情况制定；

活动形式：根据实际情况制定；

活动内容：根据实际情况制定。

4.年终答谢会。

活动时间：12月下旬；

活动区域：全国；

活动主题：年终答谢会；

活动形式：根据实际情况制定；

活动内容：根据实际情况制定。

第五章　附　则

第八条　本办法由市场管理中心负责解释。